基本法務編 2023年度 検定対応

自治体法務検定
公式テキスト

自治体法務検定委員会 編

第一法規

自治体法務検定発足にあたって

　地方分権改革が進んできたここ十数年来、自治体職員の法務能力の向上を目指す自治体法務などの必要性は著しく高まってきています。

　地方自治体において法務に対するニーズが高まってきたのは、第1に、分権改革によって地方自治体の処理する事務の範囲が圧倒的に拡大し、法政策の形成も含めて法のルールに従った適正で公正・透明な処理が求められていることです。第2に、いま日本では、民間の団体や企業に対しても、厳しい"コンプライアンス"や"コーポレート・ガバナンス"が求められるようになってきていますが、地方自治体に対しても全く同じことが求められていることです。ここでも、マスコミや住民から非難されず、争訟や住民訴訟に堪えうるような事前配慮が必要となります。

　これからの地方自治体は、住民に身近なところで、それぞれの地域にふさわしい独自の施策や行政サービスを提供しなければなりません。そのためには、福祉、環境、安心・安全、まちづくり、土地利用、産業振興、内部管理、情報、財務会計・監査等、多岐多彩な専門職員が必要となりますが、これらの各分野に共通した法的問題や地域の独自政策を法的に設計し構築する法務能力を備えた専門職員も不可欠です。

　近年のこのような情況を考慮して、この度、十分な法務能力を備えた有能な人材を養成するため「自治体法務検定」という仕組みを設けることにしました。この検定は、「基本法務編」と「政策法務編」と題するそれぞれのテキストを勉強していただいた上で、その中から出題される問題に答えていただき、その採点結果によって評価するというものです。ひと口に地方自治体といっても、都道府県も市町村もそれぞれ多種・多様であり、地域の独自性や自治行政の中での法務に対する比重のおき方も様々であろうと思われますが、各自治体の職員におかれましては、21世紀の新しい時代の地方自治を担い、よりいっそう盛り立てるために、一人でも多く法務検定に参加されることを期待しています。

　2009年6月

自治体法務検定委員会

委員長　成田頼明

自治体法務検定とは

　地方分権の推進により、自治体は、自らの判断で、知恵をしぼり工夫をこらして、最良の政策を推進していかなければなりません。そのためには、自らが責任をもって法令の解釈を行い、住民福祉の向上に資するための条例・規則を制定することが大切となってまいります。いま、「自治体法務」の重要性が唱えられているのは、まさにこのためなのです。

　自治体において法務に対するニーズが高まってきた要因としては、第1に、地方分権改革によって自治体が処理する事務の範囲が拡大したため、各自治体は法のルールに則って適正かつ透明な事務処理を行う責務があることがあげられます。第2に、わが国の民間企業には厳しい"コンプライアンス"や"コーポレート・ガバナンス"が求められるようになってきていますが、自治体に対しても全く同じことが求められているということがあります。自治体には、マスコミや住民から非難を受けず、各種の争訟にも堪えうるような事前配慮が必要となります。

　これからの自治体は、住民に身近なところで、それぞれの地域にふさわしい独自の行政サービスを提供しなければなりません。そのためには、教育、福祉、環境、安心・安全、まちづくり、土地利用、産業振興、内部管理、情報、財務会計・監査等、多岐多彩な専門的能力をもった職員が必要となります。その際、自治体職員も、これらの各分野に共通した法的問題や地域独自の政策を法的に設計し構築するための法務能力を備えることが期待されます。

　このような要請を受けて、高い法務能力を備えた自治体職員を養成するための1つの手段として設けられたのが「自治体法務検定」という仕組みです。この検定は、「基本法務編」と「政策法務編」というそれぞれのテキストを勉強した上で、主にその中から出題される問題に答えていただき、その採点結果によって、その時点での受検者の法務能力を評価するというものです。ひと口に自治体といっても、都道府県や市町村はそれぞれ多種・多様であり、地域の独自性や自治行政の中での法務に対する比重の置き方もさまざまかと思いますが、これからの新しい時代の地方自治を担い、各自治体を牽引する役割を担う職員になっていただくためにも、一人でも多くの自治体職員の皆様に、「自治体法務検定」に参加していただけることを期待しています。

　2013年10月

自治体法務検定委員会

委員長　塩野　宏

「自治体法務検定公式テキスト　基本法務編」
刊行にあたって

　本書は、「基本法務」と「政策法務」の2つの分科で構成される自治体法務検定の仕組みのうち、「基本法務」の学習のためのテキストとして作成されたものです。

　行政上の施策について企画・立案し、決定し、実施していくにあたっては、そこに生ずる様々な法的問題を適正に処理しながら事を進めることが要求されます。それは、国民・住民にとって質の高い行政が行われるための前提でもあります。日本の行政においては、特に、異なる主張の対立を法にてらし適切公正に処理するというような力量（争訟法務その他）がまだまだ不十分だと思われますが、そういった点を含め、行政の法務能力の強化は、国・自治体双方を通じて重要な課題です。

　それに加えて、自治体にとっては、国との役割分担における自治体の役割の増大という事情があります。自治体の担う役割が小さければ、さほどの法務能力は要求されませんし、その能力を越えることがらについては国の諸機関に頼るということもできました。しかしこれからは、自治体が自前で十分な法務能力を備えていかなければなりません。以上の二重の意味において、自治体行政における法務能力の向上が、いま、必要とされているのです。

　そのような中で、本書は、自治体行政実務との関連を踏まえながら、法というものの基本をしっかりと理解し身に付けていただくことを目標としています。そのために、まず基礎的・共通的なことがらを押さえた上で、法の主要な分野として、憲法・行政法・地方自治法・民法・刑法の5つを取り上げます。これらは、自治体行政のあらゆる部門に関連し、したがって、法務を専門とされる方々がその職務を行うのに必要であることはもちろん、自治体行政の各部門のいずれかに関係される方々すべてにとって重要な意味をもつものでもあります。本書では、そのような観点から、この5分野の法について、その基本を確実に理解できるように、分かりやすくしかも正確に説明することを目指しました。なお、その際には、これまで法というものに接する機会のなかった方は入門段階の学習ができ、すでに相当程度の理解をお持ちの方はその理解をさらに深めることができるというように、いろいろなレベルでの学習にそれぞれ役立つよう心掛けたつもりです。

　多くの方々が本書を活用され、本検定に参加されること、そして、それが自治体の法務能力のさらなる向上につながり、地域における行政のゆたかな展開の基盤となることを、心より願うものです。

2010年10月

自治体法務検定委員会

基本法務編　編集委員

小 早 川 光 郎
石 川 健 治
交 告 尚 史
能 見 善 久
田 中 利 幸

「自治体法務検定公式テキスト　基本法務編　2023年度検定対応」刊行にあたって

　「自治体法務検定公式テキスト　基本法務編」は、平成23（2011）年度の検定に対応してはじめて刊行されました。以来、毎年改訂を加えて刊行されてきており、本書は、2023年度検定に対応するものです。

　本書は、従来の編集方針と全体構成を基本的に維持しつつ、法改正や新しい判例に対応したほか、旧版に関する読者の方々の意見や2022年度検定の実施結果なども踏まえて必要な改訂を施しました。

　まず、本書で扱われている法令や判例ですが、原則として、2022年8月1日を基準日とし、法令に関してはこの日までに公布されたものを取り上げ、判例もこの日までのものを取り込むようにしました。

　次に本書の解説についてです。まず、「序章　基本法務を学ぶにあたって」については、2021年度版から第3節に「最近の社会状況と基本法務」の項目を新たに立て、近時の重大な社会的問題と基本法務の学修内容が関連するポイントを解説しました。2023年度版では、懲役と禁錮を統合した拘禁刑の新設についても言及しています。

　「第1章　憲法」については、在外国民の最高裁裁判官国民審査権制限違憲判決や議員定数不均衡訴訟に関する最高裁の新しい判決を追加しました。

　「第2章　行政法」については、行政組織法の分野において若干の改訂を行いました。

　「第3章　地方自治法」については、地方自治法、公職選挙法、刑法などの法改正や辺野古訴訟に係る新判例を踏まえた加筆がなされています。

　「第4章　民法」についても、成年後見制度や裁判のIT化の最新の動向を紹介したほか、法改正や判例を踏まえた若干の加筆・修正を行いました。

　「第5章　刑法」については、前述の拘禁刑の新設に対応した改訂のほか、若干の加筆がなされています。

　最後に、重要な注意事項です。すでに述べたように、本書では2022年通常国会における公布法律を踏まえた論述がなされており、その中にはまだ施行されていない法律もあります。検定の受検以外の目的のために本書を利用する場合には、六法の条文を確認するなど、この点に十分に注意を払ってくださるようお願い申し上げます。

　　2023年2月

自治体法務検定委員会

基本法務編　編集委員

人見　剛
石川　健治
山本　隆司
斎藤　誠
能見　善久
田中　利幸

監修・執筆者一覧（執筆順）●

序　章　基本法務を学ぶにあたって
（監修）人見　　剛（早稲田大学大学院法務研究科教授）
（執筆）小早川光郎（成蹊大学大学院法務研究科教授）
　　　　交告　尚史（法政大学大学院法務研究科教授）
　　　　人見　　剛（早稲田大学大学院法務研究科教授）
　　　　桑原　勇進（上智大学法学部教授）
　　　　中原　茂樹（関西学院大学大学院司法研究科教授）
　　　　田中　利幸（横浜国立大学名誉教授）

第1章　憲　法
（監修）石川　健治（東京大学大学院法学政治学研究科教授）
（執筆）石川　健治（東京大学大学院法学政治学研究科教授）
　　　　木村　草太（東京都立大学法学部教授）
　　　　西村　裕一（北海道大学大学院法学研究科教授）
　　　　江藤　祥平（一橋大学法学部准教授）

第2章　行政法
（監修）山本　隆司（東京大学大学院法学政治学研究科教授）
（執筆）中原　茂樹（関西学院大学大学院司法研究科教授）
　　　　徳本　広孝（中央大学法学部教授）

第3章　地方自治法
（監修）斎藤　　誠（東京大学大学院法学政治学研究科教授）
（執筆）人見　　剛（早稲田大学大学院法務研究科教授）
　　　　斎藤　　誠（東京大学大学院法学政治学研究科教授）
　　　　三浦　大介（神奈川大学法学部教授）
　　　　飯島　淳子（東北大学大学院法学研究科教授）
　　　　交告　尚史（法政大学大学院法務研究科教授）
　　　　北村　和生（立命館大学大学院法務研究科教授）
　　　　磯部　　哲（慶應義塾大学大学院法務研究科教授）
　　　　三好　規正（信州大学経法学部教授）
　　　　折橋　洋介（広島大学法学部教授）
　　　　田村　達久（早稲田大学法学学術院教授）

第4章　民　法
（監修）能見　善久（東京大学名誉教授）
（執筆）能見　善久（東京大学名誉教授）
　　　　山田　創一（専修大学大学院法務研究科教授）
　　　　藤澤　治奈（立教大学法学部教授）
　　　　難波　譲治（中央大学法学部教授）

第5章　刑　法
（監修・執筆）田中　利幸（横浜国立大学名誉教授）

凡　例 ●

1　本書の構成と特色

本書は、自治体法務について学ばれる方、「自治体法務検定　基本法務編」を受検される方が、必要な事項を体系立てて学べるよう、以下の全6章で構成しています。

序　章　基本法務を学ぶにあたって
第1章　憲　法
第2章　行政法
第3章　地方自治法
第4章　民　法
第5章　刑　法

各章のはじめには、その章で学ぶ概要を記載しています。各章で学んだ内容は、章の最後に「学習のポイント」としてまとめていますので復習にご利用いただけます。

重要な用語は太字で表しています。

本文を補足するものとして、本文の関連する箇所に＊印を付し、側注（かこみ）で解説を加えています。

なお、本書の中で取り上げられている法令及び制度等は、主に2022年8月1日公布日現在の内容を基に記述しています。

2　法令・判例の表記

本書では、根拠法令や参考となる裁判例を用いて解説しています。コンパクトにご利用いただけるよう、法令名、日付等の記述を一部省略して使用しています。

（1）法　令

■条文の引用は、以下のようにしました。

　（例）地方自治法第1条第2項　→　地方自治法1条2項・（自治法1条2項）

■同一法令の条文番号はナカグロ（・）、異なる法令の条文番号は読点（、）で区切りました。

■本文中の（　）内で使用する法令名は、以下の略語を使用しました。

法　令　名	略　称
日本国憲法	憲　法
地方自治法	自治法
地方公務員法	地公法
地方教育行政の組織及び運営に関する法律	地教法
国家賠償法	国賠法
行政手続法	行手法
行政不服審査法	行審法
行政事件訴訟法	行訴法
民事訴訟法	民訴法

地方税法	地税法
地方財政法	地財法
行政機関の保有する情報の公開に関する法律	情報公開法
個人情報の保護に関する法律	個人情報保護法
公職選挙法	公選法
住民基本台帳法	住民台帳法
国家行政組織法	行組法
私的独占の禁止及び公正取引の確保に関する法律	独禁法（独占禁止法）
風俗営業等の規制及び業務の適正化等に関する法律	風営法
廃棄物の処理及び清掃に関する法律	廃掃法
都市計画法	都計法
建築基準法	建基法
国土利用計画法	国土利用法
国家公務員法	国公法
裁判所法	裁法
地方自治法施行令	自治令
地方自治法施行規則	自治則

（2） 判 例

■判例の表記は以下の例により、略語は略語表によりました。

平成10年12月17日最高裁判所判決　最高裁判所民事判例集52巻 9 号1821頁

→最判平10・12・17民集52巻 9 号1821頁

■判決略語表

大審院判決　　　　　　　　→　　大判

最高裁判所判決（決定）　　→　　最判（決）※大法廷判決の場合のみ「最大判（決）」

○○高等裁判所判決（決定）　→　　○○高判（決）

○○地方裁判所判決（決定）　→　　○○地判（決）

○○地方裁判所△△支部判決（決定）　→　　○○地裁△△支判（決）

■判例集略語表

大審院民事判決録　　　　→　民録

大審院刑事判決録　　　　→　刑録

大審院民事判例集　　　　→　民集

大審院刑事判例集　　　　→　刑集

最高裁判所民事判例集　　→　民集

最高裁判所刑事判例集　　→　刑集

最高裁判所裁判集民事　　→　裁判集民

高等裁判所民事判例集　　→　高裁民集

下級裁判所民事裁判例集　→　下級民集

下級裁判所刑事裁判例集　→　下級刑集

行政裁判月報　　　　　　→　行裁月報

行政事件裁判例集　　　　→　行裁例集

判例時報	→	判時
判例タイムズ	→	判タ
裁判所時報	→	裁時
訟務月報	→	訟月
判例地方自治	→	判例自治
Ｄ1-Law.com判例体系	→	判例体系

3　索　引

事項索引と判例年次索引を巻末に登載しています。

4　参考文献

本書の執筆にあたり参考とした文献を巻末に登載しています。

執筆者は50音順で登載し、同一執筆者の文献がある場合は、刊行年順に登載しています。

書籍名は『　』、雑誌及び共同執筆書籍の論文タイトルは「　」を付しています。

目　次 ●

◆装丁──篠　隆二

序 章

基本法務を学ぶ
にあたって

　いま、本書を開こうとしておられる方は、自治体職員であったり、自治体職員を目指す方であったり、あるいは自治体と何らかの関連ある立場の方であったりされることでしょう。そのような皆さんにとって、「法」は、深いかかわりのある存在です。本章では、「法」とは何か、「法令」とは何か、法令を取り扱う際に弁えておくべきことは何かといった、本書全体を通して基礎となる事柄を学びます。

　第1節では、社会生活の規範としての「法」の意義、我が国で法として存在するものの全体像、国内法と国際法の区別、成文法（制定法）と不文法の違い、成文法の比重の大きさ、慣習・条理・判例の役割、などを学ぶとともに、自治体職員にとって法がなぜ重要かを学び取っていただきます。

　第2節では、成文法が「法令」のかたちで制定され、また適用される際の、基本的な約束事を扱います。法令の種類（「法律」、「条例」、「規則」、その他）、法令の制定（成立・公布・施行という流れ）及び法令の改廃、法令相互の関係、条・項・号・附則などの法令の組立て、そして、法令の読み方や解釈の仕方などを学びます。

　第3節では、本書が扱う憲法・行政法・地方自治法・民法・刑法の5つの分野を学ぶことの意義について考えます。特に、最近の社会状況のトピックスを取り上げて、そこに現われた様々な課題が本書で論じられている法的諸問題といかに関わっているかを具体的に提示しています。

　皆さんが本書により5つの法分野を学んだ後に、もう一度この序章を振り返ってみてください。そうすると、この序章の、そして本書の意義が、さらにはっきりとご理解いただけると思います。

第1節　法とは何か・どのような法があるか

1　法とは何か

　まず最初に、「**法とは何か**」が問題です。それは、例えば「……のときは……をしなければならない」、「……のときは……をしてはならない」などのような、社会生活上の規範（行動の基準）であって、一定の拘束性（誰かに対してその行動を制約するという性質、拘束力）をもつことがその社会において認められているもの、あるいは、そのような規範の集合であるということができます。もっとも、これだけでは定義として十分とはいえないでしょう。法をどのように定義するかについては、古来、様々な見解が提示されてきました。しかし、ここではこれ以上深く立ち入ることはせず、大まかに、「法とは一定の拘束性を有する社会規範（又はその集合）である」とするにとどめておきます。

2　どのような法があるか

　法というものそれ自体を一般的・抽象的にどう定義するかとは別に、実際の法にどのようなものがあるかということも重要です。

（1）民事法・刑事法・行政法・憲法

　まず、法が人々の社会生活にどのようにかかわっているかという視点でみた場合、そこには、いくつかの、法の大きなまとまり（体系）があります。ここでは、民事法・刑事法・行政法・憲法という、それぞれの法のまとまりに即して、実際にどのような法があるのかを概観してみることにしましょう。

〈1〉民事法

　　法の全体の中で一つの大きなまとまりをなしているのが、「**民事法**」です。

　　民事法は、一方で、社会構成員相互の関係において各人がいかなる権利をもち、いかなる義務を負うか、また、それらの権利義務関係が契約等によってどのように設定・変更されるか、などについて定めるもので、これが、民法や商法をはじめとする「民事実体法」です。他方、社会構成員相互間に紛争が生じた場合における公的な民事紛争処理の手続的仕組みを定める法が、「民事手続法」です。そのような民事紛争処理の中心をなすのは、民事裁判（民事訴訟についての裁判）の制度であり、したがって、民事裁判の手続的仕組み

を定める民事訴訟法が、民事手続法の中心を占めることになります。以上のような民事実体法と民事手続法とが、民事に関する法、すなわち「民事法」の全体を形成しているのです*1。

ところで、以上のような民事法と、後述する行政法との中間に、しばしば、一定の社会経済政策に基づいて、民事法の原則を修正するとともに行政法の要素を融合させた、一定の法のまとまりが形成されている場合があります。例えば、「労働法」は、労使関係における労働者の利益の適切な保護を図るために、雇用契約に関する民事法の原則を修正し、また、行政機関の介入を重要な要素として組み込んでいるものです。ほかにも、「独占禁止法（競争法）」や「消費者法」など、種々の例を挙げることができます。

〈2〉刑事法

刑罰に関する法が、「**刑事法**」です。刑事法には、①いかなる犯罪に対しいかなる刑罰が科されるべきかについての、刑法を中心とする「刑事実体法」、②犯罪の捜査・訴追・裁判等の手続についての、刑事訴訟法などの「刑事手続法」が、含まれます。

なお、刑罰は、次に述べる規制行政のための手段としても使われますので、刑事法と行政法とはその部分で重なり合うことになります。

〈3〉行政法

以上の民事関係・刑事関係以外に、国又は自治体*2による公的活動として、公益上の必要に基づいて種々の規制を加え、また、社会的に必要とされる様々な財貨・役務・便益の給付を行うという、規制行政・給付行政の活動があります（「2章3節1（1）〈3〉法律の留保」も参照）。さらに、各種の公的活動に必要な財政的手段その他の諸手段を調達するための、租税の賦課徴収をはじめとする諸活動も、それ自体が重要な行政活動です。国又は自治体が行うこれらの行政（規制・給付・調達）の活動には、民事法や刑事法がそのまま適用される部分もあり、そうでない部分もありますが、後者に関しても、それはやはり一定の法に則って行われるべきものです。通常の民事法や刑事法とは別の、行政に固有な法の全体を、一個のまとまりとして捉えたものが、「**行政法**」です。その中でも、私人に法的効果を及ぼすことを想定して、そのための要件と、それに対応する効果を定めた規定を「実体法」とよぶことがあります。対照的に、法的効果を及ぼす行為をする際の形式や手続に関する規定は「手続法」とよばれます。ただし、「行政手続法」というと、そういう名称のひとつのまとまった法律があり、たいていはその法律を指します。

なお、行政法と民事法の中間に、両者の要素を融合させたいろいろな法が形成されていることは、前述のとおりです。

〈4〉憲　法

国家*3は、民事・刑事・行政及びその他の領域で、法を定立し、人々に対してそれを適用することを含め、種々の活動を行いますが、それら諸活動

*1　法のまとまり（体系）
　ここでの「民事法」、「民事実体法」、「民事手続法」という言葉は、特定の制定法（成文法令）の名称ではなく、いろいろな制定法を（また、制定法以外の法も）含む、法のまとまり（体系）を指しています。
　また、「民法」、「商法」、「民事訴訟法」については、その名称で現に存在している特定の制定法（法律）を指している場合と、それらの制定法を中心とするけれどもそれに限らない、ある一定の法のまとまりを指している場合とがあり、少しややこしくなります。以下で述べる刑事法その他に関しても、それぞれ同じような問題があります。

*2　自治体
　法令上の用語は「地方公共団体」です。

*3　国・国家
　「国」ないし「国家」については、自治体を含めて広く捉える場合と、自治体とは区別されるものとして狭く捉える場合があります。ここでいう「国家」は、前者の意味です。

3

の前提としての、国家の基本的な仕組み（統治機構）や、国家と個人の関係の基本的なあり方（特に基本的人権の保障）が問題となります。これらのことがらについて定めた文書、又は、一個の文書にはなっていないにしても、これらのことがらに関する法的な諸規範を一つのまとまりとして捉えたものが、「**憲法**」です。多くの国では、前者の意味での憲法を制定しています（制定法としての憲法）。日本も同様であり、それが「日本国憲法」です。この場合、「憲法」という言葉も、そのような特定の制定法としての憲法の意味で用いられるのが通例です。

（2）国際法と国内法

　　ここで、国内法と国際法の区別に触れる必要があります。今日の世界は多数の国家が並立していますが、上述のような様々な法は、各国ごとに「その国の法」として形成されており、その全体が、「その国の法秩序」を構成しています。これに対し、国家相互間の関係を条約[4]や国際慣習法[5]などによって律する法が「**国際法**」であり、その全体が「国際法秩序」です。それぞれの国の法は、国際法に対していえば「**国内法**」です。

　　ただし、このように国内法と国際法とは区別されますが、特に最近においては、民事や刑事や行政の様々な分野で国内法に影響を及ぼすような条約が多数締結されており、国内法と国際法の交錯する法領域が増えています。

（3）一般社会の法と特定組織の内部規範

　　ここでさらに、一国の法秩序の下での、一般社会の法と特定の組織の内部規範との区別にも触れておくことにします。

　　これは、一つには、**団体内部規範**ないし**団体内部法**の問題です。社会には様々な団体が存在します。それらは、法人であれ、法人でないいわゆる任意団体であれ、各国の法秩序（国内法秩序）の下で、団体自身の定款[6]やその他の種々の定めに従って運営されます。この定款等に定められた、団体と構成員との関係や構成員相互の関係についての規範は、法規範といえるものもあるでしょうが、いずれにせよ、一般の人々にとっての一般社会の法とは区別されます。後者については、「一般市民法秩序」という言い方がされることもあります。

　　もう一つは、国・自治体の組織における**組織内部規範**の問題です。国及び自治体は、法律・条例等の形式で一般の人々にとっての法を定立することができますが、そうではなく、通達などにより、それぞれの組織（例えば、国の各府省の組織、自治体の各執行機関の組織、など）の内部における何らかの規範を定めるという場合があります。そのような規範は、これも、組織内部の法として捉えることは可能ですが、組織外部の一般の人々にとっての法（さきほどの言い方でいえば、一般市民法秩序に属する法）ではありません[7]。

　　以上のように、法には、一般社会において通用する一般の人々にとっての法（一

＊4　条約
　国と国、国と国際機関、国際機関と国際機関との間において締結される国際的な合意のことです。

＊5　国際慣習法
　国際的な慣習に基づいて国際社会の構成員を拘束する法であり、条約と並んで国際法の中核をなすものとされています。

＊6　定款
　一般社団法人・一般財団法人・株式会社等の根本規則あるいはこれを記載した書面のことです。

＊7　行政規則
　このような、国・地方公共団体の組織における組織内部規範は、行政法の理論でいう行政規則にあたります（「2章3節2（1）〈1〉行政立法の種類と許容性」参照）。

般社会の法）とは異なる、各種団体の団体内部規範や、国・自治体の組織の組織内部規範も含まれます。しかし、以下では、主に、それらを除いた一般社会の法について考えることにします。

（4）成文法と不文法

　誰かが「これが法だ」と言っただけでそれが法になるわけではありません。法が法として通用するためには、それがある一定の形をとっていることが必要です。この観点から、成文法と不文法が区別されます。

　〈1〉成文法

　　　今日の日本では、法の重要な部分は、「**成文法**」で占められています。

　　　成文法とは、「条文の形で書かれた内容が法として認められるもの」です。成文法にはさらにいくつかの形式が定められており（例えば、「法律」という形式）、それぞれの形式（法形式）に対応する一定の制定行為が行われたときに、法が生まれます。法律の場合でいえば、それは、国会が、提案された法律案につき、一定の手続に従い、原則としては衆参両議院でそれぞれ可決することによって成立しますが、そのような制定行為を経て、そこに書かれている条文の内容が法となるのです。成文法は、制定によって成立する法、すなわち「**制定法**」です。

　　　成文法は、上述のように、条文の形で書かれた内容が法として認められるものですが、通常、条文は一般的・抽象的な書き方で書かれており、それが誰のことであり何時のことであるかなどは特定されていません。したがって、成文法に依拠して実際に個々の案件を処理するにあたっては、一般的・抽象的な条文内容を個別案件ごとの事象に当てはめて個別的・具体的な結論（「誰々はいまただちに何々をしなければならない」など）を引き出すという作業が行われることになります。「法を適用する」というのは、このことを指しています。

　　　なお、この場合に、条文の内容を個別の事象に当てはめる前提として、条文の内容それ自体に関し、明らかでないところを解釈によって明らかにするということも、しばしば必要になります（本章「2節4　法令の読み方と解釈」参照）。

　〈2〉不文法・不文法源

　　　法はすべて成文法かというと、そうではありません。成文法以外の法を、「**不文法**」といいます。

　　　ここで、成文法（制定法）の場合には、一定の制定行為を経た条文が、あたかも法を湧き出させる水源のようなもの、「**法源**（source of law）」であるという捉え方がされています。そこで、成文法以外の不文法については何がその法源となりうるか、ということが問題になります。

　①　慣　習

　　　「**慣習**」を法源とする法が、慣習法です。今日の社会においては、法の

重要な部分は成文法として定められており、慣習法が働く余地は限られています が、例えば、いわゆる慣行水利権は、元をたどれば慣習法に基づいて成立しているものです。

② 条　理

「**条理**」とは、ものごとの本来のあり方のことであるといってよいでしょう。ある事項について成文法も慣習法も存在しない場合に、その事項についての一定の規範ないし原則を、条理に基づく条理法として認めることの可否が問題となります。これは議論のあるところですが、その余地が全く否定されるものではないと思われます。

関連して、いわゆる「**法の一般原則**（一般的法原則、法の一般原理）」の問題があります。これは、その社会における正義の観念にてらし普遍的に妥当すべき法原則、というような意味ですが、成文法になっているものを含めていう場合もあり[8]、それを含めないでいう場合もあります（この場合には、「条理法」とほぼ同義です）。

なお、条理が、独立の法源としてではなく、成文法の解釈に際し考慮されることによって法の内容に影響を与えることもありうるところです（条理解釈）。

③ 判　例

最高裁判所などの裁判所が、ある訴訟事件の裁判（判決等）において一定の法的見解（成文法の解釈など）を採用し、それが、その後の他の事件に対する関係での先例として位置付けられる場合に、それが「**判例**」とよばれます。そのような事態は、特に最高裁判所のした裁判について生じます。それは、また、最高裁判所に限らず、裁判所により多数の事件において同一の見解が繰り返されることでも、生ずる場合があります。もっとも、いずれの場合にも、現行法上、それらの先例が当事者及び裁判所を法的に拘束するわけではありません[9]。したがって、判例は、拘束力をもつ法をそれ自体が生み出すという意味での法源ではありません。しかし、実際には、判例は裁判所及びその他の諸機関によって尊重されますので、法の運用においてきわめて重要です[10]。

3　公務員にとって法とは

以上、法とは何か、どのような法があるかについてみてきましたが、それでは、法は、特に公務員にとっては、いかなる意味をもつものなのでしょうか。

公務員は、公務員以外の人々がそうであるのと同じく法に従って行動しなければなりません。しかし、それだけではなく、公務員に関しては、その職務の執行及び職務に属さない行動の双方にわたり、特別の拘束が憲法・行政法・刑事法などの法によって課され、それに従って行動することが要求されています。これら

＊8　法の一般原則

例えば、平等原則・比例原則については、前者は憲法14条に規定されており、後者は憲法13条に含まれるとの解釈が有力であって、その意味ではいずれも成文法だということになりますが、規範内容に着目してこれらを法の一般原則と捉えるのが普通です（平等原則・比例原則を含めて行政法の一般原則に関し、「2章3節1（2）行政法（行政作用法）の一般原則」を参照）。

＊9　最高裁判所の判例

ただし、最高裁判所の判例については、それが簡単に覆されることを防ぐための仕組みが設けられています（民訴法318条1項・裁法10条3号など）。なお、最高裁判所の判例だけを「判例」とよぶこともあります。

＊10　どこで判例をみるか

裁判所の裁判のうち判例としての価値のあるものは、裁判所自身による各種の判例集や、いくつかの専門誌に掲載されます。また、それらを基礎として詳細な判例データベースがつくられています（第一法規の「判例体系」など）。各分野の特に重要な判例についてその要旨だけをみるのであれば、各種のいわゆる「判例付き六法」も便利です。

の法に反する公務員の違法な行動については、その行動の効果が法的に否定され
たり、その公務員の責任が法的に問われたりすることになります。

　他方、公務員が、法（法令）の立案・審査や個別案件への法の適用などを含め、
様々な場面において様々なかたちで法を取り扱うことは、それ自体が公務員の職
務の内容でもあります。この場合、そこでの法の取扱いが不適切であれば、その
職務遂行自体が、関係者又は社会一般に対する関係で不適切なものになってしま
います。

　以上の意味で、公務員には、他の人々よりもいっそう、法についての理解と習
熟が求められます。ただし、現在通用している法の内容をすべて知ることは不可
能ですし、その点は、法についての調べ方が分かっていればそれで足りるでしょ
う。

（小早川光郎・交告尚史・人見　剛）

学習のポイント

- ■法とは、「一定の拘束性を有する社会規範（又はその集合）」です。
- ■法の大きなまとまりとして、民事法、刑事法、行政法、憲法などがあります。
- ■民事法には、第1に、人々の間の権利義務関係や、それが契約等によってどのように設定・変更されるかを定めた「民事実体法」（例えば、民法、商法など）があります。
- ■民事法には、第2に、人々の間に生じた紛争を公的に処理する手続的仕組みを定めた「民事手続法」（例えば、民事訴訟法など）があります。
- ■刑事法には、犯罪と刑罰を定める「刑事実体法」（例えば、刑法）、犯罪の捜査・訴追・裁判等の手続を定める「刑事手続法」（例えば、刑事訴訟法など）があります。
- ■国又は自治体（地方公共団体）の公的活動として行われる規制行政・給付行政、租税の賦課徴収などについての、通常の民事法・刑事法とは別の、行政に固有な法の全体を一つのまとまりとして捉えたものが「行政法」です。
- ■国家の基本的な仕組み（統治機構）及び国家と個人の関係の基本的なあり方（特に基本的人権の保障）を定めたものが「憲法」です。
- ■国家相互間の関係を律する法が「国際法」です。
- ■条文の形で書かれた内容が法として認められたものが「成文法」（制定によって成立するという意味で「制定法」ともいいます）です。
- ■成文法以外の法を「不文法」といい、慣習法、条理法などがあります。
- ■判例は、それ自体は法ではありませんが、法の運用において尊重され、重要な役割を演じています。
- ■公務員には、職務の執行、職務外の行動について、特別の拘束が憲法、行政法、刑事法等の法によって課され、それによって行動することが求められています。また、法令の立案・審査・適用などの様々な場面で法とのかかわりが求められます。

第2節　成文法（法令）の構造と扱い方

1　成文法のための形式としての法令

（1）成文法（法令）の諸形式

　成文法は、前述のように、一定の形式をもち、その形式に応じた一定の行為によって制定されます。ある国の成文法がいかなる形式で制定されるかは、憲法を基本とするその国の法秩序の中で定められています。以下、日本の場合についてみていくことにします。

　まず、「**憲法**」（「日本国憲法」）それ自体が、以下で述べる法律その他の諸形式とは違う特別の形式をもった成文法です。

　憲法を別にすると、一方で、国の機関が成文法を定める場合の形式としては、国会が制定する「**法律**」をはじめ、内閣が制定する「**政令**」、内閣総理大臣が内閣府の長として発する「**内閣府令**」、各省大臣が発するそれぞれの「**省令**」、各委員会又は各庁の長官が発する「**規則**」などの諸形式があります。

　他方、自治体（地方公共団体）において成文法を定める場合の形式としては、議会の議決によりその自治体の名において制定される「**条例**」、自治体の長が単独で制定する「**規則**」（「地方公共団体の規則」ないし「長の規則」）、自治体の委員会が定める「**規則**」（「○○委員会規則」）などがあります*1。

　日本の国の法秩序において予定されている成文法の形式は、主要なものは以上のとおりですが、それに限られるわけではありません*2。

（2）「法令」という言葉

　「**法令**」とは、もともとは「法律及び命令」の意味であり、そこにいう「命令」*3は、これも元来は、政令・省令等々の、国の行政機関が成文法を定めるための諸形式の総称です。「法令」の語を、このような「法律及び国の行政機関の命令」の意味に限定して用いる例は、現在でもみることができます（自治法2条11項・12項・16項・14条・15条など）。しかし今日では、この言葉は、しばしば、自治体の条例・規則等をも含む広い意味で使われています。本書でも、原則として、後者の広い意味で使用することにします（「国の法令」、「地方の条例・規則等」などの言い方も、必要に応じて併用します）*4。

　他方、「**立法**」という言葉は、一定の限定された意味で用いられることも多いのですが（特に、憲法41条が用いている「立法」の語の意味について、「1章3節　立法と行政と司法」及び「2章3節　行政作用法」を参照）、広い意味では、公的機関が成文

＊1　規則
　ここに掲げたとおり、「規則」という名称は、成文法の形式のうち多数のものについて用いられています。省令についても、個々の省令の題名には、「○○法施行規則」、「○○に関する規則」などのように、「規則」の語が使われるのが通例です。
　なお、前節2（3）でも触れましたが、行政法に関する記述に「行政規則」という語が登場します。これは、国民の権利義務に関係しない行政内部の定めという意味の学問上の概念です。

＊2　告示
　例えば、各省大臣等の発する告示は、それによって様々な事項を公示するものですが、法（成文法）を定めるための形式としても用いられます。

＊3　命令
　ここでいう「命令」は、特定の人に対して一定の行動を命ずるという意味での「命令」とは違います。

＊4　法令の範囲
　このほか、「法令」の語に関しては、国内法秩序の下で公的機関が制定するものに限定し、国際条約や、国際条約に基づいて国際機関が定める規則などは含めないことにします。また、国内法秩序の下において制定されるものであっても、前述の、各種団体の内部規範及び国・自治体の組織の内部規範を内容とするものは、それも、ここでいう「法令」からは除きます。

法の形で法を定立すること、すなわち法令を制定することを指します。

（3）法令の制定改廃

　法令の制定は、前述のように一定の手続を経て法令が「**成立**」し、それが「**公布**」され、次いで「**施行**」される、というプロセスで行われます。公布は、国の法令であれば官報への掲載、地方の条例・規則等であればその自治体の公報への掲載等の方法によって行われます。施行とは、制定された法令が実際に適用・執行されるべき状態におかれることであり、一定の期日（施行期日）が予め定められています（施行するという特定の行為があるわけではありません）＊5。

　法令は、いったん制定された後、状況に応じて**改正**され、また、**廃止**されることもあります。ある法令Aの改廃は、法令Aを改正し又は廃止するという内容を含む法令Bの制定によって行われます。

＊5　条例等の公布・施行
　自治体の条例・規則等の公布及び施行に関しては、地方自治法16条3項～5項参照。

（4）法令の題名と法令番号

　法令には、**題名**及び**法令番号**が付され、それによって個々の法令が特定され、識別されることになります。このうち法令番号は、一般に、各年ごとに公布の順で番号が付されるものです。例えば、「平成▽年法律第x号」、「平成▽年△△省令第y号」、「平成▽年□□県条例第z号」のような表記になります。題名に関しては、古い法令には題名を付さないまま制定されているものもありますが、現在では、法令は題名付きで制定されるのが普通です（「○○法」、「○○に関する法律」など）。法令を確実に特定して表記するには、「○○に関する法律（平成▽年法律第x号）」のような書き方がされます。

（5）法令の現況

　日本の現在の法令は、1ヶ条だけの短いものもありますが、多くは、かなり多数の条文を体系的にまとめた形で構成されており、そのようなある程度の大きさをもつ法令が、国・地方を通じ、膨大な数、存在しています。そして、毎年、新たな法令が多数制定され、また、既存の法令の改正も頻繁に行われています＊6。

＊6　できるだけ条文にあたる
　本書の1章以下では、憲法・行政法・地方自治法・民法・刑法の各分野に踏み込んで学習することになりますが、学習にあたってのポイントの一つは、関係する法令の条文にはできるだけあたってみるということでしょう。現行法令のうち、国の法令の主要なものは、各種のいわゆる「六法」その他の法令集に収録されています。地方の条例・規則等に関しては、各自治体ごとの法規集・例規集などがあります。また、国・地方を通じて、各種の法令データベースが整備され、インターネットでのアクセスも容易になってきています。

2　法令相互の関係

　法令相互の関係をめぐっては様々なことが問題となりますが、ここでは、2つの法令の内容が互いに抵触する（矛盾し、両立しない）場合における両者の関係について考えることにします。

（1）「上位法は下位法に優先する」

　まず、2つの法令の間に法形式としての上下関係がある場合には、「**上位法は下位法に優先する**」ことになります。ここにいう上下関係とは、法形式の異なる

　２つの法令の間で両者の内容が抵触する場合に、一方の法令が優越し他方の法令の規定は無効になるという、法形式相互間の効力の優劣の関係です。そのような関係は、いうまでもなく憲法とそれ以外の法令との間に存在しますし（憲法98条１項参照）、また、法律と国の行政機関の命令（政令・省令その他）との間、自治体の条例と長の規則等との間にも、それぞれ存在します。いずれも、後にあらためて取り上げます（「１章４節　憲法と地方自治」、「２章３節　行政作用法」、「３章３節　自治立法」参照）。なお、法律（及び政令・省令等）と条例との間の効力関係については、「３章３節　自治立法」で詳しく扱います。

（２）「後法は前法を破る」、「特別法は一般法に優先する」

　他方、法律対法律とか、条例対条例とかのように、同一形式の法令相互間で両者の内容が抵触する場合の処理に関しては、「**後法は前法を破る**」、「**特別法は一般法に優先する**」という、２つのルールがあります。

　前者は、ある法令Ａが制定された後に同形式の他の法令Ｂが制定され、両者の内容が互いに抵触するという場合には、後法Ｂの内容がそれと抵触する前法Ａの内容に優先し、それを破る、というものです。

　後者の「特別法は一般法に優先する」ということが問題となるのは、２つの法令Ａ・ＢのうちのＡが、ある事柄ａにつき一定の内容を規定し（例、地方公務員のうちの教育公務員に関する教育公務員特例法の規定）、他方の法令Ｂが、事柄ａを含むそれよりも広い事柄ｂにつき一定の内容を規定していて（上記の例でいえば、地方公務員に関する地方公務員法の規定）、しかも両者が互いに抵触するという場合です。ここでは法令Ｂが一般法（一般ルール）で法令Ａが特別法（特則）ですが、その場合には、仮にＡが前法でＢが後法であっても、ＡがＢによって破られるのではなく、特別法対一般法という関係から、ＡがＢに優先することになります。これが、「特別法は一般法に優先する」というルールです。

3　法令の組立て

　個々の法令がどのように組み立てられているかをみますと、そこには一定の型（スタイル）があります。

（１）条・項など

　法令の本体をなすのは、箇条書きの文で書かれた部分で、「**本則**」の部分と「**附則**」の部分とがあります。本則に関しては、「**条**」による箇条書きの形がとられ、各条がさらにいくつかの「**項**」に分けられる[*7]こともあります（附則では、多くの場合、条なしで項だけが使われます）。条又は項の文に、それに続けて「**ただし書き**」が伴うことがあり、その場合、ただし書きの前の文は「**本文**」とよばれます。また、条又は項において、「**号**」の形で、事物の名称や「……であること」のよう

＊7　項の番号
　条を項に分ける場合、法令自体の表記としては、最初の項を除き、第２項以下に、２、３、４、…というように項番号が振られます。ただし、市販の法令集では、第１項の項番号を補って表記している場合があります。

10

な語句などを列記する場合があります（多くは体言止め）。この場合、そのような「**各号列記部分**」以外の部分は、一般に「**柱書き**」などとよばれています。

　法令の本体部分である各条（項・ただし書き・号を含む）は、以上のように文で書かれるのが基本ですが、そのほか、必要に応じて、表・別表・様式・図なども用いられます。これらも、それぞれ、いずれかの条の一部です。

　各条には、原則として、冒頭にかっこ書きで**見出し**が付いています[8]。

（2）附則におかれるもの

　それぞれの法令には本則のほかに**附則**が付いています。附則におかれるものとしては、例えば、施行期日の定め（前述）や、経過規定（その法令の制定に伴う各種の経過措置についての定め）などがあります。また、関係法令の改正又は廃止に関する規定がおかれることもあります。

（3）改正附則

　附則に関しては、いわゆる「**改正附則**」の取扱いの問題があります。法令Aを法令Bで改正する場合に、法令Aを改正する旨の法令Bの規定は、それが施行され改正が実現することでその役割を終えるのですが、法令Bの附則には、改正後の法令Aの運用にあたってなお参照すべきものが含まれていることがあり（その改正に伴う経過措置など）、法令Bの附則のそのような部分は、あたかも法令Aの附則の一種であるかのように取り扱われることになります。これが「改正附則」（又は「改正法附則」）です。

4　法令の読み方と解釈

（1）法令の読み方

　どのような場面であれ、法令を取り扱う場合には、まず、何が書かれているかをしっかりと読むことです。それには、①条・項等の組立て（前述）を正確に把握しながら読むこと、②特定の条や特定の項だけを読むのではなく、その前後の条項や、さらにはその法令の全体の構成（章・節等の立て方）にも目を配ること、③条文中の用語に関し、別に定義規定がおかれていたり、定義規定でなくてもどこかの条文中でその用語の定義がされているかもしれないことに[9]気を付けること、④すべての法令に共通する用語上の約束事が多数あること[10]に留意することなどが、それぞれ重要です。

（2）法令の解釈

　〈1〉解釈の必要性

　　前述のように、条文の内容を個別案件ごとの事象にあてはめて個別的・具体的な結論を引き出す作業が「**適用**」ですが、その前提として、条文の内容

---

[8]　**条の見出し**
　古い法令の場合には条の見出しは付いていません。その場合でも、市販の法令集では条の見出しが付いていることがありますが、それは当該法令集の編集者が付けたものです。括弧の形を変えるなどにより、法令にもともと付いている見出しと区別できるようにしてあるのが普通です。

[9]　**一般の条文中にある定義規定**
　例えば、行政不服審査法3条には、「行政庁の不作為（法令に基づく申請に対して何らの処分をもしないことをいう。以下同じ。）」という定めがあり、行政不服審査法中の「不作為」という文言が、上述のような特定の意味で用いられていることが規定されています。

[10]　**法令用語の約束事**
　若干の例を挙げれば、「及び・並びに」、「又は・若しくは」、「推定する・みなす」、「適用する・準用する・例による」、「その他・その他の」等々の使い方に関し、それぞれ一定の約束があります。簡単な説明は、法令集にも載っていることがあります。詳しくは、法制執務の参考書を参照してください。

11

それ自体に関し、明らかでないところを「**解釈**」によって明らかにするということが、しばしば必要になります。

　まず、条文の一定の文言が、それ自体、意味が明らかでないことがあります。しかしそれだけではありません。そもそも、将来起こるかもしれない多種多様な事態をすべて予想し、条文の適用の結果がどうなるかについていかなる場合にも疑問が生ずることのないように書くことは、厳密には不可能であることが多いでしょう。以上のことから、法令（成文法）について、解釈の必要が生ずるのです。

〈2〉解釈の種類

　法令の解釈に関しては、基本的に、条文で用いられている文言や構文を重視する解釈態度と、文言・構文のみに偏ることなくそれ以外の観点（例えば、その法令の趣旨・目的、他の法令との整合性、更には条理、等々）をも重視する解釈態度とがあり、前者は**文理解釈**とよばれます。もっとも、両者は明確に対立するわけではなく、その違いはいわば程度の差です。文理から離れた解釈については、それぞれの態様に応じ、拡張解釈、縮小解釈、反対解釈、類推解釈[*11]等々の分類がされています。一つひとつの場合に、文理を重視するかどうか、文理から離れるとしてどの態様の解釈をとるかは、種々の考慮に基づく総合的な判断の問題であり、一定の方法なり基準なりが決まっているわけではありません。

〈3〉解釈の主体

　一定の案件について法令を適用すべき立場にある機関は、その法令の解釈が必要な場合、原則としては、自ら解釈をし、それに基づいて法令の適用を行うことになります。このことは、裁判所でも行政機関でも同じです。また、裁判所等による法令の適用を受ける側の立場にある者も、それが私人である場合であれ、国・自治体又はその機関である場合（例えば、それらが訴訟当事者として裁判所による法の適用の相手方となる場合）であれ、裁判所等に対して自己の解釈を提示し、その解釈に基づく法令の適用が行われるべき旨を主張することができます。

　以上のような意味では、誰もが法令の解釈を行うことができますし、それは、法令を適用する裁判所や行政機関によっても重視される場合があります[*12]。しかし、法令の解釈・適用によって具体的事件を処理する最終的な権限をもつのが、裁判所であることから、裁判所、特に最高裁判所による法令の解釈は、それ以外の者の解釈よりも尊重されることになります。

　なお、上下の指揮監督関係にある行政機関相互間において、上級機関の通達等によってある法令の解釈が示されたときは、下級機関は、上級機関に対する関係ではその解釈に拘束されます。ただし、そのような通達等[*13]は、前述のように組織内部規範にとどまり、外部の第三者にとっては拘束力はなく、したがってまた、そのような外部の者がかかわる訴訟において裁判所が

＊11　拡張解釈、縮小解釈、反対解釈、類推解釈

法令で用いている言葉を通常の意味より広く解釈するのが「拡張解釈」（「この橋は車馬通るべからず」というルールにつき、牛も通行不可と解釈する）、反対に狭く解釈するのが「縮小解釈」（「航空機の離着陸を禁ず」というルールにつき、禁じられるのは飛行機のみ、飛行船やヘリコプターは可と解釈する）、法令の規定の裏側にそれと逆の場合は法の効果が生ずるという規定が存在すると解するのが「反対解釈」（「この通路は自転車の走行不可」というルールにつき、自転車を引いて歩くのは可と解釈する）、法令の規定の隣側にそれと類似する場合に同じ効果が生ずるという規定が存在すると解するのが「類推解釈」（「この国立公園内で土石を採取すべからず」というルールにつき、さんご石（サンゴの死後に残った骨格）も採取してはいけないと解釈する）です。拡張解釈と類推解釈の違いは微妙で、いずれの場合も結局は、法律の趣旨目的を考慮して判断することになります。

＊12　法令所管省・内閣法制局の法令解釈

例えば、国の法令はすべて各大臣のいずれかの所管に、いいかえればいずれかの府・省の所管に属するのですが、この「所管省による法令の解釈」は、それなりに重視されることになります。国の行政において更に重要な位置付けを与えられているものとしては、法令の解釈について示される「内閣法制局の意見」があります。

＊13　国の処理基準・指示等

これに似たことは、国と自治体との間でも生ずることがあります。国（各大臣などの行政機関）と自治体とは上下の関係にはありませんが、一定の範囲では、国の各大臣などが、法令についての一定の解釈を前提として、自治体の事務の処理に関し、処理基準を定めたり（法定受託事務に限る）、個別に指示をしたりすることができることになっています。そこで、これらの処理基準や指示（そこに示された法令の解釈）が、相手方である自治体又は他の第三者に対してどのような効力をもつのかが問題となりますが、この問題は「3章13節2　是正の要求・指示・勧告」で扱います。

それに拘束されることもありません。

（小早川光郎・交告尚史・人見　剛）

学習のポイント

■成文法の中で基本となる最上位法は「憲法」です。
■憲法のほか、国の機関が成文法を定める場合の形式としては、国会が制定する「法律」、内閣が制定する「政令」、内閣総理大臣が内閣府の長として発する「内閣府令」、各省大臣が発する「省令」、委員会又は各庁の長官が発する「規則」などがあります。
■自治体（地方公共団体）が成文法を定める場合の形式としては、議会の議決によりその自治体の名において制定される「条例」、長が単独で制定する「規則」、各委員会が制定する「規則」などがあります。「法令」とは、もともとは「法律及び命令（政令・省令など）」のことでしたが、現在では、自治体の条例・規則まで含めるのが一般的です。
■法令の制定は、成立→公布→施行というプロセスで行われます。公布は、国の法令であれば官報への掲載、地方の条例・規則であれば公報への掲載によって行われます。施行は、法令が実際に適用・執行されるべき状態に置かれることで、施行期日が予め定められています。
■「上位法は下位法に優先する」とは、法形式の異なる２つの法令の間に効力の優劣がある場合、上位の法が下位の法に優先することです。例えば、憲法と法律では憲法が優先し、法律と命令では法律が優先します。
■「後法は前法を破る」とは、法形式を同じくする前法の後に後法がそれと異なる内容の規定をした場合、後法が優先するというものであり、「特別法は一般法に優先する」とは、広い対象について規定する法（一般法）とその中のある狭い対象について規定する法（特別法）がある場合、狭い対象の部分については、特別法が優先するというものです。
■法令は原則として複数の条で構成されます。条は項に分けられることがあり、条や項は更に、本文とただし書きに分かれる場合、柱書きと各号に分かれる場合があります。
■法令には本則の部分のほかに附則の部分があり、施行期日や経過規定などが定められます。
■法令を読むには、①条項の組立てを正確に把握すること、②その条項だけでなく前後の条項や法令全体にも目を配ること、③条文中の用語についてはどこかに定義があるのではないかと注意を払うこと、④すべての法令に共通する用語上の約束事があることに留意すること、などが必要です。
■条文の文言を重視して解釈する態度を「文理解釈」といいますが、文言以外の、例えば、法令の趣旨・目的、他の法令との整合性などを重視しながら解釈する態度もあります。文理から離れた解釈には、拡張解釈、縮小解釈、反対解釈、類推解釈などがあります。
■法令の解釈は、行政機関でも、私人でも、誰でも行うことができますが、法令の解釈・適用により具体的事件の処理を行う最終的な権限をもつのが裁判所であることから、裁判所（特に最高裁判所）の解釈が、他の何よりも尊重されることになります。

第3節　基本法務の学び方

1　本書の構成と学び方

　本書の対象である自治体職員の方々には、そもそも法というものにこれまでなじみのなかった人や、法の特定の分野には通じているけれどもそれ以外の分野には接する機会がなかったというような人も、少なくないでしょう。この「序章」では、法が全体としてどのようなものであるのかについておおよそのイメージをもつことができるように、基礎的な説明を行い（1節）、その上で、成文法のための形式としての「法令」が今日の法において中心的な役割を担っていることに鑑み、法令の意義及び法令を扱う際に必要な基本的事項について要点を整理しました（2節）[*1]。

　以下の各章では、憲法・行政法・地方自治法・民法・刑法の5つの分野を、順次取り上げます。このうち、憲法・行政法・地方自治法は、行政の活動と、その主体としての国及び自治体について、その法的な基礎を形作っているものです。なお、地方自治法は、憲法8章の諸規定を具体化するもので憲法の分野に属するともいえますし、行政の重要な部分に関するもので行政法の一部であるともいえますが、自治体及び自治体職員にとっての重要性に鑑み、憲法・行政法とは別に章を立てています。また、民法及び刑法は、行政が働きかけていく対象である社会それ自体の仕組みの基本をなしており、自治体行政が現代社会の様々な問題に取り組もうとする場合にも、その前提として必ず関係してくることになります。

　このように、憲法・行政法・地方自治法・民法・刑法は、自治体法務において不可欠の基礎をなす法分野です。法の全体に関して序章で学んだことを踏まえながらこれらの法分野のそれぞれについて学び[*2]、これからの時代の自治体職員が共通に備えるべき法務の基本的能力を養うことが、学習の課題となります。

（小早川光郎）

2　最近の社会状況と基本法務

（1）新型コロナウイルス感染症

　新型コロナウイルス感染症は、日本のみならず世界全体で大きな問題となりました。

　新型コロナウイルス感染症は、感染症の予防及び感染症の患者に対する医療に関する法律（以下「感染症法」という）6条8項に基づく「指定感染症」に指定された後、同年3月の改正で新型インフルエンザ等対策特措法（以下「新型インフル特措法」という）2条1号の新型インフルエンザ等とみなされて、新型インフル

[*1]
　そこでの、法令に関する各種事項の解説は、自治体職員の一般的な職務に必要と考えられる範囲の事柄についてその基本的な部分を理解していただくという趣旨で記述しています。法令の立案・審査等において問題となる専門的・技術的な事柄に関しては、法制執務の参考書などを参照してください。

[*2]
　各章の学習にあたり、場合によっては、そこでの各分野の記述と関連付けて「序章」の分野横断的な記述にもう一度立ち返るというのも有益でしょう。

特措法（2021年2月改正前）に基づく各種対策の対象とされました。2020年4月7日には、同法32条に基づく内閣総理大臣（政府対策本部長）の緊急事態宣言が、まず7都府県になされ、同月16日には全都道府県に拡大されました。緊急事態宣言は同年5月25日に解除されましたが、その後も発出、期間延長、地域拡大、解除が繰り返されました。当初、全国の都道府県知事は、まず同法24条9項に基づいて商業施設などの休業要請をし、さらに緊急事態宣言がなされた地域・期間では、外出自粛の要請（同法45条1項）や営業や催事の自粛の要請（同条2項）、営業等の自粛要請に従わない事業者に対してはさらに自粛の指示がなされ（同条3項）、それらは公表されることになっていました（同条4項。現5項。なお、後述する2021年2月の改正で、「公表しなければならない」が「公表することができる」に変更されました。これは、公表することにより多くの人が集まり、かえって不合理な結果になる場合が想定されるためです）。多くの事業者が営業自粛に追い込まれ、指示に従わない一部のパチンコ店について具体的な店名公表がなされた地域もありました[*3]。

　東京都は、休業要請を受けて休業する事業者の経済的負担を軽減するため、自治体の貯金にあたる「基金」[*4]を取り崩して、感染拡大防止協力金を支給する施策も開始しました。これは巷間「休業補償」などとも呼ばれていますが、その目的や対象の広範さに鑑みれば、適法な行政活動によって私人にもたらされた財産上の特別の犠牲の補償ではなく[*5]、感染拡大の防止を実効あらしめるための金銭的誘導措置とみるべきでしょう。その他の道府県では、財政上の制約からそうした措置の実施が困難であったようですが、その後国において「新型コロナウイルス感染症対応地方創生臨時交付金」が設けられ、この交付金が各自治体に行き渡るようになると、各自治体でもこの種の経済的支援の制度が整備されていきました[*6]。

　感染拡大防止に関する直接的・具体的権限を持たない国は、外出自粛や営業自粛などの行動制限に協力した国民に特別定額給付金として一律10万円を給付したり、感染拡大により大きな影響を受けた中小法人や個人事業者の事業継続を支えるために持続化給付金を支給するなどの全国的な施策を展開しました。さらに、いわゆるGo Toキャンペーンなども実施しました。

　これらの金銭支払いは、広い意味での補助金といえると思われますが、こうした補助金給付は、特段の法律の定めに基づくことなく、もっぱら政府の予算措置によってなされました。466億円の予算を投じて行われた、いわゆるアベノマスクの全戸配布も、同様に国会審議を経た法律に基づくことなくなされた国による現物給付です。このようなコロナ禍の下の各種の政府の給付措置は、日本の行政実務が、法律による行政の原則に係る法律の留保[*7]の問題について伝統的な侵害留保の原則に依っていることを示しているといえます。

　先に、自粛の要請や指示について述べましたが、これらには強制力がありませんでした。しかし、2021年2月に新型インフル特措法が改正され、同法の一定の措置に強制力が備わることとなりました。すなわち、緊急事態において同法45条

[*3]
　行政指導については、「2章3節2（3）行政指導」、公表については、「2章3節2（5）義務付けの実効性の確保」を参照。

[*4]
　地方公共団体の基金については、「3章10節6（2）その他の財産」参照。

[*5]
　損失補償については、「2章4節4（2）損失補償」参照。

[*6]
　国から地方公共団体に対するこのような補助金については、「3章10節2（1）収入」参照。

[*7]
　法律の留保については、「1章2節2（3）法律の留保」、「2章3節1（1）行政作用と法律との関係」を参照。

＊8
過料について、「2章3節2（5）〈2〉義務違反に対する制裁」及び「5章2節2（1）実定法上の刑罰・犯罪」を参照。

2項に基づく時短や休業の要請に、事業者が正当な理由なく従わないときに、特に必要があると認めるときに限り知事が時短・休業を命ずることができ（同45条3項）、命令に反した場合30万円以下の過料＊8に処せられる（同法79条）ことになったのです。実際に、東京都等で、時短命令に従わない飲食店に対して過料が課せられました（事業者が命令の違法性を争った国賠訴訟で、「特に必要であったと認められない」として、命令が違法とされた例があります（東京地判令4・5・16判時2530号5頁）。もっとも、過失なしとして、請求自体は棄却されています）。まん延防止等重点措置を集中的に実施するための制度が新たに設けられ（31条の4以下）、感染防止のための協力要請（31条の6第1項）、正当な理由なく要請に応じないときの措置命令（同3項）、命令に従わない場合の20万円以下の過料（同法80条1号）といった仕組みが導入されました。こちらの方も実際に発動された例が報道されています。新型インフル特措法の改正とあわせて、感染症法も改正され、一定の感染症に関して宿泊療養・自宅療養の協力要請規定（44条の3）が設けられるとともに、正当な理由なく入院措置に応じない者や入院先から逃げた者に対して50万円以下の過料に処する旨の規定（80条）が置かれるなどしました。

　新型コロナウイルス感染症については、2021年に入って、ワクチンの接種が進められてきました。ワクチン接種について定める法律に予防接種法があり、同法によれば予防接種は定期接種と臨時接種に分けられます。新型コロナワクチンの接種は、2020年の改正により、特例として、同法6条1項に基づく臨時接種とみなされ（附則7条2項）、同法が適用されることになりました。例えば、ワクチン接種による副反応として疾病にかかったり、障害を負ったり死亡したりした場合には、ワクチン接種が原因であると厚生労働大臣が認定すれば、医療費、障害年金、死亡一時金等が支給されます（15条・16条）。認定の際、疾病・障害認定審査会の意見を聞くことになっていますが、2021年8月19日、同審査会感染症・予防接種審査分科会は新型コロナワクチン接種後の健康被害＊9につき、因果関係を否定できないとし、これに基づき、医療費の支給が決定されました。その後多数の認定例が出ています。

＊9
予防接種後の健康被害に関する国家賠償訴訟について、「2章4節4（3）国家補償の谷間」を参照。

（2）自然災害の頻発

　東北地方を中心に未曽有の被害をもたらした東日本大震災から10年以上が経ちました。この間にも、地震、豪雨、噴火など数多くの災害が全国各地で発生してきました。とりわけ、気候変動の影響であるのか、これまで経験したことのないようなスーパー台風等のもたらす強風や豪雨による河川の氾濫や土砂災害が毎年のように頻発しています。記憶に新しいところでは、2018年7月の西日本豪雨、同年9月の台風21号の高潮被害、2019年10月の台風19号による東日本の多数の河川の氾濫、2020年7月の熊本豪雨などです。

　災害対策基本法をはじめとして、消防組織法、消防法、水防法、砂防法、急傾斜地の崩壊による災害の防止に関する法律、特定都市河川浸水被害対策法、土砂

災害警戒区域等における土砂災害防止対策の推進に関する法律などの防災諸法が、それぞれ国、都道府県、市区町村の役割を定めています。そして、これらの法律に基づいて地方公共団体が処理する事務のうち、一部は、法定受託事務とされていますが、その他のすべての事務は、当該地方公共団体がその地域の事情に即して自主的に処理する自治事務とされています。このほか、地方公共団体は、防災対策推進条例や地震対策条例のような自主条例を定めていることも多いのですが、これらの条例の執行の事務も、もちろん自治事務です[*10]。

　2021年7月に起きた熱海市の土砂災害は、梅雨前線による記録的な大雨を契機として発生した土石流災害ですが、山の谷間に大量に土砂が搬入された「盛り土」部分が崩落したもので、人災の面が極めて大きいものでした。静岡県には、残土処理も規制対象に含む「土採取等規制条例」があり、この条例に基づく処分も可能でしたが、報道によると、命令の発令が検討されたものの、とりやめられたとのことです。権限不行使が違法であるとして県の責任を問う裁判が進行中です[*11]。国は、2022年、宅地造成等規制法を改正して「宅地造成及び特定盛土等規制法」とし（いわゆる「盛土規制法」）、危険な盛土等を規制することとしました。

（3）デジタル社会の形成

　デジタル社会の本格的な構築に向けて、2021年にデジタル社会形成基本法（以下「基本法」という）が制定されました。同法は、デジタル社会を「インターネットその他の高度情報通信ネットワークを通じて自由かつ安全に多様な情報又は知識を世界的規模で入手し、共有し、又は発信するとともに、……人工知能関連技術、……インターネット・オブ・シングズ活用関連技術、……クラウド・コンピューティング・サービス関連技術その他の従来の処理量に比して大量の情報の処理を可能とする先端的な技術をはじめとする情報通信技術……を用いて電磁的記録……として記録された多様かつ大量の情報を適正かつ効果的に活用すること……により、あらゆる分野における創造的かつ活力ある発展が可能となる社会」と定義しています（2条）。情報通信ネットワークの整備を目標とする段階はもはや過ぎ、情報の利活用を如何に進めるかが重要となる段階に来ている、という認識がそこには示されています。個人情報保護法、行政機関個人情報保護法、独立行政法人個人情報保護法の3つの法律が一つの法律に一本化されました[*12]が、そこでも、個人情報の保護だけでなく、その利活用を図ることとなりました。この点に関して、これまで各自治体がもっていた個人情報保護条例が、個人情報の利活用を図るという観点が希薄だったため、自治体の個人情報保護制度も一元化されることになり、自治体の機関も「行政機関等」として国の法律の適用を受けることとし、自治体も含めた全体について、所管が国の機関である個人情報保護委員会に一元化されることとなりました。法律と既存の条例との関係に関し、争いが生じる可能性があります[*13]。

　さて、基本法36条は、「デジタル社会の形成に関する内閣の事務を内閣官房と

*10
地方公共団体の条例制定権については、「3章3節2　条例制定権」を参照。

*11
規制権限不行使を理由とする国家賠償訴訟について、「2章4節4（1）〈2〉国家賠償法1条」を参照。

*12
「2章3節4（2）個人情報保護」を参照。

*13
「3章3節2（3）〈1〉条例と法律の抵触問題」を参照。

*14
刑法9条「死刑、拘禁刑、罰金、拘留及び科料を主刑とし、没収を付加刑とする。」12条1項「拘禁刑は、無期及び有期とし、有期拘禁刑は一月以上二十年以下とする。」2項「拘禁刑は、刑事施設に拘置する。」3項「拘禁刑に処せられた者には、改善更生を図るため、必要な作業を行わせ、又は必要な指導を行うことができる。」

*15
地方自治法14条3項「普通地方公共団体は、法令に特別の定めがあるものを除くほか、その条例中に、条例に違反した者に対し、二年以下の拘禁刑、百万円以下の罰金、拘留、科料若しくは没収の刑又は五万円以下の過料を科する旨の規定を設けることができる。」〔3章3節2（2）〈3〉憲法と条例制定権の範囲〕を参照。

*16
地方公務員法16条（欠格項）1号「拘禁刑以上の刑に処せられ、その執行を終わるまで又はその執行を受けることがなくなるまでの者」。60条（罰則）「次の各号のいずれかに該当する者は、一年以下の拘禁刑又は五十万円以下の罰金に処する。」63条（罰則）「次の各号のいずれかに該当する者は、三年以下の拘禁刑に処する。」〔3章9節2（1）勤務関係の成立と変動〕を参照。

*17
刑法等の一部を改正する法律の施行に伴う関係法律の整理等に関する法律（令和4年法律第68号）。

*18
この改正では、インターネットを使った誹謗中傷被害の重大化に応じて、侮辱罪（刑法231条）の法定刑が拘留又は科料という軽い刑だけであったのを、1年以下の懲役若しくは禁錮若しくは30万円以下の罰金を選択刑として加えて重罰化した点にも注意することが必要です。この条は拘禁刑に関する9条等とは異なり2022（令和4）年7月7日から施行されています。

共に助けるとともに、デジタル社会の形成に関する行政事務の迅速かつ重点的な遂行を図るため……内閣に、デジタル庁を置く」と定めています。デジタル社会形成に関する行政事務が縦割り的に行われてきたことや専門性が必ずしも十分でなかったことから、専門性が高く、政府横断的な存在である新たな行政機関を、いわば司令塔として設置することにしたわけです。具体的には、デジタル庁設置法（以下「設置法」という）が制定されています。専門性という点では、人材の確保が重要であるため、民間から多数の人材を起用していることが、大きな特徴の一つといえるでしょう。デジタル庁の長は内閣総理大臣で（設置法6条1項）、内閣総理大臣はデジタル庁令を発することができます（設置法7条3項）。しかし、デジタル庁にはデジタル大臣も置かれ（設置法8条1項）、内閣総理大臣を助けて、デジタル庁の事務を統括し、職員の服務を統督することとされています（同条3項）。

（4）「法」に強い公務員になるために

　以上述べたように、感染症や自然災害が、市民の平穏な生活を繰り返し脅かしています。それらの災厄から一人ひとりの市民を守るのは住民に身近な統治主体である自治体の何よりも大切な任務です。そのためには、自治体は、あらゆる法や制度を駆使して事にあたらなければなりません。また、社会の変化やそれに対応する法制度のあり方にも敏感でなければならないでしょう。

　刑法の分野でも、2022年の第208回国会（常会）において、「刑法等の一部を改正する法律」（令和4年法律第67号）が成立し、これまでの懲役・禁錮が廃止されて新設された拘禁刑に一本化されました[14]。それに伴い、地方自治法[15]・地方公務員法[16]を含むすべての特別刑法規定等、懲役や禁錮を規定していた規定もすべて拘禁刑に改正されました[17]。ただし施行は、公布された2022（令和4）年6月17日から起算して3年を超えない範囲内において政令で定める日からです[18]。

　自治体を支える地方公務員の皆さんには、「法」に強い公務員になってもらいたいと思います。本テキストが、そのための道具として少しでもお役に立てたらと願っています。

（人見　剛・桑原勇進・中原茂樹・田中利幸）

第1章

憲　法

本章では、国の最高法規である「憲法」について学びます。

第1節は、いわゆる憲法総論に相当する内容を、地方公共団体や地方公務員の立場から書き直したものです。憲法に関する議論には、いくつかの論理的・歴史的な前提がありますが、これらは決して万古不易の公理ではないことを、知ってください。

第2節は、憲法の基本原理について学びます。初等中等教育の段階では、国民主権・基本的人権の尊重・平和主義の「三大原理」を説明することが多いですが、ここでは地方公務員の立場から特に重要な、法治主義・法の支配について学習していただきます。地方公共団体の立場から国家の権力を牽制するためだけでなく、地方公共団体自身の権力の行き過ぎを防ぐためにも重要です。

第3節では、国の統治の仕組みについて学びます。日本の憲法における権力統制の仕組みに留意して、個々の論点を検討しますが、そうした枠組みの中だけで考えますと、国の統治はどのように決定されていくのかが、みえにくくなる場合もあります。そこで、「執政」というキーワードを用いて、政策決定の仕組みにも光をあてるように、叙述を工夫しました。

第4節では、同様の観点から、地方自治の仕組みについて学びます。国には「大統領」はいませんが、地方には「大統領」型の首長がいますね。大統領は「執政」の典型的な担い手ですが、地方公共団体の首長はどうだろうか、という疑問をもちながら読んでいただけると、面白いかもしれません。

第5節では、憲法3章が保障する「基本的人権」について学びます。ここでの検討を第4節の「法律と条例」の箇所にもちかえって、自治体による権利制約の事例に応用できるかどうか、あわせて考えてみてください。

第1節　憲法と地方公務員

1　憲法とは何か

　憲法ときいてあなたは何を連想するでしょうか。憲法をどのように定義できるでしょうか。

＊1　法典
　体系的に整備された成文法（制定法ともいわれます）のことで、例えば、地方自治法や、地方公務員法を思い浮かべてください。

　「**日本国憲法**」と題する、あの法典＊1のことだ、と考えるかもしれません。たしかに、「日本国憲法」は、日本の「憲法」をできる限り文章にしようとして、つくられた法典（憲法典）です。そして、幸いにして「日本国憲法」は、世界を見回しても、かなりよく整備された部類に入る憲法典ですので、「日本国憲法」を日本の「憲法」だと考えて勉強を先に進めても、当面の勉強においては充分です。けれども、あくまでそれは、「当面」の話です。厳密には、現時点で日本の「憲法」とよべるルールのすべてが、「日本国憲法」に書き尽くされている保障はないからです。

　そこで、自ら「憲法」を名乗る法典のことを憲法とよぼうという形式的な定義だけでは足りず、そうした形式的な意味における憲法とは区別して、実質的な意味における憲法の定義が追求されることになります。なぜ、そのような定義にこだわるのかというと、国の**最高法規**である憲法と、それ以外の実定法とを、区別する必要があるからです。

　まず考えられるのは、国家とのかかわりで、憲法を定義する仕方です。憲法とは、政治社会としての国家を成立させるためのルール（「法律は国会がつくる」、「この島はこの国の領域である」等々）のことです。国家とのかかわりにおいて、その基本構造（constitution）をなすルールとして、憲法を定義するわけです。この意味では、いかなる国家にも、憲法があるはずです（それを固有の意味における憲法とよぶことがあります）。日本でも、憲法の歴史は、少なくとも古代の律令体制にまで遡ることになるでしょうし、特に江戸時代の幕藩体制を支える諸ルールは、世界的にみても最高度に発達した憲法であったといえるでしょう。

　しかし、日本では寛政の改革が始まったばかりだった1789年に、フランスで革命が起きました。そして、彼ら革命勢力は、絶対王政＝君主主権を誇ったブルボン朝をフランス「国民」の名において打倒し、権利保障と権力分立のない社会は「憲法（constitution）」をもっているとはいえないと、全世界に向けて宣言したのです（フランス人権宣言16条）。そうした特定の立場（立憲主義）からみた「憲法」の内容を問題とする定義は（近代的あるいは立憲的意味における憲法といいます）、その後の世界の憲法史に、大きな影響を与えることになりました。この立場からいうと、同時代の日本の政治社会には、まだ「憲法」はありませんでした。

　国家統治のルールという点では、ブルボン朝のフランスよりも、おそらくはる

かに精巧な仕組みをもっていたにもかかわらず、です。この意味では、日本の憲法の歴史は、江戸末期の「開国」をもってスタートし、権利保障と権力分立を備えた**大日本帝国憲法**[*2]の制定に至って、初めて日本社会は「憲法」をもったことになります。

＊２　大日本帝国憲法
　明治22年に発布され、同23年に施行されたいわゆる「明治憲法」のことです。

　そこで想定された「立憲主義」とは、もともと立憲君主主義と同義であったのですが、明治から大正にかけての憲政擁護運動の高まりを受けて、立憲主義は民主主義（民本主義）との接合に苦慮します。鍵となったのは、君主の行動について大臣が政治責任を負い、内閣が国政について民選議院（衆議院）に政治責任を負う、という意味での「責任主義」の確立でした。それが議院内閣制です。大正期の憲法学は、立憲主義の特徴を、第1に民主主義（ただし「国民主権」ではなく「民本主義」「国民参政」）、第2に自由主義（法治主義）、そして第3に（それらをつなぐ）責任主義、という3点に求めました。

　しかし、大日本帝国憲法体制の下での、法律の範囲内における「臣民の権利」の保障や、「統治権の総攬者」としての天皇の下での三権分立や、憲法のあくまで運用上実現したにすぎない議院内閣制を、うわべだけのもの（「外見的立憲主義」）と批判する政治的立場もあります。そうした見方からすれば、日本の近代的＝立憲的意味での「憲法」の歴史は、「第二の開国」ともよばれる1945年の敗戦後になってようやく始まったのであり、日本国憲法の制定によって初めて、日本社会は、憲法らしい憲法をもった、と説明されるわけです。

　以上を踏まえていえば、現行の日本国憲法において国家の基本構造をなすルールは、固有の意味においても近代的＝立憲的意味においても、日本の「憲法」を構成しており、他の実定法とは区別されることになります。

　その国の「憲法」が、どのような形式・形態で存在するかは、それぞれの国の歴史的な事情があり、まちまちです。イギリスのように、永らく、そもそも憲法を文書化しない（形式的意味での憲法をもたない）ことにしてきた政治社会もあります。建国のいきさつから、実質的な意味での憲法が、様々な法典に分散していたり、単なる「法律」の形式をとって存在していたりすることも少なくありません。「憲法典」を名乗っている法典が、本当に「憲法」の資格をもっているのか、疑われる場合もあります。憲法を解釈する前提として、まず憲法の「法源」（その国における法の存在形式ないし存在形態）を画定するのが、ひと苦労である国が多いわけです。

　幸いにして日本の場合は、「日本国憲法」と題する憲法典が、日本の「憲法」を網羅しようという意識でつくられており、また、そういうものとして現在では広く受け容れられていますので、少なくとも初学者の段階では、「憲法」がそこにほぼ網羅されていると考えて、勉強を進めてかまいません。しかし、例外的に、日本の実質的な意味での「憲法」が、正式の憲法典とは異なる水準で決まっているようにみえる場合があるとしたら、それをも「憲法」とよんでよいのか、また、なぜ我々はそれに従わなくてはならないのか、という疑問が出てくるでしょう。

それらの疑問に対して筋の通った答えを与えるためには、さらにハイレベルの憲法理論的研究を踏まえることが必要になります。そうした一応の解答に対しては、なお理論的な争いが続いていることも少なくありません。

2　国家・憲法・公務員

（1）「国家」からの説明

　このように、実質的意味での「憲法」を、少なくとも政治社会としての国家を成り立たせるルールという観点から定義する仕方は、伝統的に有力であった考え方です。その場合、憲法の定義は「**国家**」という存在に依存しており、「国家」をうまく定義できて初めて憲法が正確に定義される、という論理構造になっています。

　しかし、第1に、「国家」という眼に見えず、手で触れることもできない存在を、そもそも、どのようにして定義できるのでしょうか。これが難問です。第2に、その「国家」と「国民」と「公務員」の関係は、どうなっているのでしょうか。これを説明できたときに、ようやく公務員と憲法との関係がはっきりとしてくるでしょう。その上で、第3に「国家」と「地方公共団体」の関係は、どうなっているのでしょうか。これらの疑問を説明できて、初めて地方公務員と憲法の関係がみえるようになり、地方公務員がこれから憲法を本格的に勉強しようとすることの意義が、明らかになってきます。

　この点、戦前からの通説的な見解は、以下のように説明しました。眼に見えず手で触れることもできない国家を、①「国民・国土・国権を要素とする社団」として認識するとともに（**国家三要素説**）、②それを「法人」と捉え直すことで（**国家法人説**）、「機関」としての公務員と国家の関係を説明してきました。

　それによれば、国家は社団法人であり、国家法人の定款が憲法です。そして、国民・国土・国権のそれぞれについて定めを置くことになります（このうち、国土については、明文の定めを置かない場合もあります）。なかでも、**国権**（国家の統治権）については、憲法に基づき、国家が引き受ける多くの事務に応じて、**権限**（公務）として各種の機関に分配されます。社団の構成員たる国民の一部のものは、法人の機関に公務員として就職し、彼らに分配された公務の範囲内においては、それぞれが国家法人それ自体の意思を体現して、公務を遂行する、という形になります。国家法人にも、通常の法人と同様、定款（憲法）によって、法人の意思を最終的に決定するための最高機関が用意されているはずですが、大日本帝国憲法の下では、それが天皇だと説明されました（**天皇機関説**）。

　さらに、③**地方公共団体**は、国家と同様に、住民と区域と自治権とからなる「社団」と認識され、しかも国家とは独立した法人格（公法人）を与えられます。しかし、その自治権は、国権（国家の統治権）に由来し、国家の監督を受けるものとされました（**伝来説**）。地方公共団体の地位は、戦前は法律に根拠をおいているだけでしたが、戦後は日本国憲法によって直接基礎付けられています。**地方公務**

員は、この法人としての地方公共団体の機関です。

こうした説明は、近代国家の典型を、フランスの中にみています。同国は、ブルボン朝の王様が絶対王政——そうした絶対的存在のことを「主権」と形容しましたので、絶対王政の論理は「君主主権」と表現されました——を推し進めてつくった広い「国土」をもつフランス王国という容器（主権国家）の中に、君主主権に対抗して「国民」主権をスローガンにしたフランス革命を通じて、新しい中身（国民国家）を充填してできた国です。特に、団体中心の封建社会から個人単位の近代市民社会へと社会が再編されるにあたっては、当初は君主が自らの主権性＝絶対性を追求し、革命後はそれにかわって革命勢力が主権者をめざす、一連のプロセスが不可欠でした。

この点、ドイツで有力になったいわゆる国家主権説は、そうした主権者＝絶対者をめざすレースの中で、最後に勝ったのは君主でも国民でもなく「国家」であると捉え、それまでの歴史全体を「国家」のサクセス・ストーリーとして描き出します。このプロセスは、平等で均質な「国民」の創出と表裏一体になっていました。そして、このストーリーに沿って、ドイツ帝国建国のプロセスを、フランスなみの近代国民国家としての国づくりの過程として説明しようというのです。実際には、プロイセンの宰相ビスマルクがその政治的天才をいかんなく発揮して、多数の君主国をプロイセン中心にまとめ、フランスとの戦争を勝ち抜いて、1871年に君主国などからなる連邦国家としてたち上げたのが、ドイツ帝国だったのですが[*3]。

しかも、ドイツの学説による論証によれば、これはドイツにだけあてはまる特殊な理屈ではなくて、こうした国家が現れるのは、近代の普遍的な歴史動向だというのです。もちろん、理屈の上では、日本にもあてはまるはずです。明治国家のインテリが、日本の近代化への道筋を示唆する、こうした議論に魅せられたのも当然でした。そして、この筋書きに沿って、憲法学の体系をつくったのです。

こうした考え方は、説明の仕方としては、法学的にきわめて洗練されたものだといえますが、その前提には、「国家」形成をてこにした近代化の道筋が控えています。この国家像は、かつては後発国家日本のニーズに見事に応え、現在でもなお一定の有効性はもっています。しかし、今日、しだいに現代社会の要請に合わなくなってきているように感じられています。

そこで、こうした議論は、戦後の日本において批判され、段階をおって姿を消しつつあります。現在はその過渡期にあり、過渡期において憲法を勉強せざるをえない読者のみなさんは、古い議論と新しい議論の長所と短所を念頭におきながら、両にらみで勉強することが求められているのです。

（2）「国家」によらない説明

戦後早くから問題とされたのは、従来の説明が、立憲主義・法治主義による「自由」の確保という、自由主義的な要請を強調するあまり、憲法の民主的正統性や、権力の民主化の実現といった、民主主義の問題意識が不十分だ、ということです。

[*3]
　まず、国家三要素説によって、ドイツ帝国とそれを構成する君主国を、あくまで近代的な「国民国家」の論理によって説明しました。そのもとで、ドイツ帝国については、国家主権説を用いて、対外的な独立性と対内的な最高性を論証する一方、構成国からは、主権の存在としての資格を剥奪し、帝国の監督下におきます。ただし、構成国には、固有権としての「国権」を一定程度確保して、国家としての面子をたてた上で（国家三要素説によれば、国家であるためには、国民・国土・「国権」を備えていれば足り、「主権」は必要とされない）、「自治権」からは、固有権としての資格を一切剥奪して（伝来説）、「国家」と「自治体」との間に一線を引きます。

戦前からの説明によれば、権力が憲法（国家法人の定款）に準拠して行使されることが大事で、その憲法をつくったのが国民であるか君主であるかは、どうでもよいことだとされます。この考え方は、たしかに、天皇でもなく国民でもなく「国家」が主権者であると定義することにより（**国家主権説**）、天皇主権か国民主権かの対立を棚上げするとともに、帝国憲法下の権力をすべて憲法に準拠させることで（国家法人説）、戦前においては、旧憲法の下での臣民の「自由」を拡大するために、大いに役立ちました。

しかし、戦後は、前文や1条で国民主権を明確に掲げる新憲法の下で、もっと直截に民主的要素を論ずることができるはずです。特に、国民主権を宣言する全く新しい憲法でありながら、欽定憲法＊4である大日本帝国憲法の改正手続に則って審議が行われたこと、その結果として、欽定憲法としての「上諭」と民定憲法＊5としての「前文」と併せもっていることなど、制定過程のいきさつから現行の日本国憲法には煮え切らない要素が含まれていますので、そこをすっきり説明する学説が求められました。

それにもかかわらず、旧通説である国家法人説からは、「それはどちらでもよい」という答えしか出てきません。この説明に、人々は納得しませんでした。そこで、憲法に定められた「主権」は憲法制定権力を意味する、という見解（**憲法制定権力説**）が導入されて、現行憲法が国民起源なのか君主主権なのかの争いが、主題化されることになります。例えば、1945年8月15日のポツダム宣言受諾を契機に、憲法制定権力がすでに天皇から国民に移行していた（法律学的意味の革命が起こった）と指摘し、戦後日本は当初から民定憲法の体制だったのだ、と説明する八月革命説はよい例です。こういう説明こそを戦後の人々は求めたため、この憲法制定権力による説明が一気に通説化し、国家法人説が事実上退場を余儀なくされるきっかけになりました。

この憲法制定権力説には、「国家」を介在させないで（国家法人の定款としてでなく）、憲法それ自体を論ずることができる特徴があります。例えば、憲法典の内容を、憲法制定権力の基本決定（＝実定的意味での憲法）とそれ以外（憲法律）に区別して説明する、というような仕方です。

また、同説には、「国家（法人）」を介在させないで、憲法上の諸権力を説明できるメリットがあります。憲法に規定されている「権力」については、憲法制定権力（pouvoir constituant、構成的権力）によって、制定された権力（pouvoir(s) constitué(s)、被構成権力）だと説明すれば足りるのです。例えば、憲法上制定された「憲法改正権」については、憲法制定権力を「造物主」に見立てれば、「被造物」として説明されます。そこで、後者の憲法改正権には、前者による基本決定を覆す資格がなく、そこには憲法改正の限界があるということになり、憲法上の「憲法改正」手続で改正できるのは、憲法の根本にはかかわらない「憲法律」に分類される規定だけだという結論を得ます。

いずれにせよ、こうした説明においては、いわば思考回路としての「国家法人

＊4 欽定憲法
　君主によって制定された（我が国の大日本帝国憲法の場合は、明治天皇）憲法という意味です。

＊5 民定憲法
　国民あるいは国民によって選挙された代表者によって制定された憲法という意味です。

説」を、経由する必要がありません。ただし、かなり大まかな議論ですので、細かい技術的な解釈問題は苦手です。そこで通説は、玄関から追い出した国家法人説を、勝手口からこっそり招き入れて、細かな議論に対応している場合が多いようです。また、民定憲法の場合、憲法制定を決断するにふさわしい「一枚岩」の国民を必要とするため、「国民」の同質性・一体性を過度に要求する議論になりやすい、という難点をかかえています。

なお、現在の通説はしばしば、**憲法制定権力**には①「正統性（正当性）の契機」と②「権力性の契機（権力的契機）」がある、と説明します。①は、現憲法とその下のすべての権力は、もともと何に由来するのか、を示す側面のことであり、国民主権の規定は、日本国憲法をつくったのは国民であり、権力は国民のためのものでなければならない、ということを示しているというわけです。他方、②とは、憲法制定権力をもつものが、国政を最終的に決定するために、直接その権力を行使する資格をもっていることを示す側面であり、国民主権の規定は、ふだんは代表者に権力行使を委ねている国民が、いざとなったら直接に権力を行使し、新憲法を制定して新しい体制をつくることがありうるということを示しています。

国民主権の理念を棚上げしないためには、①だけでなく、②の権力性の契機を認めたいところです。しかし、万能の憲法制定権力の発動可能性を認めることは、国民の名において反憲法的な実力行使をして憲法体制を転覆させる可能性を積極的に承認することにほかならず、憲法体制の不安定化要因を自ら設けることになってしまいます。そこで、有力な学説には、国民主権の規定はもっぱら権力の由来を示すためだけにあると考え、②の契機を凍結するものがあります[6]。

しかし、せっかくの②の契機を凍結してしまわずに、「権力的契機」ではなく「組織原理」というように読み替えて、国民主権の原理を、ただ単に権力の由来を示すだけではなく、権力を行使する国家組織を民主化するためにも用いられるべきだ、と主張する見解もあり、このような立場が、比較的に穏当な考え方とみられているようです。「公務員を選定し、及びこれを罷免することは、国民固有の権利である」とする憲法15条1項は、そうした組織原理を規定した条文と解されるでしょう。憲法が国民による「罷免」の場面を実際に用意しているのは、さしあたり最高裁判所の国民審査の機会だけですが（79条2項・3項）、地方自治法は、地方議会の解散（76条）や地方議員・首長等の解職請求（80条・81条・86条）のように、住民が公務員の「罷免」を請求できる仕組みを用意しています。

（3）憲法における「公務員」

公務員という言葉は、多義的です。一口に公務員といっても、一律に論ずるべきではなく、職務内容・勤務時間等によって、仕分けをして論ずる必要があります。

日本国憲法では、憲法99条が、「天皇又は摂政及び国務大臣、国会議員、裁判官その他の公務員は、この憲法を尊重し擁護する義務を負ふ」と規定しています

*6
　もっと徹底した見解は、「憲法制定権力」という現実離れした万能の権力を想定すること自体が、法的議論としては、無用かつ危険だと主張することになります。例えば、主権的＝絶対的なものがあるとすれば、それは人間共同生活の根本の正しいあり方（ノモス）だけであり、憲法が定める「国民主権」は、ノモスを積極的に実現する「責任」が国民にあることを示して、君主や官僚に対する他力本願からの脱却を目指しているのだという、いわゆる「ノモス主権」説が、戦後初期の憲法制定権力説批判の例です。プープル（社会契約参加者の総体）という具体的集団に主権を認めるという定式で、より直截に直接民主政への接近を志向する「プープル主権」説も、万能の「憲法制定権力」という強すぎる想定をおくことを排除している点で、実は共通しています。通説を構成する学説のなかでも、憲法制定権力が自然法（「人間の尊厳」の原理など）によって予めしばられていると説く見解が有力に主張されます。最近では、「憲法制定権力の消去可能性」という定式で、その不要性・有害性を指摘するものもいます。

が、この場合の「公務員」とは、国家権力の行使にかかわる人間全般を指しています。すべての国家権力が、憲法に適合する形で行使されなければならない、というのが同条の趣旨でしょう。しかし、その反対解釈として、99条でノミネートされていない「一般国民」には、憲法尊重擁護義務が課せられていない、とみるのが、有力な解釈です。国民に対しては、あえて「憲法からの自由」を確保しているところに、日本国憲法の徹底したリベラリズムを読み取ろうというわけです。

この憲法99条によれば、「天皇又は摂政」も、広い意味での「公職」としての位置づけになっています。ただし、天皇は日本国及び日本国民統合の「象徴」としての役割を担う一方（憲法1条）、天皇は「国政に関する権能を有しない」とされています（憲法4条）。そこで、日本国の行為について、すでに民主的に決定された内容を、儀礼的に宣示するのが、天皇の公務だということになります。国会による指名をうけて行われる内閣総理大臣の任命や、内閣による指名をうけた最高裁判所長官の任命（憲法6条）、さらには、憲法改正・法律・政令の公布、国会召集・衆議院解散などの国事行為（憲法7条）が、その具体的な内容です。

それらは、もっぱら儀礼的な行為であるとはいえ、その影響力に鑑みて、内閣がそれぞれにつき、「助言と承認」によるコントロールを行わなければなりません（憲法3条・7条）。もちろん、その内閣は、国会によるコントロールのもとにおかれています（憲法66条3項）。また、天皇は、財政面でも国会によるコントロールのもとにおかれており、皇室財産の授受や、皇室の費用の支出については、「国会の議決」が必要とされます（憲法8条・88条）。

しかし、公務員という観念は、むしろ一般的には、行政機関に勤務する者に限定して用いられています。そして、近代的な公務員制度は、政権交代などの政治変動から一定の距離をおきながら、継続性と一貫性をもった行政の執行を行うために、行政の政治的中立性が堅持されるとともに個々の公務員の身分保障が伴っているところに、特徴があります。

日本国憲法は、こうした公務員制度を、憲法秩序の構成要素として予定している、と解されます。その一方で、公務員の選定・罷免権を国民に認める同15条については、選挙制による政治的公務員（つまりは、国会議員他の議員たちのような、選挙による公職で、そのために公職選挙法が用意されている）を念頭においた規定だと考えて、一般の公務員をそこから外して考えるのが、支配的な考え方だといえます。

さらに、"中央政府"の行政組織に勤務する者を国家公務員、"地方政府"の行政組織に勤務する者を地方公務員といい、それぞれの勤務関係は、国家公務員法、地方公務員法によって規律されています。地方公務員については、最高裁判所が、地方公務員のうち、「住民の権利義務を直接形成し、その範囲を確定するなどの公権力の行使に当たる行為を行い、若しくは普通地方公共団体の重要な施策に関する決定を行い、又はこれらに参画することを職務とするもの」については、「公権力行使等地方公務員」とよんで、それ以外と区別していることが、よく知られ

ています*7。

それによれば、「国民主権の原理に基づき、国及び普通地方公共団体による統治の在り方については日本国の統治者としての国民が最終的な責任を負うべきものであること（憲法1条・15条1項参照）に照らし、原則として日本の国籍を有する者が公権力行使等地方公務員に就任することが想定されているとみるべきであり、我が国以外の国家に帰属し、その国家との間でその国民としての権利義務を有する外国人が公権力行使等地方公務員に就任することは、本来我が国の法体系の想定するところではない」と指摘されています（最大判平17・1・26民集59巻1号128頁）。

（4）公務員と「公共の福祉」

憲法15条2項は、「すべて公務員は、全体の奉仕者であつて、一部の奉仕者ではない」と定めています。公務員に求められるのは、社会の一部の人々だけを利する特殊利益の実現ではなく、「**公共の福祉**」の実現です。近代以前のヨーロッパにおいては、およそ政治社会は、公共の福祉（公共善）の実現を目的とする共同体でなくてはならない、と考えられてきましたので、国家が何のためにあるかを考えるときにも（いわゆる国家目的論）、人民の幸福や福祉に言及するのが常でした。

しかし、「公共の福祉のための国家」という建前は、歴史的には必ずしも望ましいものではありませんでした。国家が作用する範囲は「福祉」を名目として膨張し、逆に、個人の自由の範囲は縮小しました。「臣民ノ幸福ヲ増進スル」という名目で、法律上の根拠をまたずに命令を下す権限を（いわゆる**独立命令**）、天皇に与える明治憲法9条の規定は、そうした文脈において理解され得るものです。「福祉」という実質的な目的を掲げる国家作用が、最もその範囲を拡大した時代は、いわゆる絶対王政の時代と重なっています。この段階での「福祉」とは、もっぱら、専制君主の重商主義的な行政を正当化するためのシンボルにすぎませんでした。

こうした国家のあり方を否定するために登場したのが、**法治国家**や**自由国家**（「**夜警国家**」）という消極的な国家観です。「法」を目的とする国家の建前は、「福祉」を目的とする国家のあり方を排除する関係にあり、自由国家とは、「公共の福祉」のような価値理念を語らない国家です。国家はあくまで必要悪であり、その目的は、必要最小限度の秩序の維持という、消極的で警察的な目的に限定されました。その結果として、国家が保障する最低限度の安全や権利や法秩序以外は、すべて社会における自律的な秩序形成に委ねられることになったのです。当然、公務員が従事する行政活動の範囲も、秩序維持の目的を実現するために必要な、最小限度の活動に制限されることになります。経済社会については、自由放任主義とよばれる時代の話です。

けれども、自由放任主義のもとで資本主義が高度化して、貧富の差の拡大・階

＊7　中央政府と地方政府
中央政府は、しばしば「国」とよばれます。もっとも、地方公共団体も、日本国の権力を分担する機関であるため、「国と地方」という対比はミスリーディングなところがあります。このため、本章では、日本国全体を「国家」、その権力を「国家権力」とよび、国家権力を分担する組織をそれぞれ中央政府・地方政府（ないし地方公共団体）と表記することとしました。

級対立など社会問題が発生し、人間らしい生活を国民がおくっているかどうか、国家が具体的に配慮するよう求められるようになります。また、市場の自己調整機能（「見えざる手」）への信頼が失われ（市場の失敗）、国家による政策的な市場介入が要請されるようになります。そこで出てきたのが、経済発展と社会福祉のために国家には積極的な施策を要求する、社会国家とよばれる積極的な国家観です。この段階で、人民の「幸福」や「福祉」といった伝統的な国家目的が復権することになり、装いも新たに「福祉国家」が説かれるわけです。「健康で文化的な最低限度の生活」を掲げる日本国憲法が（25条1項）、戦争中は「滅私奉公」を強要されてないがしろにされた「個人の尊重」や「生命・自由・幸福の追求」の重要性を強調しつつ（13条）、同時に「公共の福祉」について積極的に言及しているのは（12条・13条後段・22条1項・29条2項）、この文脈です。特に経済的自由については、予め「公共の福祉」が留保された自由として規定されている点に、注目してください（22条1項・29条）。

　これを承けて、公務員に要求される公務の範囲も拡がることになりましたが、それとともに、人々の権利を国家が侵害するための正当化根拠として、再び「公共の福祉」が用いられる危険も高まったわけです。そこで、戦後の代表的な憲法学説（宮沢俊義）は、それを防ぐために、以下のような憲法解釈論を提起して、広く支持されました。いわく——

　①社会をつくって生きていこうという以上、人権は、もともと無制限ではなく、制約可能性を内在させている。②しかし、人権を制約するために、神であれ歴史であれ「公」であれ、何か超越的な正当化根拠をもちだしてはならない。人権は、他者の人権を保護するためにだけ、制約することが許される。したがって、対等な他者との関係における「公平」の原理だけが、人権制約の理由たり得る。③ただし、憲法が「社会国家」の理念を採用している場合には、「公平」の内容は、対等な人間どうしの形式的な公平ではなく、弱者に配慮した**実質的な公平**である。この「実質的な公平」の原理による制約可能性が、あらゆる人権には内在しているわけである（**内在的制約説**）。

　④実質的な公平の原理の具体的な現れ方は、問題となる事例の社会的文脈に依存している。実質的にみても対等な人間の、自由権と自由権が衝突している事例における「公平」と、実質的には対等でない人間の社会権が、実質的には優位に立つ人間の自由権と衝突している事例における「公平」とでは、同じ「内在的制約」といっても話が違う[8]。

　⑤前者、すなわち自由権の保護を理由とする自由権の制限の文脈における「公平」は、自由権を制限するには、「他方の自由権を保障するために『必要な最小限度』の制約が限度である」という要請として現れる。これは、社会国家理念を採用する以前の、法治国家的・自由国家的な議論と同様である。⑥ところが、後者、すなわち社会権の保護を理由とする（経済的）自由権の制限の文脈における「公平」は、「社会権を実現するために『必要な』制約であれば、自由権の制限は正

当化される」という形で現れる。この場合は、最小限度の制約でなくてもよい、というわけだから、社会権を主張する弱者を優遇している点で、形式的には不公平な扱いになっている。しかし、弱者にも「人間に値する生活」を実現しようとする社会国家の立場からは、弱者に国家があえて肩入れすることで、はじめて実質的な公平が実現する、と説かれるのである。

　⑦この「実質的公平」の原理は、あらゆる人権に内在しているので、⑤［必要最小限度の制限でなければ不可］⑥［必要な制限であれば可］のいずれが用いられるかは、個別の人権規定がたまたま条文上「公共の福祉」に言及したかどうかで決まるのではなく、憲法が社会国家の理念を採用したことの意味から決まってくる。⑧しかし、便宜上、この「実質的公平」の原理を、憲法にならって「公共の福祉」と仮に呼称するならば、⑤を**「自由国家的公共の福祉」**、⑥を**「社会国家的公共の福祉」**とよぶこともできるであろう。

　――こうした考え方は、広く受け容れられ、国家・地方を問わない「公共」「公務」と、個人の「人権」との関係を考える際の、基本的な枠組みとなっています*9。

【図表1－1】内在的制約説

かくして、公務員が実現しなければならない「公共の福祉」は、社会的な文脈に応じて（いわゆる「自由国家的公共の福祉」の文脈と「社会国家的公共の福祉」の文脈）、異なる現れ方をすることになりました。そして、自由国家的文脈（つまり伝統的な警察的規制の文脈）では、人権保障の観点から、公務の目的を達成するために「必要な最小限度」の規制が許容される限界、という歯止めがかかります。依然として、最低限度の秩序維持のみが目標であるからです。しかし、社会国家的な文脈（つまり経済政策的ないし社会政策的規制）では、実質的公平を実現することの方が優先され、人権保障（主として経済的自由の保障）の観点からの歯止めはやや緩くなる（最小限度でなくても「必要な制約」ならパスする）、というわけです。

（5）国家中心思考とその限界

　こうやって考えてくると、地方公務員と「国家」の関係、さらに地方公務員と「憲法」との関係を説明しようとすると、分かりきっていることのようでいて、

＊9　内在的制約説の問題点
　しかし、比較的最近になって、様々な問題点が指摘されるようになっています。第1に、個々の人間を超える公益を、本当に「人権」の観点のみで説明することができるか、という問題があります。例えば、この考え方では、地球環境保護の観点から〈生態系それ自体〉を保護する、という主張は採れなくなります。また、人権制約を正当化するために、やむなく、本来は人権とはいえない集合的利益をむりやりに「人権」にしてみたり、少数者の人権・対・多数者の人権の構図に議論をもちこんで、数の勝負（ある種の功利主義的論法）で決着をつけたりする結果に終わりがちです。第2に、「公共」の福祉といっても、国家単位での「国家公共」「地方公共」に過ぎず、地球規模の「公共」を議論するには至っていません。第3に、元来は相容れないはずの「自由国家」と「公共の福祉」を、安易に「的」で結びつけて、"自由国家的公共の福祉"と説いて怪しまない姿勢には、その「自由」論がどの程度真摯なものであるのかを、疑わせるものがあります。他方で、"社会国家的公共の福祉"の名のもとで、自由国家の時代には許容されなかった自由の外在的制約が、自由の「内在的制約」だと感じられるほどに、「自由」の観方が変遷したことにも注目しておきたいところです。「自己決定」「自律」を含む意味での個人の自由は、社会国家的「他律」によって大幅に蚕食されているのです。こうした状況への反動として、社会国家のもとでむしろ膨張した「公務」に対しては、1980年代以降には、新自由主義・新保守主義の立場から「政府の失敗」が指摘され、「民営化」「市場化」の方向で縮小傾向が顕著になっているのは、ご存知の通りです。

なかなかむずかしいということがわかります。

　例えば、通説に沿って議論をしてゆくと、どうしても国家中心の議論になってしまう、ということがあります。地方の立場で憲法を勉強する読者の皆さんにしてみれば、不満が残る場合も少なくないでしょう。すでにみたように、これには理由があります。憲法を「国家」とのかかわりで定義する伝統的な見解は、19世紀ドイツにとっては不可欠だった、ある特定の「国のかたち」を暗黙のうちに前提にしているからです。

　もちろん、これに対する批判は、当時から存在しました。日本の教科書でも紹介されている**固有権説**（自治体の権力が、国とは別個の正統性を根拠とする、「固有権」であるという見解）は、フランス型の主権国家を解体して、もう一つの「国のかたち」をめざしたものでした。しかし、通説の**伝来説**を打ち破ることはできませんでした。わざわざ憲法が自治体の「自治権」を保障している場合にも、いわゆる**制度的保障説**が、自治権の「固有権」性を明確に否定してきました。

　元来、憲法制定権力の基本的な決定は、権利主体としての資格を個人に限定する立場にたっており、むしろ自治体のような団体の権利に否定的なのであって、憲法典が自治権を保障するのは、本当はおかしい。だから、当該規定は、歴史的な経緯から自治権を暫定的に約束した、という程度の意味しかもたない憲法律的な規定だ、という考え方です。地方自治は不純物扱いなのですね。これはもともとワイマール憲法の解釈論として説かれたものですが、日本国憲法における地方自治の保障の解釈についても、これまで支配的な見解であったのは、この制度的保障説です。

　けれども、国と地方の関係、あるいは国と世界の関係が、大きく変わろうとしている現在、そうした国家中心の「国のかたち」を克服しようとする見解が勢いを増してきました。近時の「地域主権改革」の動きは、その一例です。また、国際社会において生成しつつある基本的な法秩序をも、「憲法」とよぶことはできないのか、また、国家同士の結び付きであるＥＵのような存在においては、「ＥＵ憲法」を考えることはできないのか、といった問題が出てきた場合、「国家」に縛られない「憲法」の定義が本当に不可能なのか、検討を求められることになります。

　こうした新しい状況に直面するとき、我々としては、伝統的な概念が、かつての「国家」中心の国づくりと深いところで結び付いており、いわば国家中心思考によって縛られていることを、反省せざるをえません。その限界が指摘されている今日、これまで教わってきた議論の枠組みを、かたくなに護るだけでは、これからの時代に対応できないでしょう。現在のように過渡期の状況にあって、地方の立場からこれに対応してゆくためには、しっかりとした古典的な議論の枠組みを身につけて、これを縦横に使いこなせるようにしておくとともに、その限界を自覚しながら、新しい主張にも耳を傾けることのできる、思考の柔軟さを保つように努めることが肝心でしょう。　　　　　　　　　　　（石川健治・木村草太）

学習のポイント

■憲法の定義

　日本国憲法と称する法典は、形式的意味の憲法であることは間違いありませんが、「実質的意味の憲法」を100%網羅しているのかどうかを考えてみてください。また、それは、固有の意味の憲法であるのみならず、近代的もしくは立憲的意味の憲法でもある点に、歴史的な意義があります。

■国家と憲法

　いわゆる国家3要素説は、国家を国民・国土・国権を要素とする社団として捉えます。この社団としての国家を、社団法人として捉え直すのが、法学的な国家論としての国家法人説です。法人にはどうしても機関が必要であり、国家の多様な公務を担うのは、国家法人の機関としての公務員たちです。

■憲法制定権力

　国家法人説は、「法人」設立後の出来事を説明するには優れていますが、定款の決定による法人設立そのものを説明できません。日本国憲法の制定過程については、説明を要する点が多いため、国家法人説にかえて憲法制定権力説が、通説化しました。憲法制定権力には、憲法の由来を説明する「正統性（正当性）の契機」と、いわば革命を起こす力としての「権力性の契機（権力的契機）」がある、とされます。公務員は、国民に由来する権力としての行政権を、憲法に準拠して行使するわけです。

■「公共の福祉」論

　「人権の限界」をめぐって、戦後当初、最も熱心に争われた論点の1つです。特に、初期の最高裁判例が、憲法13条を根拠に、人権に対する外在的な制約原理として「公共の福祉」を盛んに援用して、実質的な理由付けなしに合憲判決を連発したために（外在的制約説）、強い批判を誘発しました。そして、それらの議論をひとまず丸く収める形になったのが、本文で紹介した内在的制約説です。現在の人権解釈論は、そうした大枠をめぐる議論を概ね卒業して、もっときめの細かい解釈論議に移行していますので（本章「5節　国民の権利の保護」を参照）、本書ではもっぱら国家目的論の文脈において言及をしました。

　公務員が実現しなければならない「公共の福祉」は、社会国家理念のもとでは、社会的な文脈に応じて（いわゆる「自由国家的公共の福祉」の文脈と「社会国家的公共の福祉」の文脈）、異なる現れ方をします。そして、自由国家的文脈（つまり伝統的な警察的規制の文脈）では、最低限度の秩序維持が目標なので、人権保障の観点から、公務の目的を達成するために「必要な最小限度の制約」が限度である、という歯止めがかかります。これに対して、社会国家的な文脈（つまり経済政策的ないし社会政策的規制）では、実質的公平を実現することの方が優先され、人権保障（主として経済的自由の保障）の観点からの歯止めはやや緩くなる（最小限度でなくても「必要な制約」ならパスする）、というわけです。

第1章

憲　法

31

第2節　憲法と法治主義

　本節では、憲法に規定された権力の濫用を抑制するための原理として、法の支配・法治主義の原理を説明します。

1　法の支配・法治主義の概念

　国家権力の濫用を抑制する重要なルールとして、**法の支配・法治主義の原理**[*1]が挙げられます。これは、国家権力は法に従って行使されなければならない、とする原理です。では、ここでいう「法」とはどのような規範なのでしょうか。大きく分けると、3つの理解があります。

　第1は、法とは議会が制定した「法律」のことだとする形式的な理解です。この理解に基づく法治主義の原理は、**形式的法治国原理**とよばれます。もっとも、こうした形式的な理解では、どんなに不公正な内容の法律であっても、それに従っていれば、国家権力の行使は法治主義の原理に適合するものと評価されてしまいます。現在では、単純な形式的法治国原理によって法治主義を理解する見解はほとんどみられません。

　第2は、法とは、人権保障や権力分立などの立憲主義的な内容のルールを含むものだとする理解です。公正な法により治める仕組みが、法治主義の原理だというわけです。こうした理解に基づく法治主義は、**実質的法治国原理**とよばれることもあります。法治主義をこのように理解すると、それは立憲主義とほぼ同義ということになります。

　第3は、法とは、一般性・抽象性と明確性を中心とした、一定の形式的な特徴を備えた規範を意味するとの理解です。これは**法の支配**の特徴として挙げられるもので、権力者が、特定の人間や団体を恣意的に狙い打ちできないよう、権力行使に際しては必ず一般的な法に根拠をおくよう求める考え方です。法の支配の要請としてはほかにも、公示性・不遡及性・無矛盾性・遵守可能性、さらに独立した裁判所による審査に服することが必要だといわれることがあり、どのような性質を備えた規範を法というかについては様々な議論があります。

<aside>

＊1　法の支配・法治主義の原理

　この原理は、法の支配とよばれる場合と、法治主義とよばれる場合があります。法の支配（rule of law）とは、英米法の流れを汲むもので、市民社会の中で長い時間をかけて培われた判例法（コモン・ロー）を、裁判所が、一般市民とわけ隔てなく、公務員に対しても強行するという意味合いの原理です。実体法よりは手続法の観点を重視する傾向があります。法治主義の方は、ヨーロッパ大陸で発展してきたもので、特に、議会制定法としての法律との関係で「行政の法律適合性」を要求する、ドイツの法治国原理（Rechtsstaatsprinzip）を下敷きにした言い方です。このように、両者はもともと由来を異にする考え方ですが、今日の法治国家は形式にとどまらない実質的な内容を備えるに至った結果、両者の間には重なり合うところも大きくあります。

</aside>

【図表2-1】法の支配・法治主義における「法」の理解

	法の支配・法治主義における「法」の理解
理解1：形式的法治国原理	議会の制定した法律
理解2：実質的法治国原理	立憲主義的な内容を含む規範
理解3：規範の形式に着目した理解	一般性・抽象性・明確性等を備えた規範

2　法の支配・法治主義の中核的内容

　現在の学説の大半は、第2ないし第3の理解に分類できますが、細かい点で様々な違いがあります。ただし、国家権力は①一般性・抽象性と、②明確性を備えた、③議会の制定した法律に基づいて行使されなければならないという点が、法の支配・法治主義の中核的内容であるとする点には広い一致があります。そこで、次に、この3点がなぜ要求されるのか、ということを説明したいと思います。

（1）一般性・抽象性

　一般性・抽象性とは、固有名を含まない不特定多数に及ぶ規範であるという意味です。規範をつくる際に固有名を含むことを認めると、個人的評価・感情に基づいた規範になってしまう可能性があります。例えば、A社の製品に悪い思い出のある人が、A社の税率を決めようとすると不当に高い税率になってしまう可能性があるでしょう。国家権力がこうした恣意的評価や個人的な人間関係に基づき行使されることは好ましくありません。

　一般的・抽象的でない内容の法律は、個別的な措置や処分の性質を有する法律という意味で、**措置法律**（処分的法律）[*2]とよばれます。この措置法律が許されるかどうかについては議論があります[*3]。一方で、法の一般性の要請は形式的・相対的なものにすぎず、また国権の最高機関である国会自らがそのような法律を制定している以上、措置法律は広く容認されてよいようにも思われます。しかし、法の一般性の要請には、国民の予測可能性の確保や平等原則の保障、さらに立法権と行政権との厳格な区別を可能にするという意味合いも含まれます。このことからすると、措置法律は限定的にのみ認められるべきものといえます[*4]。

　この点で、学説では「権力の分立の核心が侵され議会・政府の憲法上の関係が決定的に破壊されることなく、また、社会国家にふさわしい実質的・合理的な取扱いの違いを設定する趣旨」なら許されるとする見解が有力です[*5]。例えば、財政措置による被害者救済を内容とする授益的処分の性質を有する措置法律であれば、社会国家の理念に基づくものとして許容されると考えられます。他方、侵害的処分の性質を有する法律については、一般性の要請が強く妥当することから、実務上は他の事例にも適用しうるような形で規定されるのが一般的です。

（2）明確性

　文言の不明確な規範は、権力者により恣意的に解釈される可能性があり、また、それに基づきどう権力が行使されるのか、予測が困難になります。恣意的な解釈を防ぎ、予測可能性を担保するというのが、**法の明確性**が要求される理由です。また、不明確な内容の規範は、国会による規律の密度が低いことを意味しており、国会が決定すべき事項にかかわる規定の不明確性は、後にみる法律の留保との関

第
1
章

憲
法

*2
　措置法律については、過去に、ある私立大学の内紛事件を受けて制定された「学校法人紛争の調停等に関する法律」が、その事件の解決だけに資するもので、法律の一般性の要請に反すると主張されたことがあります。東京地判昭38・11・12判夕155号143頁は、法律の適用対象が特定の大学・事件に限られないことは「法文上明白」だとして、この主張を否定しました。立法実務では、適用対象が事実上限定される法律も、一般性の要請を意識して文言を作ることが多いと言えるでしょう。

*3
　近年、一般性の要請が問題となった立法として、「天皇の退位等に関する皇室典範特例法（平成二十九年法律第六十三号）」が挙げられます。この法律の適用対象は、特定の天皇に限定されており、法律の一般性の要請との関係が議論されました。

*4
　措置法律について肯定的な見解を採る高橋和之『立憲主義と日本国憲法〔第5版〕』（有斐閣、2020年）第14章も、措置法律については平等原則適合性が問題になりうるとしています。

*5
　これは憲法が社会への国家による介入を既に容認していることを前提にするもので、ドイツの学説を下敷きにした考え方です（芦部信喜『憲法〔第7版〕』（岩波書店、2019年）306-307頁参照）。

係でも、問題があります。

刑罰を科す法律や条例については、憲法31条の定める適正手続の要請により明確性が特に強く要求されます。そうした法律の内容が不明確である場合、その法律は憲法31条に反し違憲と評価されることになるでしょう。刑罰を科す法律・条例が不明確か否かは、「通常の判断能力を有する一般人」からみて、具体的事例にそれが適用されるか否かの「判断を可能ならしめるような基準を読みとれるかどうか」によって審査されます[6]。

最大判昭50・9・10刑集29巻8号489頁は、「交通秩序を維持すること」という条件に違反したデモ行進を罰する徳島市公安条例から、「だ行進、うず巻行進」を伴うデモ行進が禁じられることは、通常の判断能力を有する一般人であれば容易に理解できるとして、同条例は不明確ではないとしました。また、最大判昭60・10・23刑集39巻6号413頁は、青少年との「淫行」を禁じる福岡県青少年保護育成条例についても、「淫行」とは青少年との「性交又は性交類似行為」のうち「心身の未成熟に乗じた不当な手段により行う」もの、及び「青少年を単に自己の性的欲望を満足させるための対象として扱っているとしか認められない」ものを指すと解釈し、この解釈は「通常の判断能力を有する一般人の理解」に適うから、同条例は不明確ではない、と判断しています。もっとも、こうした判断には強い批判があり、特に福岡県青少年保護育成条例は不明確だとする学説も多くあります。

なお、これらの判例は、法文の明確性について、それほど厳しく判断していませんが、法律や条例の文言を作るときには、できるだけ明確な内容にする努力が必要でしょう。

（3）法律の留保

議会の制定する法律により決定すべき事項を、**法律事項**といいます。そして、ある事項を法律事項に留保することを、**法律の留保**と表現します。

基本的に君主のいる政治社会だったヨーロッパにおいて、議会と君主とが対立し、やがて市民階級がリードする議会の勢力が君主（及び政府）のそれを凌駕するようになり、ついには議会中心主義を勝ち取るというのが、立憲主義・法治主義の基本的なストーリーでした。これは、法学的には、命令事項[7]と法律事項の陣取り合戦の様相になります。議会にとっては、まず市民の「自由と財産」を、君主（及び政府）による侵害から守ることが最大の目標でした。

そして、法律と命令が競合する領域については、どちらが決めてもよいが、法律と命令が衝突・抵触する場合には必ず法律を優先するという「**法律の優位**」の原則を確立するとともに、必ず（命令ではなく）法律で決定しなければならない留保領域をしだいに拡げていって、最終的には「自由と財産」の侵害にかかわる事柄すべてを、法律事項に留保することに成功します。この国民の権利義務にかかわる事項を法律の留保の範囲とする考え方は、**侵害留保説**[8]とよばれ、行政

＊6　過度の広範性

法律・条例の文言それ自体が不明確（vague）である場合に、不明確故に無効とされるのはもちろんですが、これに加え、法律・条令の文言自体が明確でも、対象が過度に広範（overbroad）である場合には、法文は無効とされます。

過度に広範な法文とは、多様な違憲的適用の可能性があり、どの範囲が合憲であるかを明確にできないため、違憲部分と合憲部分が不可分になっている法文のことを言います。例えば、「三人以上の集会をした者は罰する」という法文は、あまりに適用対象が広く、どの範囲が違憲で、どの範囲が合憲かを明確に画定できず、過度に広汎ゆえに無効だとされるでしょう。

＊7　命令事項

君主又は政府の定立する規範を命令といいます。命令により決定すべき、又は決定してよい事項が命令事項です。

＊8　侵害留保説

個人の自由や権利を侵害する場合には、法律による根拠が必要であるとされる考え方です。

権との対抗関係において自由主義の観点から形成された「法律の留保」論の一つの終着点として、かつての通説を形成していました[9]。

しかし、民主主義の観点から議会の役割をあらためて考えるなら、国民の「自由と財産」への制限につながる事項だけでなく、およそ国政上の重要事項[10]についてはやはり法律事項に留保すべきだ、ということになるでしょう。そこで、現在では、国民と国家との関係に関する規律のうち、本質的な（あるいは重要な）事項は、すべて法律に留保されると理解する見解（**本質性理論。重要事項留保説**）が有力化してきています。逆にいえば、命令だけで決めてよいのは、非本質的な（あるいは重要でない）事項に限られる、ということになります。このように考えるのは、国家作用の本質的事項は多くの国民の利害に関係するため、国民の代表が集まる議会で決定すべきだという理由があるからです。

こうした議論の帰結として、例えば、内閣が、法律の根拠なしに政令で、飲食店営業の許可制を導入したり、財務省や経済産業省などの省庁を設置法律の制定なしに設立したりすることは、法律の留保に反し、法律事項の決定権（立法権）を国会に独占させた憲法41条に違反すると評価されます[11]。

法律が、政府に詳細の決定を委任する場合、法律に「○○の事項については政令で定める」といった形で規定され、それに基づき政令等の命令が制定されます。この場合、その命令が合憲だというためには、①法律の委任自体が、包括的にすぎて不明確でないこと、②法律の委任の趣旨に適合した命令であること、の二つの要件を充たす必要があります。

過去に、例えば、公務員の政治的行為の禁止について定めた人事院規則の合憲性が問題となりました。国家公務員法102条1項は、国家公務員が行ってはならない政治的行為の内容を「人事院規則で定める」と規定しており、それに基づき人事院規則14−7が制定されています。最判昭33・5・1刑集12巻7号1272頁は、国家公務員法102条自体は憲法に反するものでないとした過去の判例を引用し、人事院規則についても「国家公務員法の規定によって委任された範囲を逸脱した点」は「何ら認められ」ないとしました。しかし、人事院規則14−7については、「合憲的適用部分と違憲的適用部分とが適切に区分されていない状態」を放置するもので、「人事院の裁量権の逸脱ないし濫用」と評価する余地があるとの批判もあります[12]。

また、本質性理論は、議会による民主的決定を要する事項という観点を重視するため、単に法律の根拠が必要であるというだけでなく、その場合の議会による規律の「密度」も重要になります。そこで、法律事項に留保された領域においては、法律に基づき政府に立法を包括的に委任すること（包括的な委任立法）は、議会の規律密度という観点からみて許されないことになります[13]。

地方公共団体における条例についても、以上に述べたのと同様のことがいえます。この点については、本章「4節5　地方公共団体の権限と憲法」を参照してください。

（木村草太・江藤祥平）

*9
この時期の「法律の留保」論を、「法律の根拠さえあれば、いくらでも国民の自由や財産を制限できる」とする不当な議論だと評価する見解もあります。
しかし、当時は法律制定権をもつ議会こそが、国民の「自由と財産」を守る役割を担うと考えられていたのです。「法律の留保」論も、国民の「自由と財産」を制限するための議論ではありませんでした。

*10
例えば、補助金交付は、国民の権利を侵害する行為ではありません。しかし、その重要性に鑑みれば、交付の基準や手続、不服申立方法の重要部分は、行政ではなく、立法で決定すべきという考え方に説得力があるでしょう。

*11
また、法律の留保の要請に反し、国民の自由を制約した場合には、憲法41条違反のみならず、表現の自由を保障する憲法21条1項や営業の自由を保障する憲法22条1項違反の評価を受けます。

*12
蟻川恒正「違憲状態を是正する最高裁判決──国家公務員法102条1項訴訟に関する考察」『国公事件上告審と最高裁判所』（日本評論社、2011年）参照。

*13
政府への委任は、目標、基準、考慮すべき要素等を明らかにした上で、行わなければならないとされています。参照、芦部信喜・市川正人・阪口正二郎編『新基本法コンメンタール憲法』（日本評論社、2011年）393頁（高田篤執筆）。

第1章
憲法

学習のポイント

■法の支配・法治主義の原理とは、国家権力は「法」に従って行使されなければならない、とする原理です。ここにいう「法」の捉え方には、①議会が制定した法律であればよいとするもの（形式的法治国原理）、②①のみでなく人権保障や権力分立などの立憲主義的内容も含むものでなければならないとするもの（実質的法治国原理）、③権力者の恣意や横暴を防止することのできる一般性・抽象性と明確性を備えた規範だとするもの（法の支配の要請）、の3つがあります。現在の多数説は、②及び③です。

■一般性・抽象性とは、法が固有名を含まない不特定多数に及ぶ規範であるということであり、明確性の要請とは、法が権力の行使を根拠づけるものである以上、規定の内容やその解釈が不明確なものであってはならないとする要請です。

■市民の権利を君主から遊離させる民主化の流れの中で、市民の代表である議会が制定した「法律」が君主の「命令」に優位するという原則が確立されました（法律の優位）。そして、自由と財産にかかわる事柄すべてを法律事項に留保するまでに至りました。これを「侵害留保説」といいます。現在は、自由と財産のみでなく、国民と国家との間の本質的な事項はすべて法律に留保されるという「本質性理論（重要事項留保説）」が有力となっています。

第3節　立法と行政と司法

　日本国憲法をはじめとする近代憲法は、**権利宣言**と**統治機構**の2つの部分から構成されています。本節では、統治機構の基本原理と、中央政府内部の権力分立について説明します。

1　政治の領域と法の領域[*1]

＊1　本節の視点
　ここでは、政策法務の観点も考慮し、近時の有力学説の分析を採用して、問題の所在を明らかにします。参照、高橋和之『立憲主義と日本国憲法〔第5版〕』（有斐閣、2020年）。

　統治活動は、統治の基本方針を決定する政治の領域と、決定された基本方針を法により実現する法の領域に分かれます。憲法は、それぞれの領域で、議院内閣制と三権分立という仕組みを採用しています。まず、この点について説明しましょう。

（1）政治の領域

〈1〉執政の概念

　ある国とどんな外交関係を築くのか、いかなる規模で育児支援政策を実施するか、何に租税をかけるのか。統治の仕方には、無限の可能性があります。このため、まず、基本的なプログラムが決定されねばなりません。統治の基本プログラムを決定する作用を、**執政**とよびます。執政作用には、基本計画の策定（国家指導）や法律案・予算案の作成・提出等が含まれます。外交や軍事に関する基本決定は、伝統的には執政権をもつ君主の専権事項だとされてきましたが、これらは執政作用の典型だといえるでしょう。統治作用のうち、こうした執政に関する領域を政治の領域とよぶことにしましょう。

　執政作用は創造的・能動的であり、したがって少数者の積極的なリーダーシップによって実現する必要があるという特徴を有しています。議会のような多数者からなる会議体は、基本計画や法律案の是非を議論することはできますが、計画や案自体をゼロから作成するには不向きでしょう。憲法は、中央政府の執政作用を「国務を総理すること」と表現し、それを内閣の権限としています（73条）。また、憲法65条にいう「行政権」には、法律の執行権限（狭義の行政権）に加え、執政権も含まれると解すべきだとする議論も有力です（執政権論）。内閣は、内閣総理大臣と意思を同じくする者による少数の会議体であり、執政作用に適した機関だといえます。地方政府も、原発誘致をするか否か、五輪開催に立候補するか否か、公共事業と福祉事業のバランスをどうするか、などを決定する執政作用を営みます。憲法は、地方政府の執政権を首長が担当することを予定しています（93条2項）。

　もっとも、内閣や首長が担う執政権は、無制約ではありません。憲法は、

内閣や首長の執政作用が国会や地方議会によって統制されることを予定しています。また、議会の統制能力に対して不信感が存在する場合には、執政権を国家作用からカテゴリカルに削除する規定が憲法に置かれることもあります。例えば、日本国憲法は軍事作用について沈黙していますが、これは戦前への反省に基づく自覚的な決断であると理解するべきでしょう。すなわち、「統帥権の独立」を定める大日本帝国憲法下においても、軍の編成権に関わる軍政については帝国議会の統制下に置くことが試みられました。しかし、戦前の議会政治は、昭和5（1930）年に生じた統帥権干犯問題に見られるように、軍部に対するシヴィリアン・コントロールを自ら放棄することによってその信頼を失うことになります。そのため日本国憲法9条は、軍事的な権力体系をカテゴリカルに消去することによって、軍事作用における執政権の統制を図ろうとしたと考えることができます（参照、石川健治「前衛への衝迫と正統からの離脱」憲法問題8号（1997年）105頁以下）。

〈2〉議院内閣制

憲法は、中央政府の執政作用に関する制度として**議院内閣制**を採用しています。議院内閣制とは、内閣が議会の信任をその在職要件とし、議会は内閣に対して批判・監視権を有する制度のことを指します。これに対し、執政機関が議会ではなく、国民に直接責任を負う制度を大統領制といいます。大統領制が議会と政府の厳格な分離にたつのに対し（厳格な権力分立）、議院内閣制は相互の協力関係を重視して、緩やかな分離にたっています（緩やかな権力分立）。

従来は、国会と内閣の関係について、国会が政策決定を行い、内閣はそれを執行するにすぎないと理解されてきました。ここでは、民主的正統性において優位にたつ国会が内閣を統制するという議院内閣制モデルが想定されていたことになります。しかし現在では、すでに述べたとおり、内閣は単に国会が制定した法律の執行を行うだけの機関であるとは理解されていません。政治の領域では、内閣が能動的に行為（アクション）し、国会はそれを受動的に統制（コントロール）すると考えるべきでしょう。

議院内閣制の下では、議会多数派が政府を構成することになりますから、議会と政府の権力は実質的に一体化します。その結果、政府に権力が集中する危険も高まります。これに対して、政府権力の統制を図るのが、国民による選挙です。つまり、権力の濫用によって次の選挙で敗北し、政権を失うかもしれないという可能性が存在することによって、政府による権力濫用が防止されると考えられます。ここでは、政権をめぐる与野党の政治的競争が、後述する権力分立の機能をある程度果たすことになります。

他方、地方政府の執政作用については、「**大統領制**」型が採られています。この点については、「4節 憲法と地方自治」で解説します。

以上の説明をまとめて、統治機構の全体像を示したものが、【**図表3－1**】です。

【図表 3 − 1】

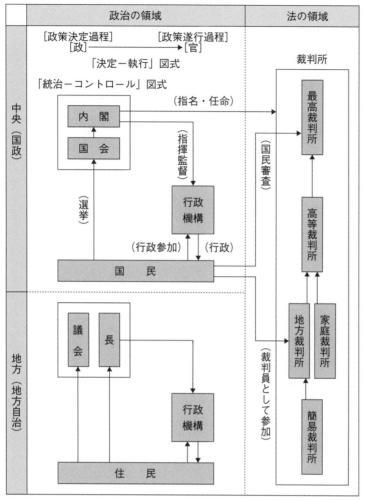

（出典）　高橋和之『立憲主義と日本国憲法〔第 5 版〕』（有斐閣、2020年）355頁

（2）法の領域

　法の支配・法治主義の原理によれば、執政によって選ばれたプログラムは、ただ実現すればよいというものではなく、法に従って実現する必要があります。統治作用のうち、法の支配・法治主義に従い統治を行う領域を**法の領域**とよぶことにしましょう。

　憲法は、法の領域について、国会が立法権を、内閣が執行権を、裁判所が司法権を担当する仕組みを採用しました。これは三権分立とよばれる仕組みです。また、地方政府でも、条例制定権を議会が、執行を長が担当することになっています。

　2 節で述べたように、国民と国家の関係の本質的事項は、法律や条例に留保されています。このため、中央政府や地方政府が国民に対する活動を行うためには、議会が制定した法律・条例の根拠に基づき、それを執行するという形式をとる必

要があります。議会による立法→行政府による執行（狭義の行政）→（争いがある場合の）司法権による裁断という構造は、法の支配・法治主義に従い統治を行うという目的に適しています。

2 権力分立

もし国家権力が一つの国家機関に集中すれば、権力が濫用され、国民の権利・自由が侵害されてしまうおそれがあります。そこで憲法は、権力を立法・行政（執行と執政）・司法に区別し、それぞれの作用を国会・内閣・裁判所という異なる機関に分離し、各機関相互に抑制と均衡（checks and balances）を働かせるようにしました。このように**権力分立**の目的は国民の権利・自由を守ることにあり、したがって、権力分立は、自由主義的な政治組織原理であるといわれています。

憲法は、41条・65条・76条1項において、それぞれ国会・内閣・裁判所の役割を定めています。政治の領域においては、内閣が基本方針の決定（執政）を、国会がその統制を担当します。また、法の領域では、国会が立法を、内閣と行政各部がその執行を、裁判所が法の適用に関する争いの裁断を担当します。

以上は、中央政府内部の権力分立です。このような組織内部の権力分立を、**水平的権力分立**といいます。これに対し、中央政府と地方政府のように、組織自体を分立させることを**垂直的権力分立**といいます。日本国憲法は地方自治に関する定めをおき、中央と地方の間の垂直的権力分立を採用しています。これは、中央への権力集中を防止し、国家と地方公共団体の間に抑制と均衡を働かせることにより、国民の権利・自由を保護するという意味をもつものであると理解することができます。

地方政府は、その管轄事項について、基本方針の決定権（執政権）、条例制定権、執行権を有しています。また、そうした権限について、地方政府内部の権力分立が採用されています（地方政府の水平的権力分立）。ただし、司法権は中央に独占されているため、地方に分配されるのはそれ以外の権力に限られます。

垂直的権力分立、並びに、地方公共団体における水平的権力分立については、「4節 憲法と地方自治」で詳しく説明がなされます。本節では、以下、主として中央政府における水平的権力分立の具体的なあり方について説明していきます。

3 国 会

まず、国会について説明します。**国会**は、政治の領域における内閣の統制権限と、法の領域における立法権を担当します[*2]。

（1）国会の組織

憲法は「そもそも国政は、国民の厳粛な信託によるものであつて、その権威は

*2 国権の最高機関
憲法は国会を「国権の最高機関」と定めていますが（41条）、ここにいう「最高機関」とは、法的意味を有しない単なる政治的美称であると一般に解されています。したがって、国会に国政全般を統括する権能が帰属するわけではありませんが、国会が最高機関であることは、いずれの機関に属するのか不明の権限が国会に属すると推定すべき根拠になると考えられています。

国民に由来し、その権力は国民の代表者がこれを行使し、その福利は国民がこれを享受する」（前文）と述べて代表民主制を採用し、国会の両議院が「全国民を代表する選挙された議員」によって組織されると定めています（43条）。ここにいう「代表」という観念は、議会を構成する議員が選挙区や後援団体などの代表ではなく全国民の代表であり、選挙母体の訓令には拘束されないという政治的代表に加えて、国民の意思が国会にできるだけ忠実に反映されるべきであるという社会学的代表という意味を含むと解されています。そして、国民がその意思を国政に反映させる最も重要な制度が選挙であり、その際に不可欠の役割を果たすのが政党です。

〈1〉選　挙

　　憲法は、**選挙制度**の定めを法律に委ねていますので（44条）、具体的な選挙制度を知るためには公職選挙法をみなければなりません。まず衆議院議員選挙制度については、従来「中選挙区制」＊3が採用されていましたが、同一政党内部で複数の候補者が争うことによって「派閥政治」の原因となるといった点が問題視されました。その結果、「政党本位」の選挙制度として1994年の公職選挙法改正によって導入されたのが、小選挙区比例代表並立制です。この制度について最高裁判所は、国会の広い裁量を強調して合憲と判断しています（最大判平11・11・10民集53巻8号1577頁，1704頁）が、各都道府県に予め一議席を配布する「一人別枠方式」については、すでにその合理性は失われたとしています（最大判平23・3・23民集65巻2号755頁）。なお、それを受けた2012年の法改正によって、一人別枠方式を定める規定は削除されました。

　　また参議院議員選挙制度については、各都道府県を単位とする選挙区選挙の他に、全国を一選挙区とする全国区制や、拘束名簿式比例代表制が採用されてきましたが、2000年の公職選挙法改正により、非拘束名簿式比例代表制が導入されました＊4。この制度についても、最高裁は合憲と判断しています（最大判平16・1・14民集58巻1号1頁）。他方で選挙区選挙については、「都道府県を各選挙区の単位とする仕組みを維持しながら投票価値の平等の実現を図るという要求に応えていくことは、もはや著しく困難な状況に至っている」とする最大判平24・10・17民集66巻10号3357頁等を受けて、2015年の公職選挙法改正により鳥取、島根、徳島、高知の4県が2つの選挙区に合区されました。

〈2〉政　党

　　最高裁判所も「政党は議会制民主主義を支える不可欠の要素なのである」と述べるとおり（最大判昭45・6・24民集24巻6号625頁）、**政党**＊5は、現代民主制にとって不可欠の存在であると考えられています。

　　憲法は政党に関する規定をおいていませんが、〈1〉で述べた選挙制度改革をはじめとして、1990年代前半には「政党本位」を掲げた「政治改革」が

＊3　中選挙区制
　中選挙区制とは、各都道府県をいくつかの選挙区に分け、各選挙区に原則として3人から5人の定数を配分し、単記投票で選ぶ制度で、大選挙区単記法に分類されます。

＊4　特定枠制度
　もっとも、後述する「合区」に対する不満に対処するために、2018年の公職選挙法改正によって、政党が提出する候補者名簿に「優先的に当選人となるべき候補者」を2名まで記載することを認める特定枠制度が導入されました。これにより、参議院の比例区選挙は拘束名簿式と非拘束名簿式を折衷したような制度になっていますが、最高裁はかかる制度を定める公職選挙法の規定も合憲であるとしています（最判令2・10・23判時2481号9頁）。

＊5　政党
　法律上、政党は、「一　当該政治団体に所属する衆議院議員又は参議院議員を五人以上有するもの　二　前号の規定に該当する政治団体に所属していない衆議院議員又は参議院議員を有するもので、直近において行われた衆議院の総選挙…における小選挙区選出議員の選挙若しくは比例代表選出議員の選挙又は直近において行われた参議院議員の通常選挙…若しくは当該通常選挙の直近において行われた通常選挙における比例代表選出議員の選挙若しくは選挙区選出議員の選挙における当該団体の得票総数が当該選挙における有効投票の総数の百分の二以上であるもの」と定義されています（政党助成法2条1項、政治資金規正法3条2項）。

実行され、一群の政党法制が登場するに至りました。例えば、政治資金については、日本で初めて政党に対する国家からの資金助成制度を導入した政党助成法が1994年に制定され、各政党の議員数と選挙での得票数を基準にして政党交付金が配分されることになりました（8条）。また選挙運動については、一定の要件を満たす政党等に立候補届出制度が設けられ、候補者届出政党は候補者本人とは別に選挙運動等を行うことができると定められています（公職選挙法86条以下・141条以下）。このように、我が国の政党法制の特徴としては、既成政党に特権を与えることにより、「政党本位」の政治を実現しようとしている点を挙げることができます。しかしこれに対しては、小政党の新規参入や平等な競争を妨げているのではないかとの批判もあります。

（2）国会の権限

〈1〉立法権

国会は、「**国の唯一の立法機関**」と定められていますが（憲法41条）、ここにいう「立法」権とは、法律事項について一般的・抽象的法規範を定立する権限を指すと、一般に解されています（なお、法律の一般性・抽象性については、本章「2節2（1）一般性・抽象性」を参照してください*6）。また、国会が「国の唯一の立法機関」であるというのは、「立法」がすべて国会を通し、国会を中心にして行われ（国会中心立法の原則）、かつ、国会の議決のみで成立すること（国会単独立法の原則）を意味するとされます。

国会単独立法の原則により、法律案は両議院で可決したときに法律となりますが（憲法59条1項）、衆議院と参議院とで議決が異なった場合には、「衆議院で出席議員の3分の2以上の多数で再び可決したとき」に法律となります（同条2項）。このように、法律の議決については衆議院の優越が認められているものの、衆議院において3分の2の議席を確保することの困難を考えると、参議院には強力な権能が認められているともいえます。このことから、我が国の両院制の趣旨は、民意を多角的に反映することで権力分立の目的に資するという点に求めることができるでしょう。

なお、国会が「唯一の立法機関」であるとはいえ、立法作用が国会に独占されているわけではありません。例えば、内閣は法律案の提出権をもつとされていますし（内閣法5条）、裁判所の違憲審査権（憲法81条）は消極的立法の意味をもつと考えられます。このように、内閣や裁判所もまた立法作用に関与する権限を与えられていることにより、機関相互の抑制と均衡が図られることになるのです。

〈2〉財政統制権

① 租税法律主義

憲法83条は**財政民主主義の原則**を宣言しており、そこから派生した原理の一つに、憲法84条が定める**租税法律主義**があります*7。なお、憲法84

＊6　処分的法律（措置法）

ここで言う法律の一般性とは、一般的規範が法律でなければならないことを意味するにとどまり、法律が一般的規範であることまでが要求されているわけではありません。したがって、処分的法律ないし措置法（Maßnahmegesetz）と呼ばれる個別的法律を国会が定めることも、当該法律が平等原則に抵触せず権力分立原理の核心を侵すものでない限り、社会国家の理念を実現するために認められると解する見解が有力です。

＊7　租税法律主義の内容

判例によれば、「日本国憲法の下では、租税を創設し、改廃するのはもとより、納税義務者、課税標準、徴税の手続はすべて……法律に基いて定められなければならない」とされ（最大判昭30・3・23民集9巻3号336頁）、課税要件のみならず課税手続をも法定すべきだと解されています。

条が地方税にも適用されるのかが問題となりますが、後述の旭川市国民健康保険条例事件判決で最高裁は、「国又は地方公共団体が、課税権に基づき、その経費に充てるための資金を調達する目的をもって、特別の給付に対する反対給付としてでなく、一定の要件に該当するすべての者に対して課する金銭給付は、その形式のいかんにかかわらず、憲法84条に規定する租税に当たる」と述べて、憲法84条が地方税にも適用され、地方税に関しては条例によって定められるべきことを明らかにしました（地方税条例主義。なお、地方公共団体の自主財政権については、本章「4節5（3）自主財政権と自主課税権」を参照してください）。

　　租税法律主義が国民健康保険料に適用されるかが問題となった旭川市国民健康保険条例事件判決（最大判平18・3・1民集60巻2号587頁）において、最高裁は、国民健康「保険料に憲法84条の規定が直接に適用されることはない」としつつ、「保険料が強制徴収され、賦課徴収の強制の度合いにおいては租税に類似する性質を有する」ことから「憲法84条の趣旨が及ぶ」と判示しました。その上で、「条例において賦課要件がどの程度明確に定められるべきかは、賦課徴収の強制の度合いのほか、社会保険としての国民健康保険の目的、特質等をも総合考慮して判断する必要がある」として、条例「において保険料率算定の基礎となる賦課総額の算定基準を定めた上で」、「市長に対し、同基準に基づいて保険料率を決定し、決定した保険料率を告示の方式により公示することを委任した」本件条例の規定は、憲法84条の趣旨に反しないとしました*8。

②　財政民主主義に対する制約

　　このような財政民主主義も絶対的な原則というわけではなく、憲法上の制約に服しますが、重要なものとしては、「宗教上の組織若しくは団体の使用、便益若しくは維持のため、又は公の支配に属しない慈善、教育若しくは博愛の事業に対し」て公金等を支出等してはならないという憲法89条による制約があります。

　　同条前段は**政教分離原則**に基づくものですが、地方公共団体における宗教的活動に対する公金支出などが、この条項に反するのではないかがしばしば問題とされてきました。この点、最高裁判所は、愛媛玉串料事件判決（最大判平9・4・2民集51巻4号1673頁）において、愛媛県による玉串料としての公金支出が憲法89条違反か否かについては、憲法20条3項が禁じる「宗教的活動」の判断基準である「**目的効果基準**」*9によって判断を行うことを明らかにした上で、本件支出は憲法20条3項及び89条に違反するとしました。それに対し、神社への市有地の無償提供が問題となった空知太神社事件判決（最大判平22・1・20民集64巻1号1頁）において、最高裁は、目的効果基準を用いることなく、「諸般の事情を考慮し、社会通念に照らして総合的に判断」することによって、本件提供行為が憲法89条及び20条

*8　租税法律における遡及的立法

　個人が5年を超えて所有する土地等又は建物等を譲渡した際の譲渡所得に係る損益通算を認めないとする租税特別措置法の改正規定を施行日である2004年4月1日以前の同年1月1日以降に行う土地等又は建物等の譲渡について適用するとした改正附則が、納税者に不利益な遡及立法であって憲法84条に違反すると主張された事件で、最高裁は、「本件改正附則が憲法84条の趣旨に反するか否かについては、上記の諸事情〔＝財産権の性質、その内容を変更する程度及びこれを変更することによって保護される公益の性質など〕を総合的に勘案した上で、このような暦年途中の租税法規の変更及びその暦年当初からの適用による課税関係における法的安定への影響が納税者の租税法規上の地位に対する合理的な制約として容認されるべきものであるかどうかという観点から判断するのが相当と解すべきである」ところ、本件改正附則は「納税者の租税法規上の地位に対する合理的な制約として容認される」としました（最判平23・9・22民集65巻6号2756頁）。

*9　目的効果基準

　目的効果基準とは、津地鎮祭事件判決（最大判昭52・7・13民集31巻4号533頁）において定立された基準で、ある行為が憲法20条3項にいう「宗教的活動」か否かを、「当該行為の目的が宗教的意義をもち、その効果が宗教に対する援助、助長又は圧迫、干渉等になるような行為」かどうかによって判断するというものです。

1項後段に違反するとしました[10]。

　同条後段は、**私的事業への財政支援**に対する制約を定めていますが、この点が問題となったのが、東京高判平2・1・29高裁民集43巻1号1頁です。この事件は、埼玉県吉川町（当時）が私設の幼児教室に補助金の交付等を行った事例で、本件幼児教室が「公の支配」に属するかが問題になりました。この点、東京高裁は、憲法89条後段の趣旨は「教育の名の下に、公教育の趣旨、目的に合致しない教育活動に公の財産が支出されたり、利用されたりする虞れがあり、ひいては公の財産が濫費される可能性があることに基づくものであ」り、したがって、「公の支配」があるといえるためには、「公の権力が当該教育事業の運営、存立に影響を及ぼすことにより、右事業が公の利益に沿わない場合にはこれを是正しうる途が確保され、公の財産が濫費されることを防止しうることをもって足りる」と判示しました。これは、「公の支配」の意義をかなり緩やかに捉えるものであるといえます。

③　予　算

　憲法86条は、予算作成権が内閣にあると同時に、作成された**予算**が国会の議決を経なければならないことを定めています。すなわち、予算に関しては国会と内閣の協働が要求されています。なぜなら、たしかに予算の作成は執政の領域に該当するものですが、国政の全体プログラムである予算に対しては、国会による民主的統制が不可欠だからです。このように考えれば、従来論じられてきた国会の予算修正権に限界があるのかという問題[11]も、執政作用に関する国会と内閣の権限分配の問題にほかならない、と理解することができるでしょう。

〈3〉政府統制権

　議院内閣制のコロラリーとして、国会は、政府の活動を批判・監視する権能を有しています。特に重要なものとしては、両議院が有する国政調査権（憲法62条）や、衆議院が有する内閣不信任決議権（憲法69条）等があります。

4　内　閣

　続いて内閣について説明します。**内閣**は、政治の領域における執政権、法の領域における執行権を担当する機関です。

（1）行政権の意義

　内閣には**行政権**が帰属するところ（憲法65条）、「行政権」の意義をめぐって学説には争いがあります。伝統的には、「『行政権』とは、すべての国家作用のうちから、立法作用と司法作用を除いた残りの作用である」（芦部信喜『憲法〔第7版〕』（岩波書店、2019年）333〜334頁）という控除説が通説とされてきましたが、それで

は執政作用が埋没してしまうという批判がなされ、「行政権」に執政権が含まれると理解する執政権論が有力になっていることは、本節「1（1）〈1〉執政の概念」で述べたとおりです。

　内閣は「行政権の行使について」、国会に連帯責任を負っています（憲法66条3項）。このことから、憲法65条の趣旨は、66条3項と連動して、行政権の行使を国会の民主的統制の下におくことにあると考えられています[12]。

（2）内閣の組織

　内閣は、首長たる内閣総理大臣およびその他の国務大臣によって組織される合議体です（憲法66条1項）。このように憲法は、内閣総理大臣に「首長」としての地位を認め、それを裏付けるために、国務大臣の任免権（憲法68条）などのほかに行政各部の指揮監督権を与えています（憲法72条）。ここにいう指揮監督権については、内閣法6条が「内閣総理大臣は、閣議にかけて決定した方針に基いて、行政各部を指揮監督する」としているところ、ロッキード事件丸紅ルート判決（最大判平7・2・22刑集49巻2号1頁）は、「閣議にかけて決定した方針が存在しない場合においても、（中略）少なくとも、内閣の明示の意思に反しない限り、行政各部に対し、随時、その所掌事務について一定の方向で処理するよう指導、助言等の指示を与える権限を有する」としています。しかし、この判決に対しては、憲法65条によれば行政事務全般を所掌事務とするのは内閣総理大臣ではなく内閣であり、内閣総理大臣固有の所掌事務が行政事務全般に及ばない以上、内閣の意思を媒介することなしに内閣総理大臣が行動することはできないはずだ、という有力な批判もあります（塩野宏『行政法Ⅲ〔第5版〕』（有斐閣、2021年）63〜66頁参照）。

（3）内閣の権限

　内閣は、憲法73条に定められた権限のほかに、天皇の国事行為に対する助言と承認（3条・7条）や、最高裁判所長官の指名（6条2項）、その他の裁判官の任命（79条1項・80条1項）などの権限を有しています。ここでは、いずれも執政作用である、外交関係の処理と衆議院の解散について説明します。

　〈1〉外交関係の処理

　　憲法は、一方では外交関係の処理を内閣の権限であると定めながら、他方で国会に条約締結の承認権を与えています（73条2号・3号）。このように**外交**作用については、国会は部分的に執政権の行使に関与することが定められています。このことから、外交権を国会と内閣の複合権力であると理解する学説もあり、ここには外交に対する民主的統制を更に高めようとする意図を窺うことができます。

　〈2〉衆議院の解散

　　衆議院の解散は天皇の国事行為とされていますが（憲法7条3号）、天皇は「国政に関する権能を有しない」（憲法4条1項）以上、解散の実質的な権限

＊12　独立行政委員会

　この点で問題となるのが、独立行政委員会の合憲性です。独立行政委員会とは、人事院・公正取引委員会・国家公安委員会など、内閣や内閣総理大臣の「所轄」の下に置かれる行政機関のことで、その職務権行使については内閣の指揮監督が及ばないとされています。そのため、内閣から独立した機関が行政権を行使していることになり、「行政権は、内閣に属する」と定める憲法65条に反しないのかが問題となるのです。

　もっとも、①憲法41条や76条が「唯一」「すべて」といった修飾語を用いているのに対し、65条がそのような文言を用いていないこと、②65条の趣旨は民主的責任行政の貫徹にあるところ、政治的中立性や専門的技術的能力が必要とされるものなど、職務の性質上国会の民主的統制には適さない行政作用である場合には、内閣の指揮監督から独立している機関が職権を行使することにも合理的な理由があることなどから、既存の独立行政委員会が合憲であることについてほぼ異論はありません。

をもっているわけではありません。そこで、どの機関が解散の実質的権限を有しているのかが問題になりますが、実務上は、「内閣の助言と承認」（憲法3条）に解散の実質的決定権が含まれるとして、憲法7条を根拠に内閣の実質的な解散決定権が認められています（7条説）。ただこの立場によったとしても、内閣による解散権の行使は、内閣と衆議院との意思が衝突した場合や政権担当者の政治的基本性格が改変された場合などに限定されるという見解が有力です（参照、深瀬忠一「衆議院の解散」宮沢俊義先生還暦記念『日本国憲法体系第4巻統治の機構I』（有斐閣、1962年）204〜205頁）。

5 裁判所

最後に、法の領域で、法的紛争の裁断を担当する**裁判所**について説明します。

（1）司法権の意義

最高裁判所を頂点とする**裁判所**には、「司法権」が帰属すると定められているところ（憲法76条1項）、司法の意義が問題となります。この点、伝統的に司法とは「具体的な争訟について、法を適用し、宣言することによって、これを裁定する国家の作用」（清宮四郎『憲法I〔第3版〕』（有斐閣、1979年）335頁）とされてきましたが、ここにいう「具体的な争訟」とは、裁判所法3条1項に定める「法律上の争訟」と同義であると理解されています。その上で、「法律上の争訟」とは、判例によれば、「当事者間の具体的な権利義務ないし法律関係の存否に関する紛争であって、かつ、それが法令の適用により終局的に解決することができるもの」と定義されています（最判昭56・4・7民集35巻3号443頁）。

したがって、裁判所はこの要件を満たさない訴えを審査することはできません[13]。しかし、それに加えて、事件の性質上は「法律上の争訟」といえるはずであるのに裁判所の審査権が及ばない事項というものも存在し、とりわけ問題となるのが、団体の内部事項に関する行為と、いわゆる「統治行為」です。前者につき、最高裁判所は、大学（最判昭52・3・15民集31巻2号234頁）や政党（最判昭63・12・20判時1307号113頁）の内部紛争については、一般市民法秩序と直接の関係を有しない内部的問題にとどまる限り裁判所の審査権が及ばないという、「**部分社会の法理**」を採用しています[14]。また後者の「**統治行為**」すなわち「直接国家統治の基本に関する高度に政治性のある国家行為」については、「その判断は主権者たる国民に対して政治的責任を負うところの政府、国会等の政治部門の判断に委され、最終的には国民の政治的判断に委ねられている」とされています（最大判昭35・6・8民集14巻7号1206頁）[15]。

（2）司法権の独立

裁判所がその職責を果たすためには、司法権が立法権・行政権から独立してい

*13 「法律上の争訟」に該当しない事例

その例としては、抽象的に法令の解釈や効力について争うこと、単なる事実の存否や学問上・技術上の論争、宗教上の教義に関する判断自体を求める訴え等が挙げられます。

*14 地方議会の内部紛争

かつて最高裁は地方議会の内部紛争についても部分社会の法理の枠組みを採用した上で、出席停止の懲罰の適否は司法審査の対象にはならないと判示していました（最大判昭35・10・19民集14巻12号2633頁）。しかし、後に最高裁は同判決を変更して、その枠組みを採用することなく「普通地方公共団体の議会の議員に対する出席停止の懲罰の適否は、司法審査の対象となる」と判示するに至りました（最大判令2・11・25民集74巻8号2229頁）。

*15 統治行為論を採用した判例

この事案（苫米地事件）で問題となったのは、衆議院の解散の有効性でした。それに対し、日米安全保障条約に基づく米軍駐留の合憲性が問題となった砂川事件判決（最大判昭34・12・16刑集13巻13号3225頁）は、「主権国としてのわが国の存立の基礎に極めて重大な関係をもつ高度の政治性を有する」条約の合憲性判断は「一見極めて明白に違憲無効であると認められない限りは、裁判所の司法審査権の範囲外」にあるとして、「一見極めて明白に違憲無効である」かどうかについては裁判所による審査が可能であるとしました。このため、同判決は「変型的統治行為論」を採用したと言われています（樋口陽一『憲法I』（青林書院、1998年）477頁）。

ることと裁判官の職権の独立が要求され（憲法76条3項）、かかる裁判官の職権の独立を側面から強化するために、憲法は裁判官の身分保障を規定しています（憲法78条・79条6項・80条2項）。なお、憲法76条3項にいう「良心に従ひ」の意味について、判例は「裁判官が有形無形の外部の圧迫乃至誘惑に屈しないで自己内心の良識と道徳観に従うの意味である」としています（最大判昭23・11・17刑集2巻12号1565頁）。

（3）違憲審査制

〈1〉違憲審査制の仕組み

　憲法81条は裁判所による**違憲審査制**を採用していますが、これは、具体的な事件を解決するのに必要な限度で違憲審査権を行使することができる付随的違憲審査制である、と理解されています（最大判昭27・10・8民集6巻9号783頁）。このことから、違憲審査は具体的事件の解決に必要な場合に限って行われるという「必要性の原則」が導かれ、更にここから「憲法判断回避の準則」が導かれます。この準則には、憲法判断それ自体を回避すべしという要請[16]と、法律の条規について複数の解釈が成り立つ場合には合憲となる解釈を採用すべきであるという、合憲限定解釈の要請[17]が含まれます。

　これらの要請にもかかわらず違憲判断を下すことになったとしても、裁判所はその方式として、法令そのものを違憲とする法令違憲と、法令自体は合憲でもそれが当該事件の当事者に適用される限度において違憲であるという適用違憲の、いずれかを選択する必要があります。この点、法令違憲については、法令の規定を全体として違憲と判断する手法だけでなく、法令の規定の一部を違憲・無効と判断する手法もあります[18]。また、適用違憲にもいくつかの類型がありますが、法令の合憲限定解釈が不可能な場合に、違憲的適用の場合をも含むような広い解釈に基づいて法令を当該事件に適用するのは違憲であると判断するものが典型的です[19]。

〈2〉司法積極主義と司法消極主義

　違憲審査制の仕組みの背景には、**司法消極主義**という司法哲学が存在するといわれることがあります。これは、政治部門の判断には最大限の敬意を払うべきであり、したがって違憲審査権は抑制的に行使されるべきであるという、司法の自己抑制論を指します。他方で、このような規範論とは別に、我が国の違憲審査制の運用に対しては、現行憲法下における法令違憲判決の少なさから、極端なまでの司法消極主義であるという批判がなされてきました。しかし、このような批判に対しては、確かに最高裁は違憲判断には消極的であるが、むしろ憲法判断を行うことに対しては**積極的**であり、その合憲判断積極主義によって政治部門の実例を正当化する機能を果たしてきたという指摘もあります。

（木村草太・西村裕一）

第1章

憲法

*16　恵庭事件
　その例として、自衛隊の通信線を切断した被告人の行為は「その他の防衛の用に供する物」の損壊という自衛隊法121条の構成要件には該当しないとして、自衛隊法に対する憲法判断を回避して無罪判決を下した、恵庭事件判決（札幌地判昭42・3・29下級刑集9巻3号359頁）があります。

*17　都教組事件
　その例として、地方公務員の争議行為を禁止し、そのあおり行為等を処罰する旨を規定する地方公務員法37条、61条4号は、「争議行為自体が違法性の強いものであ」り、かつ、「争議行為に通常随伴して行われる行為」にとどまらないあおり行為等を処罰するものと解釈すべきという「二重のしぼり」論を展開した、都教組事件判決（最大判昭44・4・2刑集23巻5号305頁）などがあります。

*18　一部違憲判決
　その例として、郵便法違憲判決（最大判平14・9・11民集56巻7号1439頁）、国籍法違憲判決（最大判平20・6・4民集62巻6号1367頁）、女性再婚禁止期間規定違憲判決（最大判平27・12・16民集69巻8号2427頁）などがあります。これらについては、本章「5節　国民の権利の保護」参照。

*19　適用違憲
　適用違憲判決を下した近時の注目すべき裁判例としては、旧社会保険庁の年金審査官が、休日に勤務先から離れた自宅周辺において、公務員であることを明かさずに、政党の機関紙を配布した行為に対して、国家公務員法102条1項及び110条を適用することを違憲とした、東京高判平22・3・29判タ1340号105頁があります。なお本件上告審については、本章「5節1（4）〈2〉公務員の「人権」」を参照してください。

学習のポイント

■統治活動は、統治の基本方針を決定する政治の領域と、決定された基本方針を法により実現する法の領域に分かれます。憲法は、政治の領域に関する制度として議院内閣制（中央政府）や「大統領制」（地方政府）を採用し、また、法の領域については三権分立を採用しています。

■権力分立には、中央・地方それぞれの内部における権限分配である水平的権力分立と、中央・地方間の権限分配である垂直的権力分立があります。また、議会多数派が政府を構成する議院内閣制の下では、与野党の政治的競争が、権力分立の機能をある程度果たすことになります。

■日本国憲法は代表民主制を採用しており、国会が「全国民の代表」たる性格を有することを明らかにしています（憲法43条）。そして、憲法における「代表」という観念には、政治的代表という意味に加えて社会学的代表という意味が含まれると解されています。

■1990年代前半に、「政党本位」を実現するための「政治改革」が行われました。その結果、選挙制度については、衆議院で小選挙区比例代表制が、参議院で非拘束名簿式比例代表制が導入されました。また、一群の政党法制が登場し、政治資金規正や選挙運動のあり方についても「政党」を特権化するような改革が行われました。

■国会が「国の唯一の立法機関」であるというのは（憲法41条）、国会中心立法の原則及び国会単独立法の原則を意味しています。また、国会は衆議院と参議院の両議院によって構成されているところ（憲法42条）、かかる両院制の趣旨は、民意を多角的に反映することで権力分立の目的に資するという点に求められます。

■憲法は財政民主主義の原則を宣言しており（83条）、そこから派生した原理のひとつが租税法律主義（84条）です。かかる財政民主主義に対しては、政教分離原則に基づく制約や私的事業への財政支援に対する制約が定められています（憲法89条）。なお、宗教的活動に対する公金支出が憲法89条に違反するか否かについて、最高裁においては、かつては目的効果基準によって判断されていましたが、最近になってそれとは異なる判断枠組みを用いる判決も登場しています。

■内閣には「行政権」が帰属するところ、内閣による「行政権の行使」は国会による民主的統制の下に置かれています（憲法65条・66条3項）。また、内閣に帰属する「行政権」の意義については控除説が通説ですが、執政権が含まれるという見解も有力に説かれており、実際、内閣は外交関係の処理や予算の作成といった執政作用を担当しています。もっとも、それらも国会による民主的統制に服しています（憲法73条3号・86条）。

■裁判所に属する「司法権」には「具体的な争訟」という要件が含まれると解されているため、「法律上の争訟」に該当しない事項には裁判所の審査権が及びません。さらに、団体の内部事項に関する行為や「統治行為」のように、「法律上の争訟」に該当する場合であっても裁判所の審査権が及ばない事項が存在します。

■日本国憲法が定める違憲審査制は、具体的な事件を解決するのに必要な限度で違憲審査権を行使することができる付随的違憲審査制であり、それゆえ「憲法判断回避の準則」が導かれると解されています。もっとも、日本における違憲審査制の運用に対しては、司法消極主義であるという評価だけでなく、合憲判断積極主義であるという批判もあります。

第4節　憲法と地方自治

　地方自治の制度も、権力の濫用を抑制するために、きわめて重要な制度です。本節では、その内容をみていくことにしましょう。

1　地方自治の保障

（1）地方自治とは何か

　3節で述べたように、権力を担当する組織自体を複数に分割することを**垂直的権力分立**といいます。日本国の組織は、**中央政府**と**地方政府**とに垂直的に分割され、それぞれが独自の権限を担っています。地方政府の権限は、どのように行使されるべきでしょうか。憲法8章は、その地域の住民とその代表者が地方政府の権限を行使する仕組みを採用しました。このような仕組みを**地方自治**といいます。

（2）なぜ地方自治を保障するのか

　では憲法が地方自治の仕組みを採用したのは、何故なのでしょうか。

　まず、地方自治は、中央政府の**行き過ぎを抑制する機能**をもちます（自由主義的側面）。中央政府と地方政府を分離すれば、中央政府が円滑に政策を実現するためには地方政府の支持が不可欠となります。もちろん地方政府が合理的な政策実現を妨害する可能性もありますが、他方で、それが中央政府による不当な政策の強行に対する安全弁の機能を果たしうることも否定できないでしょう。

　次に、地方自治には、**合理的で効率的な業務遂行**が可能になるという利点が挙げられます。地方政府と中央政府には、それぞれ得意分野があります。中央政府が全ての問題を一手に引き受けるよりも、地域に身近な問題はそれぞれの自治体に委ねた方が効率的であることが多いといえます。

　最後に、地方自治の仕組みを設けることにより、**個人の積極的な政治参加**が可能になるという点も重要です（民主主義的側面）。各個人が、中央政府のような巨大な組織の意思決定に参加することはとてもむずかしいのですが、小規模な地方政府の意思形成に参加することは比較的簡単です。

　中央政府の行き過ぎの抑制、業務の合理性・効率性、個人の積極的な政治参加等を実現することが、地方自治の制度を保障する目的です[*1]。

2　地方自治の本旨

（1）地方自治の本旨

　憲法92条は、「地方公共団体」の組織と運営に関する事項を法律事項としました。「地方公共団体」とは、その地域の自治を任された地方政府のことです。

[*1]
　個人の自律的生にとって地域的アイデンティティーが極めて重要であるということから、「個人の尊重」理念のためにも地方自治が重要だとする見解もあります。参照、高橋和之『立憲主義と日本国憲法〔第5版〕』（有斐閣、2020年）第14章。

法律を制定する国会は、中央の機関です。国会が地方公共団体の組織や運営について自由に決定してよいということになれば、中央・地方という垂直的分割の意義はなくなってしまいます。このため、憲法92条は、そうした法律は「**地方自治の本旨**」に適合するように定めなくてはならない、と規定し、国会の立法のあり方に一定の条件を設定しました[2]。これを受け、地方自治法が制定され、地方公共団体の組織・運営の在り方が定められています。

＊2
GHQ内部では、地方公共団体の組織・運営に関する事項は、各自治体がそれぞれ住民憲章を制定する仕組みが模索されました。しかし、日本政府側の意向もあり、それらの事項は、法律で決定することになりました。石川健治「未完の第八章」『自治実務セミナー』（第一法規、2015年8月号）2頁参照。

（2）団体自治と住民自治

それでは、「地方自治の本旨」とは一体何なのでしょうか。これは、団体自治と住民自治の2つを意味すると理解されています。

団体自治とは、元来、国の領域内の一定地域を基礎とする団体が、国とは別の法人格を有し、多かれ少なかれ独立した形で、その事務を自らの意思と責任において行うことを意味します。つまり、団体自治とは、地方公共団体の権限が中央政府から独立して行使されなければならないとする原理です。国家と地方公共団体は、ともに領域を基礎とする統治団体ですが、後者の自治権は領土全域に国権を有する前者によって認められてはじめて成立します。国家が、地方公共団体を完全に従属させることになれば、地方自治を保障する目的は一切実現されなくなるでしょう。

他方、**住民自治**とは、地方公共団体の権限は住民の意思に基づいて行使されなくてはならないとする原理です。個人の積極的な政治参加を可能にすることが地方自治を保障する目的の一つであり、住民自治の原理はそうした目的から自然に導かれる原理です。

このように「地方自治の本旨」とは、団体自治と住民自治の2つの要素から成るとするのが伝統的な見解です。さらに、最近では地方分権推進の流れを受けて、「国と地方公共団体との適切な役割分担」（自治法1条の2参照）を地方自治の本旨に読み込んで、地方への積極的な事務配分を求める根拠となるとする見解も有力です。

（3）地方自治と連邦制

このように、単一国家である日本では地方自治の原理が採用されています。これに対し、アメリカやドイツなどは、連邦制とよばれる制度を採用しています。地方自治と連邦制は、どう違うのでしょうか。

連邦制の国家では、連邦を構成する州や邦のそれぞれが、独自の統治権を有し、民主的正統性を備えています。そのような州や邦の代表が連邦の統治に参加することにより、連邦全体が民主的に正統化されます。例えば、ドイツでは、州政府が任免する議員からなる連邦参議院が連邦立法に関与します（ドイツ連邦共和国基本法50条）。アメリカ合衆国でも、上院は州代表の性質が強く、人口にかかわらず各州の議員定数は同一であり（アメリカ合衆国憲法1編3節）、連邦憲法の改正には

全州の４分の３の同意が必要という仕組みになっています（同５編）。

つまり、連邦は、「『下位の層が上位の層の民主的正統化に構成的に関与するしくみ』を備えている点に、構造的な特色」があるといえるでしょう[3]。

これに対し、地方自治は、国民主権原理によって正統化された国家が、地方政府に自律性を付与したものです。国家自身が、既に民主的に正統化された存在である以上、地方政府の代表が国家の民主的正統化に関与する関係にはありません。

このように、地方自治と連邦制は、民主的正統化の方法という点で区分できます。

続いて、憲法８章の内容を確認しながら、地方公共団体の設置（3）、内部組織（4）、権限（5）のあり方について順に説明します。

*3
林知更「連邦・自治・デモクラシー——憲法学の観点から」宇野重規・五百旗頭薫（編）『ローカルからの再出発』（有斐閣、2015年）第3章

第1章 憲法

3　地方公共団体の設置と憲法

（1）地方公共団体の設置についての憲法上の要請

日本全国をどのように区分して地方公共団体を設置するかについて、憲法は細かい規定をおいていません。そのため、この点は「地方自治の本旨」に従った法律によって定められることになります。その法律の内容について、団体自治・住民自治の原理から、①どの地方公共団体にも管轄されない地域（中央政府直轄地）をつくらないこと、②現在の市町村に相当する比較的小規模な地方公共団体を設置すべきこと、③歴史的沿革を尊重して地方公共団体を設置すべきこと、等が要請されるといわれています。

まず、①地方公共団体に管轄されない地域では、団体自治も住民自治も実現されません。また、②都道府県のような大規模団体だけになってしまうと、住民の政治参加は容易ではなくなり、住民自治の原理が十分に実現できなくなってしまうでしょう。最後に、③歴史的沿革を無視して区割りをすると、団体としての一体性が害され、団体自治の観点から好ましくありません。このように、団体自治・住民自治という「地方自治の本旨」から、①〜③の内容が要求されるわけです。

（2）地方公共団体の設置に関する諸問題

地方公共団体の設置については、以上のような要請があるといわれております。これと関係のあるいくつかの問題について説明しておきましょう。

〈1〉現存する地方公共団体の存続権

憲法92条は、現存する個々の都道府県・市町村の存続権を保障したものではない[4]と理解され、法律による強制的な廃置分合がそれ自体として違憲であるとまではいわれておりません。現行法上は、都道府県は国の法律で一方的に廃止できますが（自治法６条）、市町村合併は当該地方公共団体の同意（ないし住民投票）を必要としています（自治法７条等）。

〈2〉二層制

*4
地方公共団体が、個人と同じように、憲法上の権利主体となり、固有の権利をもつという考え方を固有権説といいます。これは、フランス革命期の「地方権（pouvoir municipal）」の思想に起源を持つ見解です。他方、現在の通説は、憲法第八章は、個々の地方公共団体の固有権を保障したものではなく、地方自治という制度を保障したものと考えます。これは、ワイマール期のドイツ国法学の考え方を参照したもので、制度的保障説とよばれます。しかし、最近では、制度的保障はその内実に乏しく、憲法の解釈上はこれを不要とする見解も有力です。

現在の法律では、広域の地方公共団体（都道府県）・基礎的な地方公共団体（市町村）の二層制が採られています。これを改め、一層制にすることは「地方自治の本旨」に適合するでしょうか。

まず、基礎的な地方公共団体を廃した広域の地方公共団体だけの一層制が住民自治の原理から好ましくないのは、（1）に述べたとおりです。また、基礎的な地方公共団体のみの一層制も歴史的沿革を考えると、好ましくないといえるでしょう。このため、二層制を一層制に改めることは、原則として「地方自治の本旨」に反するといわれています[5]。

〈3〉道州制

都道府県よりも大きな地方公共団体を設置する制度を、一般に道州制とよびます。基礎的な地方公共団体のレベルを過度に広域化することは住民自治の実効性の観点からは好ましくないといえます。しかし、広域の地方公共団体のレベルで、現在の都道府県を合併するなどして道州制を導入することは必ずしも「地方自治の本旨」に反しないといわれています。ただし、道州制の導入には、道州の規模をはじめ、住民自治の実効性をいかに図るかなど、様々な問題が残されています。

〈4〉東京都特別区

東京都の一部地域には、市町村はおかれておらず、23の特別区が設置されています。1952年に改正された地方自治法では、特別区は地方公共団体として扱われておらず、区長についても公選制ではなく区議会が都知事の同意を得て区長を選任する制度（選任制）が採られていました。

最大判昭38・3・27刑集17巻2号121頁は、憲法93条2項にいう「地方公共団体」といいうるためには、「単に法律で地方公共団体として取り扱われているということだけでは足らず、事実上住民が経済的文化的に密接な共同生活を営み、共同体意識をもっているという社会的基盤が存在し、沿革的にみても、また現実の行政の上においても、相当程度の自主立法権、自主行政権、自主財政権等地方自治の基本的権能を附与された地域団体であることを必要とする」として、東京都特別区はそれにあたらないから、区長選任制は憲法に違反しないと結論しました。

もっとも、このようなロジックによると、基礎的な地方公共団体がおかれず、住民の政治参加が困難な地域がつくられてしまうことになります。このため、この判決については批判も多くありました。実務上も、区長の選任制には批判が強く、1974年の地方自治法改正により、区長の公選制が復活しました。特別区は、現在では、市町村と並ぶ基礎的な地方公共団体として扱われています（自治法281条の2第2項）。

4　地方公共団体の内部組織と憲法

（1）地方公共団体の内部組織についての憲法上の要請

　憲法93条1項は各地方公共団体に議会をおかなくてはならないとし、同2項は、地方公共団体の「長」と「議員」を住民の直接選挙で選ばなくてはならないと規定しています。長は、地方公共団体の政治の領域における執政と法の領域における執行を担当し、地方議会は、政治の領域における統制と法の領域における地方立法（条例制定権）を担当します。そこでは、長と議会のそれぞれが直接住民に対して責任を負う**二元代表制**の仕組みが採用されています。

　憲法は、地方公共団体では「議院内閣制」型ではなく、長・議員の双方を直接公選とする「**大統領制**」型を採用しました。ここでは、執政・執行府と統制・立法府が厳格に分立され、統治が行われることになります[6]。もっとも、現行の地方自治法は、議会による長の不信任議決及び長による議会の解散権を定めるなど、議院内閣制の要素を一部取り入れています（同178条）。

＊6
　なお、地方自治法では、議会に対して、長のほか委員会及び委員も執行機関と位置付けている。
　詳しくは、「3章8節 執行機関及びその他の組織」参照。

【図表4－1】地方公共団体と垂直的・水平的権力分立

		水平的権力分立（組織内部の分割）		
		執政・執行	統制・立法	両機関の関係の型
垂直的権力分立（複数の組織への分割）	中央政府	内閣	国会	「議院内閣制」型 　執政・執行機関が統制・立法機関への信任を得ることを要求
	地方公共団体	長	議会	「大統領制」型 　執政・執行と統制・立法が厳格に分立する。

　憲法93条2項は、長・議員の他に「法律の定めるその他の吏員」も、住民の選挙で選ぶことができるとしています。これは、選挙で選ばれる職員を必ず設けなくてはならないという趣旨ではなく、法律で、長・議員以外の公選職の地方公務員を規定してもよいという許容的規定です。過去には、この規定に基づき、都道府県・市町村の教育委員会の委員を公選する制度がありました。しかし、教育の専門性よりも、党派性を重視した選挙が行われたため、法律が改正され、現在では、この制度は廃止されています。

　長・議員そして、法律の定める場合には「その他の吏員」の選挙については、憲法上の選挙に関する原則が適用されます。憲法上の選挙原則には、普通選挙（憲法15条3項）、平等選挙（憲法14条1項）、秘密選挙（憲法15条4項前段）、自由選挙（憲法15条4項後段）、直接選挙の五つの原則があります。

　以上は、憲法の要請であるため、法律や各地方公共団体がそれを変更してはな

＊7
　近時、公選の首長の代わり
にシティ・マネージャー（議
会の選任するマネージャーに
執行権を委ねる制度）を置く
ことが許されるかが議論され
ています。多数説は憲法93条
が首長制を義務付けたものと
理解しますが、同条は首長を
置く場合の公選を義務付けた
だけで、シティ・マネー
ジャー制は許されるとする見
解もみられます。

りません＊7。では、その他の内部組織のあり方についてはどうでしょう。内部
組織のあり方は団体の意思形成に重大な影響を与えます。団体自治の原理からす
れば、各地方公共団体には、その他の機関（中央政府や他の地方公共団体）から独
立して内部組織のあり方を決定する権限が認められるべきでしょう。こうした権
限を、**自主組織権**といいます。

　もっとも、地方公共団体に完全な自主組織権を認めてしまうと、保健所等のど
の地域にも必要なはずの組織が設置されない地域が生じてしまうおそれがありま
す。そのため、憲法92条は、「地方自治の本旨」に基づき、法律で自主組織権に
制限を加えることを予定しています。例えば、地方自治法156条は、各地方公共
団体に保健所や警察署を設置することを要求していますが、これは「地方自治の
本旨」に反する自主組織権の制限であるとはされていません。

（2）地方公共団体の内部組織に関する諸問題

　以上のような原則を踏まえ、地方公共団体の内部組織についての具体的な問題
を検討していくことにしましょう。

〈1〉住民投票

　近時、議会でなく**住民投票**で条例を制定したり、住民投票により長の事務
執行の仕方（例えば、原子力発電所の稼働に同意するか否か等）を拘束したりす
るなど、住民投票に法的拘束力を認めることが、憲法上許されるかどうかが
問題になっています。

　住民自治の原理からすれば、住民の意思が直接表明される住民投票は、地
方公共団体内部では最高の意思として扱われるはずで、それにより長や議会
の権限を拘束することも許容されることになりそうです。しかし、憲法93条
を受けた地方自治法が長と議会から成る二元的代表制を原則形態として採用
していることからすると、拘束的な住民投票制度を条例限りで設けること
は、憲法93条の趣旨に反するというべきです。では、条例ではなく法律に根
拠があれば、住民投票に拘束力を持たせることは可能でしょうか。この点は、
プレビシットや世論操作のおそれを理由に否定的にみる向きもありますが、
住民自治に配慮して一定の場合にこれを認めることは違憲ではないとする見
解もみられます＊8。

　もっとも、住民投票の結果は、法的拘束力がないとしても、住民の多数意
見を示すものとして実際上は長や議会に強い影響を与えるでしょう。このた
め、住民投票を実施することには、一定の政治的な意義があることも多いで
す。過去の例をみると、市町村の合併の賛否や枠組みを問う住民投票は、
400件以上実施されています。その他にも産廃施設や原発でのプルサーマル
計画、米軍基地建設等の是非を問う住民投票が実施されてきました。

〈2〉町村総会

　地方自治法94条は、町村は条例で議会の代わりに有権者たる住民全員をメ

＊8
　実務上は、住民投票を行う
ための条例は、その結果に法
的拘束力をもたせない形で規
定されることが一般的です。
例えば、「市長は、住民投票
の結果に従い……の事務を遂
行しなくてはならない」とい
う規定ではなく、「市長は、
住民投票の結果を尊重し事務
を遂行しなくてはならない」
と規定するなど。

ンバーとする**町村総会**を設置することができると定めています。これはすべ
ての地方公共団体に議会を設置すべきことを要求する憲法93条1項に違反し
ていないのでしょうか。

　この点、町村総会の制度は、公開の討議によって決議を行う機関であり、
議会に酷似する性質を有しているため、単純な住民投票とは性質が違い、議
会に代えて町村総会をおくことも合憲だと理解されています。

〈3〉首長多選制限

　地方公共団体の長の地位が、長期間、同じ人物に占められると、多様な意
見の反映や汚職の防止という観点から好ましくない事態が生じることもある
でしょう。そのため、近時、首長（都道府県知事・市町村長）の多選（3選や4
選など）を禁じる法律や条例の制定が提案されることがあります。

　もっとも、長の多選制限は、立候補の自由の制限となりますし、多選を望
む住民の選挙権の制限にもなります[9]。長の多選制限は、憲法に違反しな
いのでしょうか。この問題について、2007年5月30日に、総務大臣の指示に
より設けられた「首長の多選問題に関する調査研究会」（座長・高橋和之明治
大学教授）が「報告書」を提出しました。「報告書」は、「法律に根拠を有す
る地方公共団体の長の多選制限については、必ずしも憲法に反するものとは
いえない」と結論しています。

〈4〉「住民」の範囲

　憲法93条2項では、長や議員の選挙は、「住民」によって行われると規定
しています。過去には、この「住民」は、単に、その地方公共団体に住所が
ある者を言うのか、住所があることに加え、国籍が必要なのか、という点が
議論されました。

　この点、最判平7・2・28民集49巻2号639頁は、この「住民」について「住
所を有する日本国民」を言うとの解釈を示しました。ただし、この判決は、
日本国籍を有しない定住外国人が、その地方公共団体と「特段に緊密な関係
を持つに至った」場合に、法律をもって、長や議員の選挙権を付与すること
は憲法に違反しないとも述べています。

5　地方公共団体の権限と憲法

（1）中央政府と地方公共団体の権限分担

　中央政府と地方公共団体との間で、どのように**権限分担**をすべきでしょうか。
憲法92条によれば、この点は「法律」で決定されます。法律は、国の事務を、①
中央政府の専権的な事務、②地方公共団体の専権的な事務、③中央政府と地方公
共団体が協力する事務の3つに区分し、事務分担を決定します。また、法律は、
③の協力する事務について、何を中央政府の事務とし、何を地方公共団体の事務
とするかを決定する必要もあります（例えば、現在の教育行政は、カリキュラムは中
央政府、人事は都道府県、学校の運営は市町村等という分担に、おおむねなっています）。

> ＊9
> 　また、平等原則の観点から
> 立候補に関する区別の合理性
> も問題になります。

　憲法94条は、各地方公共団体が「財産を管理」する権限、「事務を処理し、及び行政を執行」する権限、「条例を制定」する権限を有すると規定しています。これらは、それぞれ**自主財政権**、**自主行政権**、**自主立法権**とよばれます。なお、司法権は国の独占的な作用であるため、地方公共団体の権能には含まれません。各地方公共団体は、自らに配分された事務についてそれらの権限を行使することができます。

　各地方公共団体について、完全な独立（団体自治）と高度の住民の政治参加（住民自治）が保障されたとしても、その事務がごくわずかなものに限られてしまえば、地方自治を保障した意義は失われてしまうでしょう。このため、地方公共団体に一定の事務を付与すべきことは「地方自治の本旨」からの要請だと考えられます。特に、その地域との関係が強く、かつ、その他の地域との関係が弱い事務については、その地域を管轄する地方公共団体の事務とするのが好ましいでしょう。例えば、家庭ごみの処理や、都市計画の立案等は、地方政府に強い権限が与えられるべきです。

（2）法律と条例

　地方公共団体も国家権力の担い手ですから、その権限は法の支配・法治主義の原理に従って行使されなくてはなりません。こうした考慮から、憲法93条は、各地方公共団体に**条例制定権**を有する議会を設置しました。条例制定権は、憲法を直接根拠として認められるものなので、法律の根拠によることなく制定することができます。この点で、条例はしばしば「自主法」と称されてきました。

　2節では、法律は一般的・抽象的で明確でなければならないとされ、また、中央政府の権限は法律に従って行使される必要があることを確認しました。条例についても全く同様で、条例の内容は一般的・抽象的で明確でなければならず、地方公共団体の権限はそうした条例に従って行使されなくてはなりません。

　憲法94条は、「条例」を「法律の範囲内」で定めなくてはならないとしています。ここにいう「法律」は、国会の制定した法律及びそれを執行するための政省令をいうと解されています。また、同条にいう「条例」には、条例を執行するために長や委員会が定める規則も含まれるとされ、それらの規則も「法律」に違反してはならないと解されています。

　では、「条例」が「法律の範囲」を逸脱しているか否かはどのように判断すべきでしょうか。この点、法律の態度が明確な場合（例えば、売春規制条例を無効とすると規定する売春防止法附則4項のような場合）であれば、判断は簡単です。しかし、多くの場合、法律はある条例を定めてよいとか、定めてはいけないといったことを明確に述べていません。

　初期の行政実務は、そうした場合の判断基準として、対象事項が重複する法律があった場合、条例は無効になるとの基準を採っていました。この基準によると、法律よりも厳しい規制を置く条例（**上乗せ条例**）や、法律よりも広い対象の規制を定める条例（**横出し条例**）は憲法94条に反し無効になります。こうした理論を

法律先占論といいます*10。

　しかし、この基準ではあまりにも地方公共団体の権限が狭められてしまいます。最大判昭50・9・10刑集29巻8号489頁は、法律と条例の「それぞれの趣旨、目的、内容及び効果を比較し、両者の間に矛盾抵触があるかどうかによって」、条例が「法律の範囲内」にあるかどうかを判断すべきだとする基準を採用しました。これは形式判断だけの法律先占論を否定し、両者が実質的に矛盾するかどうかを判断基準とするものです。同判決は、それを前提に、道路交通法上の処罰対象（デモ行進中のだ行進）に、重複して刑罰を科す徳島市公安条例を「法律の範囲内」にあるものとして合憲と判断しました。個別の結論についてはともかく*11、この判決の示した基準については広い支持があります。なお、「3章3節2（2）条例制定権の範囲と限界」も参照してください。

（3）自主財政権と自主課税権

　地方公共団体は、自ら「財産を管理」する権限をもちます。これを**自主財政権**（「自主」の代わりに「自治」を冠することもある）といいます。これは、地方公共団体が自主的に財産処理を行う権限です。では、各地方公共団体は、財産を得るための権限、つまり租税徴収権限を有しているのでしょうか。

　この点についての憲法の明確な規定はありません。もっとも、財源を中央政府に依存すれば、地方公共団体の独立性は失われてしまうでしょう。団体自治の原理を前提にすると、各地方公共団体が自らの決定により租税を徴収する権限を有していると解するのが相当です。こうした権限を**自主課税権**（「自主」の代わりに「自治」を冠することもある）といいます。判例も、普通地方公共団体が「国とは別途に課税権の主体となることが憲法上予定されている」と明言しています（後掲・最判平25・3・21）。

　もっとも、各地方公共団体が完全な自主課税権をもつことになれば、不合理な国内的・国際的二重課税やきわめて煩雑な事務処理等が生じた場合に、それを是正することが困難になるでしょう。この点、福岡地判昭55・6・5判時966号3頁は、一定の電気使用についての非課税措置を規定した地方税法改正により、大幅な電気ガス税減収を余儀なくされた大牟田市が、中央政府に対し国家賠償を請求した事件について、憲法は地方公共団体が課税権をもつことを「認めている」としつつ、「憲法は特定の地方公共団体に具体的税目についての課税権を認めたものではな」く、法律が地方公共団体の課税権を一定の範囲で規律することも許容されるとして、問題の規定を合憲としました。また、神奈川県臨時特例企業税通知処分取消等請求事件（最判平25・3・21民集67巻3号438頁）では、欠損金の繰越控除を行った企業に特例企業税を課す神奈川県臨時特例企業税条例が、「地方税法の定める欠損金の繰越控除の適用を一部遮断することをその趣旨、目的とするもので、特例企業税の課税によって各事業年度の所得の金額の計算につき欠損金の繰越控除を実質的に一部排除する効果を生ずる内容のものであり」、地方税法の「趣旨、目的に反し、その効果を阻害する内容のものであって、法人事業税

*10
　「法律先占論」について、「3章3節2（3）〈1〉条例と法律の抵触問題」参照。「上乗せ条例」「横出し条例」については、「同〈2〉上乗せ・横出し条例」参照。

*11
　この条例は表現の自由を制約するものであるため、より慎重な審査が必要だったと言われています。

第1章　憲法

に関する同法の強行規定と矛盾抵触するものとしてこれに違反し、違法、無効であるというべきである」として、無効とされました。

　これら事件で問題となった規定については様々な評価がありますが、法律が地方公共団体の課税権について一定の制限を行うことを一切否定する見解は多くありません。

6　地方特別法についての住民投票

　3節で述べたように、対象を特定範囲に限定した法律（措置法律）を制定することは、その特定の対象に不当な負担を科す危険があります。このため、憲法95条は、**特定の**[*12]「**地方公共団体のみに適用される特別法**」を制定するには、その地域の住民投票による同意を得ることを要求しました。これも、地方自治の理念の一つの現れであるといえるでしょう。

　「一の地方公共団体のみに適用される特別法」（地方特別法）とは、地方公共団体の住民や地域に適用される法律ではなく、地方公共団体の組織・運営・権能など、地方公共団体自体に適用される法律を指します。

　このため、中央政府の業務について、特定地域の住民に関する特則を定める法律（例えば、国が給付する子育てに関わる手当について、寒冷地の住民に暖房費を上乗せする法律など）や、特定地域での適用についての特則を定める法律（例えば、全国的に銃規制を及ぼした上で、人口密集地域での銃規制を特に強める法律など）には、憲法95条は適用されません[*13]。また、事実上、特定の地方公共団体にだけ適用される法律であっても、形式的に、全国の地方公共団体に適用される法律についても、憲法95条は適用されません。最大判平8・8・28民集50巻7号1952頁では、事実上、沖縄県にのみ適用されている駐留軍用地特別措置法について、形式的には、沖縄県以外の自治体にも適用されるとして、憲法95条違反ではないとしています。

　他方、特定の地方公共団体だけに特別な組織を設置することを義務付ける法律（例えば、特定の市町村だけに、火山監視所の設置を義務付ける法律など）や、特定の地方公共団体のみの権限を制限する法律（例えば、特定の自治体の消防権限のみを特別に制限する法律など）を制定する場合には、憲法95条が適用されます。

　地方特別法が国会で議決された場合、地方自治法261条に基づき、住民投票の手続がとられます。憲法制定当初は、しばしば憲法95条に基づく住民投票が実施されましたが、1953年以降は、憲法95条が適用された例はありません。もっとも、この規定がなくなれば、特定の地方公共団体の権限を不公平に制限したり、不当に財政負担を課したりする法律が、住民の同意もなしに制定される危険が出てきます。実際に適用されることは少ないですが、地方公共団体の独立と、公平な立法を確保するために、今でもこの規定は一定の役割を果たしているといえるでしょう。

（木村草太・江藤祥平）

*12　特定の
　条文では「一の」とありますが、これは「特定の」という意味だと解釈されており、対象が複数でも、特定の地方公共団体にだけ適用される法律の制定については住民投票の同意が必要です。

*13
　ただし、そうした法律にも憲法14条1項は適用されるので、不合理な区別であれば、違憲の評価を受けます。

学習のポイント

■憲法8章は、地方自治の保障を規定しています。地方自治には3つの意義があり、具体的には、中央政府の行き過ぎに対する抑止機能を果たすこと、住民に近いところでの効率的な業務遂行を可能にすること、個人の積極的な政治参加を可能にすることが、地方自治のもつ意義です。

■憲法92条は、地方公共団体に関する法律は「地方自治の本旨」に基づいて定められなければならない旨規定しています。「地方自治の本旨」とは2つの原則を指すといわれており、その一つが団体自治の原則（地方公共団体の権限は中央政府から独立して行使されなければならないというもの）であり、もう一つが住民自治の原則（地方公共団体の権限は住民の意思に基づいて行使されなければならないというもの）です。

■地方公共団体の設置に関して、特に憲法に規定はありませんが、①どの地方公共団体にも属さない地域をつくらない、②現在の市町村に相当する小規模な地方公共団体を設置すべき、③歴史的沿革を尊重して地方公共団体を設置すべきことの3つが要請されています。

■憲法93条は、長・議員の双方を住民による直接公選とする「大統領制」を採用しています。そして、地方公共団体の内部組織については、地方公共団体自らが決定できる自主組織権を有するとされています。これらの原則に関して、拘束的住民投票、町村総会、首長多選制限などが憲法に違反しないかが問題となっています。

■憲法94条は、地方公共団体の自主財政権・自主行政権・自主立法権を保障しており、中央政府と地方公共団体の権限分担は、地方自治法に規定されています。ここで問題となるのが、法律と条例との関係ですが、条例が法律が既に定めている事項について規定した場合、法律が優位するという「法律先占論」（「法律の優位」の原則の応用です）は現在では支持されず、実質的規定内容により条例の法律に対する矛盾・抵触を判断すべきだというのが最高裁判所の判例です。

■憲法95条は、特定の地方公共団体のみに適用される特別法は、その地域の住民投票による同意を要すると規定しています。

第5節　国民の権利の保護

　本節では、統治機構と並ぶ日本国憲法の構成要素である、**権利宣言**について説明をします[*1]。

1　総　論

（1）憲法上の権利の類型

　憲法3章で保障されている権利は、一般に、「**国家からの自由**」・「**国家への自由**」・「**国家による自由**」にそれぞれ対応して、**自由権・参政権・社会権**に大別されます。自由権は更に、**精神的自由・経済的自由・人身の自由**に分けられます。また参政権には、**選挙権・被選挙権**のほかに、**公務就任権**が含まれる場合もあります。しかし、この三分類だけでは憲法が保障する権利をすべてカバーすることができないため、代表的な見解によれば、包括的基本権（憲法13条）・平等原則（憲法14条）・国務請求権ないし受益権といった類型が、更に加えられることになります。本節「2　各論」は、この類型に従って叙述がなされます。

（2）憲法上の権利と違憲審査

　憲法上の権利は無制約ではなく、法律や条例による制約に服します。それでは、憲法上の権利を制約する法律や条例はどのような場合に違憲になるのでしょうか。

　この点、本章第1節で論じたように、日本国憲法は「公共の福祉」によって権利が制約される旨を一般的に定めているようにみえることから（憲法12条・13条）、「公共の福祉」の意味が問題とされてきました（本章「1節2（4）公務員と「公共の福祉」」参照）。しかし、現在では、どういう場合に権利の制約が正当化されるのかという具体論に重心が移っているため、ここでもその問題を論じることにします。

〈1〉二重の基準論

　一般に学説では、この問題について、裁判所がどのような基準を適用して法令の合憲性を判断すべきかという形で議論がなされています。これを、**違憲審査基準論**とよびます。違憲審査基準論として学説において広く支持されている見解が、**二重の基準論**です。これは、表現の自由などの精神的自由は経済的自由に比べて優越的地位を占め、したがって前者の規制立法は後者の規制立法よりも厳格な基準によって審査されなければならない、という考え方です。最高裁判所も、薬事法事件判決（最大判昭50・4・30民集29巻4号572頁）において「職業の自由は、……殊にいわゆる精神的自由に比較して、公権力による規制の要請がつよ」いと述べるなど、一般論としては二重の基準論を

採用しているようにもみえます。

〈2〉比例原則

　しかし同時に、判例は、現実には精神的自由の優越的地位に配慮しておらず、二重の基準論が具体化されているとはいえないとも批判されています。それでは、裁判所は実際にはどのように合憲性判断を行っているのでしょうか。この点、例えば、前述の薬事法事件判決において最高裁は、規制目的の正当性や目的を達成するための手段の「必要性」と「合理性」という観点から合憲性審査を行うことを明らかにしています。このように、我が国の最高裁は、二重の基準論よりは**比例原則**[*2]を憲法判断の基礎に据えているのではないかとも指摘されています。

（3）憲法上の権利の享有主体

〈1〉外国人

　外国人も人間である以上、人権享有主体性が認められることに疑いはありませんが、憲法第3章の標題が「国民の権利及び義務」となっているように、憲法上の権利の享有主体として第一次的に想定されているのは国民です。それでは、**外国人**が憲法上の権利の享有主体となることはできるのでしょうか。この点、最高裁はマクリーン事件判決（最大判昭53・10・4民集32巻7号1223頁）において、「憲法第三章の諸規定による基本的人権の保障は、権利の性質上日本国民のみをその対象としていると解されるものを除き、わが国に在留する外国人に対しても等しく及ぶ」と述べて、権利性質説を採ることを明らかにしています[*3]。

　したがって、各権利条項ごとに外国人への保障の有無が検討されることになりますが、最も問題となるのが、狭義の参政権と、公務就任権です。まず前者について判例は、国民主権原理（憲法前文・1条）における「国民」とは日本国民を指し、したがって憲法93条2項にいう「住民」も日本国民に限られるとしながらも、定住外国人の地方選挙権を立法政策の問題であるとしています（最判平7・2・28民集49巻2号639頁）。また後者について、東京都管理職選考試験事件判決（最大判平17・1・26民集59巻1号128頁）は、「公権力行使等地方公務員」[*4]については「原則として日本の国籍を有する者が……就任することが想定されている」とした上で、地方公共団体は、「公務員制度を構築するに当たって、公権力行使等地方公務員の職とこれに昇任するのに必要な職務経験を積むために経るべき職とを包含する一体的な管理職の任用制度を構築」することができるので、結果的に「公権力行使等地方公務員」に該当しない管理職への在留外国人の昇任可能性が否定されることになっても違法ではない、としました。ただしこの判決は、かような「公権力行使等地方公務員」に外国人が就任することは許容していると解されており、この点についても地方公共団体の裁量に委ねられているといえます。

＊2　比例原則
　手段が目的達成のために有用かどうか（適合性原則）、手段が目的達成のために必要かどうか（必要性原則）、当該手段によって失われる利益が得られる利益を上回っていないかどうか（狭義の比例性原則）という観点に基づいて、国家による過剰規制をコントロールしようとする考え方を指します。

＊3　マクリーン事件判決
　もっとも同判決が、「外国人に対する憲法の基本的人権の保障は、……外国人在留制度のわく内で与えられているにすぎない」という立場を採り、「在留期間中の憲法の基本的人権の保障を受ける行為を在留期間の更新の際に消極的な事情としてしんしゃくされないことまでの保障が与えられているものと解することはできない」として、原告の在留期間更新申請に対して、原告が在留期間中に行った政治活動を理由に法務大臣が不許可処分を行ったことは違法ではないとしている点には、注意が必要です。

＊4　「公権力行使等地方公務員」
　本判決は、「地方公務員のうち、住民の権利義務を直接形成し、その範囲を確定するなどの公権力の行使に当たる行為を行い、若しくは普通地方公共団体の重要な施策に関する決定を行い、又はこれらに参画することを職務とするもの」を「公権力行使等地方公務員」と定義しています。

〈2〉法 人

法人が憲法上の権利を享有しうるかについて、判例は八幡製鉄事件判決（最大判昭45・6・24民集24巻6号625頁）において、「憲法第三章に定める国民の権利および義務の各条項は、性質上可能なかぎり、内国の法人にも適用されるものと解すべきである」としています。もっとも、基本的人権が日本国憲法のコミットする個人の尊厳（憲法24条参照）という基本価値に由来することからすれば、自然人と同程度の保障が法人にも及ぶとは限りません。具体的には、法人の権利行使が自然人の権利を不当に制限するものであってはならないという観点から、法人は自然人と異なる規制を受けることがあると解されています[*5]。

（4）憲法上の権利の適用範囲

〈1〉私人間効力

憲法上の権利は、公権力との関係で国民に保障されるものであると伝統的に考えられてきましたが、資本主義の進展に伴い国家権力に匹敵する「社会的権力」が登場するようになると、かような「社会的権力」による私人の権利侵害をも、憲法によって規制すべきであるという考えが生じることになります。これが、**「人権の私人間効力」**とよばれる問題です。

この点判例は、入社試験の際に学生運動歴を秘匿していたこと等を理由として試用期間中に本採用を拒否することの可否が争われた三菱樹脂事件判決（最大判昭48・12・12民集27巻11号1536頁）において、民法90条などの私法の一般条項を憲法の趣旨を取り込んで解釈・適用することで間接的に私人間の行為を規律しようという間接適用説を採用した、と一般に理解されています。もっとも、「契約締結の自由」を理由に「企業者が特定の思想、信条を有する者をそのゆえをもって雇い入れることを拒んでも、それを当然に違法とすることはできない」以上、「労働者の思想、信条を調査」することも許されるとする本判決の説示には、原告の思想・信条の自由を十分に顧慮していないとの批判もあります。

それに対し、最高裁判例の中には、定年年齢を男子60歳、女子55歳と定める会社の就業規則を「性別のみによる不合理な差別を定めたものとして民法90条の規定により無効である…（憲法14条1項、民法1条の2〔現2条〕参照）」とした日産自動車事件判決（最判昭56・3・24民集35巻2号300頁）や、「男女の本質的平等を定める日本国憲法の基本的理念に照らし」て入会権者の資格を原則として男子孫に限定する慣習を「性別のみによる不合理な差別として民法90条の規定により無効である」とした判例（最判平18・3・17民集60巻3号773頁）などもあります。

〈2〉公務員の「人権」

伝統的に、公権力と特殊な関係にある者については、特別な権利制限が許

されると理解されてきましたが*6、ここではその具体例として、**公務員の「人権」**を考えてみましょう。公務員については、政治活動の自由及び労働基本権が広範に制約されていますが、その合憲性について、判例は次のように説いています。前者については、猿払事件判決（最大判昭49・11・6刑集28巻9号393頁）において、①行政の中立的運営とこれに対する国民の信頼確保という規制目的は正当であり、②その目的と公務員の政治的中立性を損うおそれのある政治的行為の禁止との間には合理的関連性があり、③禁止によって得られる利益は失われる利益に比して重要であるとして、すべての国家公務員の政治活動を一律全面に禁止している現行法（国家公務員法102条1項等）も合憲であるとされました*7。後者については、全農林警職法事件判決（最大判昭48・4・25刑集27巻4号547頁）が、公務員の地位の特殊性と職務の公共性を根拠として公務員の労働基本権に対し必要やむをえない限度の制限を加えることには十分合理的な理由があるとして、国家公務員の一律かつ全面的な争議行為の禁止（国家公務員法98条2項）も合憲である、としています*8。いずれの判断に対しても、学説からの強い批判があります。

2　包括的基本権

（1）総　説

通説によれば、憲法13条後段が定める「生命、自由及び幸福追求に対する国民の権利」（**幸福追求権**）は、憲法に列挙されていない「新しい人権」を包括的に保障するものである、とされています。判例も、京都府学連事件判決（最大判昭44・12・24刑集23巻12号1625頁）において、憲法13条を根拠に、「承諾なしに、みだりにその容ぼう・姿態を撮影されない自由」を認めています。

憲法13条によって保障される「新しい人権」として論じられるものとして、プライバシー権・人格権・自己決定権などがありますので、以下具体的にみていくことにしましょう。

（2）プライバシー権

プライバシー権は、当初「一人にしてもらう権利」と観念されていましたが、情報化社会の進展に伴い、「自己に関する情報をコントロールする権利」（自己情報コントロール権）として理解されるようになってきました。この背景には、いわゆるデータ・バンク社会においては、自己に関する情報がコンピュータによって結合処理されることで自己の全貌が把握されたり、自己に関する誤った情報が自己の手の届かないところで流布することによって、「個人の道徳的自律」が脅かされるのではないかという懸念があります。

このような考え方によれば、公権力が個人情報をみだりに収集・利用・開示することは許されないことになります。この点が問題となったものとしては、警察

第1章　憲法

*6　憲法秩序構成要素説
　かつては、特別の公法上の原因によって成立する公権力と国民との特別の法律関係を「特別権力関係」という観念で捉え、そこにおいては①法治主義が排除され、②憲法上の権利が制限され、③司法審査が排除されるという特別権力関係理論が唱えられていました。しかし現在では、権利制限の根拠を憲法自身が「特別の法律関係の存在とその自律性を憲法的秩序の構成要素として認めていること」に求める立場（芦部信喜『憲法学Ⅱ』（有斐閣、1994年）259頁）が通説とされています。

*7　国公法事件上告審判決
　猿払事件以来久方ぶりに国公法102条1項等の合憲性が問題になったのが、社会保険事務所の年金審査官が政党機関誌等を配布した社保庁事件と、厚生労働省の総括課長補佐が政党機関誌を配布した世田谷事件です。両事件の上告審判決（最判平24・12・7刑集66巻12号1337、1722頁）は、国公法102条1項の「政治的行為」を「公務員の職務の遂行の政治的中立性を損なうおそれが、観念的なものにとどまらず、現実的に起こり得るものとして実質的に認められるもの」を指すと解釈した上で、社保庁事件については「管理職的地位になく、その職務の内容や権限に裁量の余地のない公務員によって」行われた本件配布行為は同条項の構成要件に該当しないとして無罪判決を下したのに対し、世田谷事件については被告人が「管理職的地位」にあったことなどを重視して有罪判決を下しました。最高裁は猿払事件と事案を区別することによって社保庁事件の被告人を救済したわけですが、実質的には猿払事件判決を変更するものではないかとの指摘もあります。

*8　岩教組学テ事件判決
　地方公務員の争議権についても、全農林警職法事件判決の法理が妥当するとされています（最大判昭51・5・21刑集30巻5号1178頁）。

官が本人の同意なしに許可条件に違反するデモ行進の写真撮影を行った前述の京都府学連事件のほかにも、「市区町村長が漫然と弁護士会の照会に応じ、……前科等のすべてを報告することは、公権力の違法な行使にあたる」とされた事案（最判昭56・4・14民集35巻3号620頁）や、「何人もみだりに指紋の押なつを強制されない自由を有する」ので「国家機関が正当な理由もなく指紋の押なつを強制することは」許されないと述べた判決（最判平7・12・15刑集49巻10号842頁）などがあります[9]。

さらに、個人情報を不当に収集・利用・開示されない権利を十全に実現するためには、政府が保有する自己情報へのアクセスが認められなければなりません。そこで、国民には、政府が保有する個人情報の開示請求権や、政府が保有する個人情報が誤っている場合にはその訂正・削除請求権が認められるべきであると考えられています。2003年に成立した「行政機関の保有する個人情報の保護に関する法律」は、そのような要請にも応えています[10]。また、判例においても、個人情報保護の観点を重視するものとして、早稲田大学が江沢民講演会に出席した学生の名簿を学生の同意なしに警察に提出したことはプライバシーの侵害にあたる、とするものがあります（最判平15・9・12民集57巻8号973頁）。

（3）人格権

人格権を「個人の身体的および精神的な完全性（integrity）への権利」（高橋和之『立憲主義と日本国憲法〔第5版〕』（有斐閣、2020年）158頁）と捉えた場合、精神的完全性への権利として**名誉権**を挙げることができます。判例も、「北方ジャーナル」事件判決（最大判昭61・6・11民集40巻4号872頁）において、憲法13条が人格権としての名誉権を保護していることを示唆しています。したがって、公権力による名誉毀損が許されないことはいうまでもありませんが、現実にはしばしば、私人の表現の自由との衝突が問題となります。そのような私人による名誉毀損に対しては、刑法230条が名誉毀損罪を、また民法709条・710条・723条が不法行為としての名誉毀損を定めています[11]。

（4）自己決定権

「すべて国民は、個人として尊重される」（憲法13条前段）とすれば、各人の生き方は公権力によって規制されてはならず、各人が自律的に決められることが保障されなければなりません。そこで、「個人が一定の私的事項について、公権力による干渉を受けずに自ら決定すること」を保障する**自己決定権**（野中俊彦ほか『憲法Ⅰ〔第5版〕』（有斐閣、2012年）274頁）が幸福追求権に含まれるのかが問題となりますが、憲法上の自己決定権を正面から認めた判例はまだありません。もっとも、「患者が、輸血を受けることは自己の宗教上の信念に反するとして、輸血を伴う医療行為を拒否するとの明確な意思を有している場合、このような意思決定をする権利は、人格権の一内容として尊重されなければならない」として、本件事案において医師の説明懈怠による不法行為の成立を認めた「エホバの証人」輸

*9　住基ネット訴訟
　このほか、住民基本台帳ネットワークシステム（「住基ネット」）がプライバシー権等を侵害するかが争われた事案につき、最高裁は、行政機関が住基ネットにより住民の本人確認情報を管理、利用等することは、憲法13条により保障された「個人に関する情報をみだりに第三者に開示又は公表されない自由」を侵害するものではない、と述べました（最判平20・3・6民集62巻3号665頁）。

*10　行政機関の保有する個人情報の保護に関する法律
　これは1988年に制定された「行政機関の保有する電子計算機処理に係る個人情報の保護に関する法律」を改正したものですが、この改正と同時に、民間事業者をも対象とした「個人情報の保護に関する法律」が制定されました。

*11　名誉の保護と表現の自由との調整
　刑法230条の2第1項は、表現の自由との調整を図るために、名誉毀損行為が「公共の利害に関する事実に係り、かつ、その目的が専ら公益を図ることにあったと認める場合には、……真実であることの証明があったときは、これを罰しない」と定めています。さらに判例は、「真実であることの証明がない場合でも、行為者がその事実を真実であると誤信し、その誤信したことについて、確実な資料、根拠に照らし相当の理由があるときは、……名誉毀損の罪は成立しないものと解するのが相当である」とし（最大判昭44・6・25刑集23巻7号975頁）、この法理は不法行為法上の名誉毀損にも妥当するとしています（最判昭41・6・23民集20巻5号1118頁）。

血拒否事件判決（最判平12・2・29民集54巻2号582頁）を、自己決定権を承認したものと捉える見解も有力です。

3　平等原則

　「法の下〔の〕平等」を定める憲法14条1項は、法適用の平等のみならず法内容の平等をも要求していると解されています。その上で、立法者に要求される「平等」とは、各人の事情の違いを考慮せずすべての人に対して全く同じ扱いをするという絶対的平等ではなく、同一の事情と条件の下では均等に取り扱うという相対的平等を意味すると理解されています。したがって、本項は「事柄の性質に即応して合理的と認められる差別的取扱をすること」を禁じるものではありません（最大判昭39・5・27民集18巻4号676頁）。そこで結局のところ、法の取扱いが合理的差別か否かが問題になりますが、これについて判例は、刑法旧200条が定める尊属殺重罰規定を違憲とした判決（最大判昭48・4・4刑集27巻3号265頁）において、立法目的の正当性と立法目的達成のための手段の合理性を審査するという方法を示しました*12。

　学説では、この方法を基礎としつつ、差別事由の違いや平等原則とかかわる権利の性質の違いに応じて審査基準の厳格度を異ならせる見解が、有力に唱えられています。具体的には、「人種、信条、性別、社会的身分又は門地」といった憲法14条1項後段列挙事由に基づく別異取扱いや、精神的自由ないしそれと関連する問題について平等原則違反が争われる場合には、その合憲性は厳格に審査すべきであるとされます。

【図表5-1】憲法14条が問題となった判例

事件	争点	裁判所の判断
最大判平20・6・4民集62巻6号1367頁	日本人たる父と外国人たる母の間に生まれた嫡出でない子が生後認知を受けた場合、準正のあった場合に限り日本国籍の取得を定めていた国籍法3条1項（当時）の合憲性。	法律上の親子関係に加えて日本との密接な結び付きを求めるという立法目的は合理的であるが、父母の婚姻をもって日本との密接な結び付きを認めるとする当該規定は、今日では立法目的との間に合理的関連性をみいだすことはできないため、憲法14条1項に反する。
最大決平25・9・4民集67巻6号1320頁	嫡出でない子の法定相続分を嫡出子の二分の一とする民法900条4号ただし書き（当時）の合憲性。	「昭和22年民法改正時から現在に至るまでの間の社会の動向……等を総合的に考察すれば、家族という共同体の中における個人の尊重がより明確に認識されてきたことは明らかである」ところ、かかる「認識の変化に伴い、……父母が婚姻関係になかったという、子にとっては自ら選択ないし修正する余地のない事柄を理由としてその子に不利益を及ぼすことは許されず、

*12　尊属殺重罰規定判決

　なお本判決は、尊属殺重罰規定の立法目的は不合理ではないが、法定刑を死刑又は無期懲役に限定するという刑罰の加重の程度が極端であり、立法目的達成の手段として甚だしく均衡を失するとして、刑法旧200条は違憲無効であるという判断を下しました。それに対し、刑罰の過重の程度がそれほど著しくなかった尊属傷害致死重罰規定（刑法旧205条2項）は違憲ではないとされました（最判昭49・9・26刑集28巻6号329頁）。

		子を個人として尊重し、その権利を保障すべきであるという考えが確立されてきている」ため、少なくとも現在において、「嫡出子と嫡出でない子の法定相続分を区別する合理的な根拠は失われて」おり、憲法14条1項に反する。
最大判平27・12・16民集69巻8号2427頁	女性について6箇月の再婚禁止期間を定める民法733条1項（当時）の合憲性。	「女性の再婚後に生まれた子につき父性の推定の重複を回避し、もって父子関係をめぐる紛争の発生を未然に防ぐ」という立法目的には合理性があるが、本件規定のうち100日を超えて再婚禁止期間を設ける部分は、今日では立法目的との関連において合理性を欠くものとなっているため、憲法14条1項及び24条2項に反する。
最大判平27・12・16民集69巻8号2586頁	夫婦は夫又は妻の氏を称すると定める民法750条の合憲性。	①現行の法制度の下における氏の性質等に鑑みると、婚姻の際に「氏の変更を強制されない自由」が憲法上の権利として保障される人格権の一内容であるとはいえないから、憲法13条に反しない。②規定の文言上性別に基づく法的な差別的取扱いを定めているわけではなく、夫婦同氏制それ自体に男女間の形式的な不平等が存在するわけではないから、憲法14条1項に反しない。③その趣旨や影響について検討すると、夫婦同氏制が直ちに個人の尊厳と両性の本質的平等の要請に照らして合理性を欠く制度であるとは認められないから、憲法24条に反しない。

4　自由権

（1）精神的自由

憲法が保障する精神的自由には、思想・良心の自由（19条）、信教の自由（20条）、集会・結社及び表現の自由（21条）、学問の自由（23条）などがあります。

〈1〉思想・良心の自由

憲法19条にいう「思想及び良心」の意味については争いがありますが[*13]、いずれにせよ、それが内心に留まる限りは絶対的に保障されると解されています。もっとも、本条が文字どおり内心の自由を保障しているにすぎないとすれば、思想・良心の自由の侵害が問題になる場面はあまり考えられません。したがって、問題となるのは、外部的行為の規制を通じて内心の自由を侵害する場面であり、具体的には、（a）思想・良心に反する行為の強制、（b）特定の思想を理由とする不利益取扱い、（c）思想・良心の告白強制などが禁じられると考えられています。

*13 「思想及び良心」の意味
一般に、「信仰に準ずる世界観、主義、思想、主張を全人格的にもつこと」（佐藤幸治『日本国憲法論〔第2版〕』（成文堂、2020年）244頁）とする信条説（狭義説）と、「人の心の中におけるものの見方や考え方」（浦部法穂『憲法学教室〔第3版〕』（日本評論社、2016年）131頁）とする内心説（広義説）の争いがあるといわれます。

【図表5－2】憲法19条が問題となった判例

事件	事案	裁判所の判断
謝罪広告事件（最大判昭31・7・4民集10巻7号785頁）	裁判所が名誉毀損の救済方法として謝罪広告を命じることの合憲性が争われた事案。	謝罪広告は単に事態の真相を告白し陳謝の意を表明するにとどまる程度のものであるため、それを新聞紙に掲載すべきことを命じても、憲法19条には反しない。
麹町中学内申書事件（最判昭63・7・15判時1287号65頁）	東京都千代田区立麹町中学校を卒業した生徒が、内申書に「校内において麹町中全共闘を名乗り、機関紙『砦』を発行した。学校文化祭の際、文化祭粉砕を叫んで他校生徒とともに校内に乱入し、ビラまきを行なった。大学生ML派の集会に参加している。学校側の指導説得をきかないで、ビラを配ったり、落書をした。」という記載があったために受験したすべての高校で不合格になったとして、国家賠償法に基づく損害賠償請求がなされた事案。	このような記載は上告人の思想、信条そのものを記載したものでないことは明らかであり、右の記載に係る外部的行為によっては上告人の思想、信条を了知し得るものではないので、憲法19条等には反しない。
「君が代」ピアノ伴奏拒否事件[14]（最判平19・2・27民集61巻1号291頁）	入学式において「君が代」のピアノ伴奏を命ずる校長の職務命令を拒否した音楽専科の教論が、自らに課された戒告処分の取消しを求めた事案。	伴奏拒否は一般的には歴史観ないし世界観と不可分に結びつくものとはいえず、ピアノ伴奏を求める職務命令が直ちに教師の歴史観ないし世界観それ自体を否定するとは認められない等の理由により、本件職務命令は、憲法19条には反しない。

〈2〉　信教の自由

　　憲法20条が保障する信教の自由は、信仰の自由・宗教的行為の自由・宗教的結社の自由から構成されます。信仰の自由は個人の内心における自由ですから、絶対不可侵であると解されます[15]。それに対して、宗教上の行為は、それが他者に害悪を加えるものであれば、公権力による規制に服することになります。

【図表5－3】憲法20条が問題となった判例

事件	争点	裁判所の判断
加持祈祷事件（最大判昭38・5・15刑集17巻4号302頁）	精神障害者の平癒のために「線香護摩」を焚いて加持祈祷を行なったところ、障害者が心臓麻痺によって死亡した事案。	本件加持祈祷行為は、他人の生命、身体等に危害を及ぼす違法な有形力の行使に当たるものであり、これにより被害者を死に至らしめた以上、刑法205条の傷害致死罪により処罰したことは、憲法20条1項に反しない。

＊14　一連の「君が代」訴訟について

　各地の公立学校において、各校長が教職員に発した卒業式等における「君が代」斉唱の際に起立斉唱を行う旨の職務命令が、憲法19条に違反するかが争われた一連の「君が代」訴訟において、最高裁は、かかる職務命令は憲法19条に反するものではないという判決を立て続けに下しました（最判平23・5・30民集65巻4号1780頁、最判平23・6・6民集65巻4号1855頁、最判平23・6・14民集65巻4号2148頁等）。ただし他方で、当該職務命令に従わなかったことを理由とする懲戒処分について、「戒告を超えてより重い減給以上の処分を選択する」ためには「事案の性質等を踏まえた慎重な考慮が必要となる」とされています（最判平24・1・16判時2147号127頁）。

＊15　自衛官合祀訴訟

　「静謐な宗教的環境の下で信仰生活を送るべき法的利益」としての「宗教的人格権」が問題となったものとして、自衛官合祀訴訟（最大判昭63・6・1民集42巻5号277頁）があります。これは、殉職自衛官の夫を自己の信仰に反して山口県護国神社に合祀されたクリスチャンの未亡人が、自らの「宗教的人格権」等が侵害されたとして訴えた事案ですが、最高裁は、「かかる宗教上の感情を被侵害利益として、直ちに……法的救済を求めることができるとするならば、かえって相手方の信教の自由を妨げる結果となる」として、訴えを斥けました。しかし、本判決が少数派である原告に対して「寛容」を求めている点について、学説には強い批判があります。

オウム真理教解散命令事件（最決平8・1・30民集50巻1号199頁）	検察官と東京都知事が宗教法人法81条1項1号及び2号前段に該当するとしてオウム真理教の解散命令を東京地裁に請求したところ、同裁判所がオウム真理教を解散する旨の決定を行った事案。	専ら宗教法人の世俗的側面を対象とし、かつ、世俗的目的によるものであって、宗教団体や信者の精神的・宗教的側面に容喙する意図によるものではなく、制度の目的は合理的であり、解散命令による信者の宗教上の行為の支障も、解散命令に伴う間接的で事実上のものにとどまるため、本件解散命令は必要でやむを得ない法的規制であり、憲法20条1項に反しない。

　また、憲法20条1項後段及び3項は政教分離原則を定めています。政教分離規定について判例は、「国家と宗教との分離を制度として保障することにより、間接的に信教の自由の保障を確保しようとする」「いわゆる制度的保障の規定」であると説明しています（最大判昭52・7・13民集31巻4号533頁等）。しかしながら、「エホバの証人」の信者である公立高専の学生が、教義に基づき剣道の実技の受講を拒否したところ、学校長が原級留置処分、さらに退学処分を行った事案のように、政教分離原則と信教の自由は衝突する場合があります。この事案につき最高裁は、本件処分は裁量権の範囲を超える違法なものであるとして、学生の信教の自由を優先させました（最判平8・3・8民集50巻3号469頁）（なお、政教分離原則については、本章「3節3（2）〈2〉②財政民主主義に対する制約」も参照してください）。

〈3〉　表現の自由

　①　保障根拠

　　前述のとおり、憲法21条が保障する**表現の自由**には優越的地位が認められると解されています。その根拠として、学説では、「個人が言論活動を通じて自己の人格を発展されるという、個人的な価値」である自己実現の価値と、「言論活動によって国民が政治的意思決定に関与するという、民主政に資する社会的な価値」である自己統治の価値が挙げられています（芦部信喜『憲法〔第7版〕』（岩波書店、2019年）180頁）。

　②　違憲審査基準

　　ア　検閲・事前抑制の理論

　　　憲法21条2項は「**検閲**」を禁止しているところ、税関検査事件判決（最大判昭59・12・12民集38巻12号1308頁）において最高裁は、「検閲」を「行政権が主体となって、思想内容等の表現物を対象とし、その全部又は一部の発表の禁止を目的として、対象とされる一定の表現物につき網羅的一般的に、発表前にその内容を審査した上、不適当と認めるものの発表を禁止すること」と狭く定義した上で、そのような「検閲」は絶対的に禁止されるとしました。さらに、そのような「検閲」にあたらないとしても、表現の事前抑制については「厳格かつ明確な要件のもとにおいてのみ許容されうる」とされています（前出・「北方ジャー

ナル」事件判決）。

イ　明確性の理論

　　表現の自由を制約する法令が漠然不明確であったり、法文は明確で
も規制の範囲が余りにも広範な場合には、萎縮効果が生じてしまうた
め、そのような法令は原則として無効になると考えられていま
す（漠然性のゆえに無効の法理・過度の広汎性のゆえに無効の法理）。なお
表現の自由との関係で法文の不明確性が争われた事案としては、**徳島
市公安条例事件**（最大判昭50・9・10刑集29巻8号489頁）などがありま
す（この事件については、本章「2節2（2）明確性」を参照してくださ
い）*16。

ウ　内容規制と内容中立規制

　　表現内容に基づく規制に対しては最も厳格な審査基準が適用される
のに対し、表現内容中立規制（時・場所・方法に関する規制）に対して
はそれよりも緩やかな基準が適用されるという、いわゆる二分論が有
力に唱えられています。その根拠としては、内容規制が、①「思想の
自由市場」の正常な作動を歪曲してしまうこと、②特定の見解を抑圧
しようという規制権力の不適切な動機に由来している危険性が高いこ
と、③パターナリズムなどの憲法的に好ましくない根拠に基づいてい
る蓋然性が高いこと、などが挙げられています（参照、芦部信喜『憲
法学Ⅲ〔増補版〕』（有斐閣、2000年）404頁）。

　　もっとも、内容規制であっても、わいせつ文書の販売や名誉毀損に
対する規制については、厳格な審査が行われるとは考えられていませ
ん。なぜなら、これらを定義するにあたっては、規制の保護法益と表
現の自由との衡量がすでに行われている──このような手法を「定義
づけ衡量」とよびます──と理解されているからです。

　　ただし、「わいせつ」とはいえない文書や図画*17に対する規制につ
いても、最高裁は必ずしも厳格な審査を行ってはいません。例えば、
「有害図書」規制を目的とする青少年保護育成条例について、岐阜県
青少年保護育成条例事件判決（最判平元・9・19刑集43巻8号785頁）は、
「有害図書が……青少年の健全な育成に有害であることは、社会共通
の認識になっている」として合憲としていますが、有害図書と少年非
行の間に関連性があるかは疑わしいという批判があります。

　　また、内容規制と内容中立規制の区別も、容易ではありません。例
えば、ビラを投函するために防衛庁宿舎内に立ち入ることが邸宅侵入
罪（刑法130条前段）にあたるかが争われた立川反戦ビラ事件において、
最高裁は本件規制を内容中立規制にすぎないとして有罪判決を下しま
した（最判平20・4・11刑集62巻5号1217頁）。しかし、これに対しては、
本件は自衛隊のイラク派遣反対という特定内容のビラを狙い撃ちにし
たものにほかならないという批判があります。

第1章

憲法

*16　広島市暴走族追放
　条例事件
　　広島市の暴走族追放条例
が、「公共の場所において、
当該場所の所有者又は管理者
の承諾又は許可を得ないで、
公衆に不安又は恐怖を覚えさ
せるようない集又は集会を行
なうこと」を禁止する（16条
1項1号）とともに、そのよう
な「行為が、本市の管理する
公共の場所において、特異な
服装をし、顔面の全部若しく
は一部を覆い隠し、円陣を組
み、又は旗を立てる等威勢を
示すことにより行われたとき
は、市長は、当該行為者に対
し、当該行為の中止又は当該
場所からの退去を命ずること
ができる」と規定した（17
条）ことについて、最高裁
は、「本条例が規制の対象と
している『暴走族』は、……
本来的な意味における暴走族
の外には、服装、旗、言動な
どにおいてこのような暴走族
に類似し社会通念上これと同
視することができる集団に限
られるものと解され、した
がって、市長において本条例
による中止・退去命令と発し
得る対象も、……本来的な意
味における暴走族及び上記の
ようなその類似集団による集
会が、本条例16条1項1号、17
条所定の場所及び態様で行わ
れている場合に限定される」
と解した上で、本条例による
規制は憲法21条1項、31条に
反するとはいえないとしまし
た（最判平19・9・18刑集61
巻6号601頁）。

*17　「わいせつ」の概
　念
　　「わいせつ」概念について
最高裁は、「徒らに性欲を興
奮又は刺戟せしめ、且つ普通
人の正常な性的羞恥心を害
し、善良な性的道義観念に反
するもの」と定義しています
（最大判昭32・3・13刑集11
巻3号997頁）。

③　知る権利

　　現代社会においては、表現者の立場が少数のマスメディアに独占されることから、国民に情報の受け手としての権利、すなわち「**知る権利**」を保障する必要が生じます。この知る権利は、積極的に政府情報等の公開を要求することのできる権利とされ、これを具体化する立法として「行政機関の保有する情報の公開に関する法律」が1999年に成立しました。

　　また、「報道機関の報道は、民主主義社会において、国民が国政に関与するにつき、重要な判断の資料を提供し、国民の『知る権利』に奉仕するものである」（後出・博多駅事件決定）ことから、国民の知る権利を保障するために、マスメディアには個人には認められない特権が認められることがあります[*18]。しかし他方で、そのような社会全体の利益を実現するために、マスメディアに対しては、個人には認められない特別な制約が課されることもあります[*19]。

④　自由と給付

　　伝統的に、表現の自由論は国家による表現活動に対する規制を問題にしてきましたが、むしろ現代国家は、表現活動を援助することを通じて自らが支援する表現に制約を課すという手法を多用する傾向にあります。例えば、芸術に対する財政援助や公共施設の利用の条件として表現内容に基づく選別を行うという場合、たしかに国家には私人の表現活動を援助する憲法上の義務はありませんから、そのような条件を付すことも憲法上の問題にはならないようにみえます。けれども、本当にそれでよいのでしょうか。

　　この点、表現活動への給付に対する憲法的統制のために議論されてきたものとして、パブリック・フォーラムの法理があります。それによれば、政府が所有・管理する施設のうち、道路や公園のような「伝統的パブリック・フォーラム」や公民館のような「指定的パブリック・フォーラム」においては、表現内容に基づく規制は厳格審査に服するとされます。我が国の最高裁判決においても、道路・公園・広場などの「パブリック・フォーラムが表現の場所として用いられるときには、所有権や、本来の利用目的のための管理権に基づく制約を受けざるをえないとしても、その機能にかんがみ、表現の自由の保障を可能な限り配慮する必要があると考えられる」とする伊藤正巳裁判官の補足意見があります（最判昭59・12・18刑集38巻12号3026頁）。

　　さらに、一面において表現活動に対する政府援助が問題となった判例としては、船橋市西図書館事件判決（最判平17・7・14民集59巻6号1569頁）があります。この事件は、公立図書館の司書が著者に対する反感から独断で蔵書を廃棄したことが争われたものですが、最高裁は、公立図書館は「住民に対して思想、意見その他の種々の情報を含む図書館資料を提供してその教養を高めること等を目的とする公的な場」であるから、「公

＊18　マスメディアの「特権」
　博多駅事件決定（最大決昭44・11・26刑集23巻11号1490頁）は、「事実の報道の自由は、表現の自由を規定した憲法二一条の保障のもとにあることはいうまでもない」と述べると同時に、報道機関の取材の自由が「憲法二一条の精神に照らし、十分尊重に値いする」としています。さらに法廷メモ事件判決（最大判平元・3・8民集43巻2号89頁）は、一般には禁止されている法廷内のメモ採取を報道機関にのみ許可することも取材の自由に対する配慮から合理性を欠くとはいえないとしました。

＊19　マスメディアへの制約
　我が国の現行法制は、放送と印刷メディアを区別した上で、放送法や電波法に基づいて放送に広範な規制を課しています。例えば、放送法4条1項は放送番組の編集に際して、「公安及び善良な風俗を害しないこと」・「政治的に公平であること」・「報道は事実をまげないですること」・「意見が対立している問題については、できるだけ多くの角度から論点を明らかにすること」を要求しています。

立図書館の図書館職員は、公立図書館が上記のような役割を果たせるように、独断的な評価や個人的な好みにとらわれることなく、公正に図書館資料を取り扱うべき職務上の義務を負う」として、本件司書の行為を国家賠償法上違法であるとしました[20]。

〈4〉　集会の自由

憲法21条1項にいう「集会」とは「多数人が政治・経済・学問・芸術・宗教などの問題に関する共通の目的をもって一定の場所に集まること」（芦部信喜『憲法〔第7版〕』222頁）を指しますが、集団行進や集団示威運動なども「動く集会」として、本条によって保障されていると解されています。

かかる集会の自由については、施設管理権を通じての規制と公安条例による規制が、特に問題になります。前者について、自治体の施設については、地方自治法244条が「正当な理由がない限り、住民が公の施設を利用することを拒んではなら」ず（2項）、「住民が公の施設を利用することについて、不当な差別的取扱いをしてはならない」（3項）と定めています。これに関連して、市民会館の使用許可申請に対する不許可処分の違憲性・違法性が争われた泉佐野市民会館事件判決（最判平7・3・7民集49巻3号687頁）において、最高裁は、施設の「利用を拒否し得るのは、……施設をその集会のために利用させることによって、他の基本的人権が侵害され、公共の福祉が損なわれる危険がある場合」等に限られ、そのような場合として具体的には「集会の自由を保障することの重要性よりも、本件会館で集会が開かれることによって、人の生命、身体又は財産が侵害され、公共の安全が損なわれる危険を回避し、防止することの必要性が優越する場合」があるが、その場合の「危険性の程度としては、……明らかな差し迫った危険の発生が具体的に予見されることが必要である」としました。

後者について、集団行動等に対する許可制を定めている公安条例の合憲性が問題となりますが、新潟県公安条例事件判決（最大判昭29・11・24刑集8巻11号1866頁）において最高裁は、集団示威運動等につき「単なる届出制を定めることは格別、そうでなく一般的な許可制を定めてこれを事前に抑制することは、憲法の趣旨に反し許されない」としました[21]。

〈5〉学問の自由

憲法23条が保障する学問の自由の内容には、学問研究の自由・研究発表の自由・教授の自由が含まれるとともに、大学における学問の自由を保障するために、大学の自治が制度的に保障されていると解されています。その上で、判例によれば、大学の自治は「大学の教授その他の研究者の人事」及び「大学の施設と学生の管理」について認められるものの、それは研究者の学問の自由を保障するためであって、学生が一般の国民以上に学問の自由を享有し、また大学の施設を利用できるのは、研究者が有する特別な学問の自由と自治の効果にすぎないとされています（最大判昭38・5・22刑集17巻4号370頁〔ポポロ事件判決〕）。

*20　9条俳句訴訟
　公民館の職員が、俳句サークルの会員が詠んだ「梅雨空に『九条守れ』の女性デモ」という俳句を公民館だよりに掲載しなかったことが問題となった事案において、東京高裁は、「公民館の職員が、住民の公民館の利用を通じた社会教育活動の一環としてなされた学習成果の発表行為につき、その思想、信条を理由に他の住民と比較して不公正な取扱いをすることは許されない」などとして、本件事案の下で原告が当該俳句を公民館だよりに掲載しなかったことは、国賠法上違法であるとしました（東京高判平30・5・18判時2395号47頁）。これを受けて原告及び被告は最高裁に上告しましたが、最高裁は上告棄却を決定しています（最決平30・12・20判例体系判例ID28270469,28270470)。

*21　東京都公安条例事件判決
　その後、東京都公安条例事件判決（最大判昭35・7・20刑集14巻9号1243頁）は、本件条例が集団行動に関して公安委員会の許可を要求しているものの、同条例によれば公安委員会は「公共の安寧を保持する上に直接危険を及ぼすと明らかに認められる場合」の他は許可しなければならず、「不許可の場合が厳格に制限されている」から、「本条例は規定の文面上では許可制を採用しているが、この許可制はその実質において届出制とことなるところがない」として、本件条例を合憲であるとしています。

71

（2）経済的自由

　経済的自由には、居住・移転及び職業選択の自由（憲法22条１項）、外国移住及び国籍離脱の自由（憲法22条２項）、財産権の保障（憲法29条）などがあります。

〈1〉 職業選択の自由

　職業選択の自由とは、自己の従事する職業を決定する自由のことですが、同時に、選択した職業を遂行する自由、すなわち営業の自由も含まれると解されています。また、かかる自由に対する規制は、規制の目的に応じて、「主として国民の生命および健康に対する危険を防止もしくは除去ないし緩和するため」の消極目的規制と、「福祉国家の理念に基づいて、経済の調和のとれた発展を確保し、とくに社会的・経済的弱者を保護するため」の積極目的規制とに区別されます（芦部信喜『憲法〔第７版〕』234頁）。

　職業選択の自由を規制する立法の違憲審査基準については、次のような判例の展開があります。小売店舗を同一建物内に多数含む小売市場の開設に都道府県知事の許可を要求する制度の合憲性が争われた小売市場事件判決（最大判昭47・11・22刑集26巻９号586頁）において、最高裁は、経済活動に対する積極目的規制については、「立法府がその裁量権を逸脱し、当該法的規制措置が著しく不合理であることの明白である場合に限って」違憲とするのが相当であるとし、本件規制を合憲であるとしました。それに対し、前述の薬事法事件判決は、職業の許可制が「社会政策ないし経済政策上の積極的な目的のための措置ではなく、自由な職業活動が社会公共に対してもたらす弊害を防止するための消極的、警察的措置である場合には、許可制に比べて職業の自由に対するよりゆるやかな制限である職業活動の内容及び態様に対する規制によっては右の目的を十分に達成することができないと認められることを要する」として、既存の薬局から一定の距離内では新たな薬局の開設を認めないという当時の薬事法の規定は違憲であるとしました。これら両判決によって、職業の自由については、消極目的による規制に対しては「厳格な合理性」の基準が、積極目的による規制に対しては「明白性の原則」がそれぞれ適用されるという「規制目的二分論」が確立された、と理解されています[22]。

〈2〉 財産権の保障

① 財産権保障の意義

　憲法29条１項が定める財産権保障の意味について、通説は、個人が現に有する具体的な財産上の権利と、個人が財産権を享有しうる法制度——すなわち私有財産制——の両面を保障するものと解しています。他方で、同条２項は「財産権の内容は、公共の福祉に適合するやうに、法律でこれを定める」としており、１項で保障された財産権が法律によって一般的に制約されるものであることを明らかにしています。

　そこで、財産権の規制立法に関する違憲審査基準が問題になりますが、この点については、持分が２分の１以下の共有者に分割請求権を否定する森林法旧186条の合憲性が争われた森林法共有林事件判決（最大

＊22　「規制目的二分論」の限界

　もっとも、この規制目的二分論は万能ではありません。例えば、酒類販売免許制については、「租税の適正かつ確実な賦課徴収を図るという国家の財政目的のための職業の許可制による規制については、その必要性と合理性についての立法府の判断が、……政策的、技術的な裁量の範囲を逸脱するもので、著しく不合理なものでない限り、これを憲法二二条一項の規定に違反するものということはできない」として、二分論を展開することなく合憲とされました（最判平４・12・15民集46巻９号2829頁）。また、公衆浴場の適正配置規制については、当初は消極目的規制と考えられていましたが（最大判昭30・１・26刑集９巻１号89頁）、後に、積極目的規制として明白性の原則が適用されたり（最判平元・１・20刑集43巻１号１頁）、積極目的と消極目的とを併有するものとして二分論によることなく合憲とされたりしています（最判平元・３・７判時1308号111頁）。このように、職業の自由規制に関するあらゆる場面について、規制目的二分論が妥当するわけではないことに、注意が必要です。

判昭62・4・22民集41巻3号408頁）が重要です。本判決は、単独所有を「近代市民社会における原則的所有形態」であるとした上で、単独所有のコロラリーである「分割請求権を共有者に否定することは、憲法上、財産権の制限に該当」するとします。そして、森林法旧186条の立法目的は「森林の細分化を防止することによって森林経営の安定を図り、ひいては森林の保続培養と森林の生産力の増進を図り、もって国民経済の発展に資することにある」ところ、それは公共の福祉に合致するが、同条はこの「立法目的との関係において、合理性と必要性のいずれをも肯定することのできないことが明らか」であるから、憲法29条2項に違反するとしました[23]。

② 補償の要否と正当な補償

憲法29条3項は、私有財産を「公共のため」に収用ないし制限できるとともに、その際には「正当な補償」が必要であることを定めています。かかる「正当な補償」の意味について、判例は「その当時の経済状態において成立することを考えられる価格に基き、合理的に算出された相当な額をいうのであつて、必しも常にかかる価格と完全に一致することを要するものでない」と判示しています（最大判昭28・12・23民集7巻13号1523頁）。そのため、土地収用に対する損失補償の額を「近傍類地の取引価格等を考慮して算定した事業の認定の告示の時における相当な価格に、権利取得裁決の時までの物価の変動に応ずる修正率を乗じて得た額」と定める土地収用法71条も、憲法29条3項には反しないとされました（最判平14・6・11民集56巻5号958頁）。

【図表5－4】憲法29条3項の構造

〈3〉居住・移転の自由

憲法22条1項が保障する居住・移転の自由は、経済的自由の一つに数えられていますが、人身の自由及び精神的自由の要素をも併せ持っていると考えられています。このため、学説においては、居住・移転の自由に対する制約については経済活動に対する規制よりも厳格な審査が要請されると解されています。もっとも、市営住宅の入居者が暴力団員であることが判明したときに住宅の明渡しを請求できる旨を定める条例の規定の合憲性が争われた事案において、最高裁は、当該規定は憲法14条1項及び22条1項に反しないとしました（最判平27・3・27民集69巻2号419頁）。

＊23　奈良県ため池条例事件判決

関連して、条例によって財産権を制限することはできるのかという問題があります。この点、ため池の破損・決壊を防止するため、堤とうの耕作を禁止した条例の合憲性が問題となった奈良県ため池条例事件判決（最大判昭38・6・26刑集17巻5号521頁）は、堤とうの使用が「憲法、民法の保障する財産権の行使の埒外に」あり、したがって憲法29条違反の主張自体が成立しないとしました。現在では憲法29条2項にいう「法律」には「条例」も含まれるとの見解も有力ですが、実務上条例による財産権規制は頻繁に行われており、憲法上の疑義は事実上解消しているともいわれます。

＊24　「公共のため」

判例は、農地改革による買収につき、最終的に買収農地等が「特定の者に売渡されるとしても」買収の公共性は否定されないとするなど（最判昭29・1・22民集8巻1号225頁）、「公共のため」を拡張的に解釈しています。

＊25　「特別の犠牲」

判例は、補償が必要な場合とは私有財産制限が特定の個人に対して「特別の犠牲」を強いる場合のことであると考えています（最大判昭43・11・27刑集22巻12号1402頁）。もっとも、いかなる場合に「特別の犠牲」にあたるかについては、学説上争いがあります。従来の通説は、侵害行為の対象が一般人かあるいは特定の個人ないし集団かという形式的基準と、侵害行為が財産権に内在する社会的制約として受忍すべき限度内であるかという実質的基準とを合わせて判断すべきであるという見解ですが、実質的基準のみによるべきであるとする見解も有力に唱えられています。

（3）人身の自由

　日本国憲法は、人身の自由として、奴隷的拘束・意に反する苦役からの自由（憲法18条）のほか、詳細な刑事手続上の諸権利を定めています（憲法31条・33～39条）。ここでは、人身の自由についての基本原則を定めている憲法31条を中心に説明します。

　憲法31条は、法文上は刑事手続の法定を要求しているにすぎないようにみえますが、通説は、手続・実体双方の適正な法定を要求していると解しています。すなわち、憲法31条の具体的内容としては、①実体が法律で定められなければならないこと（罪刑法定主義）、②法律で定められた手続が適正でなければならないこと（例えば、告知・聴聞の権利）、③法律で定められた実体規定も適正でなければならないこと（刑罰規定の明確性・罪刑の均衡・刑罰謙抑主義など）が挙げられます。

　他方、同条が行政手続にも適用されるかについては争いがあります。この点、最高裁は成田新法事件判決（最大判平4・7・1民集46巻5号437頁）において、行政手続のすべてが憲法31条による保障の枠外にあるわけではないとしつつ、「一般に、行政手続は、刑事手続とその性質においておのずから差異があり、また、行政目的に応じて多種多様であるから、行政処分の相手方に事前の告知、弁解、防御の機会を与えるかどうかは、行政処分により制限を受ける権利利益の内容、性質、制限の程度、行政処分により達成しようとする公益の内容、程度、緊急性等を総合較量して決定されるべき」であるとして、行政手続に刑事手続と同等の保障を認めませんでした[26]。なお、行政手続に関する定めとしては、行政手続法があります。

5　社会権

　社会権には生存権（憲法25条）、教育を受ける権利（憲法26条）、勤労の権利（憲法27条）、労働基本権（憲法28条）があります。これら社会権は、資本主義の矛盾を国家によって解決すべく保障された権利であり、したがって、国家に対する作為請求権という性格を帯びています。この点で、国家に対する不作為請求権であることを本質とする自由権とは、性質を異にします。

（1）生存権

　生存権の法的性格については争いがあり、初期にはプログラム規定説が有力に唱えられていましたが、現在では抽象的権利説が通説とされています[27]。判例も、朝日訴訟判決（最大判昭42・5・24民集21巻5号1043頁）が「〔厚生大臣による保護基準の設定が〕憲法および生活保護法の趣旨・目的に反し、法律によって与えられた裁量権の限界をこえた場合または裁量権を濫用した場合には、違法な行為として司法審査の対象となることをまぬかれない」と述べているように、憲法25条1項の裁判規範性を認めていることなどから、抽象的権利説に立脚していると考えられています。

　生存権の具体化にかかる立法裁量の統制手法の一つとして、学説では平等原則

の適用が唱えられています。しかし、実際に福祉立法にかかわる平等原則違反が問題となった事案において、判例は緩やかな基準を用いています。例えば、障害福祉年金と児童扶養手当との併給禁止規定の合憲性が争われた堀木訴訟判決（最大判昭57・7・7民集36巻7号1235頁）、低所得高齢者への保険料賦課及び特別徴収の合憲性が争われた旭川市介護保険条例事件判決（最判平18・3・28判時1930号80頁）、国民年金法が未加入の学生障害者に年金支給を定めていないことの合憲性が争われた学生無年金障害者訴訟判決（最判平19・9・28民集61巻6号2345頁）は、いずれも、問題となっている区別は合理的理由のない差別とはいえないとして合憲としました。

（2）教育を受ける権利

　最高裁は、教育を受ける権利を保障する憲法26条「の背後には、国民各自が、一個の人間として、また、一市民として、成長、発達し、自己の人格を完成、実現するために必要な学習をする固有の権利を有すること、特にみずから学習することのできない子どもは、その学習要求を充足するための教育を自己に施すことを大人一般に対して要求する権利を有する」のであり、このような「子どもの学習をする権利に対応し、その充足をはかりうる立場にある者」には子どもを教育する「責務」があると述べています（最大判昭51・5・21刑集30巻5号615頁〔旭川学テ事件判決〕）。このように現在では、教育を受ける権利は子どもの学習権という観念を中心に把握されています。

　それでは、子どもを教育する責務を負っているのは誰か。この問題は、教育内容の決定権は国家にあるという国家教育権説と、親とその信託を受けた教師を中心とする国民全体にあるという国民教育権説との争いとして論じられてきましたが、旭川学テ事件判決は「いずれも極端かつ一方的」として両説を斥け、次のように述べました。すなわち、親・私立学校・教師はそれぞれ一定の範囲において教育の自由を有するが、「それ以外の領域においては、国は、……必要かつ相当と認められる範囲において、教育内容についてもこれを決定する権能を有する」。ただし、「子どもが自由かつ独立の人格として成長することを妨げるような国家的介入」は許されない。ここに見られるような、国家・親・教師らによる教育権限の分担という考え方は、多くの学説が賛同するところとなっています。

（3）勤労の権利・労働基本権

　勤労の権利（労働権）は、自由権的側面も有するものの、その積極的な意義は社会権的側面にあるとされます。したがって、その法的性格については生存権の場合と同様に対立がありますが、労働権を具体化する立法として職業安定法や雇用保険法など多数の法律が制定されていることから、一定の範囲において裁判規範性を有するという見解も有力です。

　憲法28条は「経済上劣位に立つ勤労者に対して実質的な自由と平等とを確保するための手段として」、「勤労者」の団結権・団体交渉権・団体行動権を保障しているところ（最大判昭41・10・26刑集20巻8号901頁〔全逓東京中郵事件判決〕）、これ

らの権利は総称して労働基本権とよばれています。

　ここでは、団結権に関する論点をいくつかみておきましょう。まず団結権は「団結しない自由」を含むのかという論点ですが、具体的にはユニオン・ショップ協定(労組法7条1号ただし書き参照)の合憲性が争われてきました。この点最高裁は、「ユニオン・ショップ協定のうち、締結組合以外の他の労働組合に加入している者及び締結組合から脱退し又は除名されたが、他の労働組合に加入し又は新たな労働組合を結成した者について使用者の解雇義務を定める部分」を、民法90条によって無効としています(最判平元・12・14民集43巻12号2501頁〔三井倉庫港運事件判決〕)。続いて、組合の統制権の限界という論点です。この点最高裁は、「憲法28条による労働者の団結権保障の効果として、労働組合は、その目的を達成するために必要であり、かつ、合理的な範囲内において、その組合員に対する統制権を有する」ものの、組合の統一候補者に対抗して立候補した「組合員に対し、勧告または説得の域を超え、立候補を取りやめることを要求し、これに従わないことを理由に当該組合員を統制違反者として処分するがごときは、組合の統制権の限界を超えるものとして、違法」としています(最大判昭43・12・4刑集22巻13号1425頁〔三井美唄炭鉱労組事件判決〕)*28。

　なお、公務員の労働基本権については、本節「1(4)〈2〉公務員の「人権」」を参照してください。

6　参政権

　国民が主権者として国の政治に参加する権利である参政権には、憲法15条1項が保障する**選挙権**と**被選挙権**があります(なお、被選挙権については明文の規定はありませんが、前出の三井美唄炭鉱労組事件判決によれば、被選挙権も憲法15条1項「の保障する重要な基本的人権の一つ」とされています)。以下では、選挙権*29に関する2つの問題を取り上げます。

　まず、議員定数不均衡問題については、「選挙人の投票価値の不平等が、国会において通常考慮しうる諸般の要素をしんしゃくしてもなお、一般的に合理性を有するものとはとうてい考えられない程度に達しているときは、もはや国会の合理的裁量の限界を超えているものと推定されるべき」という緩やかな審査基準が提示されていましたが(最大判昭51・4・14民集30巻3号223頁)、近時の判例においてはかかる定式が削除されるなど、判例は立法裁量を厳格に統制するようになってきたとも指摘されています。もっとも、【図表5-5】にあるとおり、過去において違憲状態にあるという判断が下されたことはありますが、行政事件訴訟法31条1項の事情判決条項に含まれる一般的な法の基本原則に従い、選挙自体が無効とされたことはありません。

　次に、在外国民の選挙権の行使が制限されていた問題について、最高裁は、「国民の選挙権又はその行使を制限することは原則として許されず、そのような制限をすることがやむを得ないと認められる事由がなければならない」という厳格な審査基準を提示した上で、本件の場合にはそのような事由はないとして、公選法

*28　国労広島地本事件
　労働組合の組合員が、①他の労働組合の闘争支援のための炭労資金、②労働組合が実施した安保反対闘争により不利益処分を受けた組合員を援助するための安保資金、③総選挙に際し組合出身の立候補者の選挙運動を支援するための政治意識昂揚資金について、臨時組合費の納付義務を負うかが争われた事件において、最高裁は、①②については協力義務を肯定したのに対し、③については協力義務を否定しました(最判昭50・11・28民集29巻10号1698頁)。

*29　選挙権の性格
　選挙権の性格については、権利性を強調する考え方(権利一元説)もありますが、権利としての性格とともに公務としての性格も有しているとする二元説が通説です。

の規定のうち在外選挙制度の対象となる選挙を両議院の比例代表選出議員の選挙に限定する部分を違憲としました（最大判平17・9・14民集59巻7号2087頁）[*30、31]。

【図表5－5】議員定数不均衡訴訟の展開

衆議院

事件	較差 （議員一人当たりの選挙人数）	裁判所の判断
最大判昭51・4・14民集30巻3号223頁	4.99倍	違憲
最大判昭58・11・7民集37巻9号1243頁	2.92倍	合憲
最大判昭60・7・17民集39巻5号1100頁	4.40倍	違憲
最大判平5・1・20民集47巻1号67頁	3.18倍	合憲（違憲状態）
最大判平11・11・10民集53巻8号1441頁	2.137倍	合憲
最大判平19・6・13民集61巻4号1617頁	2.171倍	合憲
最大判平23・3・23民集65巻2号755頁	2.304倍	合憲（違憲状態）
最大判平25・11・20民集67巻8号1503頁	2.425倍	合憲（違憲状態）
最大判平27・11・25民集69巻7号2035頁	2.129倍	合憲（違憲状態）
最大判平30・12・19民集72巻6号1240頁	1.979倍	合憲
最大判令5・1・25裁判所HP	2.079倍	合憲

参議院

事件	較差 （議員一人当たりの選挙人数）	裁判所の判断
最大判昭58・4・27民集37巻3号345頁	5.26倍	合憲
最判昭63・10・21判時1321号123頁	5.85倍	合憲
最大判平8・9・11民集50巻8号2283頁	6.59倍	合憲（違憲状態）
最大判平16・1・14民集58巻1号56頁	5.06倍	合憲
最大判平18・10・4民集60巻8号2696頁	5.13倍	合憲
最大判平21・9・30民集63巻7号1520頁	4.86倍	合憲
最大判平24・10・17民集66巻10号3357頁	5.00倍	合憲（違憲状態）
最大判平26・11・26民集68巻9号1363頁	4.77倍	合憲（違憲状態）
最大判平29・9・27民集71巻7号1139頁	3.08倍	合憲
最大判令2・11・18民集74巻8号2111頁	3.00倍	合憲

第1章　憲法

公職選挙法11条1項は「次に掲げる者は、選挙権及び被選挙権を有しない」として、成年被後見人（削除前の1号）や受刑者（2号）等を挙げていたところ、これらの規定が憲法15条3項等に違反するかが問題になります。この点、前者については、東京地判平25・3・14判時2178号3頁が「公職選挙法11条1項1号のうち、成年被後見人は選挙権を有しないとした部分は、憲法15条1項（等）に違反する」とし、その後国会で当該規定が削除されました。それに対し、後者については、大阪高判平25・9・27判時2234号29頁が「公職選挙法11条1項2号が受刑者の選挙権を一律に制限していることについてやむを得ない事由があるということはできず、同号は、憲法15条1項及び3項（等）に違反する」とし、本判決は確定しましたが、現在のところ受刑者の選挙権制限を見直す動きはみられません。

*31　在外国民最高裁判所裁判官国民審査権制限違憲訴訟

最高裁判所裁判官国民審査において在外国民に審査権の行使が認められていないことの適否等が争われた事案において、最高裁は、審査権が国民主権の原理に基づく主権者の権能の一内容である点において選挙権と同様の性質を有することなどから、最高裁判所裁判官国民審査法（当時）が在外国民に審査権の行使を全く認めていないことは、憲法15条1項、79条2項、3項に違反するとしました（最大判令4・5・25民集76巻4号711頁）。

7　国務請求権（受益権）

　国務請求権としては請願権（憲法16条）、裁判を受ける権利（憲法32条）、国家賠償請求権（憲法17条）及び刑事補償請求権（憲法40条）が挙げられます。

（1）請願権

　請願権は、請願を受けた機関を法的に拘束するものではなく、請願を受理するという国務を請求する権利にすぎないと理解されており（請願法5条）、国務請求権として分類されることが一般的です。しかし同時に、国民の意見表明の手段として参政権的機能を有することが一般に認められていることから、参政権として分類されることもあります。

（2）裁判を受ける権利

　憲法32条は「何人も、裁判所において裁判を受ける権利を奪はれない」と定めているところ、「裁判所」と「裁判」の意味が問題になります。まず前者については、裁判員制度の下で裁判官と国民とにより構成される裁判体が「裁判所」にあたるのかという問題がありますが、最高裁は「裁判員制度の仕組みを考慮すれば、公平な『裁判所』における法と証拠に基づく適正な裁判が行われること（憲法31条・32条・37条1項）は制度的に十分保障されている」としました（最大判平23・11・16刑集65巻8号1285頁）。

　続いて後者については、憲法82条1項が「裁判の対審及び判決は、公開法廷でこれを行ふ」と定めるところ、非対審・非公開を原則とする非訟事件手続が憲法32条に反するのではないかが問題となります。この点判例は、「当事者の意思いかんに拘わらず終局的に、事実を確定し当事者の主張する権利義務の存否を確定するような裁判」である「純然たる訴訟事件の裁判」については「公開の法廷における対審及び判決」によってなされなければ憲法82条・32条に反するのに対し（最大決昭35・7・6民集14巻9号1657頁）、「非訟事件の裁判」については「公開の法廷における対審及び判決によって為すことを要しない」としています（最大決昭40・6・30民集19巻4号1089頁）。

（3）国家賠償請求権・刑事補償請求権

　憲法17条は公務員の不法行為に対する損害賠償請求権を、憲法40条は刑事補償請求権をそれぞれ保障していますが、ここでは前者について問題となった事案をみておきましょう。すなわち、郵便物の亡失・毀損等についての損害賠償責任を制限・免除していた郵便法旧68条、73条の合憲性が問題となった事案において、最高裁は、国家賠償の免責・制限が是認されるかは「当該行為の態様、これによって侵害される法的利益の種類及び侵害の程度、免責又は責任制限の範囲及び程度等に応じ、当該規定の目的の正当性並びにその目的達成の手段として免責又は責

任制限を認めることの合理性および必要性を総合的に考慮して判断すべきである」として、これらの規定のうち、「書留郵便物について、郵便業務従事者の故意又は重大な過失によって損害が生じた場合に、不法行為に基づく国の損害賠償責任を免除し、又は制限している部分」及び「特別送達郵便物について、郵便業務従事者の軽過失による不法行為に基づき損害が生じた場合に、国家賠償法に基づく国の損害賠償責任を免除し、又は制限している部分」を、憲法17条に反するとしました（最大判平14・9・11民集56巻7号1439頁〔郵便法違憲判決〕）。

（西村裕一）

学習のポイント

■日本国憲法3章で保障されている権利は、一般に、「国家からの自由」・「国家への自由」・「国家による自由」にそれぞれ対応して、自由権・参政権・社会権に大別されます。

■違憲審査基準論として、学説において広く支持されているのが二重の基準論です。それに対し、判例は比例原則を憲法判断の基礎に据えているとの指摘もあります。

■通説・判例は、外国人・法人ともに、憲法上の権利の享有主体性を肯定しています。

■通説・判例は、私人間における権利侵害について、私法の一般条項を憲法の趣旨を取り込んで解釈・適用することで間接的に私人間の行為を規律しようという間接適用説を採用しているといわれています。

■伝統的に、公権力と特殊な関係にある者については特別な権利制限が許されると理解されてきました。例えば公務員については、政治活動の自由や労働基本権が広範に制約されていますが、判例によればそれらも合憲であるとされています。

■憲法13条後段が保障する幸福追求権は、憲法に列挙されていない「新しい人権」を包括的に保障するものであると理解されており、そのような「新しい人権」としては、プライバシー権・人格権・自己決定権などが論じられています。

■法の定めが憲法14条の平等原則に反しないためには、法の取扱いが合理的な区別である必要があります。合理的な区別であるか否かについては、立法目的の正当性と、立法手段が立法目的を達成するために合理的なものといえるかによって判断されます。

■憲法は、思想・良心の自由を保障する（19条）ことによって、①思想・良心に反する行為の強制、②特定の思想を理由とする不利益取扱い、③思想・良心の告白強制などを禁じていると解されています。

■憲法20条が保障する信教の自由は、信仰の自由・宗教的行為の自由・宗教的結社の自由から構成されます。信仰の自由は、個人の内心における自由ですから絶対不可侵であるのに対し、宗教上の行為は、公権力による規制に服することがあります。

■学説によれば、憲法21条が保障する表現の自由は、自己実現の価値と自己統治の価値とを有し、憲法上の権利の中でも優越的地位を占めることから、精神的自由に対する規制の合憲性は、経済的自由に対する規制よりも厳しい基準によって審査されなければならないと考えられています。もっとも、判例によって法律や条例が憲法21条に反するとされたことはありません。

■職業の自由に関する違憲審査基準として、判例は「規制目的二分論」を採用していると一般には理解されていますが、この議論もすべての判例に妥当するわけではありません。

■刑事手続について、憲法31条は手続・実体双方の適正な法定を要求していると理解されています。ただし、判例は、行政手続に刑事手続と同等の保障を認めませんでした。

■生存権関連立法に関する立法裁量を統制するために、平等原則を適用すべきことが学説では主張されていますが、判例は、福祉立法に関わる平等原則違反が問題となった事案において、緩やかな基準を適用しています。

■判例は、在外邦人の選挙権の行使が制限されていた問題については厳格な審査基準を適用し、また議員定数不均衡問題についても厳格な審査を行うようになってきました。

■国務請求権（受益権）には、請願権・裁判を受ける権利・国家賠償請求権・刑事補償請求権があり、法律が憲法17条に反するとされた事例もあります。

第2章

行 政 法

この章では、行政活動を行う上で欠かせない行政法の仕組みと要点について学びます。

行政法は、「行政法」という法典があるわけではなく、行政に関する多種多様な法規を対象とします。これらの個別の行政分野を規律する様々な法律や条例について、それらに共通する基本的な考え方を理解することが重要です。

行政法は、大きく分けて「行政組織法」「行政作用法」「行政救済法」の3本柱から成り、本章では各々の分野について学んでいきます。

第1節では、地方公務員と行政法の関係について説明し、行政法を地方公務員が学ぶ意義について解説します。

第2節では、行政組織法の分野について解説し、行政を担う組織や編成、所掌事務の範囲及び組織を構成する諸機関の関係について学びます。

第3節では、行政組織が実施すべき行政の内容やその手続を定める行政作用法の分野について学びます。すべての行政活動を行っていく上で守られるべき制度である「情報公開制度」「個人情報保護制度」の仕組みについても言及します。

第4節では、行政活動により不利益を受けた私人の救済手続を定める行政救済法の分野について解説し、主に行政不服審査制度、行政事件訴訟制度、国家賠償制度、損失補償制度の仕組みと基本的な考え方について学びます。

第1節　地方公務員と行政法

1　行政法とは

　現代社会においては、環境問題、食品や医薬品の安全の確保、交通事故の防止、まちづくり、防災、社会保障、等々、個々人の問題として放置するのではなく、社会全体の問題として解決すべき多くの課題があります。これらの解決のためには、民事法による損害賠償や刑事法による処罰などの、裁判による事後的対応のみでは不十分です。そこで、公益上望ましくない事態が生ずるのを未然に防いだり、裁判よりも簡易迅速な手続で財の配分やサービスの提供を行ったりするための**行政活動**が、市民生活のほとんどあらゆる分野に及んでいます。自治体職員の仕事は、このような行政活動の一環として行われています。

　しかし、行政活動が社会にとって必要なものであるとしても、税金によって運営され、しかも、しばしば市民に対する公権力を伴って行われる活動である以上、行政担当者の恣意・独断によって行われてはならず、憲法の理念を実現するため国民代表議会が制定した**法律**（住民代表議会の議決により制定された**条例**を含む）に基づいて行われなければなりません（これを「**法律による行政の原理**」といいます）。現に、行政に関する膨大な数の法律や条例が制定されています。

　このような行政と法との関係について、現状を理解するとともに、あるべき姿を構想するための、基本的な考え方を学ぶのが**行政法**という分野です。自治体職員の皆さんが、日々の仕事の意味を理解するとともに、住民にとってより良い仕事を行っていくために、不可欠の分野といえます。

2　「行政法」という名の法律はない

　本書で扱われている行政法以外の法分野、すなわち、憲法、地方自治法、民法及び刑法については、それぞれ、同名の法典が存在します。これに対し、行政法については、「行政法」と称する法典が存在しません。行政法の学習においては、「行政法」という法典の解釈について学ぶのではなく、道路交通法、食品衛生法、都市計画法、生活保護法、等々の、個別の行政分野を規律する様々な法律（これを**個別法**といいます）や**条例**について、それらに共通する基本的な考え方を学ぶのです。

　1で述べたように、行政活動の多様性に対応して、個別法の数は膨大なので（しかも、法律だけではなく、地方公共団体の条例・規則や、行政機関が制定する政令、省令、等々もあります）、それらすべてについて解釈を学ぶことは不可能であり、その必要もありません。実務においては、必要に応じて、それぞれの個別法の解説書等

を参照することが可能なので、そのような調査・検討ができるための基礎的な考え方を行政法で学びます。

　ただし、上述のような個別法とは別に、全行政分野に共通する法的仕組みについて定めた、**行政通則法**というべき法律（**行政手続法、行政代執行法、情報公開法、行政不服審査法、行政事件訴訟法、国家賠償法、等々**）があります。これらの法律については、主要な条文及びその解釈を学習します。いずれも、ポケットサイズの法令集にも掲載されている重要な法律です。

3　行政法の中心課題
——行政作用の法的コントロール

　行政法の中心課題は、**行政主体**たる**国家**と**私人**[*1]との関係を法的に構成し、**行政作用**に対する法的コントロールを及ぼすことにあります。

　行政主体である「国家」には、国とは独立の主体である**地方公共団体**も含まれます（憲法92条以下参照）。国と地方公共団体との関係（更には、それぞれに属する行政機関の相互関係）も、行政法上の重要なテーマです（【図表1-1】の「横の関係」。詳しくは、「3章 地方自治法」を参照）。しかし、伝統的な行政法学の主な関心は、そのような「国家」内部の関係ではなく、「国家」が（国家の外部にいる）「私人」に対して及ぼす**行政作用**（【図表1-1】の「縦の関係」）を、法的にコントロールすることにあります。

【図表1-1】国と地方公共団体と私人の関係

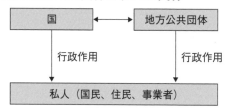

　行政法の考察枠組みは、**行政組織法**（誰が行政を行うか）・**行政作用法**（どのように行政を行うか）・**行政救済法**（違法な行政から私人をどのように救済するか）という3本柱からなります。以下にその概要を説明します。

4　行政組織法——誰が行政を行うか

　3でみた「行政主体たる国家」（地方公共団体を含む）においては、実際には、膨大な数の**公務員**が**行政組織**を構成して活動しています。そこで、国家と私人との関係を見通しよく把握するため、（会社などの民間の団体と同様に）国家が一つの法人（地方公共団体については、それぞれが一つの法人）であると考え、その法人の

*1　私人・国民・住民・事業者・市民

　「私人」という語は、公の活動を行う「国家」と対置され、自己固有の生活を営む個人及び団体を指す行政法学上の用語であって、法令用語ではありません。これに近い意味の法令用語としては、「国民」があります。「国」の語が含まれていますが、必ずしも日本国籍を有する人に限定されるわけではありません（それぞれの法令の趣旨によります）。また、地方公共団体との関係では、「住民」の語が用いられます。さらに、「私人」のうち、事業活動を行う個人や団体を指す法令用語としては、「事業者」があります。なお、最近では、「私人」に代えて「市民」の語を用いる行政法教科書もあります。

第2章　行政法

機関（大臣、知事、市町村長、等々）が権限の範囲内で私人に対して行った行為を国家の行為として把握する（その結果、国家と私人との間に権利義務関係が生じる）、という考察方法がとられます。詳しくは、本章「2節 行政組織法」で学びます。

【図表1-2】行政組織法の骨格

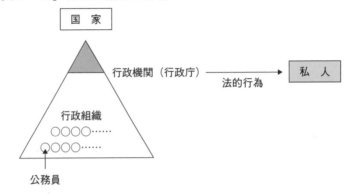

5　行政作用法──どのように行政を行うか

行政作用を法的に把握するため、「行政処分（行政行為）」という概念を中心として、【図表1-3】のような考察方法がとられます。

【図表1-3】行政作用法・行政救済法の骨格

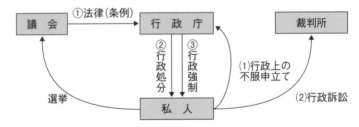

① 法律（条例）

国民代表議会が制定した**法律**（又は住民代表議会の議決により制定された**条例**）に基づいて、行政活動が行われます（**法律による行政の原理**）。なお、法律で大枠を決めた上で細部を**行政立法**（本章「3節2（1）行政立法」参照）に委任する場合もあります。

② 行政処分

法律及び行政立法によって定められた一般的・抽象的権利義務を具体化し、個別の国民に具体的な権利義務を生じさせるのが**行政処分**（**行政行為**）（本章「3節2（2）行政処分」参照）です。なお、行政処分を行うための**行政手続**も、現在では重視されています。

③　行政強制

　　行政処分によって課された義務に相手方が従わない（例：課税処分を受けた者が税金を払わない）場合、行政庁は裁判所の力を借りずに、自力で強制執行を行う（例：滞納者の財産を差し押さえて強制的に取り立てる）ことができます。これを**行政強制**（**行政上の強制執行**）といいます（本章「3節2（5）義務付けの実効性の確保」参照）。

　　ここまでの「①法律⇒②行政処分⇒③行政強制」の三段階は、行政過程の基本的骨格をなす「**三段階構造モデル**」とよばれています[*2]。これを中心としつつ、行政指導、行政契約など、行政処分以外の行為形式についても考察されます。本章「3節　行政作用法」で学びます。

＊2　三段階構造モデル
　藤田宙靖『新版 行政法総論 上巻』（青林書院、2020年）22頁によるネーミングです。

6　行政救済法
──違法な行政から私人をどのように救済するか

　違法な行政活動が行われた場合に、私人をどのように救済するかを学ぶのが、**行政救済法**です。ここでも、伝統的には、違法な行政処分に対する救済が中心に扱われます。【図表1－3】に沿って説明します。

（1）　行政機関に対して不服を申し立てるという方法があります（**行政不服審査法に基づく行政上の不服申立て**）。この方法は、簡易に行えるというメリットがある反面、裁判に比べると中立性・手続の厳格性に劣るというデメリットがあります。

（2）　**行政事件訴訟法**に基づき、裁判所に**行政訴訟**を提起する方法があります。中心となるのは、**取消訴訟**（行政処分の取消しを求める訴訟）です。この訴訟で原告が勝訴すれば、法的には処分が最初からなかったことになり、原告は救済されます。

（3）　このほか、図には登場しませんが、違法な行政活動の是正を求めるのではなく、それによって被った損害の賠償を求めるという方法もあります。これは、**国家賠償法**に基づくものです。

これらの救済方法につき、本章「4節　行政救済法」で学びます。

（中原茂樹）

学習のポイント

■自治体職員の仕事（行政）は、法律（条例を含む）に基づいて行われなければなりません（法律による行政の原理）。したがって、行政法を理解することは、自治体職員にとって必須です。

■「行政法」という名の法典はなく、個別の行政分野を規律する様々な法律（個別法という）や条例について、それらに共通する基本的な考え方を学ぶのが行政法という分野です。

■全行政分野に共通する法的仕組みについて定めた、行政通則法というべき法律（行政手続法、行政代執行法、情報公開法、行政不服審査法、行政事件訴訟法、国家賠償法、等々）について、解釈と運用を学ぶことも行政法学習の重要な内容です。

■行政法の中心課題は、行政主体たる国家（国及び地方公共団体）の私人に対する働きかけ（行政作用）を法的に考察し、法的コントロールを及ぼすことにあります。

■行政法の考察枠組みは、行政組織法（誰が行政を行うか）・行政作用法（どのように行政を行うか）・行政救済法（違法な行政から私人をどのように救済するか）という3本柱から成ります。

第2節　行政組織法

1　行政組織法の意義

　行政組織法は、行政上の法律関係の当事者として登場する国や地方公共団体などの組織に関する法律です。行政組織の編成、所掌事務の範囲及び組織を構成する諸機関の関係などが扱われます。行政組織法は、行政作用法や行政救済法とは異なり、私人の権利や義務に直接にはかかわらないと考えられたことから、伝統的な行政法学の下では必ずしも十分に検討されてきませんでした。しかし、所掌事務の範囲を超えてしまった場合、組織構成が公正さに欠けていた場合又は組織内部の手続に問題があった場合などは行政の決定に影響がないとはいえません。そのため現代の行政法学では、行政組織法は法治主義の観点から検討する必要があるといわれています。

2　行政主体

　国や地方公共団体は、行政上の事務を遂行する中で様々な権利・義務の当事者となります。権利・義務の帰属の主体としての性格を表現する場面で用いられる概念が「**行政主体**」[*1]です。立法者は、行政事務をどのような主体に委ねるかについて広い裁量を有するため、国や地方公共団体のほかにも多様な行政主体が存在します。例えば、行政上の事務は、しばしば法律によって国や地方公共団体から独立した別法人に委ねられています。例を挙げると、土地区画整理組合などの公共組合、独立行政法人及び国立大学法人などもまた行政主体であると解されています（特別な行政主体）。

　ところで、私法上の法人が、行政主体又は行政機関の指定によって特定の行政事務を委任されることもあります（委任行政）。当該法人は、指定法人とよばれ、それ自体は行政主体とはいえませんが、資格試験、検査、検定、認証、登録などの行政事務を代行しています。例えば、建築確認の権限が委任される指定確認検査機関（建基法77条の18以下・6条の2第1項・7条の2第1項）や公の施設の管理にあたる指定管理者（自治法244条の2第3項）がその例です（**【図表2－1】**参照）。

*1
「行政体」ともいいます。

【図表2－1】行政主体と私人の法的関係

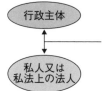

○行政作用法及び行政救済法により法律関係が形成・消滅する。
○行政主体は、権利・義務の帰属の主体であり、原則として訴訟の当事者となる。

3　行政機関

行政機関とは、行政主体を構成する単位のことです。作用法的行政機関概念と事務配分的行政機関概念があります。

（1）作用法的行政機関概念

作用法的行政機関概念によれば、行政作用法上の権限に着目して各種の行政機関が分類されることになります（【図表2－2】参照）。

【図表2－2】作用法的行政機関概念による中央省庁のイメージ

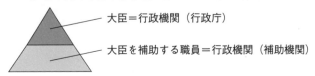

大臣＝行政機関（行政庁）

大臣を補助する職員＝行政機関（補助機関）

〈1〉行政庁

　　行政庁とは、行政主体の決定を外部に表示する権限を与えられた行政機関のことです。大臣、都道府県知事、市町村長等に行政処分等の権限が付与されている場合、これらは行政庁として捉えることになります。もっとも、行政作用法上の権限は、大臣や首長以外の行政機関の長に与えられることもあります。この場合、その行政機関が行政庁となります（建築確認を行う建築主事など。建基法6条）。行政庁には大臣など独任制の行政庁もありますが、公正取引委員会、教育委員会及び収用委員会のように合議制の行政庁もあります。

〈2〉補助機関

　　補助機関とは、行政庁の決定を補助する行政機関です。都道府県知事が国土利用計画法の規制区域内における土地売買の許可（国土利用法14条）をするときは、副知事及びその他の職員が補助機関ということになり、市町村長が生活保護法に基づいて保護の決定（生活保護法19条1項）をするときは、副市町村長及びその他の職員が補助機関として位置付けられます。

〈3〉諮問機関

　　諮問機関とは、行政庁の諮問に応じて意見具申を行う行政機関のことです。諮問を待たずに行政庁に意見を述べる（建議）権限が認められる諮問機関もあります[2]。諮問機関は国家行政組織法8条に規定する審議会や地方自治法138条の4第3項が規定する附属機関として設置されています。なお、諮問機関の議決が行政庁の意思決定を拘束する場合、当該機関を参与機関といいます。総務大臣の処分等に関する審査請求について審理を行う電波監理審議会（電波法85条・94条）や総合設計許可に際して同意の権限を行使する建

築審査会（建基法59条の2第2項・44条2項）などがその例です。

〈4〉監査機関

　　行政機関の事務・会計の処理について検査し、その適否を監査する機関です。行政の内部統制のために行政機関の業務の実施状況を評価・監査する総務省や、国の会計を監査する会計検査院、地方公共団体の財務及び事務の執行について監査する監査委員などがあります。

〈5〉執行機関

　　執行機関とは、私人の身体・財産に対して直接実力を行使する行政機関のことです。行政庁は法律行為を行う行政機関に着目しますが、執行機関は実力行使という事実行為に着目した概念です。具体的には、入国警備官、国税等の徴収職員、警察官、消防吏員等の公務員がその例です。なお、地方自治法上の「執行機関」の概念は、首長や行政委員会等を指すことに注意する必要があります（自治法138条の4）。

（2）事務配分的行政機関概念

　事務配分的（組織法的）行政機関概念は、一定の所掌事務の担い手となる単位を行政機関として把握します。この場合、府（内閣府）、省、委員会及び庁が行政機関ということになります。国家行政組織法は、事務配分的行政機関概念を採用しています。作用法的行政機関概念は、行政処分等の法律行為を行う機関を想定した概念であったため、行政指導、任意調査、行政機関相互の調整、行政内部での計画策定等の行政活動等において重要な役割を果たしている補助機関や諮問機関の活動が視野に入りにくいという欠点があります。これに対して、事務配分的行政機関概念は、補助機関や諮問機関の活動をも視野に入れることができるという長所があります（**【図表2-3】**参照）。

【図表2-3】事務配分的行政機関概念による中央省庁のイメージ

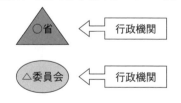

　事務配分的行政機関概念を用いている法律には、国家行政組織法があります。国家行政組織法は、「行政組織のために置かれる国の行政機関は、省、委員会及び庁」とすると定め（3条2項）、「行政機関」である「省、委員会及び庁」に所掌事務が配分されることとしています（2条1項）。所掌事務は、さらに局・部・課などに配分されることになり、事務配分の最小単位が職です（国家公務員法2条）。例えば、局長、部長、課長や所長等が職にあたり、職には権限と責任が配分されることになります。

（3）行政機関と公務員

　職を占める者が職員（国家行政組織法10条など）です。職に就く公務員の概念は国や地方公共団体等との雇用関係の観点からとらえたものです。公務員は、行政機関として後述する訓令に拘束されるとともに、公務員法上の職務命令（国家公務員法98条、地方公務員法32条）に従わなければなりません。ただし、判例は、職務命令に重大明白な瑕疵があれば従う義務はないとしています（最判平15・1・17民集57巻1号1頁[*3]）。

4　行政組織編成権

（1）国の行政組織

　行政組織の決定権限のことを**行政組織編成権**といいます。大日本帝国憲法下では、天皇の官制大権の下で国家機関の設置、構成及び権限が定められていましたが（大日本帝国憲法10条）、日本国憲法では、特定の行政組織の編成に関して議会が法定すべきことを明文で定めています。例えば、憲法66条1項は、内閣は法律に基づき内閣総理大臣及びその他の国務大臣で組織されると定めています。

　憲法で特に定めがない行政組織の編成については、行政と議会のいずれにどの程度の権能が備わるかという問題があります。行政法学においては、国権の最高機関としての国会が重要な内容については組織規範を設けるべきであるとの考え方が有力です（民主的統制説）。行政組織に対して国会の民主的統制が及ぶべきであるとしても、行政需要への迅速な対応の要請に配慮する必要があります。国家行政組織法は、省、委員会及び庁の設置・廃止及びその所掌事務の範囲を法定事項とし（行組法3条2項・4条）、それらの事務局としての官房・局・部等の設置・廃止及びその所掌事務の範囲を政令事項としています（行組法7条4項）。

（2）地方公共団体の行政組織

　地方公共団体に対して保障されている自治権には、自ら組織編成を決定する権能も含まれます。もっとも、地方自治法は、地方公共団体として、都道府県及び市町村といった普通地方公共団体（自治法1条の3第2項・2条2項）と特別区等の特別地方公共団体（自治法1条の3第3項・2条7項）を予定するほか、長や議会の権限及び両者の関係等についても定めを置いています。このことは、地方公共団体が条例等で独自に組織編成を行う余地が限定されていることを意味します。

5　行政機関相互の関係

（1）総　説

　伝統的な行政組織法理論は、行政庁（本節「3（1）作用法的行政機関概念」参照）

＊3
　県の住民が、県議会議員及び議会事務局職員に対する旅費の支出を違法として、旧4号訴訟を提起した事案です。本判決では、全国都道府県議会議員軟式野球大会に参加するために行われた旅費の支出は違法としたうえで、本件野球大会に参加した議員は法律上の原因なくして旅費を利得したものとして不当利得返還義務を負うと判示されましたが、一方、議会事務局職員は上司の職務命令に拘束され、これに従う義務を負うことから（地公法32条）、職員が職務命令である旅行命令に従って旅行をした場合、当該職員は、旅行命令に重大かつ明白な瑕疵がない限り、当該旅行に対して旅費の支給を受けることができ、不当利得返還義務を負わないと判示されました。

を頂点とした階層構造を念頭においていますが、現実の事務の遂行は行政庁以外の公務員（補助機関等）によって行われます。行政庁以外の者による事務の遂行に関する法理論として、権限の委任、代理、専決・代決があります。

　行政の一体性を確保するため、上級機関による下級機関に対する指揮監督の理論が形成されています*4。**指揮権**とは、上級機関が下級機関に対して方針等を命令する権限のことです。**監督権**とは下級機関の行為を監視し、その行為の適法性・合目的性を担保する権限です。なお、職権行使の独立性が認められている行政委員会は、階層構造の例外をなしています。例えば、普通地方公共団体の長は、委員会又は委員に対して指揮監督権を行使できませんが、地方公共団体を統轄する立場（自治法147条）から、勧告（自治法180条の4第1項）、措置の要請（自治法221条1項）などの調整のための権限が与えられています（統合的調整）。

　また、対等な行政機関相互の関係（上級・下級の関係にない行政機関相互の関係）においても、相互の権限を調整する仕組みがあります。

（2）権限の委任、代理と専決・代決

〈1〉権限の委任

　権限の委任とは、行政庁に与えられた権限の一部を、当該行政庁が他の機関に委任して行わせることです。委任機関から権限を委任された受任機関は、自己の名・責任で権限を行使することになります。権限の委任は法律上の権限の移動を伴うため、法律の根拠が必要です。権限の委任がなされると、法律に別段の定めがない限り、委任機関は受任機関に対して指監督権を行使できないと解されています。ただし、受任機関が委任機関の下級機関である場合、委任機関は受任機関の当該委任に係る権限行使について指揮監督することができます。

〈2〉権限の代理

　権限の代理とは、ある行政機関の権限を他の行政機関が行使することを意味し、代理機関の行為は、被代理機関の行為としての効果を有します。民法上の代理に関する顕名主義（民法99条1項）と同様、行政法上の代理においても、代理機関は被代理機関の代理として権限を行使することを明らかにする必要があります。**権限の代理**には、法定事実の発生により当然に権限の代理が行われる法定代理と被代理機関の授権により代理関係が生ずる授権代理があります。授権代理については法的根拠の必要性について争いがあります。法定代理は、更に**狭義の法定代理**と**指定代理**とに分かれます。狭義の法定代理は、法定の要件の充足により当然に代理関係が発生する場合であり（国公法11条3項、自治法152条1項）、指定代理は、法定の要件が充足された場合に被代理機関の指定により代理関係が発生する場合です（内閣法9条・10条、自治法152条2項）。

〈3〉専決・代決

第2章

行政法

　　専決とは、補助機関が行政庁の名称で最終的な判断権限を行使するものであり、代決とは、補助機関が臨時で行政庁の権限を行使し、事後に行政庁に報告するものです。専決・代決の場合、補助機関に対外的には権限が委任されず、また、代理権が授与されるわけでもありませんが、当該補助機関が事実上行政庁の名前で権限を行使します。専決・代決の場合、対外的には法律により権限を付与された機関が当該権限を行使しているので、一般的には法律の根拠は不要とされています。

　　専決・代決は、行政内部の事実行為として説明されていますが、専決や代決を行った職員は住民訴訟等で責任を追及される可能性があります。最高裁は、接待費の支出の違法を問われた住民訴訟において、水道企業管理者の指揮監督責任を認めただけでなく、訓令に基づき専決をした総務課長もまた責任を負うとしました（最判平3・12・20民集45巻9号1503頁[*5]）。つまり、専決は、純粋な内部行為にとどまらないことを意味します。

（3）指揮監督権

〈1〉監視権

　　監視権とは、上級機関による下級機関の事務処理に関する調査権のことです。具体的には、報告の要求、書類の閲覧及び現場の視察等が監視権に含まれます。

〈2〉同意（承認）権

　　同意（承認）権とは、下級機関の活動に予め上級機関の同意（承認）権を義務付けるものです。私人に対する許認可等とは異なり、行政内部関係における事前の監督です。

〈3〉訓令権

　　訓令権とは、上級機関が所管の機関・職員に対し、命令・指示する権限です。例えば、内閣総理大臣や各省大臣がその所掌事務について発する訓令・通達がこれにあたります。内閣府設置法7条6項・58条7項、国家行政組織法14条2項は法定されている例ですが、法定されていなくとも上位者はその所掌事務について指揮権に基づき訓令・通達を発することができると解されています[*6]。なお、訓令・通達は、私人に対して拘束力を有しません（本章「3節2（1）〈3〉行政規則」参照）。

　　訓令は、行政機関を名宛人としていますが、行政機関の職員に対する職務命令としての性格を有します。課長に対する訓令は、この職に就く職員が交代しても失効せず、後任の課長を拘束します。しかし、出張命令のような訓令としての性格を有しない職務命令は、後任の職員に対して効力を有しません。

〈4〉取消し・停止権

　　下級機関が行った権限行使が違法又は不当な場合に、上級機関がその取消

＊5
　旧4号訴訟にいう「当該職員」に対する損害賠償請求は、地方公共団体の長又は職員が違法な財務会計上の行為を行って地方公共団体に損害を与えたため、地方公共団体に対し民法又は地方自治法243条の2第1項、2項に基づき損害賠償責任を負う場合に、住民が地方公共団体に代わって、地方公共団体が有する損害賠償請求権を代位行使するものです（代位訴訟）。本判決では、専決規程に基づき、常時、管理者に代わって最終的意思決定を行うものとされている点を重視して、総務課長等の補助機関が旧4号にいう「当該職員」に該当すると判示されました。

＊6
　国と地方公共団体は対等な法主体なので、国が地方公共団体に通達を発することはできません。ただし、国は、法定受託事務については、処理基準を作成することができます。「3章13節1関与の基本原則」参照。

し又は停止を行うことが明文で予定されることがあります（内閣法8条、自治法154条の2）。明文の規定がない場合にも、上級機関の指揮監督権の行使として取消し・停止権が認められるか否かについては争いがあります。

〈5〉代執行権

代執行とは、上級機関が下級機関の活動を代わって実施することです。代執行は、法令上の権限配分を変更することから法律の根拠が必要です（例えば、労働基準法99条4項など）。なお、代執行権が予定されていない場合であっても、上級機関は、例えば、訓令や職務命令に反した職員に対して懲戒権を行使することにより、訓令の内容を実現することが可能です。

〈6〉権限争議裁定権

下級機関相互の権限争いについて、上級機関が裁定を下す権限です。例えば、主任の大臣の間の権限の疑義については、内閣総理大臣が、閣議にかけて裁定します（内閣法7条）。行政の一体性確保から法律の根拠は不要と解されており、明文規定は確認的な意味をもつにすぎません。もっとも、地方公共団体の長は、執行機関相互間の権限争議については、調整する義務を負うのみで、裁定権は付与されていません（自治法138条の3第3項）。これは、長以外の執行機関が職権行使について長から独立しているからです。この場合、自治紛争処理委員による調停が予定されています（自治法251の2第1項）。

（4）対等な行政機関相互の関係

対等な行政機関相互の関係にかかる仕組みとして、協議（行政機関相互の相談・協力による事案の処理）、共助（行政機関相互における権限行使に関する援助）、勧告（命令的な性格をもたない要請）などがあります。例えば、普通地方公共団体の委員会又は委員が組織に関する規則等を制定・変更する場合や公有財産を取得する場合に予め首長との協議が必要とされています（自治法180条の4第2項・238条の2第2項）。共助の例として、消防と警察の相互の協力（消防組織法42条1項）があります。また、勧告の例として、環境の保全上の重要事項に関する関係行政機関の長に対する環境大臣の勧告権（環境省設置法5条2項）があります。

(徳本広孝)

学習のポイント

■行政の事務を遂行する権利・義務の主体を行政主体といいます。国や地方公共団体以外にも法律によって多様な行政主体が設けられています。

■行政機関とは行政主体を構成する単位のことです。行政機関の概念には2種類あります。

（1）作用法的行政機関概念

　　作用法上の権限に着目して、行政機関を①行政庁（行政主体の決定を外部に表示する権限を有する行政機関）、②補助機関（行政庁の決定を補助する行政機関）、③諮問機関（行政庁からの諮問に応じて又は自発的に意見を述べる行政機関）、④監査機関（行政機関の事務・会計について検査し、その適否を監査する機関）、⑤執行機関（私人の身体・財産に対して直接実力を行使する行政機関）に分類します。

（2）事務配分的行政機関概念

　　一定の所掌事務の担い手となる単位を行政機関として把握します。この場合、省・委員会等は行政機関として把握されます。

■行政組織の編成は、憲法で定めがある場合を除いて、国会が重要な内容については法律により行わなければならないとの見解が支配的です。地方公共団体の場合、自治権に基づいて組織編成権を有すると解されていますが、地方自治法が一定の制限をしています。

■特定の行政機関の権限は、①権限の委任、②権限の代理及び③専決・代決がある場合、他の行政機関によって遂行されます。ただし、それぞれ法律の根拠の有無、権限行使の効果の帰属などの点で異なるので注意する必要があります。

■上級機関による下級機関に対する指揮・監督の理論及び制度が形成されています。指揮・監督の手法として、①監視権、②同意（承認）権、③訓令権、④取消し・停止権、⑤代執行権、⑥権限争議裁定権があります。

第3節　行政作用法

1　行政作用法の基本原理

（1）行政作用と法律との関係（法律による行政の原理）

　立憲主義及び権力分立制の原理として、行政は国民代表議会が制定する法律に拘束され（法律による行政の原理）、法律は憲法に拘束されます。なお、地方自治行政は、地方議会の議決により制定される条例にも拘束されます。

　「法律による行政の原理」には、①**法律の優位**、②**法律の法規創造力**、③**法律の留保**の3つの原理が含まれます。

〈1〉法律の優位

　　行政機関が制定する**命令**（内閣が制定する**政令**や、国の各省が制定する**省令**等）[*1]及び行政機関による個別の行政活動は、法律に反してはなりません。

〈2〉法律の法規創造力

　　それでは、ある行政活動について定める法律の規定が存在しない場合には、行政機関は当該行政活動について自由に命令を制定したり、個別の行政活動を行ったりすることが許されるでしょうか。

　　まず、命令（政令・省令等）の制定については、国会が国の唯一の立法機関であるとされている（憲法41条）ので、「立法」にあたるものは法律の委任がなければ行うことができません（**委任命令**）。ただし、法律の執行に必要な事項については、法律の個別的な委任がなくても命令で定めることができると考えられます（憲法73条6号本文参照。いわゆる**執行命令**）。

　　そこで、憲法41条にいう「立法」の意味が問題となりますが、少なくとも、**法規**（国民の権利義務に関する一般的・抽象的な定め）の定立は「立法」にあたり、法律によってしか行えないと解されます（これを**「法律の法規創造力の原理」**といいます）。

〈3〉法律の留保

　　次に、個別の行政活動については、憲法41条・65条を含む憲法の規定全体の趣旨から、どのような行政活動については法律の根拠がなければ行うことができないか、すなわち法律に留保されているか、が問題となります。これが**「法律の留保」**の問題です。

①　**侵害留保説**

　　私人の自由と財産を侵害する行政活動については法律の根拠を必要とするという説です。この考え方によると、私人の事業活動や行動の自由に制約を加える規制行政や、税金の賦課・徴収は、自由や財産の侵害にあたりますから、法律の根拠が必要ですが、補助金を交付したり、公共

＊1　命令
　ここにいう「命令」は、行政機関が立法を行うための形式を意味し（行手法2条8号イ参照）、特定の誰かに対して何かを命ずるという意味の「命令」（例えば、建築基準法9条1項の違反是正命令）とは異なります。

施設を作ったりすること、すなわち**給付行政**については、法律にその旨の規定がなくても、行政機関の判断で自由に行えます。**自由主義**を重視する考え方で、実務（とりわけ立法実務及び行政実務）が採る説です。例えば、地方自治法14条2項（「普通地方公共団体は、義務を課し、又は権利を制限するには、法令に特別の定めがある場合を除くほか、条例によらなければならない。」）は、侵害留保説を前提としていると解されます（なお、法律の留保にいう「法律」には、住民代表議会の議決によって制定される条例も含まれます）。ただ、現代における給付行政の重要性及び民主主義の要請を考慮すると、侵害行為に法律の根拠を要求するだけでは狭すぎるのではないかが問題となります。

② **全部留保説**

国民主権原理に則って国民代表機関である国会を「国権の最高機関」とする現在の憲法の下では、あらゆる行政活動が法律の根拠に基づいて行われるべきであるとする説ですが、現実の行政需要に柔軟に対応できないという問題があります。

③ **社会留保説**

給付行政にも法律の根拠を要求する説ですが、すべての給付活動に法律の根拠を要求することが現実に可能か、という問題があります。

④ **重要事項留保説（本質性理論）**

重要な（本質的な）事項の決定は法律によって行うべきであるという説です。侵害留保説と全部留保説の中間的な説です（自由主義と民主主義の両方の考慮を含みます）が、何が「重要（本質的)」かの判断基準が問題となります。

⑤ **権力留保説**

行政庁が権力的な行為形式をとって活動する場合には法律の授権が求められるという説です。給付行政であっても「権力的」な方法で行うためには、法律の根拠が必要であるとする説ですが、侵害留保説とどのように異なるのかが問題となります[2]。

（2）行政法（行政作用法）の一般原則

以上のとおり、行政は法律（及びその上位にある憲法）に従わなければなりませんが、それ以外に、次のような行政法の一般原則にも従わなければなりません。

〈1〉比例原則

比例原則は、行政目的を達成するために必要な範囲でのみ行政権限を用いることが許されるという原則です。もともとは、**警察作用**[3]の発動を抑制するための原則でしたが、現在では、人の権利自由に対するあらゆる制限について妥当すると考えられています（憲法13条に根拠を求める説もあります）。もっとも、目的達成のための必要度に比例する措置が何かということは一義的に明確ではないので、行政機関に裁量が認められ、裁量の逸脱・濫用があ

る場合に違法とされます（後述「本節2（2）〈4〉行政処分の裁量」参照）。

〈2〉平等原則

　　私的自治の原則が妥当する私人間の関係（例：好きな人にプレゼントを贈る）とは異なり、行政活動（例：補助金の交付）には、**平等原則**（憲法14条）が適用されます。もっとも、区別の合理的な理由があれば、異なった取扱いをすることが許されますので、合理的な理由の有無が焦点になります。

〈3〉信義則

　　民法に規定されている**信義則**（民法1条2項）は、法の一般原則として、行政法上の関係にも適用されます。判例は、一定の要件を満たす場合に、施策の維持に対する私人の信頼が法的に保護されるとしています[*4]。

　　もっとも、租税の賦課のように、裁量が認められない処分については、信義則の適用と「法律による行政の原理」とが対立する場合があります。そのような場合には、租税法規の適用における納税者間の平等、公平という要請を犠牲にしてもなお、課税を免れさせて納税者の信頼を保護しなければ正義に反するといえるような特別の事情がない限り、信義則は適用されないと考えられます（最判昭62・10・30判時1262号91頁参照）。

〈4〉権限濫用の禁止原則

　　行政権の行使は、単に形式的に法令の定める要件に適合していれば良いのではなく、当該法令の趣旨に沿った運用がされなければなりません。法令の趣旨に反する行政権の行使は、**行政権の濫用**として違法とされることがあります[*5]。

（3）行政手続の基本原則

　（1）で「法律による行政の原理」について学びましたが、伝統的な行政法学では、行政活動が結果として法律に適合していることが重要であって、もし違法な行政活動が行われれば、事後的に行政訴訟等によって正せばよいと考えられていました。

　しかし、訴訟等による事後救済だけでは、観念的には適法性が回復されても、実際の救済としては不十分であり、違法な行政活動がされないように、更には、より望ましい行政活動がされるように、予め行政活動を行う際の手順を法律で定めておくべきであるという考え方が強くなりました。また、単に行政活動が結果的に正しければよいというのではなく、利害関係者の主張を十分に聴いた上で、公正な手続で行政活動が行われるというプロセス自体にも価値があり、その重要な前提として、行政運営の**透明性**（行政上の意思決定過程が国民にとって明らかであること）を確保すべきであると考えられるようになりました。これが**行政手続**という考え方です。

　従来、個別法に行政手続を定める例はあったものの、行政活動一般については、行政手続は保障されていませんでした。憲法13条・31条等の解釈によって行政手

＊4　施策の維持に対する私人の信頼が法的に保護されるとした判例

　最判昭56・1・27民集35巻1号35頁は、①特定の者に対して一定内容の施策に適合する活動を促す行政主体の個別的・具体的な勧告等があり、②その活動が相当長期にわたる当該施策の継続を前提とするものであり、③施策の変更により、社会観念上看過できない程度の積極的損害を被る場合に、④行政主体が前記損害を補償するなどの代償的措置を講ずることなく施策を変更することは、⑤それがやむをえない客観的事情によるのでない限り、信頼関係を不当に破壊するものとして、行政主体の不法行為責任が生じるとしています。

＊5　余目町個室付浴場事件

　余目町が、町有地を児童遊園として整備する必要性や緊急性が特にないにもかかわらず、特定の個室付浴場の営業を規制することを主たる動機・目的として、同個室付浴場から200m以内にある町有地を児童福祉法上の児童遊園として認可申請し（児童福祉法上の児童福祉施設から200m以内の区域で個室付浴場を営むことは風営法により禁止されており、違反に対しては罰則があります）、県知事もその経緯を知りつつ認可をしたという事案について、最判昭53・6・16刑集32巻4号605頁は、同認可は児童に健全な遊びを与えるという児童遊園設置認可制度の趣旨に反するものであって、行政権の濫用に相当する違法性があり、被告会社の個室付浴場営業を規制しうる効力を有しないとしました。

＊6　憲法と行政手続に
　　関する判例
　成田新法事件・最大判平
4・7・1民集46巻5号437
頁は、憲法31条による保障が
行政手続に及ぶ場合がありう
ることを認めるものの、様々
な要素の総合較量によって決
定されるとするのみで、手続
保障が及ぶための明確な基準
を示していません。

＊7　行政手続のデジタ
　　ル化
　2002年に「行政手続等にお
ける情報通信の技術の利用に
関する法律」が制定され、
2019年の改正により「情報通
信技術を活用した行政の推進
等に関する法律」となりまし
た。①デジタルファースト
（個々の手続・サービスを一
貫してデジタルで完結す
る）、②ワンスオンリー（一
度提出した情報は、再度提出
することを不要とする）、③
コネクテッド・ワンストップ
（民間サービスを含め、複数
の手続・サービスをワンス
トップで実現する）の3原則
が定められています。

＊8　地方公共団体の機
　　関がする行為に関す
　　る適用除外
　行政手続法は、本文で述べ
たもの以外に、地方公共団体
の機関に対する届出（ただ
し、根拠が条例又は規則にお
かれているものに限ります）
及び地方公共団体の機関が命
令等を定める行為にも適用さ
れません（行手法3条3
項）。

＊9　行政手続条例の制
　　定
　2009年10月1日現在、1市
を除き、すべての都道府県・
市区町村が制定済みです。

＊10　行政計画
　行政計画については、本節
では扱いませんが、本章「4
節 行政救済法」において、
行政計画が抗告訴訟の対象に
なるかという問題を扱いま
す。

続を根拠付ける見解も有力ですが、憲法には行政手続について明文で定める規定はないため、具体的な行政手続を憲法から直接導き出すには困難が伴います＊6。そのような状況の下で、1993年に、行政手続に関する一般法として**行政手続法**が制定されたことは、きわめて重要な意味をもちます＊7。

　行政手続法は、「2 行政活動の諸形態」で後述する行政活動の諸形態のうち、**行政処分**、**行政指導**及び**行政立法**の手続を定めています（その反面、行政契約や行政計画の手続は定めておらず、今後の課題とされています）。具体的な手続の内容については、そこで行政活動の形態ごとに説明します。

　なお、行政手続法は、地方公共団体の機関がする処分（ただし、根拠が条例又は規則に置かれているものに限ります）、行政指導及び行政立法には適用されません（行手法3条3項）。すなわち、①情報公開条例（後述「本節4（1）情報公開」参照）に基づく不開示決定のように、根拠が条例におかれている処分には、行政手続法は適用されません。②これに対し、地方公共団体の機関がする処分であっても、根拠が法律（又はその委任に基づく命令）に置かれているものには、行政手続法が適用されます。③地方公共団体の機関が行う行政指導及び行政立法については、根拠がどこに置かれているかを問わず、行政手続法は適用されません＊8。なお、上記の規定により行政手続法の適用が除外されている行為について、行政手続法46条は、同法の趣旨に即した措置を地方公共団体が講ずるよう努力義務を課しており、現在ではほぼすべての都道府県・市区町村＊9が**行政手続条例**を制定しています。したがって、自治体職員としては、行政手続法の考え方を習得するとともに、各自治体の行政手続条例の内容に注意する必要があります。

2　行政活動の諸形態

　行政法の中心課題は、行政活動を法によってコントロールすることですが、行政活動は多様で流動的であるため、これに法の縛りをかけ、訴訟等の対象にするには、そのための取っ掛かりが必要です。そこで、行政活動のうちで法的にみて特徴的な部分を捕まえて、型にはめるという方法がとられます。この型が「行政の**行為形式**」とよばれるもので、【図表3－1】のような類型があります。以下、順にみていきます。

【図表3－1】行政の行為形式

（1）　行政立法	┐
（2）　行政処分	├ 行政手続法による規律
（3）　行政指導	┘
（4）　行政契約	
（5）　行政計画＊10	

（1）行政立法
〈1〉行政立法の種類と許容性

　　１（1）で「法律による行政の原理」について学びましたが、法律で細部まで規定することが困難であったり、行政の柔軟性を確保するために望ましくなかったりする場合には、法律は大枠のみを定め、それを受けて、行政機関がより詳細な定めをすることがあります。このように行政機関によって定立される規範を**行政立法**[11]といいます。行政立法については、国会を「唯一の立法機関」とする憲法41条との関係で、許容性が問題となります。これについては、次のように、行政立法の法的性質によって区別して論じられています。

*11　「行政立法」という用語について

　次にみるうちの「②行政規則」は、憲法41条にいう「立法」にはあたらないため、行政規則を含めて「行政立法」とよぶのは不適切であるとして、「行政基準」「行政準則」「行政規範」などの語が提案されています。しかし、新たな用語はまだ確立していないため、本書では、上記のような問題点を意識しつつも、伝統的な用語である「行政立法」を用いることとします。

【図表３−２】行政立法の種類と、法律との関係

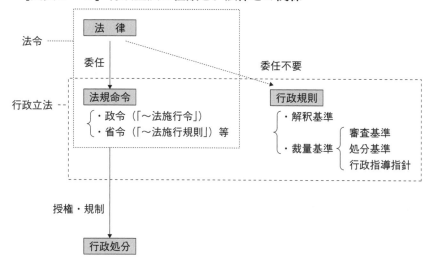

① 法規命令

　　１（1）でみたように、**法規**（国民の権利義務に関する一般的・抽象的な定め）の定立は、法律によってのみ行うことができます（**法律の法規創造力**の原理）が、法律の委任があれば、行政機関が命令によって国民の権利義務の内容を定めることができると解されます（**委任命令**。憲法73条６号ただし書き参照）。また、権利義務の内容自体ではなく、その実現のための手続については、法律の個別的な委任がなくても、行政機関が命令によって定めることができると考えられています（**執行命令**。憲法73条６号本文参照）。以上の委任命令及び執行命令は、法規を命令によって定めるものであり、**法規命令**とよばれます。

② 行政規則

　　行政機関が定立する規範の中には、国民の権利義務に直接かかわらない、行政の内部基準があり、これを**行政規則**[12]といいます。行政組織の

*12　「行政規則」という用語について

　「行政規則」は、法的性質（国民の権利・義務に直接かかわるかどうか）に着目した学問上の用語であり、実定法上の用語ではありません。「○○法施行規則」や地方公共団体の長の規則（地方自治法15条１項。「3章3節3 規則制定権」参照）は、行政規則ではなく法規命令にあたります。最近は、「行政規則」に代えて、「行政内部規定」「行政内部規範」などの語が提案されていますが、新たな用語はまだ確立していないため、本書では、伝統的な用語法に従います。

内部で法の解釈を統一するために、上級行政機関が下級行政機関に対して発する**通達**（行組法14条2項）や、行政内部で裁量の基準を設定する**審査基準・処分基準・行政指導指針**（行手法2条8号ロ・ハ・ニ）がそれにあたります。

行政規則は、国民の権利義務に直接かかわらないため、法律の委任がなくても、行政機関が自由に定めることができます（むしろ、一定の場合には、定めるべきとされています。行手法5条1項・12条1項・36条。後述「（2）〈3〉行政処分の手続」参照）。

〈2〉　法規命令

①　委任する法律の側の問題（**包括的委任の禁止**）

法規命令の法的問題を考えるにあたっては、「委任する法律の側の問題」と「委任を受けた命令の側の問題」とを分けて考える必要があります。

まず、委任する法律の側の問題として、委任は対象事項を個別的・具体的に特定して行わなければならず、包括的な委任は、国会を唯一の立法機関とする憲法41条に反し、許されません。

②　委任を受けた命令の側の問題（法の委任の趣旨を逸脱していないか）

次に、委任を受けた命令の側の問題として、命令は委任をした法律の趣旨に適合するものでなければならず（行手法38条1項）、法の委任の趣旨を逸脱した命令の規定は、違法・無効となります[*13、14、15、16、17]。

〈3〉　行政規則

①　解釈基準

行政組織の内部で法の解釈を統一するために、上級行政機関が下級行政機関に対して発する**通達**（行組法14条2項）は、下級行政機関を拘束しますが、行政組織の外部にいる国民や裁判所を拘束するものではありません。したがって、通達自体は直接国民の権利義務を形成するものではないため、取消訴訟の対象となりません（墓地埋葬通達事件・最判昭43・12・24民集22巻13号3147頁）。通達に不服のある国民としては、通達に従った行政処分を受けた場合に、その取消訴訟を提起して処分の違法性を主張したり、通達に示された解釈を前提として刑事訴追された場合に、その解釈の誤りを指摘して無罪を主張したりすることが考えられます。その際、裁判所は通達に拘束されずに、独自の解釈によって処分の違法性や有罪・無罪を判断することができます。

しかし、通達が出されると行政機関はこれを前提として行動するため、関係する国民にも実際上大きな影響を与えることは否定できません。そこで、国民の実効的な権利救済の観点からは、行政処分や刑事訴追を待たないと争えないというのでは不十分であり、通達自体を行政訴訟の対象とすべき場合があるのではないかが問題となります。具体的には、通達の処分性を認めて取消訴訟の対象にするという考え方（計量法通達事件・東京地判昭46・11・8行裁例集22巻11＝12号1785頁）や、2004年の行政事件訴訟法改正

＊13　幼児接見不許可事件

旧監獄法50条は、被勾留者の接見に関する制限を法務省令に委任しており、これを受けて同法施行規則120条は、14歳未満の幼年者には被勾留者との接見を許さないと規定していましたが、最判平3・7・9民集45巻6号1049頁は、この規定は被勾留者の接見の自由を著しく制限するものであって、同法50条の委任の範囲を超えた無効のものであるとしました。

＊14　児童扶養手当打切事件

婚姻外懐胎児童のうち父から認知された児童を児童扶養手当の支給対象から除外していた児童扶養手当法施行令1条の2第3号かっこ書きの規定について、最判平14・1・31民集56巻1号246頁は、児童扶養手当法の趣旨・目的に照らし、支給対象児童とされた者との間の均衡を欠き、同法の委任の趣旨に反して違法・無効であるとしました。

＊15　東洋町・リコール署名無効事件

地方議会議員の解職請求代表者の資格を公務員に否定する地方自治法施行令の規定について、最大判平21・11・18民集63巻9号2033頁は、地方自治法85条1項に基づく政令の定めとして許される範囲を超えており、無効であるとしました。この判決を受けて、平成23年に地方自治法が改正され、直接請求代表者資格を認められない公務員は選挙管理委員会の委員又は職員に限定されるとともに、地位を利用して署名運動をした公務員に対する罰則が新たに設けられました。

＊16　医薬品ネット販売事件

第1類・第2類医薬品について郵便等販売を禁ずる薬事法施行規則の規定について、最判平25・1・11民集67巻1号1頁は、薬事法の委任の範囲を逸脱し違法・無効であるとしました。

＊17　ふるさと納税不指定事件

最判令2・6・30民集74巻4号800頁は、改正地方税法により導入された「ふるさと納税指定制度」において、改正法施行前の寄附金募集実績を理由として不指定とする旨の総務省告示は、同法による委任の範囲を逸脱し違法・無効であるとしました。

で活用の方向が示された**公法上の確認訴訟**（行訴法４条）の対象にするという考え方（塩野宏『行政法Ⅱ〔第６版〕』（有斐閣、2019年）265頁）があります。

② 裁量基準

行政機関が、**裁量権**（後述「（２）〈４〉行政処分の裁量」参照）を適切に行使するために、行政内部で裁量の基準を設定することがあります。行政手続法は、一定の場合に、**審査基準・処分基準・行政指導指針**（行手法２条８号ロ・ハ・ニ）を定めるべきとしています（行手法５条１項・12条１項・36条）。

裁量基準は、法律の委任に基づかない行政内部での基準ですから、法規としての性格をもちません。したがって、裁量基準に従わない処分が当然に違法になるわけではありません（マクリーン事件・最大判昭53・10・４民集32巻７号1223頁）。しかし、適切な裁量権行使のために裁量基準を定めながら、合理的な理由なく裁量基準から外れた処分をすることは、判断過程の合理性を欠くとされたり（後述「（２）〈４〉⑤イ　判断過程審査」参照）[18]、平等原則違反とされたりして違法とされることがありえます[19]。

〈４〉 意見公募手続

2005年の行政手続法改正で、行政立法の事前手続として、**意見公募手続**（いわゆる**パブリック・コメント手続**）が定められました（行手法38条以下）。これは、行政立法を定めようとする場合に、その案及び関連資料をインターネットなどで公示し、広く一般の意見を求めるものです。この手続の対象は「命令等」とされていますが、これには、命令（政令・省令等）のみならず、審査基準・処分基準・行政指導指針も含まれること（行手法２条８号）が注目されます。すなわち、この制度は、講学上の法規命令と行政規則の双方に手続規制を及ぼすものであり、法規命令と行政規則との相対化（行政規則の外部化現象）を手続面において示す例といえます。

意見提出をすることができる者は、利害関係者に限られず、広く一般（外国人や法人等も含みます）に開かれています（行手法39条１項）。行政機関は、提出された意見を十分に考慮しなければならず（行手法42条）、提出意見やこれを考慮した結果を公示しなければならない（行手法43条１項）とされていますが、多数決の手続ではありませんから、反対意見が多数を占めたからといって、行政機関は当初の案を変更する義務を負うわけではありません。

（２）行政処分

〈１〉 行政処分とは

行政活動の諸形態（行政の行為形式）のうちで、行政法学において伝統的に最も重視され、その中心に据えられてきたのが、**行政処分**（**行政行為**）です。行政処分とは、「公権力の主体たる国又は公共団体が行う行為のうち、その行為によって、直接国民の権利義務を形成し又はその範囲を確定することが法律上認められているもの」です[20]。この定義を踏まえ、以下、行政処分の法的特徴を３点に分けて説明します。

***

*18　伊方原発訴訟

最判平４・10・29民集46巻７号1174頁は、原子炉の設置許可の適法性について、①行政庁が用いた具体的審査基準に不合理な点があるか、②具体的審査基準に適合するとした判断の過程に看過し難い過誤・欠落があるか、という２段階で審査しており、裁量基準の合理性やその当てはめの合理性が処分の司法審査において意味をもつことを示しています。

*19　裁量基準への「き束」

最判平27・３・３民集69巻２号143頁は、行政庁が行政手続法12条１項の規定により定めて公にしている処分基準において、先行処分を受けたことを理由に後行処分の量定を加重する旨の定めがある場合に、当該行政庁が後行処分につき当該処分基準の定めと異なる取扱いをするならば、裁量権行使における公正かつ平等な取扱いの要請や基準の内容に係る相手方の信頼の保護等の観点から、特段の事情がない限り、裁量権の逸脱又は濫用にあたり、この意味において、当該行政庁の後行処分における裁量権は当該処分基準に従って行使されるべきことがき束されているとしました。

*20　行政処分と行政行為

もともと、行政法の学問上の用語としては、行政行為の語が広く用いられてきました。この概念を基礎として、「行政庁の処分」（行政事件訴訟法のほか、行政不服審査法及び行政手続法でも用いられています）の概念がつくられました。現在では、行政行為に代えて（あるいは、それと並んで）、行政処分の語が用いられることも多くなっています。行政処分の定義について、本書では、行政訴訟との連続性の観点から、「行政庁の処分」（行訴法３条２項）に関する判例の定義（最判昭39・10・29民集18巻８号1809頁以来の判例の立場）によることとします。

【図表3－3】行政処分の法的特徴

> ① 国民の権利義務とのかかわり（行政指導・内部行為との違い）
> ② 具体性（法律・行政立法との違い）
> ③ 公権力性（契約との違い）

① 国民の権利義務とのかかわり（行政指導・内部行為との違い）

　　国民に権利義務を生じさせない行政活動は、行政処分にあたりません。したがって、相手方に法的義務を課すことなく特定の行為を求める行政指導は、行政処分にあたりません。また、上級行政機関が下級行政機関に発する通達のような行政の内部行為は、行政組織の外部にいる国民に直接権利義務を生じさせるものではありませんから、行政処分にあたりません。

② 具体性（法律・行政立法との違い）

　　行政法令においては、しばしば、法令自体で国民の権利義務を直接具体的に定めるのではなく、法令においては国民の権利義務を一般的・抽象的に定めておき、行政機関が当該法令を個別の事案に当てはめて決定を行うことによって初めて、個別の国民の具体的な権利義務が生じるという仕組みがとられます[*21]。

　　伝統的な行政法学は、この、行政機関による国民の権利義務の具体的な形成・確定を、行政活動のうちで法的にみて特に重要な局面と捉え、行政処分として把握したのです。行政処分は、「（ⅰ）法律⇒（ⅱ）行政処分⇒（ⅲ）行政強制（義務履行確保）」という**「三段階構造モデル」**（本章「1節5 行政作用法」参照）の要となる重要な局面と位置付けられます。また、行政訴訟との関係でも、国民の権利義務の具体的な形成・確定という性質に着目して、訴訟の対象として取り上げるにふさわしいものとして扱われます（本章「4節 行政救済法」参照）。

③ 公権力性（契約との違い）

　　行政主体と国民との合意による契約は、**「公権力」**にあたらないから、行政処分ではないとされます。行政処分の要素である「公権力の行使」とは、伝統的通説によると、「優越的な意思の発動」とか「高権的権力の一方的発動」ともいわれ、行政主体と国民とが対等の立場で合意によって権利義務を形成するのではなく、行政機関が法令に基づいて、国民より優越的な立場で一方的に国民の権利義務を形成することを指していると考えられます[*22]。

　　行政法においては、このように、国民に具体的な権利義務を生じさせる行為のうち、「権力的」な性格を有するものについて、民法における法律行為とは異なる特殊性を見いだし、これを行政処分として捉えるのです。訴訟との関係では、契約も行政処分も訴訟の対象になりますが、行政処分は民事訴訟ではなく行政訴訟（取消訴訟）の対象になるという点に、区別の実益があります（本章「4節 行政救済法」参照）。

---

*21　行政処分による権利義務の具体化の例

　例えば、憲法25条及び生活保護法1条～3条によって、一般的・抽象的には、すべての国民に健康で文化的な最低限度の生活を営む権利が保障されていますが、個別の国民が具体的に保護を受ける権利を取得するのは、保護の開始の決定（生活保護法24条・25条）によってですから、その決定の段階で初めて、行政処分と認められます。また、ストーカー行為等の規制等に関する法律3条によって、何人もつきまとい等をしてはならないというかたちで、国民の義務が一般的・抽象的に定められていますが、それ自体に対する罰則規定はなく、同法5条に基づく禁止命令によって、特定の者に具体的な義務が課される（違反は処罰される）仕組みになっているため、禁止命令の段階で初めて、行政処分と認められます。

*22　「公権力性」の判断基準

　本文では伝統的な説明によりましたが、「優越的」とか「一方的」とかの基準で行政処分と契約とを区別できるのか、また、区別すべきなのかについては、現在では疑問が呈されています。特に、給付行政における行為（補助金交付決定など）については、行為の性質から公権力性の有無を判断することは困難であり、当該行為について規定する法律が行政処分の仕組みを定めているかどうかを（不服申立てに関する規定等を手がかりにして）解釈することになります。この問題については、本章「4節 行政救済法」も参照。

〈2〉行政処分の効力

① 公定力

行政処分の法効果を否定するには、原則として、取消訴訟によらなければならず（これを**取消訴訟の排他的管轄**といいます）、取消訴訟以外では、裁判所といえども行政処分の法効果を否定できません。これを**行政処分の公定力**といいます。このことは、法律上明示されているわけではありませんが、出訴期間の制限（行訴法14条）を伴う取消訴訟制度が設けられていることの合理的解釈として、「処分については取消訴訟で争える」だけではなく、「処分については取消訴訟でしか争えない」と一般に解されています[※23]。

ただし、行政処分に**重大かつ明白な瑕疵**があって**無効**と解される場合には、取消訴訟を提起しなくても、処分の効果を否定できます。無効の行政処分の判断基準につき、判例は、基本的には重大明白説に立ち、「瑕疵が明白であるというのは、処分成立の当初から、誤認であることが外形上、客観的に明白である場合を指す」としていますが（最判昭36・3・7民集15巻3号381頁）、「例外的な事情」がある場合には、瑕疵が明白でなくても処分を無効と認めています[※24]。

② 不可争力

取消訴訟の排他的管轄（上述①）の下で、**出訴期間**（行訴法14条）の制度が存在することにより、出訴期間が経過すると、もはや当該行政処分について訴訟で争うことはできなくなります（行政庁の側が職権で処分を取り消すことは、出訴期間を過ぎていても可能です）。これを行政処分の効力として見た場合に、行政処分の**不可争力**とよびます。

③ 自力執行力

行政処分に相手方が従わない場合に、行政庁が裁判を提起することなく自力で強制執行できるという効力を、行政処分の**自力執行力**といいます。私人間における「自力救済禁止の原則」の例外として、行政処分に認められる特権ですが、あらゆる行政処分について当然に認められるわけではなく、行政上の強制執行を認める法律の根拠がある場合に限って、認められます（後述「（5）〈1〉行政上の強制執行」参照）。

〈3〉行政処分の手続

1（3）で行政手続の重要性について述べましたが、行政法において、行政処分が最も重視されてきたことに対応して、行政手続法上も、行政処分の手続が重要な部分を占めています。

行政手続法は、「**申請に対する処分**」（行手法2条3号）と「**不利益処分**」（行手法2条4号）とを区別し、両者で異なった手続を定めています（前者につき行手法2章（5〜11条）、後者につき行手法3章（12〜31条））。**申請**とは、法令に基づき、行政庁の許認可等を求める行為であって、当該行為に対して行政庁が諾否の応答をすべきこととされているものをいいます。なお、申請を拒否

＊23　取消訴訟の排他的管轄と国賠訴訟

行政処分の違法を理由とする国家賠償請求訴訟（国賠訴訟）においては、原因行為たる処分の違法性は判断されますが、処分の効力の有無が判断されるわけではありません。したがって、処分の取消訴訟を提起することなく、当該処分の違法を理由とする国賠訴訟を提起し、その訴訟において裁判所が当該処分の違法性を審査し請求認容の判決を下すことは、取消訴訟の排他的管轄に反しません（最判昭36・4・21民集15巻4号850頁）。

＊24　瑕疵が明白でなくても処分を無効と認めた判例

最判昭48・4・26民集27巻3号629頁は、Aが自己所有の土地建物につき、Xに無断でXへの所有権移転登記を行った上で、X名義の売買契約書等を偽造してBに売却したところ、課税庁がXに対し、譲渡所得があるとして課税処分をした事案で、明白性の要件に特に触れることなく、「当該処分における内容上の過誤が課税要件の根幹についてのそれであって、徴税行政の安定とその円滑な運営の要請を斟酌してもなお、不服申立期間の徒過による不可争的効果の発生を理由として被課税者に右処分による不利益を甘受させることが、著しく不当と認められるような例外的な事情」がある場合には、処分は無効となるとしました（当該事案では、XがAによる名義冒用を容認していた等の特段の事情がない限り、上記「例外的な事情」がある場合に当たるとしました）。

する処分は、申請者に不利益を与えるので不利益処分にあたるようにもみえますが、不利益処分の定義から除外されています（行手法2条4号ただし書きロ）ので、注意が必要です。

【図表3－4】行政手続法の定める処分手続

```
申請に対する処分（第2章）
  ┌ 審査基準の設定・公表（5条）
  │ 標準処理期間の設定・公表（6条）（設定は努力義務）
  │ 申請に対する審査・応答（7条）
  ┤ 申請拒否処分の理由の提示（8条）
  │ 情報の提供（9条）（努力義務）
  │ 公聴会の開催等（10条）（努力義務）
  └ 複数の行政庁が関与する処分（11条）（2項は努力義務）


不利益処分（第3章）
  ┌ 処分基準の設定・公表（12条）（努力義務）
  │
  │ 意見陳述手続                    ──→ 聴聞（15条～28条）
  ┤（振分けの基準：13条）  ＜
  │                              ──→ 弁明の機会の付与（29条～31条）
  └ 理由の提示（14条）
```

① 申請に対する処分の手続

　ア **審査基準を設定し公にすること**（行手法5条）

　　申請の審査が公正・透明に行われることを担保するため、行政庁は、審査基準（前述「本節2（1）〈3〉②裁量基準」参照）を定め、公にしておかなければならないとされています。審査基準の設定は、行政手続法制定以前から、個人タクシー事件（最判昭46・10・28民集25巻7号1037頁）[25]等の判例によって重要性が説かれてきたものですが、行政手続法はさらに、審査基準を公にさせることにより、申請者が審査基準を満たすために主張すべきことを申請書に記載できるように配慮しています（その反面、申請に対する処分には、不利益処分と異なり、申請者の意見陳述の手続は保障されていません）。

　イ **標準処理期間を設定し公にすること**（行手法6条）

　　行政庁は、申請処理に通常要すべき標準的な期間を定めるよう努めるとともに、これを定めたときは公にしておかなければなりません。行政庁が自ら定めた標準処理期間を守れないことは、申請者等から強く批判されることになり、実際上、申請処理の促進に大きな効果を発揮するこ

[25] **個人タクシー事件**
この判決は、道路運送法上の聴聞の規定の趣旨解釈として、行政庁は、法律上の免許基準を具体化する審査基準を内部的にせよ設定し、審査基準を適用する上で必要な事項について、申請人に主張と証拠提出の機会を与えなければならないとして、手続の瑕疵を理由に個人タクシー免許拒否処分を取り消しました。これは、行政手続の歴史上、画期的な判決であり、その後制定された行政手続法（特に5条）の内容に大きな影響を与えました。

とが期待されます。

　もっとも、法的には、「標準」処理期間なので、定められた期間を過ぎたからといって、直ちに違法になるわけではありません。しかし、**不作為の違法確認訴訟**における「**相当の期間**」（行訴法3条5項）を判断する際の考慮要素になると考えられます。

ウ　**申請に対する審査・応答**（行手法7条）

　行政庁は、申請がその事務所に到達したときは、遅滞なく当該申請の審査を開始した上で、諾否の応答をしなければなりません。「**不受理**」と称して申請書を受け取らないことは、個別法が受理の仕組みを定めている場合[*26]でない限り許されません。申請が形式上の要件（記載事項に不備がなく、必要な書類が添付されていること等）を満たさない場合にも、放置してはならず、**補正**を求めるか、拒否処分をしなければなりません。

　これらは、本来、申請という法的仕組みから当然に生じる義務ですが、従来、行政実務上、申請書類の「不受理」「返戻」等がしばしば行われ、不透明・不公正な行政運営がなされてきたという批判に応えて、規定が置かれました（届出に関する行手法37条についても同様）。

エ　申請拒否処分の**理由の提示**（行手法8条）

　理由の提示[*27]の趣旨は、判例（旅券発給拒否事件・最判昭60・1・22民集39巻1号1頁等）[*28]によると、①行政庁の判断の慎重と公正妥当を担保してその恣意を抑制するとともに、②処分の理由を相手方に知らせることによって、その不服申立てに便宜を与えることにあるとされています。

　そして、このような理由付記制度の趣旨からすると、要求される理由提示の程度としては、いかなる事実関係に基づき、いかなる法規を適用して行政処分がされたかを、相手方においてその記載自体から了知しうるものでなければならず、単に処分の根拠規定を示すだけでは、それによって当該規定の適用の基礎となった事実関係をも当然知りうるような場合を別として、不十分であるとされます。

　また、理由提示不備の瑕疵の治癒について、法人税増額更正処分に関する最判昭47・12・5民集26巻10号1795頁は、理由付記の趣旨（①恣意の抑制と②不服申立ての便宜）に鑑みて、治癒を否定しています。

　さらに、判例は一貫して、理由付記の不備は、直ちに処分の取消事由になるとしています。

オ　情報の提供（行手法9条）

　行政庁は、申請者の求めに応じ、審査の進行状況及び処分の時期の見通しを示すよう努めなければならず、また、申請に必要な情報の提供に努めなければなりません。

カ　**公聴会**の開催等（行手法10条）

　行政庁は、申請に対する処分であって、申請者以外の者の利害を考慮

*26　**個別法が受理の仕組みを定めている場合**

　例えば、民法740条は婚姻届の受理について、765条は離婚届の受理について定めています。これらについては、受理・不受理自体が、申請に対する処分にあたると解されます（ただし、戸籍法127条により、行政手続法の適用除外が定められています）。

*27　「**理由の提示**」と「**理由付記**」

　従来の判例では、書面による処分を前提として「理由付記」とよばれていましたが、行政手続法では、口頭による処分も含めるため「理由の提示」とされています。

*28　**理由付記に関する判例と行政手続法**

　本文に挙げた判例は、いずれも、行政手続法制定前の個別法上の理由付記に関するものですが、行手法8条・14条は、従来の判例法理を条文化したものであり、理由提示制度の趣旨、要求される理由提示の程度、理由提示不備の瑕疵の治癒等については、従来の判例法理が妥当すると考えられます。なお、行手法14条に関する初めての最高裁判決として、最判平23・6・7民集65巻4号2081頁があります（後述「2（2）〈3〉②ウ　理由の提示」参照）。

すべきことが許認可等の要件とされているものを行う場合には、必要に応じ、公聴会の開催等により、申請者以外の者の意見を聴く機会を設けるよう努めなければなりません。

　　行政手続法は、基本的には、行政庁と処分の相手方という二面関係に着目していますが、この規定は、三面関係にも配慮している点で、注目されます。もっとも、努力義務にとどまっており、利害関係者に申請処理手続への参加権まで認めたものではありません。

キ　複数の行政庁が関与する処分（行手法11条）

　　申請が複数の行政庁の共管事務であったり、同一の申請者から出された複数の申請が相互に関連するとともに関与する行政庁も複数にわたる場合には、他の行政庁の出方をうかがう等のために審査を殊更に遅延させてはならず、また、相互に連絡をとり、審査の促進に努めるものとされています。

② 不利益処分の手続

ア　**処分基準を設定し公にすること**（行手法12条）

　　これは、行手法5条と同趣旨の規定ですが、審査基準を設定し公にすることが義務とされているのに対し、処分基準を設定し公にすることは努力義務とされている点が異なります。努力義務とされている理由は、不利益処分については個別の判断が必要で画一的な基準を定めることが合理的でない場合があることと、処分基準を公にすることにより、基準ぎりぎりまでは違反しても処分されないと受け取られて、違反を助長するおそれがありうることです。

イ　意見陳述のための手続（行手法13条・15条～31条）

　　申請に対する処分の手続との大きな違いとして重要なのが、意見陳述のための手続、すなわち「**聴聞**」又は「**弁明の機会の付与**」です。

　　「聴聞」と「弁明の機会の付与」との区分は、処分による不利益の度合いに応じて、手続に軽重をつけるためのものです。すなわち、聴聞は、より厳格で丁寧な手続であり、許認可等の取消し（行政法学上の取消しと撤回（後述「〈5〉行政処分の取消しと撤回」参照）の双方を含む）、名あて人の資格又は地位の剥奪、役員等の解任命令など、不利益度の大きいものについて、執られる手続です（行手法13条1項1号）。これに対し、弁明手続は、より略式の手続であり、前記以外の、比較的不利益度の小さい処分について執られます（行手法13条1項2号）。

　　聴聞手続においては、当事者（不利益処分の名あて人となるべき者で、聴聞の通知を受けた者。行手法16条1項参照）は、行政庁に対し、当該事案についてした調査の結果に係る調書等の資料の閲覧を求めることができます（行手法18条）。この**文書閲覧権**は、聴聞において的確な意見を述べることを可能にするものであり、聴聞を実質化するものとして重要です。

　また、聴聞は、行政庁が指名する職員が主宰します（行手法19条）。聴聞においては、行政庁の職員と当事者とが、事実をめぐってそれぞれの意見を述べ、証拠を提出し（行手法20条）、主宰者は、それに基づいて調書を作成し、不利益処分の原因となる事実についての意見を記載した報告書を作成します（行手法24条）。行政庁は、不利益処分の決定をするときは、調書の内容及び報告書に記載された主宰者の意見を十分参酌しなければなりません（行手法26条）。以上のように、聴聞は、単に行政庁が処分の名あて人から言い分を聴くだけの手続ではないことに注意する必要があります。もっとも、聴聞主宰者は行政庁が指名する職員であり、裁判に準じるほどの中立性や手続の厳格さがあるわけではありません。

　これに対し、弁明手続は、原則として書面の提出によって行われ（行手法29条）、文書閲覧権も認められていない等、聴聞に比べて略式の手続です。

ウ　理由の提示（行手法14条）

　これは、前述した申請拒否処分の理由の提示（行手法8条）と同じ趣旨です。

　行手法14条に関する初めての最高裁判決である最判平23・6・7民集65巻4号2081頁は、理由提示の趣旨について、従来の判例法理（前述「2（2）〈3〉① エ　申請拒否処分の理由の提示」参照）と同様に、恣意の抑制と不服申立ての便宜を挙げた上で、その趣旨に照らすと、どの程度の理由を提示すべきかは、処分の根拠法令の規定内容、処分基準の存否及び内容並びに公表の有無、処分の性質及び内容、処分の原因となる事実関係の内容等を総合考慮して決定すべきであるとしています。そして、公表されている**処分基準**の適用関係を示さずにされた一級建築士免許取消処分について、その複雑な基準の下では、処分の相手方において、いかなる理由に基づいてどのような処分基準の適用によって免許取消処分が選択されたのかを知ることはできないから、理由提示が不十分であるとして、処分を取り消しました。

〈4〉行政処分の裁量

①　裁量とは

　1（1）でみたように、憲法・法律・命令（政令・省令等）は、それぞれ上下関係にあり、規範のピラミッドを構成しています。また、これらの法令と個別の行政活動との関係も、後者が前者に従わなければならない（法律による行政の原理）という意味で、上下関係にあります。このような上下関係において、上のレベルで決められていない事柄については、下のレベルで自由な判断の余地が認められます。これが**裁量**の問題です。

　行政裁量については、法律と行政活動との関係についての問題ですから、国会と行政機関との関係が問題となりますが、同時に、行政機関と裁

判所との関係も問題となります。すなわち、行政裁量が実際に問題になる
のは、行政活動が違法であるとして、裁判で争われる場合であり、裁判所
は法の適用によって紛争を解決する機関ですから、法が自ら決定せず、行
政の裁量に委ねている事柄については、裁判所は審査できない（すべきで
はない）のではないかが問題となります。

② 　行政判断のプロセス

　　一般に、行政処分を行うためには法律の根拠が必要であり、その場合の
法律は、「一定の要件が満たされる場合に」「行政庁は、一定の行政処分を
する（ことができる）」という形で規定されています。その場合、行政庁の
判断は、次のようなプロセスをたどります。

（ⅰ）事実の認定
　　　　　↓
（ⅱ）要件の認定
　　　　　↓
（ⅲ）手続の選択
　　　　　↓
（ⅳ）行為の選択（処分をするかしないか、また、処分をする場合、
　　　　どの処分を選択するか)
　　　　　↓
（ⅴ）時の選択（いつ処分をするか)

　　「休日に飲酒運転をした国家公務員Aに対する懲戒処分を検討する」と
いう例で説明すると、国家公務員法82条1項は、「国民全体の奉仕者たる
にふさわしくない非行のあつた場合」に、その職員に対し「懲戒処分とし
て、免職、停職、減給又は戒告の処分をすることができる」と定めていま
す。この場合、行政庁の判断は、次のようなプロセスをたどります。

```
（ⅰ）事実の認定（Aが実際に飲酒運転をしたのか）
         ↓
（ⅱ）要件の認定（休日の飲酒運転が「国民全体の奉仕者たるにふさ
     わしくない非行」にあたるか）
         ↓
（ⅲ）手続の選択（Aの言い分を聴くなどの事前手続をとるか）
         ↓
（ⅳ）行為の選択（懲戒処分をするかしないか、また、懲戒処分をす
     る場合、免職、停職、減給又は戒告のうち、どの処分を選択す
     るか）
         ↓
（ⅴ）時の選択（いつ処分をするか）
```

③　裁判所による審査と行政裁量の所在

　前述のようなプロセスで行政庁がした判断（処分）が適法かどうかについて、取消訴訟等により裁判所に審査が求められた場合、裁判所の審査方法には、大きく分けて次の2つがあります。

ア　**判断代置**

　裁判所が行政庁と同一の立場にたって、②で述べた（ⅰ）～（ⅴ）を判断し、裁判所の判断が行政庁の判断（処分）と一致しない場合に、処分を違法とする方法です。「裁判所の判断を行政庁の判断に置き代える」という意味で、「判断代置」とよばれます。この場合には、行政庁には裁量は認められていないことになります。

イ　裁量権の逸脱・濫用の審査

　これに対して、②で述べた（ⅰ）～（ⅴ）のいずれかについて、裁判所が行政庁と同一の立場にたつのではなく、行政庁の判断を一定の範囲で尊重したうえで、**裁量権の逸脱・濫用**があった場合に、処分を違法とする方法があります（行訴法30条参照）。この場合、（ⅰ）～（ⅴ）のどの部分に裁量を認めるかが問題となります。

　（ⅰ）の「事実の認定」については、裁判所の審理・判断の対象であり、原則として行政裁量は認められません。

　（ⅱ）の「要件の認定」に関する裁量を、**要件裁量**とよびます。これに対し、（ⅳ）の「処分をするかしないか、また、処分をする場合、どの処分を選択するか」に関する裁量を、**効果裁量**とよびます。この要件裁量及び効果裁量が、行政裁量について最も問題になるものであり、それらが認められるかどうかの判断基準について、④で説明します。

　（ⅲ）の「手続の選択」について、裁量が認められることがあります。

　（ⅴ）のいつ処分を行うかという「時の選択」に関して、「**時の裁量**」

が問題となる場合があります（中野区特殊車両通行認定事件・最判昭57・4・23民集36巻4号727頁）。

④　行政裁量の有無の判断基準

ア　法律の文言

　　裁判所が前記③のアとイのいずれの審査方法によるべきかを判断するには、まず、法律の文言、すなわち、法律が処分の要件及び効果をどのように定めているかに着目する必要があります。法律が処分の要件を全く定めていなかったり、具体的意味が一義的に明確ではない概念（いわゆる**不確定概念**[*29]）を用いているときは、要件裁量が認められる可能性があります。また、法律が処分について複数の選択肢を挙げている場合には、処分の選択について裁量が認められる可能性がありますし、処分をすることが「できる」と規定している場合には、処分をするかしないかについて、裁量が認められる可能性があります（効果裁量）。

　　ただし、法律が要件に不確定概念を用いていても、裁判所が自ら法律を解釈して、その意味を一義的に確定すべきであると考えられる（すなわち、要件裁量が否定される）場合もあります（例えば、情報公開法5条の不開示情報該当性の判断。本節「4　行政活動における情報公開と個人情報保護」参照）。また、処分をすることが「できる」と法律に規定されていても、それは行政機関に処分の権限を授ける趣旨であって、要件を満たす場合には処分をしなければならないと解釈される（すなわち、効果裁量が否定される）場合もあります。したがって、法律の文言だけでは決め手にならず、次に述べる処分の性質をも考慮しなければなりません。

イ　処分の性質

　　国民の権利・自由を制限する処分（**侵害処分**）については、裁量が認められない方向に傾くのに対し、国民に利益を与える処分（**授益処分**）については、比較的広い裁量が認められる方向に傾きます。また、行政機関の政治的・専門技術的判断が要求されることを理由に、裁量が認められることがあります。

　　結局、裁量の有無については、法律の文言と処分の性質の両面からアプローチすべきと考えられます。

⑤　裁量審査の方法

　　今日の複雑化した行政においては、多くの場合、行政処分には何らかの裁量が認められます。そこで、問題の重心は、裁量の有無よりも、行政処分には基本的には裁量が認められることを前提とした上でどの程度の裁量が認められるか、裏返していうと、裁判所はどのような方法で、どこまで行政庁の判断に踏み込んで審査できるか、という点に移ってきています。

　　行政裁量の司法審査の方法については、判例・学説上、様々な方法が開発されてきており、例えば次のようなものを挙げることができます。

ア　社会観念審査

「行政庁の判断が全く事実の基礎を欠き、または社会観念上著しく妥当を欠く場合に限って」処分を違法とする方法です（神戸税関事件・最判昭52・12・20民集31巻7号1101頁、マクリーン事件・最大判昭53・10・4民集32巻7号1223頁[*30]等）。古典的な審査方法であり、裁判所が原則的には審査を差し控え、最小限の審査しかしないという意味で、「**最小限審査**」といわれることもあります。この場合のコントロール手段としては、重大な事実誤認、目的・動機違反、信義則違反、平等原則違反、比例原則違反が挙げられます。

イ　判断過程審査

行政庁が考慮すべき事項を考慮せず、又は考慮すべきでない事項を考慮した（**他事考慮**）のではないかというように、行政庁の判断過程に不合理な点がないかを審査する方法です。日光太郎杉事件・東京高判昭48・7・13行裁例集24巻6＝7号533頁[*31]が先駆けですが、最高裁においては、従来、判断過程審査の枠組みをとる判例も存在していたものの（地方公務員の分限処分に関する最判昭48・9・14民集27巻8号925頁）、アで述べた諸判決にみられるように、必ずしも判断過程審査が裁量審査の主流をなしているわけではありませんでした。しかし、近年、最高裁は、「判断過程が合理性を欠く結果、処分が社会観念上著しく妥当を欠く」という形で、アで述べた社会観念審査と判断過程審査を結合することにより、ある程度踏み込んだ審査をしています（「エホバの証人」剣道実技拒否事件・最判平8・3・8民集50巻3号469頁[*32]、公立学校施設使用不許可事件・最判平18・2・7民集60巻2号401頁）。

判断過程審査は、考慮すべき事項・考慮すべきでない事項（重みの付け方を含む）を裁判所がどの程度詳細に判断するかによって、判断代置に近づく場合もあれば、最小限審査に近づく場合もありえます（前出の日光太郎杉事件東京高裁判決は、実質的には判断代置に近いともいえます）。そして、考慮すべき事項を裁判所自身がどの程度詳細に確定するかについて、最高裁は、処分の性質や対応する相手方の人権を考慮して判断していると考えられます。

裁判所が判断代置によらずに行政判断の適法性を審査しようとするのであれば、行政判断の過程に着目するのは自然なことであり、また、行政に**説明責任**（後述「4（1）〈1〉政府の説明責任・国民の知る権利」参照）を果たさせる観点からも、この審査方法の更なる発展が期待されます。

ウ　手続的審査

処分の実体面ではなく、③イ（ⅲ）で述べた手続面に着目して、手続の瑕疵を理由に処分を取り消す方法です（個人タクシー事件・最判昭46・10・28民集25巻7号1037頁など）。この方法は、内容面で踏み込んだ審査を

第2章　行政法

＊30　マクリーン事件
在留許可を受けて日本に在留していたアメリカ人であるXが、1年間の在留期間の更新を申請したところ、法務大臣が、Xの在留期間中における無届転職と政治活動を理由として、同更新を不許可とする処分をしたため、Xがその取消しを求めました。判決は、在留期間の更新事由が概括的に規定されその判断基準が特に定められていないのは、諸般の事情を斟酌して的確な判断をしなければならないという事柄の性質上、法務大臣の広範な裁量に委ねる趣旨であるから、法務大臣の判断が全く事実の基礎を欠き又は社会通念上著しく妥当性を欠くことが明らかである場合に限り違法となるとして、請求を棄却しました。

＊31　日光太郎杉事件
建設大臣が、栃木県知事からの申請により、宗教法人東照宮の境内地について、国道拡幅工事をするため、土地収用法に基づく事業認定をしましたが、これにより太郎杉をはじめとする15本の巨杉が伐採されることとなるため、東照宮が事業認定の取消しを求めました。判決は、建設大臣の判断は、本件土地付近のもつかけがえのない文化的諸価値ないしは環境の保全という本来最も重視すべき事柄を不当、安易に軽視し、また、オリンピック開催に伴う自動車交通量増加の予想という本来考慮にいれるべきでない事項を考慮にいれるなどした点で、裁量判断の方法・過程に過誤があり、違法であるとしました。

＊32　「エホバの証人」剣道実技拒否事件
市立の工業高等専門学校で、「エホバの証人」であった生徒が、宗教的信条に基づいて、必修の体育科目における剣道実技に参加しなかったため、原級留置が2年続いた結果、退学処分となりました。判決は、信仰上の理由による剣道実技の履修拒否を、正当な理由のない履修拒否と区別することなく、代替措置が可能なのに代替措置を検討せず、体育科目を不認定とした担当教員らの評価を受けて原級留置処分をし、さらに、不認定の主たる理由や全体成績について勘案することなく、退学処分をした校長の措置は、考慮すべき事項を考慮しておらず、又は考慮された事実に対する評価が明白に合理性を欠き、その結果、社会観念上著しく妥当を欠く処分をしたもので、違法であるとしました。

しにくいような処分について、手続の遵守という比較的明確な基準で審査ができる点にメリットがあります。しかし、その反面、手続の瑕疵を理由に処分が取り消されても、行政庁は、手続をやり直して再度処分をする義務を負うのみで、当初と同じ拒否処分や不利益処分をすることは必ずしも妨げられないので、原告の救済としては限界があります。

〈5〉 行政処分の取消しと撤回

① 取消し・撤回の概念

「行政処分の取消し」 とは、成立時から瑕疵のある行政処分について、成立時に遡って効力を失わせる（初めからなかったことにする）ことです。これに対し、**「行政処分の撤回」** とは、行政処分がなされた後の事情により、その効力を存続させることが妥当でなくなった場合に、将来に向かって効力を失わせることです。なお、これらは学問上の用語であって、学問上の「行政処分の撤回」にあたる場合にも、法令用語としては、「取消し」の語が用いられるのが普通です[33]。したがって、法令上「取消し」とされているものの中に、法的性格の異なる2種類のものがあることに注意が必要です。

② 取消し・撤回と法律の根拠

「行政処分の取消し」については、「法律による行政の原理」に違反した状態から、適法性を回復するのですから、法律の根拠がなくてもできると考えられています。ただし、相手方に利益を与える処分の職権取消しは、相手方の信頼保護の観点から制限されます。

これに対し、「行政処分の撤回」に法律の根拠が必要かどうかについては争いがあります。判例（赤ちゃんあっせん事件・最判昭63・6・17判時1289号39頁[34]）は、撤回自体について直接明文の規定はなくても、もともとの行政処分（指定）の根拠規定（優生保護法）によって授けられた権限の中に、いったん行った行政処分が公益に適合しなくなったときには撤回する権限も含まれていると解釈していると考えられます。ただし、撤回自体に直接の法律の根拠が不要であるとしても、相手方に与える不利益と撤回の公益上の必要性との比較考量により、撤回権が制限されることを示しています。

なお、授益的処分の撤回が認められる場合であっても、それに伴って補償を要するか否かは別途問題となります（最判昭49・2・5民集28巻1号1頁[35]参照）。

〈6〉 行政処分等の求め

行政手続法36条の3は、「何人も、法令に違反する事実がある場合において、その是正のためにされるべき処分又は行政指導（その根拠となる規定が法律に置かれているものに限る。）がされていないと思料するときは、当該処分をする権限を有する行政庁又は当該行政指導をする権限を有する行政機関に対し、その旨を申し出て、当該処分又は行政指導をすることを求めることがで

---

*33 「行政処分の撤回」の例

例えば、免許を受けた者が自動車等の運転に関し道路交通法に違反したときは、公安委員会は、免許の「取消し」をできるとされています（道路交通法103条1項5号）が、これは、学問上の「撤回」にあたります。

*34 赤ちゃんあっせん事件

優生保護法14条1項（現在の母体保護法14条1項）により人工妊娠中絶を行いうる医師の指定を受けていたXが、違法な赤ちゃんあっせん行為を繰り返したとして、医師会から指定の取消し（撤回）を受けたのに対し、指定取消処分の取消しを求めた事件。優生保護法には、指定取消しについての明文の規定はないため、法律の根拠の要否が論点の一つになりました。

*35 東京都中央卸売市場事件

Xは、東京都が中央卸売市場内に所有する行政財産たる土地につき、使用期間の定めなく、目的外使用許可を受け、喫茶店を営んでいましたが、その後、市場への入荷が急増し、東京都は、自ら本件土地を使用する必要が生じたため、使用許可を撤回しました。Xは、これにより生じた損失の補償を請求し、二審・東京高判昭44・3・27判時553号26頁は、1億円余りの補償を命じました。しかし、最高裁は、「本件のような都有行政財産たる土地につき使用許可によって与えられた使用権は、それが期間の定めのない場合であれば、当該行政財産本来の用途または目的上の必要を生じたときはその時点において原則として消滅すべきものであり、また、権利自体に右のような制約が内在している」として、破棄差戻しとしました。

きる」（1項）と規定し、申出を受けた行政庁又は行政機関は、「必要な調査を行い、その結果に基づき必要があると認めるときは、当該処分又は行政指導をしなければならない」（3項）としています。これは、行政事件訴訟法3条6項1号に規定する非申請型義務付け訴訟に対応する手続（行政に対し適正な権限行使を促す手続）を、行政手続段階にも導入するものと解されます。行政機関の対応結果を申出人に通知すべき旨の規定はありませんが、通知するよう努めることが望ましいと考えられます。ただし、申出は申請（行手法2条3号）とは異なりますから、対応結果の通知がされた場合にも、事実上のものであって、処分にはあたらないと解されます。

（3）行政指導
〈1〉 行政指導とは

　行政指導とは、「行政機関がその任務又は所掌事務の範囲内において一定の行政目的を実現するため特定の者に一定の作為又は不作為を求める指導、勧告、助言その他の行為であって処分に該当しないもの」です（行手法2条6号）。相手方に法的義務を課すのではなく、任意の協力を求めて働き掛けるという点で、行政処分と区別されます。

　法律の留保（前述「1（1）〈3〉法律の留保」参照）について、行政実務がとる**侵害留保説**を前提とした場合、行政指導は、法律の根拠がなくても行うことができます。また、相手方を説得し、納得した上で協力してもらうという形を取りますので、後から不服申立てや訴訟で争われる心配をしなくて良いのが普通です。そのため、行政実務上多用されています。

　しかし、このように柔軟な手段であることの反面として、不公正・不透明に行われるおそれがあります。そこで、行政手続法は、行政指導について、行われること自体を否定するわけではありませんが、公正・透明性を確保するために、以下にみるような様々な枠をはめています。

　なお、行政指導は、上記のとおり、法律の根拠がなくても行うことができますが、行政指導について法律に根拠規定が置かれることもよくあります。これにより、行政機関にとっても私人にとっても、当該行政指導が当該行政機関の権限（任務）であることが明確になるとともに、当該行政指導の要件等も明確になるため、行政の実効性確保につながると考えられます。また、行政指導に従わないことが命令等の要件とされる場合も、当該行政指導について法律に規定が置かれます*36。

〈2〉 不利益取扱いの禁止

　行政指導に携わる者は、①当該行政機関の任務又は所掌事務の範囲を逸脱してはならないこと、及び②行政指導の内容が相手方の任意の協力によってのみ実現されるものであることに留意しなければなりません（行手法32条1項）。

*36　法律に行政指導の根拠規定が置かれている例

　空家等対策の推進に関する特別措置法は、市町村長が特定空家の所有者等に対し、周辺の生活環境の保全を図るために必要な措置をとるよう助言又は指導でき（14条1項）、改善されない場合には上記措置をとることを勧告でき（同条2項）、なお改善されない場合には上記勧告に係る措置をとることを命令できる（同条3項）と規定しています。これにより、上記の助言・指導、勧告及び命令が市町村長の権限（任務）であることが明確にされました。

　また、新型インフルエンザ等対策特別措置法（新型コロナウイルス感染症にも適用されます）45条2項に基づく休業等の要請は、「要請」という文言や、違反に対して直接制裁を科す規定がないこと等から、行政指導にあたると解されます。

①は、それぞれの役所の仕事の範囲を超えてはならないということです。従来、ともすれば役所の本来の権限を超えて行政指導が濫用されがちだったので、そのようなことがないよう、ここで確認されました。

また、②に関連して、「行政指導に携わる者は、その相手方が行政指導に従わなかったことを理由として、不利益な取扱いをしてはならない」とされています（行手法32条2項）。例えば、地方公共団体が行政指導に従わない者に対して水の供給を拒否するようなことは許されません（武蔵野市宅地開発指導要綱事件・最判平5・2・18民集47巻2号574頁）。

役所が「仕返し」をちらつかせて行政指導に従うように強制してはならないことは、行政手続法34条にも規定されています。すなわち、「許認可等をする権限又は許認可等に基づく処分をする権限を有する行政機関が、当該権限を行使することができない場合又は行使する意思がない場合においてする行政指導にあっては、行政指導に携わる者は、当該権限を行使し得る旨を殊更に示すことにより相手方に当該行政指導に従うことを余儀なくさせるようなことをしてはならない」とされています。

〈3〉　明確原則

行政指導に携わる者は、その相手方に対して、当該行政指導の趣旨及び内容並びに責任者を明確に示さなければなりません（行手法35条1項）。また、行政指導に携わる者は、当該行政指導をする際に、行政機関が許認可等をする権限又は許認可等に基づく処分をする権限を行使しうる旨を示すときは、その相手方に対して、①当該権限を行使しうる根拠となる法令の条項、②上記条項に規定する要件、③当該権限の行使が上記要件に適合する理由を示さなければなりません（行手法35条2項）。行政指導が口頭でされた場合において、その相手方から上記1項・2項に規定する事項を記載した**書面の交付**を求められたときは、当該行政指導に携わる者は、行政上特別の支障がない限り、これを交付しなければなりません（行手法35条3項）。これらは、行政指導の不透明さ・あいまいさや、それによる行政の責任逃れを防ぐための規定です。ただし、行政指導の書面化は、相手方が求めた場合に初めて行政側の義務になります。行政指導を受ける側が、後の紛争に備えて書面化を要求しようという意識で臨まなければ、この規定は活きてこないのです。

〈4〉　行政指導指針

行政手続法36条は、「同一の行政目的を実現するため一定の条件に該当する複数の者に対し行政指導をしようとするときは、行政機関は、あらかじめ、事案に応じ、**行政指導指針**を定め、かつ、行政上特別の支障がない限り、これを公表しなければならない」と規定しています。これによって、どのような場合にどのような内容の行政指導を受けることになるのか予測でき、また、不公平な行政指導を防ぐことができます。

〈5〉　行政指導を理由とする処分の留保

　マンション建築をめぐる建築主と周辺住民との紛争を調整するために地方公共団体が行政指導を行い、その間、**建築確認を留保**した事案について、判例（品川マンション事件・最判昭60・7・16民集39巻5号989頁）は、そのような行政指導の正当性・必要性に一定の理解を示した上で、建築確認の留保が違法になるのは、次のような場合としました。すなわち、①建築主が、建築確認を留保されたままでの行政指導にはもはや協力できないとの意思を真摯かつ明確に表明している場合で、②建築主が行政指導に協力しないことが社会通念上正義の観念に反するといえるような特段の事情がない場合です。

　行政手続法33条は、この判決を基礎にして制定されたものであり、前記のような判例の趣旨を踏まえて解釈すべきと考えられます。

〈6〉行政指導の中止等の求め

　法令に違反する行為の是正を求める行政指導（法律に根拠規定があるものに限ります）の相手方は、当該行政指導が当該法律に規定する要件に適合しないと思料するときは、当該行政指導をした行政機関に対し、その旨を申し出て、当該行政指導の中止その他必要な措置をとることを求めることができます（行手法36条の2第1項）。ただし、意見陳述手続を経てされた行政指導は対象外です。申出を受けた行政機関は必要な調査を行い、当該行政指導が当該法律に規定する要件に適合しないと認めるときは、当該行政指導の中止その他必要な措置をとらなければなりません（同条3項）。行政機関の対応結果を申出人に通知すべき旨の規定はありませんが、通知するよう努めることが望ましいと考えられます。ただし、申出は申請（行手法2条3号）とは異なりますから、対応結果の通知がされた場合にも、事実上のものであって、処分にはあたらないと解されます。

（4）行政契約

　行政主体が行政目的を達成するために、**契約**という方法がとられることがあります（**行政契約**）。

〈1〉準備行政における契約

　行政活動に必要な庁舎等の建築、物品等の購入は、民法上の契約によって行われます。ただし、私人間の契約とは異なり、公金の支出を伴うことから、経済性・公正性・透明性を確保するため、原則として**一般競争入札**によるなどの規制がされています（会計法29条の3、自治法234条等）。

〈2〉給付行政における契約

　給付行政については、規制行政と異なり（規制行政と給付行政については、本節「1（1）〈3〉法律の留保」参照）、契約方式になじみやすく、例えば、水道の供給は、水道事業者（原則として地方公共団体）と給水を受ける者との給水契約によります。ただし、公益性が高いことから、私人間における「契約自由の原則」が修正され、正当な理由がない限り事業者は給水申込みを拒否

できない（水道法15条1項。いわゆる**締約強制**）等の規制がされています。なお、給付行政であっても、法律の規定により、契約ではなく行政処分による権利変動が予定されていると解される場合があります（前述（2）〈1〉③＊22参照）。

〈3〉　規制行政における契約（協定）

　規制行政においては、給付行政の場合とは逆に、行政処分の方式がなじみます。しかし、規制行政においても、例えば、地方公共団体と事業者との**公害防止協定**によって、事業者の義務が定められる場合があります。産業廃棄物処理施設の使用期限を定める公害防止協定について、最判平21・7・10判時2058号53頁は、「処分業者が、公害防止協定において、協定の相手方に対し、その事業や処理施設を将来廃止する旨を約束することは、処分業者自身の自由な判断で行えることであり、その結果、許可が効力を有する期間内に事業や処理施設が廃止されることがあったとしても、同〔廃棄物処理〕法に何ら抵触するものではない」として、廃棄物の処理及び清掃に関する法律の趣旨に沿わないこと等を理由に協定の法的拘束力を否定した原審判決を破棄しました。

（5）義務付けの実効性の確保

　行政作用法における**三段階構造モデル**（本章「1節5　行政作用法」参照）の最終段階である「行政強制」については、今日では、より広く、**行政上の義務履行確保**の目的ないし機能を有する制度・手法を考察するという方法が執られています。それらは、「**行政上の強制執行**」と「**義務違反に対する制裁**」とに大別されます。

〈1〉　行政上の強制執行

　義務者が行政上の義務を履行しないときに、行政主体が自らの手で義務履行の実現を図る制度を「**行政上の強制執行**」といいます。私人間における「自力救済禁止の原則」の例外として認められるものですが、あらゆる行政処分の執行について当然に認められるわけではなく、行政上の強制執行を認める法律の根拠がある場合に限って、認められます。すなわち、行政代執行法1条は、「行政上の義務の履行確保に関しては、別に法律で定めるものを除いては、この法律の定めるところによる」と規定しており、行政上の強制執行手段は、同法が定める代執行以外には、「別に法律で定めるもの」に限られます。なお、ここにいう「法律」には、同法2条で「法律（法律の委任に基く……条例を含む。以下同じ。）」とされていることとの対比から、反対解釈により、条例は含まれないと解されています。したがって、条例で行政上の強制執行手段を創設することはできません。

① **代執行**

　他人が代わって行うことのできる作為義務（**代替的作為義務**。例：違法建築物を除却する義務）を義務者（例：建築主）が履行しない場合に、行政庁

が自ら義務者のなすべき行為をなし、又は第三者をしてこれをなさしめ（例：業者を使って当該建築物を除却し）、その費用を義務者から徴収することができます。これを代執行といい、**行政代執行法**に基づいて行われます[37]。なお、同法2条にいう「法律の委任に基く……条例」は、法律の個別的な委任に基づく条例（いわゆる委任条例）のみならず、地方自治法14条1項に基づく条例、すなわち、すべての条例を含むと解されています。したがって、法律上の義務違反のみならず、条例上の義務違反に対しても、行政代執行法に基づく代執行をすることが可能です。

② **行政上の直接強制**

　義務者の身体又は財産に直接力を行使して、義務の履行があった状態を実現するものですが、現行法上、**直接強制**の方法を規定している法律は、ほとんどありません。したがって、例えば、営業停止命令の違反に対して、違反者の身体を拘束したり、戸口を閉鎖したりすることはできません（営業を停止する義務は不作為義務のため、①の代執行もできません）。この場合には、後述「〈2〉義務違反に対する制裁」で述べるように、刑事罰によって対応します。

③ **執行罰**（行政上の**間接強制**）

　義務の不履行に対して、一定額の**過料**を課すことによって間接的に義務の履行を促す（義務が履行されるまで、繰り返し過料を課す）ものですが、現行法上、執行罰を規定している法律は、ほとんどありません。

④ **行政上の強制徴収**

　国税の徴収については、**国税徴収法**が行政上の強制徴収（滞納処分）を定めており、国税以外の様々な金銭納付義務（地方税、国民年金の保険料、代執行に要した費用、等々）についても、国税徴収法に規定する滞納処分の例によることが定められています。

⑤ **民事手続による強制**

　前述のように、現行法上、行政上の義務について、行政上の強制執行ができない場合が少なくありませんが、このような場合、民事手続による強制は可能でしょうか。判例（最判平14・7・9民集56巻6号1134頁）によると、国又は地方公共団体が財産権の主体として、自己の財産上の権利利益の保護を求める場合には、民事手続による強制が可能ですが、国又は地方公共団体が専ら行政権の主体として行政上の義務の履行を求める訴訟（例えば、建築中止命令に従わない建築主に対して、建築の中止を求める訴訟）は、**法律上の争訟**にあたらず、それを認める特別の法律がない限り、許されないとされています。この判例によって、行政上の義務の履行確保については、行政上の強制執行も民事手続による強制もできない、大きな「すきま」が空いていることに注意が必要です。

　なお、行政上の強制執行が認められている場合であっても、民事手続に

*37　代執行の例
　空家等対策の推進に関する特別措置法14条は、特定空家等（周辺の生活環境の保全を図るために放置することが不適切である状態にあると認められる空家等。同法2条2項）の所有者等に対する助言・指導、勧告及び措置命令について規定するとともに、措置命令の不履行等の場合の代執行について規定しています。

第2章

行政法

よる強制が可能かという問題がありますが、判例（最大判昭41・2・23民集20巻2号320頁）は、金銭支払義務の場合について、これを否定的に解しています。

〈2〉義務違反に対する制裁

① 刑罰と反則金

行政上の義務違反に対しては、しばしば、**刑罰**が規定されています（**行政刑罰**）。法律や条例に刑罰規定を置くときは、「**罪刑法定主義**」に反しないよう、どのような義務違反行為がどのような刑を受けるのかを明確に規定しなければなりません（なお、条例に刑罰規定を置くには、自治法14条3項による制限があります）。行政刑罰の手続については、原則として、刑事訴訟法が適用されます。

刑罰は厳格な**制裁**手段ですが、行政分野によっては、制裁としてうまく機能しない場合があります。道路交通法は、比較的軽微な交通違反について、**反則金**を納付すれば刑罰を科さないこととして、刑事司法の負担過重と「一億総前科」状態を避けるとともに、反則金という経済的苦痛によって制裁機能を発揮させています。

② 過料（行政上の秩序罰）

行政上の秩序の維持のために違反者に制裁として金銭的負担を課すものです。行政上の秩序罰は刑罰ではないので、刑法総則や刑事訴訟法の適用はなく、国の法律違反については、非訟事件手続法（119条以下）に基づき裁判所によって科され、地方公共団体の条例・規則違反については、長の行政処分によって科されます（自治法14条3項・15条2項・255条の3）。

③ 加算税

納税義務者が申告、納付等の法律上の義務を果たさない場合、本来納めるべき税額に一定割合を乗じた額が加算されます。これを**加算税**といいます。特に、隠ぺいや仮装という不正手段を用いた場合には、重加算税とよばれる特別に重い負担が課されます。もっとも、偽りその他不正の行為によって税を免れる行為は、刑罰の対象にもなっているので、そのような行為に加算税を課すのは、憲法39条の定める**二重処罰の禁止**に反するのではないかが問題となります。しかし、加算税は納税義務の履行を確保するための行政上の措置であって、犯罪に対する刑罰ではないから、刑罰と併科しても憲法違反の問題は生じないというのが判例の立場です（最大判昭33・4・30民集12巻6号938頁参照）。

④ 制裁的公表

制裁として義務違反者の氏名等を**公表**するという方法です。これは、違反者に心理的苦痛を与えるとともに、違反者が企業であれば、社会的信用を失墜させて経済的損害を与えるものであり、場合によっては、刑罰以上に大きな制裁効果を発揮する可能性があります。情報の公表には、行政に

よる**情報提供**という側面もあり（義務違反ではなく勧告違反の事実を公表する場合もあります）、侵害留保説（本節「1（1）〈3〉①侵害留保説」参照）にいう侵害にあたるかどうかについては議論がありますが、制裁目的の公表については、法律や条例に根拠規定を置くとともに、相手方の意見を聴くなどの事前手続を整備することが望ましいと考えられます。

〈3〉即時強制

　以上の〈1〉及び〈2〉でみたのは、法律や行政行為によって私人に義務を課した上で、私人がその義務を自発的に履行しない場合に、行政主体が自ら義務の履行を実現したり、義務違反者に制裁を与えたりするものです。しかし、消火活動の必要から建物を破壊する「破壊消防」のように、義務を命ずる暇のない緊急事態や、泥酔者の保護のように、義務を命ずることによっては目的を達成しがたい場合もあります。このような場合に、相手方の義務の存在を前提とせずに、行政機関が直接に身体又は財産に実力を行使して行政上望ましい状態を実現することを**即時強制**といいます（**即時執行**ということもあります）。

　即時強制には、法律による行政の原理から、法律（条例を含む）の根拠が必要です。なお、義務履行確保手段ではないので、行政代執行法1条の適用はなく、条例によって即時強制を定めることも可能です。

3　行政上の誘導の諸手法

　2（5）でみた義務付けの実効性確保の手法は、行政上の義務違反を前提とするものですが、最近では、義務違反を前提とせずに、公益上望ましい行為へと**誘導**する手法も注目されています。すなわち、公益上望ましくない行為（例：環境に負荷を与える行為（ごみの排出等））に対して金銭賦課等の不利益を与えたり、逆に、公益上望ましい行為（例：環境への負荷を低減させる行為（エコカーへの買換え等））に対して補助金や税の減免等の利益を与えたりする手法です。地方公共団体による利用が想定されるものを以下に挙げます。

（1）不利益賦課による誘導
〈1〉**法定外普通税・法定外目的税**（地税法259条・669条・731条）による誘導*38

　法定外普通税・法定外目的税については、予め総務大臣に協議して同意を得なければならず、その際、地方税法261条・671条・733条が定める3つの消極要件（①国税又は他の地方税と課税標準を同じくし、かつ、住民の負担が著しく過重となること、②地方団体間における物の流通に重大な障害を与えること、③国の経済施策に照らして適当でないこと）に該当しないことが必要です。

〈2〉**使用料**（自治法225条）・**手数料**（自治法227条）による誘導

*38　法定外普通税・法定外目的税による誘導の例

　産業廃棄物の排出抑制・減量を目的として、最終処分場等への産業廃棄物の搬入に対して課される法定外目的税である産業廃棄物税（多くの都道府県で導入されています。なお、名称は団体により異なります）、新たに生ずる狭小な住宅の供給を抑制し、ファミリー用集合住宅の供給を誘導することを目的とする東京都豊島区の法定外普通税である「狭小住戸集合住宅税」、レジ袋の使用抑制を目的とする「すぎなみ環境目的税」（ただし、未施行のまま廃止されました）などがあります。

使用料・手数料による誘導の例として、家庭ごみの処理の有料化によるごみ減量化への誘導等があります。

（2）利益付与による誘導

〈1〉補助金による誘導

侵害留保説（本節「1（1）〈3〉①侵害留保説」参照）を前提とすると、**補助金**交付には法律や条例の根拠は不要であり、現に多くの地方公共団体では、要綱等に基づいて交付されています。ただし、補助金交付の公益上の必要がなければなりません（自治法232条の2）。

〈2〉公益による課税免除・不均一課税（地税法6条）による誘導

課税免除・不均一課税の要件である「公益上その他の事由」の解釈に、誘導目的を読み込むことが考えられます。

4　行政活動における情報公開と個人情報保護

（1）情報公開

〈1〉政府の説明責任・国民の知る権利

行政機関がもっている情報は、私人がもっている情報とは違って、公の利益にかかわる事柄を決めたり実行したりするために、税金を使って集められたものです。政府の活動は主権者である国民から託されたものであるという**国民主権**の理念からは、政府は国民に対して、自らの諸活動を説明する責務（**説明責任**）を負い、国民は行政機関がもっている情報を**知る権利**をもつと考えられます。つまり、行政の情報は行政機関だけが独占すべきものではなく、国民みんなで共有すべきものなのです。

〈2〉情報公開条例と情報公開法

このような考え方に基づいて、1980年代から、まず、先進的な地方公共団体で、**情報公開条例**が制定され始め、現在では、全国のほとんどの都道府県・市区町村[*39]で、情報公開条例が制定されています。国については、1999年に、**行政機関の保有する情報の公開に関する法律**（以下、「**情報公開法**」といいます）が成立し、2001年4月から施行されました。また、2001年には、**独立行政法人等の保有する情報の公開に関する法律**も制定されています。

地方公共団体の職員にとっては、まず、自分の団体の情報公開条例の内容を知ることが重要ですが、現在では、情報公開条例の内容は情報公開法に準ずるものとなっていることが多いので（情報公開法25条参照）、以下では、情報公開制度のモデルとして、情報公開法の規定内容を中心にみていきます。

〈3〉情報公開法の対象

情報公開法の対象は、**行政文書**、すなわち、行政機関の職員が職務上作成し又は取得した文書・図画・電磁的記録で、組織的に用いるものとして当該

＊39　情報公開条例の制定
2017年10月1日現在、1町を除き、すべての都道府県・市区町村が制定済みです。

行政機関が保有しているものです（情報公開法2条2項）。①電磁的記録が含まれること、**②組織的共用文書**であればよく、決裁・供覧等を経ている必要はないこと（職員のメモであっても、組織的に共用されていれば対象になります）、③行政機関が保有している文書が対象であって、保有していない文書を請求に応じて作成する義務はないこと、等に注意が必要です。ただし、③に関して、情報公開制度を実効的なものにするには、前提として、適切な**文書管理**が不可欠であり（情報公開を逃れる目的で行政文書を廃棄するようなことが許されないのはいうまでもありません）、2009年に**公文書等の管理に関する法律**が制定されています。

〈4〉 開示請求権

　情報公開法3条は、「何人も、この法律の定めるところにより、行政機関の長……に対し、当該行政機関の保有する行政文書の開示を請求することができる」と規定しています。情報公開制度は、行政による単なる情報提供の制度ではなく、誰でも（個人・法人や、日本国民・外国人を問いません）、権利として行政文書の開示を請求できるとされていることが重要です。これにより、開示を拒否された人は、裁判で争うことができます。なお、開示請求者がどのような理由でその情報を必要としているかは問われません。行政機関の側からいうと、請求理由によって開示を拒否することは許されません（ただし、最近、濫用的な大量請求への対処が問題となっています）。

〈5〉 不開示情報・部分開示・裁量的開示

　情報公開法5条は、行政文書の開示義務を原則としつつ、例外的に開示すべきでない情報（**不開示情報**）について定めています。すなわち、①**個人情報**（1号・1号の2）、②法人等の正当な利益を害するおそれのある情報（2号）、③国の安全等に関する情報（3号）、④公共の安全等に関する情報（4号）、⑤審議・検討・協議に関する情報（5号）、⑥事務・事業に関する情報（6号）です。

　文書の一部に不開示情報（例えば、個人の氏名）が記録されていて、その部分を分けて除外する（例えば、氏名が記載されている部分だけを黒く塗りつぶす）ことが容易にできるときは、それ以外の部分を開示しなければなりません（**部分開示**。情報公開法6条）。これは、不開示の範囲が不当に広がらないようにするための工夫です。

　また、不開示情報であっても、公益上特に必要があるときは、開示することができます（**裁量的開示**。情報公開法7条）。

〈6〉 救済制度

　開示請求が行政機関によって拒否された場合、行政不服審査法に基づく審査請求（本章「4節 行政救済法」参照）をすることができます。その場合、原則として、「**情報公開・個人情報保護審査会**」（以下、「審査会」といいます）に諮問されます（情報公開法19条）。この審査会は、行政機関ではありますが、

法律学者、弁護士等によって構成される第三者的な機関です（多くの地方公共団体にも、同様の審査会がおかれています）。審査会は、必要があれば、問題になっている文書を実際に見て、その文書を開示すると本当に行政機関が主張するような「おそれ」があるのかどうかをチェックします（**インカメラ審理**）*40。そして、審査の結果、「行政機関が主張するような『おそれ』はないので、当該文書を開示すべきである」という答申を審査会が出すと、この答申自体も公開されますので、行政機関としては、よほどの理由がない限り、答申に反する決定をすることはできません。

　また、開示を拒否された者は、不開示決定の**取消訴訟**を提起することができ、あわせて、当該文書を開示せよという**義務付け訴訟**も提起できます（本章「4節　行政救済法」参照）。ただし、審査会での審査とは異なり、当該文書そのものを裁判官だけが見て判断すること（インカメラ審理）は、訴訟で用いられる証拠は当事者の吟味・弾劾の機会を経たものに限られるという民事訴訟の基本原則に反するため、明文の規定がない限り許されないとされています（最決平21・1・15民集63巻1号46頁）。そこで、行政機関としては、文書自体を裁判官に見せずに、その文書を公開するとどのような支障があるのかを裁判官に説明し、納得してもらう工夫が必要になります。

*40　**インカメラ審理**
　審査の時点で当該文書を開示請求者にも見せてしまうと、開示したのと同じことになってしまうため、開示請求者には見せずに、審査会委員だけで当該文書を見て判断します。

（2）個人情報保護

〈1〉自己情報コントロール権

　憲法13条を根拠とする**プライバシー権**は、現代の情報化社会においては、「ひとりで放っておかれる権利」という消極的なものではなく、「**自己情報コントロール権**」という積極的な権利と考えられています。今日では、個人情報を行政機関や民間事業者等に一切知らせないことは不可能であり、むしろ、個人情報を的確に伝える必要がある場合が少なくありません。その際には、行政機関や民間事業者等がもっている自分の個人情報が正確なものか、提供した個人情報が外部に漏れたり本来の目的以外に使われたりすることがないか等をチェックできることが重要です。

〈2〉公的部門と民間部門を包括する個人情報保護法

　このような考え方に基づいて、2003年に、**個人情報の保護に関する法律**（以下、「個人情報保護法」といいます）が制定されました。この法律は、公的部門及び民間部門を通じた個人情報保護の基本法制を定める（第1章～第3章）とともに、制定当初は、専ら民間部門の個人情報保護について、事業者の具体的義務を定めていました（第4章）。これに対し、行政機関及び独立行政法人等の具体的義務については、当初は同法ではなく、「行政機関の保有する個人情報の保護に関する法律」及び「独立行政法人等の保有する個人情報の保護に関する法律」で定められ、地方公共団体については、各団体の個人情報保護条例で定められていました。しかし、情報通信技術の急速な進展やビッ

グデータ社会の到来により、個人情報の有用性が拡大し、官民データの活用・連携や、国際的な規律（EU一般データ保護規則）への対応の必要性が高まったため、2021年に個人情報保護法に統合される改正がされました（第5章）。

　行政機関等（地方公共団体の機関及び独立行政法人等を含みます）の具体的義務は、個人情報の保有の制限等、利用目的の明示、不適正な利用の禁止、適正な取得、正確性の確保、安全管理措置、従業者の義務、漏えい等の報告等、利用・提供の制限、保有個人情報の提供を受ける者に対する措置要求、外国にある第三者への提供の制限、個人関連情報（クッキー等）の提供を受ける者に対する措置要求、仮名加工情報（他の情報と照合しない限り特定の個人を識別できないように個人情報を加工したもの）の取扱いに係る義務、個人情報ファイルの保有等に関する事前通知、個人情報ファイル簿の作成・公表、保有個人情報の開示・訂正・利用停止、行政機関等匿名加工情報（特定の個人を識別できないように個人情報を加工し、当該個人情報を復元できないようにしたもの）の提供です。個人情報の開示・訂正・利用停止に関する決定に不服のある者は、審査請求をすることができ、その場合には、**情報公開・個人情報保護審査会**（121頁）に諮問されます。

　なお、地方公共団体の機関についても、上記のとおり個人情報保護法の規律に統一されましたが（2023年4月1日施行）、開示等の手続に関する独自規定（情報公開条例との整合性を図る等）や、地域特性に応じた「条例要配慮個人情報」に関する規定等を条例に設けることはできます。また、行政機関等匿名加工情報については、当分の間は都道府県及び指定都市のみに提案募集を義務付けることとされました。

　個人情報の適正な取扱いを確保するための監督・監視機関として、職権行使の独立性を認められた**個人情報保護委員会**が置かれています（第6章）。同委員会は、民間事業者に対する監督権限のみならず、上記2021年改正により、行政機関等に対する監視権限をも有しています。

〈3〉マイナンバー法

　2013年に、「行政手続における特定の個人を識別するための番号の利用等に関する法律」（**マイナンバー法、番号法**）が制定されました。この法律は、行政手続において個人番号（マイナンバー）・法人番号の有する識別機能を活用することにより、行政運営の効率化と国民の利便性の向上を図るとともに、個人番号の取扱いが安全かつ適正に行われるよう、個人情報保護法の特例を定めるものです。

（中原茂樹）

学習のポイント

- ■「法律による行政の原理」には、①法律の優位、②法律の法規創造力、③法律の留保の3つの原理が含まれます。
- ■法律の留保については、実務がとる侵害留保説のほか、全部留保説、重要事項留保説、権力留保説などの考え方があります。
- ■行政法の一般原則として、比例原則、平等原則、信義則、権限濫用の禁止原則などがあります。
- ■行政運営における公正の確保と透明性の向上を図るため、行政手続法は、行政処分、行政指導、届出及び行政立法の手続を定めています。
- ■行政活動の諸形態（行政の行為形式）として、行政立法、行政処分、行政指導、行政契約等があります。
- ■行政立法は、法規命令（委任命令・執行命令）と行政規則に分類されます。委任命令には法律の委任が必要ですが、執行命令及び行政規則には、法律の委任は不要です。
- ■委任命令については、①委任する法律の側の問題として、包括的委任が禁止され、②委任を受けた命令の側の問題として、法律の委任の趣旨を逸脱した命令の規定は、違法・無効となります。
- ■通達は、下級行政機関を拘束しますが、裁判所や国民を拘束するものではないので、訴訟の対象にできないのが原則です。
- ■裁量基準（審査基準・処分基準）に従わない処分は、当然に違法になるわけではありませんが、判断過程の合理性を欠き、裁量を逸脱・濫用するものとして違法とされる可能性があります。
- ■行政処分は、①国民の権利義務とのかかわり（行政指導・内部行為との違い）、②具体性（法律・行政立法との違い）、③公権力性（契約との違い）を特徴とします。
- ■行政処分の効力として、①公定力、②不可争力、③自力執行力などがあります。
- ■行政処分に重大かつ明白な瑕疵があって無効と解されるときは、取消訴訟によらなくても処分の効果を否定することができます。
- ■行政手続法が定める申請に対する処分の手続として、審査基準の設定・公表、標準処理期間の設定・公表、申請に対する審査・応答、申請拒否処分の理由の提示、公聴会の開催などがあります。
- ■行政手続法が定める不利益処分の手続として、処分基準の設定・公表、意見陳述のための手続、理由の提示などがあります。
- ■行政裁量の有無の判断基準として、①法律の文言（要件・効果の定め方）、②処分の性質（自由を侵害するか、政治的・専門技術的判断を要するか）に着目すべきです。
- ■裁量審査の方法として、社会観念審査、判断過程審査、手続的審査などがあります。
- ■行政処分の取消しと撤回の区別に注意すべきです。
- ■何人も、法令に違反する事実を発見した場合に、行政機関に対し、それを是正するための処分又は行政指導（法律に根拠があるものに限ります）をすることを求める申出ができます。
- ■行政指導について、行政手続法は、不利益取扱いの禁止、明確原則、行政指導指針の設定・公表、行政指導の中止等の求めなどを定めています。

■行政指導の実効性を担保するための処分の留保は、一定の要件の下で認められます。

■準備行政、給付行政には、契約が用いられますが、特別の規律がされています。規制行政においても、公害防止協定などの手法が用いられる場合があります。

■義務付けの実効性確保の手法として、行政上の強制執行（代執行、行政上の強制徴収等）と義務違反に対する制裁（刑罰、過料、反則金、加算税、公表等）があります。

■条例によって行政上の強制執行手段を創設することは、認められていません。なお、条例上の義務違反に対して行政代執行法に基づく代執行をすることは可能です。

■相手方の義務の存在を前提とせずに、行政機関が直接に身体または財産に実力を行使して行政上望ましい状態を実現することを即時強制といいます。即時強制は、条例によって定めることも可能です。

■義務違反を前提としない誘導手法として、①不利益賦課（税、料金等）による誘導と、②利益付与（補助金、税の減免等）による誘導があります。

■政府の説明責任の考え方により、情報公開法・情報公開条例に基づいて、何人も行政機関の保有する文書の開示を求めることができます。

■行政機関による個人情報の取扱いについては、民間事業者による個人情報の取扱いと併せて、個人情報保護法に定められています。

第2章

行政法

第4節　行政救済法

1　行政救済法の体系

　行政救済法は、行政争訟と国家補償からなります。行政争訟は行政の行為を是正する制度であるのに対して、国家補償は私人を金銭的に救済する制度です。

　行政争訟は、①行政不服申立てと②行政訴訟からなります。**行政不服申立て**は、私人の申立てを受けて、行政が自ら違法又は不当な行政処分を是正する制度です。一方、**行政訴訟**は、裁判所が行政の違法な作用を是正する制度です。行政訴訟は、違法な行政作用の是正に限定されますが、行政不服申立てとは異なり、行政処分以外の行政活動を統制することもできます。これに対して、行政不服申立てでは、是正の対象は行政処分に限定されますが、処分が行政の裁量の範囲内にあるため適法であっても、その内容が不当であれば是正することができます。

　国家補償は、国や地方公共団体の活動に起因する私人の損害を金銭的に填補する制度です。国家補償は、③国家賠償と④損失補償に分けられます。**国家賠償**は、違法な国家作用により損害を被った私人を救済する制度であり、**損失補償**は、適法な国家作用により損害を受けた私人を救済する制度です。

　このほか、⑤各種の**苦情処理**や**オンブズマン**も行政救済の制度として捉えることができます。総務省が実施する行政相談や地方公共団体のオンブズマン制度などがあります。

2　行政不服審査法

（1）行政不服申立制度の意義

　行政不服審査法（以下では「行審法」といいます）の目的は、国民の権利利益の救済と行政の適正な運営の確保です（行審法1条1項）。行審法では、上記目的が「公正な手続の下で」達成されるべき旨が明示されています。行審法は、行政不服申立ての一般法なので、行政不服申立てについては、他の法律に特別の定めがある場合を除いて、この法律が適用されることになります（行審法1条2項）。不服申立制度は、①簡易迅速な救済、②行政の自己統制機能、③合法性及び公益適合性（当・不当）の審査、④裁判所の負担軽減といった機能・特徴を有しています。

（2）不服申立ての対象

　行審法に基づく不服申立ては、「**行政庁**の**違法又は不当な処分**その他**公権力の行使**に当たる行為」について行うことができます（行審法1条1項）。「処分その

他公権力の行使に当たる行為」には、講学上の**行政行為**[*1]のほか、権力的な事実行為も含まれます。また、処分の申請に対する「**不作為**」も不服申立ての対象となります（行審法3条）。これらは行政事件訴訟法上の「公権力の行使」に該当するため、抗告訴訟の対象でもあります（詳しくは、本節「3（2）行政訴訟の類型」を参照）。

　処分や不作為であれば、原則として行審法に基づく不服申立てが可能です（行審法2条・3条）。これを**一般概括主義**といいます。適用除外として列挙されている処分（行審法7条1項・2項）及び個別法で適用除外とされている処分は、行審法上の不服申立ての対象となりませんが、行審法により適用除外とされた処分や不作為であっても、それらの性質に応じて別に法律で不服申立ての制度を設けることは妨げられません（行審法8条）。

（3）不服申立ての種類

〈1〉不服申立ての種類の一元化

　　行審法は、次に見るとおり審査請求、再調査の請求及び再審査請求の3種類の不服申立手続を定めていますが、基本的な不服申立てのルートは審査請求です[*2]。再調査の請求及び再審査請求について、行審法は、第3章と第4章でそれぞれ固有の定めを置くとともに、審査請求に関する規定を必要な範囲で準用しています（行審法61条・66条）。〈2〉で上記3種類の不服申立ての概略を説明したあと、**（4）**以下で審査請求の審理手続及び裁決等について説明します。

〈2〉不服申立ての種類

①　審査請求

　審査請求では、処分庁に応じて、不服申立ての審査を行う審査庁が次のとおり異なります（行審法4条各号）。処分庁や不作為庁（「処分庁等」という）に上級行政庁がない場合又は処分庁等が主任の大臣や宮内庁長官その他の庁の長である場合には、当該処分庁等が審査庁となり（1号）、宮内庁長官その他の庁の長が処分庁等の上級行政庁である場合には、宮内庁長官又は当該庁の長が審査庁となります（2号）。これらの場合（1号及び2号）を除き、主任の大臣が処分庁等の上級行政庁である場合には、当該主任の大臣が審査庁となり（3号）、上記の場合（1号～3号）以外の場合には、処分庁等の最上級行政庁が審査庁となります（4号）。

②　再調査の請求

　処分庁以外の行政庁に対して審査請求をすることができる場合に、法律で**再調査の請求**をすることができる旨の定めがあるときには、当該処分に不服のある者は、処分庁に対して再調査の請求をすることができます（行審法5条1項本文）。ただし、審査請求をした場合、再調査の請求はできません（同条1項ただし書き）。

＊1　講学上の行政行為とは

　直接具体的に国民の権利・利益に影響する法効果を有する行政の権力的行為のことです。本章「1節5　行政作用法」参照

＊2　不服申立ての種類の一元化

　2014年改正前の行審法では、処分庁や各省大臣の処分に対する「異議申立て」と上級行政庁や処分庁以外の行政庁に対する「審査請求」という2種類の基本的な不服申立てが予定されていました。審査請求は、異議申立てよりも手厚い手続が予定されていたため、処分庁が上級行政庁か否か等により手続保障に差が生じてしまうことに疑問が呈されていました。

第2章

行政法

再調査の請求をしたときは、原則として、その決定を経た後でなければ審査請求をすることができません（同条2項本文）。ただし、再調査の請求をした日の翌日から起算して3月を経過しても処分庁が決定をしない場合、その他再調査の請求についての決定を経ないことにつき正当な理由がある場合には、審査請求をすることができます（同条2項ただし書き1号・2号）。

③　再審査請求

法律に**再審査請求**をすることができる旨の定めがある場合には、審査請求の裁決に不服がある者は、再審査請求をすることができます（行審法6条1項）。再審査請求をすることができる処分についての審査請求の裁決のことを、原裁決といいます。再審査請求は、原処分又は原裁決を対象として、法定の行政庁に対してするものとされています（同条2項）。

（4）不服申立ての提起

〈1〉審査請求書の提出

審査請求は、法律及び条例により口頭でできる旨の定めがない限り、政令の定めに従って、「**審査請求書**」を提出して行わなければなりません（行審法19条1項）。審査請求書に記載すべき事項は、行審法19条2項以下で定められています。なお、口頭で審査請求をする場合には、上記記載すべき事項を陳述しなければならず、陳述を受けた行政庁は、その陳述内容を録取し、これを陳述人に読み聞かせて誤りのないことを確認しなければなりません（行審法20条）。

〈2〉**審査請求期間**

①　主観的審査請求期間

処分についての審査請求は、原則として、処分があったことを知った日の翌日から起算して3月を経過したときはすることができません（行審法18条1項本文）。また、再調査の請求をしたときは、原則として、当該調査の請求についての決定のあったことを知った日の翌日から起算して1月を経過したときはすることができません（同条同項本文括弧書き）。ただし、正当な理由があるときは、上記期間に服する必要はありません（同条同項ただし書き）。

②　客観的審査請求期間

請求人が処分又は再調査の決定の存在を知ったかどうかにかかわらず、処分又は決定のあった日の翌日から起算して1年を経過すると審査請求はできなくなります（行審法18条2項本文）。この場合も正当な理由があるときは、上記期間に服する必要はありません（同条同項ただし書き）。

③　不作為に対する審査請求

不作為については、事柄の性格上、請求期間の制限はなく、不作為状態が継続する限り審査請求をすることができます。

（5）不服申立ての利益

　行審法では、「行政庁の処分に不服がある者」は、審査請求をすることができるとされています（行審法2条）。ただし、行審法は、「国民の権利利益の救済」（行審法1条1項）を主要目的としていると解されているので、不服申立ては、あくまで申立人の権利利益の救済に役立つ限りで認められます。不服申立ての利益が否定される場合、不適法な不服申立てとして却下されることになります。なお、不服申立ての利益の存否の問題は、取消訴訟の原告適格や狭義の訴えの利益と同様に考えることができます（本節「3（4）〈3〉原告適格、同〈4〉狭義の訴えの利益」参照）。

（6）審理員の審理

〈1〉審理員

　　審査庁は、原則として、審査庁に所属する職員のうちから審理手続を行う者を指名し、その旨を審査請求人及び処分庁等（審査庁以外の処分庁等）に通知しなければなりません（行審法9条1項）。審査庁となるべき行政庁は、審理員となるべき者の名簿を作成するよう努めるとともに、作成したときは行政庁及び関係処分庁の事務所に備付けその他適当な方法で公にしなければなりません（行審法17条）。**審理員**の制度により、審査請求人と処分庁との対審構造がとられることになります。審査請求又は再調査の請求に係る処分に関与した者や審査請求に係る不作為に係る処分に関与し若しくは関与することとなる者は、審理員となることができません（行審法9条2項1号）。この規定は、審理員が審査庁に所属する者であって審査庁の指揮・監督を受ける立場であるにもかかわらず、判断の公正さを確保するため行政処分に関する決裁ラインから独立させるという職能分離の理念に基づいています。

〈2〉標準審理期間

　　審査庁は、審査請求がその事務所に到達してから当該審査請求に対する裁決をするまでに通常要すべき標準的な期間を定めるよう努めるとともに、**標準審理期間**を定めたときは、当該審査庁となるべき行政庁及び関係処分庁の事務所における備付けその他の適当な方法により公にしておかなければなりません（行審法16条）。

〈3〉審理員の審理手続

①　書面審理主義

　　審理は、原則として**書面**で行われます。審理員は、相当の期間を定めて処分庁等に弁明書の提出を求め（行審法29条1項・2項）、提出された弁明書を審査請求人に送付し、これを受けて、審査請求人は反論書を審理員に提出することができます（同法30条）。

②　口頭意見陳述

　　審査請求人から**口頭意見陳述**の要求があった場合、審理員は、原則として

その機会を与えなければなりません（行審法31条）。口頭意見陳述の申立てにもかかわらず、その機会を与えない場合には裁決又は決定の取消事由となると解されています。

③　職権証拠調べ

審査請求人は、証拠書類又は証拠物を提出することができ、処分庁等は、当該処分の理由となる事実を証する書類その他の物件を提出できますが（行審法32条1項・2項）、審理員は職権で証拠調べをすることもできます。**職権証拠調べ**の手段として、証拠書類・証拠物の提出要求（行審法33条）、参考人の陳述・鑑定の要求（同法34条）、検証（同法35条）及び審理関係人（審査請求人、参加人及び処分庁等）[3]への質問（同法36条）が定められており、いずれも審査請求人や参加人の申立て又は審理員の職権により行われます。審査庁は、当事者が主張しない事実についても自ら証拠を収集し、それに基づいて判断することができます。これを職権探知主義といいます[4]。

④　提出書類等の閲覧請求

審査請求人・参加人は、審理手続の終結まで、審理員に対して提出書類等（行手法上の調書等、行審法32条1項・2項の証拠書類等、同法33条の物件等）について、閲覧等を求めることができます（行審法38条1項前段）[5]。審理員は、第三者の利益を害するおそれがあると認めるとき、その他正当な理由があるときでなければ、**提出書類等の閲覧**等を拒否できません（行審法38条1項後段）。

⑤　執行停止

審査請求の提起があっても処分の効力、処分の執行又は手続の続行が妨げられることはありません（行審法25条1項）。これを執行不停止原則といいます。そのため処分に基づく既成事実により救済の機会が失われることのないように、**執行停止**制度が設けられています（同条2項）。行審法上の執行停止制度については、類似の仕組みを用意している行政事件訴訟法の該当箇所で説明します。なお、審理員は、必要があると認める場合には、審査庁に対し、執行停止をすべき旨の意見書を提出することができます（行審法40条）。

⑥　**審理手続の終結**

審理員は、必要な審理を終えたと認めるときに審理手続を終結します（行審法41条1項・2項）。審理員は、審理手続を終結したときは、遅滞なく、審査庁がすべき裁決に関する意見書（審理員意見書）を作成し（行審法42条1項）、速やかに、審理員意見書を事件記録[6]とともに審査庁に提出しなければなりません（同2項）。

（7）行政不服審査会等への諮問

〈1〉諮　問

審査庁は、審理員意見書の提出を受けたときは、原則として、国や地方公共団体の**行政不服審査会**等に諮問しなければなりません。審査庁が主任の大

＊3　審理関係人
審査請求人、参加人及び処分庁等をいいます（行審法28条）。参加人とは、審査請求人以外の者であって審査請求に係る処分又は不作為に係る処分の根拠となる法令に照らし当該処分につき利害関係を有する者と認められる者をいいます。参加人は、審理員の許可を経て審査請求に参加することができます（行審法13条1項）。

＊4　職権探知主義
訴願法の下で職権探知を肯定した判例として、最判昭29・10・14民集8巻10号1858頁。

＊5　提出書類等
2014年改正前の行審法では処分庁から自発的に提出されたもののみ閲覧が認められると解されていましたが、現行行審法では、それに限らず審理員が保有する資料を閲覧できます。

＊6　事件記録
事件記録とは、審査請求書、弁明書その他審査請求に係る事件に関する書類その他の物件等を指しています（行審法41条3項かっこ書き）。

臣又は外局の長であるときは、総務省に置かれる行政不服審査会（行審法67条以下）に諮問され、審査庁が地方公共団体（都道府県、市町村及び特別区並びに地方公共団体の組合に限る。行審法38条6項）の長であるときは、執行機関の附属機関（行審法81条以下）に諮問されます（行審法43条1項柱書き）。諮問を要しない例として、他の法律又は条例に基づいて審議会、地方議会等（「審議会等」）の議を経て処分が行われた場合、審査請求人から諮問を希望しない旨の申出がある場合及び行政不服審査会等が諮問を不要と認めた場合等があります（行審法43条1項各号参照）。

〈2〉 行政不服審査会等の手続

審査会は、必要があると認める場合には、審査関係人にその主張を記載した書面（主張書面）又は資料の提出を求めること、適当と認める者にその知っている事実の陳述又は鑑定を求めること、その他必要な調査をすることができます（行審法74条）。

審査会は、審査関係人から申立てがあった場合には、原則として、審査関係人に口頭で意見を述べる機会を与えなければなりません（行審法75条1項本文）。ただし、審査会がその必要がないと認める場合には、その機会を与える必要はありません（同条1項ただし書き）。

審査関係人は、審査会に対し、主張書面又は資料を提出することができるほか（行審法76条）、審査会に提出された主張書面又は資料の閲覧等を求めることができます（行審法78条前段）。この場合、審査会は、第三者の利益を害するおそれがあると認めるとき、その他正当な理由があるときでなければ、その閲覧又は交付を拒否できません（同条後段）。

審査会は、諮問に対する答申をしたときは、答申書の写しを審査請求人及び参加人に送付するとともに、答申の内容を公表するものとされています（行審法79条）。

（8） 裁　決

〈1〉 裁決の時期

審査庁は、行政不服審査会等から諮問に対する答申を受けたときは、遅滞なく、**裁決**をしなければなりません（行審法44条）。審査庁は、諮問を要しない場合、審理員意見書が提出されたときに又は審議会等の議を経たときに、遅滞なく、裁決をしなければなりません（同条かっこ書き）。

〈2〉 裁決の種類

① 却　下

処分についての審査請求は、法定の期間経過後にされたものであるときや、その他不適法なときは、審査庁は、当該審査請求を裁決で**却下**します（行審法45条1項）。

② 棄　却

　審査請求に係る処分が違法又は不当のいずれでもない場合、審査庁は、当該審査請求を裁決で**棄却**します（行審法45条2項）。

③　処分についての審査請求の認容

　審査請求に係る処分（事実行為を除く）が違法又は不当である場合（事情裁決の場合を除く）、審査庁は、裁決で、当該処分の全部若しくは一部の取消し又は変更をすることができます（行審法46条1項）。ただし、処分庁の上級行政庁又は処分庁のいずれでもない審査庁は、当該処分を変更できません（同条1項ただし書き）。

　法令に基づく申請を却下し又は棄却する処分の全部又は一部を取り消す場合、審査庁は、当該申請に対して一定の処分をすべきものと認めるときは、申請を**認容**するための措置をとることができます。この場合、処分庁の上級行政庁である審査庁は、処分庁に対し、当該処分をすべき旨を命じ（行審法46条2項1号）、処分庁である審査庁は自ら当該処分をします（同条2項2号）。

④　事実行為に係る審査請求の認容

　審査庁は、事情裁決の場合を除いて、裁決で当該事実行為の違法又は不当を宣言するとともに、必要な措置をとります（行審法47条1項本文）。必要な措置として、処分庁以外の審査庁は、当該処分庁に対し、当該事実行為の全部若しくは一部の**撤廃**又は変更を命じ（同条1項1号）、処分庁である審査庁は、当該事実行為の全部若しくは一部の撤廃又は変更をします（同条1項2号）。ただし、審査庁が処分庁の上級行政庁以外の審査庁である場合には、当該事実行為の変更を命ずることはできません（同条1項ただし書き）。

⑤　不作為についての審査請求の裁決

　不作為についての審査請求が申請から相当の期間を経ずになされているときや、その他不適法なときは、審査庁は審査請求を裁決で却下します（行審法49条1項）。審査請求に係る不作為が違法又は不当のいずれでもない場合、審査庁は、裁決で棄却します（同条2項）。不作為が違法又は不当の場合、審査庁は、裁決でその旨を宣言します（同条3項）。

　不作為が違法又は不当の場合、不作為庁の上級行政庁である審査庁は、当該申請に対して一定の処分をすべきものと認めるときは、不作為庁に対して当該処分をすべき旨を命じ（同条3項1号）、不作為庁である審査庁は、当該申請に対して一定の処分をすべきものと認めるときは、当該処分を行います（同条3項2号）。

⑥　事情裁決

　処分が違法又は不当であっても、その取消し・撤廃が、「公の利益に著しい障害を生ずる場合において、審査請求人の受ける損害の程度、その損害の賠償又は防止の程度及び方法その他一切の事情を考慮した上、処分を取り消し、又は撤廃することが公共の福祉に適合しないと認めるとき」は、審査庁は裁決で棄却することができます。この場合、審査庁は、裁決で、当該処分

が違法又は不当であることを宣言しなければなりません（行審法45条 3 項）。これを**事情裁決**といいます。

〈3〉 不利益変更の禁止

処分や事実行為に関する審査請求の裁決により、審査請求人の不利益に処分又は事実行為を変更することは許されません（行審法48条）。

〈4〉 裁決の方式

裁決は、審査庁が記名押印した**裁決書**により行います（行審法50条 1 項柱書き）。記載事項は、主文、事案の概要、審理関係人の主張の要旨、理由です（同条 1 項 1 号～ 4 号）。主文が、審理員意見書又は行政不服審査会等若しくは審議会等の答申書と異なる内容である場合、異なることとなった理由が裁決書に記載されなければなりません（同条 1 項 4 号括弧書き）。また、諮問を要しない場合には、裁決書に審理員意見書が添付されることになります（同条 2 項）。

〈5〉 裁決の効力

①　効力の発生

裁決は、審査請求人に送達されたときに、その効力を生じます（行審法51条）。処分の名宛人以外の第三者が行った審査請求の場合、裁決は、審査請求人及び処分の相手方に送達されたときに、その効力を生じます（同条括弧書き）。

②　**裁決の拘束力**

裁決は関係行政庁を拘束します（行審法52条以下参照）。

（9） 教　示

〈1〉 処分の相手方に対する教示

行政庁は、書面による処分に際して相手方に対し**教示義務**（本節「3（4）〈9〉教示」参照）を負います（行審法82条 1 項）。教示の内容は、書面による処分の場合、①その処分について不服申立てができること、②不服申立てをすべき行政庁、③不服申立期間です。不服申立てのできない処分及び口頭の処分については、教示義務はありません。

〈2〉 利害関係人に対する教示

行政庁は、利害関係人からの教示の求めにより教示義務を負います（行審法82条 2 項）。教示の内容は、①当該処分について不服申立てができるかどうか、②不服申立てをすべき行政庁、③不服申立期間です（同条 2 項）。教示の方法は、口頭でも書面でもすることが可能ですが、利害関係人が書面での教示を求めたときは、その教示は書面でしなければなりません（同条 3 項）。

3　行政事件訴訟法

（1）総　説

　行政争訟は、特定人の権利利益の主張に基礎をおく「**主観争訟**」と、行政活動の適法性の確保など一般公共の利益の主張に基礎をおく「**客観争訟**」とがあります。行政事件訴訟法は、主観訴訟として**抗告訴訟**（行訴法3条）及び**当事者訴訟**（行訴法4条）を予定し、客観訴訟として**民衆訴訟**（行訴法5条）及び**機関訴訟**（行訴法6条）を予定しています（行訴法2条）。主観訴訟は、裁判を受ける権利（憲法32条）の保障が及ぶのに対して、客観訴訟は「法律上の争訟」（裁法3条1項）に該当しないため立法者が法定した場合にのみ提起できます（行訴法42条）。

　裁判所は、一切の法律上の争訟を裁判し、その他法律において特に定める権限を有します（裁法3条1項）。**法律上の争訟**とは、①当事者間の具体的な権利義務に関する紛争、②法令の適用によって解決可能、という2つの要素を備えている争訟です（最判昭29・2・11民集8巻2号419頁）。例えば、一般的抽象的な法令の取消しを求めることは、①の要素を備えていないとされます（最大判昭27・10・8民集6巻9号783頁）。また、国家試験等の判定は、法令の適用による解決に適していないため、②の要素を備えていないとされています（最判昭41・2・8民集20巻2号196頁）。なお、法律上の争訟であっても、国家統治の基本に直接関係する高度に政治的な国家行為（いわゆる統治行為）や自主的な団体内部の紛争は裁判所の審判の対象にすべきではないと解されています。

（2）行政訴訟の類型

　行政事件訴訟法では、〈1〉抗告訴訟、〈2〉当事者訴訟、〈3〉民衆訴訟、〈4〉機関訴訟の4つが予定されています。

　〈1〉抗告訴訟

　　抗告訴訟とは、行政庁の公権力の行使に関する不服の訴訟のことです（行訴法3条1項）。ここでいう「公権力の行使」とは行政処分のことを指しています（後述「（4）〈2〉処分性」を参照）。行政事件訴訟法では、①処分の取消しの訴え、②裁決の取消しの訴え、③無効等確認の訴え、④不作為の違法確認の訴え、⑤義務付けの訴え、⑥差止めの訴えの6つが法定されています（行訴法3条）。これらを**法定抗告訴訟**といいます。法定抗告訴訟以外にも「公権力の行使」に関する不服の訴えはありうると解されています（**法定外抗告訴訟**）。かつて⑤と⑥は法定外抗告訴訟でしたが、2004年改正により法定抗告訴訟となりました。処分に関する不服の訴えは、行政事件訴訟法における抗告訴訟の制度によって処理されることになります。

　〈2〉当事者訴訟

　　当事者訴訟には、形式的当事者訴訟と実質的当事者訴訟があります。

　　形式的当事者訴訟とは、当事者間の法律関係を確認し、又は形成する処分・裁決に関する訴訟で法令の規定によりその法律関係の当事者の一方を被告とするものです（行訴法4条前段）。例えば、土地収用法に基づく収用委員会の権利取得裁決（行政処分）において示された補償額をめぐる争いは、起業者と土地所有者が訴訟当事者となります（土地収用法133条3項）。補償額は裁決という行政処分により決定されますが、補償金の支払者である起業者が土地所有者と訴訟で対峙することになります。

　　実質的当事者訴訟とは、公法上の法律関係に関する訴訟です（行訴法4条後段）。例えば、公務員の給与請求訴訟などがあります。これは給付訴訟としての実質的当事者訴訟ですが、2004年の行政事件訴訟法改正によって「公法上の法律関係に関する確認の訴え」（確認訴訟）が明記されました。改正の趣旨は、処分性が認められない諸種の行政活動に関する紛争について司法上の救済の機会を提供することにあります。法令や多様な行政活動が違法な場合に、権利・義務を確認するという形で救済の機会が提供されることになります（処分性のない行政活動につき違法の確認を求めることも考えられます）＊7。

〈3〉民衆訴訟

　　民衆訴訟とは、国や公共団体の機関の法規に適合しない行為の是正を求める訴訟で、選挙人たる資格その他自己の法律上の利益にかかわらない資格で提起するものです（行訴法5条）。例えば、選挙関係訴訟として、選挙の効力に関する訴訟（選挙訴訟、公選法203条）や当選の効力に関する訴訟（当選訴訟、公選法207条・208条）があります。また、地方公共団体の違法な財務会計行為の是正を目的として提起される住民訴訟も民衆訴訟の例です（自治法242条の2）。

〈4〉機関訴訟

　　機関訴訟とは、国又は公共団体の機関相互間における権限の存否又はその行使に関する紛争についての訴訟です（行訴法6条）。例えば、地方公共団体の議会の議決等が法令に違反すると認める場合、首長は、総務大臣又は都道府県知事に対する審査の申立てを経て裁判所に出訴することができます（自治法176条4項以下）。地方公共団体に対する国の関与に関する国と地方公共団体の間の訴訟（自治法251条の5など）も機関訴訟であるとされています。

【図表4－1】行政事件訴訟法上の訴訟類型

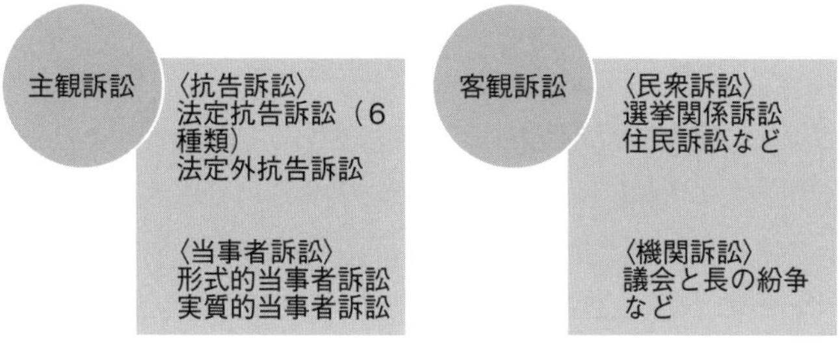

＊7　最大判平17・9・14民集59巻7号2087頁は、平成10年改正前の公職選挙法が国内の市町村の区域に住所を有していない在外国民に選挙権を認めず、在外選挙制度を設けた同法改正後も当分の間衆参両院の比例代表選出議員の選挙に限定して選挙権を認めていた状況の下で、原告らが両院の選挙区選出議員の選挙において選挙権を行使する権利を有することの確認を求めた事案です。同判決は、当該訴えを公法上の法律関係に関する確認の訴えにあたるとして審理し、選挙権は、行使できなければ意味がなく、侵害を受けた後に争うことによっては権利行使の実質を回復することができない性質のものであるから、その権利の重要性に鑑みると、具体的な選挙につき争いがある場合にこれを有することの確認を求める訴えについては、それが有効適切な手段であると認められる限り、確認の利益を肯定すべきものであると判示しました。

（3）抗告訴訟の類型

〈1〉処分取消訴訟

　　処分取消訴訟は、行政庁の処分その他公権力の行使にあたる行為の取消しを求める訴訟です（行訴法3条2項）。行政手続法上の不利益処分や申請に対する処分のほか、権力的な事実行為等が処分取消訴訟の対象となります。行政不服審査法に基づく「裁決」も処分ですが、「裁決」は後述の裁決取消訴訟の対象となります（行訴法3条2項かっこ書き）。行政事件訴訟法は、取消訴訟の手続を中心に規定を設けており、それらの規定は他の抗告訴訟に必要な範囲で準用されています。

〈2〉裁決取消訴訟

　　裁決取消訴訟は、不服申立てに対する裁決・決定の取消しを求める訴えです（行訴法3条3項）。不服申立てが棄却された場合には、原処分の取消しと棄却裁決の取消しのいずれを提起するべきかが問題となります。この点について、行政事件訴訟法は、裁決取消訴訟では審査請求手続の違法のみを主張できるとしています（行訴法10条2項）。つまり、原処分の違法性を主張するためには原処分の取消訴訟を提起しなければならないことになります。これを**原処分主義**といいます。また、個別法で裁決に対してのみ訴えを提起できるとされているときは、裁決取消訴訟において原処分の違法も主張することができます。これを**裁決主義**といいます。

〈3〉無効等確認訴訟

　　無効等確認訴訟とは、処分・裁決の存否又はその効力の有無の確認を求める訴訟をいいます（行訴法3条4項）。処分を訴訟の対象とし、「法律上の利益」が求められるという点で取消訴訟と同様ですが、6ヶ月の出訴期間（行訴法14条）の制限はありません。また、無効等確認訴訟で原告が勝訴するためには、通常は処分に重大かつ明白な違法性がなければなりません（本章「3節2（2）〈2〉行政処分の効力」参照）。

　　無効等確認訴訟の提起は、補充性要件（下記（C））によって一定の場合に限定されています。

　　無効等確認訴訟を提起するためには、以下で説明する条件を満たす必要があります（行訴法36条）。

（A）当該処分・裁決に続く処分により損害を受けるおそれのある者。

（B）その他当該処分・裁決の無効等の確認を求めるにあたり、法律上の利益をもつ者。

（C）当該処分若しくは裁決の存否又はその効力の有無を前提とする現在の法律関係に関する訴えによって目的を達することができないもの。

　　　現在の法律関係に関する訴えとは、実質的当事者訴訟と争点訴訟を指しています。争点訴訟とは、処分の存否・効力の有無を争点とする民事訴訟のことです（行訴法45条1項）。例えば、収用裁決の無効を前提とした所有

権の確認訴訟が争点訴訟です。争点訴訟は民事訴訟ですが、処分の存否・効力の有無という争点については抗告訴訟に関する規定が準用されます（行訴法45条4項）。

　訴訟を提起することができる条件として、学説では、（A）及び（B）のいずれにも（C）の補充性要件を求める立場（一元説）と、（B）にのみ（C）を求める立場（二元説）があります。通説は二元説です（【図表4-2】参照）。二元説では、（A）の要件を充たすだけで予防訴訟としての無効等確認訴訟を提起することができることになります。課税処分が無効な場合、租税債務不存在確認訴訟という当事者訴訟（現在の法律関係に関する訴え）を提起することもできますが、滞納処分を受けるおそれがある者は課税処分の無効確認訴訟の提起が認められることになります[*8]。一方、（C）の要件充足を求める場合、当事者訴訟や争点訴訟といった現在の法律関係に関する訴訟に対して、無効等確認訴訟は補充的な位置付けとなります。有利な土地の配分を求めた換地処分の無効確認訴訟が提起された事案において、換地処分の無効を前提とした所有権確認訴訟（争点訴訟）よりも、無効確認訴訟が紛争解決にとって直截的で適切であるとした判例があります（最判昭62・4・17民集41巻3号286頁[*9]）。

【図表4-2】二元説の考え方

```
  ┌ (A) 充 足 → 予防的無効等確認訴訟
  │ (B)┐
  ┤ (C)┘ 充 足 → 補充訴訟としての無効等確認訴訟
  │
  └─────── 不充足 → 当事者訴訟 or 争点訴訟
```

〈4〉不作為の違法確認訴訟

　不作為の違法確認訴訟とは、行政庁が法令に基づく申請に対し、相当の期間内に何らかの処分又は裁決をすべきであるにもかかわらず、これをしないことについて違法の確認を求める訴訟です（行訴法3条5項）。原告適格は、処分・裁決について申請をした者に限り認められます（行訴法37条）。ここでいう申請は申請権[*10]を前提とします。私的独占の禁止及び公正取引の確保に関する法律45条1項に基づく措置要求などの単に職権発動の端緒にすぎない「求め」は申請ではありません（最判昭47・11・16民集26巻9号1573頁）。申請権については明文で規定される必要はなく、解釈上導くことができればよいとされています。不作為の違法確認訴訟に勝訴したとしても、行政庁は、申請に対して拒否処分を下す場合もあるため、この訴えは実用的でないといわれてきました。そこで2004年改正で導入されたのが、申請の認容を求める義務付け訴訟です。

〈5〉義務付け訴訟

　義務付け訴訟とは、行政庁が一定の処分・裁決をすべき旨を命ずることを

第2章

行政法

*8
　二元説を採用するかどうかについて明らかにすることなく予防訴訟を認めた判例として、最判昭51・4・27民集30巻3号384頁参照。本判決がでるまで、課税処分を受けていまだ当該課税処分にかかる税金を納付していない者が右課税処分の無効を主張してこれを争おうとする場合に、右課税処分の無効確認の訴えを提起することが許されるか、それとも課税処分無効確認の訴えは許されず、現在の法律関係に関する訴えである租税債務不存在確認の訴えによって争うべきかについて、判例実務上必ずしも明らかではありませんでした。

*9
　宅地の整備のために行われる土地区画整理事業や農地等の整備のために行われる土地改良事業において、事業の完了後に地権者に対して土地の割り当てを行う処分を換地処分といいます。換地処分では、従前の土地の位置、地積、利用状況、環境等が同じ条件になるようにするのが原則です（照応の原則）。本判決は、換地処分が事業施行地区内の多数の権利者に対して行われるもので通常相互に連鎖し関連し合っており、その効力をめぐる紛争を私人間の法律関係に関する個別の訴えによって解決するのは適当でないこと、照応の原則違反を主張して換地処分を争う場合は自己に対してより有利な換地の交付を要求するものであって、従前地の権利の保全確保を目的とするものでないから、換地処分の無効確認訴訟の方がより直截的で適切な争訟形態であると判示しました。

*10　申請権とは
　処分を求めることができる権利のことです。

求める訴訟です。行政事件訴訟法では、非申請型義務付け訴訟と申請型義務付け訴訟が予定されています（行訴法3条6項）。前者は申請権を有さない者が処分を求める訴訟であり、後者は申請権を有する者が申請に対する処分を求める訴訟です。

非申請型義務付け訴訟を提起するためには、①一定の処分がなされないことにより重大な損害を生ずるおそれがあること、②その損害を避けるため他に適当な方法がないこと、③法律上の利益を有する者であること、などの訴訟要件を充たす必要があります（行訴法37条の2第1項・第3項）。①の判断にあたっては、損害の回復の困難の程度を考慮するとともに、損害の性質・程度及び処分の内容・性質をも勘案しなければなりません（行訴法37条の2第2項）。②でいう他の適切な方法の例として、納税申告書による納付税額が過大であった場合の更正の請求（国税通則法23条）があります。この場合、他に適切な方法があるため減額更正処分の義務付け訴訟は提起できません。また、私人に対する民事訴訟が可能であるからといって、他に適切な方法があるとは解されません。③については、処分取消訴訟の規定が準用されます（行訴法37条の2第4項）。

申請型義務付け訴訟は、更に2つのタイプに分けられます。①申請につき不作為があった場合（**不作為型**）と申請につき拒否処分があった場合（**拒否処分型**）です。不作為型の場合、法令に基づく申請又は審査請求に対して相当の期間内に何らの処分・裁決がなされないときに提起できます。拒否処分型の場合、当該処分・裁決が取り消されるべきものであるか、無効又は不存在であることが必要です（行訴法37条の3第1項）。原告適格は、いずれの場合も申請又は審査請求をした者に認められます（行訴法37条の3第2項）。なお、不作為型の場合、不作為の違法確認訴訟を併せて提起しなければならず、拒否処分型の場合、処分・裁決の取消訴訟又は無効等確認訴訟を併せて提起しなければなりません（行訴法37条の3第3項）[11]。

義務付け訴訟の勝訴要件は、①行政庁がその処分をすべきことが当該処分の根拠法令から明らかであると認められるか、②行政庁がその処分をしないことが裁量権の逸脱・濫用にあたると認められることです（行訴法37条の2第5項・37条の3第5項）。①と②はそれぞれ、羈束処分[12]と裁量処分[13]を想定しています。

〈6〉差止訴訟

差止訴訟とは、行政庁が一定の処分・裁決をすべきでないにもかかわらずこれがされようとしている場合において、行政庁がその処分・裁決をしてはならない旨を裁判所が命ずることを求める訴訟です（行訴法3条7項）。差止訴訟を提起するためには、①一定の処分・裁決がされることにより重大な損害を生ずるおそれがあること、②その損害を避けるため他に適当な方法がないこと、③法律上の利益を有する者であること、などの訴訟要件を充たす必

*11
情報公開請求制度に基づく非公開決定を受けて提起された文書開示決定を求める義務付け訴訟について、最判平21・12・17判時2068号28頁は、これに併合提起された取消請求訴訟に理由がない場合、当該義務付け訴訟は却下されるとして原審の判断を支持しました。

*12　羈束処分
法律の規定が明確で、法の機械的執行として行われる行政処分のことをいいます。

*13　裁量処分
明確に法律で規定されていないため、行政庁が独自の判断を加味して行う処分のことをいいます。

要があります（行訴法37条の４第１項・第３項）。①の重大な損害、③の法律上の利益の判断方法は非申請型義務付け訴訟の場合と同様です[14]。②にいう他の適当な方法にあたるのは、個別法で重大な損害を回避する仕組みが予め用意されている場合であって（国税通則法105条１項ただし書き、国税徴収法90条３項など）、行政不服審査法上の行政不服申立てや取消訴訟あるいは金銭賠償の可能性があるだけでは、ほかに適当な方法があるときにはあたらないと解されています。差止訴訟の勝訴要件は、①行政庁がその処分・裁決をすべきでないことが当該根拠法令の規定から明らかであると認められるか、②行政庁がその処分・裁決をすることが裁量権の逸脱・濫用であると認められることです（行訴法37条の４第５項）。①と②はそれぞれ、覊束処分と裁量処分を想定しています。

（4）取消訴訟の訴訟要件

〈1〉総　説

取消訴訟の**訴訟要件**は、①行政庁の処分を対象とすること、②原告適格が認められること、③狭義の訴えの利益が認められること、④被告適格のある行政主体等を被告として提起すること、⑤管轄権を有する裁判所に提起すること、⑥出訴期間内に提起すること、⑦審査請求前置主義が採用されているときには審査請求を経ることなどです。これらの訴訟要件を１つでも充たさなければ、訴えは不適法なものとして却下されることになります。

〈2〉処分性

行政処分の典型として、行政手続法で予定されている申請に対する処分や不利益処分を挙げることができます。また、即時強制として行われる人の収容や物の留置、行政上の強制執行における差押えや代執行などの実力行使も処分にあたります。前者は、「行政庁の処分」であり、後者は、「その他公権力の行使に当たる行為」（行訴法３条２項）と説明されることが多いですが、両者は特に区別せず「処分」とよぶのが一般的です。処分の要素は、①法的行為、②公権力性、③具体的な効果、④外部的行為（私人に対する行為）からなりますが、①は「行政庁の処分」の要素であって、「その他公権力の行使に当たる行為」の要素ではありません。

行政主体が締結する契約や行政指導については、原則として、それに応じるかどうかは相手方の任意ですから公権力性があるとはいえません。ただし、立法者は、政策的判断から契約上の法律関係に基づく行政過程に処分を組み込むこともあります。例えば、最高裁は、供託法に基づく弁済供託を民法上の寄託契約の性質を有するものであるとしながら、供託官による供託金取戻請求の却下を行政処分にあたるとしています（最大判昭45・７・15民集24巻７号771頁）。

抽象的に権利義務を規律する法令は、通常、具体的な効果が欠けるとして

*14
公立学校の教職員に対する懲戒処分の差止訴訟が提起された事案において、最判平24・２・９民集66巻２号183頁は、「重大な損害を生ずるおそれ」があると認められるためには、「処分がされることにより生ずるおそれのある損害が、処分がされた後に取消訴訟等を提起して執行停止の決定を受けることなどにより容易に救済を受けることができるものではなく、処分がされる前に差止めを命ずる方法によるのでなければ救済を受けることが困難なものであることを要すると解するのが相当である」と判示しました。

第2章
行政法

＊15
判旨では、土地区画整理事業の事業計画の決定により、①特段の事情のない限り事業計画に従い具体的な事業が進行し、施行地区内の宅地について換地処分が当然に行われること、②事業の施行の障害を防ぐために法的強制力を伴う建築行為等の制限が課されていること、③施行地区内の宅地所有者等は、換地処分の公告がある日まで、その制限を継続的に課され続けることから、決定により法的地位に直截的な影響が生ずると述べられています。

＊16
本件は、通達により従来慣習法上認められていた異宗派を理由とする埋葬拒否権の内容が変更され、異宗派を理由とする埋葬拒否に対して墓地、埋葬等に関する法律により刑罰を科せられるおそれが生じたことから、宗教団体が当該通達の取消訴訟を提起した事案です。判決では、従来の法律の解釈、事務の取扱を変更するものであっても、墓地の管理者らにあらたに埋葬の受忍義務を課するなどこれらの者の権利義務に直接具体的な法律上の影響を及ぼすものではないとして、墓地の経営者からその取消しを求める訴えを提起することは許されないと判示されています。

＊17
本件は、全国新幹線鉄道整備法（当時）に基づき、運輸大臣の新幹線建設の決定及び日本鉄道建設公団に対する建設の指示の後、同大臣が同公団の作成した工事実施計画を認可したところ、その通過予定地とされていた地域の住民らが、新幹線の建設に反対し、本件認可の取消しを求めた事案です。判旨では、本件認可は、いわば上級行政機関としての運輸大臣が下級行政機関としての日本鉄道建設公団に対しその作成した本件工事実施計画の整備計画との整合性等を審査してなす監督手段としての承認の性質を有するものであるとし、行政機関相互の行為であって、行政行為として外部に対する効力を有するものではないと述べられています。

処分性は否定されます。もっとも、法令であっても処分と同様に具体的な法的効果が認められることがあります。最高裁は、市立保育所を廃止する条例について、当該条例改正は行政庁の処分をまつことなく各保育所廃止の効果を発生させ、現に入所中の児童とその保護者という特定の者らに対して、直接、当該保育所において保育を受けることを期待しうる法的地位を奪う結果を生じさせるものであるとして、その処分性を肯定しています（最判平21・11・26民集63巻9号2124頁）。また、都市計画法に基づく用途地域の指定は、私人の土地に制限を課す行政権限の行使ですが、法令と同様に一般的な効果にとどまるため処分性は否定されています（最判昭57・4・22民集36巻4号705頁）。

最終的な行政決定の前段階で予定されている中間段階の行為について、紛争の成熟性はない（効果の具体性に欠ける）として処分性が否定されることがあります。かつては土地区画整理法に基づく事業計画決定がその例として挙げられていました（最判昭41・2・23民集20巻2号271頁）。しかし、近年、最高裁は前記判例を変更し、事業計画の決定時点での直接的な法的効果を認めることにより、その処分性を認めています（最大判平20・9・10民集62巻8号2029頁[＊15]）。

訓令・通達等の内部的行為は、行政機関を法的に拘束するものの、国民との関係で直接具体的な法効果を生じないものとして、一般的には処分性は否定されます（最判昭43・12・24民集22巻13号3147頁[＊16]）。また、特殊法人等の特別行政主体に対する国の監督権限の行使も行政機関相互の内部行為であるとした判例があります（最判昭53・12・8民集32巻9号1617頁[＊17]）。

このほか典型的な行政処分とはいえない多様な活動について、最高裁は処分性の判断を行っています。例えば、道路交通法に基づく反則金の納付通知は、法律上の義務を発生させるものではなく、刑事訴訟手続において争うことが予定されていることを理由に当該通知の処分性は否定されています。医療法に基づく病院開設中止の勧告については、これに従わないと相当程度の確実さで病院を開設しても健康保険法上の保険医療機関の指定を得られない等の理由で処分性が肯定されています（最判平17・7・15民集59巻6号1661頁）。

〈3〉原告適格

原告適格とは、訴えを提起するための資格であり、処分の取消しを求めるにあたり**法律上の利益**を有する者に認められます（行訴法9条1項）。不利益処分の相手方や申請拒否処分を受けた申請者が、当該処分の取消しを求める法律上の利益を有することは明らかです（二面関係）。問題となるのは処分の相手方以外の者（第三者）が他者に対する受益的な処分（許可等）を争う場合です（三面関係）。

第三者の原告適格をめぐり、「法律上保護された利益説」と「保護に値する利益説」とが対立してきました。「**法律上保護された利益説**」は、処分の

根拠法規が第三者の利益を一般公益と区別して個別的に保護する趣旨を含む場合に原告適格を認めます。これに対して、「**保護に値する利益説**」は、違法な処分により侵害される利益が保護に値する場合に原告適格を認めます。「法律上保護された利益説」に対しては、法律等の文言のみから第三者を保護する趣旨を読み取ることは困難であると批判されてきましたが、逆に、「保護に値する利益説」は法規定から離れて原告適格の有無を判断することは困難であると批判されています。

　判例は一貫して「法律上保護された利益説」を採用しています。例えば、最高裁は、公衆浴場法に基づく新規営業許可について、同法が定める適正配置の要請（距離制限）から既存業者の競争からの保護という趣旨を導き、既存業者の原告適格を肯定していました（最判昭37・1・19民集16巻1号57頁）。主婦連ジュース訴訟では、不当景品類及び不当表示防止法に基づく公正競争規約の認可の仕組みについて、私人の個人的利益を保護する趣旨を含まず、公益の実現を目的として行政権の行使に制約を課しているにすぎないとして、主婦連が当該認可を争う利益は当該制度がもたらす反射的利益にすぎないとされました（最判昭53・3・14民集32巻2号211頁[18]）。また、森林法に基づく保安林の指定解除処分について、周辺住民の原告適格が問題となった事案では、最高裁は、保安林指定について、自然災害の防止、環境の保全等の一般的公益保護を目的とする処分であるとしつつ、「法律が、これらの利益を専ら右のような一般的公益の中に吸収解消せしめるにとどめず、これと並んで、それらの利益の全部又は一部につきそれが帰属する個々人の個別的利益としてもこれを保護すべきものとすることももとより可能であつて、特定の法律の規定がこのような趣旨を含むものと解されるときは、右法律の規定に違反してされた行政庁の処分に対し、これらの利益を害されたとする個々人においてその処分の取消しを訴求する原告適格を有するものと解することに、なんら妨げはない」と判示しました（最判昭57・9・9民集36巻9号1679頁）。

　以上の基本的枠組みを維持しながら、最高裁は、原告適格の判断枠組みを精緻化していきました。「新潟空港訴訟」では、定期航空運送事業免許の取消訴訟において、公共用飛行場周辺における航空機騒音による障害の防止等に関する法律を航空法の関連法規として位置付け、航空法もまた騒音被害から周辺住民を保護する趣旨を含むと解することにより、騒音により社会通念上著しい障害を受ける住民に原告適格を肯定しました（最判平元・2・17民集43巻2号56頁[19]）。

　「もんじゅ訴訟」では、核原料物質、核燃料物質及び原子炉の規制に関する法律による原子炉設置許可について、許可基準として定められた技術的要件及び災害防止要件の解釈を通して、災害が生じた場合に生命・身体に対して直接的かつ重大な被害を受けることが想定される範囲の住民に原告適格を肯定しました（最判平4・9・22民集46巻6号571頁[20]）。他方で、旧地方鉄道

*18
　不当景品類及び不当表示防止法（以下「景表法」という）は、事業者又は事業者団体が、過大な景品付販売や不当な表示・広告を自主的に規制するために、公正取引委員会の認定を受けて公正競争規約を設定することができるものとしています（現行11条1項）。本件は、公正取引委員会が果実飲料等の表示に関する公正競争規約の認定をしたのに対し、主婦連合会と同会会長（原告ら）が景表法に基づき不服申立をしたところ、同委員会は原告らが認定に対し不服申立資格を欠くとして申立を却下する旨の審決をしたので、原告らが審決の取消しを求めたものです。

*19
　公共用飛行場周辺における航空機騒音による障害の防止等に関する法律3条では、運輸大臣（現国土交通大臣）が航空機騒音による障害の防止・軽減のために必要があるときは航空機の航行方法を指定できると定めていることから、やはり同大臣が行う定期航空運送事業免許の審査も関連法規である同法の航空機の騒音による障害の防止の趣旨をも踏まえて行わなければならないと判示されました。

*20
　許可に際しては、申請者が原子炉を設置するために必要な技術的能力及びその運転を適確に遂行するに足りる技術的能力を有するか否か（技術的要件）、当該申請に係る原子炉施設の位置、構造及び設備が災害の防止上支障がないものであるか否か（災害防止要件）について審査されます。本判決は、上記要件に関する各審査に過誤、欠落があった場合には、周辺住民の生命、身体等に直接的かつ重大な被害が生じることから、周辺住民の生命、身体の安全等を個々人の個別的利益として保護する趣旨を含むと判示しました。

法に基づく特急料金改定の認可処分につき鉄道沿線に居住して通勤定期券を購入するなどしていた者の原告適格や、文化財保護法・県文化財保護条例に基づく史跡指定解除処分を争った学術研究者の原告適格は否定されました（最判平元・4・13判時1313号121頁、最判平元・6・20判時1334号201頁）。

　最高裁による原告適格の判断は、【図表4－3】の定式に従っているといわれています。最高裁の定式に従えば、前記3要件を満たす場合に原告適格が認められることになります。（A）の判断はあまり問題となることはありません。（B）についても、法律の目的規定や関係規定などの解釈を通してある程度は客観的に判断することができそうです。しかし、（C）については、個別的利益を保護する趣旨かどうかを法律は明示しないのが通例ですから、判断がとてもむずかしいといわれています。最高裁は、重大な利益侵害の有無に着目して個別保護要件の充足について判断しているようです。

【図表4－3】　最高裁による原告適格の判断

（A）処分が原告の一定の利益に対する侵害を伴うこと（不利益要件）

（B）その利益が当該処分に関する個々の法令により保護される利益の範囲に含まれること（保護範囲要件）

（C）法令の趣旨が、その利益を一般的な公益としてではなく個別的に保護するものであること（個別保護要件）

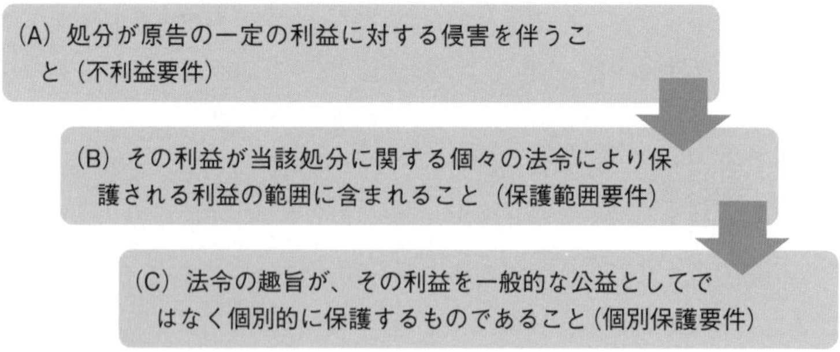

　2004年の行政事件訴訟法改正に際して「法律上の利益」という文言は維持され、新たに9条2項を設けて第三者の法律上の利益の有無を判断するための考慮事項が定められました。
① 　処分の根拠となる法令の趣旨及び目的
② 　処分において考慮されるべき利益の内容及び性質
③ 　処分の根拠となる法令と目的を共通にする関係法令の趣旨及び目的
④ 　処分が違法にされた場合に害されるおそれのある利益の内容及び性質並びにこれが害される態様及び程度

　前記①の判断は③を踏まえなければならず、②の判断は④を踏まえなければなりません。これにより裁判所は、第三者の原告適格の判断において、常に行政事件訴訟法9条2項の枠組みに従うことになります。改正以降、原告適格は拡大される傾向にあります。例えば、都市計画法上の都市計画事業の認可について、事業地内の土地所有者にのみ原告適格を認めた判例（最判平11・11・25判時1698号66頁）は変更され、都市計画法が公害対策基本法（当時）の目的を共有する仕組みとなっていること等を指摘することにより周辺住民の原告適格を肯定した判例があります（最判平17・12・7民集59巻10号2645

頁*21)。場外車券発売施設設置許可については、周辺の医療施設開設者には原告適格が認められましたが、周辺住民の原告適格は否定されています（最判平21・10・15民集63巻8号1711頁）。

〈4〉 狭義の訴えの利益

　原告の請求が認容された場合、原告の具体的な権利利益が客観的にみて回復可能でなければなりません。例えば、営業停止処分の期間が経過し、現時点で営業することができる状況にある場合には当該営業停止処分の取消訴訟の**狭義の訴えの利益**は消滅します。例えば、保安林に代替する治水ダムの建設により渇水・洪水の危険が消失したことによって、保安林指定解除の取消しを求める訴えの利益は消滅するとした判例があります（最判昭57・9・9民集36巻9号1679頁*22)。また、建築確認処分は工事を適法に行うことができるとの法的効果を有するにすぎないので、工事が完了すれば訴えの利益は消滅します（最判昭59・10・26民集38巻10号1169頁）。ただし、処分の効果が消滅しても、処分の取消しによって何らかの回復すべき法律上の利益を有する者は、なお狭義の訴えの利益が肯定されることになります（行訴法9条1項括弧書き）。例えば、免職処分を受けた公務員は、公職選挙への立候補の時点で公務員の地位を失いますが、俸給請求権などの権利利益を回復するための訴えの利益は認められます（最大判昭40・4・28民集19巻3号721頁）。しかし、判例によれば、名誉・信用は回復すべき法律上の利益には含まれていません（自動車運転免許停止処分について、最判昭55・11・25民集34巻6号781頁参照*23)。また、風営法26条1項に基づく営業停止命令の取消訴訟が提起された事案において、最高裁は、「行政手続法12条1項の規定により定められ公にされている処分基準において、先行の処分を受けたことを理由として後行の処分に係る量定を加重する旨の不利益な取扱いの定めがある場合には、上記先行の処分に当たる処分を受けた者は、将来において上記後行の処分に当たる処分の対象となり得るときは、上記先行の処分に当たる処分の効果が期間の経過によりなくなった後においても、当該処分基準の定めにより上記の不利益な取扱いを受けるべき期間内はなお当該処分の取消しによって回復すべき法律上の利益を有する」と判示しました（最判平27・3・3民集69巻2号143頁）。

〈5〉 被告適格

　取消訴訟は、原則として、当該処分庁が所属する国又は公共団体を被告として提起しなければならず（行訴法11条1項）、いわゆる被告行政主体主義が採用されています。ただし、国又は公共団体に所属しない指定法人等（本章「2節2　行政主体」参照）が処分を下す場合には、当該指定法人等が行政庁として被告となります（行訴法11条2項）。

〈6〉 裁判管轄

　取消訴訟は、原則として、被告又は処分庁の所在地を管轄する裁判所に提起しなければなりません（行訴法12条1項）。また、国や独立行政法人を被告

*21
　判決では、事業地の周辺住民が当該地域に居住し続けることにより被害を反復、継続して受けた場合、その被害は当該住民の健康や生活環境に著しい被害をもたらしかねないことから、当該事業実施に伴う騒音、振動等による健康又は生活環境に係る著しい被害を直接的に受けるおそれのある者は、当該事業の認可の取消しを求めるにつき法律上の利益を有すると判示されました。

*22
　保安林とは災害防備等のために伐採や開発に制限を加える森林のことです。本判決は、森林法により、保安林の指定解除について「直接の利害関係を有する者」に意見書の提出が認められていることなどを理由として、保安林の伐採による理水機能の低下により洪水緩和、渇水予防の点において直接に影響を被る一定範囲の地域に居住する住民の原告適格を認めましたが、結局本文の理由から本件処分の取消しを求める訴えの利益は失われるに至ったと判示しました。

*23
　原審は、運転免許停止処分の記載のある免許証を所持することにより警察官に本件処分の存した事実を覚知され、名誉、感情、信用等を損なう可能性が常時継続して存在するとし、その排除は法の保護に値する利益であると解して本件処分取消しの訴を適法としましたが、最高裁は、そのような可能性の存在が認められるとしても、それは本件処分がもたらす事実上の効果にすぎないとしました。

　事件に密接に関係する地点
であり、当該地点を管轄区域
に含む裁判所に第一審の土地
管轄を発生させる原因のこと
です。普通裁判籍とは、事件
の種類や内容を問わずに一般
的に認められる裁判籍のこと
です。

とする場合、原告の普通裁判籍*24の所在地を管轄する高等裁判所の所在地を管轄する地方裁判所（特定管轄裁判所）にも取消訴訟を提起することができます（行訴法12条4項）。

〈7〉**出訴期間**

　取消訴訟は、原則として、処分のあったことを知った日から6ヶ月以内に提起しなければなりません（行訴法14条1項）。また、処分の知・不知にかかわらず、処分の日から1年を経過したときは取消訴訟を提起することができません（行訴法14条2項）。ただし、「正当な理由」があるときは、これら期間を経過しても訴えを提起することができます（行訴法14条1項ただし書き、同2項ただし書き）。なお、取消訴訟以外の抗告訴訟については出訴期間の制限はありません。

〈8〉**審査請求との関係**

　審査請求ができる場合には、原則として、審査請求を行うか、直ちに訴訟を提起するかを自由に選ぶことができます（行訴法8条1項本文）。これを**自由選択主義**といいます。ただし、個別法により審査請求を経た後でなければ訴えを提起できない場合もあります（行訴法8条1項ただし書き）。これを**審査請求前置主義**といいます。

〈9〉**教　示**

　教示制度は、訴訟要件について必ずしも熟知していない国民の便宜を図る趣旨で設けられました。これにより行政庁は、書面で処分を行う場合には処分の相手方に対し、①取消訴訟の被告、②出訴期間、③審査請求前置があるときはその旨を書面で教示しなければなりません（行訴法46条1項）。第三者に対する教示義務の定めはありません。不作為の違法確認訴訟、義務付け訴訟及び差止訴訟の場合、処分は存在しないため教示制度の対象とはなっていませんが、処分が問題となる形式的当事者訴訟には教示制度が設けられています（行訴法46条3項）。

（5）仮の救済

〈1〉**執行不停止の原則**

　処分取消訴訟を提起しても、処分の効力、執行又は手続の続行は妨げられません（行訴法25条1項）。これを**執行不停止原則**といいます。執行不停止原則は、行政目的の迅速・円滑な実現等を目的として採用されており、無効等確認訴訟にも準用されます（行訴法38条3項）。

〈2〉**執行停止制度**

　執行不停止原則の場合、処分について争っているにもかかわらず、その処分を前提として既成事実が積み重ねられていくことになります。処分によって不可逆的な被害が発生してしまうかもしれません。そこで行政事件訴訟法では、**仮の救済**として、**執行停止制度**が設けられました。

処分の取消しの訴えが提起されていることを前提に、裁判所は、重大な損害を避けるため緊急の必要があるときは、原告の申立てにより、処分の効力、処分の執行又は手続の続行の全部又は一部停止を決定できます（行訴法25条2項）。裁判所は、重大な損害が生ずるか否かの判断にあたり、①損害の回復の困難の程度を考慮すること、②損害の性質・程度、処分の内容・性質を勘案することが求められます（行訴法25条3項）。ただし、①公共の福祉に重大な影響を及ぼすおそれがあるときや、②請求内容に理由がないとみえるときは執行停止をすることができません（行訴法25条4項）。

行政不服審査法にも執行停止制度が設けられていることは前述のとおり（本節「2（6）〈3〉⑤執行停止」参照）ですが、行政不服審査法の場合、職権による執行停止が認められるほか、上級庁及び処分庁は処分の効力等の停止以外の措置もとることができます（行審法25条2項・4項・61条）。また、審査請求人から執行停止の申立てがあった場合、処分、処分の執行又は手続の続行により生ずる重大な損害を避けるために緊急の必要があると認めるときは、審査庁は、原則として、執行停止をしなければなりません（行審法25条4項）。

〈3〉内閣総理大臣の異議

内閣総理大臣は、執行停止の申立てがあった場合、その決定の前後を問わず異議を述べることができます（行訴法27条1項）。異議には理由附記が求められており、理由において、執行停止により公共の福祉に重大な影響を及ぼすおそれのある事情を示さなければなりません（行訴法27条2項・3項）。内閣総理大臣が異議を述べると、裁判所は執行停止をすることができず、また、執行停止の決定後であればそれを取り消さなくてはなりません（行訴法27条4項）。なお、内閣総理大臣は、やむをえない場合でなければ異議を述べてはならず、異議を述べたときは国会に報告しなければなりません（行訴法27条6項）。

〈4〉仮の義務付け・仮の差止め

2004年行政事件訴訟法改正で義務付け訴訟と差止め訴訟が法定された際、両者について仮の救済の制度も設けられました。**仮の義務付け**と**仮の差止め**のいずれも、①償うことのできない損害を避けるため緊急の必要があり、かつ、②請求内容について理由があるとみえるときに、裁判所が申立てにより決定できるとされています（行訴法37条の5第1項・第2項）。ただし、公共の福祉に重大な影響を及ぼすおそれがあるときは行うことができません（行訴法37条の5第3項）。なお、仮の義務付け・仮の差止めには、前述の内閣総理大臣の異議制度が準用されています（行訴法37条の5第4項）。

①の「償うことのできない損害」は、執行停止で求められる「重大な損害」よりも厳格な要件です。仮の義務付け・仮の差止めには、行政庁が処分を下す前に、裁判所が行政庁に作為・不作為を命ずるという性格を有することか

ら、より厳格な要件が設けられました。

〈5〉仮処分の排除

抗告訴訟に関して前記の仮の救済の制度が設けられている一方、行政庁の処分については民事保全法上の**仮処分**[*25]はできないこととされています（行訴法44条）。

＊25　民事保全法上の仮処分とは
民事訴訟のために設けられている仮の救済制度のことです。

（6）取消訴訟の審理

〈1〉総　説

処分取消訴訟は、民事訴訟と同様に弁論主義の下で手続が進行します。**弁論主義**とは、裁判に必要な事実に関する資料の収集は当事者の権能かつ責任で行うとする原則のことです。ただし、行政訴訟は行政の適法性の確保という機能をもつので、当事者の提出した証拠だけでは必ずしもその役割は果たせません。そこで行政事件訴訟法では、職権証拠調べ、釈明処分の特則等、裁判所が職権で行使できるいくつかの権限が定められています。

〈2〉職権証拠調べ

裁判所は、必要があると認めるときは、職権で、証拠調べをすることができます（行訴法24条）。行政事件訴訟法上の**職権証拠調べ**は、行政不服審査法の審理のように当事者が主張しない事実まで調べることはできません。あくまで当事者の主張・立証を補充するものです。

〈3〉釈明処分の特則

裁判所は、訴訟関係を明瞭にするため、必要があると認めるときは、被告に所属する行政庁又はそれ以外の行政庁に対し、①処分等の内容、②根拠法令、③処分等の原因となる事実、④処分等の理由を明らかにする資料の提出を求めることができます（行訴法23条の2）。行政庁が資料の提出の求めに従わなかったとしても特に制裁措置は定められていませんが、行政庁が正当な理由なく拒否する場合、それは裁判官の心証に影響を及ぼすことになります。

（7）取消訴訟の終了

〈1〉取消訴訟の判決の類型

処分取消訴訟の判決には、①**却下判決**、②**棄却判決**、③**認容判決**の3つがあります。訴訟要件を充たしていない場合、訴えは不適法なものとして却下されます。訴えが適法であれば本案審理が行われ、処分が違法でないと判断された場合、原告の請求は棄却されます。処分が違法と判断されれば、原告の請求は認容され、取消判決が下されます。取消判決は第三者に対しても効力を有するとともに（行訴法32条）、処分庁その他の関係行政庁を拘束します（行訴法33条）。

〈2〉事情判決

処分が違法であるにもかかわらず、例外的に請求が棄却される場合があり

ます。これを事情判決といいます。**事情判決**は、一切の事情を考慮した上で、処分の取消しが公共の福祉に適合しないと認めるときに行うことができます（行訴法31条1項前段）。例えば、土地改良区設立認可のように多数の人々がかかわる法律関係又は事実関係が取消判決により覆されることは、公共の福祉に反するとして事情判決が下されることがあります（最判昭33・7・25民集12巻12号1847頁[*26]）。事情判決では、判決主文において処分が違法であることを宣言しなければなりません（行訴法31条1項後段）。これは、別途、原告が行政主体に対して損害賠償請求訴訟を提起する際の便宜を図る趣旨です。

4　国家補償

（1）国家賠償

〈1〉総　説

　　大日本帝国憲法下では、行政処分などの公権力の行使について、国や地方公共団体は損害賠償責任を負わないとする**国家無答責の法理**が有力でした。もっとも、国の活動のすべてについて損害賠償が否定されていたわけではありません。例えば、公の営造物の設置・管理などの非権力的な行政活動については、旧憲法下でも民法717条が定める土地の工作物責任により損害賠償は認められていました（大判大5・6・1民録22輯1088頁）。しかし、国等の権力的な活動については、損害賠償請求の道は全く閉ざされていました。

　　戦後、日本国憲法が「何人も、公務員の不法行為により、損害を受けたときは、法律の定めるところにより、国又は公共団体に、その賠償を求めることができる」（17条）と規定し、これを受けて6ヶ条からなる国家賠償法が制定されました。同法は、公権力の行使に起因する損害（1条）と公の営造物の設置管理に起因する損害（2条）を分けて規定しています。

〈2〉**国家賠償法1条**

　　国家賠償法1条1項は、「国又は公共団体の公権力の行使に当る公務員が、その職務を行うについて、故意又は過失によつて違法に他人に損害を加えたときは、国又は公共団体が、これを賠償する責に任ずる」と定めています。

①　公権力の行使

　　「公権力の行使」に該当すると判断された場合、国家賠償法1条1項が適用され、そうでなければ民法上の不法行為に関する定めが適用されることになります。行政事件訴訟法3条が定める抗告訴訟も「公権力の行使」が対象でしたが、必ずしも同じ内容を指しているわけではありません。立法作用、司法作用も「公権力の行使」に含まれます。国家賠償法上の「**公権力の行使**」の捉え方には次の3つの学説があります。(a) 命令・強制など権力的活動に限定する考え方（狭義説）、(b) 国又は公共団体の作用のうち、純粋な私経済作用と国家賠償法2条の対象を除くすべての作用を含める考

[*26]
　本判決は、土地改良区設立認可処分が違法であることを認めながらも、「認可を取消すことにより、多数の農地、多数の人について生じた各種の法律関係及び事実状態を一挙に覆滅し去ることは、著しく公共の福祉に反するものといわなければならない」として、事情判決を定めた行政事件訴訟特例法11条1項を適用しました。
　また、選挙無効訴訟が提起された事案において、最大判昭51・4・14民集30巻3号223頁は、公職選挙法219条1項が行訴法31条を準用していないにもかかわらず、行訴法31条1項は「一般的な法の基本原則に基づくものとして理解すべき要素も含まれている」として、選挙自体を違法としつつも、無効とはしませんでした。

第2章　行政法

え方（広義説）、(c) 純粋な私経済作用も含める考え方（最広義説）の3つです。(b) 広義説が通説・判例です。(b) 広義説によると、処分や権力的事実行為に加えて、行政指導などが含まれることになります（【図表4−4】参照）。判例では、公立学校における教育は「公権力の行使」とされていますが、公立病院等での通常の医療行為は「公権力の行使」にあたらないとされています（ただし、強制接種や勧奨接種は「公権力の行使」にあたるとされています）。

【図表4−4】国家賠償法上の「公権力の行使」の捉え方

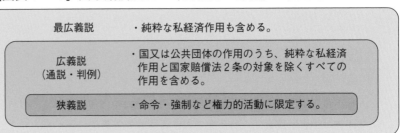

公権力の行使には不作為も含まれます。例えば、申請に対する不作為や規制権限の不行使などです。後者の場合、規制権限については、権限行使の要件が充足しても、それを行使するかどうかについては裁量が認められるので（行政便宜主義）、規制権限の不行使が国家賠償法上違法とはなりにくいといわれています。しかし、最高裁は、規制権限の不行使が、法令の趣旨・目的やその権限の性質に照らし、著しく合理性を欠く場合には被害者との関係で違法となるとしています[*27]。

② 国又は地方公共団体

公権力の行使に該当することが肯定される場合に、その帰属主体が「国又は公共団体」として賠償責任を負うことになります。例えば、都道府県の警察官による犯罪捜査は、検察官が自ら行う犯罪捜査の補助に係るものであるときのような例外的な場合を除いて、当該都道府県の公権力の行使にあたるとした判例があります（最判昭54・7・10民集33巻5号481頁）。ただし、公権力の帰属主体の判断が必ずしも容易でない場合もあります。指定確認検査機関の建築確認に関して、当該事務の帰属する地方公共団体が「公共団体」として賠償責任を負うことになるとした判例があります（最決平17・6・24判時1904号69頁[*28]）。つまり、指定確認検査機関は、国家賠償法上の「公共団体」に該当しないと解されていることになります。

③ 「公務員が、その職務を行う」について

国家賠償法上の「公務員」は、公務員法上の「公務員」を意味するのではなく、実質的に公務の遂行に携わっている者を指すと解されています。指定法人の職員もまた公権力の行使が委ねられている範囲で国家賠償法上

*27
例えば、筑豊じん肺事件・最判平16・4・27民集58巻4号1032頁では、通商産業大臣は、じん肺に関する医学的知見及びじん肺法（昭和35年3月31日）の趣旨に沿った石炭鉱山保安規則（鉱山保安法に基づく省令）の内容を見直すことにより、粉じん発生防止策の速やかな普及、実施を図るべき状況にあったとして、昭和35年4月以降、保安規制の権限を直ちに行使しなかったことは、その趣旨、目的に照らし、著しく合理性を欠くものであって、国家賠償法1条1項の適用上違法というべきであると判示されています。この他の認容例として、関西水俣病事件・最判平16・10・15民集58巻7号1802頁等があります。

*28
本件建築物の周辺住民が指定確認検査機関の行った建築確認処分の取消訴訟を提起しましたが、その係属中に本件建築物の完了検査が終了し、訴えの利益が消滅したことから、行訴法21条1項に基づき、本件を損害賠償の訴えに変更することを許可するよう申し立てた事案です。同規定により処分の取消しの訴えを公共団体に対する損害賠償の訴えに変更するためには、変更後の訴えの被告である公共団体が、変更前の訴えにおいて取消対象となっていた処分に係る事務の帰属する公共団体である必要があります。本件の主要な争点は、横浜市が本件建築確認につき行訴法21条1項の「当該処分又は裁決に係る事務の帰属する国又は公共団体」に当たるか否かでした。

の「公務員」となります。前出指定確認検査機関の職員は民間法人の職員ですが、公権力の行使を委ねられていることから国家賠償法上の公務員となります。また、最高裁は、児童福祉法の規定・趣旨によれば社会福祉法人が運営する児童養護施設における養育監護は本来都道府県が行うべき事務であるとして、施設職員を県の公権力の行使にあたる公務員と解し、県の国家賠償責任を認めています（最判平19・1・25民集61巻1号1頁）。

　また、「職務を行う」とありますが、公務員の職務に関連する行為は広く捉えられています。例えば、警察官が制服制帽を着用して職務行為を装い強盗した場合であっても、「客観的に職務執行の外形をそなえる行為」として国家賠償法が適用されています（最判昭31・11・30民集10巻11号1502頁[29]）。これを**外形標準説**といいます（「4章7節3（1）使用者責任」も参照してください）。

④　故意又は過失

　「**故意又は過失**」を、公務員の主観的な要件といいます。過失について、通説・判例は、標準的な公務員の能力を基準として、損害発生の予見可能性及び結果回避可能性を検討し、その上で、結果を回避できたにもかかわらず回避しなかった場合に、注意義務に違反したと認めます。注意義務違反があれば、過失が認定されることになります。

⑤　違　法

　行政処分が法令に違反していれば、取消訴訟では違法と判断されます。しかし、取消訴訟で違法であっても国家賠償法上も違法になるとは限りません。例えば、最高裁は、税務署の更正処分について、過大な所得の認定が直ちに国家賠償法1条1項にいう違法とはならず、課税要件事実を認定・判断する上で、職務上通常尽くすべき注意義務を尽くすことなく漫然と更正をしたと認めうるような特別の事情がある場合に限り、違法と評価しうると判示しています（最判平5・3・11民集47巻4号2863頁[30]）。このように、職務上通常尽くすべき注意義務を基準とする考え方を**職務行為基準説**といいます。職務行為基準説によれば、抗告訴訟上の違法と国家賠償法上の違法は異なることになります。これに対して、国家賠償法に法治国原理担保機能[31]を重視する立場は、抗告訴訟での違法と国家賠償法上の違法を一致させるべきであると説きます。

　行政処分の場合のような明確な決まりが存在しない行政活動については、標準的な公務員の注意義務違反を問題とせざるをえません。この場合、注意義務違反があれば違法と評価することになります。例えば、公立学校における生徒間事故については、教師の注意義務違反が問われています（最判昭58・2・18民集37巻1号101頁[32]）。

⑥　責　任

　以上の要件が充たされた場合、加害公務員ではなく国や公共団体が賠償

*29
　本判決は、国家賠償法1条の趣旨について、「公務員が主観的に権限行使の意思をもつてする場合にかぎらず自己の利をはかる意図をもつてする場合でも、客観的に職務執行の外形をそなえる行為をしてこれによつて、他人に損害を加えた場合には、国又は公共団体に損害賠償の責を負わしめて、ひろく国民の権益を擁護する」ことにあると説明しています。

*30
　税務署長は、原告に対して、申告書記載以外の収入が発覚していることを理由に税務調査に協力するように説得しましたが、原告が拒否する態度に終始したため得意先や取引銀行に対する反面調査を行い、その結果に基づいて所得金額を算定し、所得税の更正をしたところ、原告が、これに対して取消訴訟を提起しました。当該訴訟は一部認容され、これが確定した上で国家賠償訴訟が提起された事案です。

*31　法治国原理担保機能とは
　国家活動の法律適合性を確保する機能のことです。

*32
　本件は、町立中学校の生徒が放課後体育館において課外のクラブ活動であるバレーボール部の練習の妨げとなるような行為をして、同部員から殴られ左眼を失明した事故につき、その失明した生徒が町を被告として、事故当時、バレーボール部顧問の教諭が体育館を不在にしていたことが過失に当たると主張して、国賠法1条に基づき損害賠償を求めた事件です。

の責任を負うことになります。国家賠償法上の責任については、国や公共団体が自己の責任として負うとする考え方もありますが（**自己責任説**）、本来公務員が負うべき責任を国や公共団体が代わって負うとする考え方もあります（**代位責任説**）。加害公務員の故意又は重過失があれば、当該公務員は国又は公共団体から**求償権**を行使される可能性がありますが（国賠法1条2項）、加害公務員個人は被害者に対して直接賠償する責任を負いません（最判昭30・4・19民集9巻5号534頁）。

〈3〉 国家賠償法2条

国家賠償法2条1項は、「道路、河川その他の公の営造物の設置又は管理に瑕疵があつたために他人に損害を生じたときは、国又は公共団体は、これを賠償する責に任ずる」と定めています。なお、賠償責任を負う国又は公共団体は、他に損害の原因について責に任ずべき者があるときは、その者に求償権を行使することができます（国賠法2条2項）。

① 公の営造物

国家賠償法上の「**公の営造物**」とは、国や公共団体が直接公の目的のために使用し又は私人に使用させている個々の有体物のことです。人や無体財産は含みません。これは行政法学上の**公物**にあたります。公物には、道路などの人工公物、河川・海浜などの自然公物のほか、テニスの審判台などの動産も含まれます。このように国家賠償法2条の適用対象は「土地の工作物」（民法717条）に限られません。また、国や公共団体が、法令等に基づいて管理している物に限られません（最判昭59・11・29民集38巻11号1195頁[*33]）。

② 設置又は管理の瑕疵

最高裁は、**設置・管理の瑕疵**とは「通常有すべき安全性を欠いていること」であるとし[*34]、また、瑕疵（法律上の欠点や欠陥）の有無は、当該営造物の構造、用法、場所的環境及び利用状況等諸般の事情を総合考慮して具体的個別的に判断すべきであると判示しています[*35]。なお、営造物が供用目的で利用される際に利用者以外の者に対して危害を及ぼすおそれがある場合にも、通常有すべき安全性は欠如していることから設置・管理の瑕疵が認められることがあります（最大判昭56・12・16民集35巻10号1369頁[*36]）。この場合の瑕疵を**供用関連瑕疵**（機能的瑕疵）といいます。最高裁は、以上を大前提として、営造物の種類・事情等に応じて設置・管理の瑕疵の有無を判断しています。

道路の瑕疵が問題となるケースとして、①構造・設計に瑕疵がある場合、②道路に障害物がある場合などがあります。①は前記最高裁の判断枠組みに照らして瑕疵の有無を容易に判断できそうです。②については、対照的な2つの最高裁判例があります。（ア）国道上に87時間にわたって放置された故障車に起因して事故が起こった事案と、（イ）道路工事の注意を促

*33
地方公共団体が、溝渠の改修等を行って河川を事実上管理していた事情のもとで、本件溝渠の管理に瑕疵があつたために他人に損害を生じたときは、国賠法2条に基づいて、その損害を賠償する義務を負うと判示されました。

*34
国道での落石により死亡事故が発生した事案・最判昭45・8・20民集24巻9号1268頁。

*35
道路の防護柵で遊んでいた幼児が転落死亡した事案・最判昭53・7・4民集32巻5号809頁。

*36
国営空港における飛行機の離発着によって騒音被害が発生したとして、空港周辺住民から損害賠償請求がなされた事案。

す赤色灯が倒されたことに起因して事故が起こった事案です。（ア）は、道路管理者が必要な措置を取らなかったため道路の瑕疵が認められましたが（最判昭50・7・25民集29巻6号1136頁）、（イ）は、赤色灯が倒れたのは事故発生の直前であって原状回復は時間的に不可能であるとして瑕疵は認められませんでした（最判昭50・6・26民集29巻6号851頁）。

　また、国家賠償法2条に例示されている公の営造物として河川があります。最高裁は、同種・同規模の河川の管理の一般水準及び社会通念に照らして是認しうる安全性を備えているかどうかを瑕疵の判定基準としています（後掲最判昭59・平2）。これを前提として、未改修の河川については、財政的・技術的・社会的制約があることを踏まえて過渡的な安全性で足りるとしました（最判昭59・1・26民集38巻2号53頁）[37]。道路の場合、防護柵の設置をする場合には予算措置に困ることは推察できるが、瑕疵による損害賠償を免れない（前出最判昭45・8・20）としていたのと比べて対照的です。一方、改修済み河川については、河川改修に関する計画に定める規模の洪水における流水の作用から予測される災害の発生を防止するに足りる安全性を備えているかどうかが基準とされています（最判平2・12・13民集44巻9号1186頁）。

〈4〉費用負担者

　国家賠償法3条1項は、国家賠償法1条又は2条に基づく損害賠償について、次のように**費用負担者**も賠償する責を負うと定めています。国家賠償法1条に基づく損害賠償の場合、公務員の選任・監督にあたる者と公務員の俸給、給与その他費用を負担する者とが異なるときは、費用を負担する者もまたその損害を賠償する責を負うことになります。また、国家賠償法2条に基づく損害賠償についても、公の営造物の設置・管理にあたる者と公の営造物の設置管理の費用を負担するものとが異なるときは、当該費用を負担する者もまたその損害を賠償する責を負うことになります。したがって、被害者は、いずれに対しても損害賠償請求をすることができます。地方公共団体が設置・管理する公の営造物について国が補助金を交付している場合、国が費用負担者に該当するかどうかが争点となった例があります。最高裁は、当該営造物の設置費用について法律上負担義務を負う者と同等かこれに近い経済的な補助を供与していること、実質的に事業を共同で執行していると認められること、効果的に危険防止措置を講じうる立場にあること等の要件を示して、国が費用負担者となることを認めました（最判昭50・11・28民集29巻10号1754頁）。なお、損害を賠償した者は、内部関係でその損害を賠償する責任のある者に対して求償権を有します（国賠法3条2項）。内部関係における負担割合は、関係規定から判断されることになります。市立中学校教諭の体罰に起因する生徒による損害賠償請求訴訟について費用負担者たる県が敗訴し、賠償額を支払った後、県が国家賠償法3条2項に基づき市に対して求償

第2章

行政法

*37
　本判決では、「既に改修計画が定められ、これに基づいて現に改修中である河川については、右計画が全体として右の見地からみて格別不合理なものと認められないときは、その後の事情の変動により当該河川の未改修部分につき水害発生の危険性が特に顕著となり、当初の計画の時期を繰り上げ、又は工事の順序を変更するなどして早期の改修工事を施行しなければならないと認めるべき特段の事由が生じない限り、右部分につき改修がいまだ行われていないとの一事をもって河川管理に瑕疵があるとすることはできないと解すべきである。」と判示されている。

訴訟を提起した事案があります。最高裁は、学校の設置者が負担する経費（学校教育法5条、地方財政法9条）には賠償費用も含まれると解し、県による市への全額求償を認めています（最判平21・10・23民集63巻8号1849頁）。

（2）損失補償

〈1〉損失補償と憲法

　損失補償とは、適法な行政活動によって私人にもたらされた財産上の特別の犠牲を補償することです。憲法29条3項が、損失補償の根拠です。典型例として、土地収用があります。土地収用法では、道路などの公益性の高い事業のために私人の土地を強制的に収用することが認められています。この場合、公平の理念に照らして、道路という公の目的のために特別の犠牲を払った土地所有者には補償を与える必要があります。

　損失補償が必要とされる特別の犠牲があるにもかかわらず、土地収用法のように補償規定を定めていないことがあります。この場合、通説・判例によれば、当該法令は違憲とはならず、直接憲法に基づいて損失補償を請求できるとされています（最大判昭43・11・27刑集22巻12号1402頁[*38]）。

〈2〉補償の要否に関する基準

　特別の犠牲がある場合には、公平の理念から補償が要請されることになりますが、特別の犠牲がどのような場合に認められるかが問題となります。伝統的には、（ア）侵害を受ける者の範囲が一般的かどうか（**形式的基準**）、（イ）財産権の本質内容が侵害されるような強度なものか（**実質的基準**）の2つの基準から判断されてきました。（ア）の基準によれば、少数者に対する侵害であれば特別なものであるといいやすいかもしれませんが、一般的か、それとも特別かどうかは相対的な問題なので、（ア）だけでは決め手になりません。より重要なのは（イ）の基準です。所有権の剥奪は非常に強い侵害ですから、一般的には土地収用のように特別の犠牲が認められます。しかし、補償の要否は、侵害の程度や目的などを総合的に考慮して判断する必要があります。例えば、火事により現に燃えている建物や延焼のおそれのある建物の場合、破壊しても補償は不要とされています（消防法29条1項・2項）。一方、延焼のおそれがないにもかかわらず、火事の拡大を防止する目的で建物を壊す場合には補償が必要とされています（消防法29条3項）。前者は、当該財産の価値が滅失している又は社会的な危険をはらんでいるという理由から補償は不要となり、後者は、火事の拡大防止という公共の利益のための特別な犠牲であるから補償は必要と考えることができます。

　財産権を剥奪するのではなく、利用を制限する場合についても補償の要否は問題となります。最高裁は、ため池の堤とうでの農作業を禁じた条例について、災害を未然に防止するという社会生活上のやむをえない必要からくる制限であるとして補償を不要としました（最大判昭38・6・26刑集17巻5号521

＊38
　河川付近地制限令の制定により砂利採取につき県知事の許可を得る必要が生じたにもかかわらず、業者が無許可で砂利採取を続行したため罰金刑が科された事案です。本判決では、同令に損失補償に関する規定がないからといつて損失補償を全く否定する趣旨とまでは解されず、本件被告人も、その損失を具体的に主張立証して直接憲法29条3項を根拠にして補償請求をする余地が全くないわけではないから、同令の制限違反について罰則を定めた各規定を直ちに違憲無効の規定と解すべきではないと判示されました。

頁）。これに対して、重要文化財の現状変更には許可制が敷かれており、不許可に際して損失補償が認められています（文化財保護法43条5項）。従来、公共の安全・秩序の維持を目的とした消極目的規制には補償は不要とされ、公共の福祉を増進することを目的とした積極目的規制には補償が必要とされてきましたが、前記2例はこの区分に対応していると考えられます。

〈3〉補償の内容

憲法29条3項では、「正当な補償」が求められています。その意味については、市場価格に基づく補償を必要とする「**完全補償**」説と市場価格に至らなくとも社会通念上相当な補償でよいとする「**相当補償**」説が唱えられています。最高裁は、戦後の農地改革に関する買収価格について相当な補償でよいとしていますが（最大判昭28・12・23民集7巻13号1523頁[*39]）、土地収用については、収用の前後で財産的価値が等しくなるよう補償すべきであるとして完全補償を求めています（最判昭48・10・18民集27巻9号1210頁[*40]）。

財産的な価値ではなく、精神的な価値は補償の対象となりません。例えば、文化財の収用に関して、最高裁は、文化財的価値が経済的評価になじまないとして損失補償の対象とはならないと判示しました（最判昭63・1・21判時1270号67頁[*41]）。また、ダム建設によって水没する地域の住民に対する補償の内容も問題となります。しかし、いわゆる生活再建補償・生業補償は、憲法上の内容としての損失補償の対象ではないと解されており、個別法で努力義務として規定されるにとどまります（都計法74条など）。

（3）国家補償の谷間

国家補償の谷間とは、国家賠償法によっても損失補償によっても救済されない領域を指します。違法であるが過失が認められない国の行為や非財産的損害をもたらす国の適法な行為などがその例です。こうした谷間は、立法論的・解釈論的アプローチによって埋める努力がなされています。

例えば、予防接種によって後遺障害が生じた場合、予防接種は適法ですが、生命・身体という非財産的な損害の問題なので、財産権を念頭においた損失補償の法理を適用することには違和感が伴います。一方、国家賠償法1条の適用については、医師の過失の認定は難しいという問題があります。そこで、最高裁は、禁忌者（予防接種をしてはならない者）を識別するための予診が尽くされたにもかかわらず、禁忌者に該当すると認められる事由を発見できなかったこと、被接種者の個人的素因に障害の原因があったなどの特段の事情が認められない限り、禁忌者に該当していたと推定することとしています（最判平3・4・19民集45巻4号367頁）。禁忌者と推定される者に対して安易に予防接種をした場合、注意義務違反（過失）が認められると考えられます。つまり、禁忌者の推定を通して過失の認定は容易になったわけです。

立法による対応の例としては、憲法40条に基づき、抑留・拘禁の後に無罪判決を受けた場合の補償を定める刑事補償法などがあります。　　　　　　　　（徳本広孝）

[*39]
判決では、「憲法二九条三項にいうところの財産権を公共の用に供する場合の正当な補償とは、その当時の経済状態において成立することを考えられる価格に基き、合理的に算出された相当な額をいうのであつて、必しも常にかかる価格と完全に一致することを要するものでないと解するを相当とする。けだし財産権の内容は、公共の福祉に適合するように法律で定められるのを本質とするから（憲法二九条二項）、公共の福祉を増進し又は維持するため必要ある場合は、財産権の使用収益又は処分の権利にある制限を受けることがあり、また財産権の価格についても特定の制限を受けることがあつて、その自由な取引による価格の成立を認められないこともあるからである。」と判示されました。

[*40]
判決では、「土地収用法における損失の補償は、特定の公益上必要な事業のために土地が収用される場合、その収用によつて当該土地の所有者等が被る特別な犠牲の回復をはかることを目的とするものであるから、完全な補償、すなわち、収用の前後を通じて被収用者の財産価値を等しくならしめるような補償をなすべきであり、金銭をもつて補償する場合には、被収用者が近傍において被収用地と同等の代替地等を取得することをうるに足りる金額の補償を要する」と判示されています。

[*41]
判決は、江戸時代初期から水害より村落共同体を守ってきた輪中堤について、歴史的、社会的、学術的価値を認めつつ、それ以上に本件堤防の不動産として市場価格を形成する要素となり得るような価値を有するわけでないと判示しています。

学習のポイント

■行政救済法は、行政の行為の是正を目的とした行政争訟と金銭的な損害の填補を目的とした国家補償からなります。

■行政争訟には、行政機関による救済としての行政不服申立てと裁判上の救済としての行政訴訟があります。

■行政不服申立ての一般法として行政不服審査法があります。同法は、違法又は不当な行政処分の是正を求める手続を定めています。違法な処分のみを統制できる行政訴訟とは異なり、裁量権を不適切に行使したにすぎない不当な処分も統制することができます。

■行政訴訟には、①抗告訴訟、②当事者訴訟（形式的当事者訴訟及び実質的当事者訴訟）、③民衆訴訟及び④機関訴訟があります。①②は主観訴訟、③④は客観訴訟です。客観訴訟は法律上の争訟ではなく、立法者が特に法律で認めた場合にのみ提起することができます。

■抗告訴訟とは「公権力の行使」＝「処分」に関する不服の訴えのことです。行政事件訴訟法では、法定の抗告訴訟として、①取消訴訟、②無効等確認訴訟、③不作為の違法確認訴訟、④義務付け訴訟、⑤差止訴訟を定めています。このうち取消訴訟は、抗告訴訟の中でも中心的な位置付けが与えられています。

■取消訴訟の判決には、①却下判決（訴訟要件を満たさない場合）、②棄却判決（取消請求に理由がない場合）、③認容判決（取消請求に理由がある場合）の３つがあります。また、処分が違法のため、取消請求に理由がある場合であっても、一切の事情を考慮した上で例外的に請求を棄却する事情判決があります。

■形式的当事者訴訟とは、当事者間の法律関係を確認し、又は形成する処分・裁決に関する訴訟で法令の規定によりその法律関係の当事者の一方を被告とするものです（行訴法４条前段）。

■実質的当事者訴訟とは、公法上の法律関係に関する訴訟です（行訴法４条後段）。2004年の行政事件訴訟法改正によって「公法上の法律関係に関する確認の訴え」（確認訴訟）が明記され、処分にあたらない国の活動の是正のために活用されることが期待されています。

■国家補償には、国の違法な活動に起因する損害を金銭的に填補する国家賠償と国の適法な活動に起因する損害を金銭的に填補する損失補償とがあります。

■国家賠償は、公務員の行為が故意過失によって違法に私人に損害をもたらした場合の賠償（国賠法１条）と公の営造物の瑕疵に起因する損害の賠償（国賠法２条）を予定しています。

■損失補償は、土地収用のように法律に基づき行政の決定で補償が行われる場合がありますが、補償が法定されていなくても、一定の要件の下で、国民は、憲法29条３項に基づき直接国に対して請求することができます。

■国家賠償や損失補償で救済されない場合は、国家補償の谷間として把握されます。国家補償の谷間は、解釈や立法によって補うことが求められています。

第3章

地方自治法

　この章では、地方自治制度の根幹を定めた地方自治法及びその関係法令の要点を学習します。まず第1節では、地方自治の基本原理を確認した上で、この見地から我が国の地方自治法制の歴史を振り返り、さらに現行地方自治法における各種の類型（普通地方公共団体としての都道府県と市町村、そして特別地方公共団体）を概観します。

　続く第2節で、地方公共団体が処理する事務の種類や性質を説明します。自治事務と法定受託事務の区別が出発点になります。第3節は、自治立法すなわち条例と規則に関する論点の整理です。特に、法律との関係において、条例でどのようなことまで定められるのかという論点が重要です。第4節では、住民の概念を明らかにし、住民の権利義務に関する重要な原則を提示します。例えば、公共サービスの提供にあたって、行政は住民を平等に扱わなければならないといった事柄です。第5節では、間接民主制の手段である選挙の仕組みを、第6節では、住民が署名を集めて議会の解散を求めるというような直接民主主義的な仕組み、すなわち直接請求制度を概観します。

　第7節では、議決機関である議会について、その構成と権限、それに会議の開催に関する定めなどを学びます。次の第8節では、執行機関やその周辺の組織に目を向けます。地方公共団体の長、すなわち都道府県知事や市町村長の権限、及びこれらと議会との関係に関する説明が中心です。第9節では、地方公務員の身分及びその権利・義務の問題などを扱います。

　第10節では地方税と財務に関する様々な仕組みを解説し、第11節では、公の施設に関する一般的な知識を身につけたうえで、指定管理者制度について学びます。第12節は、監査と住民訴訟の仕組みの学習です。今日では多くの行政分野や議会活動について住民訴訟が活用されていますので、その特色を正しく理解する必要があります。

　第13節では、国と地方公共団体、並びに都道府県と市町村の間における関与の仕組みを解説します。国との関係で地方公共団体の自主・自立性を捉える際に、関与の仕組みの理解が必須となります。第14節では、委員会や附属機関などの機関を共同して設置する仕組み、他の地方公共団体に事務を委託する仕組み等の地方公共団体の協力方式を取り上げます。

第1節　地方自治の基本原理と地方公共団体

1　地方公務員と地方自治法

　憲法92条は、「地方公共団体の組織及び運営に関する事項は、地方自治の本旨に基いて、法律でこれを定める」と規定しています。ここでいう「地方公共団体の組織及び運営に関する事項」を定めた最も基本となる法律が**地方自治法**です。もちろん、この他にも、地方公営企業法、地方独立行政法人法、地方財政法、地方税法、地方交付税法、地方公務員法などの各種の法律がありますが、地方公務員の使用者であり、その活動が帰属する主体である地方公共団体の基本的な性格、組織、権限を定めた一般法として地方自治法があるのです。憲法の下、地方公務員の働きの場である地方公共団体の存在基盤を具体的に定めた法律が地方自治法であるということになります。

　まず、地方自治法は、いわゆる行政主体の内部構成・組織に関する法としての行政組織法に位置付けられます。例えば、地方公共団体の執行機関（長や行政委員会など）の地位、権限及びそれらの補助機関の種類や職務などが規定されています[*1]。しかし、地方自治法は、行政組織法にとどまるものではありません。例えば、地方自治法は、自治立法としての条例制定事項を定め、国と地方公共団体の役割分担や地方公共団体の事務分類（自治事務と法定受託事務[*2]）と、それに係る国等による関与の実体法的・手続法的ルール[*3]を定めることによって、地方公共団体の自治立法権、自治行政権を具体的に制度化しています。

　国や他の地方公共団体との関係ばかりでなく、住民との関係も、地方自治法は規定しています。まず、長や議会議員の選挙権[*4]、直接民主主義的制度としての直接請求[*5]や住民監査請求・住民訴訟制度[*6]を通じた住民の参政権的権利が地方自治法には定められています。また、公の施設の設置・管理の規定など住民の公共施設利用請求権[*7]も地方自治法に定められています。

　このように、地方自治法は、文字通り「**地方公共団体の組織及び運営**」の根本を定めた、地方公務員にとっての基本法なのです。

（人見　剛・斎藤　誠）

2　地方自治の基本原理

　先にみた憲法92条は、地方自治に関する基本法である地方自治法も遵守しなければならない原則として「**地方自治の本旨**」を定めています。地方自治の憲法上

＊1
　地方公共団体の執行機関や補助機関については、本章「8節 執行機関及びその他の組織」を参照。

＊2
　地方公共団体の処理する事務の自治事務と法定受託事務の区別については、本章「2節 地方公共団体の事務」を参照。

＊3
　地方公共団体に対する国等の関与の制度については、本章「13節 国又は都道府県の関与」を参照。

＊4
　地方公共団体における選挙については、本章「5節 選挙」を参照。

＊5
　直接請求制度については、本章「6節 直接請求」を参照。

＊6
　住民監査請求・住民訴訟制度については、本章「12節 監査と住民訴訟」を参照。

＊7
　公の施設の利用関係については、本章「11節 公の施設」を参照。

の基本原理を意味する「地方自治の本旨」が具体的にはどのようなものであるかは議論のあるところですが、**団体自治の原則**と**住民自治の原則**の2つの原則からなるとするのが通説です（両原則の意味については、「1章4節2　地方自治の本旨」を参照）。

　地方自治法も、その目的規定において「地方自治の本旨」に基づくものであることを明記し（1条）、地方公共団体に関する法令は挙げて「地方自治の本旨」に基づくべきこと、これらの法令の解釈・運用も「地方自治の本旨」に基づいてなされるべきことを定めています（2条11・12項）。さらに、地方公共団体が自治事務を処理する場合には「国は、地方公共団体が地域の特性に応じて当該事務を処理することができるよう特に配慮しなければならない」（2条13項）とする規定は、団体自治の原則を具体化した一般原則として重要な定めであるといえます。

　なお、憲法93・94条は、地方公共団体における住民代表議会制と首長公選制（二元代表制）、そして自治立法権・自治行政権・自治財政権の保障を定めていますが、ここでいう「地方公共団体」がいかなる団体を指しているかも議論のあるところです。本節で後述する地方自治法上の地方公共団体（1条の3）のすべてがこれに当たるものではなく、普通地方公共団体に限られると解するのが最高裁判例と考えられます（最大判昭38・3・27刑集17巻2号121頁[8]）。本章でも、特に断りがない限り、「地方公共団体」は、「普通地方公共団体」を指すものとします。ただし、特別区は、今日では市とほとんど変わらないといえます（自治法283条1項）。

（人見　剛・斎藤　誠）

＊8　渋谷区長選任贈収賄事件
　この最高裁判決については、「1章4節3　地方公共団体の設置と憲法」を参照。

3　地方自治の基本原理からみた地方自治法制の歴史

（1）明治憲法下の地方制度

　我が国の近代的な地方自治制度は、明治憲法制定前年の1888（明治21）年の**市制町村制**と1890（明治23）年の**府県制**と**郡制**の制定に始まるといわれています[9]。これらの法制度の下で，市町村は独立の法人格を有し、一定額以上の税金を納める25歳以上の男性である公民によって選挙される議員からなる議会がおかれ、条例を制定し、市町村長の選出などの各種の議決を行いました。ただし、内務大臣や府県知事などの許可のもとにありました。他方、府県と郡は、当初は独立の法人格を認められず、知事と郡長には国の官吏が充てられ、地方議会である府県会と郡会は置かれたものの中央政府の強い監督下にありました。

　大正期に入ると郡制が廃止され、市町村会・府県会議員の選挙権に関する納税要件が撤廃されていわゆる男子普通選挙制が実現し、市町村会による市町村長の選出に係る国の関与等の緩和もなされました。府県制においても昭和期に入ってから府県の条例規則の制定権が明示され、国の監督も緩和されました。

　昭和期には太平洋戦争に突入して戦局が悪化する中、各種の制度改革が行わ

＊9
　市制町村制の施行に併せて、江戸時代からの自然集落としての町村を300〜500戸程度の人口規模を標準として全国的な町村合併が行われました（明治の大合併）。これにより市制町村制制定時の約7万町村は、約1万5千程度に減少しました。

れ、府県制においては府県会の権限の縮小と知事の権限の拡充強化が、**市制・町村制**においては市町村会の権限の縮小や町内会・部落会の市町村行政の末端機関への組込みが実施されました。さらに、1943（昭和18）年には、区の自治権を制限し、戦争遂行のための府市が一体となった強力な帝都行政を遂行するため、東京市を廃止し、その機能を東京都に吸収する東京都制も導入されました。

　太平洋戦争が終結して連合国の占領統治が始まる中、1946（昭和21）年に早速地方制度の大改正がなされました。成年住民には性別を問わず参政権が認められ、市町村長選任の知事認可制は廃止され、市町村長も知事も住民が直接公選することになりました。同時に条例の制定改廃・監査委員による事務監査・議会の解散その他のリコールなどの直接請求制度も新たに導入されました。

（2）日本国憲法の制定と地方自治法の制定

　日本国憲法制定の翌1947（昭和22）年、憲法92条の規定を受けて地方自治に関する総合的法典として地方自治法が制定され、それまでの府県制、市制・町村制、都制などの地方制度法律は廃止されました。先にみたように、知事は内務省の官吏が任命されるのではなく住民が直接選挙で選ぶこととされ、都道府県は完全な地方「自治体」となり、都道府県・市町村の事務（自治事務）に対する監督も大幅に緩和されました。国の地方統制機関であった内務省が解体され、市町村の自治体警察・公安委員会制度の発足、教育委員会の設置など中央集権的諸制度の改廃がなされました。この他、地方公共団体は独自に条例を定めて罰則付きの権力的な規制権限（行政事務）を行使することを認められ名実共に統治主体となり、また住民監査請求・住民訴訟の制度も導入されました。

　他方、以前は官吏であった知事の所管国家事務がそのまま都道府県に残されたため、国の機関たる知事の処理する国の事務（**機関委任事務**[10]の多くの部分）に関する国の関与法制も，地方自治法に組み込まれることになりました。

（3）戦後改革の見直し期から高度経済成長と地方の時代へ

　1950年代に入り東西の冷戦構造の深化を背景として、アメリカ占領期の民主化改革の見直しが始まりました。警察・教育行政における中央集権的再編成が行われ（市町村自治体警察の廃止と都道府県警察の創設、教育委員会委員の公選制廃止）、特別区の区長公選制も廃止されました。また、事務配分における市町村優先の原則を提起した**シャウプ勧告**（1949年）や**神戸勧告**（1950年）[11]を契機として、「**昭和の大合併**」とよばれる町村合併が強力に推進され、市町村数は約1万から3千台にまで約3分の1に減少しました。

　1960年代の高度経済成長期においては、地方自治法それ自体の目立った改正はありませんが、1963（昭和38）年改正は、「財務」と「公の施設」の章を現行法の形に改めた大きな改正でした。1970年代には、高度経済成長の負の側面が公害問題、都市問題、物価問題、消費者問題などとして顕わになり、要綱行政、公害規

*10　機関委任事務
　機関委任事務とは、他の行政主体、主に国の事務を、地方公共団体の機関である都道府県知事や市町村長等の執行機関に委任して実施することとされている事務のことです。

*11　シャウプ勧告と神戸勧告
　シャウプ勧告とは、GHQの招聘により来日したアメリカの財政学者カール・シャウプを団長とする税制調査団の日本の税制改革に関する報告書を指し、この勧告を受けて日本政府が神戸正雄を委員長として設置した地方行政調査委員会議の勧告が神戸勧告とよばれています。

制上乗せ条例、福祉上積み条例、住民参加制度などの自治体行政の実践が地方自治論の大きなテーマになりました。住民訴訟の活性化などもこの時期からの傾向です。1974（昭和49）年の特別区の区長公選制の復活は、この時期の住民運動の興隆を反映するものです。1980年代には情報公開条例が全国の自治体に広く普及し、住民投票条例も原発の設置などの個別争点を対象として制定され始めました。

（4）世紀転換期の第一次地方分権改革から21世紀の第二次地方分権改革へ

　1990年代に入り、低経済成長の時代に対応した行政改革として、規制緩和と地方分権の動きが活性化し、地方分権推進法に基づいて設置された地方分権推進委員会の諸勧告に基づいて1999（平成11）年、地方自治法の大改正をはじめとする500近くの法律の一挙改正という**第一次地方分権改革**が行われました。その成果は、主に、①**機関委任事務の廃止**とそれの自治事務ないし法定受託事務への再編成、②**国等の関与の縮減**とそれに係る実体法的・手続法的ルールの整備、③**関与に関する係争処理制度**（国地方係争処理委員会・自治紛争処理委員の審査手続と高等裁判所への機関訴訟）の導入にまとめられます。

　その後、第一次分権改革では着手されなかった地方税財源の充実確保の課題に関しては、いわゆる「三位一体の改革」（地方税への税源移譲、地方交付税の総額抑制、国庫補助金の整理合理化）が実施されましたが、行政のスリム化に比重がおかれた結果国からの税財源の移転が十分ではなく、かえって自治体の財政を圧迫する結果となってしまいました。他方で、分権の受け皿としての基礎的自治体の強化をスローガンに市町村合併が国主導で推進され（**平成の大合併**）、3,200以上あった市町村は、1,700余りにまで減少しました。その後も、市町村間の広域連携や都道府県による市町村行政の補完とともに、自主的な市町村合併という手法も市町村による政策選択の対象であり、市町村の合併の特例に関する法律は2020年の改正により、その期限が2030年まで延長されました。

　2006（平成18）年には**第二次地方分権改革**のための地方分権改革推進法が制定され、先の分権改革において十分な成果を上げられなかった、①事務・権限の自治体への移譲、②国の法令等による自治事務等の執行方法・執行体制に関する**義務付け・枠付けの撤廃・緩和**などを内容とする十二次にわたる地方分権一括法が2011年から2022年にかけて制定されています。また、2017（平成29）年には、自治体のコンプライアンス改善に向けての内部統制制度の導入など、比較的大きな地方自治法改正がなされました。

　2021（令和3）年には、コロナ禍への対応やデジタル化の進展を受けての個人情報保護法の改正など自治体行政に大きな影響を及ぼす制度改定があり、この動向は地方自治法自体にも及んでくると想定されます。

（人見　剛・斎藤　誠）

4　普通地方公共団体と特別地方公共団体

（1）地方公共団体の種別

　憲法は「地方公共団体」としか規定していませんが、地方自治法では地方公共団体について、「普通地方公共団体」と「特別地方公共団体」に大別し（自治法1条の3第1項）、普通地方公共団体として、広域的地方公共団体としての「都道府県」と基礎的地方公共団体としての「市町村」を、特別地方公共団体として「特別区」、「地方公共団体の組合」、「財産区」を定め（同条2項・3項）、それぞれの権能について定めています。さらに、地方自治法は、大都市特例（252条の19以下）として、「指定都市」と「中核市」を定めるほか、「地方公共団体の組合」として、「一部事務組合」と「広域連合」の2種を定めています（284条1項）。

　なお、このほか、市町村の合併の特例に関する法律27条は、「合併特例区」を「特別地方公共団体」としています。

【図表1−1】

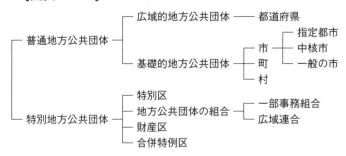

（2）普通地方公共団体

〈1〉都道府県・市町村の関係

　　普通地方公共団体の**都道府県**と**市町村**は、それぞれが法人格を有する行政主体です（自治法2条1項）。地方自治法は、都道府県は市町村を「包括する」等の表現を用いることがあり（例えば同法2条5項）、また、市町村（及び特別区）は、当該都道府県の条例に違反してその事務を処理してはならない（同法2条16項）などと規定されていますが、これは、都道府県が市町村の上位団体であるということを意味するものではありません。都道府県・市町村は、それぞれの役割分担の下で自治体行政を行う対等な統治主体です。

〈2〉都道府県

　　広域的地方公共団体としての都道府県は、地方公共団体の処理する事務（自治法2条2項）のうち、①広域にわたる事務（広域事務）、②市町村に関する連絡調整事務、③その規模又は性質において市町村が処理することが適当でない事務（補完事務）を処理する普通地方公共団体です（同法2条5項）。

　都は東京都のみですが、その特質として、区域内の一部に、特別地方公共団体である**特別区**が置かれていることが挙げられます。都と特別区との関係は、道府県と市町村との関係に比べて特徴がありますが、1998（平成10）年の地方自治法改正によって特別区は基礎的地方公共団体として位置付けられ（同法281条の2）、市との差異も薄れています。**道**は、北海道に固有の名称ですが、その権能は府県とほとんど変わるところはありません。また、**府**と**県**の間に制度的な違いはありません。そうすると、現在の都道府県の間では、権能等制度の上で、特筆すべき差異はみられないということになります。

〈3〉　市町村

　市町村は**基礎的地方公共団体**として、上述の都道府県が処理するものを除き、一般的に、地方公共団体の事務を処理する普通地方公共団体です（自治法2条3項）。

　市は、町村に比べ人口、戸数、住民の就労先、施設といった面で都市的な要素を有することが求められます。すなわち、地方自治法8条1項は市となるべき要件につき、「人口5万以上を有すること」、「中心の市街地を形成している区域内に在る戸数が、全戸数の6割以上であること」、「商工業その他の都市的業態に従事する者及びその者と同一世帯に属する者の数が、全人口の6割以上であること」、その他「当該都道府県の条例で定める都市的施設その他の都市としての要件を具えていること」としています。

　町は、「当該都道府県の条例で定める町としての要件」を具えていなければなりません（自治法8条2項）。他方、**村**の要件については、地方自治法は規定していません（市と町以外のものということになります）。

　町と村の権能等に、ほとんど差異はありません。市と比較した町村の特色として、町村には議会を置かず、選挙権を有する者の総会（「町村総会」とよばれています）を設けることができる（自治法94条）などの点があります。

〈4〉　大都市制度

①　大都市に関する特例制度

　地方自治法は、市のうち人口規模の大きい大都市について、事務配分等に関する特例を設けています。ここでの大都市とは、「**指定都市**」と「**中核市**」を指しますが、この特例により、これらの大都市は都道府県の処理すべき事務の一部を行うことになります。住民に最も身近な基礎的地方公共団体が地方公共団体の行政をより広く担うことについては、地方自治の理念にも適うところです。

　また、大都市の事務執行上の独自性を担保するために国・都道府県の関与も緩和されています。

②　指定都市

　指定都市は、政令で指定する市ですが、その指定要件は人口50万以上の市とされています（自治法252条の19第1項）。しかし、実際の運用では実質

161

的指定要件として、人口100万以上若しくは将来において100万に達する市であるほか、行財政能力や都市機能、第一次産業就業者比率等も勘案されてきました。しかし、最近では市町村合併を促進する目的で、実質的要件の緩和等、弾力的な指定が行われていました[*12]。

ア　指定都市の処理する事務と関与に関する特例

　指定都市は、以下の都道府県の事務の全部又は一部を処理することができます。①児童福祉、②民生委員、③身体障害者福祉、④生活保護、⑤行旅病人及び行旅死亡人の取扱、⑥社会福祉事業、⑦知的障害者福祉、⑧母子家庭、父子家庭及び寡婦の福祉、⑨老人福祉、⑩母子保健、⑪介護保険、⑫障害者の自立支援、⑬生活困窮者の自立支援、⑭食品衛生、⑮医療、⑯精神保健及び精神障害者福祉、⑰結核予防、⑱難病患者の医療等、⑲土地区画整理事業、⑳屋外広告物規制。以上は地方自治法252条の19第1項に列挙された事務ですが、このほかにも、個別法で定められた事務を行うことになります（この個別法の数は多く、80を超えるとされています）。

　指定都市はこれらの事務を行う上で、法律又は政令で定める都道府県知事・都道府県の委員会の行う許認可、指示その他の命令等、都道府県の執行機関による関与を受ける事項のうち、政令で定めるものが除外され、又はこれらに代わり大臣による関与を受けることになります（自治法252条の19第2項）。この「関与の特例」は、都道府県からの当該事務処理権限の独立性を確保し、国・都道府県による二重の関与を排するものです。

イ　区の設置

　指定都市では、市長の権限に属する事務を分掌させるために、条例により区域を分けて「区」を設けて、区の事務所（必要に応じてその出張所）をおくことになります（自治法252条の20）。これは「**行政区**」とよばれる、事務分掌上設置される区で、特別区のような地方公共団体ではありません（区長はいますが、市長の補助機関である職員が充てられ（同条第4項）、区議会も存在せず、法人格もありません）。ただ、区には選挙管理委員会がおかれ、市の選挙管理委員会に関する規定が準用されており（自治法252条の20第5項・第6項）、また個別法で、例えば戸籍・住民基本台帳関係の事務につき、市・市長に関する規定を、区・区長に準用する等の特例が設けられている（戸籍法4条、住民台帳法38条）点に注意を要します。

ウ　総合区の設置

　2014（平成26）年の地方自治法改正は、まず、区の事務所が分掌する事務を条例で定めることとした（自治法252条の20第2項）ほか、指定都市において「都市内分権」によって住民自治を強化するために「**総合区**」制度を導入しました。指定都市は、その行政の円滑な運営を確保するた

め必要があると認めるときは、条例で、区に代えて総合区を設け、市長の権限に属する事務のうち特定の区の区域内に関するものを「総合区長」に執行させることができます（自治法252条の20の2第1項）。

　総合区長は、総合区の事務所の長であり（同条第3項）、原則として、総合区の区域に係る政策及び企画をつかさどるほか、法令又は条例により総合区長が執行することとされた事務及び市長の権限に属する事務のうち主として総合区の区域内に関するものを執行し（その具体的な事務の種類については、同条第8項1号〜4号で定められています）、これらの事務執行につき当該指定都市を代表します（同条第8項柱書）。つまり総合区長には、市長の補助機関である区長と異なり、行政庁としての地位が与えられているのです。

　総合区長は、市長が議会の同意を得て選任し（同条第4項）、その任期は4年です（同条第5項）。そして総合区長は、政令で定めるものを除き、総合区の事務所又は出張所の職員に対する任免権を持ち（同条第9項）、歳入歳出予算のうち総合区長が執行する事務に係る部分に関し必要があると認めるときは、市長に対し意見を述べることができます（同条第10項）。

エ　指定都市都道府県調整会議

　2014年の改正をもって、都道府県と大都市との間の問題点として指摘されてきた「二重行政」を解消するため、これらの間で連絡調整を行う**「指定都市都道府県調整会議」**が設置されることになりました。指定都市及びそれを包括する都道府県が、両者の事務処理について必要な協議を行うための機関であり（自治法252条の21の2第1項）、その構成員は、指定都市の市長と包括都道府県知事です[*13]。同会議における協議は、市長・知事の双方から求めることができ、求めを受けた市長・知事は、協議に応じなければなりません（同条第5項・第6項）。

　市長又は知事は、協議を調えるため必要があると認めるときは、総務大臣に対し勧告を行うことを求めることができ（252条の21の3第1項）、総務大臣は、これを国の関係行政機関の長に通知するとともに[*14]、**「指定都市都道府県勧告調整委員」**（252条の21の4）を任命し、総務大臣の勧告について意見を求めなければなりません（252条の21の3第5項）。

　総務大臣は、当該委員から意見が述べられたときは、遅滞なく、指定都市の市長と知事に対し、地方自治法2条6項（都道府県・市町村の事務処理における競合の禁止）、同条14項（事務処理における住民福祉の増進と最少の経費で最大の効果を挙げる義務）の規定の趣旨を達成するため必要な勧告を行い、当該勧告の内容を国の関係行政機関の長に通知し、かつこれを公表しなければなりません（自治法252条の21の3第8項）。

③　中核市

　中核市は、政令で指定する人口20万以上の市で[*15]、指定都市が処理す

*13
　市長及び知事は、協議して、指定都市議会と包括都道府県議会の代表者等を構成員として加えることができます（同条第2項〜第4項）。

*14
　通知を受けた国の関係行政機関の長は、総務大臣に対して勧告の求めについて意見を申し出ることができ、総務大臣は、意見の申し出があった場合、当該意見を指定都市都道府県勧告調整委員に通知します（同条第6項・第7項）。

*15　「特例市」の廃止と「中核市」への吸収
　2014年地方自治法改正前は、大都市制度として、人口20万以上を指定要件とする「特例市」の制度が定められていましたが、同改正により中核市の指定要件を緩和し（人口30万以上から20万以上へ）、特例市を廃止しました。

ることのできる事務のうち、都道府県がその区域にわたり一体的に処理する方が中核市で処理するよりも効率的な事務や中核市において処理することが適当でない事務以外で、政令で定める事務を処理することができます（自治法252条の22第1項）。中核市の行う都道府県事務は、社会福祉行政、保健衛生行政（保健所を設置しなければなりません）や環境保全行政（廃棄物処理施設の設置許可等）にわたります。

　その事務処理にあたっては、関与の特例として、法律又は政令に基づく都道府県知事の改善、停止、制限、禁止その他これらに類する指示、命令等の関与を受ける事項のうち、政令で定める事項が除外され、又は知事に代わり、大臣による関与を受けることになります（自治法252条の22第2項）。指定都市と比べると、都道府県の行政委員会による関与と、許認可、承認等に係る関与についての緩和規定（特例）がありません。

（3）特別地方公共団体

　地方自治法は、**特別地方公共団体**として**特別区**、**地方公共団体の組合**及び**財産区**を定めています（自治法1条の3）[16]。特別地方公共団体にはこのほか、**合併特例区**があります（市町村の合併の特例に関する法律27条）。

＊16　地方開発事業団等の廃止

2011年の地域主権改革関連法制定に伴い、これまで特別地方公共団体として定められていた全部事務組合、役場事務組合及び地方開発事業団の制度が廃止されました。

　普通地方公共団体は地域における一般的統治団体ですが、特別地方公共団体のうち、少なくとも地方公共団体の組合、財産区及び合併特例区は、普通地方公共団体並みの一般的統治権をもつ団体であるとはいえません。それぞれ特殊な、あるいは特定の目的を追求するために設立される特別の団体です。問題は特別区です。大都市地域における行政の一体性・統一性確保のため特別な制度の下におかれている特別区の位置付けについては、いくつかの問題があります。

〈1〉**特別区**

①　特別区の事務・権能

　特別区は、都の区です（自治法281条1項）。特別区は、特別地方公共団体として法人格を有し、議会がおかれ、公選の議員と長が存在し、市並みの権限をもっています（特別区には、地方自治法第2編及び第4編の中にある市に関する規定が適用されます。自治法283条1項）。

　ただ、都と特別区の関係は、通常の道府県と市町村との関係と異なり、都は市町村の本来なすべき事務の一部を行う等、事務処理の配分において特例があり（自治法281条の2第2項）、都と特別区ないし特別区相互間関係について、地方自治法上特別な規定が存在します。

　前述の1963年最高裁判決（最大判昭38・3・27刑集17巻2号121頁）は、当時の特別区について憲法上の地方公共団体とはいえないとしましたが、その後、1974年の地方自治法改正では、1952年同法改正により廃止された区長公選制が復活し、都の職員を区に配属する都配属職員制度も廃止されました。そして1998年改正では、特別区の財源確保のために都がその調整を図る**都区財政調整制度**における特別区の自主性への配慮等の改革が行わ

れ、特別区を「基礎的な地方公共団体」として明記し、広域の地方公共団体としての都との役割分担が法定されるに至っています（自治法281条の2）。

これら一連の改革により、特別区は相当程度の地方自治の基本的権能を備えたものとみることができますが、前記最大判昭38・3・27で示された憲法上の地方公共団体であるための要件の一つである、住民の経済的文化的共同生活、ないし共同体意識に支えられた社会的基盤の存在については、一概には判断しがたいとの指摘もあり、都市機能の集中により夜間人口のきわめて少ない都心部の区の特殊性を無視することはできないといわれています。なお、学説の中には、特別区を憲法上の地方公共団体として位置付けるものもあります。

② 都と特別区の関係

ア　都・特別区間及び特別区相互間の調整

地方自治法は、都と特別区ないし特別区相互の調整の必要から、事務処理の基準を示す等必要な助言又は勧告を行う権限を都知事に認めています（自治法281条の6）[17]。

また、都及び特別区の事務処理について、都と特別区あるいは特別区の相互間の連絡調整を図るため、都と特別区の共同機関として**都区協議会**が設けられます（自治法282条の2）。特に、都が特別区財政調整交付金に関する条例を定める場合（自治法282条1項・2項）には、都知事は予め都区協議会の意見を聴かなければならないとされ（自治法282条の2第2項）、その他都区協議会に関し必要な事項は政令で定められます（同条3項）。

イ　**都区財政調整制度**

特別区財政調整交付金は、都と特別区及び特別区相互間の財源の均衡を図ること、並びに特別区の行政の自主的かつ計画的な運営を確保することを目的として、都が条例を定めて特別区に交付するものです（自治法282条1項）。

これは、都の課す固定資産税、市町村民税法人分、特別土地保有税、法人事業税交付対象額及び固定資産税減収補塡特別交付金を財源として、それらの収入額に条例で定めた割合を乗じて得た額で、特別区がひとしくその行うべき事務を遂行することができるように、都が各区に交付する交付金で（自治法282条2項）、この制度をとおして、特別区間で税源が偏在する中、大都市の行政につき全体として均衡のとれた水準の保持を図ります。こうした仕組みを、都区財政調整制度とよびます。

③ **大都市地域特別区設置法**の制定と特別区設置の手続

特別区は東京都にのみ設置された特別地方公共団体でしたが、2012年に制定された「大都市地域における特別区の設置に関する法律」（大都市地域特別区設置法）は、道府県区域内の関係市町村を廃止して特別区を設ける

*17
　この助言・勧告は、特定の特別区に対して個別・具体的に行われるのでなく、すべての特別区に対する一般的な助言・勧告として示され、特別区は当該助言・勧告を尊重する義務を負うにとどまり、特別区を拘束する力はないものと解されています。

ための手続等を定め、東京都以外にも特別区を置くことが可能になりました。特別区が新たに設置された場合、特別区を包括する道府県は、地方自治法その他の法令の規定の適用につき、原則として「都とみなす」ものとされています（同法10条）。

特別区の設置は総務大臣が行いますが、対象となる都市は、人口200万以上の指定都市か、1つの指定都市とそれに隣接する同一道府県の区域内にある市町村とで総人口が200万以上になる場合です（同法2条）。特別区を設置しようとする関係市町村と関係道府県は、特別区の設置に関する協定書の作成、その他特別区設置に関する協議を行うための「特別区設置協議会」（自治法252条の2の2第1項に定める協議会）を置き（大都市地域特別区設置法4条）、特別区設置協定書を作成して、関係市町村及び関係道府県において議会の承認を受ける必要があります（同法5条・6条）。当該承認を得た上で、関係市町村で特別区の設置について選挙人による投票を行い（同法7条）、それぞれその有効投票数の総数の過半数の賛成があったときは、関係市町村と関係道府県が共同して、総務大臣に対し特別区の設置を申請することができ（同法8条）、総務大臣は当該申請に基づき特別区の設置を定めることができます（同法9条）。

〈2〉 地方公共団体の組合

① 地方公共団体の組合の役割・性格・種類

地方自治法は、地方公共団体の事務の共同処理に関するいくつかの仕組みを定めています（本章「14節 地方公共団体の協力方式」参照）。地方公共団体の組合は、そうした仕組みの一つです。事務の共同処理に関する他の諸方式と異なり、共同処理の主体である組合は、特別地方公共団体として法人格が付与され、相応の独立性があります。

組合の種類として、一部事務組合と広域連合の2種類が法定されています（自治法284条1項）。

② 一部事務組合

一部事務組合は、二つ以上の地方公共団体が、一部の事務を共同して処理するために設立されます。その設立に際しては、構成地方公共団体の議会の議決を経た協議により規約を定め、都道府県の加入するものにあっては総務大臣の、その他のものにあっては都道府県知事の許可を得ることとなります（自治法284条2項）。

一部事務組合には議会[18]及び執行機関（管理者ないし理事会。自治法287条1項・2項・287条の3第2項）が置かれ、組合の運営にあたります。

また、組合の設立のほか、組合を組織する地方公共団体の数の増減、共同処理する事務の変更、組合の規約変更、組合の解散及び組合の財産を処分する場合には、構成地方公共団体の議会の議決を経た協議をもって行わなければなりません（自治法290条）。

なお、一部事務組合で共同処理する事務の数は、複数であってもかまい

*18 特例一部事務組合
　規約で定めるところにより、当該一部事務組合の議会を構成団体の議会をもって組織することができます（自治法287条の2第1項）。これを特例一部事務組合とよびます。その管理者は、法令の規定により一部事務組合の管理者が一部事務組合の議会に付議することとされている事件があるときには、構成団体の長を通じ、当該事件に係る議案を全ての構成団体の議会に提出しなければならず（自治法287条の2第2項）、当該事件の議会の議決は、当該議会を組織する構成団体の議会の一致する議決によらなければなりません（自治法287条の2第5項）。

ませんし、複数ある事務について構成地方公共団体がすべてに携わる必要
もありません[19]。

　現在、一部事務組合が処理する共同事務として最も多いのは衛生関係（し
尿、ごみ処理等）で、次いで消防関係が多くみられます。

③　広域連合

　広域連合は、2つ以上の地方公共団体の構成をもって、広域的事務につ
いて広域計画を作成し、当該事務を広域にわたり総合的かつ計画的に処理
するため、構成地方公共団体の議会の議決を経た協議により規約を定め、
一部事務組合の設立と同じく総務大臣又は都道府県知事の許可を得て設置
されます（自治法284条3項）。

　広域連合には、議会及び長が置かれ、議会の議員については、政令で特
別に定められるものを除くほか、広域連合の規約で定めるところにより、
広域連合の選挙人（構成する地方公共団体の議会の議員及び長の選挙権を有する
者）の投票により、又は構成地方公共団体の議会において選挙し、長につ
いては同じく、広域連合の選挙人が投票により、又は構成地方公共団体の
長が投票により選挙します（自治法291条の5）。さらに直接請求制度も採用
されており（自治法291条の6）、住民自治的な仕組みが予定されています。
もっとも、一部事務組合に関する規定の準用により、長に代えて理事をもっ
て組織する理事会を置くこともできます（自治法291条の13）。

　また、広域連合は広域計画を作成し、事務を共同処理しますが、広域計
画は広域連合の議会の議決を経て作成され（自治法291条の7第1項）、計画
を変更しようとする場合にもその議会の議決を経なければなりません（自
治法291条の7第3項）。そして、構成地方公共団体の事務処理が広域計画の
実施に支障があるか、又は支障があるおそれがあると認めるときには、広
域連合の長は、当該広域連合議会の議決を経て、構成地方公共団体に対し
て必要な措置を講ずべきことを勧告することができます（自治法291条の7
第5項）。

　さらに、構成地方公共団体は、その面積、人口、財政力等の客観的な指
標に基づいて算定された、広域連合の運営のための経費（分賦金）につき、
予算上の措置をしなければなりません（自治法291条の9）。広域連合の運営
経費は、構成地方公共団体の分賦金によって賄われる部分が大きいのです
が、構成地方公共団体の恣意的な判断に委ねられることなく、客観的指標
により算定された分賦金を予算計上することが義務付けられます。

　これらの制度から、一部事務組合との比較において広域連合の特徴は、
共同処理の事務が広域にわたるものであることに加え、構成地方公共団体
との関係で独立性の高いことを指摘することができます。

　なお、広域連合の設立、構成地方公共団体の数の増減、共同処理する事
務の変更、広域連合の規約の変更、解散及び財産を処分する場合には、構
成地方公共団体の議会の議決を経た協議をもって行わなければなりません

＊19　複合的一部事務組合
　市区町村が共同処理しよう
とする事務が、同一の種類の
事務ではないが相互に関連性
のあるものである場合につい
ても、一部事務組合を設立す
ることができます。これを、
複合的一部事務組合といいま
す（自治法285条）。例え
ば、A、B、C、Dの市区町村
間で組合を設立し、AとBで
清掃工場の管理運営を行い、
A、C、Dでし尿処理施設の管
理運営を行うといった形態を
挙げることができます。この
ように、目的や内容等に関連
性のある事務を共同処理する
ことができますが、その際、
構成地方公共団体のすべてが
同一事務に携わる必要はあり
ません。

第3章

地方自治法

（自治法291条の11）。

　広域連合の実例として、後期高齢者医療、介護保険、ごみ処理の各事務が多く見受けられます。

〈3〉　財産区

①　財産区とは何か

　明治期の町村は徳川時代より引き継ぐ入会財産（部落有林等）を有していましたが、1889（明治22）年の町村制施行前に行われた町村合併（明治の大合併）に際し、合併による当該財産の帰趨に反対する旧町村の住民に配慮する必要が生じました。そこで、旧町村を独立の権利主体として引き続き当該財産の保有を認めることになりました。さらに、地方自治法施行後の町村合併等に伴う財産処分の協議により成立した権利主体も生じ、これらを地方自治法は財産区としてまとめて規定し、市町村及び特別区内の一部の地域と財産区の住民で構成される、特別地方公共団体として位置付けられました（自治法294条）。

　財産区を構成する財産の例として、山林、原野、牧野その他の土地等の特定の財産、用水路、公民館等の公の施設が挙げられます。

②　財産区の組織・権能等

　財産区は特別地方公共団体として、独立の法人格を有しています。しかし、一般包括的な行政権をもつのでなく、あくまでも財産の管理・処分・廃止についての権能が認められているにすぎません（自治法294条）。

　財産区には、議会や執行機関も原則として存在せず、財産区を包括する市区町村の議会・執行機関が、財産区に関する必要な措置を行います。ただし、「財産区の財産又は公の施設に関し必要があると認めるときは、都道府県知事は、議会の議決を経て市町村又は特別区の条例を設定し、財産区の議会又は総会を設けて財産区に関し市町村又は特別区の議会の議決すべき事項を議決させることができる」と定められています（自治法295条）。また、この財産区議会（総会）が設置されていない場合であっても、市区町村の条例により、財産区に財産区管理会を置くことができます（自治法296条の2）。なお、これらが設置された場合においても、執行機関の長は市区町村長です。

　また、財産区の収入・支出に関して、市区町村は会計を分別しなければなりません（自治法294条3項）ので、一般的には特別会計を設けて行われているようです。さらに、財産区の監査については、市区町村の監査委員がこれを行い、財産区に関する財務会計行為については、住民監査請求及び住民訴訟の対象となります。これらの場合における住民監査請求の請求権者は、当該財産区を有する市区町村の住民であると解されています。

（三浦大介）

学習のポイント

■憲法92条の「地方自治の本旨」には、団体自治の原則と住民自治の原則が含まれるとされています。

■地方自治法は、地方公共団体の組織編成を定めるだけではなく、その種別や存立の基礎・役割、国や他の地方公共団体との関係、住民との関係など、団体自治の原則と住民自治の原則を具体化した諸規定を定めています。

■明治憲法下の法制度では、府県制、郡制、市制町村制のように地方公共団体の類型ごとに法律が制定され、府県と郡は、地方公共団体であるだけでなく、その長は官吏であって国の地方総合出先機関としての役割を担っていました。また、地方公共団体としての市町村も府県も国の強い後見的監督の下に置かれていました。

■第二次大戦後、すべての地方公共団体について一括して定める地方自治法が制定され、地方議会議員のみならず首長も住民が直接公選する二元代表制が制度化されました。直接請求制度や住民監査請求・住民訴訟のような直接民主主義的な制度も設けられました。地方公共団体の自主自律性も格段に強化される一方、官吏としての府県知事らが執行していた国の事務は、機関委任事務として温存されることになりました。

■機関委任事務制度は、地方公共団体の団体自治と住民自治を大きく制約するものであったため、国と地方の関係を対等・協力の関係に組み替えることを目的として前世紀末の地方分権改革において廃止され、自治事務と法定受託事務に再編成されました。

■第一次地方分権改革は、国の包括的な指揮監督権を認めていた機関委任事務を廃止する成果を挙げましたが、国からの事務・権限の移譲、地方税財源の充実確保、法令による地方公共団体に対する義務付け・枠付けなどの縛りの廃止・緩和が、第二次地方分権改革以降の課題となっており、逐次の地方分権一括法によって一定の対応が図られています。

■第一次地方分権改革と並行して国主導で実施された平成の大合併により、市町村の規模は拡大し、その数は、1,700余りにまで減少しました。

■地方自治法が定める地方公共団体には、普通地方公共団体と特別地方公共団体の2種があります。前者には、広域的地方公共団体としての都道府県と基礎的地方公共団体としての市町村が、後者には、特別区、地方公共団体の組合、財産区があります。このほか、市町村合併特例法は、合併特例区を特別地方公共団体としています。

■市には、一般の市のほかに、政令によって指定され大都市特例が適用される指定都市と中核市が含まれます。

■指定都市とは、地方自治法252条の19第1項の規定により、政令で指定する市のことを指します。

■地方自治法は人口50万以上の市を指定要件として定めていますが、そのほかに、運用上の実質的指定要件があります。

■指定都市は、地方自治法252条の19第1項に掲げられた事務のうち、都道府県が法令上処理することとされているものの全部又は一部を処理することができます。このほか、個別法に基づいて処理する事務もあります。

■指定都市の事務の執行にあたり、関与の特例が定められています。

■指定都市は事務を分掌させるために行政区を設けます。

■指定都市は条例で区に代えて総合区を設けることができ、総合区の区長は、総合区の区域

第3章　地方自治法

内に関する法律で定める事務の執行につき、当該指定都市を代表します。

■指定都市及び当該指定都市を包括する都道府県は、事務処理について必要な協議を行うため、指定都市都道府県調整会議を設置します。

■中核市は、政令で指定する人口20万以上の市で、指定都市が処理することができる事務の一部を処理することができます。

■中核市の事務の執行における関与は、指定都市ほど緩和されていません。

■都の区である特別区は、市並みの権限をもっています。

■1963年の最高裁判決は、当時の特別区について憲法上の地方公共団体とはいえないと判示しましたが、その後に行われた法改正によって、当時と比べ特別区の性格は変化しています。

■都と特別区及び特別区相互間の財源の均衡を図ること、並びに特別区の自主的かつ計画的な運営を確保する制度として、地方自治法は都区財政調整制度を定めています。

■事務処理に関し、都と特別区あるいは特別区相互間の調整を図るため、地方自治法の規定により、都と特別区が共同で設置する都区協議会が設けられます。

■大都市地域特別区設置法は、道府県区域内の市町村を廃止して特別区を設けるための手続等を定めています。

■地方公共団体の組合の設立・運営等については、構成地方公共団体の議会の議決を経てする協議により、規約を定めて行います。

■2つ以上の地方公共団体が、一部の事務を共同処理するために設立される一部事務組合には、議会及び執行機関（管理者ないし理事会）が置かれます。なお、一部事務組合の議会を構成団体の議会をもって組織することができる特例一部事務組合の制度もあります。

■2つ以上の地方公共団体が、広域的事務について広域計画を作成し、当該事務を広域にわたり総合的かつ計画的に処理するために設立される広域連合には、議会及び長が置かれます。なお、規約で定めるところにより、長に代えて理事をもって組織する理事会を執行機関として置くことができます。

■都道府県知事は、財産区の財産・公の施設に関し必要があると認めるときは、議会の議決を経て市区町村の条例を設定し、財産区に議会又は総会を設け、財産区に関し市区町村議会の議決すべき事項を議決させることができます。

第2節　地方公共団体の事務

1　従前の事務分類

　2000年施行の地方自治法改正以前の制度においては、地方公共団体の事務（**団体事務ないし自治事務とよばれます**）に関して、公共事務・団体委任事務・行政事務という三分類が行われていました。**公共事務**（固有事務ともよばれます）は、地方公共団体の固有本来の存立目的に属する事務、すなわち、主として非権力的な給付行政の事務を意味していました。**団体委任事務**は、地方公共団体が、法令によって、国又は他の団体から委任され、委任された限りで自らの事務として執行する事務です。公共事務・団体委任事務が、かつての府県制・市制・町村制以来の、非権力的・事業的事務を中心とする観念であるのに対し、**行政事務**は、憲法94条により、「行政を執行する権能」すなわち公権力の行使を行う権能を付与され、地方公共団体が単なる事業団体ではなく統治団体となったことを受けて、地方自治法の下で初めて採用された、警察等の権力的事務を意味する観念です。しかしながら、この三分類に関しては、公共事務と団体委任事務の区別が困難である点や、公共事務・団体委任事務と、戦後新たに加わった行政事務の関係が明らかではない点などが、批判されていました。

　このような地方公共団体の事務に加え、**機関委任事務**が存在していました。国の**機関委任事務制度**とは、国の法令に基づき、地方公共団体の機関（特に知事・市町村長）が、国の機関として、国の包括的な指揮監督の下、国の事務を処理するという仕組みです。これは、国が、自らの事務を、自らの機関を用いずに、地方公共団体の機関を“手足”として用いて行わせる仕組みであるともいえます。機関委任事務は、1960年代頃から増加の一途を辿り、都道府県の機関が行う事務の7～8割、市町村の機関が行う事務の3～4割を占めるといわれていました。機関委任事務は、ナショナル・ミニマムや全国的公平性・統一性の確保等の機能を果たしていたものの、地方自治の保障の観点から、強く問題視されていました。住民により選ばれた地方公共団体の長が、国の機関委任事務を処理する限りにおいて、国の機関とされ、国の指揮監督に服さなければならない上、機関委任事務は、議会や住民のコントロールを免れることになっていたからです。

【図表2-1】事務分類

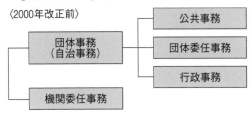

2　第一次地方分権改革
──機関委任事務制度の廃止と事務の再編

　2000年施行の地方自治法改正に結実したいわゆる**第一次地方分権改革**は、国と地方公共団体を上下・主従の関係としている中核的部分が機関委任事務であるとの認識にたって、国地方関係を抜本的に見直し、これを対等・協力の関係とするため、機関委任事務制度を廃止することを、最大の眼目としました。機関委任事務制度の廃止のためには、561の法律項目にかかわる約5,200という膨大な数の機関委任事務を、新たな事務区分に振り分ける作業が必要とされました。機関委任事務のうち、事務自体の廃止（11件）や国の直接執行事務化（20件）という処置がなされた若干のもの以外は、新たな事務区分である自治事務（都市計画区域決定、農業振興地域指定、就学校の指定、飲食店営業許可、病院薬局開設許可等、398件）と法定受託事務（国政選挙に関する事務、戸籍事務、旅券交付、生活保護の決定・実施等、257件）に振り分けられました。いわば機関委任事務に代わるものとして、法定受託事務のカテゴリーが設けられましたが、これは、あくまで例外的な事務類型であり、自治事務が原則的な事務類型とされています。重要なのは、自治事務のみならず法定受託事務も、地方公共団体の事務であるという点です。法定受託事務は、地方公共団体の事務である点において、国の事務である従前の機関委任事務とは決定的に異なります。そして、地方公共団体の事務であるがゆえに、自治事務のみならず法定受託事務も、──従前の機関委任事務とは異なり──条例制定権の対象となります。

3　地域における事務
──自治事務と法定受託事務

（1）地域における事務

　地方自治法2条2項は、「普通地方公共団体は、地域における事務及びその他の事務で法律又はこれに基づく政令により処理することとされるものを処理する」と定めています。地方公共団体の事務は、「地域における事務」という概念で把握されることになります。なお、「その他の事務で法律又はこれに基づく政令により処理することとされるもの」は、きわめて例外的であり、例えば、北方領土に本籍を有する者に係る戸籍事務等を根室市が行っているのがこれにあたるとされています。

（2）自治事務と法定受託事務

　「地域における事務」は、自治事務と法定受託事務に区分されます。**自治事務**は、「地方公共団体が処理する事務のうち、法定受託事務以外のものをいう」（自治法

2条8項）とされています。**法定受託事務**は、国と地方公共団体の関係における**第一号法定受託事務**と、都道府県と市町村・特別区の関係における**第二号法定受託事務**からなりますが、このうち、第一号法定受託事務は、「法律又はこれに基づく政令により都道府県、市町村又は特別区が処理することとされる事務のうち、国が本来果たすべき役割に係るものであつて、国においてその適正な処理を特に確保する必要があるものとして法律又はこれに基づく政令に特に定めるもの」（自治法2条9項1号）をいうとされています（第二号法定受託事務は第一号法定受託事務に準じて定められています（自治法2条9項2号））。このような定義の仕方からも、法定受託事務は、その特別の性質に着目して特に指定されたものであり、自治事務は、それを除くすべての地方公共団体の事務であるということ、すなわち、地方公共団体の事務の原則は自治事務であり、法定受託事務はあくまで例外であるということを、読み取ることができます。

（3）法定受託事務の概念

　自治事務は、地方公共団体の事務のうち法定受託事務を控除したものという形──控除方式──で定義されていることから、法定受託事務の概念を明らかにしなければなりません。**法定受託事務**の定義は、以下の要素を含んでいます（自治法2条9項1号）。①「法律又はこれに基づく政令」によること。このことは、地方公共団体に対する事務の処理の義務付けは、法令によらなければならないことを意味しています。②「都道府県、市町村又は特別区が処理することとされる事務」、すなわち、地方公共団体が自らの事務として処理する地方公共団体の事務であること。このことは、法定受託事務が、従前の機関委任事務とは異なり、国の事務ではなく、地方公共団体の事務であることを意味しています。③「国が本来果たすべき役割に係るものであつて、国においてその適正な処理を特に確保する必要があるもの」であること。このことは、法定受託事務が、国の役割との本来的な関連性及びそれゆえの国にとっての適正な処理の確保の必要性という、特別の性質に着目して特に指定される、例外的事務であることを意味しています。法令の制定・改正にあたっては、当該事務を法定受託事務とすることの是非が慎重に検討され、法定受託事務が将来にわたって例外にとどめられる必要があります。なお、法律に定める法定受託事務は地方自治法の別表に、また、政令に定める法定受託事務は地方自治法施行令の別表に掲げられ（自治法2条10項、自治法施行令1条）、その一覧性が確保されています。このようにして法令の規定により範囲が明確に画される法定受託事務以外のものが、自治事務であることになります。

（4）自治事務と法定受託事務の区別──地方自治法2条13項

　自治事務と法定受託事務の区別の法的効果としては、国の関与の手法の区別が、その中心となります。すなわち、自治事務については、地方公共団体の自主性・自立性の尊重の必要性から、関与が制限されているのに対し、法定受託事務

第3章

地方自治法

については、国にとってのその適正な処理の確保の必要性から、より強力な関与が設けられています（本章「13節　国又は都道府県の関与」参照。なお、各大臣等への審査請求の仕組みもあります。自治法255条の2参照）。その他、議会の権限（自治法98条・100条1項）や監査委員の職務（自治法199条2項）における相違が挙げられますが、ここでは、自治事務における地域的裁量についての国の配慮要請を定める地方自治法2条13項を取り上げておきます。

地方自治法2条13項は、1条の2、2条11項・12項とともに、地方自治の基本理念である**役割分担原則**の内容をなすものです。大本となる地方自治法1条の2は、「地方公共団体は、住民の福祉の増進を図ることを基本として、地域における行政を自主的かつ総合的に実施する役割を広く担うものとする」（1項）として、地方公共団体の任務を謳い、その総合的行政主体としての役割を打ち出すとともに、「国は、前項の規定の趣旨を達成するため、……国が本来果たすべき役割を重点的に担い、住民に身近な行政はできる限り地方公共団体にゆだねることを基本として、地方公共団体との間で適切に役割を分担するとともに、地方公共団体に関する制度の策定及び施策の実施に当たつて、地方公共団体の自主性及び自立性が十分に発揮されるようにしなければならない」（2項）として、国の役割を限定し、地方公共団体の自主性・自立性に対する国の配慮を要請しています。「地方公共団体に関する法令の規定は、地方自治の本旨に基づき、かつ、国と地方公共団体との適切な役割分担を踏まえたものでなければならない」と定める地方自治法2条11項は、国が地方公共団体に関する立法を行う際の立法指針としての性格を有しており、他方、「地方公共団体に関する法令の規定は、地方自治の本旨に基づいて、かつ、国と地方公共団体との適切な役割分担を踏まえて、これを解釈し、及び運用するようにしなければならない」と定める地方自治法2条12項は、地方公共団体に関する法令の解釈・運用指針としての性格を有しています。

さて、地方自治法2条13項は、「法律又はこれに基づく政令により地方公共団体が処理することとされる事務が自治事務である場合においては、国は、地方公共団体が地域の特性に応じて当該事務を処理することができるよう特に配慮しなければならない」と定めています。ここでは、法定事務の概念が問題となっています。**法定事務**とは、法律又はこれに基づく命令によって、国が地方公共団体に一定の事務の処理を義務付けるものであり、必要事務ないし義務的事務ともよばれます（これに対置される概念として、地方公共団体が自らの事務として処理するかどうかを任意に決定できる随意事務ないし任意的事務があります）*¹。法令に基づいて地方公共団体の機関に委任されていた機関委任事務が廃止された際、この法令の縛りがついたまま、地方公共団体の事務に再編され、しかも、行政的関与が限定されたことのいわば代償として、法令の規律密度を上昇させる動きも現実化しています。このような法令の縛りはすなわち、地方自治に対する制約を意味しています。したがって、地方自治の尊重の観点からは、国の法令でどれだけ定め、逆に、地方公共団体の裁量にどれだけ委ねるかといった、法令による規律のあり方が根

＊1　例示規定の削除

なお、2000年施行の地方自治法改正前の2条3項は、地方公共団体の事務を例示していました。しかし、このような例示は、法的な意味を認められがたいことに加え、特に、「法律の定めるところにより」という留保を付した建築・地域制限、動産・不動産の収用・使用の事務の例示が、法律の根拠なしに条例等でこれらの制度を設ける可能性を否定する趣旨を有しているとも解釈され、紛糾が生じていたため、例示規定は改正により削除されました。

本的な問題であることになります。

　法定事務には、自治事務と法定受託事務のいずれもがありますが、地方自治法２条13項は、自治事務について、国に対する特別の配慮を求めています。自治事務については、地方公共団体が地域の特性に応じて処理することができるよう、すなわち、国の法令が地域の特性の如何にかかわらず一律に固定してしまうのではなく、地域的裁量の余地を残して条例制定権に委ねるよう、国の側で特に配慮しなければならないとされています（ただし、このことは、法定受託事務について、このような配慮が排除されること又は不要とされることを意味するものではありません）。

4　条例による事務処理の特例

　地方分権改革の一つの眼目は、近接性の原則に照らし、基礎的地方公共団体である市町村に対して優先的に事務を配分することにあります。実際には、都道府県から市町村への事務移譲の推進が課題となりますが、その際、すべての市町村やすべての大都市を一律に対象とした法令に基づく事務移譲のほかに、地域の実情に応じた事務移譲の方法として、**条例による事務処理特例制度**（自治法252条の17の２〜４）があります。

　条例による事務処理特例制度とは、各都道府県が、都道府県知事の権限に属する事務（法定受託事務と自治事務の双方を含みます）のうち、市町村の事務として処理することが可能かつ適当と考えられる事務について、各市町村との協議の上で、条例制定を介して市町村長に委ねるものです。法律上都道府県に配分された事務を、都道府県の意思により、市町村に再配分する意義をもつ点において、この制度は画期的であり、現に積極的に活用されています。

　地域の実情に応じた事務移譲の方法としては、事務の委託（自治法252条の14）もあります（本章「14節４　事務の委託・事務の代替執行・職員の派遣」を参照）。両制度は、事務処理を委ねられた地方公共団体が自己の事務として処理する点において共通していますが、規約締結に基づく事務委託が、本来的に双方向的な仕組みであり、両当事者の合意を要するのに対し、事務処理特例条例制度は、一方で、事前手続としての協議を経ても合意に達しない場合に、市町村が事務移譲を拒みうるかという問題を抱えており、他方で、市町村は、都道府県に対して事務処理特例条例の制定を求めうるにとどまっています。

　市町村に移譲された事務の処理に係る関与には、一定の特例が認められています（本章「13節　国又は都道府県の関与」をも参照）。市町村の自治事務の処理に関して、都道府県知事は、一般ルール（自治法245条の５第２項）とは異なり、大臣の指示を待つことなく直ちに是正の要求をすることができます（自治法252条の17の４第１項）。また、市町村の法定受託事務の処理に関して、一般ルール（自治法245条の８第12項）とは異なり、都道府県知事ではなく、大臣が代執行手続を行うことになっています（自治法252条の17の４第２項）。

（飯島淳子）

第3章

地方自治法

学習のポイント

■従前は、地方公共団体の事務（団体事務）に関し、公共事務・団体委任事務・行政事務という三分類がなされていました。

■機関委任事務制度（国の法令に基づき、地方公共団体の機関（特に知事・市町村長）が、国の機関として、国の包括的な指揮監督の下、国の事務を処理する仕組み）は、地方自治の保障の観点から強く問題視されていました。

■第一次地方分権改革は、"上下主従から対等協力へ"という標語の下、機関委任事務を廃止し、地方公共団体の事務の再編を行いました。

■現在は、地域における事務という概念が採用され、これは、自治事務と法定受託事務（第一号・第二号）からなっています。

■自治事務と法定受託事務は、いずれも、地方公共団体の事務であり、いわば機関委任事務に代わるものとして設けられた法定受託事務は、地方公共団体の事務である点において、従前の機関委任事務とは異なります。

■自治事務のみならず法定受託事務も、条例制定権の対象となります。

■自治事務が原則的な事務類型であり、法定受託事務はあくまで例外にとどまります。
　・自治事務は法定受託事務以外の事務です。
　・法定受託事務は、「国が本来果たすべき役割に係るものであつて、国においてその適正な処理を特に確保する必要があるものとして法律又はこれに基づく政令に特に定めるもの」であり、その特別な性質に着目して特に指定されるものです。

■自治事務と法定受託事務の区別の法的効果としては、国の関与の手法の相違が中心ですが、議会の権限や監査委員の職務における相違も挙げられます。

■自治事務について、役割分担原則の一内容をなす地方自治法２条13項は、地方公共団体が地域の特性に応じて自治事務を処理することができるよう、地域的裁量についての国に対する特別の配慮要請を定めています。

■条例による事務処理特例制度は、都道府県が、都道府県知事の権限に属する事務の一部を、市町村との協議の上で、条例制定を介して市町村長に委ねるものです。

第3節　自治立法

1　地方公共団体の立法形式

　地方公共団体は、その地域内で適用される法規を制定することができます。法規とは、住民の権利義務に影響を及ぼす内容の定めをもつ法の総称ですが、地方議会が制定する「条例」と、執行機関が制定する「規則」がこれにあたります。このほか、事務の分掌や文書管理等のあり方を定めたり、法規の執行や行政指導の際に拠り所となる基準を定めたりする、法規としての性質をもたない「行政規則」を制定します。

　地方公共団体の地域における行政が、適正かつ効果的なものとなるために、これら自治立法は重要な役割を果たしています。

2　条例制定権

（1）条例制定権の憲法上の根拠

　条例は地方公共団体の議会立法です。地方公共団体が地域における行政を行う際に、住民に一定の義務を課し、あるいはその権利を制限する必要がでてきますが、これができるのは、議会制定法である法律（国会制定法）や条例にその根拠が定められている場合に限られますので、条例は自治立法の中でも特に重要な立法形式として位置付けられます。

　憲法94条は、「地方公共団体は、……法律の範囲内で条例を制定することができる」とし、自治権の一つである自治立法権を保障していますが、他方憲法41条では、「国会は……国の唯一の立法機関である」としています。そうすると憲法は、国会こそ真の立法機関であって、地方公共団体の立法は国会制定法律に従属するものであるから、法律の定めのない領域か、法律が明文で許容する範囲でのみ制定可能なものであるとしているのでしょうか。そうだとすると、法律の中には地方自治ないし地域の行政に関連する内容をもつものが多数あるので、条例で定めることのできる範囲はきわめて限定されてしまいます。

　しかし、憲法は同時に92条で、「地方公共団体の組織及び運営に関する事項は、地方自治の本旨に基いて、法律でこれを定める」とし、地方自治の本旨の内容である住民自治・団体自治を阻害する法律の規定を認めないとしている点が重要です。このように、地方自治に関する法律制定事項を制約していること、そして何よりも、地方自治の本旨を実現するため、国の立法権と対等な地方公共団体の**条例制定権**の保障が不可欠であることを、憲法は明らかにしているのだと解されます。

　以上により、条例制定権の憲法上の根拠は、憲法94条のほか、92条にも求められることになります。

（2）条例制定権の範囲と限界

　地方自治法14条1項は、「普通地方公共団体は、法令に違反しない限りにおいて第二条第二項の事務に関し、条例を制定することができる」と定めます。2条2項の事務とは、「地域における事務及びその他の事務で法律又はこれに基づく政令により処理することとされるもの」です。このうち、地域における事務には、自治事務のほか法定受託事務（本章「2節3（2）自治事務と法定受託事務」参照）も含まれますので、条例制定権の対象となる事務の範囲は広いといえます。

　もっとも、条例制定権には限界もあります。その範囲と限界に関する問題については、以下の諸点が重要になります。

〈1〉必要的条例事項

　地方自治法14条2項は、「普通地方公共団体は、義務を課し、又は権利を制限するには、法令に特別の定めがある場合を除くほか、条例によらなければならない」と定めていますので、義務の賦課・権利の制限を伴う内容の規定は、執行機関が単独で定める規則によるのではなく、議会制定法である条例で定めなければなりません。これは、行政法学における「**侵害留保説**」という理論に即した制度です。行政法学では伝統的に、行政活動のどの部分に法律・条例という議会制定法の根拠が求められるかが議論されてきました（**法律の留保理論**）。侵害留保説は、義務賦課・権利制限を通じて国民（住民）の自由や財産に重大な制約を課す際には、国民（住民）代表の議会が定めたルールに従わなければならないとする、自由主義的な思想に基づく理論で、明治憲法下においても通説でした。地方自治法14条2項は、この原則を法定したものと解されます[*1]。

　また、地方公共団体の事務の中には法律に基づく事務がありますが、その中には、事務の処理に関して条例を制定すべきことを法律が定める場合があります。地方自治法が定めるものとして、公の施設の設置・管理に関する事項（自治法244条の2第1項）、地域自治区の設置（自治法202条の4第1項）などがあるほか、個別法に基づくものとしては、風俗営業の規制（風営法13条）などがその例です。これらの中には、義務賦課・権利制限にかかわるものもあれば、逆に住民に利益をもたらすものもあります。なお、2011年に地域主権改革関連法が制定され、法律に基づく事務のうち、法令で画一的に施設・公物設置管理基準を定めていたものの一部について、当該基準の設定を条例規定事項にすることとなりました。すなわち、「従うべき基準」（条例の内容を直接的に拘束する、必ず適合しなければならない基準であり、当該基準に従う範囲内で地域の実情に応じた内容を定める条例は許容されるものの、当該基準とは異なる内容を定めることは許されないもの）、「標準」（法令の「標準」を通常よるべき基準

としつつ、合理的な理由がある範囲内で、地域の実情に応じた「標準」と異なる内容を定めることが許容されるもの）、「参酌すべき基準」（地方公共団体が十分参酌した結果としてであれば、地域の実情に応じて、異なる内容を定めることが許容されるもの）です。このうち特に、「参酌すべき基準」に係る事務については、条例制定権が拡大されたといえます（本章「13節5　義務付け・枠付けの見直し」参照）。

　これらの条例で定めるべき事項を総称して、**「必要的条例事項」**とよんでいます（当該事項を定める条例を「必要的条例」とよびます）。もっとも、必要的条例事項は、条例で定めるべき最低限の事項を示すものですから、その他の任意的に定めることのできる事項につき、条例を制定することはもちろん可能です（これを「任意的条例」とよびます）し、分権時代にあっては、むしろ積極的な条例化が要請されています。

〈2〉規則制定事項との関係

　任意的事項についても広く条例の制定範囲にはなりますが、執行機関の規則との関係がありますので注意が必要です。

　法律により規則で定めることとされる、規則の専管事項については、条例で定めることはできません。長の職務代理者に関する事項（自治法152条3項）、選挙管理委員会に関する必要な事項などがその例です（自治法194条）。

　逆に、上記の必要的条例事項は、規則ではなく条例で定めなければならない事項ですが、事務執行等の際に必要な詳細事項につき、法律又は条例が認めたときに限り、これについて規則を定めることができます。

〈3〉憲法と条例制定権の範囲

　ここで、憲法との関係における条例制定権の範囲ないし限界について解説します。憲法は最高法規ですから、条例の内容が憲法に抵触することができないのはいうまでもありません。住民の基本的人権の制約を招来することになる条例は、必要かつ最小限度の規制に留まるものでなければならないとする比例原則や、その他平等原則等の憲法原理に反することもできません。

　さらに、憲法の規定上法律の専管事項、すなわち、法律でしか定めることができないとされている、内閣・裁判所の組織に関する事項（憲法66条・76条以下）について条例制定権は及びません。これについては異論のないところですが、問題は、財産権法定主義（憲法29条2項）、罪刑法定主義（憲法31条）及び租税法律主義（憲法84条）との関係です。これらはいずれも、「法律」で定めるべき旨が規定されています。

　地方公共団体は、地域における行政を運営するために、条例をもって、住民の土地その他の財産権を制限したり、条例の実効性を確保するために条例違反に対する刑罰規定を設けたり、あるいは財源確保のために地方税の賦課徴収を行うのですが、これらは上記の憲法規定との関係で論争のあったところです。しかし、例えば、財産権法定主義との関係では、憲法29条2項の「法

第3章　地方自治法

179

律」には条例も含まれる、あるいは、財産権の内容は法律で定めるべきものであるが、その行使については条例で制限できる等の見解があり、現在では条例による財産権の制限は肯定されています＊2。他の2つについても様々な見解がありますが、刑罰規定に関しては一般に、条例で罰則規定を設けることについて違憲の問題は生じていません＊3。なお、条例違反者に対する罰則として、地方自治法14条3項は、行政刑罰として「二年以下の拘禁刑〔施行日になるまでは「懲役若しくは禁錮」〕、百万円以下の罰金、拘留、科料若しくは没収の刑」のほか、秩序罰として「五万円以下の過料」を条例に定めることができると規定しています。行政刑罰については刑事訴訟法の手続により裁判所が科し、秩序罰である過料については長が行政処分によって科します。さらに地方公共団体の課税権は憲法により保障されており、憲法84条の「法律」には条例も含まれると解されます＊4。

〈4〉法律の専管領域について

前記のとおり、内閣・裁判所組織といった、憲法上明確に法律の専管事項とされるもののほか、刑事犯の創設に関する事項、権利能力・行為能力等の私法秩序に係る事項、その他全国一律に定めるべき事項については法律で定めるべき事項であって、条例制定権の範囲外であると一般に解されています。

（3）条例と法律の関係
〈1〉条例と法律の抵触問題

法律の中には、地域における行政にかかわる規定をもつものも多く、そのため、条例の規定事項が法律のそれに抵触することがありえます。

この観点で条例と法律の関係を規定する重要なものとして、憲法94条と地方自治法14条1項があります。前者は、「法律の範囲内で」、後者は「法令に違反しない限りにおいて」条例を制定することができると定めていますので、条例の制定範囲は法律との関係において、一定の制限を受けることになります。

これらの規定は一見すると、両者の関係は法律＝上位法、条例＝下位法の関係にあり、既に法令（法律及び法律に基づいて制定される命令）で定めている事項については、条例で規定すること——例えば、法律で規制している住民・事業者のある活動について、条例の規定により当該規制を強化したりすること——は許されず、そのような条例は、法律に抵触する違法な条例と解される、と読んでしまいがちです。事実、かつては「**法律先占（専）論**」なる考え方があり、そのように理解されていた時代もありました。

しかし現在、条例と法律の関係については、以下のように解されています（「1章4節5（2）法律と条例」も参照）。なお、以下①〜④は、1975年の徳島市公安条例事件判決（最大判昭50・9・10刑集29巻8号489頁）の判示事項でもあります。

① 総　論

　条例が国の法律に違反するかどうかは、両者の対象事項と規定文言を対比するのみでなく、それぞれの趣旨、目的、内容及び効果を比較し、両者の間に矛盾抵触があるかどうかによって判断されます。

② ある事項について国の法律において規律する明文規定がない場合

　法律による規律が一切存在しない事項については、条例と法律の抵触問題は生じないはずです。しかしこのような場合でも、当該法令全体からみて、規律の存在がないということが、特に当該事項についていかなる規制をも施すことなく放置すべきものとする趣旨であると考えられるときには、これについての規律を設ける条例の規定は、国の法律に違反すると解されます。国民・事業者の自由を最大限尊重すべき領域については、もともと法律が規制を差し控えている場合もありますので、当該領域を条例で規制する場合には慎重な判断が必要になります。

③ 規制対象事項が同じであるが条例と法律の目的が異なる場合

　法律による規律が存在するとしても、法律と条例の規制目的が異なるとき、その適用によって、法律の規定や意図する目的と効果を何ら阻害することがない場合には、条例と法律の抵触問題は生じません。

　例えば、廃棄物の処理及び清掃に関する法律は産廃処理施設を規制しますが、同じく当該施設を規制する「水道水源保護条例」は、住民の生命・健康保護のための安全な水道水の確保を目的としたものであり、廃棄物の適正処理・公衆衛生を目的とする廃棄物の処理及び清掃に関する法律とは規制目的が異なります（紀伊長島町水道水源保護条例事件・名古屋高判平12・2・29判タ1061号178頁）。

　ここで注意しなければならないのは、目的が異なるとしても、当該条例の規定が法律の目的や効果を阻害するものである場合には、やはり法律に抵触する条例として違法と解されるということです[※5]。

④ 規制対象事項と目的が同じである場合

　規制対象事項と規制目的が同一であったとしても、直ちに条例が違法になるというわけではありません。

　法律が必ずしもその規定によって、全国一律に同一内容の規制を施す趣旨ではなく、各地方公共団体がその地方の実情に応じて、別段の規制を施すことを容認する趣旨であると解されるとき、すなわち「**最小限（ナショナル・ミニマム）規制立法**」である場合には、法律の目的や効果を阻害しないという条件付きではありますが、両者の間に矛盾抵触はなく、条例が法令に違反する問題は生じません。

　逆に、法律の規定が「**最大限（ナショナル・マキシマム）規制立法**」であって、これ以上の規制を容認しない趣旨のものである場合には、同一事項につき条例でそれ以上の規制を施すことはできません。

※5
　宗像市環境保全条例事件判決は、産廃処理施設の設置規制を行う条例と廃棄物の処理及び清掃に関する法律との関係につき、条例の規定が同法の目的を阻害し違法であるとされた事例です（福岡地判平6・3・18行裁例集45巻3号269頁）。

第3章
地方自治法

⑤　福祉を手厚くする条例

条例と法律の抵触問題が主に生じるのは、住民・事業者の権利・自由を制限する法律の規定を条例で強化する結果となる場合です（上記②～④のケース）。自由主義の観点からは、権利自由の制限は最小限にとどめるべきであり、条例による規制の強化については慎重な議論が求められます。

それでは逆に、利益を付与する行政の分野ではどうでしょうか。例えば、法律に基づく福祉サービスについて、条例でこれを手厚くすることがあります。このような場合には権利・自由の制限は伴わず、むしろ住民の生存権保障を積極的に実現する措置であるといえますので、法律との抵触問題は生じないものと解するべきでしょう。

〈2〉　上乗せ・横出し条例

法律による規制を強化する条例の種別として、「**上乗せ条例**」と「**横出し条例**」に大別されます。

上乗せ条例とは、法令の規制基準に対し、より厳しい基準を「上乗せ」する条例を指します。これに対し、法令が規制の対象から外した「スソ切り以下」の事項を規制する条例を、横出し条例とよびます。

上乗せ条例の例としては、大気汚染防止法に基づいて環境省令が定めるばい煙の排出基準を、更に厳しくする都道府県条例がこれにあたります。横出し条例の例としては、水質汚濁防止法に基づく政令で定める規制対象から外れた施設を、規制する条例がこれにあたります。なお、これらは法律上明文で、上乗せ・横出しの条例を定めることが認められています（大気汚染防止法4条1項、水質汚濁防止法29条）が、そのような明文規定がない場合でも、上記の①以下の各基準に則していれば制定可能です[*6]。

〈3〉　上書き条例

ところで、法令に基づく許認可の仕組みとは別の制度を条例で設けて規制を上乗せするケース（公安条例によるデモ行進の規制等がその例）のほか、このように別の制度を設けるのではなく、法令の許認可制度につき、当該法令の規定を「上書き」するかたちで定める条例もあり、これを「**上書き条例**」（あるいは「書きかえ条例」）とよびます。もっとも、上書き条例は法令規定を書きかえることになるので、法令による明示の委任がなければ制定できないとされています。例えば、2011年の地域主権改革関連法で実現した基準設定に関する条例委任につき、「参酌すべき基準」に該当する基準を条例で上書きする場合がこれにあたります。上書き条例は、法令の基準を上書きしてより厳しく規制するものだけでなく、基準を緩和させるものもあります。なお、この観点からすると、上記の大気汚染防止法に基づく都道府県条例は、上書き条例――上書きによる規制の上乗せ――だということになります。

＊6　高知市普通河川管理条例事件

最高裁は、河川法の適用がない普通河川について条例で管理を施すことは可能であるとして、横出し条例を認めました。同時にこの条例は、河川法の規定よりも厳しい規制を伴うものでしたが、その上乗せ条例の部分については違法であると判示しています（最判昭53・12・21民集32巻9号1723頁）。

（4）都道府県条例と市区町村条例の関係

　都道府県条例と市区町村条例の間においても、抵触問題が生じる可能性があります。この点、地方自治法2条16項後段は、「市町村及び特別区は、当該都道府県の条例に違反してその事務を処理してはならない」と定め、同条17項ではこの規定に違反する行為は無効とする旨を規定しています。しかし、これは両者の上下関係を定めるものではなく、市区町村とこれらを包括する都道府県との調整に係る規定であり、対象となるのは義務賦課・権利制限事務に限られると解されています。

　むしろ都道府県は、市町村優先の原則に照らし、市区町村の条例制定権を阻害することのないように配慮すべきでしょう。

（5）条例の効力の及ぶ範囲

　条例は、当該地方公共団体の区域内にのみ効力を生じます。地方公共団体の区域は土地に限らず、河川、湖沼、領海及び上空・地下まで含まれると解されますので、その範囲において条例の効力は及ぶものと考えられます。ただし、公の施設の区域外設置の場合（自治法244条の3第1項）、事務の委託が行われている場合（自治法252条の14）などがその例外として挙げられています。

　以上は条例の効力の及ぶ空間的範囲ですが、誰に対して及ぶのかという対人的範囲の問題もあります。この点条例は、当該区域に居住する住民・事業者のみならず、在学者・在勤者その他旅行者等、当該区域内にいる者に対して及びます（「**属地主義の原則**」）。

　このほか、時間的範囲についても問題となります。条例は、議会で成立した後、公布、施行の手続をもって効力が発生します。失効については、条例で期限（終期）が定められている場合には、当該期限の到来をもって失効することになります。ほかに、「新法優先の原則」、「特別法優先の原則」、「法律不遡及の原則[7]」といった一般的法原則も適用されます。

*7　法律不遡及の原則
　法は原則として、その施行の時点より過去に遡って適用されないという原理を意味します。

（6）条例の制定手続

　条例案は地方議会において、「出席議員の過半数」の同意をもって議決され、成立するのが原則です（自治法116条1項）。もっとも、条例の制定・改廃に関する議決は、長の再議の対象となります（自治法176条）。この再議の対象は、議案を可決した議決のみであり、否決した議決は対象外であるとの理解もありますが、否決の議決を対象外とする合理的な根拠はなく、例えば、長が議会に提案した条例案が否決された場合に、長が再議にかけることも可能であると考えられます（再議に付された場合の議決の成立要件等については、本章「8節2（4）〈2〉長の再議権②」本文及び*4を参照）。

　条例案の提案権は、首長と議員（委員会を含む）のほか、直接請求制度における条例の制定・改廃請求に係る住民にあります。

3　規則制定権

（1）規則制定権の法的根拠

　地方公共団体の**規則**は、条例とならぶ自治立法の法形式です。条例が議会制定法であるのに対し、規則は執行機関限りで制定されるのが特徴の一つです。

　規則制定権の憲法上の根拠は、憲法94条に求められるとするのが通説的見解です。同条には「規則」という言葉は用いられていませんが、同条の「条例」の中に規則が含まれると解されています。もっとも、規則に対する条例の優位性を説く有力な学説からは、憲法94条に定める「条例」は議会制定法のみを指し、規則は含まれないと主張されています。

　規則制定権の地方自治法上の根拠としては、地方自治法15条1項で「普通地方公共団体の長は……その権限に属する事務に関し、規則を制定することができる」とされ、同じく138条の4第2項で「普通地方公共団体の委員会は、法律の定めるところにより、法令又は普通地方公共団体の条例若しくは規則に違反しない限りにおいて、その権限に属する事務に関し、規則その他の規程を定めることができる」と定められています。

　この執行機関の制定する規則については、「長の制定する規則」と、「委員会の制定する規則」とを区別して考察する必要があります。

（2）長の規則

〈1〉長の規則の制定範囲

　　地方公共団体の長はその権限に属する事務に関し、規則を制定することができます。**長の規則**で制定できる事項は、長に専属する事務に関する事項（例えば、長の事務の委任、臨時代理に関する自治法153条等）、法令又は条例を執行するための細目に係る事項、及びこれら以外の事務のうち、地方自治法14条2項の義務賦課・権利制限に係る事項その他の必要的条例事項、議会の議決事項、長以外の執行機関に専属する事務事項を除く事項になります。

　　また、規則においては、規則違反者に対して5万円以下の過料を科する旨の定めを置くことができますが、刑罰規定は置くことができません（自治法15条2項）。

　　ただし、「法令に特別の定めがある場合（もの）を除くほか」として例外の余地が残されており（自治法14条2項・15条2項）、法律に基づいて規則に刑罰規定が置かれることも例外的にあります[8]。

〈2〉条例との関係

　　規則は、まずもって憲法と法令に違反することはできません。

　　現に存在する多くの規則は、条例の委任を受け、その規定を実施するために制定される「施行規則」とよばれるものです（なお、法律を施行するための

184

規則もあります）が、上記のとおり、単独で制定されるものもあります。

　ここで特に、条例との関係——**条例と規則の抵触問題**——が問題になります。両者ともに、自治立法権に基づく正式な法形式であり、二元代表制を採用する自治法制においては、長は議会と同様民意が直接反映された存在ですから、法律と命令（国の行政立法）の関係のような上下関係におかれていると解することはできません。

　しかし、地方自治法は、規則には原則として、義務賦課・権利制限事項ないしは刑罰規定をおくことができないとする等、条例に重きをなした制度を定めています。また、住民代表議会における議を経るという、民主主義の根幹に係る手続を経て成立するのが条例ですので、この点、執行機関限りで制定される規則に比べ優位性があります。

　したがって、条例と長の規則の規定内容が抵触した場合には、**条例の規定が優先**されることになると解されるべきでしょう。

〈3〉効力・制定手続

　長の規則の効力が及ぶ空間的・対人的・時間的範囲については、条例と同じであると解されます。

　制定手続としては、議会の議決を経るなどの必要はなく、長の単独意思で制定されます。なお、公布・施行については、原則として条例に関する規定が準用されます（自治法16条5項）。

（3）委員会の規則

　行政委員会の規則は、個別法律の定めに基づいて制定されるものです（地教法15条等）。これが長の規則と異なる大きな点です。しかも委員会規則は、憲法に違反することは許されないのはもちろんのこと、法令、条例のほか、長の規則にも違反することはできません（以上につき、自治法138条の4第2項）。

4　地方公共団体の行政規則

　ここで「**行政規則**」とよぶのは、行政機関の内部でのみ通用するルールを指しています。学説の中には、行政の内部でのみ通用する内部規範であることから、これを「**行政内規**」と呼称するものもあります。

　行政規則は、行政機関の外部に対しては拘束力を発生しませんので、法規ではありませんが、行政を運営する上で重要な役割を果たしています。

　地方公共団体の行政規則には様々な名称をもつものがありますが、まずは「規程」と名の付く内規を挙げることができます。「文書管理規程」や「事務決裁規程」等が各地方公共団体で定められています*9。

　規程は、行政内部でのみ通用する内容の定めをもつものが多いのですが、「要綱」と名のつく行政規則には、同じく地方公共団体組織内の法である「審議会設置要

*9
　地方自治法16条5項や138条の4第2項に「規程」についての定めがありますが、これらは行政委員会の制定する「規則」の一種であり、行政内規として存在する規程のことではないという点に注意が必要です。

綱」といった組織要綱のほかに、外部に影響を及ぼすものもあります。もとより内規ですので、対外的な拘束力はもちませんが、住民・事業者の活動に少なからぬ影響を与えることがあります。

　その代表的なものは、いわゆる「**指導要綱**」です。指導要綱は、行政指導の基準を定めるものです。行政指導は法的拘束力をもちませんが、規制的指導にみられるように、行政指導の結果として、相手方の権利・自由の制限を導くものもありますし、指導をなす際には実定法規のほか、平等原則・比例原則等、法の一般原則に抵触することも許されないので、行政指導が多用される地方公共団体においては、その判断基準として重要な役割を果たしています。もっとも、行政指導はあくまでも相手方の任意の協力を期待して行われるものですから、強制するものであってはならず、要綱の規定にもそのような要素があってはなりません[10]。要綱は法規ではなく、裁判所の拠り所とする裁判規範でもないので、要綱の規定に基づいて行われているというだけで、行政の行為を正当化することはできません。

　このほか、「**要領**」と名の付くものや、「**審査基準**」等の名称をもつ行政規則もあります。後者については、許認可申請に対する審査の際の判断基準として用いられていますが、いわゆる裁量処分の基準（**裁量基準**）としての役割をも果たしています。審査基準の設定・公表は、行政手続法・行政手続条例において行政処分手続規範の一つとして明記されており、住民・事業者等の権益保護の上でも重視されています。

（三浦大介）

[10]
　一定規模以上の宅地の開発を行う事業者に対し、行政指導に応じない場合には、水道の給水契約の締結を拒否する等の旨を定める要綱に基づき行われた指導が違法であるとされた武蔵野市宅地開発指導要綱事件（最判平5・2・18民集47巻2号574頁）があります。

学習のポイント

■条例制定権の根拠は、憲法94条のほか、憲法92条にも求められると解されます。

■法規としての自治立法の形式として、条例と規則がありますが、必要的条例事項については、条例で定めなければなりません。

■条例は、法定受託事務を処理するために制定することもできます。

■義務を課し又は権利を制限するには、原則として条例によらなければなりません。

■事務処理に関し、法律が条例を定めることを義務付ける場合があります。

■施設・公物設置管理の基準を条例に委任する場合の、当該条例制定に関する国の基準については「従うべき基準」、「標準」、「参酌すべき基準」の３類型があり、地方公共団体はそれぞれの範囲において基準を定めることになります。

■憲法上法律の専管事項とされる領域については、条例制定権は及びません。

■条例で財産権を制限することは、憲法の定める財産権法定主義に抵触しないと考えられています。

■条例で罰則を定めることは、憲法の定める罪刑法定主義に抵触しないと考えられています。

■条例が法律（法令）に抵触し違反するかどうかは、両者の対象事項と規定文言を対比するのみでなく、それぞれの趣旨、目的、内容及び効果を比較し、両者の間に矛盾抵触があるかどうかによって判断され、規制目的が同一かどうか、あるいは法律が全国最小限規制立法の趣旨であるかどうか等を検討する必要があります。

■「上乗せ条例」とは、法令の定める規制基準よりも厳しい基準を上乗せする条例を指します。

■「横出し条例」とは、法令が規制の対象から外した事項を規制する条例を指します。

■上乗せ・横出し条例を定めることについて法律上明文化されているものがあります。

■法令の規定を書き換えることになる「上書き条例」は、法令による明示の委任がなければ制定できないと解されています。

■都道府県条例と市町村条例との間においても、条例間の抵触問題が生じる可能性があります。

■条例の効力は、当該地方公共団体の区域内に及ぶのが原則ですが、公の施設の区域外設置の場合や、事務委託が行われている場合など例外があります。

■条例の効力は、当該区域内の在学者・在勤者その他旅行者等にも及びます。

■条例案の提案権は、長と議員（委員会を含む）のほか、直接請求制度における条例の制定・改廃請求に係る住民にあります。

■規則は、地方公共団体の執行機関が制定する法規で、長の規則と委員会の規則があります。

■条例と規則の内容が抵触する場合には、議会制定法である条例の規定が優先されるものと解されます。

■規程、要綱等の地方公共団体の行政規則は、法規としての性格をもたず、行政内規として行政組織内部においてのみ拘束力を有します。

■「指導要綱」とは行政指導基準を定めるものですが、要綱の規定に基づいて行われているからといって、その行為を法的に正当化することはできません。

■「審査基準」の名称を持つ行政規則は、許認可申請に対する審査の際の判断基準として用いられるもので、いわゆる「裁量基準」としての役割を果たしています。

第4節　住民の権利義務

1　住民とは

（1）地方自治法上の住民の要件

　はじめに、**住民**とはどのような人を指すのかということを考えてみましょう。地方自治法は、10条1項において、「市町村の区域内に住所を有する者は、当該市町村及びこれを包括する都道府県の住民とする」と定めています。市町村の住民になると同時に都道府県の住民にもなるというように仕組まれていますが、ともかく住民の要件とされているのは、市町村の区域内に「住所を有する」という事実のみだということが分かります。住民票の基礎になるデータが役所に登録されることは要件ではありません。たしかに、地方自治法13条の2によれば、市町村は各住民について住民たる地位に関する正確な記録を常に整備しておかなければなりません。この事務を実施するために住民基本台帳法が定められています。しかし、**住民基本台帳**には住民について一定の事項を記録するのであって、住民基本台帳に記録されることによって住民になるというわけではないのです。それから、地方自治法10条1項自体は日本国民であることを要件にしていないということと、住民には法人も含まれるということに注意してください。法人の住所は本店や主たる事務所の所在地で決まります。

（2）住所の定義

　では、**住所**はどのように決まるのかといえば、それは民法22条の規定に従うことになります。そこには、「各人の生活の本拠をその者の住所とする」と書かれています。この「**生活の本拠**」ということとの関連で興味深い事件があります。それは、都市公園内にテントを張って暮らしているホームレスが、そのテントの所在地を住所とする転入届を出したけれども受理されなかったため、その取消しを求めて訴訟を提起した事件です。住民基本台帳法4条には、住民の住所に関する規定は地方自治法10条1項に規定する住民の住所と異なる意義の住所を定めるものと解釈してはならないとされていますから、結局は、公園内のテント所在地が生活の本拠といえるかどうかが問題になります。

　この事件で第一審判決（大阪地判平18・1・27判タ1214号160頁）は、テントが簡易工作物であるからといって客観的に生活の本拠たる実態を欠くということにはならないし、その者が都市公園法に基づく占用許可を受けておらず、その場所を自分のためにだけ使う資格はなかったという事実も、生活の本拠といえるような実態を具えているかどうかということとは無関係であるから、転入届の不受理は許されないと判示しました。それに対して、控訴審判決（大阪高判平19・1・23判

時1976号34頁）は、生活の本拠としての実態があるというためには、単にそこで日常生活を営んでいるというだけでは不十分であり、その形態が「健全な社会通念に基礎づけられた住所としての定型性」を備えていることが必要であるとし、本件ではそれが備わっていないと判断して第一審判決を取り消しました。控訴審判決の結論は最高裁でも支持されています（最判平20・10・3判時2026号11頁）。しかし、そのホームレスはそこが住所であることが認められないと、行政が用意している様々なサービスを受けることができません。そのことを考えれば、客観的に生活の本拠といえる実態が備わっているのであれば、そこが住所であることは認めて転入届を受理し、あとは市民と行政が力を合わせてホームレス問題に対処するしかないのではないかという見解[1]が出てくるのもうなずけます。

＊1
太田匡彦「住所・住民・地方公共団体」地方自治727号（2008年）14頁。

（3）宗教団体の信者からの転入届

　前述のホームレスの事件は、公園のテント所在地が生活の本拠といえるかどうかについて、争いのある事件でした。しかし、ときには、市町村の担当者として、区域内に住所があること自体は認めざるをえないが、それでも転入届を受理するのはためらわれるという状況に至ることもあるでしょう。その例として、宗教団体アレフ（旧オウム真理教）の信者たちが転入届の不受理を争った事件を挙げることができます。この事件で最高裁は、市町村長は、住民基本台帳法の適用が除外される者以外の者から同法に基づく転入届があった場合に、その者が新たに当該市町村の区域内に住所を定めたことが事実であれば、法定の届出事項以外の事由を理由として転入届を不受理とすることは許されないと判示しました（最判平15・6・26判時1831号94頁）。市町村が審査できるのは、形式的な要件がととのっているかどうかということと、届出事項の内容が事実に合致しているかどうかということだけであり、それ以外のことを考慮して不受理とすることは許されないのです。この事件で上告代理人は、地域の秩序が破壊され住民の生命や身体の安全が害される危険性が高度に認められるような特別の事情がある場合には、転入届を受理しないことが許されると主張していたのですが、最高裁は、そのような主張には法律上の根拠がないと判示しています。

（4）住所の認定をめぐる争い

　ある人が複数の生活拠点を異なる市町村に有している場合には、生活の本拠がどこにあるのかということについて、市町村長の意見が異なることがありえます。その場合はもちろん市町村長同士で協議しますが、それがととのわないときは、都道府県知事（関係市町村が2つ以上の都道府県の区域内の市町村である場合は主務大臣）に対して、その決定を求める旨の申し出を行います（住民台帳法33条1項）。申し出を受けた主務大臣又は知事は、60日以内に決定し（同条2項）、理由を付した文書で関係市町村長に通知しなければなりません（同条3項）。関係市町村長は、この決定に不服があれば、通知を受けた日から30日以内に裁判所に出訴すること

＊2
　この一連の仕組みは、長野県知事の住所が長野市にあるのか泰阜村にあるのかが争われた事件で広く知られるところとなりました。この事件に関連して、長野地判平16・6・24判例体系判例ID 28100559が参考になります。

＊3
　国民だけではなく、一定の外国人にも個人番号が付けられます。また、個人番号と扱いが異なるところがありますが、法人にも法人番号が付けられます。

ができます＊2　（同条4項）。

（5）番号法の制定とその仕組み

　2013年5月、「行政手続における特定の個人を識別するための番号の利用等に関する法律」（以下、「**番号法**」とよびます）が制定され、2015年度から、国民一人ひとりに固有の**個人番号**（「**マイナンバー**」とよばれることもあります）が付番されました＊3。

　個人番号の制度が導入された目的は次のようなものです（参照、番号法1条）。様々な行政活動を行うための情報処理には個人を特定する必要がありますが、個人番号は一人ひとりに固有の番号なので、これによって個人を正確に特定することができます。したがって、個人番号を利用することによって、様々な行政機関が保有している情報を突き合わせることができるようになり、効率的で迅速な情報の管理や利用が可能となり、また、社会保障の給付等においては、個人の状況に応じたより適切な給付を行うことができるものと考えられます。さらに、申請や届出を行う際に、添付書類を省略することができるといった、行政手続をより簡素で便利なものにする効果もあると考えられています。

　個人番号は、住民票コードに基づいて付けられる固有の番号ですが、その指定や通知は市町村長（特別区の区長も含まれます。以下同じ）によって行われます（番号法7条1項）。また、申請によって市町村長によって交付される個人番号カードがあり、マイナンバーカードと呼ばれています。マイナンバーカードはICカードとされ、顔写真が添付され、本人を確認することができるようになっています。個人番号は一度付番されると、変更されないのが原則ですが、個人番号が漏えいして不正に用いられるおそれがあると認められるときは、その者の請求又は職権で市町村長によって変更されることがあります（番号法7条2項）。これらの市町村長が行う事務は、第1号法定受託事務とされています（番号法44条）。

　個人番号は、情報の連携を可能にすることによって、上でみたような目的を達成するものです。しかし、個人番号は情報の管理や照合に便利な反面、不正行為が行われ、いったん、個人番号が漏えいした場合等には、それを手がかりに個人のプライバシー侵害が生じることが考えられます。そこで、番号法は、個人番号に関して様々な保護の仕組みを置いています。まず、番号法は、個人番号の利用範囲を限定しています。すなわち、個人番号を利用することができるのは、社会保障、税、災害対策に関する3分野とされています（番号法9条1項。具体的には、番号法別表第1参照）。地方公共団体の長その他の執行機関は、福祉、保健若しくは医療その他の社会保障、地方税又は防災に関する事務その他これらに類する事務であって条例で定めるものの処理に関して個人番号を利用することができるとされ、個人番号を利用する事務の範囲を条例によって拡大することができます（番号法9条2項）。なお、2019年の改正により、番号法と戸籍法との連携が図られ、一定の場合には、各種申請において、個人番号を利用することにより戸籍抄本の

提出を省略できるようになることが予定されています（参照、改正後の番号法９条３項）。次に、**特定個人情報**（個人番号をその内容に含む個人情報のことを意味します。参照、番号法２条８項）については、個人情報保護法よりも、目的外利用が認められる場合が厳しく限定されており（番号法30条１項）、その提供は、番号法19条に規定された場合に限られています。また、番号法19条に規定された場合を除いて、特定個人情報の収集や保管をすることは禁止されています（番号法20条）。このように、個人番号に関しては、様々な保護措置がとられています。さらに、番号法に基づく適正な取り扱いを確保する等のために、特定個人情報保護委員会が設置されましたが、平成28年１月より、同委員会は個人情報保護委員会に改組されました。その他、地方公共団体の機関を含む行政機関の長等は、特定個人情報の漏洩その他の事態の発生の危険性及び影響に関する評価（「特定個人情報保護評価」）を行い、評価書を公示することとされています（番号法28条１項）。

2　地方自治法の「権利義務」規定

　地方自治法10条２項は、「住民は、法律の定めるところにより、その属する普通地方公共団体の役務の提供をひとしく受ける権利を有し、その負担を分任する義務を負う」と定めています。ここで「地方公共団体の役務の提供」というのは、金銭的な援助、資金の貸付け、保険の運営、そして水道水の供給や各種施設の設置管理など、地方公共団体が住民の福祉の増進を目的として提供する便宜やサービスの提供のすべてを指します。各種施設というのは学校、図書館、公民館、都市公園などのことで、これらの施設を地方自治法上は公の施設（自治法244条）とよびます。公の施設については、本章「11節１　公の施設」で学習します。

　前述のような便宜やサービスを提供するにあたり、地方公共団体は、住民を平等に扱わなければなりません。公の施設の利用に関しては、地方自治法に不当な差別的取扱いを禁ずる規定（244条３項）があります。では、住民と住民でない人に差をつけるのはどうでしょうか。公の施設は住民しか利用できないというものではありませんので、そのような問題が生じます。そのような差異化は許されないわけではありませんが、差の付け方が相当でないときは違法と評価されることがあります。詳しくは、本章「11節１　公の施設」で説明します。

　住民は、以上のような権利を有する反面で、地方自治法に定めのある地方税（自治法223条）、分担金（自治法224条）、使用料（自治法225条）、及び手数料（自治法227条）のほか、道路法（61条）や河川法（70条）などに定めのある受益者負担金等を負担する義務を負います。もっとも、権利と違って義務の方は、住民全員がひとしく負担するというわけにはいきませんので、住民の能力や受益の性質、程度に応じた徴収のあり方を法令や条例で定めることになります。

3　住民の選挙権

　地方自治法は、11条で、日本国民たる普通地方公共団体の住民はその属する普通地方公共団体の選挙に参与する権利を有すると定めています。普通地方公共団体の選挙に関する規定は4章にあります。条文としては、議員と長を投票により選挙することとした17条、その**選挙権**について定めた18条及び**被選挙権**に関する19条の3ヶ条です。選挙権を有するのは、日本国民たる満18歳以上の者で、引き続き3ヶ月以上市町村の区域内に住所を有するものです。ただし、原則として選挙人名簿に登録されていない者は投票することができません（公選法42条1項）。他方、被選挙権は、議会の議員は満25歳以上、都道府県知事は満30歳以上、市町村長は満25歳以上となっています。

　ここで、外国人も選挙権を有するのかどうか調べておくことにしましょう。国政選挙に関しては、最高裁は、選挙権を日本国民に限っている公職選挙法9条1項は憲法14条、15条に違反するものではないと述べています（最判平5・2・26判時1452号37頁）。学説をみますと、参政権を有する者の範囲を日本国籍の有無で機械的に判定するべきではなく、日本の社会での生活実態を考慮すべきだという見解も唱えられるようになっていますが、現段階では、国民主権原理の国民を日本国籍保有者に限定する考え方が通説とされています。では、地方選挙ではどうでしょうか。上記のとおり、地方自治法11条は「日本国民たる」住民にのみ選挙に参与する権利を認めています。憲法93条2項に「その地方公共団体の住民が、直接これを選挙する」と規定されていますが、この「住民」は国民に限られるというのが最高裁の判例です（最判平7・2・28民集49巻2号639頁）。ただし、この判決で最高裁は、立法政策として永住者など一定範囲の外国人に地方参政権を与えることは可能だと述べました。地方公共団体において処理する公共的な事務は、住民の日常生活に密接に関連していますから、住民の意思に支えられて実施されるのが本来の姿です。憲法に地方自治の章がおかれたのは、そのような政治形態を憲法が保障したものだという考え方が、この判例の前提になっています。それゆえに、憲法自体が**外国人の地方参政権**を保障しているとまではいえないけれども、地方公共団体の公共的な事務を自らの意思で支える住民の中に外国人を政策的に取り込むことは可能だという結論になるのです。このように地方参政権を外国人にも認めることは住民自治の拡充につながると考えられますが、参政権を付与される外国人の範囲の確定という難問が残ります。

4　直接請求

　憲法93条1項によると、地方公共団体は、法律の定めに従って、議事機関として議会を設置することになっています。つまり、住民により選挙された議員で構

成される議会において条例の制定や予算の議決などの重要な決定を行う仕組みが採用されているわけです。この**議会制民主主義**には、選挙時の選挙人の意思が選挙後の当選人の行動に必ずしも反映されないという欠陥があります。国政の場合、この欠陥を埋め合わせるのは容易ではありません。それに対して、地方公共団体の場合は、国と比べれば区域面積も人口も小規模ですから、直接民主主義の要素を導入することもあながち不可能ではありませんし、憲法がそのことを禁じているわけでもありません。住民が地方公共団体の政治過程に監視の眼を向けられるような仕組みを設けて、議会制民主主義の欠陥を補うことも現実の課題となるのです。

　そこで地方自治法は、地方公共団体の特定の機関に対して特定の請求を行うことを「日本国民たる住民」の権利として保障しました。条例の制定・改廃請求（自治法12条1項）、事務監査請求（自治法12条2項）、議会の解散請求（自治法13条1項）、議会の議員・長・副知事・副市町村長・指定都市の総合区長・選挙管理委員・監査委員・公安委員会の委員の解職請求（自治法13条2項）、それに教育委員会の教育長又は委員の解職請求（自治法13条3項）です。これらの仕組みが**直接請求**とよばれるものです。このうち教育委員会の教育長又は委員の解職請求の手続や処置については地方教育行政の組織及び運営に関する法律に定めがありますが（8条）、それ以外の請求については、地方自治法自体に手続と処置に関する詳細な定めがあります。5章の諸規定がそれで、本章「6節　直接請求」で詳しく説明します。

（交告尚史・北村和生）

第3章

地方自治法

学習のポイント

■住民であるかどうかは市町村の区域内に住所、すなわち生活の本拠を有するかどうかで決まります。その判断に際しては、都市公園の不法な利用ではないかなど「社会通念上、客観的に生活の本拠としての実体」が具備されているかどうかを考慮することになります。

■市町村長は、転入届をした者が新たに当該市町村の区域内に住所を定めたことが事実であれば、原則として、法定の届出事項以外の事由を理由として転入届を不受理とすることはできません。

■ある人の住所がどこにあるかについて、市町村長間で意見が異なるときには、都道府県知事に対して決定を求めることとなります。また、関係する市町村が2つ以上の都道府県の区域にまたがる場合には主務大臣に対して決定を求める申し出が行われます。

■2013年5月、行政運営の効率化及び行政分野におけるより公正な給付と負担の確保や手続の簡素化のため、番号法が制定され、2015年から、国民一人ひとりに固有の個人番号が付番されました。

■地方公共団体は、金銭的な援助、資金の貸付け、施設利用などに際して、住民をひとしく取り扱わなければなりません。

■住民は、地方自治法上様々な権利を有する反面、地方税、分担金、手数料のような一定の義務を負うこととなります。

■地方公共団体の選挙に参与する権利を有するのは、「日本国民たる」住民です。ただし、立法政策として一定範囲の外国人に地方参政権を認めることは可能だとした最高裁判例があります。

■地方自治法は、議会制民主主義の欠陥を補うために直接請求の仕組みを置いています。

第5節　選　挙

1　選挙の種類

　選挙は、公職の種類によっていくつかの種類に分けることができます。**選挙期日**[*1]は、選挙の種類に応じ、選挙前一定の期間において**公示**又は**告示**[*2]しなければなりません（公選法31条〜34条の2）。

（1）総選挙

　衆議院議員（総定数465人：小選挙区選出議員289人、比例代表選出議員176人）の全員を選ぶ選挙を**総選挙**といい、小選挙区選挙と比例代表選挙が、同日に行われます。総選挙は、衆議院議員の任期満了（4年）によるものと、衆議院の解散によって行われるものがあります。

（2）参議院議員通常選挙

　参議院議員（総定数248人：選挙区選出議員148人、比例代表選出議員100人）の半数を選ぶ選挙を**通常選挙**といいます。参議院議員の任期は6年で、3年に1回、定数の半分が改選されます。

（3）地方公共団体の選挙

〈1〉一般選挙（地方公共団体の議会の議員の選挙）

　　一般選挙とは、地方公共団体の議会の議員の全員を選ぶ選挙です。通常は任期満了（4年）の場合に行われますが、議会の解散などによって議員又は当選人のすべてがいなくなった場合にも行われます。

〈2〉地方公共団体の長の選挙

　　都道府県知事や市町村長など地方公共団体の長を選ぶための選挙です。任期満了（4年）の場合のほか、住民の直接請求（リコール）による解職や、不信任議決による失職、死亡、退職、などの場合にも行われます。

〈3〉設置選挙

　　新しく地方公共団体が設置された場合に、その議会の議員と長を選ぶために行われる選挙です。

（4）特別の選挙

〈1〉再選挙

　　立候補者数の不足や法定得票数を得た候補者の不足のため必要な数の当選人が得られなかったり、当選人が公職に就くまでに、死亡や当選争訟等によ

*1　選挙期日

　一般に投票日とよばれています。任期満了による選挙は、原則として任期満了日前30日以内（国会議員の任期満了による選挙は、任期満了による選挙を行うべき期間が、国会開会中に重なる場合、又は国会閉会の日から23日以内に重なる場合は、国会開会の日から24日以後30日以内）に行われます。衆議院の解散による総選挙や地方公共団体の議会の解散による一般選挙は、解散の日から40日以内、任期満了以外の事由による地方公共団体の議会の議員・長の選挙については、選挙事由発生の日から50日以内に行われます。

*2　公示と告示

　公示は、衆議院議員総選挙及び参議院議員通常選挙の場合に天皇が国事行為（憲法7条4号）として行い、告示は、衆議院議員及び参議院議員の補欠選挙・再選挙並びに地方公共団体の議会の議員及び長の選挙の場合に当該選挙事務を管理する選挙管理委員会が行います。

る当選無効などが生じ、繰上補充＊3（公選法97条・97条の2）などによっても当選人がなお不足する場合に行われる選挙を**再選挙**といいます。一人でも不足する時に行われるもの（衆議院小選挙区選出議員、参議院選挙区選出議員、地方公共団体の長）と、不足が一定数に達した時に行われるもの（衆議院・参議院の比例代表選出議員、地方公共団体の議会の議員）があります。

〈2〉補欠選挙

　選挙の当選人が議員となった後の死亡や退職等により、繰上補充によってもなお一定数の議員の欠員がある場合に議員の不足を補うために行われる選挙を**補欠選挙**といいます。再選挙とは、その人がすでに議員の身分を取得しているか否かが違います。ただし、すでに議員であっても選挙違反などにより当選や選挙自体が無効となった場合は、再選挙となります。

〈3〉増員選挙

　議員の任期中に、議員の定数を増やして行われる地方公共団体の議会の議員の選挙を増員選挙といいます。地方公共団体の議会の議員の総定数の変更は一般選挙の場合でなければ行うことができませんが（自治法90条2項・91条2項）、都道府県の廃止、設置、編入等や市町村の廃置分合、境界変更などの場合は、任期中の定数変更が認められます。

2　選挙人名簿

　選挙人名簿に登録されなければ投票することができません（公選法42条1項本文）。ただし、選挙人名簿に登録されるべき旨の決定書又は確定判決の正本・謄本・電子判決書に記録されている事項を記載した書面であって裁判所書記官が当該書面の内容が当該ファイルの記録事項と同一であることを証明したもの（電子判決書記録事項証明書）を所持し選挙の当日投票所に至る者があるときは、投票管理者は、その者に投票をさせなければなりません（同項ただし書き）＊4。被登録資格は、市町村の区域内に住所を有する年齢満18歳以上の日本国民（選挙権をもつことのできない者を除く）で、その住民票が作成された日（他市町村からの転入者は、転入届をした日）から引き続き**3ヶ月以上**、その市町村の**住民基本台帳**に記録されていることです（公選法21条1項）。市町村の区域内から住所を移した年齢満18才以上の日本国民のうち、3ヶ月以上旧住所地の市町村の住民基本台帳に記録されていた者で、住所を有しなくなった日後4ヶ月以内で、かつ新住所地の市町村の住民基本台帳に記録されている期間が3ヶ月未満の者は、旧住所地の市町村で登録されます（公選法21条2項）。

　登録は、毎年登録月（3月、6月、9月、12月）の1日現在で同日に定期的に行われる**定時登録**（公選法22条1項）と選挙が行われる場合に行われる**選挙時登録**（公選法22条2項）があります。いったん登録されると、抹消されない限り、永久に有効（**永久選挙人名簿**）であり、すべての選挙に共通して用いられます（公選法19

条1項）。登録の抹消が行われるのは、①死亡又は日本国籍を喪失したとき、②他の市町村に転出したため表示された者が転出後4ヶ月を経過したとき、③在外選挙人名簿への登録の移転をするとき、④登録の際に、登録されるべき者でなかったときです（公選法28条）。なお、実刑に処せられるなどして選挙権を停止された人の場合、抹消されるのではなく、その旨の表示がされ、選挙権を回復すれば、その表示は消除されます。

　また、選挙人名簿の正確性を確保するため、選挙人から公選法に定める目的*5で閲覧の申出があった場合、選挙期日の公示又は告示の日から選挙期日の5日後までの間を除き、選挙人名簿の抄本を**閲覧**させることになっています（公選法28条の2～28条の4）。

3　投　票

（1）投票所における投票

　投票は各市町村選挙管理委員会が定める**投票区**（公選法17条1項・2項）ごとに投票所で行われます。投票所は選挙期日から少なくとも5日前までに市町村選管が定めて告示しなければなりません（公選法41条）。投票所は選挙の当日午前7時に開き、午後8時に閉じますが、投票所により開閉時刻の繰り上げ・繰り下げが行われる場合もあります（公選法40条1項）。投票所には、**投票管理者**（公選法37条1項）及び2人以上5人以下の**投票立会人**（公選法38条1項）が置かれます。なお、投票立会人が2人未満の場合に行われた投票は無効となるため、2人に満たないときは、投票管理者が補充選任しなければなりません。

　選挙人は、選挙の当日、自ら、登録されている選挙人名簿の属する投票区の投票所に行き、選挙人名簿との対照を経て（公選法44条1項・2項）、投票用紙に候補者1人の氏名等を**自書**して投票箱に入れなければなりません（公選法46条1項～3項）。特別な投票方法として、①身体の故障や字を知らないなどのため投票用紙に自書できない選挙人のための**代理投票**（公選法48条1項）、②目の不自由な選挙人のための**点字投票**（公選法47条）、があります。また、投票を拒否された選挙人に不服があるとき、又は投票管理者が投票を拒否したこと若しくはしなかったことについて投票立会人に不服があるときには、仮投票（公選法50条3項・5項）を行わせることができます。

（2）期日前投票と不在者投票

〈1〉期日前投票

　選挙期日前であっても、選挙期日の公示日又は告示日の翌日から選挙期日の前日までの間、選挙人名簿登録地の市町村選挙管理委員会の設置する期日前投票所において選挙期日と同じ方法で投票を行うことができます。これを**期日前投票**（公選法48条の2第1項）といいます。期日前投票をすることがで

*5
　選挙人名簿の閲覧が認められるのは、次の場合です。
（1）選挙人名簿の登録の有無を確認するために閲覧する場合
（2）公職の候補者等、政党その他の政治団体が、政治活動（選挙運動を含む）を行うために閲覧する場合
（3）統計調査、世論調査、学術研究その他の調査研究で公益性が高いと認められるもののうち政治・選挙に関するものを実施するために閲覧する場合

第3章　地方自治法

きるのは、選挙期日に仕事や用務があるなど、一定の事由に該当すると見込まれる選挙人です。天災・悪天候により投票所に到達することが困難な人も期日前投票をすることができます。なお、選挙権の有無は、期日前投票の当日に認定されるため期日前投票を行った後、他市町村への移転、死亡等の事由により選挙の期日までの間に選挙権を有しなくなったとしても、当該投票は有効な投票として取り扱われます。

〈2〉不在者投票

　旅行、出張等で選挙期間中、選挙人名簿登録地以外の市町村に滞在している者は、滞在先の市町村の選挙管理委員会で、また、指定病院等に入院等している者などは、その施設内で、それぞれ**不在者投票**（公選法49条1項）をすることができます。不在者投票には次のような種類があり、それぞれ手続が異なります。なお、選挙期日には18歳を迎えるが、選挙期日前においては未だ17歳であり選挙権を有しない者は、期日前投票をすることができませんので、名簿登録地の市町村の選挙管理委員会において不在者投票をすることができます。

①名簿登録地以外の市町村の選挙管理委員会における不在者投票
②都道府県の選挙管理委員会が不在者投票のために指定した指定病院等・刑事施設における不在者投票
③郵便等による不在者投票（公選法49条2項・3項）[6]
④国外で行う不在者投票（公選法49条4項〜8項）[7]

〈3〉在外投票

　海外在住者が国政選挙で投票できる投票制度を**在外投票**といいます。在外投票ができるのは日本国籍をもつ18歳以上の有権者で、市町村の**在外選挙人名簿**に登録され**在外選挙人証**を持っている者です。在外選挙人名簿への登録の申請は、出国前に国外転出届を提出するときに市町村の窓口で行う方法（出国時申請）と出国後の居住地を管轄する在外公館（大使館・総領事館）の領事窓口で行う方法（在外公館申請）があります。在外公館申請をして登録されるためには、在外公館（大使館・総領事館）の管轄区域内に引き続き3ヶ月以上住所を有していることが必要ですが、登録の申請については3ヶ月経っていなくても行うことができます（公選法30条の2〜6）。投票の方法には、①在外公館投票②郵便等投票③日本国内における投票があります。③は、選挙の際に一時帰国した者や、帰国後間もないため国内の選挙人名簿に登録されていない者が行う投票です。記載済の投票用紙は、登録市町村の指定在外選挙投票区に送られます。

　在外投票の対象となる選挙は、当初、衆議院議員及び参議院議員の比例代表選挙に限定されていましたが、2006年の公職選挙法改正により、衆議院小選挙区選挙及び参議院選挙区選挙も対象とされました。

＊6　郵便等による不在者投票

　郵便等による不在者投票は、身体障害者手帳・戦傷病者手帳を持っている選挙人で両下肢等の障害が1級又は2級の者など重い障害をもつ者に認められます。
　新型コロナウイルス感染症等で自宅療養等をしている者で外出自粛要請又は隔離等の措置を受けている期間が選挙の公示・告示日の翌日から選挙期日までの期間にかかると見込まれる者は、特例郵便等投票をすることができます。
（2021年6月23日以降に公示・告示される選挙から適用）

＊7　国外で行う不在者投票の種類

　自衛隊の部隊、PKO協力隊など、総務大臣が「特定国外派遣組織」として指定した組織に属する人のための「国外における不在者投票」、国外の区域を航海する指定船舶の船員のための「洋上投票」、南極地域における科学的調査の業務を行う組織に属する選挙人のための「南極投票」があります。

4　開　票

（1）開票事務

　開票は市町村ごとに原則として1ヶ所設けられる**開票所**（公選法18条1項）で、すべての投票箱の送致を受けた日又はその翌日に行われます（公選法65条）。開票所と開票の開始日時は市町村の選挙管理委員会が決め、告示します。投票が終了し投票所が閉鎖されると、各投票区の投票管理者から投票箱、その鍵・記録などが送致され、開票開始時刻になると**開票管理者**（公選法61条1項）は、3人以上10人以下の**開票立会人**（公選法62条1項）が参会していること及びすべての投票箱を受領していることを確認し、開票の開始を宣言して、投票箱を開き、仮投票の受理・不受理の決定の後、各投票につきその効力を決定し各候補者別に得票数を計算します（投票の点検）（公選法66条1項・2項）。開票終了後は、開票結果の選挙長への報告（公選法66条3項）等が行われ、投票については梱包の上、開票管理者が開票立会人とともに封印して市町村選挙管理委員会に送致します。

（2）投票の効力

　投票の効力は開票管理者が決定します。投票の記載等からみて選挙人の意思が明白であれば、その投票は有効としなければなりませんが、次のような投票は無効とされます（公選法67条・68条1項）。

- ・所定の投票用紙を使用していないもの、他の選挙の投票用紙と取り違えたもの
- ・立候補していない者、被選挙権のない候補者の氏名を書いた投票
- ・2名以上の候補者の氏名を書いた投票
- ・候補者の氏名以外の他事を記載した投票（候補者の職業、身分、住所、敬称の類を除く*8）
- ・自書していない投票（代理投票を除く）
- ・どの候補者の氏名を書いたのか確認できない投票*9
- ・単なる雑事、記号等を記載した投票
- ・白紙投票

5　当選人の決定

　開票が終了すると、すべての開票管理者からの結果報告を受けた日又はその翌日に**選挙長***10（公選法75条1項）は、3人以上10人以下の**選挙立会人**（公選法76条）の参加を得て選挙会（公選法80条1項・2項）を開き、各候補者・政党等の得票を計算し、当選人（公選法95条1項）が決まります。選挙長は結果を、その選挙を管理する選挙管理委員会（衆議院・参議院の比例代表選挙では中央選挙管理会）に報告し、

*8
　例えば、「○○さんへ」と記載された投票は「へ」が他事記載として無効となります。

*9　按分票
　氏や名が同一の候補者が2人以上ある場合、その氏又は名のみを記載した投票は有効であり、それぞれの候補者の有効投票数に応じて按分します。この場合、得票数に1票未満の端数が生じることになります。

*10　選挙長
　選挙ごとに、選挙管理委員会が当該選挙の選挙権を有する者の中から選任し、立候補の届出の受理や選挙会に関する事務を取り扱います。

＊11　比例代表選挙の当選人の決定

衆議院比例代表選挙は、各政党等の得票数を名簿登載者数までの整数で割っていき、得られた商（割った答え）の数が各政党に配分される当選人の数になります（ドント式）。当選人は、政党等が届け出た候補者名簿に記載された各候補者の「当選人となるべき順位」の順に決まります（拘束名簿式）。参議院比例代表選挙は、ドント式により各政党等の当選人の数を決定した後、各政党等別に候補者の得票の多い順に当選人が決まります（非拘束名簿式）。

委員会は当選人に当選の旨を告知するとともに、当選人を告示し（公選法101条２項・101条の２第２項・101条の２の２第２項・101条の３第２項）、当選証書（公選法105条１項）を交付します。当選の効力は、選挙管理委員会又は中央選挙管理会の告示の日に生じます（公選法102条）。比例代表選挙[*11]以外の選挙での当選人の決定については、得票の多い順に当選人になります。ただし**法定得票数**（有効投票の総数をその選挙でその選挙区から出すべき当選人の数で割って得た数のさらに６分の１、地方公共団体の選挙では４分の１）以上の得票が必要です（公選法95条１項・２項）。得票が同数の場合は、選挙会で選挙長がくじで順番を定めます。

　当選人が決定された場合、当該選挙の選挙人又は候補者は、選挙が有効に行われたことを前提に、当選の効力を争う**当選訴訟**（公選法207条・208条）や、選挙の手続に瑕疵があるとして選挙の効力を争う**選挙訴訟**（公選法203条・204条）を提起することができます[*12]。なお、選挙訴訟は、投票価値の平等を争う憲法訴訟として提起されることもあります。

＊12　選挙に関する争訟の手続

選挙に関する争訟は、訴訟とその前審的性質を有する「異議の申出」及び「審査の申立て」から成っています。選挙訴訟や当選訴訟は、民衆訴訟とよばれる訴訟類型です（行訴法５条）（「２章４節３（２）〈３〉民衆訴訟」参照）。

6　選挙運動・禁止される寄附

（1）選挙運動の意義

　選挙運動とは、政治活動のうち、①特定の選挙において、②特定の候補者の、③当選を目的として、④選挙人に投票を依頼する行為をいいます。選挙運動のできる期間は、立候補届が受理された時から選挙期日の前日までであり（公選法129条）、それ以外の期間の選挙運動は**事前運動**として禁止されています。選挙運動については、選挙事務所の設置（公選法130条１項）、ビラや選挙運動用通常葉書の頒布（公選法142条１項〜４項）、ポスターの掲示（公選法143条１項）、自動車・船舶による連呼行為（公選法140条の２第１項）、街頭演説（公選法164条の５第１項）、個人演説会等（公選法161条１項・161条の２）、新聞広告（公選法149条１項〜４項）、政見放送・経歴放送（公選法150条１項〜３項・151条１項）などがありますが、選挙の種類によって行える選挙運動が異なり、実施方法についても種々の規制があります。なお、2013年の参議院議員通常選挙からインターネット等により文書図画を頒布[*13]することができるようになりました。また、投票依頼のための**戸別訪問**[*14]（公選法138条１項・２項）、選挙に関する署名運動（公選法138条の２）、飲食物の提供（公選法139条）（ただし、湯茶及び日常用いられている程度の菓子や選挙運動員等への一定限度の弁当の提供は可）、など、すべての人に禁止されている行為があります。

＊13　インターネット等による選挙運動

一般有権者は、選挙の公示又は告示の日から選挙の期日の前日までの間、ウェブサイト等（インターネットのホームページ、ブログ、SNS、動画共有サービス、動画中継サイト等）を用いて選挙運動をすることができますが、選挙運動のための電子メールを送信することは禁止されています。選挙運動のための電子メールの送信は、公職の候補者や政党等に限り許されます。

＊14　戸別訪問

２戸以上を訪問する目的をもって１戸のみ訪問した場合も戸別訪問となり、演説会開催告知をする行為や特定の候補者の氏名・政治団体の名称を言い歩く行為も戸別訪問とみなされます。

（2）選挙運動が禁止・制限される者

　①　次の者は選挙運動が禁止されています（公選法135条１項・136条・137条の２・137条の３）。

　　ア　選挙事務関係者（投票管理者、開票管理者、選挙長及び選挙分会長は、在職中、

その関係区域内において選挙運動が禁止されます）

イ　特定公務員[*15]

ウ　選挙犯罪や政治資金規正法違反の罪により選挙権・被選挙権を停止されている者

エ　年齢満18歳未満の者[*16]

②　次の者はその**地位を利用**[*17]して選挙運動をすることが禁止されています（公選法136条の2）。地位利用による選挙運動が禁止される「公務員」には、一般職だけでなく、国会議員、地方公共団体の議員・長、消防団員、民生委員といった特別職も含まれます（地公法3条）。

ア　国・地方公共団体の公務員

イ　特定独立行政法人・特定地方独立行政法人の役職員

ウ　公庫の役職員

③　教育者（学校教育法に規定する学校の長及び教員）は、学校の児童、生徒及び学生に対する**教育上の地位を利用**して選挙運動をすることが禁止されています（公選法137条）。

（3）選挙犯罪と連座制

選挙犯罪には、**買収罪**[*18]や選挙の自由妨害罪、詐欺投票等の投票に関する罪などの刑事犯（実質犯）と事前運動や文書違反などの行政犯（形式犯）があり、それぞれ罰則が規定されています（公選法第16章）。

当選人が公職選挙法に違反して刑に処せられた場合、一部の規定違反を除き、裁判の確定と同時に当選は無効となり（公選法251条）、一定期間、選挙権及び被選挙権が停止されます（公選法252条1項・3項）。この停止期間中は、投票や立候補ができず、選挙運動をすることもできません。

選挙運動の**総括主宰者**（選挙運動の全体をとりまとめる者）、**地域主宰者**（一部の地域の選挙運動をとりまとめる者）、**出納責任者**（選挙運動に関する収入、支出について一切の責任と権限をもつ者）、候補者の親族（配偶者、父母、子、兄弟姉妹）・秘書（公選法251条の2第1項）、**組織的選挙運動管理者等**[*19]（公選法251条の3第1項）が、買収罪など悪質な選挙犯罪により刑に処せられた場合、**連座制**が適用されて候補者の**当選が無効**となり、候補者は連座裁判確定の時から5年間、当該選挙と同一選挙で、同一選挙区からの立候補が禁止されます。

（4）寄附の禁止

金のかからない選挙を実現するため、公職の候補者等（候補者、候補者となろうとする者、公職にある者）や後援団体などが選挙区内にある者（旅行者や一時的滞在者も含む）に**寄附**[*20]をすることは罰則をもって禁止されています（公選法199条の2〜199条の5、249条の2〜249条の5）。例えば、お中元・お歳暮、祭礼やイベント等への寸志の贈呈や飲食物等の差入、慶祝・葬儀の際の花輪・供花、秘書等が代

＊15　特定公務員

次の公務員は在職中、選挙の種類を問わず、職務の区域と関係なく、一切の選挙運動が禁止されています。
①中央選挙管理会の委員及び中央選挙管理会の庶務に従事する総務省の職員並びに選挙管理委員会の委員及び職員、②裁判官、③検察官、④会計検査官、⑤公安委員会の委員、⑥警察官、⑦収税官吏及び徴税の吏員

＊16　18歳未満の者を使った選挙運動の禁止

何人も18歳未満の者を使用して選挙運動をすることは禁止されています（車上の連呼行為や街頭演説のように選挙人に直接働きかける行為は、たとえ与えられた原稿を読み上げるだけであっても許されません）。

＊17　公務員の地位利用による選挙運動

「地位を利用」とは、その公務員としての地位にあるがために特に選挙運動を効果的に行いうるような影響力又は便益を利用することをいい、例えば公務員が部下や職務上の関係のある公務員に対し、職務上の指揮命令権、人事権、予算権等に基づく影響力を利用して後援会入会者名簿の収集を行うことは禁止されます。

＊18　買収罪

当選を得若しくは得しめない目的をもってする選挙人又は選挙運動者に対する金銭、物品その他の財産上の利益等の供与、供応接待などがあります。金銭等を実際に渡さなくても、その約束をした場合あるいは、金銭や物品を受け取った有権者も処罰されます。

＊19　組織的選挙運動管理者等

後援会や会社、組合等の組織が候補者と意思を通じて選挙運動を行っている場合に当該組織において選挙運動計画の立案・調整や選挙運動従事者の指揮・監督を行う者をいいます。

＊20　寄附

「寄附」とは、金銭、物品その他の財産上の利益の供与（提供しようとする相手方に直接渡すこと）、交付（提供しようとする相手方のために、仲介人に渡すこと）、供与又は交付の約束をいい、党費、会費その他債務の履行としてなされるものは除かれます。なお、政党その他の政治団体の支部に対してする場合、候補者等の親族に対してする場合などは禁止の例外です。

理で出席する場合の結婚祝（公職の候補者等本人が出席する場合は罰則なし）、秘書等が代理で出席する場合の葬式の香典（公職の候補者等本人が出席する場合は罰則なし）など社交儀礼として行われるものも含めて禁止されています。

（三好規正）

学習のポイント

■選挙には、任期満了による選挙、解散による選挙、その他の事由による選挙があり、選挙の公示又は告示により選挙期日が確定します。選挙期日は選挙の種類ごとに異なります。

■原則として選挙人名簿に登録されなければ投票することができません。選挙人名簿への登録要件は、年齢満18歳以上の日本国民で住民票が作成された日（転入届をした日）から引き続き3ヶ月以上、住民基本台帳に記録されていることです（未登録の転出者については旧住所地の市町村で登録される場合があります）。いったん登録されると、抹消されない限り、永久に有効です。

■投票は投票区ごとに設けられる投票所で行い、投票所には投票管理者と投票立会人が置かれます。投票中は、投票立会人が常時2人いなければなりません。

■当日投票のできない人は、期日前投票をすることができます。旅行や出張などで、住所地以外に滞在する人や指定病院等に入院している人などは、不在者投票をすることができます。

■海外在住の人は在外選挙人名簿への登録により国政選挙で在外投票をすることができます。

■開票は市町村に原則として1ヶ所設けられる開票所で行い、開票所には開票管理者と開票立会人が置かれます。投票の有効・無効を判断する権限は開票管理者にあります。

■開票終了後に行われる選挙会で選挙長が当選人を正式に決定します。当選人となるためには法定得票数以上の得票が必要です。

■選挙争訟には、選挙の有効を前提に当選人の決定を争う当選争訟と選挙自体の効力を争う選挙争訟があります。

■選挙運動とは、①特定の選挙において、②特定の候補者の、③当選を目的として、④選挙人に対して投票依頼をする行為をいいます。選挙運動は立候補届が受理された時から選挙期日の前日までしか行うことができません。

■選挙運動には、言論によるものと文書図画によるものがあり、インターネット等を利用した選挙運動もできますが、一般有権者は選挙運動にメールを用いることはできません。

■すべての公務員は、地位利用による選挙運動が禁止されています。

■出納責任者や親族、秘書など候補者と一定の関係にある人が選挙犯罪により刑に処せられた場合、連座制の対象となって当選が無効となり、立候補が制限されることがあります。

■公職の候補者等（候補者、候補者となろうとする者、公職にある者）やその後援団体は、たとえ社交儀礼であっても、選挙区内にある者に寄附をすることが禁止されています。

第6節　直接請求

　4節の最後で触れた直接請求の仕組みを、地方自治法に規定された順に解説します。併せて、市町村合併特例法に規定された合併協議会設置の請求についても簡単に説明します。

1　条例の制定改廃請求

　地方公共団体の議会の議員及び長の選挙権を有する者（以下、「選挙権者」といいます）は、その総数の50分の1以上の者の連署をもって、その代表者から、地方公共団体の長に対し、**条例の制定又は改廃の請求**をすることができます（自治法74条1項）。ただし、地方税の賦課徴収並びに分担金、使用料及び手数料の徴収に関する条例は、この請求の対象から外されています。この除外規定は、1948年の地方自治法改正で、負担軽減を求める請求の濫発を抑えるために導入されました。しかし、条例の制定改廃請求の場合は、議会に付議するのみで、住民投票にかけるわけではありません。議会の冷静な判断を期待できる仕組みであることから、この除外規定を置くことに合理的な理由はないとする意見が有力になっています。また、署名を収集する期間は、都道府県及び指定都市については2ヶ月以内、指定都市以外の市町村については1ヶ月以内とされています（自治令92条3項）。

　請求を受けた長は、直ちに請求の要旨を公表する（自治法74条2項）とともに、請求を受理した日から20日以内に議会を招集し、意見を付けてこれを議会に付議し、その結果を代表者に通知するとともにこれを公表しなければならないとされています（自治法74条3項）。

　請求書には条例案が添付されます（自治令91条1項）が、それを読んだ地方公共団体の長において、当該条例案が違法であると判断した場合に、請求代表者に対して**請求代表者証明書**（自治令91条2項）の交付を拒むことができるのかという問題があります。この問題に関しては、当該条例案の内容が条例事項にあたらないことが一見明白に認められるような例外的な場合以外は請求代表者証明書の交付を拒めないとする高裁判決（東京高判昭49・8・28行裁例集25巻8＝9号1079頁）があり、学界でも支持されています。

2　事務監査請求

　選挙権者は、その総数の50分の1以上の連署をもって、その代表者から、地方公共団体の**監査委員**に対し、当該地方公共団体の事務の執行に関し、監査の請求

をすることができます（自治法75条1項）。本章4節で述べたように請求者は日本国民であることを要求されますが、政治性の薄い**事務監査請求**についてまで国籍要件を課すのは疑問だとする見解[1]があります。

＊1
宇賀克也『地方自治法概説〔第9版〕』（有斐閣、2021年）363頁。

　請求を受けた監査委員は、請求の要旨を公表し（自治法75条2項）、監査を行い、監査の結果に関する報告を決定し、これを代表者に送付し、かつ公表するとともに、議会及び長並びに関係のある委員会又は委員に提出しなければなりません（自治法75条3項）。

　さらに、監査委員は、議会及び長等に対して、監査の結果に関する報告のうち、特に措置を講ずる必要があると認める事項については、理由を付して、必要な措置を講ずべきことを勧告することができます（自治法199条11項）。この場合、監査委員は、当該勧告の内容を公表しなければなりません。また、監査委員間の意見の不一致により、監査の結果に関する報告が決定できない場合にも、その旨及び各監査委員の意見を代表者や議会及び長等に送付し、かつ公表しなければならないとされています（自治法75条5項）。

3　議会の解散請求

　選挙権者は、その総数の3分の1以上の連署をもって、その代表者から、地方公共団体の**選挙管理委員会**に対し、当該地方公共団体の議会の解散を請求することができます。選挙権者の総数が40万を超える場合には、その超える数に6分の1を乗じて得た数と、40万に3分の1を乗じて得た数とを合算して得た数の連署でよいというように署名数の要件が緩和されています（以上、自治法76条1項）。以下これと同内容の緩和措置のことを「**40万超特例**」とよぶことにします。

> 40万超特例：選挙権者の総数P人（P>400,000）の地方公共団体について必要な署名数をxとすると、xは次のような式で求められます。
> $x = (P - 400,000) \times 1/6 + 400,000 \times 1/3$

　上記の40万超特例は2002年の自治法改正によって追加されたものですが、さらに、2012年に法改正が行われ、必要な署名数の要件を一層緩和し、次のように選挙権者の総数が80万を超える場合を追加しています。すなわち、選挙権者の総数が80万を超える場合には、その80万を超える数に8分の1を乗じて得た数と40万に6分の1を乗じて得た数と40万に3分の1を乗じて得た数とを合算して得た数の連署でよいとしています（自治法76条1項括弧書き）。これを、以下では「80万超特例」と呼びます。地方自治法に、40万超特例や80万超特例が規定されたのは、人口が多い地方公共団体においては多数の署名を集めることが困難なことがあるためです。

80万超特例：選挙権者の総数P人（P＞800,000）の地方公共団体について必要な署名数をxとすると、xは次のような式で求められます。

$$x=（P-800,000）×1/8+400,000×1/6+400,000×1/3$$

　選挙管理委員会は、この請求があったときは、直ちに請求の要旨を公表する（自治法76条2項）とともに、これを選挙人の投票に付さなければなりません（自治法76条3項）。解散の投票において過半数の同意があったときは、議会は解散するものとされています（自治法78条）。

4　解職請求

（1）議員の解職請求

　選挙権者は、所属の選挙区におけるその総数の3分の1（40万超特例・80万超特例あり）以上の連署をもって、その代表者から、地方公共団体の選挙管理委員会に対して議員の解職を請求をすることができます。選挙区がない場合は、選挙権者総数の3分の1（40万超特例・80万超特例あり）以上の連署をもって請求することになります（以上、自治法80条1項）。請求の要旨を公表し、選挙人の投票に付すことについては、議会の解散請求の場合と同じです。解職の投票で過半数の同意があったときは、当該議員は失職となります（自治法83条）。

（2）長の解職請求

　請求の手続・要件は議員の解職請求の場合と同じです（選挙区は関係なし。40万超特例・80万超特例あり。自治法81条1項）。選挙人による解職の投票において過半数の同意があった場合に失職となる点も同じです（自治法83条）。

（3）役員の解職請求

　選挙権者[*2]は、その総数の3分の1以上の連署をもって（40万超特例・80万超特例あり）、その代表者から、地方公共団体の役員、すなわち、副知事、副市町村長、指定都市の総合区長、選挙管理委員、監査委員、公安委員会の委員の解職の請求をすることができます（自治法86条1項）。解職請求の宛先は地方公共団体の長となります。請求を受けた長は請求の要旨を公表する（自治法86条2項）とともに、これを議会に付議しなければなりません（自治法86条3項）。その後の役員の失職の定めは長の解職請求の場合のそれとは異なっていて、当該地方公共団体の議会の議員の3分の2以上の者が出席し、その4分の3以上の者の同意があった場合に当該役員が職を失うことになっています（自治法87条1項）。

（4）教育委員会の教育長又は委員の解職請求

　この解職請求については、地方教育行政の組織及び運営に関する法律8条に定

[*2]　役員の解職請求に関する選挙権者は、指定都市の総合区長については当該総合区の区域内で選挙権を有する者を指し、指定都市の区又は総合区の選挙管理委員については当該区又は総合区の区域内において選挙権を有する者を指します。また、道の方面公安委員会の委員については当該方面公安委員会の管理する方面本部の管轄区域内において選挙権を有する者が選挙権者です。

めがあり、地方公共団体の選挙権者は、その総数の3分の1（40万超特例・80万超特例あり）以上の者の連署をもって、その代表者から、当該地方公共団体の長に対して、教育長又は委員の解職を請求することができるとされています。その手続と処置については、役員の解職請求に関する地方自治法の関係規定を適宜読み替えて準用されます。

（5）その他の解職請求

　上記以外にも、個別法において解職請求の規定が置かれていましたが、法改正されています。漁業法99条には、海区漁業調整委員会の委員に関し、選挙権を有する者は、その総数の3分の1以上の者の連署をもって、その代表者から、都道府県の選挙管理委員会に対し、委員の解職を請求することができると定められていました。しかし、2018年12月に漁業法が改正され、海区漁業調整委員会については、漁業者委員の公選制を廃止し、知事が議会の同意を得て任命する仕組みに見直されました（漁業法138条1項）。これに伴い、海区漁業調整委員の解職制度は廃止されました。また、農業委員会の委員についても解職請求の規定がありましたが、2015年の法改正により、委員の任命制への変更が行われたことに伴い、廃止されました。

　これまでに説明してきた主な直接請求を整理すると次のようになります。

【図表6－1】

請求の種類	誰が請求するのか	請求に必要な手続	誰に請求するのか	請求後の主な手続
条例の制定改廃請求	選挙権者の代表	選挙権者の総数の50分の1の連署	都道府県知事、市町村長	長は、条例案を議会に付議し、結果を代表者に通知。
事務監査請求	選挙権者の代表		監査委員	監査委員は監査を実施し、監査結果報告を決定。
議会の解散請求	選挙権者の代表	選挙権者の総数の3分の1以上の連署（署名数に特例あり）	選挙管理員会	選挙管理委員会は、選挙人の投票に付し、過半数の同意で議会は解散。
議員の解職請求	選挙権者の代表	当該議員の所属選挙区における選挙権者の総数の3分の1以上の連署（署名数に特例あり）		選挙管理員会は、選挙人の投票に付し、過半数の同意で議員は失職。
長の解職請求	選挙権者の代表	選挙権者の総数の3分の1以上の連署（署名数に特例あり）		選挙管理員会は、選挙人の投票に付し、過半数の同意で長は失職。
役員の解職請求	選挙権者の代表	役員による違いがあるが、選挙権者の総数の3分の1以上の連署（署名数に特例あり）	都道府県知事、市町村長	長は、議会に付議し、議員の3分の2が出席し4分の3の同意があれば、当該役員は失職。

5　合併協議会の設置の請求

　これは、地方自治法ではなく市町村の合併の特例に関する法律に基づく制度です。同法4条1項によれば、選挙権者は、その総数の50分の1以上の連署をもって、その代表者から、市町村長に対し、当該市町村（以下、「合併請求市町村」といいます）が行うべき合併の相手方となる市町村（以下、「合併対象市町村」といいます）の名称を示して、**合併協議会の設置**を請求することができます。2002年には最終的に住民投票で決することのできる仕組みが導入されました。合併協議会設置協議について合併請求市町村の議会がこれを否決し、かつ、すべての合併対象市町村の議会がこれを可決した場合は、合併請求市町村の長は、選挙管理委員会に対し、合併協議会設置協議について選挙人の投票に付するよう請求することができます（市町村の合併の特例に関する法律4条9項・10項）。合併請求市町村の長は、選挙管理委員会に対してこの請求をしたときは、「請求を行った旨」を公表しなければなりません。所定の期間内に公表が行われない場合、選挙権者は、その総数の6分の1以上の連署をもって、その代表者から、合併請求市町村の選挙管理委員会に対し、合併協議会設置協議について選挙人の投票に付すよう請求することができます（同法4条11項）。この投票において、有効投票の総数の過半数の賛成があったときは、合併協議会設置協議について合併請求市町村の議会が可決したものとみなすことになっています（同法4条17項）。

6　解職請求代表者と公務員

　地方自治法85条1項は、公職選挙法のうちの地方公共団体の選挙に関する規定を、議会の解散請求を受けて行われる選挙人の投票（自治法76条3項）、議員の解職請求を受けて行われる選挙人の投票（自治法80条3項）、及び長の解職請求を受けて行われる選挙人の投票（自治法81条2項）に準用すると規定しています。したがって、公務員の立候補制限を定めた公職選挙法89条1項の規定も準用されることになります。これだけでは、準用するということの意味が明らかでないのですが、例えば議員の解職請求を受けて行われる選挙人の投票について定めた地方自治法施行令の規定によると、公職選挙法89条1項の「公職の候補者」を「普通地方公共団体の議会の議員の解職請求代表者」と読み替えて準用するものとしています（自治令115条の表の該当欄を参照）。したがって、公務員は議員の解職請求の**解職請求代表者**になれないことになります。

　地方自治法85条1項は公職選挙法の規定を解職の「投票」に準用すると規定しているのですから、地方自治法施行令でもって解職の「請求」の代表者にまで広げてしまうのは法の趣旨に反するようにみえます。この点について、最高裁は以前の判例（最判昭29・5・28民集8巻5号1014頁）を変更し、公務員が解職請求代表

者になることを地方自治法施行令が禁止しているのは地方自治法85条1項に基づく政令の定めとして許される範囲を超えており、その資格制限が請求手続にまで及ぼされる限りで無効と解さざるをえないと判示しました（最大判平21・11・18民集63巻9号2033頁）。いずれの事件でも、議員の解職請求の請求代表者に農業委員会委員が含まれていたことが問題になりました。前述の昭和29年判決が、署名収集中に公務員が影響力を及ぼす可能性を重視して、地方自治法施行令の定めに合理性を見出したのに対し、平成21年判決の方は、地方自治法が解職の「請求」と「投票」を書き分けていることを理由に、地方自治法施行令の定め方には無理があると判断したのでした。

　その後、2011年4月の地方自治法改正に際して、この平成21年最高裁判決を受けて同法74条に条文が追加され、選挙権を有する者のうち、公職選挙法27条1項により選挙人名簿に表示されている者（選挙権の停止・失権、転出）、同法28条により選挙人名簿から抹消された者（死亡、国籍喪失等）及び請求に係る地方公共団体の選挙管理委員会の委員又は職員である者について、これらの者に限って直接請求の代表者となることができず、また代表者であることができないと定められました（自治法74条6項）。

（交告尚史・北村和生）

学習のポイント

- ■選挙権者は、選挙権者総数の50分の1以上の連署をもって、地方公共団体の長に対し条例の制定改廃を請求することができます。請求を受けた長は、意見を付けて、当該条例案を議会に付議します。
- ■選挙権者は、選挙権者総数の50分の1以上の連署をもって監査委員に対し事務監査請求を行うことができます。
- ■議会の解散請求、議員・長・役員の解職請求に関しては、原則として選挙権者の総数の3分の1以上の連署が必要です。しかし、人口40万以上又は80万以上の地方公共団体については、署名要件が緩和されています。
- ■地方自治法に規定された解職請求には、議員の解職請求、長の解職請求及び役員の解職請求の3種類があります。議員の解職請求と長の解職請求の場合は、選挙人の投票に付されます。
　役員の解職請求の場合は、最終的に議会の議決で決まりますが、単純多数決ではありません。
- ■ほかにも、直接請求の制度はいくつかみられ、地方教育行政の組織及び運営に関する法律に基づく教育委員会の教育長又は委員の解職請求や市町村の合併の特例に関する法律に基づく合併協議会設置の請求を挙げることができます。
- ■最高裁判決の判断を受けて、2011年4月の地方自治法改正により直接請求の代表者の資格制限に関する規定が入りました。

第7節　議　会

1　地方公共団体の機関の特徴

（1）議会と長：二元代表制

　憲法は、地方公共団体の機関について、**議事機関**[*1]として議会を設置する義務があることを明記する一方（憲法93条1項）、地方公共団体の長、その議会の議員及び法律の定めるその他の吏員は、その地方公共団体の住民が、直接これを選挙すると定め（同条2項）、**二元代表制**[*2]を採用しているものと一般に理解されています。

　地方公共団体が二元代表制を採用している理由としては、次のことが指摘されます。

① 議会の議員と執行機関である長のいずれも直接公選とし、その選任に住民の意思を直接反映させることにより、より民主的な政治・行政を期する。

② 議会と長が、それぞれ独立の立場において相互に牽制し、均衡と調和の関係を保持して、公正で円滑な自治の運営を図る。

③ 長を議会から独立させ、一定期間の任期を保障することにより、計画的かつ効率的な行政運営を実現する。

（2）画一性

　憲法92条では、「地方公共団体の組織及び運営に関する事項は、地方自治の本旨に基いて、法律でこれを定める」とされており、これに基づき、地方自治法は、全国のあらゆる規模の地方公共団体の機関について、二元代表制や、執行機関の多元主義（本章「8節1（2）執行機関の多元主義と一体性の原則」参照）などの原理の下に、画一的な制度の枠組みを定めています。

　地方公共団体の組織や職、組織の内部構成や配置基準、分掌事務や職員の定数などについて、地方自治法の定めはかなり詳細なものとなっており、これと異なる独自の制度を条例で定める余地はほとんどありません。こうした地方自治法による密度の高い規律には、ナショナル・ミニマム[*3]を達成するために有効という側面もありますが、憲法94条が保障する自主組織権を侵害しているという批判もあります[*4]。

（3）機関の基本原則

　地方自治法は、地方自治の本旨に基いて、地方公共団体の組織及び運営に関する事項の大綱を定め、地方公共団体における民主的にして能率的な行政の確保を図ることを目的とし（1条）、また、地方公共団体は、常にその組織及び運営の

＊1　議事機関

団体の意思を決定する機関のことであり、国や地方公共団体の議会がこれにあたります。議決機関ともいいます。

＊2　二元代表制

首長（地方公共団体の知事や市町村長）と議員がそれぞれ直接住民によって選挙され、首長が議会から独立の地位をもつ政治体制のことです。

なお、「1章4節4（1）地方公共団体の内部組織についての憲法上の要請」を参照してください。

＊3　ナショナル・ミニマム

国民や住民のすべてに、分け隔てなく「健康で文化的な」最低限の生活を保障するための行政サービスを提供することをいいます。

＊4　自主組織権と必置規制

地方分権推進委員会の第二次勧告（1997年7月）では、必置規制の見直しにあたって、地方公共団体の自主組織権に言及し、必置規制は必要最小限とすべきことを勧告しています。

第3章　地方自治法

合理化に努めなければならないと規定しています（2条15項）。

　議会においても、その組織が民主的かつ合理的に構成される必要があります。そのため、議会は、直接選挙により選出された議員により構成することとされています（憲法93条2項）。そして、都道府県及び市町村の議会の議員定数について、かつては団体ごとに、人口区分に応じて上限を法定し、その数を超えない範囲内で条例で定めることとされていましたが、議員定数の法定上限の規定は撤廃されましたし（自治法90条1項・91条1項）、上限数を人口に応じて定めていた規定も、2011年の法改正で撤廃されました。地方公共団体の議会の自主性・自律性を拡大し、地域の実情に応じた議員定数の設定を可能とするのが目的です。

2　議　員

（1）議員の身分の得喪

　日本国民たる年齢満18歳以上の者で引き続き3ヶ月以上市町村の区域内に住所を有する者は、その属する地方公共団体の議会の議員の選挙権を有することとされています（公選法9条2項）[＊5]。被選挙権は、当該地方公共団体の選挙権を有する者で年齢満25歳以上の者に認められています（公選法10条1項3号・5号）。

　地方議会の議員の任期は4年であり（自治法93条）、いったん選挙で選出されれば、原則として4年間は自己の意に反して議員としての**身分**を奪われることはありません[＊6]。

（2）議員の懲罰

　「普通地方公共団体の議会の会議又は委員会においては、議員は、無礼の言葉を使用し、又は他人の私生活にわたる言論」をしてはなりません（自治法132条）。議会は、自治法・会議規則及び委員会に関する条例に違反した議員に対し、議決により**懲罰**を科すことができます（自治法134条）。懲罰には、①公開の議場における**戒告**、②公開の議場における**陳謝**、③一定期間の**出席停止**及び④**除名**があります（自治法135条1項）。

　このうち除名は最も重い懲罰であるため、次のような手続・要件が定められています。すなわち、除名は議会の議員の3分の2以上の者が出席し、その4分の3以上の者が同意しなければならず（自治法135条3項）、除名に不服のある者は、地方自治法の定めに従い総務大臣又は都道府県知事に対し審決の申請[＊7]をすることもできます（自治法255条の4）。この審決の申請によっても満足な結果を得られない場合には、更に司法の場で争うこともできますが、除名処分は議会の自律権に基づく行為であるので、処分権限の行使には議会に一定の裁量が認められています[＊8]。

＊5　選挙権年齢の引下げ
　2015年法改正により、選挙権年齢が「満18歳以上の者」に引下げられました。

＊6　議員の身分の喪失
　しかし、任期中であったとしても、被選挙権を喪失するに至った場合（自治法127条1項）、兼職を禁じられた職に就いた場合（公選法103条1項）、禁止されている兼業を行った場合（自治法127条1項）、懲罰として除名された場合（自治法135条1項4号）、解職請求が成立した場合（自治法83条）、議会が解散された場合（自治法78条・178条1項、地方公共団体の議会の解散に関する特例法2条）、議員は議員としての身分を失います。

＊7　審決の申請
　地方公共団体の機関がした処分に対する不服申立ての一つで、議会の議決によって行われる処分の場合や、他に不服申立ての制度が認められていない場合について、特に救済の機会を与えるための制度です。

＊8　出席停止と司法審査
　最大判令2・11・25民集74巻8号2229頁は、「出席停止の懲罰は、議会の自律的な機能に基づいてされたものとして、議会に一定の裁量が認められるべきであるものの、裁判所は、常にその適否を判断することができるというべきである」とし、「普通地方公共団体の議会の議員に対する出席停止の懲罰の適否は、司法審査の対象となるというべきである」と判示し、最大判昭35・10・19民集14巻12号2633頁などの判例を変更しています。

（3）議員の権限

　議会の構成員である議員には、議会活動を行う上で必要となる様々な権限が認められています。議会が議決すべき事件（自治法96条）についての**議案提出権**は、予算を除いて議員にも認められます（自治法112条1項）。議案を提出したり、修正動議を提出したりするためには、議員定数の12分の1以上の者の賛成がなければなりません（自治法112条2項・115条の3）[*9]。

　その他、議会の招集（自治法101条3項）や会議の開催（自治法114条1項）を請求すること、議案について討論し、表決をすることができますが、国会議員の場合と異なり（憲法51条）、演説・討論・表決に関する免責特権は認められません（最大判昭42・5・24刑集21巻4号505頁）。

　議会におかれる常任委員会の委員として審査や調査に参加するほか（自治法109条2項・4項）、住民からの請願を紹介する権能を有し（自治法124条）、**政務活動費**の交付を受けることもできます（自治法100条14項）[*10]。

（4）兼職・兼業の禁止

　議員は、その職務を遂行するために妨げとなるような職を兼ねることはできません。例えば、地方自治法上、衆議院議員・参議院議員（自治法92条1項）、他の地方公共団体の議会の議員（同条2項）、地方公共団体の常勤の職員・再任用短時間勤務職員（同項）、地方公共団体の長（自治法141条）などとの兼職が禁止されています。

　また、議会運営の公正を担保するため、議員は、当該普通地方公共団体に対し請負をする者及びその支配人又は主として同一の行為をする法人の無限責任社員、取締役、執行役若しくは監査役若しくはこれらに準ずべき者、支配人及び清算人になることはできません（請負にあたる兼業の禁止。自治法92条の2[*11]）。

3　議会の権限

（1）議決権

　議決権とは、地方公共団体の団体意思を決定する権限をいいます。憲法93条によって地方公共団体の議事機関として設けられた議会は、法定された重要案件などを議決することによって、当該地方公共団体の意思を決定します。

　議会の必要的議決事項は、重要事項に限定されています。地方自治法96条1項では、条例の制定・改廃（1号）、予算の決定（2号）、決算の認定（3号）など、1号から14号で具体的に列挙されるほか[*12]、「その他法律又はこれに基づく政令（これらに基づく条例を含む。）により議会の権限に属する事項」（15号）に及ぶものとされています。

　ただし、予算については、長に調製権・提出権が専属しているため、議会は、この長の予算提出権を侵害しないかぎりにおいて、増額修正を行うことができま

＊9　議案提出等の定数要件

　元来は一人でも議案提出等は可能でしたが、議事引延し等の目的で濫用されるのを防ぎ議事運営の円滑化を図るため、1956年に8分の1以上という要件を設けることとされました。しかし、住民自治の充実、地方議会の活性化のため、地方分権一括法による地方自治法の改正で、現在のように緩和されました。

＊10　政務調査費から政務活動費へ

　2012年法改正により、政務調査費の名称が「政務活動費」に、交付目的が「議員の調査研究その他の活動に資するため」に改められたほか、政務活動費を充てることができる経費の範囲等を条例で定めることとされました（自治法100条14項）。なお議長は、政務活動費については、その使途の透明性の確保に努めるものとされています（同条16項）。

＊11　規制の緩和

　議員のなり手不足の深刻化などを受けて、2022年12月の第210回臨時国会において、「地方自治法の一部を改正する法律」（令和4年法律第101号）が成立し、議会の議員に係る請負に関する規制の明確化及び緩和がはかられています。

＊12　議会による債権放棄議決

　このうち、地方自治法96条1項10号は「法律若しくはこれに基づく政令又は条例に特別の定めがある場合を除くほか、権利を放棄すること」と定めているところ、住民訴訟係属中に訴訟の対象である首長に対する損害賠償請求権を議会が議決で放棄したことにつき、最判平24・4・20の2判決（裁時1554号1頁、同4頁）及び最判平24・4・23裁時1554号9頁は、議会による債権放棄の議決について、基本的には議会の裁量を広く認める判決を下しました。なお、2017年法改正により、議会は、住民監査請求があった後に当該請求に関する損害賠償請求権等の放棄に関する議決をしようとするときは、予め監査委員からの意見を聴取することとされました（自治法242条10項）。

第3章　地方自治法

す（自治法97条2項）。減額修正も当然に可能と解されています。

　このほか、地方公共団体は条例で議会の議決すべき事項を定めることができます（任意的議決事項）。

　議会の議決事項は法令（条例も含む）で定められた事項に限られると解されるので、それ以外の事務執行事項に関する団体意思の決定は、特別の定めがない限り、長その他の執行機関が行うものと解されます。

（2）執行機関に対する監視統制権

〈1〉検査権・監査請求権

　議会は、当該普通地方公共団体の事務に関する書類及び計算書を検閲し、当該普通地方公共団体の長、委員会又は委員の報告を請求して、当該事務の管理、議決の執行及び出納を**検査**することができます（自治法98条1項）。また、議会は、監査委員に対し、当該普通地方公共団体の事務に関する**監査**を求め、監査の結果に関する報告を請求することもできます（同条2項）。

　この検査権・監査請求権の対象からは、「自治事務にあつては労働委員会及び収用委員会の権限に属する事務で政令で定めるものを除き、法定受託事務にあつては国の安全を害するおそれがあることその他の事由により議会の検査の対象とすることが適当でないものとして政令で定めるもの」が除かれています（自治法98条1項括弧書き・同条2項括弧書きも同旨）。

〈2〉調査権

　議会には、国会の国政調査権[*13]に対応するものとして、いわゆる「**100条調査権**」とよばれる強力な調査権が与えられています。地方自治法100条1項によれば、議会は、地方公共団体の事務に関する調査を行うことができます。この場合、当該調査を行うため特に必要があると認めるときは、選挙人その他の関係人の出頭及び証言並びに記録の提出を請求できます。この請求を受けた者が、正当な理由がないのに、議会に出頭せず若しくは記録を提出しないとき又は証言を拒んだときや、宣誓をした者が虚偽の陳述をしたときは、刑罰が科せられます（同条3項・7項）。

　調査権は議会に付与されたものですが、実際には特別委員会[*14]（100条委員会とよばれます）を設けて実施されることが多いようです。この場合、委員会に対する議会の委任は包括的であってはならず、個別具体的な委任が必要であると解されます。

〈3〉その他

　地方公共団体の公益に関する事件についての関係行政庁への意見書提出権（自治法99条）、副知事・副市町村長の選任手続におけるの同意権（自治法162条）、監査委員の選任手続における同意権（自治法196条1項）なども、議会の執行機関に対する監視・統制権限の一種として位置付けることができます。

　長に対する議会の対抗手段として、長に対する**不信任議決**が挙げられま

---

*13　国政調査権

　衆議院及び参議院が自ら国政に関する調査を行う権能をいい、憲法62条で認められています。

*14　特別委員会

　議会の内部機関として、特別の事件を審査するため設置される委員会をいいます。それとは別に、同じ議会の内部機関でありながら、常設の機関として専門案件ごとに調査審議するものを常任委員会といいます。詳しくは本節「4（2）〈1〉本会議と委員会」を参照ください。

す。不信任の議決は、議員数の３分の２以上の者が出席し、その４分の３以上の者の同意で行われます（自治法178条１項・３項）。ただし、長がこれに対抗して議会を解散した場合、解散後初めて招集された議会において再び不信任の議決を行うときには、議員数の３分の２以上の者が出席し、その過半数の同意で足ります（自治法178条２項・３項）。不信任議決の理由は特に制限されていないので、議会の政治的判断に委ねられているといえます。

（3）選挙権その他の自律権

〈1〉選挙権

議会は、特定の地位に就くべき者を選挙する権限を有します（自治法97条１項）。具体的には、議長・副議長、仮議長、選挙管理委員・補充員などです。この権限は、議会の組織運営に関する権限であり、自律権の一部として位置付けることも可能です。

〈2〉自律権

議会は、議長などの各種選挙のほか、自らの組織を自主的に律する権限、すなわち自律権を有しています。具体的には、議会内部の運営等について規律する会議規則の制定権（自治法120条）、議員辞職の許可権（自治法126条）、議場の秩序維持権（自治法129条）、傍聴人の取締権（自治法130条）、議員の資格決定（自治法127条）・懲罰権（自治法134条）などです。

4　議会の招集と会議

（1）議会の運営

〈1〉本会議及び臨時会

地方公共団体の議会は定例会及び臨時会であり（自治法102条１項）、**定例会**は、毎年条例で定める回数招集しなければなりません（同条２項）。**臨時会**は必要がある場合において、その事件に限り招集するものです（同条３項）。いずれの議会も長が招集しますが、議長等の臨時会の招集請求に対して長が招集しないときは、議長が臨時会を招集することができます（自治法101条５項・６項）。

地方公共団体の議会については、条例により、定例会・臨時会の区分を設けず、**通年の会期**とすることができます（自治法102条の２）。多様な層の幅広い市民が議員として参画できる議会の実現、議会審議の充実・活性化といった観点から、通年の会期を定め、定期的かつ予見可能性のある形で会議を開く議会のあり方を、地方議会が条例により選択できるようになっています。

議員定数の４分の１以上の者から会議に付議すべき事件を示して臨時会の招集の請求があるときは、長は、請求のあった日から20日以内に臨時会を招集しなければなりません（自治法101条１項・３項・４項）[15]。

＊15　臨時会の招集請求
議長も、「議会運営委員会の議決を経て、当該普通地方公共団体の長に対し、会議に付議すべき事件を示して臨時会の招集を請求することができます（自治法101条２項）。

第３章
地方自治法

213

*16　会議運営の原則

　本文に掲げた5原則の他にも、議員平等の原則（議会の構成員である議員は法律上平等である）、発言自由の原則（議員の言論の自由は最大限尊重されるべきである）、一議事一議題の原則（会議において案件一つずつを議題として審議する）、討論交互の原則など、法令や規則に規定されていないものの、議会運営上一般的には当然の事理として存する原則もあると指摘されます。

〈2〉　会議運営の原則 *16

① 　定足数の原則

　地方公共団体の議会は、議員の定数の半数以上の議員が出席しなければ会議を開くことができません（自治法113条）。これを**定足数**（議会が会議を開き、意思を議決する行為能力を有するに必要な最小限度の出席者数）の原則といいます。

　もっとも、たとえ半数以上の出席がなくても、議員の除斥（自治法117条）のため半数に達しないときなど一定の場合には会議を開くことができます（自治法113条ただし書き）。

② 　**会議公開**の原則

　議会の会議は、公開されなければなりません（自治法115条1項）。具体的には、傍聴の自由、報道の自由、会議録閲覧の自由などが認められなければなりません。

　ただし、議長又は議員3人以上の発議により、出席議員の3分の2以上の多数で議決したときは、秘密会を開くことができます（自治法115条1項ただし書き）。

③ 　**多数決**の原則

　議会の議事は、出席議員の過半数でこれを決し、可否同数のときは、議長の決するところによります（自治法116条1項）。

　ただし、法律で特別多数の同意を要求している場合はこの限りではありません（例えば、議員の除名に関する自治法135条3項など）。

④ 　**会期不継続**の原則

　会期中に議決に至らなかった事件は会期が終了するのに伴い、一切消滅し、後会には継続しません（自治法119条）。もっとも、前の会期で不成立に終わった議案（否決及び審議未了廃案）は、必要に応じ再度提案し、議題とすることは可能です。

　この原則の例外として、委員会は、議会の議決により付議された特定の事件については、閉会中も、なお、これを審査することができます（自治法109条8項）。

⑤ 　一事不再議の原則

　同一会期中に一度議決（可決又は否決）された同一の事項について再び意思決定をしないことを、**一事不再議**の原則といいます。憲法にも地方自治法にもこれを明確に定めた規定はありませんが、通例では、会議規則において、提案権の制約の面から規定しています。

　ただし、「**事情変更の原則**」や「長による**再議制度**」（自治法176条・177条）などの例外もあります。

（2）委員会等

〈1〉本会議と委員会

　議会の構成員全員をもって組織する「**本会議**」とは別に、議会の組織の内部において、原則として議会の構成員の一部をもって合議体を構成し、本会議の機能の一部を分担する「**委員会**」があります。本会議における審議の予備的・専門的・技術的な審査機関であるだけでなく、議案の提出権も有することとなっています。委員会は、それ自体として、議会と離れた独立の意思決定機関ではありません。

　地方自治法は、**常任委員会**、**特別委員会**及び**議会運営委員会**の制度を設けています。これらはいずれも必置の機関ではなく（その点で、必置機関である国会の常任委員会・特別委員会と異なります。参照、国会法40条）、地方公共団体において条例で設置することができるというものです。2012年法改正では、委員会に関する規定を簡素化し、委員の選任方法、在任期間等について法律で定めていた事項（例えば、常任委員は会期の始めに議会で選任する等）は、地方議会の自主性・自立性の拡大の観点から、条例に委ねることとされました。

① 常任委員会

　「常任委員会は、その部門に属する事務に関する調査を行い、議案、請願等を審査します」（自治法109条2項）。その部門に属する事務のうち議会の議決すべき事件（予算は除く）については議案を提出することもできます（同条6項）。

② 特別委員会

　特別委員会は、議会の議決により付議された事件を審査するため置くことができるものです（自治法109条4項）。

③ 議会運営委員会

　議会運営委員会は、（ア）議会の運営に関する事項、（イ）議会の会議規則、委員会に関する条例等に関する事項、（ウ）議長の諮問に関する事項に関する調査を行い、議案、請願等を審査します（自治法109条3項）。

〈2〉公聴会等

① 公聴会・参考人制度

　議会（及び委員会）は、予算その他重要な議案、請願等について**公聴会**を開き、真に利害関係を有する者又は学識経験を有する者等から意見を聴くことができます（自治法115条の2第1項）。利害関係者等の住民の意向を直接聴く機会を設ける公聴会は、間接民主制を補完する制度といえます。また、議会（及び委員会）は、当該地方公共団体の事務に関する調査又は審査のため必要があると認めるときは、**参考人**の出頭を求め、その意見を聴くことができます（同条2項）。

　公聴会・参考人の制度は、かつては委員会についてのみ規定が置かれていましたが、議会における住民参画の機会の拡大という観点から、2012年

第3章

地方自治法

法改正により、公聴会・参考人の制度を本会議について定めることとし（自治法115条の2）、その規定を委員会について準用することとされたものです（自治法109条5項）。

② 専門的事項に係る調査

その他、議会は、議案の審査又は当該地方公共団体の事務に関する調査のために必要な専門的事項に係る調査を学識経験を有する者等にさせることができます（自治法100条の2）。

（3）議会の解散

議会が解散されると、議員の任期が終了する前に議員全員の身分が失われることとなります。

議会の解散は、次の3つの場合に分かれます。

① 長の**解散権行使**による解散

議会において、議員数の3分の2以上の者が出席し、その4分の3以上の者の同意があれば、長の不信任を議決できます。その場合、長は、議長からその通知を受けた日から10日以内に議会を解散することができます（自治法178条1項・3項）。

② 住民からの**直接請求**の成立による解散

選挙権者は、その総数の3分の1以上の連署をもって、その代表者から選挙管理委員会に対し、議会の解散の請求をすることができます。この請求があると、委員会は、これを選挙人の投票に付さなければならず、解散の投票において過半数の同意があったときは、議会は解散します（自治法76条〜78条。本章「6節3 議会の解散請求」参照）。

③ 議会の**自主解散**

地方公共団体の議会は、議員数の4分の3以上の者が出席し、その5分の4以上の者の同意をもって、議会の解散の議決をすることができます。この議決があったときは、議会はその時点で解散します（地方公共団体の議会の解散に関する特例法2条）。

（磯部　哲・折橋洋介）

学習のポイント

■我が国の地方公共団体は、長、議会の議員とも選挙で直接選ばれ、長と議会はそれぞれ独立した地位をもって存在します。これを二元代表制といいます。

■我が国の地方公共団体の規模は様々ですが、地方自治法により統一的な制度の枠組みが定められており、民主的・能率的・合理的な行政運営が求められています。

■地方公共団体の議会の議員の被選挙権は、当該地方公共団体の選挙権を有する満25歳以上の者にあり、議員の任期は4年とされています。

■法律・会議規則等に違反した議員には懲罰が科されます。懲罰には、戒告、陳謝、出席停止、除名があります。

■議員には、議案提出権、議会の招集・開催の請求権、表決権などの諸権利が認められています。また、常任委員会の委員として審査や調査に参加することができ、政務活動費の交付を受けることもできます。

■議員がその職務を遂行する上で妨げとなるような職と兼ねることはできません。例えば、国の議員、他の地方公共団体の議会議員、長との兼職はできません。また当該地方公共団体との間で請負関係にあたる兼業もできません。

■議会の権限の最たるものは議決権ですが、地方自治法96条1項には必要的議決事項が限定列挙されています。

■議会は執行機関に対して監視統制権をもっています。例えば、地方公共団体の事務に対する検査権や監査委員に対する監査請求権などのほか、国会の国政調査権に対応するものとして強力な「100条調査権」があります。また、長に対する議会の対抗手段として不信任議決があります。

■議会には、毎年条例で定める回数招集しなければならない定例会と、その事件に限り招集される臨時会とがあり、いずれも長が招集します。条例により、定例会・臨時会の区分を設けず通年の会期とすることもできます。

■会議を運営するにあたっては、定足数の原則、会議公開の原則、多数決の原則、会期不継続の原則、一事不再議の原則などの諸原則があります。

■議会には、構成員全員をもって組織する本会議とは別に、本会議の機能の一部を分担するため、議会の構成員の一部をもって組織される委員会があります。委員会には、常任委員会、特別委員会、議会運営委員会があります。

■議会及び委員会は、予算等の重要な議案、請願等について、利害関係者又は学識経験者等から意見を聴くための公聴会を開くことができます。また、地方公共団体の事務に関する調査・審査のため必要があるときは、参考人を招致してその意見を聴くこともできます。

■議会が解散されると、議員全員の身分が失われます。議会の解散には、長の解散権行使による場合、住民からの直接請求による場合、議会の自主解散による場合があります。

第8節　執行機関及びその他の組織

1　執行機関の意義

（1）執行機関の概念

　地方自治法上、地方公共団体の**執行機関**とは、地方公共団体の行政的事務を管理執行する機関であって、自ら地方公共団体の意思を決定し外部に表示する権限を有する機関をいいます。具体的には、**長**のほかに、**委員会**及び**委員**の制度が設けられています（自治法138条の4第1項）。

　地方自治法上の「執行機関」は、長や委員会等の「行政庁」を指しています。私人の身体・財産に対して直接実力を行使する行政機関のことを執行機関と呼ぶ作用法的行政機関概念上の概念とは用語法が異なっている点に注意が必要です（「2章2節3　行政機関」参照）。

　さらに、地方公共団体の執行機関には、その附属機関として、法律又は条例の定めるところにより、自治紛争処理委員、審査会、審議会、調査会その他の調停、審査、諮問又は調査のための機関を置くことが認められています（自治法138条の4第3項。本節「4　附属機関」参照）。

（2）執行機関の多元主義と一体性の原則

　地方公共団体の執行機関は、直接選挙により選任される長のほか、教育委員会、人事委員会などの委員会及び委員から構成され、それぞれの執行機関が独立した権限をもち、執行機関全体の総合調整を長が行うというシステムを採用しています。一つの機関への権限集中を避け、複数の執行機関が分掌した権限を独立して行使することで、より民主的な行政が行われることが期待されています[*1]。

＊1　執行機関多元主義の功罪

　独立行政委員会の設置は、地方公共団体の総合的な行政の妨げになる、責任の所在が不明確になるという問題点も指摘されています。例えば、第28次地方制度調査会「地方の自主性・自律性の拡大及び地方議会のあり方に関する答申」（2005年12月）では、戦後60年を経て社会経済情勢が大きく変化している中で、制度創設時と同様の必要性がすべての機関に存続しているとはいえない状況にあるとして、教育委員会及び農業委員会について、地方公共団体の判断で委員会を設置するか長がその事務を行うこととするかを選択制とするのが適当であるとしています。

　執行機関は、当該地方公共団体の事務を「自らの判断と責任において」誠実に管理し執行する義務を負います（自治法138条の2）。また、執行機関の組織は、地方公共団体の長の**所轄**の下に、それぞれ明確な範囲の所掌事務と権限を有する執行機関によって、系統的にこれを構成しなければなりません（自治法138条の3第1項）。

　他方で、執行機関は、地方公共団体の長の所轄の下に、執行機関相互の連絡を図り、すべて、一体として、行政機能を発揮するようにしなければなりません（自治法138条の3第2項）。長は、執行機関相互の間にその権限につき疑義が生じたときは、これを調整するように努めなければならないこととされています（同条3項）。

２　長

（1）長の地位

　地方公共団体には、その長として、都道府県には**知事**、市町村には**市町村長**が置かれます（自治法139条）。長は、当該地方公共団体を**統轄**し、これを**代表**するとともに（自治法147条）、その事務を**管理執行**する地位にあります（自治法148条）。

　長の任期は４年です（自治法140条１項）。長はいったん選出されると、被選挙権を失ったとき（自治法143条）、兼職・兼業禁止規定に該当するとき[*2]（自治法141条・142条）、議会によって不信任の議決が行われ、一定の要件が満たされたとき（自治法178条）、住民による解職請求が認められたとき（自治法81条等）以外は、その意に反して長としての地位を奪われることはありません。

　日本国憲法上も地方自治法上も、長の多選を制限する規定はないのですが、長の多選の弊害（議会との均衡が崩れオール与党化しやすい、権限濫用のおそれ等）が指摘され、近時は多選自粛条例を制定する動きもあります。

> **＊2　兼職・兼業の禁止**
> 　地方自治法によれば、長は、衆議院議員又は参議院議員、地方公共団体の議会の議員並びに常勤の職員及び短時間勤務職員との兼職を禁止され（141条）、当該地方公共団体に対し請負をする者及びその支配人又は主として同一の行為をする法人の取締役等になることを禁じられます（議員の兼職・兼業の禁止につき、本章「7節 議会」参照）。

（2）長の権限

〈1〉包括的事務処理権限

　長は、当該地方公共団体を統轄し、これを代表するとともに（自治法147条）、その事務を管理執行する地位にあります（自治法148条）。他の執行機関と異なり、**包括的な事務処理権限**を有しているのが特徴です。

　長の担任する事務については、地方自治法149条に例示されており、予算を調整し、執行することも挙げられています（長の予算提出権については、本章「7節3 議会の権限」参照）。

〈2〉 条例の公布

　長は、条例の送付（議長は、条例の制定又は改廃の議決があったときは、その日から３日以内に、これを長に送付しなければならない。自治法16条１項）を受けた日から20日以内に、当該条例を公布しなければなりません（ただし、再議その他の措置を講じた場合を除く。自治法16条２項）。2012年法改正前は、長が再議等を行うことを検討中であるほか、行う必要があると認めているが再議等の措置を講じないなどの場合には、所定の20日以内の公布がなされず長期にわたって条例の効力が生じないこともありえたので、住民サービスの停滞等の支障を招くことが懸念されていました。現行法は、原則として20日以内の条例公布を義務付け、その例外として、再議その他の措置を講じたときは義務付けを解除することとしています。

　なお、条例は、条例に特別の定めがあるものを除き、公布の日から起算して10日を経過した日から施行するものとされています（自治法16条３項）。

〈3〉議案提出権

　　長の担任する事務には、「普通地方公共団体の議会の議決を経べき事件につきその議案を提出すること」（自治法149条1号）が含まれます。条例の制定・改廃も議会の議決事件の一つですから（自治法96条1項1号）、長には、**条例案の提出権**が認められていることになります。

（3）長の補助部局

〈1〉首長部局

　　長は、その権限に属する事務を分掌させるため、必要な**内部組織**を設けることができます。この場合において、長の直近下位の内部組織の設置及びその分掌する事務については、**条例**で定めることとされています（自治法158条1項）。

　　長は、内部組織の編成にあたっては、当該地方公共団体の事務及び事業の運営が簡素かつ効率的なものとなるよう十分配慮しなければなりません（自治法158条2項）。

〈2〉長の補助機関

＊3　副知事等の定数等
副知事及び副市町村長の定数は、条例で定めることとされ（自治法161条2項）、長が議会の同意を得てこれを選任します（自治法162条）。その任期は4年ですが、地方公共団体の長は、任期中においてもこれを解職することができます（自治法163条）。

　　都道府県に**副知事**、市町村に**副市町村長**が置かれます[3]。ただし、条例でおかないこともできます（自治法161条）。

　　いわゆる三役の一環として議会同意の特別職であった出納長・収入役の職は廃止され、地方公共団体に**会計管理者**1人を置くこととされました（自治法168条1項）。会計管理者は、長の補助機関である職員のうちから、長が命ずることとされています（同条2項）。

〈3〉出先機関

　　長は、その権限に属する事務を分掌させるため、条例で、必要な地に、都道府県にあっては**支庁**（道にあっては支庁出張所を含む）及び**地方事務所**、市町村にあっては**支所**又は**出張所**を設けることができます（自治法155条）。このような機関は、総合出先機関とよばれることがあります。

　　また、長は、法律又は条例の定めるところにより、**保健所**、**警察署**等の行政機関を設けることもできます（自治法156条）。このような機関は、特別出先機関とよばれることがあります。

（4）長と議会との関係

〈1〉基本的関係

　　長と議会は、**二元代表制**の下で、並立・対等関係（あるいは**対抗的関係**）におかれ、それぞれ自律的な活動を行うことが期待されています。任期制の保障（自治法93条・140条）、長の議員との兼職禁止（自治法141条2項）の仕組みがあるほか、長その他の執行機関は議会の要求がある場合にのみ議場への出席が認められ、要求がない場合には予算等に関する説明書を提出しうるにすぎません（自治法121条・122条）。

　また、長その他の執行機関と議会は、それぞれ相互に牽制し、均衡と調和を図らねばなりません。議会には議決権（自治法96条）、長その他の執行機関の事務に関する検査権・調査権（自治法98条・100条）、執行機関の人事に対する同意権（自治法162条・196条など）などが、長には議案提出権（自治法149条1号）などが認められています。

〈2〉　長の再議権

①　長は、議会の議決について異議があるときは、地方自治法に特別の定めがあるものを除くほか、その議決の日（条例の制定改廃、予算に関する議決についてはその送付を受けた日）から10日以内に理由を示してこれを**再議**に付することができます（自治法176条1項）。議会が再議に付された議決と同じ議決をしたときには、その議決は確定します（同条2項）[*4]。なお、条例・予算に関する議決の再議決には、出席議員の3分の2以上の者の同意が求められます（同条3項）。

②　議会の議決又は選挙がその権限を超え又は法令若しくは会議規則に違反すると認めるときは、長は、理由を示してこれを再議に付し又は再選挙を行わせなければなりません（自治法176条4項）。これは、長による議会への統制手段の一つといえます。

　　再議又は再選挙がなおその権限を超え又は法令若しくは会議規則に違反すると認めるときは、総務大臣（市町村長にあっては都道府県知事）に対し、当該議決又は選挙があった日から21日以内に、審査を申し立てることができます（同条5項）。

　　審査の裁定に不服があるときは、地方公共団体の議会又は長は、裁定のあった日から60日以内に、裁判所に出訴することができます（同条7項）。被告は裁定者である総務大臣又は知事が所属する国又は都道府県ですが、長が議会の議決又は選挙の取消しを求めるものは、当該議会を被告とします（自治法176条8項）。

③　その他、議会において、①法令により負担する経費、法律の規定に基づき当該行政庁の職権により命ずる経費その他の普通地方公共団体の義務に属する経費、②非常の災害による応急若しくは復旧の施設のために必要な経費又は感染症予防のために必要な経費を削除し又は減額する議決をしたときは、その経費及びこれに伴う収入について、当該普通地方公共団体の長は、理由を示してこれを再議に付さなければなりません（自治法177条1項）。

④　①を一般的拒否権、②と③とを合わせて特別拒否権ともいいます。

〈3〉　決算不認定の場合における長から議会への報告

　2017年法改正により、長は、決算の認定に関する議案が否決された場合において、当該議決を踏まえて必要と認める措置を講じたときは、速やかに、当該措置の内容を議会に報告するとともに、これを公表しなければならない

*4　再議に付した場合の帰すう
　再議に付されたときは、再議に付された議決は当該議決のときにさかのぼってその効果を有しないこととなります。もしこの再議決が得られなければ、その議案は廃案となりますし、再議に付された議決と異なる内容の議決が出席議員の過半数の同意を得てなされたときは、新たな議決があったものとみなされます（したがって、この議決に対して、長は改めて再議に付すことも可能です）。

第3章　地方自治法

こととされました（自治法233条7項）。議会が監視機能を適切に発揮し、他方、長が説明責任を果たす仕組みを設けることで、ガバナンスの向上を図ることがねらいです。

〈4〉不信任議決と長の議会解散権

　議会において、長の**不信任の議決**（議員数の3分の2以上の者が出席し、その4分の3以上の者の同意が必要です）をしたときは、直ちに議長はその旨を長に通知しなければなりません。長は、その通知を受けた日から10日以内に議会を**解散**することができます（自治法178条1項・3項）。

　仮にこの期間内に長が議会を解散しない場合、長は期間を経過した日に当然に**失職**します。また、長が議会を解散した場合であっても、解散後初めて招集された議会において再び不信任の議決があり、議長から長に対しその旨の通知があったときも長は失職します（自治法178条2項・3項）。

〈5〉長の専決処分

　長は、以下の場合に、議会の議決すべき事件を処分することができます（ただし、副知事及び副市町村長の選任は、対象から除外されます。自治法179条1項）。これを**法定代理的専決処分**といいます。

①　地方公共団体の議会が成立しないとき

②　地方自治法113条ただし書きの場合においてなお会議を開くことができないとき

③　長において議会の議決すべき事件について特に緊急を要するため議会を招集する時間的余裕がないことが明らかであると認めるとき

④　議会において議決すべき事件を議決しないとき

　この処置について、長は、次の会議においてこれを議会に報告し、その承認を求めなければなりません（自治法179条3項）。条例・予算の専決処分について議会が不承認としたときは、長は必要と認める措置を講じ、議会に報告しなければなりません（同条4項）。

　議会の権限に属する軽易な事項で、その議決により特に指定したものは、長において、これを専決処分にすることができます（自治法180条1項）。これを**任意代理的専決処分**といいます。これにより専決処分をしたときは、長は議会に報告しなければなりません（同条2項）。

3　委員会及び委員

（1）意　義

　地方公共団体においては、執行機関として、長のほか、法律の定めるところにより、**委員会**及び**委員**が置かれます（自治法138条の4第1項）。執行機関としての委員会及び委員は、自己の名において対外的に地方公共団体の意思を表示しうる権能を有します。

　なお、執行機関を条例で設置することはできません（**執行機関法定主義**）。その理由は、執行機関の設置は地方公共団体の組織の根本に関する事項であるからとされています[5]。

（2）種類と設置目的

〈1〉種　類

　地方自治法180条の5は、執行機関である委員会及び委員のうち、必置機関を【図表8－1】のように定めています。

【図表8－1】委員会・委員の種類（自治法180条の5）

名　　称	都道府県	市町村
教育委員会	○	○
選挙管理委員会	○	○
人事委員会・公平委員会	○	○
監査委員	○	○
公安委員会	○	×
労働委員会	○	×
収用委員会	○	×
海区漁業調整委員会	○	×
内水面漁場管理委員会	○	×
農業委員会	×	○
固定資産評価審査委員会	×	○

〈2〉設置目的

　長から独立した執行機関としての委員会・委員を設ける意義としては、次のようなものが考えられます。

① 政治的中立性が強く要求される分野であって、長から職権行使の独立性を保障された機関を設けることに意味がある場合（選挙管理委員会、人事委員会又は公平委員会、公安委員会、教育委員会、監査委員等）

② 専門技術的知識が必要とされるため外部の学識経験者の判断に委ねることが適当な場合（収用委員会等）

③ 利害関係人の直接参加の要請が大きい場合（農業委員会、海区漁業調整委員会等）

※ このうち、審判・裁定機能を有するものとして、人事委員会又は公平委員会、労働委員会、収用委員会、固定資産評価審査委員会が挙げられます。

（3）委員会及び委員と長との関係

　委員会及び委員の所掌する事務に関するものであっても、原則として、次の事項については、委員会及び委員は権限を有しません（自治法180条の6）。これは、

＊5　情報公開審査会について

　これによって例えば、情報公開条例を制定する際には、開示請求に対する決定に対して不服のある者が、行政不服審査法に基づく不服申立てを提起した場合に、これを処理する機関として、裁決機関としての審査会を条例で設けることはできず、諮問機関としての審査会を設置するにとどめなければなりませんでした。執行機関法定主義については、その緩和を主張する意見も少なくありません。

第3章
地方自治法

これらの権限が本来的に地方公共団体の統轄代表者である長に属するからです（自治法149条1号～4号）。

① 予算の調製・執行

② 議会の議決事件についての議案提出

③ 地方税の賦課徴収、分担金若しくは加入金の徴収、過料を科すること

④ 決算を議会の認定に付すること

委員会及び委員と長とは、基本的に相互に独立して職務を執行しますが、長が、権限に属する事務の一部を委員会及び委員等に委任し、補助執行させることは可能です（自治法180条の2）。

長の補助機関である職員を、委員会及び委員の管理に属する機関の職員と兼職させ、その職員に充て、委員会及び委員の事務に従事させることもできます（自治法180条の3）。逆に、委員会及び委員がその権限の一部を長の補助機関に委任し、補助執行させることも可能です（自治法180条の7）。

さらに、地方公共団体の長は、各執行機関を通じて組織及び運営の合理化を図り、その相互の間に権衡を保持するため、必要があると認めるときは、当該地方公共団体の委員会若しくは委員の事務局又は委員会若しくは委員の管理に属する事務をつかさどる機関の組織、事務局等に属する職員の定数又はこれらの職員の身分取扱いについて、委員会又は委員に必要な措置を講ずべきことを勧告することもできます（自治法180条の4）。

4　附属機関

（1）意　義

地方公共団体は、法律又は条例の定めるところにより、執行機関の**附属機関**として**自治紛争処理委員**、**審査会**、**審議会**、**調査会**その他の調停、審査、諮問又は調査のための機関を置くことができます（自治法138条の4第3項[6]）。

「**附属機関**」とは、執行機関が行政の執行権を有するのに対して、これら執行機関の要請により、その行政執行のために、又は行政の執行に伴い必要な「調停、審査、審議又は調査等を行う」（自治法202条の3第1項）ことを職務とする機関で、執行権を有しないものです。したがってそれ自体としては、外部に意思を表示することがないということになりますが、この点は法律自体で必ずしも徹底しているわけではありません[7]。

（2）設置等

附属機関は、法律若しくはこれに基づく政令又は条例の定めるところにより設置できます。執行機関と異なり、地方公共団体において任意に附属機関を設置することはできますが、その際には必ず条例の根拠によらなければなりません。附属機関を組織する委員その他の構成員は非常勤とされています（自治法202条の3

＊6　附属機関と自主組織権

自治法138条の4第3項ただし書きは、政令で定める執行機関には附属機関を設けることができないと規定しています。執行機関に附属機関を置くことが妥当か否かは、自主組織権の範疇にあるとすれば、国が一律に禁止する合理的理由はなく、いわば必置規制とは逆の形で自主組織権を侵害しているとの批判がなされているところです。

＊7　附属機関の多様性

例えば、都道府県に置かれる自治紛争処理委員は、直接調停案を作成して関係者に示す権限を有しており（自治法251条の2第3項）、その限りでは直接外部に対して自己の名により活動しうるのですが、この調停は、専ら執行機関たる都道府県知事が調停に付すこととしたことによるものであることから、なお附属機関の範疇に属するものと解することができます。また、固定資産の評価について不服審査にあたる固定資産評価審査委員会は、執行機関として法律上も設置されていますが（自治法180条の5第3項）、都市計画法上の不服審査機関である開発審査会は、不服審査に関する限りは行政庁ですが（都市計画法50条）、地方自治法上は附属機関として整理されています。

第2項）。

5　その他の地域自治の主体

（1）地方独立行政法人
〈1〉地方独立行政法人の意義
　　地方公共団体には、試験所、研究所、病院、大学などが置かれることがあります。これらは、「公の施設」（自治法244条、本章「11節 公の施設」参照）であるもの以外は、執行機関の内部部局として位置付けられますが、公立大学法人のように、「**地方独立行政法人**」として独立した地位を与えられることがあります。国のレベルでは、特殊法人改革の一環で「独立行政法人通則法」（平成11年法律103号）及び個別の独立行政法人設立法による独立行政法人制度が発足しましたが、地方公共団体についても、「地方独立行政法人法」（平成15年法律118号）が制定されています。

〈2〉地方独立行政法人の特色
　　地方独立行政法人の基本的理念や仕組みは国の独立行政法人に準じていますが、以下のような特色があります。
　①　設立者は地方公共団体であり、設立に際しては、議会の議決を経て定款を定め、総務大臣又は都道府県知事の認可を受けることを必要とします（地方独立行政法人法7条）。
　②　業務の範囲が、試験研究を行うこと、水道事業（簡易水道事業を除く）、自動車運送事業、鉄道事業、電気事業、ガス事業、病院事業等のほか、申請等関係事務の処理（転入届、住民票の写しの交付請求の受理等のいわゆる窓口関連業務）等に限定されています（同法21条）。
　③　国においては、独立行政法人通則法等とは別に「国立大学法人法」（平成15年法律112号）が制定されたのに対して、地方公共団体の設立・管理する大学については、地方独立行政法人法の中に含めたうえで（地方独立行政法人法21条）、設立団体が大学における教育研究の特性に常に配慮すべきことを定めた一般条項（同法69条）の他、理事長・学長等の任命（同法71条以下）、審議機関（経営審議機関・教育研究審議機関）の設置等（同法77条）に関して特例的な規定を設けています。なお、地方公共団体による大学の設置・管理は地方独立行政法人の方式によらず、従来と同様の手続によっても可能であり、その点で、国立大学法人との相違があります。

（2）地域自治区
　地方自治法には、従来の市町村のまとまりを残すための、いくつかの仕組みがあります。「財産区」（本章「1節4（3）〈3〉財産区」参照）は明治の大合併の際

225

に用いられたものですが、平成の大合併の際には、「**合併特例区**」が用いられました。こちらは、合併後の一定期間置くことのできる特別地方公共団体でしたが、現在ではほとんどの合併特例区は解消しました。

　そして、合併特例区に類似した仕組みとして、「**地域自治区**」があります（自治法202条の4以下）。指定都市の行政区ではないのに○○市△△区とよばれるタイプがこれで、恒久的な設置が予定されています。地域自治の主体となるべき重要な住民組織ですが、特別地方公共団体ではないので、法人格はもちません。合併前の市町村の区域を残すなど、住民に身近な距離を維持しながら、住民に関する事務について一定の役割を担ってもらうための存在です（補完性の原理の一つの現れともいえます）。

　地域自治区は、市町村がその権限に属する事務を分掌させ処理させるために設けるもので、地域自治区内に住民で組織された地域協議会をおき、地域協議会は地域自治区内の事務について市町村長に意見具申等を行い、また、市町村長は区域内の重要な施策を決定ないし変更する際には、予め地域協議会の意見を聞かなければならないこととされています（自治法202条の4〜202条の9）。なお、指定都市には「区地域協議会」を置くことができ、これについては地域協議会の規定が準用されます（自治法252条の20第7項〜第10項）。

（3）地縁による団体

　「**地縁による団体**」も特別地方公共団体ではないのですが、これは財産区と機能的に若干類似します。1991年の地方自治法改正で導入されたもので、町又は字の区域その他市町村内の一定の区域に住所を有する者の地縁に基づいて形成された団体（自治会、町内会等があたります）が、地域的な共同活動のための不動産または不動産に関する権利等を保有するため市町村の認可を受けたときは、その規約に定める目的の範囲内において、法人格を付与され、権利義務の帰属主体になることができるものです（自治法260条の2第1項）。かかる認可は、団体の代表者が行う申請に基づいて行われますが、その要件等が地方自治法で詳細に定められています（同条第2項。自治法260条の2〜260条の48）。地縁による団体も、地域自治区と同様に、地域における重要な住民組織ですが、地方公共団体そのものではありませんので、注意が必要です。

（磯部　哲・折橋洋介）

学習のポイント

■地方公共団体の「執行機関」とは、地方公共団体の行政的事務を管理執行する機関であって、地方公共団体の意思決定を外部に表示する権限を有する機関をいいます。

■地方公共団体の執行機関は、直接選挙により選任される長のほか、教育委員会、人事委員会などの委員会及び委員から構成され、それぞれの執行機関が独立した権限をもち、執行機関全体の総合調整を長が行うというシステムを採用しています。

■地方公共団体には、その長として、都道府県には知事、市町村には市町村長がおかれます。長は、当該地方公共団体を統轄し、これを代表するとともに、その事務を管理執行する地位にあります。

■長は、包括的な事務処理権限を有しています。議会の議決事件について議案を提出することができるので、条例案の提出権も認められています。その他、規則制定権、補助機関たる職員の任免権とこれに対する指揮監督権などもあります。

■長の補助部局として、必要な内部組織（首長部局）、補助機関（都道府県に副知事、市町村に副市町村長など）、出先機関などを設けることができます。

■長と議会は、二元代表制の下で、並立・対等関係（あるいは対抗的関係）におかれ、それぞれ相互に牽制し、均衡と調和を図りながら、自律的な活動を行うことが期待されています。

■議会の議決について異議があるときなど、一定の場合について、長には再議権が認められています。

■議会において、長の不信任が議決されたときは、所定の要件の下、長は、議会を解散することができます。長が議会を解散しない場合には、長は所定の期間経過後に当然に失職します。

■長は、一定の場合に、議会の議決すべき事件を処分（専決処分といいます）することができます。

■地方公共団体には、執行機関として、長のほか、法律の定めるところにより、委員会又は委員が置かれます。執行機関を条例で設置することはできません。設置目的としては、政治的中立性・職権行使の独立性、専門技術的知識の必要性、利害関係人の直接参加の必要性などが指摘できます。

■地方公共団体の執行機関には、その附属機関として、法律又は条例の定めるところにより、自治紛争処理委員、審査会、審議会、調査会その他の調停、審査、諮問又は調査のための機関を置くことが認められています。

■その他の地域自治の主体として、地方独立行政法人があります。その基本的理念や仕組みは国の独立行政法人に準じていますが、設立手続や業務の範囲、大学を設置する場合の仕組み等について、国の独立行政法人には見られない特色があります。また、地域自治区や地縁による団体があります。前者は、合併前の市町村の区域を残すなど、住民に関する事務について一定の役割を担います。後者は、財産区と機能的に類似するもので、地域的な共同活動のため不動産等を保有できるものです。いずれも、組織及び運営について、地方自治法が詳細に定めています。

第9節　地方公務員

1　地方公務員の意義等

（1）地方公務員法の目的等

　地方公共団体の組織及び運営に関する事項は、地方自治の本旨に基づいて、法律で定める（憲法92条）とされており、地方公務員制度に関する基本法として**地方公務員法**が定められています。

　地方公務員法は、地方公共団体の行政の民主的かつ能率的な運営を保障し、もって地方自治の本旨の実現に資することを目的としています（地公法1条）[*1]。

（2）特別職と一般職

　地方公務員法は、地方公務員の職を、**一般職**と**特別職**とに分けています（地公法3条1項）。地方公務員法は一般職に対しては適用があるのに対し、特別職の地方公務員に対しては原則としてその適用がありません（地公法4条2項）。特別職には、直接間接の住民の信任によって就任する職（長、議員、副知事、副市長など）、自由任用職（長らの秘書など）、非専務職（臨時・非常勤の委員・顧問など）など、多様なものが含まれています（地公法3条3項1～6号）。

　一般職は、特別職として地方公務員法に列挙されていない職すべてを指す広い概念です（地公法3条2項）。

（3）臨時・非常勤職員

　厳しい財政状況が続く中、多様化する行政需要に対応するため、地方公共団体では**臨時・非常勤職員**が増加していますが（平成28年4月現在：約64万人）、任用制度の趣旨に沿わない運用がみられたことから、制度的な基盤の整備等を行うため、2017年に地方公務員法及び地方自治法が改正され、2020年4月1日より施行されています。

〈1〉　特別職の任用と臨時的任用を厳格化

　①　通常の事務職員等の中でも、「特別職」（「臨時又は非常勤の顧問、参与、調査員、嘱託員及びこれらの者に準ずる者」）として任用され、結果として、一般職であれば課される守秘義務等の服務規律等が課されない者が存在していたことから、特別職の範囲について、制度が本来想定する、「専門的な知識経験又は識見……に基づき助言、調査、診断その他総務省令で定める事務を行うもの」に限定することとされました（地公法3条3項3号）。

　②　「臨時的任用」についても、本来の趣旨（緊急の場合等に、選考等の能力実証を行わずに職員を任用する例外的制度）に沿わない運用がみられたことか

＊1　公務員制度改革の動き

　国家公務員制度をめぐっては、国家公務員制度改革基本法（平成20年法律第68号）の制定及び一連の国家公務員制度改革関連法（平成23年国会提出）の審議等を通して、自律的労使関係制度の措置、幹部職員人事の一元管理、退職管理の一層の適正化など、国民ニーズに合致した効率的で質の高い行政サービスを実現するとともに、縦割り行政・天下りの弊害除去等を目指した抜本的な制度改革が議論されています。国家公務員の労働基本権（認証された労働組合と当局との間での団体交渉・協約締結権や、争議権のあり方など）のあり方も課題です。国家公務員制度の変化は地方公務員制度にも大きな影響を及ぼします。

　2014年には、地方公務員及び特定地方独立行政法人の職員について、人事評価制度の導入による能力・実績に基づく人事管理の徹底と営利企業に再就職した職員OBの現職職員への働きかけの禁止等を柱とする、地方公務員法及び地方独立行政法人法の一部を改正する法律（平成26年法律第34号）が成立しました。

ら、その対象を国と同様、「常時勤務を要する職に欠員を生じた場合」（勤務時間はフルタイムのみ）に限定することとしました（地公法22条の3）。

〈2〉会計年度任用職員の規定を整備

① 一般職の非常勤職員（地公法17条を根拠に任用）については、法律上、その存在が明確に位置付けられていませんでしたが、「**会計年度任用職員**」（勤務時間はフルタイムと短時間の2種類）の規定が新たに設けられ、採用方法や任期等が明確化されました（地公法22条の2）。採用方法については、競争試験又は選考によるものとし、任期は採用日から会計年度末までの範囲内（最長1年）で任命権者が定める等とされています。このほか、営利企業役員等の兼業や兼職等に係る従事等制限については、短時間の「会計年度任用職員」等については対象外となっています（地公法38条1項ただし書き）。

② 地方公共団体の非常勤職員については、国と異なり労働者性が高い者であっても、手当は支給できないものとされていましたが（報酬と費用弁償のみ）、「会計年度任用職員」については期末手当の支給が可能になるよう、給付に係る規定も整備されました（自治法203条の2及び204条）。

2　地方公務員の勤務関係等

（1）勤務関係の成立と変動

任命権者[*2]は、職員の職に欠員を生じた場合において、**採用**、**昇任**、**降任**又は**転任**のいずれかの方法により、職員を**任命**することができます（地公法17条1項）。

一般職の職員は、「**採用**」によって職員としての身分を獲得します。その際の要件としては、消極要件と積極要件とがあります。

① 消極要件としては、以下のものがあります（**欠格条項**、地公法16条）[*3]。

　ア　拘禁刑[*4]以上の刑に処せられ、その執行を終わるまで又はその執行を受けることがなくなるまでの者

　イ　当該地方公共団体において懲戒免職の処分を受け、当該処分の日から2年を経過しない者

　ウ　人事委員会又は公平委員会の委員の職にあって、地方公務員法60条から63条までに規定する罪を犯し刑に処せられた者

　エ　日本国憲法施行の日以後において、日本国憲法又はその下に成立した政府を暴力で破壊することを主張する政党その他の団体を結成し、又はこれに加入した者

② 積極要件としては、職員としての能力を実証できることがあるでしょう。地方公務員法は、「職員の任用は、……受験成績、人事評価その他の能力の実証に基づいて行わなければならない」ことを定めており（**成績主義の原則**、地公法15条）、その方法としては、競争試験によることが原則とされています

＊2　任命権者
　地方公務員を任命する権限を有する者、すなわち、地方公共団体の長、議会の議長、選挙管理委員会、教育委員会、市町村の消防長などです（地公法6条1項）。

＊3
　令和元年法律第37号改正により、「成年被後見人又は被保佐人」が削除されました（改正前の地公法16条1号）。「4章1節2（4）成年後見制度」参照。

＊4
　2022年改正により新設。同年6月17日公布後3年以内に定められる施行日になるまでは「禁錮」。

＊５　厳格な能力の実証の必要性

この場合でも、そのような地方公共団体の任命が全く自由で、ルーズに行われてよいわけでないことは当然です。

人事委員会の設置の有無によって任命の手続が異なるのは、専ら地方公共団体の規模、組織や職員数の違い等の技術的な理由にのみ基づきます。任用を通じて人事行政の公正を確保し、能力主義を実現するという目的自体は全く同一です。なお、採用試験は、人事委員会等の定める受験の資格を有する国民に対して平等の条件で公開されなければなりません（地公法18条の２）。

＊６　能力主義と政治任用

任命権者が、採用、昇任、降任、転任などの行為を恣意的に行うことは許されません。あくまで、その職員（あるいは職員になろうとする者）の能力に応じて、任命等の行為を行わなければなりません（能力主義、Merit system）。選挙協力への見返りとしてポストを分け与える猟官制（Spoils system）の原則は採用しないこととされているのですが、その上で、政治的任用の範囲をどの程度認めてよいかは、一つの問題でしょう。

（地公法17条の２第１項。人事委員会を置かない地方公共団体においては、選考によることもできます＊５〔地公法17条の２第２項〕）＊６。

　職員の勤務関係は、昇任、降任、転任によって変動することとなります。地方公務員法上、昇任は、任命権者が、職員の受験成績、人事評価その他の能力の実証に基づき、任命しようとする職の属する職制上の段階の標準的な職に係る標準職務遂行能力及び任命しようとする職についての適性を有すると認められる者の中から行うものとされており、職員を人事委員会規則で定める職（人事委員会を置かない地方公共団体では、任命権者が定める職）に昇任させる場合には、昇任試験又は選考による必要があります（地公法21条の３・21条の４第１項）。降任や転任についても、同様に、任命しようとする職に係る標準職務遂行能力とその職についての職員の適性をふまえて行うこととされています（地公法21条の５第１項・２項）。なお、降任の場合は、地方公務員法が定める事由によるのでなければ、その意に反して行われることはありません（地公法27条２項）。

　任命権者は、職員の執務について、定期的に公正に人事評価を行い、その結果に応じた措置を講じなければなりません。**人事評価**は、任用、給与、分限その他の人事管理の基礎として活用されます（地公法23条１項・２項・23条の２第１項・23条の３）。

　職員の給与は、その職務と責任に応ずるものでなければなりません（**職務給の原則**、地公法24条１項）。職員の給与は、国及び他の地方公共団体の職員並びに民間事業の従事者の給与その他の事情を考慮して、地方公共団体の条例で具体的に規定することとされています（地公法24条２項・５項）。人事委員会は、給与改定を地方公共団体の議会及び長に勧告することができます（地公法26条）。

（２）勤務関係の消滅

〈１〉当然離職

　地方公務員法16条は職員になることができない条件を定めています（欠格条項）。採用の場面のみならず、すでに職員になっている者が同条の規定事項の一つにでも該当すれば、地方公務員法28条４項によって当然（特別な処分などの手続を経ずに）職員は失職することとなります。

　定年に達した場合にも、当然退職することとなります（地公法28条の２第１項）。2021年の地方公務員法改正（令和３年法律第63号、2023年４月１日施行）で、制度が大きく変えられました。地方公務員の定年は、国家公務員の定年を基準として、各地方公共団体において条例で定めるものとされていますが（同条２項〔2021年改正後は28条の６第２項〕）、国家公務員法等改正法により、2023年度から60歳から65歳まで２年に１歳ずつ段階的に国家公務員の定年が引き上げられ、65歳とされることを踏まえ、地方公務員の定年についても、国家公務員と同様に、段階的に引き上げ、65歳とする必要が生じています（各地方公共団体が条例改正で対応）。

　　ただし、職務と責任の特殊性・欠員補充の困難性により国の職員につき定められている定年（65歳）を基準として定めることが実情に即さないと認められるときは、条例で別の定めをすることができます。そのほか、2021年法改正では、組織の新陳代謝を確保し、組織活力を維持するため、役職定年制（管理監督職勤務上限年齢制）を導入すること（役職定年の対象範囲及び役職定年年齢は、国家公務員との権衡を考慮した上で条例で定める）、定年前再任用短時間勤務制（60歳に達した日以後定年前に退職した職員について、本人の希望により、短時間勤務の職に採用〔任期は65歳まで〕することができる制度）の導入、情報提供・意思確認制度（任命権者は、当分の間、職員が60歳に達する日の前年度に、60歳以後の任用、給与、退職手当に関する情報を提供するものとし、職員の60歳以後の勤務の意思を確認するよう努めるものとする）の新設などが手当てされています。

〈２〉辞　職

　　本人の退職願による離職は一般に依願退職とよばれます。しかし公務員の場合には、本人が退職したいという意思表示を示すだけで当然に離職が認められるのではなく、任命権者による**承認**（処分）が必要です。地方公務員の勤務関係は行政処分によって成立・変動するものと解されているので、依願退職の場合も同様に解する必要があるからです。

〈３〉免職——分限処分・懲戒処分

①　身分保障との関係

　　　職員は、地方公務員法で定める事由（勤務実績不良、心身故障による職務遂行困難等）による場合以外は、職員本人の意に反して、降任又は免職されることはありません。また、地方公務員法で定める事由（心身故障による長期休養等）又は条例で定める事由による場合以外は、職員本人の意に反して休職されることもありません（地公法27条2項）。職員が恣意的にその職を奪われることのないよう身分を保障することにより、公務の中立性・安定性を確保することがねらいです。

　　　一方で、公務能率を維持するために一定の事由に該当する場合には、職員の意に反する降任、休職、免職が可能です。

②　分限処分による場合

　　　分限処分について、地方公務員法は次のように定めています。

　ア　職員が、（ア）人事評価又は勤務の状況を示す事実に照らして、勤務実績が良くない場合[7]、（イ）心身の故障のため職務の遂行に支障があり、又はこれに堪えない場合、（ウ）そのほか、その職に必要な適格性を欠く場合、（エ）職制若しくは定数の改廃又は予算の減少により廃職又は過員を生じた場合には、降任、免職にすることが可能です（地公法28条1項）。

　イ　職員が、（ア）心身の故障のため長期の休養を要する場合、（イ）刑事事件に関し起訴された場合には、休職にすることが可能です（地公法28

第3章

地方自治法

条2項）。

③　懲戒処分による場合

　　職員が、（ア）地方公務員法若しくは同法57条に基づく特例法又はこれに基づく条例等に違反した場合、（イ）職務上の義務に違反し又は職務を怠った場合、（ウ）全体の奉仕者たるにふさわしくない非行のあった場合には、**懲戒処分**（免職、停職、減給、戒告）をすることが可能です（地公法29条1項）[8]。

　　懲戒処分を行うかどうか、また、いずれの処分を行うかについて処分権者に裁量の余地を認めるのが判例の立場であり（国家公務員の免職処分に関する事案ですが、最判昭52・12・20民集31巻7号1101頁・神戸関税事件参照）、懲戒権者の裁量権の行使は、「社会観念上著しく妥当を欠き、裁量権を濫用したと認められる場合に限り違法」になります。もっとも、最判平24・1・16判時2147号127頁の2判決は、戒告については広範な裁量を肯定しながら、それよりも重い処分については、その「処分を選択することの相当性を基礎付ける具体的な事情」が必要であるとして、裁判所による裁量統制を強化しているようにも解されます。

3　公務員の権利・義務

（1）権　利

〈1〉職務遂行権

　　先にみた分限等の制度は、職員に身分保障の権利を付与することにほかならず、これを**職務遂行権**ということがあります。

　　職務遂行権は、手続的にも保障されています。

①　任命権者は、職員に対し、懲戒その他その意に反すると認める不利益な処分を行う場合においては、その際、その職員に対し処分の事由を記載した説明書を交付しなければなりません（地公法49条1項）。

②　職員は、その意に反して不利益な処分を受けたと思うときは、任命権者に対し処分の事由を記載した説明書の交付を請求することができます（地公法49条2項）。

③　公務員の職又は身分に関する処分は、行政手続法の適用が除外されています（行手法3条1項9号）。

④　不利益処分に対する事後手続として、処分を受けた職員は、**人事委員会**又は**公平委員会**[9]に対してのみ、審査請求[10]をすることができます（地公法49条の2）。人事行政の政治的中立性確保及び科学的人事管理遂行のために、人事委員会又は公平委員会（地公法7条、自治法180条の5第1項3号。執行機関の一つです。規則制定権、裁決権等を行使するという点で、行政委員会としての性質を有します）という、独立の人事機関が設けられているのです。

＊8　飲酒運転と懲戒処分

　公務員の飲酒運転に対する社会的非難の高まりを背景に、飲酒運転をした職員は原則として懲戒免職処分という懲戒基準を設けている自治体が増えています。懲戒処分自体を行うか否か、どの程度の処分を行うかといった点は、懲戒権者の裁量に委ねられていますが、懲戒免職処分が公務員の職だけでなく退職金の受給資格も失う重い処分であることに鑑みると、懲戒の原因となった非違行為等とそれに対する処分の内容が均衡のとれたものでなければなりません（比例原則）。飲酒運転の場合、懲戒権者は、個々の事案に応じ、飲酒の程度、飲酒運転をするに至った経緯、飲酒から運転までの経過時間、事故発生の有無とその態様・程度、日頃の勤務実績など、様々な事情を総合的に判断した上で免職処分を行うか、より軽い処分にとどめるのかを慎重に判断することが求められます。したがって、「飲酒運転即免職」といった処分の選択の余地のない基準の設定や、個別的事情を十分に考慮することなく行われた免職処分については、裁量権の濫用として違法とされる可能性が高いといえるでしょう（比例原則違反を理由に中学校教員に対する懲戒免職処分を取り消したものとして、福岡高判平18・11・9判タ1251号192頁、最決平19・7・12判例体系判例ID28132257〔上告不受理〕参照）。

＊9　人事委員会・公平委員会

　両者とも、公正中立な人事行政を行うために地方公共団体におかれる長から独立した行政委員会です。都道府県及び指定都市は人事委員会を必ずおかなければなりません。人口15万人以上の市及び特別区は人事委員会又は公平委員会をおくこととされており、それ以外の地方公共団体には、公平委員会がおかれます（地公法7条）。

＊10　審査請求

　行政庁が行った行政処分等に不服のある者が、行政不服審査法に定められた手続に従って、関係行政庁にその取消し等を求める救済制度のことです。詳しくは「2章4節2 行政不服審査法」を参照ください。

〈2〉財産・勤務条件に関する権利

　地方公務員には、給与・退職金を受ける権利のほか、**厚生福利制度**[*11]（地公法42条・43条）、**公務災害補償制度**[*12]（地公法45条）などが整備されています。

　地方公務員には**争議権**が認められておらず、また、団体交渉権も、労働協約締結権を内容として含んでいないため、完全には認められていません。そこで現行の地方公務員法は、代替措置として、**勤務条件に関する措置要求制度**[*13]を設けています（地公法46条）。

（2）義　務

〈1〉概　説

　地方公務員法は、服務の根本基準として、「すべて職員は、全体の奉仕者として公共の利益のために勤務し、且つ、職務の遂行に当つては、全力を挙げてこれに専念しなければならない」ことを定めています（地公法30条）。

　この基本原則を実現するため、地方公務員には、以下にみるような服務上の制約が課せられています。（ア）服務の宣誓（地公法31条）、（イ）法令及び上司の命令に従う義務、（ウ）信用失墜行為の禁止（地公法33条）、（エ）職務上知りえた秘密を守る義務（**守秘義務**）、（オ）**職務専念義務**（地公法35条。私企業からの隔離もこの適用例の一つといえます）、（カ）政治的行為の制限、（キ）争議行為の禁止、などです。

〈2〉服務の宣誓

　服務の宣誓は、戦後の公務員法制で初めて取り入れられたものですが、その方式は条例によって定められます（地公法31条）。原則としては、特定様式の宣誓書に署名してからでなければその職務を行ってはならないこととされますが、例外的に、地震、火災、水害その他緊急の事態に際し、必要な場合においては、宣誓を行う前であっても職員にその職務を行わせることができる旨を定めている例が多くみられています。

〈3〉法令及び上司の命令に従う義務

①　意　義

　地方公務員法32条は、「職員は、その職務を遂行するに当つて、法令、条例、地方公共団体の規則及び地方公共団体の機関の定める規程に従い、且つ、上司の職務上の命令に忠実に従わなければならない」ことを定めています。

　法令遵守義務は、法治主義の達成を根拠とするものといえます。**職務命令**に従う義務は、組織体の統一的・効率的運営の確保のためのものであり、法治主義とは直接の関連性はないものといえます。

②　職務命令の効果

　ここでの重要な問題は、違法な職務命令に従う義務があるかどうかです（法令遵守義務との衝突の場面でもあります）。すなわち、職務命令違反のために不利益処分を受けるとき、その不服審査の過程で当該職務命令は違法であった

*11　厚生福利制度
　職員の保健・厚生等に関して計画的に実施し（厚生制度）、病気・負傷・休業等に関して適切な給付を行うための相互救済を図る（共済制度）などの仕組みが地方公務員法で定められています。

*12　公務災害補償制度
　職員が公務により死亡・負傷・疾病に遭い、若しくは公務による負傷・疾病が原因で死亡・障害の状態になった場合に、職員や家族等の損害が補償されなければならないことが、地方公務員法で定められています。そしてこの補償の実施のために、地方公務員災害補償法が定められています。

*13　勤務条件に関する措置要求制度
　職員が、給与、勤務時間その他の勤務条件に関して、人事委員会又は公平委員会に対して、地方公共団体により適切な措置がとられるよう要求することができる制度です。

第3章　地方自治法

233

＊14　抗告訴訟
　行政庁の公権力の行使に関する不服の訴訟のことです。詳しくは「2章4節3（2）行政訴訟の類型」を参照ください。

という違法の抗弁ができるでしょうか。更に進めて、違法な職務命令に対して抗告訴訟＊14で争うことができるでしょうか。かつての通説は、職務命令の内容が刑法に触れるなどして無効でない限り、職員は職務命令に服従しなければならないというものでした。

　現在は、職務命令を2つに分けて説明する見解が有力です。

　第一に訓令的な職務命令であって、行政組織間の指揮監督権としてなされ、その名あて人は直接には行政機関であるようなタイプであれば、公務員は、そうした職務命令の適法性審査権は原則としてもたないものといえます。そうでなければ行政組織の統一性の確保はできないからです。法治主義の観点からは、職務命令の結果としてなされる行政作用の相手方が、法治主義の是正を求めることはできます。

＊15　職務命令と公定力
　もっとも、もし職務命令処分の取消訴訟が認められるとなると、職務命令処分についての取消訴訟の排他的管轄（当該処分の有効・無効につき私人の側から争う場合、基本的に当該処分に対する取消訴訟等を通じて判断されなければならないことです。この結果、当該行為が違法であっても、無効と認められる場合でない限り、権限ある行政庁や裁判所が取り消すまでは、効力あるものとして扱われることになります）が生ずることとなり、かえって違法の抗弁の途を閉ざすことになるおそれはあります。

　第二に、行政機関への訓令の意味をもたない公務員自身に対する命令というタイプもあります（服装指定、居住地域の指定、出張命令、論文執筆の制限等）。職員の勤務条件であったり、更には基本的人権に関係したりするものであれば、これが違法になされたときには、当該職員以外にはそれをチェックできる人はいません。職務命令不服従による懲戒処分に対する抗告訴訟における違法の抗弁のほか、直接、その職務命令に対して何らかの抗告訴訟を提起することも考えられるとの指摘があります＊15。

③　最高裁判例の立場

　この論点に関しては、最判平24・2・9民集66巻2号183頁（国歌斉唱ピアノ伴奏職務命令事件）が一定の整理を行っています。教育委員会からの通達を受けた各校長が、教職員に対し国旗に向かって起立して国歌斉唱すること等を命ずる旨の職務命令を発したところ、これに従わなかった教職員が、国歌斉唱等の義務不存在確認やこれらの義務違反を理由とする懲戒処分の差止め等を求めた事案において、最高裁は、当該職務命令は、教育公務員としての職務の遂行の在り方に関する職務上の指示を内容とするものであって、教職員個人の身分や勤務条件に係る権利義務に直接影響を及ぼすものではないから、処分にはあたらないとしました。ここで処分性を否定しても、職務命令違反を理由に懲戒処分を受ける教職員は、別途、懲戒処分の取消訴訟等において本件通達を踏まえた職務命令の適法性を争いうるのであり、権利利益の救済の実効性に欠けることはないという判断も併せて示されています＊16。職務命令の内容が訓令的か否かという同最判の解釈方法に対しては、学説の見地からは疑問も提起されていますが、公務員の基本的人権にも関わる職務命令に対する違法の抗弁を認めたという点で重要な意義をもつ判決です。

＊16
　最判平24・2・9は、職務命令について、教職員個人の身分や権利義務に直接影響を及ぼすものではないとして処分性を否定しましたが、その上で、別の救済方法の存在に言及し、実効的な権利救済の観点を考慮しています。具体的には、職務命令に従わないことを前提とした①懲戒処分の差止訴訟、②将来の懲戒処分の予防を目的とする公的義務の不存在確認を求める無名抗告訴訟、③将来の行政処分以外の処遇上の不利益の予防を目的とする公的義務の不存在確認を求める実質的当事者訴訟の3つの請求があったものと整理し、①と③を適法としたものです（②については、法定抗告訴訟①が可能であるので、事前救済の争訟方法としての補充性の要件を欠き不適法と判断されました）。詳しくは「2章4節3（3）〈6〉差止訴訟」を参照。

　最判令元・7・22民集73巻3号245頁は、陸上自衛官が、平和安全法制整備法による改正後の自衛隊法76条1項2号は違憲であるとし、同号に基づく防衛出動命令に服する義務のないことの確認を求めた訴えについて、当該防衛出動に係る具体的な職務上の命令（本件職務命令）に服従する義務がない

ことの確認を求めるものと解した上で、本件職務命令への不服従を理由とする懲戒処分の予防を目的として本件職務命令に基づく公的義務の不存在確認を求める無名抗告訴訟と位置付けたものです。同判決は、この無名抗告訴訟は当該処分に係る差止訴訟と目的・効果・審理内容を同じくするものであり、差止訴訟より「緩やかな訴訟要件」で許容されるとは解されないと指摘しています。

〈4〉信用失墜行為の禁止

　地方公務員法33条では、「職員は、その職の信用を傷つけ、又は職員の職全体の不名誉となるような行為をしてはならない。」こととされています。この規定は、客観的な公務それ自体への信頼の確保が目的と解されますが、収賄行為などのように、職務関連性が強く、法的にも道義的にも問題が明確なケースも当然含まれます。それらは刑事責任の問題としても扱われます。直接職務に関わらずとも公務全体の信頼を損なう行為も対象であり、公金横領、贈収賄、窃盗、不法薬物所持、わいせつ行為、不正経理、情報漏洩、各種ハラスメント行為など、様々な類型がありえますが、その悪質さや非難の程度は、ケースバイケースで判断することとなります。懲戒処分の指針などでは、交通事故・交通法規違反関係として飲酒運転が挙げられることがあります。これも信用失墜行為に該当するとするのが実務の取扱いです。

〈5〉秘密保守義務

　地方公務員法34条1項は、「職員は、職務上知り得た秘密を漏らしてはならない」旨を定めています（その職を退いた後も同様です）。形式的に「マル秘」扱いされているものではなく、実質的にもそれを秘密であるとして保護するに値すると認められることが必要です（**実質秘説**（通説・判例となっています））。

　実質秘にはあたらないが「マル秘」扱いのものを漏らしたら、これは秘密保持に係る職務命令違反と把握するのが合理的でしょう。

〈6〉職務専念義務

　服務の根本基準を定めた地方公務員法30条は、「すべて職員は、全体の奉仕者として公共の利益のために勤務し、且つ、職務の遂行に当つては、全力を挙げてこれに専念しなければならない。」と定めますが、一定の場合には、職務専念義務が免除されます。同法35条は、「職員は、法律又は条例に特別の定がある場合を除く外、その勤務時間及び職務上の注意力のすべてをその職責遂行のために用い、当該地方公共団体がなすべき責を有する職務にのみ従事しなければならない。」と定めており、関係する法律（地方公務員法、労働安全衛生法、地方公務員の育児休業等に関する法律等）や条例（地方公務員法24条5項に従って勤務時間を定める条例があるほか、同法35条に基づき職務専念義務を免除する場合を定める条例があります）によって、様々な仕組みが導入されています。

　地方公務員の勤務条件は、住民の代表である議会で定める条例主義をとっ

ていますが、公務員が「休む」ための仕組みとして、休暇と休業があります。勤務するべき日や時間に勤務が免除されるのが休暇で、休暇中は一般に給与は減額されません。休暇には、年次有給休暇と、病気休暇・介護休暇などがあります。

　他方で、職員が申請すると、公務の運営に支障がない範囲で休業できるという仕組みもあります。期間は3年以内、給与は支給しないのが原則です。配偶者が外国に滞在するのに同行する場合の休業（地公法26条の6）、大学や大学院で学ぶ、国際貢献活動を行うといった場合の自己啓発等休業（地公法26条の5）、育児休業などがあるほか、教育公務員には大学院就学休業もあります。

〈7〉政治的行為の制約

　公務員も一人の人間として、表現の自由や政治活動の自由等の自由権的基本権を享有しますが、公務遂行にあたっては、「全体の奉仕者」であるという観点から、一定程度の制約を受けています。地方公務員の場合は、当該職員が勤務する地の区域外では、一定の政治的行為（②のア～ウ、オ）が認められています（地公法36条）。

　具体的には、次のような行為が禁止されます。

①　政党その他の政治的団体の結成に関与し、若しくはこれらの団体の役員となってはならず、又はこれらの団体の構成員となるように、若しくはならないように勧誘運動をしてはなりません（地公法36条1項）。

②　特定の政党その他の政治的団体又は特定の内閣若しくは地方公共団体の執行機関を支持し、又はこれに反対する目的をもって、あるいは公の選挙又は投票において特定の人又は事件を支持し、又はこれに反対する目的をもって、特定の政治的行為をしてはなりません（地公法36条2項）。具体的には、（ア）投票に関する勧誘運動、（イ）署名運動の企画等、（ウ）寄附金等の募集への関与、（エ）文書又は図画を庁舎等に掲示すること、（オ）条例で定める政治的行為をすることです。

③　さらに、以上の禁止行為を行うよう職員に求めたり、職員をそそのかしたり、あおったりすることや、又は職員が禁止行為をなし、若しくはなさないことに対する代償若しくは報復として、任用、職務、給与その他職員の地位に関してなんらかの利益若しくは不利益を与え、与えようと企て、若しくは約束することは、公務員のみならず何人も行ってはなりません（地公法36条3項）。

　これらの地方公務員法上の規定に反して職員が政治的行為を行ったとしても、国家公務員の場合と異なり（国公法102条1項・110条1項19号）、罰則の適用はありません。

〈8〉争議行為等の禁止

　憲法28条は、一般の労働者を念頭に、労働基本権として、団結権、団体交

渉権、団体行動権を保障しています。それではこれらの権利は、地方公務員にも認められるでしょうか。

　地方公務員の職種に応じて、労働基本権の制限の程度は異なっています。

　現行法制において、「地方公営企業等の労働関係に関する法律」（地公労法）が適用されない地方公務員については、争議権は認められていませんが（地公法37条）、「職員団体」を組織するという形での団結権は認められ（地公法52条1項・3項）、また団体交渉権についても、当局と交渉することはできますが、団体協約（労働協約）を締結することは認められていません（地公法55条1項・2項）。一方、警察職員及び消防職員については、争議権はもとより（地公法37条）、勤務条件の維持改善を図ることを目的とし、かつ、地方公共団体の当局と交渉する団体を結成し、又はこれに加入してはならないとされ（地公法52条5項）、団結権及び団体交渉権のいずれも認められていません。他方、地公労法が適用される職員（企業職員、単純労務職員及び特定地方独立行政法人の職員）の場合には、労働組合法に基づく労働組合を結成する団結権、労働協約締結権を含む団体交渉権を有しますが、やはり争議権は認められていません。すべての職員に対して**争議行為の禁止**が定められており、争議行為を企て、あおり、そそのかしなどをした者には罰則もあります[*17]。一律に争議行為禁止の職務義務を課し、あおりなどには罰則でのぞむという仕組みに対しては、かねてから公務員の労働基本権保障との間で議論があったところです[*18]。

〈9〉 私企業からの隔離

　職員は、任命権者の許可を受けなければ、次のような行為をすることはできません（地公法38条1項。もっとも、同条項ただし書きにおいては、フルタイムの会計年度任用職員については係る制限の対象ですが、パートタイムの場合は対象外とされています。短い勤務時間で勤務する臨時非常勤職員にあっては、従事する業務（公務）のほかに、生活のための収入を得るなどのため、兼業をしている実態も数多くあるからです。）。これは、職員の職務遂行上の能率や品位の保持、職務の公正さを担保することを目的として、職務専念義務を実質化する規定といえます。

① 商業、工業又は金融業その他営利を目的とする私企業（営利企業）を営むことを目的とする会社その他の団体の役員や人事委員会規則（人事委員会を置かない地方公共団体においては、地方公共団体の規則）で定める地位を兼ねること

② 自ら営利企業を営むこと

③ 報酬を得て事業・事務に従事すること

〈10〉 退職管理

　営利企業等に再就職した元職員は、離職前の職務に関して、現職職員への働きかけをすることは禁止されており（地公法38条の2第1項～5項）、不正な

*17　争議行為等の禁止
　職員は、地方公共団体の機関が代表する使用者としての住民に対して同盟罷業（ストライキ）、怠業（サボタージュ）その他の争議行為をし、又は地方公共団体の機関の活動能率を低下させる怠業的行為をしてはなりません。また、何人も、このような違法な行為を企て又はその遂行を共謀し、そそのかし、若しくはあおってはならないこととされています（地公法37条1項）。仮に争議行為の遂行を共謀し、そそのかし、若しくはあおり、又はこれらを企てた者がいれば、罰則の適用があります（地公法61条4号）。

*18　公務員の労働基本権に関する判例
　公務員組合役員の刑事被告事件に関する最高裁大法廷の判例は、全逓中郵事件・最大判昭41・10・26刑集20巻8号901頁や都教組事件・最大判昭44・4・2刑集23巻5号305頁などによる合憲的限定解釈（現行規定そのものを違憲とはしないもの、公務員のする争議行為でも刑事罰の対象とならないものがあり、刑事罰の対象となるのは国民生活に重大な弊害をもたらすものであること、そのうちの違法性の強く通常随伴行為でないもののみと解する立場）による無罪判決の傾向を、全農林警職法事件・最大判昭48・4・25刑集27巻4号547頁が覆して争議行為禁止の合憲解釈に基づく有罪判決とし、それを岩手県教組事件・最大判昭51・5・21刑集30巻5号1178頁、名古屋中郵事件・最大判昭52・5・4刑集31巻3号182頁などがだめ押ししたものとして知られています。

行為をするよう働きかけた元職員に対しては罰則が適用されることがあります（地公法60条4号〜8号）。また、地方公共団体は、国家公務員法の退職管理に関する規定の趣旨や当該地方公共団体の職員の離職後の就職の状況を勘案し、退職管理の適正を確保するために必要と認められる措置を講ずるものとされており（地公法38条の6第1項）、条例により、再就職した元職員に再就職情報の届け出をさせることができます（38条の6第2項）。

4 公務員倫理の保持

1999年に国家公務員倫理法（平成11年法律第129号）が制定され、公正な職務執行、職務・地位の私的利用の禁止、国民の疑惑・不信を招くような行為の禁止などの倫理原則の提示（同法3条）、国家公務員倫理規程の制定の政令委任（同法5条）*19、管理職公務員の受贈・所得等の報告及び公開（同法6条〜9条）などが規定されました。

地方公務員については、国家公務員倫理法に相当する法律はありませんが、国家公務員倫理法43条は、同法に基づく国等の施策に準じて、地方公共団体が「地方公務員の職務に係る倫理の保持のために必要な施策を講ずる」よう努めることとしています。この趣旨を踏まえて、自主的に地方公共団体ごとの条例が制定されており、いくつかの都道府県・政令市では、**職員倫理条例**や規則・規程・要綱などが制定されています。

地方公務員法には信用失墜行為予防の服務規定はありません。条例により地方公務員法に定める服務規律以外の規律をどのように定めることができるかはむずかしいところもありますが、服務監督上の命令として、職員への義務付けを条例等に基づいてすることになるものと解されます。

（磯部 哲・三好規正）

*19 倫理規程
　国家公務員倫理規程（平成12年政令第101号、最終改正：平成26年政令第195号）では、倫理行動規準を定め、具体的な禁止行為を列記するなどしています。

学習のポイント

■憲法では、地方公共団体の組織及び運営に関する事項は、地方自治の本旨に基づいて、法律で定めることとされています。地方公務員制度に関する基本法として、地方公務員法が定められています。地方公務員法は、地方公共団体の行政の民主的かつ能率的な運営等を保障し、もって地方自治の本旨の実現に資することを目的としています。

■地方公務員法は、特別職を列記し、それら以外の一切の職を一般職として規定しています。地方公務員法は一般職に対しては適用があるのに対し、特別職の地方公務員に対しては原則としてその適用がありません。

■2017年の法改正により、特別職非常勤職員及び臨時的任用職員の任用要件の厳格化を行うとともに、一般職の会計年度任用職員制度を創設し、その任用・服務規律等の整備を図ることとされました。

■公務員の勤務関係は、採用、昇任、降任又は転任のいずれかの方法により、職員を任命することによって成立・変動します。採用等にあたって一定の要件が法律上に定められています。恣意と情実を排除し、その人の能力に応じて任命等の行為を行うなど、客観的な基準に基づく人事行政の確立が求められています。

■定年等の当然離職、辞職、免職によって、勤務関係は消滅します。このうち免職には、分限処分と懲戒処分の二種類があり、職員の身分保障、公務の中立性・安定性の確保や公務能率の維持などの要請を考慮して、慎重な要件と手続が定められています

■公務員には、身分保障のほか、財産・勤務条件に関しても一定の権利が認められています。他方で、地方公務員には争議権が認められておらず、また、団体交渉権も、団体協約（労働協約）締結権を内容として含んでいないため、完全には認められていません。

■全体の奉仕者として公共の利益のために勤務しなければならない地方公務員には、法令及び上司の命令に従う義務、職務上知りえた秘密を守る義務（守秘義務）、政治的行為の制限、争議行為の禁止など、様々な義務が課せられています。信用失墜行為の禁止、私企業からの隔離なども求められています。

■国家公務員倫理法の制定（1999年）を受けて、地方公共団体においても、職務に係る倫理の保持のために必要な施策を講ずることが求められています。公正な職務執行、職務・地位の私的利用の禁止、国民の疑惑・不信を招くような行為の禁止などが重要です。職員倫理条例や規則等を制定する動きもみられています。

第3章

地方自治法

第10節　財　務

　地方財政を具体的に規律する法規を「**財務法規**」とよびます。財務法規には、基本法である地方自治法や地方自治法施行令等の命令があり、さらに、地方財政法や地方税法等といった個別領域ごとの法律、地方公共団体が独自に定める規則や条例がみられます。このように財務法規と一口にいっても、様々な法令がみられるのですが、本節では地方自治法を中心に地方公共団体の財務に関する法制度を解説します。

1　予　算

　地方公共団体も民間企業と同じように、一定期間の収入と支出の計画である予算をつくって行政活動を行います。

（1）予算の内容

　地方公共団体の**予算**は、①歳入歳出予算、②継続費、③繰越明許費、④債務負担行為、⑤地方債、⑥一時借入金、⑦歳出予算の各項の経費の金額の流用、といった7つの事項に関する定めからなります（自治法215条）。これらの項目は、国の予算とほぼ共通した内容です（参照、財政法16条以下）。

　第1の**歳入歳出予算**とは、一会計年度における一切の収入及び支出で、これはすべて予算に編入されなければならないとされており、このような原則を**総計予算主義の原則**とよんでいます（自治法210条）。収入と支出については次の「2収入及び支出」で述べます。

　第2の**継続費**とは、道路建設のように、年度内で完成できない事業を行う場合、その経費の総額及び年割額を定め、数年度にわたって支出するものを指します（自治法212条1項）。通常、各会計年度における歳出は、その年度の歳入をもって、これに充てなければならないという**会計年度独立の原則**が適用されますが（自治法208条2項）、継続費の逓次繰越し（自治令145条1項）は次の繰越明許費と同じくこの原則の例外をなすものです。なお、会計とは、一般に、経済活動に伴って生じる財産の増減異動や収支を総合的、組織的に整理し、管理することを意味しますが、ここでは、主に、地方公共団体の各種の行政活動に伴って生ずる一定期間（具体的には、次の会計年度）内の一切の収入及び支出を整理し、区分する経理を意味することになります。したがって、会計年度は、その収入及び支出を区分整理して、その関係を明らかにするために設けられる一定期間のことになり、具体的には、毎年4月1日に始まり、翌年3月31日に終わるものとされています（自治法208条1項）。また、地方公共団体の会計は、一般会計と特別会計とに区分され

ます（自治法209条1項）。そして、特別会計は、地方公共団体が特定の事業を行う場合その他特定の歳入をもって特定の歳出に充て一般の歳入歳出と区分して経理する必要がある場合において、条例で設置されます（自治法209条2項）。

第3の**繰越明許費**とは、その性質上又は予算成立後の事由に基づき年度内にその支出を終わらない見込みのあるものについては、翌年度に繰り越して使用することができることを予算に定めるものです（自治法213条）。

第4の**債務負担行為**とは、歳出予算や継続費、繰越明許費以外に、地方公共団体が負担する債務を予算に定めておくものです（自治法214条）。

第5の**地方債**とは、歳入不足の場合に地方公共団体が一会計年度を超えて負担する借入金のことです。地方公共団体は、地方債以外の歳入を財源としなければならない（地財法5条）とされていますが、一定の場合には地方債で資金を調達することが認められています。地方債を起こすときには、地方債の起債の目的、限度額、起債の方法、利率及び償還の方法を予算で定めることとされています（自治法230条）。起債の手続については本節「2 収入及び支出」で触れます。

第6の**一時借入金**とは、歳出予算内で行われる臨時の借入金で、その最高額は予算で定めることとされています（自治法235条の3第2項）。この一時借入金は、その会計年度の歳入をもって償還しなければなりません（同条3項）。

第7が、**経費の金額の流用**です。予算の各款の間や各項[*1]の間での流用はできないのが原則ですが、歳出予算の各項の経費の金額については、予算の執行上必要がある場合に限り、予算の定めるところによって流用することが認められています（自治法220条2項）。

（2）予算の調製と執行

〈1〉予算の調製

予算の調製とは、予算案を作成することです。地方公共団体の長は、毎会計年度、予算を調製し、年度開始前に、政令で定める予算に関する説明書とともに、議会に提出し、その議決を経なければなりません（自治法211条1項・2項）。予算の調製やその提案の権限は、地方公共団体の長の専権事項とされていますが（自治法149条2号）、予算の具体的な内容によっては他の機関の意見を聴かなければならないことがあります。例えば、教育に関する予算については教育委員会の意見を聴くこととされています（地教法29条）。長が予算を調製するときは、法令の定めるところに従い、かつ、合理的な基準によりその経費を算定し、これを予算に計上しなければならず、また、あらゆる資料に基づいて正確にその財源を捕そく[*2]し、かつ、経済の現実に即応してその収入を算定し、これを予算に計上しなければならないとされています（地財法3条1項・2項）。

予算を定めることは、後で述べる決算の認定と同じく、議会の必要的議決事項です（自治法96条1項2号）。議会は、予算案のとおり議決しなければな

＊1 款・項
　予算の統一を図るために、あるいは、その会計経理の適正を期するべく系統的な総合調整を図るために、設けられた予算科目です。予算科目としては、さらに、目・節があります。款・項は、議会の議決の対象となる予算に記載される議決科目（立法科目）であり、目・節は、議会の議決の対象とはならず、予算に関する説明書である歳入歳出予算事項別明細書に記載される執行科目（行政科目）です。歳入歳出予算のうち、歳入についてはその性質に、歳出についてはその目的に、それぞれ従って、地方自治法施行規則で定める区分を基準として款に大別され、そして、その中が項に区分されます。予算執行に当たっては、項の中がさらに地方自治法施行規則で定める区分を基準として目・節に細区分されます。

＊2 財源の捕そく
　地方公共団体にとっても、民間企業と同じように、財源を捕そくする、すなわち、自らの収入がどれくらいあるのかを明らかにしておくことは、その活動を行う上できわめて重要なことです。もっとも、地方公共団体の場合には、地方税のような独自の収入だけではなく、地方交付税のように、国との関係で収入が変動することもありえます。地方公共団体においては、このような国との関係も踏まえてその収入を明らかにし、過大な見積りを防ぐことが必要とされます。

＊3
　地方公共団体に対する寄附金も地方公共団体の収入の1つです。近年、いわゆるふるさと納税制度に基づく地方公共団体に対する寄附金が注目されています。ふるさと納税制度とは、平成20年の地方税法の一部改正において、個人の道府県民税及び市町村民税（個人住民税）の納税義務者の地方団体（都道府県、市町村又は特別区）に対する寄附金のうち一定額を超える額について、所得税の所得控除（所得税法78条1項）及び10％相当額の個人住民税の税額控除がされることに加えて、個人住民税の税額控除の金額に所定の上限額の範囲内で特例控除額の加算（特例控除）がされるという制度です（同改正後の地税法37条の2第1項・2項及び314条の7第1項・2項）。これにより、当該上限額の範囲内であれば、寄附金のうち当該一定額を超える部分の全額が当該寄附を行った納税義務者の所得税及び個人住民税から控除されることになりました。
　その後、地方団体が寄附金の受領に伴い当該寄附金を支出した者に対して提供する物品、役務等（いわゆる返礼品）を提供する現象が生じ、しかも、その返礼割合（寄附金の額に対する返礼品の調達価格の割合）の高い返礼品を提供する地方団体が多くの寄附金を集める事態が生じたこと等から、平成31年の地方税法の一部改正において、いわゆるふるさと納税として個人の個人住民税に係る特例控除の対象となる寄附金について、総務大臣が定めるいわゆる募集適正基準及び法定返礼品基準（募集適正基準等を定める告示。平成31年総務省告示第179号）に適合する地方団体として総務大臣が指定するものに寄附する者のものに限られるという制度（指定制度）が導入されることになりました（同改正後の地税法37条の2第2項及び314条の7第2項）。2019年6月1日施行）。
　当該指定制度の下、大阪府泉佐野市ほか3団体（静岡県小山町、和歌山県高野町、佐賀県みやき町）が、初年度（2019年6月1日から2020年9月30日までの期間）に係る指定の申出において、当該指定を受けることができませんでした（本件不指定。当該4団体は2019年5月15日の総務大臣による指定の告示（同改正後の地税法37条の2及び314条の7の各7項）に含まれていませんでした）。
　本件に関する泉佐野市ふるさと納税訴訟に係る詳細は本章「13節4（3）（6）泉佐野市ふるさと納税訴訟」を参照してください。

らないわけではなく、増額して議決することもできます（自治法97条2項）。ただし、地方公共団体の長の予算提出の権限を侵すことはできませんから（自治法97条2項ただし書き）、例えば、当初の予算案に含まれていない全く新しい項目を追加することはできません。また、明文の規定はありませんが、議会は、減額して予算を議決することもできると考えられています。

〈2〉予算の執行

　予算執行の権限は、調製と同じく原則として地方公共団体の長に専属しています（自治法149条2号）。長は、政令で定める基準に基づいて定められた手続に従って予算を執行しなければなりません（自治法220条1項）。

2　収入及び支出

　地方自治法の規定に則して地方公共団体の収入や支出をみていくこととします。なお、地方公共団体は、法令に特別の定めがある場合を除き、公金の徴収・収納又は支出の権限を私人に委任し、又は私人をして行わせてはなりません（自治法243条）。

（1）収　入

　地方公共団体の**収入**で、地方自治法に定めがあるものは、①地方税、②分担金、③使用料、④加入金、⑤手数料、⑥地方債です＊3。

　地方税とは、地方公共団体がその課税権に基づいて徴収する金銭であり、自主財政権を支え、地方公共団体の収入の中で最も重要なものです。地方公共団体は、法律の定めるところにより、地方税を賦課徴収することができます（自治法223条）。しかし、地方税の税目、課税客体、課税標準、税率、賦課徴収については、地方公共団体は、条例で定めなければならず（地税法3条1項）、このような原則を**地方税条例主義**とよびます。

　地方税には、使い方が特定されている**目的税**（例、都市計画税）と特定されていない**普通税**（例、市町村民税）があります（地税法4条1項・5条1項）。これらの他に**法定外普通税**を新設（あるいは変更）することができます（地税法4条3項・5条3項）が、予め、総務大臣に協議し、その同意を得なければならないとされています（地税法259条1項・669条1項）＊4。なお、協議の申出を受けた総務大臣は、その旨を財務大臣に通知しなければならず（地税法260条1項・670条1項）、また、同意については、地方財政審議会の意見を聴かなければなりません（地税法260条の2・670条の2）。2000年に施行された地方分権一括法以前には、法定外普通税の新設には許可制が採用されていましたが、同意を要する協議に変更となりました。もっとも、①国税又は他の地方税と課税標準を同じくし、かつ、住民の負担が著しく過重となること、②地方団体間における物の流通に重大な障害を与えること、③上記の2つのほか、国の経済施策に照らして適当でないこと、という3

つの不同意要件が法定されています（地税法261条・671条）＊5。さらに、地方分権一括法により、それまでは認められていなかった、**法定外目的税**をつくることも認められるようになりました（地税法4条6項・5条7項・731条1項）が、総務大臣に協議し同意を得なければなりません（地税法731条2項）。財務大臣への通知、地方財政審議会の意見の聴取及び不同意要件は、法定外普通税の場合と同様です（地税法732条1項・732条の2・733条）。

地方税の税率については、地方公共団体が課税する場合に通常よるべき税率（ただし、一定の場合にはそれによることを要しません）である**標準税率**（地税法1条1項5号）や、超えてはならないものとして定められている制限税率、それによるとされる一定税率があります。標準税率を超えて課税することを**超過課税**とよびます。

分担金とは、一定の者又は地方公共団体の一部にとって利益となるもの、例えば道路や公の施設に対して、施設の設置や管理に必要な費用に充てるため、それらの施設から利益を受ける者から、その受益の限度で、徴収する金銭です（自治法224条）。**使用料**とは、行政財産の使用又は公の施設の利用について徴収される金銭です（自治法225条）。**加入金**とは、やや特殊なもので、旧慣によって利用権を認められている公有財産の利用を、新たに使用しようとする者から徴収することができる金銭のことです（自治法226条・238条の6第2項）。**手数料**とは、印鑑証明の発行のように特定の者のためにする事務につき地方公共団体が徴収することができるものです（自治法227条）。これらの分担金、使用料、加入金、手数料については、一定の場合を除き、その金額や徴収方法等について地方公共団体の条例で定めなくてはなりません（自治法228条1項）。

前項でも触れたように、**地方債**の起債等は、予算において定めなければなりません。起債等を行うときには、それだけではなく、地方公共団体は、原則として総務大臣又は都道府県知事と協議しなければなりません（地財法5条の3第1項）。かつては、起債等は自治大臣（現在の総務大臣）又は都道府県知事の許可制でしたが、現在では協議制となっています。さらに、協議を行い、同意を得られない場合であっても、議会への事前の報告をすることによって起債を行うことは可能です（地財法5条の3第9項）。もっとも、同意を得られないと公的資金を借り入れることができなくなります（地財法5条の3第7項）。また、現在でも、起債等を行うために許可が必要とされる場合もあります（地財法5条の4）。

以上のほかに、地方交付税、地方譲与税、国庫支出金があります。**地方交付税**とは、地方公共団体の財政の不均衡の調整のために、国から交付されるものですが、特に使途が限定されておらず、特定の国税につき定められた割合がこれに充てられます（地方交付税法6条）。これには、普通交付税と特別交付税の別があります（地方交付税法6条の2第1項）。前者は、基準財政需要額が基準財政収入額を超える地方公共団体に交付されるものです（地方交付税法10条1項）。後者は、普通交付税の算定の基礎となる基準財政需要額の算定方法によっては捕捉されな

＊4
　総務大臣の同意を得ていても、法定外普通税を定めた条例が法律と矛盾抵触するとして裁判所によって違法とされることがあります。例えば、法定外普通税として神奈川県が条例で定めた臨時特例企業税は、横浜地判平20・3・19判時2020号29頁により、地方税法に反するとして違法・無効とされたのに対し、控訴審判決の東京高判平22・2・25判時2074号32頁は、地方税法との矛盾抵触はないとして同条例を適法としました。しかし、上告審判決の最判平25・3・21判時2193号3頁は、同条例の関係規定が法人事業税の（所得割の）課税標準である所得の金額の計算上、過去の事業年度の欠損金額に相当する金額を繰越控除することを定める地方税法に矛盾抵触する違法、無効なものであるとしました。

＊5　不同意要件に該当した例
　横浜市が、2000年に法定外普通税として、勝馬投票券発売税を新設しようとし条例を制定しましたが、総務大臣は不同意要件に該当するとして同意しませんでした（本章「13節4（2）〈4〉横浜市勝馬投票券発売税事件」参照）。

かった特別の財政需要があることなどの特別の事情を考慮して交付されるものです（地方交付税法15条１項）。**地方譲与税**は、各個別法に基づき、国税として徴収された税を全額又は一定の割合で地方公共団体に譲与するものです。地方交付税と異なり、地方公共団体間の財源を調整する機能はありません。**国庫支出金**には、以下の３つのものが含まれます。第１に、法令によって地方公共団体の特定の支出につき法律によって国の支出が義務付けられている国庫負担金です（地財法10条～10条の３）。第２に、国がその施策を行うため特別の必要があると認めるとき又は地方公共団体の財政上特別の必要があると認めるときに限り支出する国庫補助金です（地財法16条）。第３に、国政選挙の費用のように、専ら国の利害に関係のある事務を行うための一定の経費について国が全額負担する**国庫委託金**があります（地財法10条の４）。

（２）支　出

　地方公共団体は、その事務を処理するために必要な経費その他法律又はこれに基づく政令により地方公共団体の負担に属する経費を**支弁**する（自治法232条１項）とされ、予算に基づいて必要な経費を**支出**します。

　地方公共団体は、公益上必要があれば、寄附や補助をすることができます（自治法232条の２）。地方公共団体が行う**寄附**等に公益上必要があるかどうかの判断については、支出する地方公共団体に一定の裁量の余地があると考えられています。しかし、公益上の必要性は客観的に認められなくてはならず、裁量権の行使に濫用等があれば違法とされます。裁量権の行使が違法となるかどうかの判断は、「補助金交付の目的、趣旨、効用及び経緯、補助の対象となる事業の目的、性質及び状況、当該地方公共団体の財政の規模及び状況、議会の対応、地方財政に係る諸規範等の諸般の事情を総合的に考慮」して行われると考えられています（広島高判平13・５・29判時1756号66頁）。

　契約等の地方公共団体にとって支出の原因となる行為のことを**支出負担行為**とよび、支出負担行為は法令又は予算の定めるところに従って行われます（自治法232条の３）。支出負担行為を行い、支出を命じるのは地方公共団体の長の権限です（自治法180条の２の規定に基づく長の委任を受けて他の執行機関等が支出負担行為等の予算執行を行うこともあります）が、実際に金銭の支出を行うのは、**会計管理者**の権限です（自治法170条２項）。会計管理者は、地方公共団体の長の命令がなければ、支出をすることができません（自治法232条の４第１項）。

３　決　算

　決算とは、一会計年度に執行した予算の結果の実績を記録したものです。地方公共団体の決算を調製するのは、前項で述べた**会計管理者**の権限となります。会計管理者は、毎会計年度、政令の定めるところにより、決算を調製し、出納の閉

鎖後3ヶ月以内に、証書類その他政令で定める書類と併せて、地方公共団体の長に提出しなければならないとされています（自治法233条1項）。出納が閉鎖されるとは、ある年度の金銭の移動を締め切ることを意味し、地方公共団体の場合には、次の年度の5月31日に出納を閉鎖するとされています（自治法235条の5）。したがって、会計管理者は次の年度の8月31日までに上記の書類を地方公共団体の長に提出することになります。

　地方公共団体の長は会計管理者から受け取った決算等を監査委員（本章「12節 監査と住民訴訟」参照）の審査に付した後、監査委員の意見を付して議会の認定に付すことになります（自治法233条2項・3項）。仮に議会が決算を認定しなくても、すでに行われた収入や支出の法的な効果に影響はないと考えられてはいますが、決算の認定に関する議案が否決された場合、長が当該議決を踏まえて必要と認める措置を講じたときは、長は、速やかに、当該措置の内容を議会に報告するとともに、これを公表しなければなりません（自治法233条7項）。地方公共団体の長は、議会の認定に付した決算の要領を住民に公表しなければならないとされています（自治法233条6項）[6]。住民が地方公共団体の財政状況を知ることができるようにするためです[7]。以上の予算から決算への流れを大まかに整理すると【図表10-1】のようになります。

【図表10-1】予算から決算までの流れ

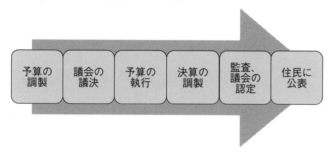

近年、地方公共団体の財政が悪化することが少なくなく、2007年に、地方公共団体の財政の健全化に資することを目的として、「地方公共団体の財政の健全化に関する法律」（平成19年法律第94号）が制定され、同法3条により、地方公共団体の長は、毎年度、決算の提出を受けた後、速やかに、健全化判断比率（実質赤字比率、連結実質赤字比率、実質公債費比率及び将来負担比率）とその算定の基礎となる事項を記載した書類を監査委員の審査に付し、その意見を付けて当該健全化判断比率を議会に報告し、かつ、当該健全化判断比率を公表することが義務付けられています。

4 契 約

地方公共団体が活動するときには、もちろん行政処分等の権力的な手法を使う

＊6
　以前は、地方公共団体の長は、決算をその認定に関する議会の議決や監査委員の意見と併せて、都道府県にあっては総務大臣、市町村にあっては都道府県知事に報告する義務がありましたが、2011年の法改正で報告義務は廃止されました。

＊7　地方公共団体の財政状況の知らせ方
　地方公共団体の長は、条例の定めるところにより、毎年2回以上歳入歳出予算の執行状況並びに財産、地方債及び一時借入金の現在高その他財政に関する事項を住民に公表しなければなりません（自治法243条の3第1項）。

場合もありますが、備品や土地を購入するときのように**契約**を締結して様々な活動を行うこともあります。地方公共団体のような行政主体が締結する契約のことを**行政契約**とよぶことがありますが、これらの行政契約にも通常は民法・商法が適用されます。しかし、地方公共団体の活動は公的な性格をもち、その原資は主として税金であり、公平性が要求されることから、民間企業と同様に自由に契約を締結することができるわけではなく、様々な法規制がかけられています。また、契約を締結する権限は長の権限と考えられていますが、条例に特別な定めがある場合や、負担付きの寄附又は贈与を受ける場合や不動産を信託するといった場合には議会の議決が必要とされています（自治法96条1項）。

（1）契約締結の方法

　地方公共団体が、売買、貸借、請負等の契約を締結するときの方法は、**【図表10－2】**のように、一般競争入札、指名競争入札、随意契約、せり売りの4種類あります（自治法234条1項）。地方公共団体はこれらの4つのうち一般競争入札で契約を締結することが原則とされており、他の方法を選択することができるのは、政令で定められた場合に限られるとされています（自治法234条2項）。

【図表10－2】地方公共団体が締結する契約の方法

〈1〉一般競争入札

　一般競争入札は、前述のとおり原則として採用すべきとされる契約の方法です。不特定多数の者を参加させ、入札を行い、契約の目的に応じ、予定価格の制限の範囲内で最高又は最低の価格で申込みをした者、すなわち、地方公共団体にとって最も有利な価格を提示した者を契約の相手方とするという手法です（自治法234条3項）。この契約方法が最も公正で、希望者は誰でも契約に参加することができる開かれた制度とされています[8]。

　もっとも、一般競争入札の公正性や開放性はいわば諸刃の剣で、場合によっては、契約をきちんと履行する能力がない者が落札する可能性があり、そうなると、むしろ公益に反する結果を招くことになります。そこで、一般競争入札であっても、次のような枠が決められています。

　第1に、一般競争入札の参加者について、その参加資格が制限されること

*8　一般競争入札
　最判平18・10・26判時1953号122頁は、「このような地方自治法等の定めは、普通地方公共団体の締結する契約については、その経費が住民の税金で賄われること等にかんがみ、機会均等の理念に最も適合して公正であり、かつ、価格の有利性を確保し得るという観点から、一般競争入札の方法によるべきことを原則とし、それ以外の方法を例外的なものとして位置付けているものと解することができる」としています。

246

があります。契約を締結する能力を有しない者や破産者で復権を得ない者は参加を認められず（自治令167条の4第1項）、一定の不正行為をした者等は、3年以内の期間を定めて一般競争入札に参加させないことができます（自治令167条の4第2項）。

　第2に、契約締結の価格についてです。一般競争入札では、本来なら、前述のように地方公共団体に最も有利な価格、すなわち支出にかかわる場合なら最低額を提示した者と契約します。しかし、最低価格を提示した者と契約すると、契約内容に適合した履行がされないおそれがあるときや、公正な取引の秩序を乱すこととなるおそれがあるときがあり（自治令167条の10第1項）、このような場合には、予定価格の制限の範囲内で申込みをした者のうち、最低の価格で申込みをした者以外の者を契約の相手方とすることができるとされています（自治法234条3項ただし書き）。また、**総合評価一般競争入札**という方法もあり、当該契約の性質又は目的から、最も有利な価格を提示した者と契約することがむずかしいときには、予定価格の制限の範囲内の価格で申込みをした者のうち、価格その他の条件が当該地方公共団体にとって最も有利な申込みをした者を落札者とすることができます（自治令167条の10の2第1項）。

　一般競争入札により契約を締結しようとするときは、地方公共団体は、入札に参加する者に必要な資格、入札の場所及び日時その他入札について必要な事項を公告しなければならないとされており、また、その公告において、入札に参加する者に必要な資格のない者のした入札等については無効とする旨を明らかにしておかなければならないとされています（自治令167条の6）。

〈2〉その他の契約の方法

　一般競争入札以外の契約は、以下のようなものです。**指名競争入札**は、地方公共団体が予め契約の性質に応じて資格を定め、当該資格を有する者から、契約の相手方として適当と認められる候補者を決め、その候補者に入札をさせるという方法です。指名競争入札によることができるのは、契約の性質や目的が一般競争入札に適しないといった一定の要件を充足している場合に限られます（自治令167条）。**随意契約**は、地方公共団体が任意に相手方を選択して契約を締結するという手法です。随意契約が可能なのは、契約の金額が一定額以下である場合等限定された場合に限られます（自治令167条の2第1項）。**せり売り**は、口頭等で価格を競って決めるという手法で、せり売りによることが可能なのは、動産の売払いで当該契約の性質がせり売りに適している場合です（自治令167条の3）。

（2）契約の履行の確保

　契約については、締結すればそれでよいのではなく、契約が適切に履行されているかチェックを行うことが必要です。地方公共団体の職員は、契約の適正な履

行等を確保するため必要な監督又は検査をしなければならないとされており（自治法234条の2第1項）、契約の相手方に契約保証金を納付させている場合に相手方が契約上の義務を履行しないときは、その契約保証金は、当該地方公共団体に帰属するとされています（自治法234条の2第2項）。

5　時　効

金銭の支払いを目的とする債権等の権利を行使することなく、一定の期間が経過した場合、当該権利を消滅させる制度のことを**消滅時効**とよびます。消滅時効については民法に規定があり、債権者が権利を行使することができることを知った日から5年間行使しないとき（民法166条1項1号）、又は、権利を行使することができる時から10年間行使しないとき（民法166条1項2号）、債権は時効によって消滅すると定められています[9]。しかし、地方公共団体の債権等については、長い間不安定な状態が続くと公益に反すると考えられることから、より早い段階で権利関係を確定させるため、消滅時効が成立するまでの期間を短くして、5年としています（自治法236条1項）[10]。この期間は、国と同様です（会計法30条）。

（1）地方自治法における時効の特色

地方自治法の5年という消滅時効の期間は、金銭の給付を目的として地方公共団体が有する権利だけではなく、私人らが地方公共団体に対して有する金銭の給付を目的とする権利にも適用されます。したがって、債権と債務のいずれにも5年の消滅時効が適用されうることとなります。

地方自治法の消滅時効の仕組みは、期間が短いということ以外にも民法との違いがあります。民法では、時効は単に時間が経過すればよいだけではなく、当事者によって援用されなければ裁判所に取り上げてもらえませんし（民法145条）、時効の利益を放棄することもできます。しかし、地方公共団体の場合には、援用する必要はなく、また、地方公共団体は時効の利益を放棄することもできません（自治法236条2項）。さらに、法令の規定によって地方公共団体が行う納入の通知及び督促は、時効の更新の効力を有するとされています（自治法236条4項）。もっとも、地方公共団体が相手方の権利行使を違法に妨害したといえる場合には、信義則が適用され、消滅時効を主張することができなくなることもあります（最判平19・2・6民集61巻1号122頁）。

（2）地方自治法236条の適用

加えて、注意すべきこととして、地方公共団体が有する債権や債務のすべてが5年の消滅時効にかかるわけではないという点があります。地方公共団体が有する債権や債務であっても、民間企業と同じような立場で有する債権や債務であれば、やはり民法が適用されます。例えば、公立病院の診療に関する債権について、

*9
　民法の一部を改正する法律（平成29年法律第44号）による当該改正は、2020年4月1日から施行されています。

*10
　自治法236条1項の規定中の「五年間これを行なわない」との文言は、民法の一部を改正する法律の施行に伴う関係法律の整備等に関する法律（平成29年法律第45号）106条によって、「これを行使することができる時から五年間行使しない」に改められました。すなわち、消滅時効の起算点は、権利行使ができる時（客観的起算点）であることが明定されました。

判例（最判平17・11・21民集59巻9号2611頁）は、公立病院の診療は「私立病院において行われる診療と本質的な差異はなく、その診療に関する法律関係は本質上私法関係というべきである」として、地方自治法236条ではなく、民法（この場合は、〔民法の一部を改正する法律（平成29年法律第44号）による改正前の〕民法170条1号になります）を適用しています[11]。

　どのような場合に民法が適用され、どのような場合に地方自治法236条が適用されるかの判断はむずかしい場合もありえます。最高裁は、区別の基準として、会計法30条についてですが、以下のように述べています。すなわち、最高裁は、5年という短い消滅時効期間が定められたのは、「国の権利義務を早期に決済する必要があるなど主として行政上の便宜を考慮したことに基づくものであるから、同条の5年の消滅時効期間の定めは、右のような行政上の便宜を考慮する必要がある金銭債権であって他に時効期間につき特別の規定のないものについて適用されるものと解すべきである」としています（最判昭50・2・25民集29巻2号143頁）。

6　財　産

　地方公共団体の**財産**管理については、国の財産についての国有財産法のような特別な法律はなく、地方自治法237条以下に一般的な法制度が定められています。地方自治法でいう財産は、【図表10-3】のとおり、公有財産、物品、債権、基金をいい（自治法237条1項）、現金やそれ以外の財産権は含まれません[12]。

【図表10-3】地方自治法上の財産

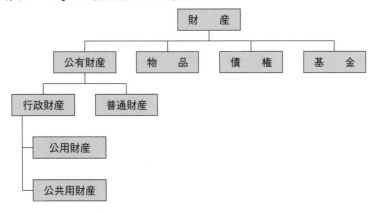

（1）公有財産

　公有財産は、地方公共団体の所有する財産のうち、後で述べる基金に属するものを除き、不動産や船舶、地役権や特許権、著作権等の権利、株式、社債、地方債及び国債、出資による権利、財産の信託の受益権等の多様なものがあります（詳細は、自治法238条1項参照）。

　地方自治法は、【図表10-3】にあるとおり、これらの公有財産を、**行政財産**

第3章
地方自治法

＊11
　最高裁は、水道料金債権についても、水道供給契約による債権であるから、私法上の金銭債権であるとして、地方自治法236条ではなく民法を適用したと考えられています（最決平15・10・10判例体系判例ID28100340）。

＊12　現金の管理方法
　現金の管理については、自治法235条以下が適用されることになります。

と**普通財産**に大きく分けています。行政財産とは、地方公共団体が公用又は公共用に供し、又は供することと決定した財産をいい、普通財産とは、行政財産以外の一切の公有財産をいうとされています（自治法238条4項）。行政財産はさらに2つに分かれ、**公用財産**と**公共用財産**に分かれます。この区別は、講学上の公用物と公共用物の区別に立脚したものです。公共用財産とは、直接に住民らの用に供される財産のことで、道路、公園、市民会館といったものがあります。公用財産とは、直接に住民らの用に供される財産ではなく、地方公共団体がその活動のために使用する財産のことで、例えば、市役所や市議会の建物を挙げることができます。

公有財産の管理権限は、原則として地方公共団体の長にあります（自治法149条6号）。また、長には公有財産の取得や管理につき総合調整権が付与されています（自治法238条の2）。

〈1〉行政財産の管理

行政財産は、住民らの用に供されあるいは地方公共団体の用に供されている財産ですので、その管理については一定の規制がかけられています。したがって、行政財産は、一定の場合を除いて、これを貸し付け、交換し、売り払い、譲与し、出資の目的とし、若しくは信託し、又はこれに私権を設定することができないとされ（自治法238条の4第1項）、これに違反して行われた行為は無効とされます（自治法238条の4第6項）。

したがって、行政財産は、本来の目的以外に貸付け等をすることはできないのが原則です。しかし、場合によっては利用者の利便のためや財産の効率的な利用に役立つこともあるため、行政財産の用途又は目的を妨げない限度であれば、その使用を許可することができます（自治法238条の4第7項）。このような使用の許可は、行政処分の一種であり、契約とは考えられていませんし、借地借家法の適用もありません（自治法238条の4第8項）。行政財産は公の用に供することが原則ですから、公用又は公共用に供するため必要を生じたときや許可の条件に違反する行為があると認めるときは、許可を取り消すことができます（自治法238条の4第9項）。許可をするか否かの判断については、地方公共団体の長らに裁量が認められていますが、考慮すべき事情を考慮していない等により、裁量の範囲を超える場合には長らの判断が違法とされることがあります*13。

また、土地や建物については、地方公共団体が有している財産の有効活用ができるよう、2006年に地方自治法の改正が行われました。これにより、土地や建物については、行政財産の貸付けや私権の設定が認められる場合が拡大されています（自治法238条の4第2項1～6号）。

〈2〉普通財産の管理

普通財産は住民らの用に供されているものではないことから、これを貸し付け、交換し、売り払い、譲与し、若しくは出資の目的とし、又はこれに私

*13　長の裁量の範囲を超えて違法とされた事例

公立小学校の施設の使用許可申請に対する不許可処分の取消訴訟において、最判平18・2・7民集60巻2号401頁は、当該「不許可処分は、重視すべきでない考慮要素を重視するなど、考慮した事項に対する評価が明らかに合理性を欠いており、他方、当然考慮すべき事項を十分考慮しておらず、その結果、社会通念に照らし著しく妥当性を欠いたものということができる」として違法であるとしています。

権を設定することができるとされています（自治法238条の5第1項）。

　普通財産であっても、いったん貸し付けた後、公の用に供する必要が生じることがありえますが、このような場合には、地方公共団体の長らは契約を解除することができます（自治法238条の5第4項）。ただし、損失が生じた場合には、損失補償を請求されることがありえます（自治法238条の5第5項）。

（2）その他の財産

　その他の財産は、物品、債権、基金です。まず、**物品**とは、地方公共団体が所有する動産（現金、公有財産又は基金に属するものを除く）と地方公共団体が使用するために保管する動産（政令で定めるものを除く）を指します（自治法239条1項）。

　次に、**債権**とは、金銭の給付を目的とする権利のことです（自治法240条1項）。債権を管理するのは地方公共団体の長の権限ですが、債権を適切に請求することができるよう、督促、強制執行その他その保全及び取立てに関し必要な措置をとらなければならないとされています（自治法240条2項）。また、債務免除等を行うこともできます（自治法240条3項）。ただし、これらの規定は地方税等の一部の債権には適用されないことに注意が必要です（自治法240条4項）。

　そして、**基金**とは、地方公共団体が行う貯蓄と考えることができます。条例に規定が必要ですが、地方自治法が定める基金は2種類あります（自治法241条1項）。第1が、特定の目的のために財産を維持し、資金を積み立てるもので、大規模な施設を建てるためや将来地方債を償還するための基金がその例です。第2が、特定の目的のために定額の資金を運用するために設けるものです。いずれも、特定の目的のための基金ですから、それ以外の目的のために基金を取り崩すことは原則としてできません（自治法241条3項）。

（北村和生・田村達久）

学習のポイント

■地方公共団体の会計は、一般会計と特別会計とに区分されます。そして、特別会計は、地方公共団体が特定の事業を行う場合その他特定の歳入をもって特定の歳出に充て一般の歳入歳出と区分して経理する必要がある場合において、条例で設置されます。

■地方公共団体の予算は、歳入歳出予算、継続費、繰越明許費、債務負担行為、地方債、一時借入金、歳出予算の各項の経費の金額の流用からなります。予算を調製するのは地方公共団体の長の権限ですが、議会の議決が必要です。
決算とは、一会計年度に執行した予算の結果の実績を記録したものです。決算の調製権限は、会計管理者に認められています。

■歳入歳出とは、一会計年度における一切の収入及び支出で、これはすべて予算に編入されなければならないとされています（総計予算主義の原則）。

■地方自治法上、地方公共団体の収入は、地方税、分担金、使用料、加入金、手数料、地方債からなります。その他の収入として、地方交付税、地方譲与税、国庫支出金があります。

■地方公共団体には、地方税の税目、課税客体、課税標準、税率、賦課徴収について条例で定めなければならないという地方税条例主義の適用があります。

■地方税には、使い方が特定されている目的税と特定されていない普通税があり、地方公共団体は、法定外普通税や法定外目的税を新設することができますが、予め、総務大臣に協議し、その同意を得ねばなりません。

■地方税の税率については、標準税率が定められている場合があり、標準税率を超えて課税することを超過課税とよびます。

■地方公共団体は、その事務を処理するために必要な経費等を支払います。地方公共団体にとって支出の原因となる支出負担行為を行い、支出を命じるのは地方公共団体の長の権限ですが、実際に金銭の支出を行うのは、会計管理者の権限です。

■地方公共団体が、売買、貸借、請負等の契約を締結するときの方法は、地方自治法によると、一般競争入札、指名競争入札、随意契約、せり売りで、一般競争入札が原則とされています。

■地方公共団体の債権債務の消滅時効については、一定の場合には、民法ではなく、地方自治法236条による5年の消滅時効が適用されます。

■地方自治法でいう財産は、公有財産、物品、債権、基金をいい、現金やそれ以外の財産権は含まれません。公有財産は行政財産と普通財産に分かれ、行政財産はさらに公用財産と公共用財産に分けられます。

■行政財産は、その本来の目的以外に貸し付け等をすることはできないのが原則ですが、行政財産の用途又は目的を妨げない限度であれば、その使用を許可することができます。

第11節　公の施設

1　公の施設

　地方公共団体は、その行政活動を行うために、学校、社会福祉施設、病院、図書館、水道といった様々な施設を運営しています。これらの施設を、地方自治法では**公の施設**とよび、法規制をかけています。これらの施設には個別法がそれぞれの分野に固有の法規制を行っていることもありますが、以下では、地方自治法244条以下の規定を中心に公の施設に関する一般的な法制度を解説します。

（1）公の施設

　地方公共団体が設置している物的な施設が、すべて公の施設にあたるとは限りません。地方自治法上、公の施設とは、住民の福祉を増進する目的をもってその利用に供するための施設（自治法244条1項）とされています。この定義をもう少し詳しくみておきましょう。

　第1に、地方公共団体が設置する施設です。したがって、国が設置している施設であれば、たとえ主として当該地域の住民が利用していても地方自治法上の公の施設ではありません。

　第2に、公の施設は住民の利用に供するための施設を指します。したがって、通常は住民が利用しない施設であれば、それは公の施設には該当しません。また、利用するのは設置した地方公共団体に住所を有する住民ですから、他の地域の住民が主に利用することを想定して設置された施設は、地方自治法上、公の施設に該当しない可能性があると考えられています。

　第3に、「住民の福祉を増進する目的」で設置された施設ですから、例えば、競馬場のように、主に地方公共団体の財政上の目的のために設置された施設は、地方自治法上の公の施設には該当しないとされています。

（2）公の施設の設置

　公の施設を設置し廃止することは、原則として、地方公共団体の長の権限とされています（自治法149条7号）。ただし、条例で定める重要な公の施設のうち条例で定める特に重要な公の施設については、廃止や長期かつ独占的な利用をさせようとするときは、議会において出席議員の3分の2以上の者の同意を得なければならないとされています（自治法244条の2第2項）。

　都市公園法の定める都市公園のように、法令上特別の定めがあるものを別として、公の施設の設置・管理に関する事項は、条例で定めなければなりません（自治法244条の2第1項）。したがって、公の施設を設置・廃止するときは、条例でこ

れを定めることとなります。公の施設の設置管理等については、議会による民主的コントロールが必要と考えられるからです。

　地方公共団体が、ある公の施設を廃止することを決定し、これに対して住民が反対する場合、どのような訴訟で争えるかという問題があります。というのも、取消訴訟で廃止条例の取消しや無効の確認を求めるためには、いわゆる行政処分（行訴法3条2項）に該当しなくてはならないのですが、条例は抽象的な規範であり、通常は行政処分には該当しないと考えられてきたからです。近年、保育所や小学校の廃止に反対する住民によってこの種の訴訟が提起されることが少なくありません。従来、このような公の施設を廃止する条例は訴訟の対象となる行為ではないとする判決が多くみられました（例えば、小学校を廃止する条例の処分性を否定した最判平14・4・25判例自治229号52頁）。しかし、最近、最高裁判所は、保育所の廃止条例が、行政処分であり、訴訟の対象となる行為であることを肯定する判決を下しています（最判平21・11・26民集63巻9号2124頁[*1]）。

　また、公の施設は、他の地方公共団体と協議を行うことで、当該地方公共団体の区域外に設置することもできます（自治法244条の3第1項）。ただし、このような場合には、議会の議決が必要とされています（自治法244条の3第3項）。

（3）公の施設の利用関係

　公の施設の利用形態は、道路や公園のように自由に使用できる場合もあれば、市民会館のように利用者が利用許可を申請して許可された場合に使用できるという許可使用の場合も考えられます。このような公の施設の利用関係に関して、地方自治法は以下のような原則を定めています。

　まず、地方公共団体は、正当な理由がない限り、住民が公の施設を利用することを拒んではならないとされています（自治法244条2項）。したがって、公の施設については住民が利用するのが原則と考えられています。例外的に住民の利用を拒んでもよいとされる「正当な理由」の有無は具体的な事案に応じて異なりますが、市民会館で予定されている集会等の規模が当該施設の能力を超える場合、利用者が施設の使用料を支払わない場合、あるいは施設の職員や他の利用者に迷惑を及ぼす場合等が考えられます。判例には、集会に反対する第三者が集会を妨害する可能性があるとき、施設の利用を拒否できるのは、「会館の管理上支障が生ずるとの事態が、許可権者の主観により予測されるだけでなく、客観的な事実に照らして具体的に明らかに予測される場合」であるとして、市民会館の利用不許可処分を違法としたものがあります（最判平8・3・15民集50巻3号549頁）。他方、会館の職員等の生命、身体又は財産が侵害される事態を生ずることが具体的に明らかに予見される場合に不許可処分の適法性を認めたものもあり（最判平7・3・7民集49巻3号687頁）、具体的な事案によって、判断が分かれています。

　次に、地方公共団体は、住民が公の施設を利用することについて、不当な差別的取扱いをしてはならないとされています（自治法244条3項）。同条が禁止するの

*1
　判決は、「公の施設である保育所を廃止するのは、市町村長の担任事務であるが（自治法149条7号）、これについては条例をもって定めることが必要とされている（同法244条の2）。条例の制定は、普通地方公共団体の議会が行う立法作用に属するから、一般的には、抗告訴訟の対象となる行政処分にあたるものでないことはいうまでもないが、本件改正条例は、本件各保育所の廃止のみを内容とするものであって、他に行政庁の処分を待つことなく、その施行により各保育所廃止の効果を発生させ、当該保育所に現に入所中の児童及びその保護者という限られた特定の者らに対して、直接、当該保育所において保育を受けることを期待し得る上記の法的地位を奪う結果を生じさせるものであるから、その制定行為は、行政庁の処分と実質的に同視し得るものということができる。」としています。

は、不当な差別ですから、合理的な範囲内のものであれば違法とはなりません。したがって、多くの地方公共団体の施設において住民であるかどうかにより料金等に一定の差異を設けている場合がみられますが、このような扱いが直ちに違法となるわけでありません。判例は、別荘の住民の水道料金（水道も公の施設の一種）を一般の住民よりも大幅に値上げした条例を不当な差別的取扱いにあたるとして、違法と判断しています（最判平18・7・14民集60巻6号2369頁）。また、同判例で問題となっている別荘の住民は、別荘地にある地方公共団体に住民登録をしておらず、通常「住民」とは考えられていませんが、同判例によると、地方公共団体の「区域内に事務所、事業所、家屋敷、寮等を有し、その普通地方公共団体に対し地方税を納付する義務を負う者など住民に準ずる地位にある者」についても、差別的取扱いが許されない「住民」に該当するとしています。もっとも、仮に、別荘の住民が、「住民」ではないとされても、憲法14条に基づく平等原則違反として、差別的な取扱いが違憲となることはありえます。

　さらに、公の施設を利用する権利に関する処分について不服がある場合のその申立て制度について、行政不服審査法の特例が地方自治法に定められています（自治法244条の4）。長以外の機関（次の2に述べる指定管理者を含む）がした公の施設を利用する権利に関する処分についての審査請求は、長が当該機関の最上級行政庁でない場合においても、当該長に対してするものとすること、そして、長が当該審査請求に対する裁決を決定するにあたっては、議会に諮問してこれを決定しなければならないこと、議会は当該諮問に対して諮問があった日から20日以内に意見を述べなければならないことなどです。なお、2014年の地方自治法改正により、長がした公の施設を利用する権利に関する処分に不服がある場合における長への異議申立てや、都道府県知事がした裁決についての総務大臣への、又は市町村長がした裁決についての都道府県知事への再審査請求などは廃止されました。

2　指定管理者制度

　従来は、公の施設は地方公共団体が設置し、管理も地方公共団体自らや地方公共団体が出資する出資法人等の公的な団体が行うことが一般的でした。しかし、近年の行政サービスの民営化や民間活力の導入を背景として、2003年の地方自治法改正により、地方公共団体は、公の施設の設置の目的を効果的に達成するため必要があると認めるときは、条例の定めるところにより、法人その他の団体であって、当該地方公共団体が指定する**指定管理者**に、公の施設の管理を行わせることができる（自治法244条の2第3項）という指定管理者制度が導入されました。指定管理者は次にみるように、地方公共団体から出資を受ける等の公的な性格をもたない通常の民間企業であってもなることができます。

（1）指定管理者の特色

　法改正以前に行われていた**管理委託**と比較すると、指定管理者制度は、以下の【図表11-1】のような特徴をもっています。

【図表11-1】　指定管理者制度と管理委託制度との相違

	主体	行政処分の可否	期間
指定管理者	民間企業を含む民間の団体*2	利用許可等の行政処分であればできる	指定管理の期間を定める（通常は3年ないし5年）
管理委託	公共団体や出資法人等一定のもののみ	行政処分はできない	継続して委託することが通常

＊2

　総務省が公表している「公の施設の指定管理者制度の導入状況等に関する調査結果」（令和4年3月）（https://www.soumu.go.jp/main_content/000804851.pdf）によると、令和3年4月1日現在、民間企業等が指定管理者となっている公の施設は全体の約4割になっています。

（2）指定管理者による施設の運営

　指定管理は条例を定めることで行われますが、当該条例には、指定管理者の指定の手続、指定管理者が行う管理の基準及び業務の範囲その他必要な事項を定めるものとされています（自治法244条の2第4項）。また、公の施設の管理を指定管理者に行わせるときは、議会の議決が必要です（自治法244条の2第6項）。指定管理者の選定は、施設の性格等に応じて、公募によることもあれば、公募によらない場合もあります。指定管理者は、指定を受け施設の管理を行うことになると、年度終了後、管理の業務に関し事業報告書を作成し、当該公の施設を設置する地方公共団体に提出しなければならないとされています（自治法244条の2第7項）。

　公の施設によっては利用料金を徴収することがありますが、指定管理者が管理している施設については、指定管理者が料金を徴収することができ、また、条例の定めるところにより、料金の金額を決めることもできます。ただし、指定管理者は、利用料金について事前に地方公共団体から承認を受ける必要があります（自治法244条の2第9項）。また、指定管理者は、管理委託の場合と異なり、施設の利用許可等の行政処分を行うことができます。しかし、指定管理者は、使用料の強制徴収を行うことはできません。

　指定管理者が管理する施設となっても、公の施設であることに変わりはありませんから、本節の1でみた利用者に対する差別的取扱いの禁止や正当な理由がない限り利用を拒んではならないといった法原則が適用されます（自治法244条2項括弧書き）。

　地方公共団体は、指定管理者を指定しても、何もかも指定管理者に委ねてしまうわけではありません。したがって、地方公共団体は、指定管理者に対する監督権限をもち、公の施設の管理の適正を期するため、指定管理者に対して、当該管理の業務又は経理の状況に関し報告を求め、実地について調査し、又は必要な指示をすることができます（自治法244条の2第10項）。また、指定管理者がこれらの指示に従わないときや当該指定管理者による管理を継続することが適当でないと認めるときは、その指定を取り消し、又は期間を定めて管理の業務の全部又は一

部の停止を命ずることができます（自治法244条の２第11項）＊３。

　なお、指定管理者の指定や指定の取消しは行政処分であり、これらを不服とする者は取消訴訟等の行政訴訟で争うことができます＊４。

（3）指定管理者と地方公共団体の責任

　公の施設の管理が指定管理者によって行われる場合であっても、その施設が地方公共団体の公の施設であることにかわりありません。したがって、例えば、スポーツ施設の管理に問題があり利用者が事故に遭うということがありますが、当該事故が公の施設の設置や管理の瑕疵による場合には、地方公共団体は国家賠償法２条に基づく損害賠償責任を免れることはできません。また、指定管理者となっている会社の職員が利用者に損害を与えた場合にも、やはり、地方公共団体は国家賠償法１条に基づく損害賠償責任を免れることはできないとされています。ただし、これらの損害賠償責任は被害者に対する責任であり、最終的な責任の負担を指定管理者と地方公共団体の間でどのように配分するかはそれとは別に決められることになります。

（北村和生・田村達久）

＊３
　＊２の総務省の調査によると、指定を取り消された施設は827件あるとされています。

＊４
　市立保育園に指定管理者制度を導入することに反対していた入所児童の父母らが、指定管理者の指定の取消しを求めて争った訴訟がみられます（横浜地判平21・7・15判例自治327号47頁）。

第3章　地方自治法

学習のポイント

■公の施設とは、住民の福祉を増進する目的をもってその利用に供するための施設のことをさします。

■公の施設を設置し、管理し、及び廃止することは、地方公共団体の長の担任事務とされていますが、法令上特別の定めがある場合を別として、公の施設の設置及びその管理に関する事項は、条例で定めるとされています。

■地方公共団体は、正当な理由なく、住民に対して公の施設の利用を拒むことはできません。また、住民が公の施設を利用することについて、不当な差別的取扱いをしてはならないとされています。また、このような原則は指定管理者についても適用されます。

■公の施設の管理は、条例を制定して、指定管理者に行わせることもできます。指定管理者は、民間企業でもなることができ、また、利用許可等の行政処分権限を行使することもできます。しかし、強制徴収等の権限を行使することはできません。

■地方公共団体は、指定管理者に対する監督権限をもち、管理の業務又は経理の状況に関し報告を求め、実地について調査し、又は必要な指示をすることができます。指定管理者がこれらの指示に従わないときや、当該指定管理者による管理を継続することが適当でないと認めるときは、その指定を取り消し、又は業務の停止を命ずることができます。

■指定管理者が管理する施設で、当該施設の設置管理に瑕疵がある等の理由により利用者に損害が生じた場合、地方公共団体はその損害賠償責任を免れることはできません。

第12節　監査と住民訴訟

　地方公共団体が公正で適切な行政活動を行っているかどうかをチェックするため、地方自治法は、監査制度を設け、監査委員による監査や、外部監査を行うこととしています。また、財務会計にかかわる場合に限ってですが、住民自らが、一定の手続に基づいて、訴訟を提起し、地方公共団体の適法な行政運営の確保を可能にする住民訴訟という制度も設けています。本節では、このような行政活動のチェックにかかわる仕組みを解説します。

1　監　査

　地方公共団体の**監査**としては、大きく分けて監査委員による監査と外部監査があります。以下では、監査委員による監査から解説します。

（1）監査委員による監査

〈1〉監査委員の組織

　監査委員は、地方公共団体の執行機関の一種です（自治法195条１項。本章「8節　執行機関及びその他の組織」参照）。監査委員は、地方公共団体の長が議会の同意を得て選任しますが、外部監査の場合と異なり、特別な資格は必要ではなく[*1]、人格が高潔で、地方公共団体の財務管理、事業の経営管理その他行政運営に関し優れた識見を有する者及び議員のうちから選任されます（自治法196条１項）。ただし、条例で定めることにより、議員のうちから監査委員を選任しないこともできます（自治法196条１項ただし書き）。

　監査委員の定数は、都道府県及び政令で定める市は４人でその他の市及び町村では２人ですが、条例で定数を増加することができます（自治法195条２項）。また、識見を有する者のうちから選任される監査委員１人を、代表監査委員とすることとされています（自治法199条の３第１項。なお、監査委員の定数が２人の場合において、そのうち１人が議員のうちから選任されているときは識見を有する者のうちから選任される監査委員が代表監査委員になるとされています）。

〈2〉監査の種類・内容

　監査委員の行う監査は、大きく分けて２つあります。第１に、地方公共団体の財務に関する事務の執行及び地方公共団体の経営に係る事業の管理を監査する**財務監査**（自治法199条１項）です。財務監査は、毎会計年度少なくとも１回以上期日を定めて行われる**定期監査**（自治法199条４項）と、必要があると認めるときに行われる**随時監査**に分けられます（自治法199条５項）。第２に、監査委員は、必要があると認めるときに行われる地方公共団体の事務の

*1
　専門的な識見が必要な場合には、常設又は臨時の監査専門委員を置くことができます（自治法200条の2第1項）。監査専門委員は、専門の学識経験を有する者で、代表監査委員が、代表監査委員以外の監査委員の意見を聴いて、選任します（自治法200条の2第2項）。

執行についての監査である**行政監査**を行うこともできます（自治法199条2項）。行政監査は、原則として自治事務だけでなく法定受託事務も対象となりますが、自治事務については労働委員会及び収用委員会の権限に属する事務で政令で定めるものを、法定受託事務については国の安全を害するおそれがあることその他の事由により監査委員の監査の対象とすることが適当でないものとして政令で定めるものは除かれます（自治法199条2項かっこ書き）。

　これらの監査を行う場合、監査委員は、地方公共団体の事務の執行が、地方自治法2条14項（地方公共団体は、その事務を処理するに当つては、住民の福祉の増進に努めるとともに、最少の経費で最大の効果を挙げるようにしなければならない）と15項（地方公共団体は、常にその組織及び運営の合理化に努めるとともに、他の地方公共団体に協力を求めてその規模の適正化を図らなければならない）の規定の趣旨にのっとってなされているかどうかについて、特に意を用いなければならないとされています（自治法199条3項）。

　さらに、監査委員の行う監査は前記のものにとどまらず、**要求等監査**とよばれる住民や行政機関からの請求によって行われる場合もあります。これらのうち、住民監査請求による監査は特別な制度ですので「（3）住民監査請求」で解説します。また、地方自治法に特徴的な制度として、住民による直接請求がありますが、こちらについては本章「6節 直接請求」を参照してください。その他の要求等監査としては、議会の求めによる**事務監査**（自治法98条2項）、地方公共団体の長による監査の要求（自治法199条6項）があります。

　以上のほかに、監査委員は、地方公共団体から財政援助を受けているものの監査（自治法199条7項）、現金出納等の検査（自治法235条の2第1項）、基金の運用状況の審査（自治法241条5項）等を行います。

〈3〉監査基準

　監査委員が監査を行う際の基準についてはかつては特に明確には存在せず、やや不明確な点がありましたが、2017年の法改正により、監査委員は、**監査基準**に従って、監査、検査、審査その他の行為をしなければならないと定められました（自治法198条の3第1項）。これらの監査基準は、監査委員が定めることとされています（自治法198条の4第1項）。監査基準は監査委員が合議で定め、制定後は、議会、長、各種委員会等に通知し、公表しなければなりません（自治法198条の4第3項）。監査基準は地方の実情に応じて各地方公共団体の監査委員が作成するものですが、ある程度統一的な基準があるほうが望ましいと考えられることから、総務大臣が、地方公共団体に対し、監査基準の策定又は変更について、指針を示すとともに、必要な助言を行うとされています（自治法198条の4第5項）。

（2）外部監査

外部監査は1997年の地方自治法改正で新設された制度です。地方分権の推進に

伴い、地方公共団体の行政活動へのチェック体制を強化することが必要とされたことによります。外部監査は、地方公共団体が、弁護士や公認会計士等の外部の専門家（自治法252条の28）と契約して監査を受けるという制度ですから、監査委員による監査よりも独立性が高く、また、専門性を高めることも可能になると考えられています。

　外部監査契約は、地方自治法上、包括外部監査契約と個別外部監査契約に分けられます（自治法252条の27第1項）。**包括外部監査契約**は、地方自治法2条14項と15項の趣旨を達成するため、地方自治法上定められた者の監査を受け、その結果に関する報告の提出を受けることを内容とする契約で、毎会計年度、当該監査を行う者と締結するものをいいます（自治法252条の27第2項）。都道府県、政令で定める市（具体的には、指定都市と中核市です。参照、自治令174条の49の26）は包括外部監査契約を締結する義務があります。その他の市町村は、条例で定めた場合に包括外部監査契約を締結することができますが、毎会計年度ではなく条例で定める会計年度で包括外部監査契約を締結することとなります（自治法252条の36第2項）。

　もうひとつの**個別外部監査契約**とは、住民や議会や長からの請求又は要求に基づいて監査委員が行うとされる監査につき、外部の専門家の監査を受けてそれに代え、監査の結果に関する報告の提出を受けることを内容とする契約を意味します（自治法252条の27第3項）。個別外部監査契約を受けるかどうかは地方公共団体が条例で定めることとなります。

（3）住民監査請求

　住民監査請求は、監査の一種ですが、監査委員の監査に不服がある場合は、「2住民訴訟」で述べる住民訴訟に移行し裁判所の判断を求めることができ、住民訴訟と一体的に理解すべき制度と考えることもできます。

　住民監査請求は、地方公共団体の住民であれば一名でも行うことができます。国籍や年齢によって制限されません。住民監査請求の対象は、地方公共団体の長、委員会、委員、職員による**財務会計上の行為**に限られます[*2]。地方自治法上、以下の2つの場合が定められています。第1に、違法若しくは不当な公金の支出、財産の取得、管理若しくは処分、契約の締結若しくは履行若しくは債務その他の義務の負担がある（当該行為がなされることが相当の確実さをもって予測される場合を含む）と認めるときであり、第2に、違法若しくは不当に公金の賦課若しくは徴収若しくは財産の管理を怠る事実（以下、「怠る事実」といいます）があると認めるときです。住民は、これらを証する書面を添え、監査委員に対し、監査を求め、当該行為を防止し、若しくは是正し、若しくは当該怠る事実を改め、又は、例えば、損害賠償させるなどの当該行為若しくは怠る事実によって地方公共団体が被った損害を補填（＝穴埋め）するために必要な措置を講ずべきことを請求することができるとされています（自治法242条1項）。

　住民監査請求は、当該行為のあった日又は終わった日から1年を経過したとき

*2
　住民監査請求を行うとき、住民監査請求の対象となる行為を特定する必要があります。行為の特定の程度については、「当該行為等を他の事項から区別して特定認識できるように個別的、具体的に摘示することを要し、また、当該行為等が複数である場合には、当該行為等の性質、目的等に照らしこれらを一体とみてその違法又は不当性を判断するのを相当とする場合を除き、各行為等を他の行為等と区別して特定認識できるように個別的、具体的に摘示」すべきとする判例（最判平2・6・5民集44巻4号719頁）もありますが、一方では、「監査請求書及びこれに添付された事実を証する書面の各記載、監査請求人が提出したその他の資料等を総合して、住民監査請求の対象が特定の当該行為等であることを監査委員が認識することができる程度に摘示されているのであれば」足りるとして、やや特定の必要性を緩和した判例（最判平16・11・25民集58巻8号2297頁）もあります。

は、行うことができません（自治法242条2項）。ただし、正当な理由があるときは、この期間を超えていても住民監査請求ができるとされています。正当な理由の有無は、判例によると、特段の事情のない限り、地方公共団体の住民が相当の注意力をもって調査したときに客観的にみて当該行為を知ることができたかどうか、また、当該行為を知ることができたと解される時から相当な期間内に監査請求をしたかどうかによるとされています（最判昭63・4・22判時1280号63頁）。さらに、長らの怠る事実という不作為が問題になる場合には、上記の期間の制限はないと考えられています。監査委員に対して住民監査請求がされた場合、監査委員は、直ちに当該請求の要旨を議会及び長に通知しなければなりません（自治法242条3項）。その後の手続については、【図表12-1】を参照してください。

【図表12-1】 監査委員が住民監査請求を受けた後の手続の流れ

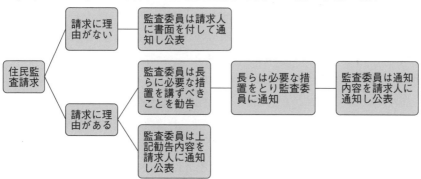

また、2002年の地方自治法改正で追加された制度ですが、住民監査請求が行われたとき、監査委員は、当該地方公共団体の長らに対し、住民監査請求の手続が終了するまでの期間、問題となっている財務会計上の行為を停止すべきことを勧告することができます（自治法242条4項）。このような停止勧告の制度は、訴訟における仮の救済のように、住民監査請求の結果が出るまで、当該行為を暫定的に凍結するためのものです。監査委員がこのような停止勧告を行うことができるのは、①地方公共団体の行為が違法であると思料するに足りる相当な理由がある、②当該行為により当該地方公共団体に生ずる回復の困難な損害を避けるため緊急の必要がある、③当該行為を停止することによって人の生命又は身体に対する重大な危害の発生の防止その他公共の福祉を著しく阻害するおそれがない、という3つの要件を充足する場合です。

2　住民訴訟

　地方公共団体の住民は、前記の住民監査請求を行った後、監査委員の監査の結果や勧告、長らのとった措置に不服な場合や長らが必要な措置を講じない場合、更には、監査委員が所定の期間内に勧告を行わない場合、出訴期間内であれば（自

治法242条の２第２項）、裁判所に**住民訴訟**を提起することができます（自治法242条の２第１項）。このような訴訟は、地方公共団体の財政運営の適正化を図るための訴訟であり、原告が自らの利益を守るために提起する訴訟ではない**民衆訴訟**（行訴法５条）の一種と考えられています。判例も、住民訴訟は、「地方公共団体の構成員である住民全体の利益を保障するために法律によって特別に認められた参政権の一種であり、その訴訟の原告は、自己の個人的利益のためや地方公共団体そのものの利益のためにではなく、専ら原告を含む住民全体の利益のために、いわば公益の代表者として地方財務行政の適正化を主張するものである」としています（最判昭53・３・30民集32巻２号485頁）。また、住民訴訟は訴訟なので違法性のみを争うことができます。住民監査請求の場合には不当を問題にすることができますので、やや争うことができる対象が狭くなっています。

（１）住民訴訟の種類

　住民訴訟で行うことができる請求は、次の４種類（自治法242条の２第１項１号～４号）で、いずれも、住民監査請求の対象となった財務会計上の行為に関するものです。第１が、地方公共団体の執行機関又は職員に対する当該行為の全部又は一部の差止めの請求です（１号請求）。第２が、行政処分たる当該行為の取消し又は無効確認の請求です（２号請求）。第３が、執行機関又は職員に対する当該怠る事実の違法確認の請求（３号請求）です。第４が、当該職員又は当該行為若しくは怠る事実に係る相手方に損害賠償又は不当利得返還の請求[*3]をすることを当該地方公共団体の執行機関又は職員に対して求める請求です（４号請求）。ただし、当該職員又は当該行為若しくは怠る事実に係る相手方が地方自治法243条の２の２第３項の規定による賠償の命令の対象となる者である場合には[*4]、当該賠償の命令をすることを求める請求とされています。これらのうち、**４号請求**は、訴訟の数も最も多く、また、2002年の地方自治法改正により大きく改正されたので、「（２）４号請求の仕組み」でまとめて解説することとします。

　４号請求以外の訴訟のうち、１号請求は、財務会計上の行為を事前に差し止めることを求める訴訟です。2002年の地方自治法改正以前には、１号請求に「回復の困難な損害を生ずるおそれがある場合に限る」という要件が規定されていました。このため４号請求によって事後的な救済が可能な場合には「回復の困難な損害」にあたらないとされ、１号請求が認められないことがありました（例えば、最判平12・12・19民集54巻９号2748頁）。そこで、１号請求の認められる範囲を拡大するため、同要件は、法改正で廃止されましたが、場合によっては差止めの請求を制限すべき場合もありうるため、当該行為を差し止めることによって人の生命又は身体に対する重大な危害の発生の防止その他公共の福祉を著しく阻害するおそれがあるときは差止めの請求をすることができないという制限が追加されています（自治法242条の２第６項）。

　また、１号請求の場合には、まだ行われていないという意味ではやや不明確な

＊３　不当利得返還の請求
　法律上の原因なく他人の財産又は労務によって利益を受け、そのために他人に損失を与えた者には、一定の限度でその利益を返還する義務が生じます。これを不当利得の返還義務とよびます（参照、民法703条）。このような不当利得の返還を請求することが、住民訴訟では往々にしてみられます。例えば、違法な財務会計上の行為（公益性のない補助金の交付など）によって利益を得た者に対して、その利益の返還を請求するような場合です。

＊４　賠償命令の対象となる職員
　自治法243条の２の２第３項の規定による賠償命令の対象となる職員とは、会計管理者や予算の執行を担当する職員で、同条１項により、故意又は重大な過失によって損害を生じたとき損害賠償責任を負うとされている職員のことです。

点が残る行為を事前に差し止める訴訟ですので、差し止めるべき行為をどこまで特定すべきなのかという問題があります。判例（最判平5・9・7民集47巻7号4755頁）によると、複数の行為を包括的に捉えて差止請求をする場合、「差止請求の対象となる行為とそうでない行為とが識別できる程度に特定されていることが必要であることはいうまでもないが、事前の差止請求にあっては、当該行為の適否の判断のほか、さらに、当該行為が行われることが相当の確実さをもって予測されるか否かの点及び当該行為により当該普通地方公共団体に回復の困難な損害を生ずるおそれがあるか否かの点に対する判断が必要となることからすれば、これらの点について判断することが可能な程度に、その対象となる行為の範囲等が特定」されていればよいとされています。

（2）４号請求の仕組み

　まず、2002年の地方自治法改正以前の４号請求（以下、「旧４号請求」といいます）の仕組みは【図表12-2】のようなものです。例えば、財務会計上の行為を行う権限を有する地方公共団体の長や職員[5]（これを地方自治法では「当該職員」とよびます）が違法な行為により地方公共団体に損害を与えた場合、地方公共団体はこれにより長や職員個人に対して損害賠償請求権をもつことになります。この損害賠償請求権に基づいて、地方公共団体の住民が地方公共団体に代わり、違法な財務会計上の行為を行った長ら個人に対して、賠償請求を行うというものでした。

＊5　地方自治法上の当該職員
　「当該職員」については、財務会計上の行為を行うことを委任された者も含みます。また、長がその財務会計上の権限を専決によって補助機関に行わせていても、その監督責任を免れません（最判平3・12・20民集45巻9号1455頁）。

【図表12-2】旧４号請求の仕組み

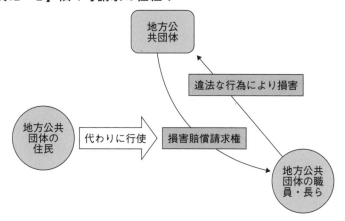

　旧４号請求は、地方公共団体の住民が職員らの違法な財務会計上の行為に対して、直接訴訟でチェックするという機能を果たす訴訟でしたが、訴訟の相手方となる職員や長個人の負担が重いこと等が問題となり、2002年の改正で現在の４号請求の制度となりました。現在の４号請求は、簡単にいうと旧４号請求を２つに分けたというものです。まず、はじめに起こす訴訟（「第一段階訴訟」とよびます）は、旧４号請求と同じように、地方公共団体の住民が提起します。請求の内容は、当該地方公共団体の執行機関等に対して、違法な財務会計上の行為を行った職員や

不当利得を得た者に、賠償請求や賠償命令をすることを求めるものです。

第一段階訴訟で住民が勝訴すると[6]、地方公共団体の長は違法な財務会計行為を行った職員らや不当利得を得た者に対して、損害賠償や不当利得の返還請求をしなくてはならず（自治法242条の3第1項）、支払われない場合には訴訟を提起することになります（自治法242条の3第2項）。これが「第二段階訴訟」です。第二段階訴訟においては、長個人が損害賠償請求をされることもありえますが、その場合には代表監査委員が当該地方公共団体を代表します（自治法242条の3第5項）。第二段階訴訟では、第一段階訴訟で原告となった住民が直接関与することはなく、違法な財務会計行為を行った職員や不当利得を得た者と地方公共団体の間で訴訟が行われます。旧4号請求と現在の4号請求を比較してまとめると【図表12-3】のようになります。

【図表12-3】旧4号請求と現在の4号請求の比較

	訴訟の種類	原告となる者	相手方	請求の内容
旧4号請求		住民	長や職員個人、不当利得を得た者ら	地方公共団体に損害賠償や不当利得返還することを請求（代位請求）。
現在の4号請求	第一段階訴訟（自治法242条の2第1項4号）	住民	地方公共団体の執行機関又は職員	長や職員らに賠償・返還請求や賠償命令をすることを請求
	第二段階訴訟（自治法242条の3第2項）	地方公共団体	長や職員個人、不当利得を得た者ら	地方公共団体に損害賠償や不当利得返還することを請求

（3）財務会計上の行為

地方公共団体の行政活動においては、【図表12-4】のように何らかの非財務会計上の行為が行われ、それを前提として、支出を行う等の財務会計上の行為が続くことがあります。このとき、後続する財務会計上の行為を住民訴訟で争うことができるのはいうまでもありません。しかし、住民訴訟において、「先行する非財務会計上の行為が違法だから後続する行為が違法である」という主張ができるかという問題があります[7]。例えば、不祥事を起こした公務員を懲戒免職せずに分限免職[8]という扱いにしたために、退職金が支給されるという場合を考えてみましょう。このとき、退職金支給という財務会計上の行為を住民訴訟で争い、訴訟において、当該公務員を懲戒免職しなかったことが違法であるという主張ができるかという問題が生じます[9]。このようなことを全く認めないとすれば、住民訴訟で争うことができるケースが減少し、住民訴訟制度の意義が低下することは明らかですが、何の制約もなく認めるとすれば、住民訴訟の対象となる行為を財務会計上の行為に限定した意味がなくなるおそれがあります。

＊6　勝訴した住民の権利

原告となった住民は、相当と認められる額につき、弁護士費用を請求することができます（自治法242条の2第12項）。判例は、金額の算定について、旧4号請求に関してですが、「弁護士が当該訴訟のために行った活動の対価として必要かつ十分な程度として社会通念上適正妥当と認められる額をいい、その具体的な額は、当該訴訟における事案の難易、弁護士が要した労力の程度及び時間、認容された額、判決の結果普通地方公共団体が回収した額、住民訴訟の性格その他諸般の事情を総合的に勘案して定め」るとしています（最判平21・4・23民集63巻4号703頁）。

＊7

「違法性の承継」の可否として説明されることもあります。

＊8　懲戒免職と分限免職

公務員が自己の意思に反してその職を退く場合として、懲戒免職と分限免職の2種類があります。懲戒免職とは、一定の非行（例えば、飲酒運転による交通事故）を行った公務員に対してその責任を追及するための制裁や非難として行われるものです（地公法29条1項）。分限免職とは、制裁の要素を含むものではなく、例えば、勤務実績が良くない場合や心身の故障のため、職務の遂行に支障がある場合や、定数の改廃又は予算の減少により廃職又は過員を生じた場合等（詳細は、地公法28条1項参照）に、公務員を免職させるものです。懲戒免職の場合には、分限免職と異なり、非行に対する制裁や非難という性格があることから、免職となるだけではなく退職金の支給がなされない等の不利益も受けることになりえます。

＊9

最判昭60・9・12判時1171号62頁の事例。同判例は、先行する非財務会計上の行為が違法なら当然後続する財務会計上の行為も違法となるとしています。

【図表12－4】非財務会計上の行為から財務会計上の行為となる例

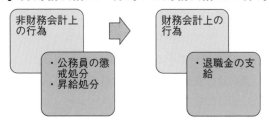

　判例（最判平4・12・15民集46巻9号2753頁）は、教員に対して教育委員会が行った昇給処分・退職認定（人事上の行為で非財務会計上の行為です）とそれに基づいて地方公共団体の長が行った退職金の支給決定の関係についての事件で次のように判断しています。すなわち、「職員の財務会計上の行為をとらえて右の規定に基づく損害賠償責任を問うことができるのは、たといこれに先行する原因行為に違法事由が存する場合であっても、右原因行為を前提としてされた当該職員の行為自体が財務会計法規上の義務に違反する違法なものであるときに限られる」とした上で、先行する処分が著しく合理性を欠きそのためにこれに予算執行の適正確保の見地から看過し得ない瑕疵の存する場合でない限り、後続する処分が違法とはならないとする立場をとっています。このように、先行行為と後行行為の関係を厳格に捉える立場には批判もあり、最判平4・12・15民集46巻9号2753頁については、一定の独立性を有する教育委員会が先行する行為を行ったという点に留意すべきとの指摘もされていますが、その後の判例も、同様の立場を採用しています（例えば、最判平17・3・10裁判集民216号357頁）。

（4）長や職員の損害賠償責任の免責

　住民訴訟では、すでに述べた2002年の法改正後も、損害賠償請求を受ける長や職員が重い負担を負うことがあるとの指摘があり、負担を軽減するため、議会が、損害賠償請求権を放棄する議決を行うことがありました。このような**請求権放棄議決**の適法性について争いがありましたが、判例（最判平24・4・20民集66巻6号2583頁）は、「個々の事案ごとに、当該請求権の発生原因である財務会計行為等の性質、内容、原因、経緯及び影響、当該議の趣旨及び経緯、当該請求権の放棄又は行使の影響、住民訴訟の係属の有無及び経緯、事後の状況その他の諸般の事情を総合考慮して、これを放棄することが普通地方公共団体の民主的かつ実効的な行政運営の確保を旨とする同法の趣旨等に照らして不合理であって上記の裁量権の範囲の逸脱又はその濫用に当たると認められるとき」は、請求権放棄議決は違法となるとしました。

　その後も4号請求による損害賠償請求の場合には、仮に軽過失による場合であっても、長や職員個人が全責任を負担しなければならないことがあること等が問題であるとの指摘がみられ、2017年、地方自治法が改正されました。改正された地方自治法243条の2第1項により、地方公共団体は、免責のための条例を制

定し、当該地方公共団体の長等の損害賠償責任につき、長等が職務を行うにつき善意でかつ重大な過失がないときは、長等の職責その他の事情を考慮して政令で定める基準を参酌して、政令で定める額以上で当該条例で定める額を控除して得た額について免除することができるとされました*10。このような条例を制定又は改廃する場合、議会は、監査委員の意見を聴かなければなりません（自治法243条の2第2項）。

　このような条例とは別に、個々の事案で議会が請求権放棄議決をすることが禁じられるわけではありませんが、住民監査請求がされた後、議会が請求権放棄議決をする場合は、予め監査委員の意見を聴かなければなりません（自治法242条10項）。

3　地方公共団体の内部統制

　2016年の第31次地方制度調査会答申により、民間企業にならい、地方公共団体も「地方公共団体における事務が適切に実施され、住民の福祉の増進を図ることを基本とする組織目的が達成されるよう、事務を執行する主体である長自らが、行政サービスの提供等の事務上のリスクを評価及びコントロールし、事務の適正な執行を確保する体制」すなわち、**内部統制**体制を整備する必要性が指摘されました*11。

　これを受けて、2017年、地方自治法が改正され、都道府県知事及び指定都市の市長は、一定の事務の管理及び執行が法令に適合し、かつ、適正に行われることを確保するための方針を定め、及びこれに基づき必要な体制を整備しなければならないこととされました（自治法150条1項）。対象となる事務は、第1に、財務に関する事務その他総務省令で定める事務ですが、そのほかに、その管理及び執行が法令に適合し、かつ、適正に行われることを特に確保する必要がある事務として当該都道府県知事や指定都市の市長が認めるものも含まれます。指定都市以外の市長や、町村長については、これらの方針作成は努力義務となっています（自治法150条2項）。

　上記の方針を定め、あるいは、変更した場合には、知事等はこれを公表しなくてはなりません。また、毎会計年度少なくとも1回以上、総務省令で定めるところにより、上記の方針及びこれに基づき整備した体制について評価した報告書を作成し（自治法150条4項）、同報告書を監査委員の審査に付し（自治法150条5項）、さらに、同報告書に監査委員の意見を付して、議会に提出し、公表しなければなりません（自治法150条6項・8項）。

（北村和生）

---

*10
　「政令で定める基準」は、職務によって異なりますが、長の場合、基準給与年額（原因となった行為を行った日を含む会計年度において在職中に支給され、又は支給されるべき給与の一会計年度当たりの額に相当する額として総務省令で定める方法により算定される額。算定に際しては一定の手当は除かれます）に6を乗じて得た額とされています（自治令173条1項1号イ）。また、「政令で定める額」は、長の場合には、上記の基準給与年額とされています（自治令173条2項1号）。

*11
　第31次地方制度調査会答申は以下のサイト参照。https://www.soumu.go.jp/main_content/000403436.pdf

学習のポイント

■地方公共団体の監査には、大きく分けて監査委員による監査と外部監査があります。

■監査委員の行う監査には、地方公共団体の財務に関する事務の執行及び地方公共団体の経営に係る事業の管理を監査する財務監査と、必要があると認めるときに行われる地方公共団体の事務の執行についての監査である行政監査があります。

■監査委員の行う監査には、上記のほか、要求等監査とよばれる住民や行政機関からの請求によって行われる場合や住民監査請求による監査等があります。

■外部監査契約は、包括外部監査契約と個別外部監査契約に分けられます。包括外部監査契約は、都道府県、指定都市、中核市や条例によって定めた市町村が、地方自治法上定められた者の監査を受けることを内容とする契約です。個別外部監査契約とは、監査委員が行うとされる監査につき、外部の専門家の監査を受けてそれに代え、監査の結果に関する報告の提出を受けることを内容とする契約を意味します。

■住民監査請求は、地方公共団体の住民が、地方公共団体の長、委員会、委員、職員による財務会計上の行為に関して監査委員に行う請求です。

■地方公共団体の住民は、住民監査請求の結果に不服がある場合等には、住民訴訟で争うことができます。

■住民訴訟には、①地方公共団体の執行機関又は職員に対する当該行為の全部又は一部の差止め請求（1号請求）、②行政処分たる当該行為の取消し又は無効確認の請求（2号請求）、③執行機関又は職員に対する当該怠る事実の違法確認の請求（3号請求）、④当該職員又は当該行為若しくは怠る事実に係る相手方に損害賠償又は不当利得返還の請求をすることを当該地方公共団体の執行機関又は職員に対して求める請求（4号請求）があります。

■4号請求で住民が勝訴した後、地方公共団体は違法な行為を行った職員等へ賠償請求を行わなければなりません。

■都道府県の知事や指定都市の市長は、内部統制の方針を定め、これに必要な体制を整備しなくてはなりません。

第13節　国又は都道府県の関与

はじめに

　国の行政的関与の問題は、国の関与（立法的関与、行政的関与、司法的関与）のうち、最も重要な部分として議論されてきました。その背景には、何よりも、国の**機関委任事務制度**（国の法令に基づき、地方公共団体の機関（特に知事・市町村長）が、国の機関として、国の包括的な指揮監督の下、国の事務を管理執行する仕組み）の存在がありました。加えて、地方公共団体の事務である団体事務については、非権力的な関与のみが定められていましたが、これは、事実上の強制力がありながら法的な拘束力はないため、裁判所において争われることはなく、公正・透明性を欠いていました。

　2000年施行の地方自治法改正に結実したいわゆる第一次地方分権改革は、自治権と国の行政権の関係を主たる対象とし、機関委任事務制度の廃止、及び、国の関与の法的枠付けと国地方間係争処理制度の整備によって、国地方関係における法治主義を強化したものであるということができます。この改革は、同時に、国の立法権に対する配慮要請ないし指針提示によって、一定の程度において、国の立法権に対する憲法上の自治権の保障を図ろうとしたものでもあります。このことは、第一次地方分権改革後の義務付け・枠付けの見直しという課題につながっていきます。以下では、地方自治法が、国と地方公共団体の間の関係調整について、いかなるルールを定めているか、みていくことにします。

1　関与の基本原則

（1）地方公共団体の自主性・自立性の尊重の原則（自治法1条の2第2項・245条の3第1項）

　関与の基本原則の大本として、地方自治法1条の2第2項は、「国は、……地方公共団体に関する制度の策定及び施策の実施に当たつて、地方公共団体の自主性及び自立性が十分に発揮されるようにしなければならない」と定めています。国に対する**地方公共団体の自主性・自立性**への配慮要請は、地方自治法245条の3第1項においても、関与についての比例原則とともに、定められています。

（2）関与法定主義（自治法245条の2）

　地方自治法245条の2は、「普通地方公共団体は、その事務の処理に関し、法律

又はこれに基づく政令によらなければ、普通地方公共団体に対する国又は都道府県の関与を受け、又は要することとされることはない」と定めています（「本節4（3）〈6〉泉佐野市ふるさと納税訴訟」参照）。すなわち、関与は、法律又はこれに基づく政令で定められなければならず、府令・省令や通達のみを根拠とすることは許されません。関与法定主義は、とりわけ、通達による縛り（いわゆる**通達行政**）を排除することを重要な目的としています。

　関与法定主義は、すべての関与行為に及ぶとされています。助言・勧告等の法的拘束力のない関与についても法律の根拠が必要とされる点において——私人に対する行政指導については法律の根拠は必要とされません——、法治主義の徹底が図られているということができます。これは、従来、非権力的関与の形式をとりながら、実質的には強力な干渉が行われてきたことを踏まえたものです。ただし、助言・勧告等については、地方自治法に包括的な根拠規定がありますので、直接地方自治法に基づいて行うことができます。

　関与法定主義に関しては、これが憲法上の要請であるか否か、が一つの論点となります。法律の留保（「2章3節1（1）〈3〉法律の留保」参照）は、法律による行政からの私人の保護を基本理念としていますが、地方公共団体は、統治団体であって、私人と同一の地位にたつものではないことから、関与法定主義を、この基本理念の単純な適用としてのみ理解するのは必ずしも適切ではありません。この点に関し、憲法が、国と地方公共団体を——上下の指揮監督関係ではなく——併立的な協力関係として設計しているにもかかわらず、特に国の関与権を認めるには、民主的正当化根拠すなわち法律の根拠が必要であるとする見解が提示されています。

（3）関与の基本類型と関与設定の基準（自治法245条・245条の3）

　地方自治法245条は、1号と2号で、関与の基本類型を列記し、その上で、基本類型に該当しない関与について、3号で包括的に規定しています[*1,2]（なお、地方自治法の規定が適用されるのは、地方公共団体が、私人と異なる、固有の資格において活動する場合に限られ、地方公共団体が、私人と同一の資格において活動する場合には、基本的に私人と同様の規制に服します）。そして、地方自治法245条の3第2項～第6項は、例外的にのみ認められる関与の類型と、例外が認められる場合の基準を定めています。地方自治法は、このように、関与の一定の類型とそれを設ける際の基準を定めることによって、地方自治法以外の法令で関与を定める場合であってもその範囲内で定めることを要求しています。これは、関与法定主義だけでは、個別法で関与が多数規定されるという事態を、必ずしも防止することはできないことに照らして、採用された原則です（なお、関与法定主義も、法律の制定自体を抑制する趣旨を含んでいると解されないわけではありませんが、この趣旨は地方自治法245条の3において正面から定められています）。この原則は、国の立法に対する指針としての意味を有しています。

＊1　3号関与

　地方自治法245条3号は、「前二号に掲げる行為のほか、一定の行政目的を実現するため普通地方公共団体に対して具体的かつ個別的に関わる行為（相反する利害を有する者の間の利害の調整を目的としてされる裁定その他の行為（その双方を名あて人とするものに限る。）及び審査請求その他の不服申立てに対する裁決、決定その他の行為を除く。）」と定めています。検査、監査、立入検査等が、この3号関与にあたります。

＊2　裁定的関与

　地方公共団体の処分に対する私人による不服申立てについて、国の機関が審査庁として審査する場合があります。この制度は、私人の権利利益の簡易迅速な救済としてのみならず、国による地方公共団体のコントロールとしても機能することから、裁定的関与とよばれることがあります。法定受託事務について、一般的に裁定的関与の制度が設けられています（自治法255条の2）。しかし、この裁定的関与は、3号関与からは除かれており、地方自治法上の関与にはあたりません（参照、最判令2・3・26民集74巻3号471頁）。また、審査庁の裁決に対する地方公共団体の出訴は、法律上明示的に保障されていないことになります（参照、最判昭49・5・30民集28巻4号594頁）。裁定的関与制度が地方自治の観点から問題をはらんでいることをも踏まえ、行政不服審査法の改革論議の中で検討された結果、自治事務に係る規定は廃止されましたが、法定受託事務に係る裁定的関与の規定は存置され、抜本的な見直しには至りませんでした。

　　自治事務に関して、例外的にのみ認められる特別の関与は、代執行・3号関与、協議、同意、許可・認可・承認及び指示（自治法245条の3第2項～第6項）であって、逆にいうならば、これら以外の、助言・勧告、資料提出要求、是正の要求、是正の勧告及び協議が、基本類型とされていることになります（なお、協議については、双方が合意を目指して誠実に努力する義務を課すにとどまるため、基本類型に含められています）。また、法定受託事務に関して、例外的にのみ認められる特別の関与は、3号関与及び協議（自治法245条の3第2項・第3項）であって、逆にいうならば、これら以外の、助言・勧告、資料提出要求、同意、許可・認可・承認、指示、代執行及び協議が、基本類型とされていることになります（なお、協議については、自治事務と同様、基本類型に含められています）。関与の基本類型のうち、**助言・勧告**及び**資料提出要求**（自治事務及び法定受託事務）、**是正の要求**（自治事務）、**是正の勧告**（市町村の自治事務）、**是正の指示**（法定受託事務）及び**代執行**（法定受託事務）については、直接、地方自治法を根拠として行うことができますが（自治法245条の4～245条の8）、これら以外の関与については、個別法に根拠規定を置くことが必要とされます。

【図表13－1】関与の基本類型

（かっこ内はすべて地方自治法）

自治事務	＊助言・勧告（245条の4）、＊資料提出要求（245条の4）、＊是正の要求（245条の5）、＊是正の勧告（245条の6）、協議
法定受託事務	＊助言・勧告（245条の4）、＊資料提出要求（245条の4）、同意、許可・認可・承認、指示（＊是正の指示（245条の7））、＊代執行（245条の8）、協議

＊直接地方自治法に基づいて行いうる関与類型

2　是正の要求・指示・勧告

（1）関与の中での位置付け

　　是正の要求・指示・勧告は、関与制度の要となっているものです。これらの関与は、制度上は、関与の基本類型とされていることに加え、地方自治法を直接の根拠として行われうることとされており、さらに、是正の要求・指示は、係争処理手続（本節「4　係争処理制度」参照）の対象とされています。また、これらの関与は、理論上は、地方自治の尊重の要請と適法性の確保の要請のバランスの中で把握されます。是正の要求・指示は、地方公共団体に対し、違反の是正改善のために何らかの措置又は特定の措置を講じなければならないとして、事後的に法的義務を課し、その義務の履行を待ちつつ、紛争が生じた場合には、裁判所による解決を予定しています。すなわち、その本質は、**事後統制**であり、かつ、裁判所の介入が仕組まれている点にあります。これらは、事前の行政的規制から事後の裁判的解決へという、関与のあり方の変化に対応した関与類型であるということ

もできます。

（2）自治事務に係る是正の要求（自治法245条の5）

　是正の要求は、地方公共団体の自治事務の処理が国の法令に照らして許されないものである場合に、事後的にその是正改善を求めるものです。要件は、各大臣が、その担任する事務に関し、地方公共団体の自治事務の処理が、①法令の規定に違反していると認めるとき、又は、②著しく適正を欠き、かつ、明らかに公益を害していると認めるときです。効果は、違反の是正又は改善のため必要な措置を講ずべきことを求めることです。国は、違反の是正改善のために必要な何らかの措置を講ずるよう求めるのであって、講ずべき措置については、地方公共団体の裁量が認められています。

　是正の要求は、法的拘束力を有するものです。このことは、①地方自治法245条1号ハの文言や地方自治法245条の5第5項の文言（地方公共団体は違反の是正又は改善のための必要な措置を「講じなければならない」）、②是正の要求とは別に、是正の勧告という関与類型が法定されていること（自治法245条の6）、③係争処理手続との関係で、是正の要求は、「公権力の行使に当たるもの」として、その対象とされていること（自治法250条の13第1項）から、導き出されます。

　是正の要求は、自治事務に係る関与の最後手段として位置付けられています。自治事務に関しては、是正の要求が限界であって、代執行は原則として許されません（自治法245条の3第2項）。

（3）法定受託事務に係る是正の指示（自治法245条の7）

　是正の要求が自治事務に係る関与であるのに対し、**是正の指示**は、法定受託事務に係る関与です。要件は是正の要求の場合と同様ですが、効果は、違反の是正又は改善のため講ずべき措置に関し、必要な指示をすることであり、違反の是正改善のために必要な具体的措置をとる義務を課すという点において、是正の要求の場合に比べ、内容が特定されています。是正の指示に従わない場合には、代執行（自治法245条の8）がなされる可能性があります。なお、法定受託事務に係る**処理基準**（自治法245条の9。なお、処理基準は、関与にあたるものではありません）は、対外的に法的拘束力を有しないと解されていますが、これに違反した場合には、是正の指示がなされる可能性があります。

（4）市町村に対する国の関与と都道府県の関与

　市町村の事務については、**国による関与**と**都道府県による関与**の双方が認められているため、両者の関係が問題となります。地方自治法は、原則として、国が、直接的にではなく、都道府県を通して、関与を行うこととしています。というのも、国がすべての市町村に対して直接関与を行うことは困難であり、市町村の実情をより的確に把握しうる都道府県を原則的な関与主体とする方が合理的である

と考えられるからです。

〈1〉市町村の自治事務に係る国・都道府県の関与[3,4]

国の市町村に対する直接的な是正の要求は、緊急を要するときその他特に必要があると認められるときに限られています（自治法245条の5第4項）。原則として、各大臣は、都道府県に対して指示を出し（同条2項）、これを受けた都道府県が、市町村に対して是正の要求をすることとなっています（同条3項）。法的拘束力のある是正の要求は大臣の指示を前提としており、都道府県は、大臣の指示がなければ、市町村に対し是正の要求をすることができません。大臣の指示がない場合には、都道府県は、市町村に対し**是正の勧告**を行うことになります（自治法245条の6）。すなわち、都道府県が大臣の指示なしに独自の判断で行いうるのは、法的拘束力のない是正の勧告にとどまります。なお、是正の勧告は、都道府県のみが行いうるものであり、国は行うことができません。

〈2〉市町村の法定受託事務に係る国・都道府県の関与

自治事務に係る是正の要求が大臣の指示を前提としているのに対し、法定受託事務に係る是正の指示は、大臣の指示なしに、都道府県が独自の判断で行うことができます（自治法245条の7第2項）。国は、原則として、都道府県による是正の指示に関して必要な指示をすることを通して、間接的に市町村に対する関与を行います（同条3項）。国の市町村に対する直接的な是正の指示は、緊急を要するときその他特に必要があると認められるときに限られています（同条4項）。

【図表13−2】市町村に対する国の関与と都道府県の関与

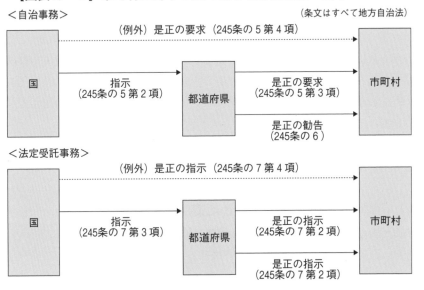

＊3　住基ネット不接続
　　　問題
　是正の勧告・要求が行われ、関与制度自体の不備が明らかになった事例として、住基ネット不接続問題が挙げられます。住民基本台帳ネットワークシステムの運用は、2002年8月5日に開始されましたが、東京都杉並区、中野区、国立市及び福島県矢祭村は、住民基本台帳法に規定する事務の一部（住民台帳法30条の6第1項に規定する事務（都道府県知事への通知）等）を執行しませんでした（なお、杉並区と中野区は、その後、住基ネットへの接続を行いました）。そこで、この事務の不執行が違法であるとして、東京都知事及び福島県知事に対し、国立市及び矢祭町に、2回の是正の勧告を行った上で（自治法245条の6）、総務大臣の指示を受けて（自治法245条の5第2項）、是正の要求を行いました（同条3項）。是正の要求がなされた場合、地方公共団体は、これに従って何らかの措置を講ずるか、又は、是正の要求に不服があるときは、一定の期間内に審査の申出をしなければなりませんが、事実上は、地方公共団体が是正の要求に応じず、かつ、審査の申出もしないという事態が起こります。その場合、自治事務については、代執行は許されず、関与の実効性を確保する手段がないため、国と地方公共団体の間の法律解釈をめぐる争いが未解決のままになっています。国立市と矢祭町に関して、この事態が生じ、国の側からの出訴の制度化につながりました（「本節4（3）〈4〉国の側からの出訴」参照）。

＊4　沖縄県八重山教科
　　　書採択問題
　国の直接的関与の初めての例として、「沖縄県八重山教科書採択問題」が生じました。「義務教育諸学校の教科用図書の無償措置に関する法律」によると、同一の採択地区においては、関係教育委員会の協議によって同一の教科書を採択しなければなりませんが、竹富町教育委員会は、中学校公民教科書について、同一採択地区内の石垣市・与那国町とは異なる教科書を採択しました。文部科学大臣は、是正要求を行うよう沖縄県教育委員会に対して指示を行った上で（2013年10月18日。沖縄県教育委員会はこの指示に従いませんでした）、竹富町教育委員会に対して直接に是正要求を行いました（2014年3月14日）。竹富町教育委員会は、「地方教育行政の組織及び運営に関する法律」に基づき、各市区町村教育委員会に教科書採択権限が与えられていると主張して、是正要求に従わず、かつ、国地方係争処理委員会への審査の申出も行いませんでした。教科書無償法の改正を踏まえ、沖縄県教育委員会が採択地区を改編し、竹富町を当該地区から外したことによって、この問題は一応の決着に至りました。

3　関与の手続

（1）基本的考え方

　国地方関係における法治主義は、手続的意味においても強化される必要があります。「行政運営における公正の確保と透明性……の向上」（行手法1条1項）を目的とする行政手続法は、本来、行政と私人の関係を対象とするものであり、地方公共団体がその固有の資格において処分の相手方となる場合には適用されません（行手法4条1項）。しかし、地方公共団体は、国とは別個独立の行政主体であることから、公正・透明の要請は、国と地方公共団体の間においても採用されるべき法理であるということができます。そこで、国の関与についても、**公正・透明の原則**に則り、行政手続法の規定を参照しつつ、国が従うべき関与手続ルールが示されています。

【図表13－3】　関与等の手続ルール

	関与類型（地方自治法条項）	行政手続法相当規定
書面主義・理由附記	是正の要求・指示（249条） 許認可等の拒否・取消（250条の4）	8条、14条
書面交付請求制度	助言・勧告（247条）、資料提出要求（248条）、協議（250条）	35条
基準の設定・公表	許認可等（法的義務・250条の2第1項）	5条
	許認可等の取消し（努力義務・250条の2第2項）	12条
標準処理期間の設定・公表	許認可等（努力義務・250条の3第1項）	6条
到達主義	申請（250条の3第2項）	7条
	届出（250条の5）	37条

（2）書面主義・理由附記等（自治法247条・248条・249条・250条・250条の4）

　是正の要求・指示（自治法249条）及び許認可等の拒否・取消し（自治法250条の4）については、「内容及び理由」を記載した書面を交付しなければなりません。すなわち、処分の慎重合理性を担保し、不服申立ての便宜を与えるために、**理由附記**が義務付けられるとともに（行手法8条1項（申請拒否処分）と14条1項（不利益処分）に相当します）、関与行為の存在そのものを確実にし、国の責任を明確にするために、関与行為自体を書面で行うという意味での**書面主義**が、原則とされています（行手法8条2項と14条3項は、書面主義を採用しているわけではなく、処分が書面で行われる場合には、理由も書面で示すことを義務付けるにとどまっています）。

　一方、助言・勧告（自治法247条）、資料提出要求（自治法248条）及び協議（自治法250条）については、地方公共団体から「趣旨及び内容」を記載した書面の交付を求められたときは、これを交付しなければなりません（行手法35条2項に相当し

ます）。これらの関与行為は、必ずしも書面によらなければならないものではありませんが、口頭で行った場合に書面交付請求があったときは、原則として、それに応じなければなりません。**書面交付請求制度**は、従来の行政慣行にてらして、関与の公正・透明性を担保し、責任を明確にする趣旨を有しています。なお、助言等への不服従を理由とした不利益取扱いは禁止されています（自治法247条3項。行手法32条2項に相当します）。助言等は法的拘束力を有するものではなく、これに従うか否かは地方公共団体の任意の判断に委ねられていますが、その担保措置として、不利益取扱いの禁止が明文化されています（「本節4（3）〈6〉泉佐野市ふるさと納税訴訟」参照）。

（3）基準の設定・公表（自治法250条の2）

　許認可等については、**基準の設定・公表**が法的義務とされており（自治法250条の2第1項。行手法5条1項・3項（審査基準の設定・公表義務）に相当します）、許認可等の取消しについては、基準の設定・公表が努力義務とされています（自治法250条の2第2項。行手法12条1項（処分基準の設定・公表の努力義務）に相当します）。基準は、できる限り具体的なものとしなければなりません（自治法250条の2第3項。行手法5条2項及び12条2項に相当します）。基準の設定・公表は、地方公共団体に対して予測可能性を与えたり、国の裁量権の適正さを担保したりする趣旨を有しています。

（4）標準処理期間の設定・公表（自治法250条の3第1項）

　許認可等については、**標準処理期間の設定・公表**が努力義務とされています（自治法250条の3第1項。行手法6条は、標準処理期間の設定自体は努力義務としていますが、定められたときは公表を義務付けています）。標準処理期間の設定・公表は、国が、地方公共団体からの許認可等の申請に対し、正当な理由なく処理を遅らせて地方公共団体の事務処理に支障を与えるような事態を抑制する趣旨を有しています。

（5）申請・届出の到達主義（自治法250条の3第2項・250条の5）

　地方公共団体からの許認可等の申請があれば、国は法令の定めに従って諾否の応答をすべき義務を負いますが（**応答義務**）、この申請は、国の機関による受理・不受理の判断を介在させることなく、地方公共団体の行為のみによって成立し（**受理概念の否定**）、申請の成立及び効果は、それが当該機関の事務所に到達したときに発生します（**到達主義**。自治法250条の3第2項。行手法7条に相当します）。届出──届出は、申請とは異なり、国の諾否の応答を求めるものではありません──についても同様に、受理概念の否定と到達主義が明らかにされています（自治法250条の5。行手法37条に相当します）。これらの規定は、地方公共団体からの申請・届出について、国がその処理を遅らせることによる不公正・不透明な事態を排除する趣旨を有しています。

（6）並行権限（自治法250条の6）

　並行権限とは、地方公共団体が処理している事務と同一の内容の事務を、国の行政機関が自らの権限に属する事務として処理すること、すなわち、一定の事項について、地方公共団体の権限と国の行政機関の権限を並行的に組み合わせることを意味しています。この場合、国の行政機関の権限行使は、地方公共団体の行為の効果を覆しうることになり、代執行権に匹敵する効果をもつことになります。並行権限の問題は、機関委任事務の自治事務化によって、国の行政機関の権限が縮減され、とりわけ代執行権が否定されたことの代償として意味付けられる可能性があります。

　並行権限の行使に関して、地方自治法は、自治事務に関して——のみ——通知手続ルールを課しています（自治法250条の6）。これは、国の行政機関に対し、並行権限の行使にあたり、地方公共団体に対する事前通知を義務付けることによって、両者間で必要な調整が行われるよう担保する趣旨を有しています。なお、並行権限の行使のうち、地方公共団体が権限を行使しないうちに国が同一内容の権限を行使したり、地方公共団体が行った行為の効果を覆すような行為を国が行うことにより、結果として国の意思決定が地方公共団体の意思決定に優越することになるような場合については、3号関与に該当するとする見解が存在しています。

4　係争処理制度

（1）係争処理制度の意義

　従前は、国の関与をめぐって国と地方公共団体の間に争いが生じたときの統一的な処理手続は、存在していませんでした。機関委任事務に関しては、職務執行命令に従わない地方公共団体の機関を国の側が訴える職務執行命令訴訟の仕組みが存在していましたが、団体事務に関しては、非権力的関与しか存在しておらず、事実上国の優位を前提とした行政内部での処理がなされていました。これに対し、第一次地方分権改革は、地方公共団体の独立主体性を担保するために、国の関与のルールそのものを整備するとともに、このルールの違反が問題となった場合に、当事者以外の第三者が法的にルールを遵守させる仕組みを設けました。この仕組みは、法的拘束力を与えられた一定の国の関与（是正の要求、許可の拒否等）を対象として、これに不服がある地方公共団体の側が第三者機関の審査に付託し、第三者機関が国の関与の適否を判断するという、基本的構造を有しています。

　係争処理制度は、国地方間の争いを裁判所の法的解決に服せしめることによって、国地方関係における法治主義を担保し、地方公共団体の自主性・自立性を制度的に裏付ける意義を有しています。ただし、訴訟手続は、違法性の判断に限定され、複雑で時間がかかることに加え、国地方間の対立は、第一義的には行政の責任に属する問題であるため、裁判所に過度の負担をかけないよう、行政過程において選別を行うのが適切であることから、まず中立・公平な第三者たる行政機

関が審査し、最終的に裁判所が解決するという仕組みがとられています*5。

（2）国地方係争処理委員会による審査

〈1〉組織上の位置付け

国地方間の係争を処理する機関には、中立・公平な第三者性が求められます。そこで、組織上の位置付けとしては、これを、国・地方公共団体のいずれにも属さない機関とし、内閣の外に置くのが望ましいともいえますが、しかし、行政過程における係争処理機関である以上、憲法自体が内閣の外に置くことを認めているのでない限り、内閣の内部に置かざるをえません。これを、内閣の内部に置く場合でも、各大臣からの独立性を確保するため、内閣直属の機関とするのが望ましいともいえますが、しかし、制度設計にあたっては、結局、組織構成の中立性・公平性や一定の職権行使の独立性が保障された権威ある機関である限り、国家行政組織法上の機関として、府又は省に置いても差し支えないとされました。

国地方係争処理委員会（以下、「委員会」といいます）は、国家行政組織法8条の定める審議会として、総務省に置かれています（自治法250条の7第1項）。すなわち、委員会は、それ自体は国の行政権に属する機関として、行政内部において中立・公平な第三者の立場から係争を処理することになります。中立性・公平性の確保のための配慮として、委員の任命に両議院の同意を要すること、委員の身分保障、委員の政治団体への所属・政治的行為の制限、常勤委員についての兼業の禁止、委員の利害関係事件からの除斥等が定められています（自治法250条の9）。

〈2〉審査の申出の対象

審査の申出の対象となるのは、国の関与のうち、是正の要求、許可の拒否その他の処分その他公権力の行使にあたるもの（積極的行為・消極的行為）、不作為、協議の三類型です（自治法250条の13第1項～第3項）。なお、地方自治法を直接根拠として行われる助言・勧告・資料提出要求は、法的義務を課すものではなく、「公権力の行使」にはあたらないため、審査の申出の対象となりませんが、ただし、個別法に基づくこれらの関与が法的義務を課す趣旨である場合には、審査の申出の対象となります。また、代執行手続における指示・代執行については、これに関する係争は、代執行手続の中で処理することが予定されているため、審査の申出の対象から除外されています（自治法250条の13第1項1号～4号）。

〈3〉審査の手続

審査の手続は、地方公共団体からの申出によって開始されます。審査の申出は、国の関与があった日から30日以内にしなければならず、行政事件訴訟法上の取消訴訟の出訴期間に比べ、短い期間が設定されています（自治法250条の13第4項。ただし、不作為と協議については、申出期間の制限はありません）。

＊5　国地方間紛争の諸態様

法定の係争処理手続のルートに乗らないものの、国地方間の紛争は様々な形で噴出しています。住基ネット不接続問題をめぐる紛争（「本節2（4）〈1〉市町村の自治事務に係る国・都道府県の関与」参照）は、本来ならば、係争処理手続によって解決されるべきものですが、ほかにも、例えば、処理基準（自治法245条の9）に違反してなされた地方公共団体の処分に対し、私人がその取消しを求め、処分が取り消された事例（最判平19・2・22判例体系判例ID28140742、広島高裁松江支判平18・10・11判時1983号68頁）等が存在しています。

　なお、地方公共団体の審査の申出は、国の関与の効力に影響を及ぼすものではありません。

　審査の対象が国の関与の適否であることから、国の行政庁の裁量との関係が問題となります。審査権の範囲は、自治事務か法定受託事務かによって、異なります。自治事務に関しては、国の関与が、違法でないかのみならず、地方公共団体の自主性・自立性を尊重する観点から不当でないかについても審査されるのに対し（自治法250条の14第1項）、法定受託事務に関しては、違法性のみが審査されます（同条第2項）。また、不作為に関しては、国の側の不作為の適否が審査され（同条第3項）、協議に関しては、地方公共団体が協議の義務を果たしたかどうかが審査されます（同条第4項）。

　委員会は、審査の申出から90日以内に審査及び勧告を行い（自治法250条の14第5項）、審査の結果を、理由を付して、当事者に対して文書で通知するとともに公表します。委員会の行う措置を、法的拘束力を有する裁決とするか、それとも、法的拘束力を有さない勧告にとどめるかが、立法過程において議論の的となりました。委員会を裁決機関とすることも検討されましたが、いわゆる分担管理原則（各大臣が主任の大臣として行政事務を分担管理するという原則。内閣法3条1項）にてらし、委員会が国の行政庁に対して裁決を行うことはすなわち、委員会が主任の大臣の決定を覆すことであるため、この原則に反するとして、結局、委員会は**勧告**を行うものとされました[6]。ただし、勧告に実質的な拘束力をもたせる仕組みが設けられています。すなわち、勧告を受けた国の行政庁は、勧告に則して必要な措置を講ずるとともに、その旨を委員会に通知しなければならず、この場合には、地方公共団体への通知と公表がなされ、さらに、委員会は、勧告への迅速・適切な対応を促すため、国の行政庁に対して措置に関する説明を求めることができるとされています（自治法250条の18）。これらの手続的仕組みを通じて、勧告は、法的拘束力は有さないものの、かなりの程度の実効性を担保されています。

> ＊6　委員会の決定
> 　委員会は、勧告だけでなく、決定という形態をとることもあります（北陸新幹線工事実施計画認可に係る国地方係争処理委員会決定平21・12・24地方自治752号64頁、及び、辺野古新基地建設をめぐる国地方係争処理委員会決定（平成27・12・28、平成28・6・20、平成31・2・19、令和元・6・17、令和2・6・19。「本節4（3）〈5〉辺野古訴訟」参照））。

【図表13－4】係争処理手続

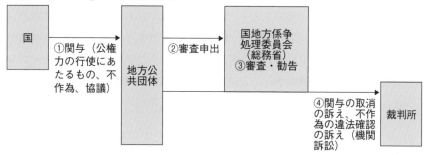

〈4〉横浜市勝馬投票券発売税事件（国地方係争処理委員会勧告平成13年7月24日判時1765号26頁）

　この事件は、横浜市が、2000年12月24日に、法定外普通税として、日本中央競馬会の勝馬投票券の発売に対して課税する「勝馬投票券発売税」を新設する条例案を可決し、地方税法669条に基づき、総務大臣に対して協議を申し出たところ、総務大臣が、地方税法671条に基づき、不同意としたため、横浜市が、委員会に対して審査の申出をしたものです。

　本件における論点は、①地方公共団体の協議の申出に対する国の同意の基本的性格（本件同意は、自治法245条1号ニにいう同意にあたるとされ、かつ、課税自主権をより尊重することを前提として、自治法2条12項や245条の3第4項に照らし、不同意事由は限定解釈されなければならないとされました）、②大臣が判断するにあたっての基準の必要性及び基準のあり方（本件不同意には、基準の設定・公表の義務（自治法250条の2）に応えていないという手続上の瑕疵があるものの、協議の過程においてより具体的な基準が明らかになりえたため、この瑕疵は取消事由にはあたらないとされました）、③中央競馬システムの「国の経済施策」該当性（経済施策には財政施策と租税施策が含まれ、それは「特に重要なもの」に限定されますが、中央競馬会法による国の財政資金の確保はこれにあたるとされました）、④本件税の国の経済施策に照らしての不適当性（これは、国の経済施策に「重要な」影響を及ぼす場合に限定され、この重要性は、量的問題と制度的問題からなりますが、この点について、十分な協議がなされていないとされました）です。

　委員会は、「横浜市からの協議の申出に対する総務大臣の不同意は、自治法及び地方税法で定める協議を尽くさずになされた点に瑕疵がある」として、総務大臣に対し、本件不同意を取り消し、2週間以内に横浜市との協議を再開することを勧告しました。なお、協議は再開されたものの、結局まとまらず、横浜市は、2004年2月15日に、当該条例の廃止条例を可決し、同年3月5日に、総務大臣に対して協議の取下げを通知しました。

（3）国の関与に関する訴え

〈1〉審査申出前置主義

　地方公共団体は、委員会への審査の申出をした上で、一定の場合に初めて訴えを提起することができます。地方自治法は明示していませんが、地方自治法251条の5第1項が「審査の申出をした普通地方公共団体の長その他の執行機関は」と規定していることから、地方公共団体は委員会の審査を経ないで直ちに訴えを提起することはできない（**審査申出前置主義**）と解されています。その趣旨は、紛争の簡易・迅速な処理、裁判所の負担軽減、行政内部における紛争解決の優先にあるとされています。

〈2〉訴えの対象と手続

　地方公共団体は、委員会の審査の結果それ自体ではなく、国の関与を対象として、訴えを提起します。訴えの形式としては、国の関与の取消しの訴えと国の不作為の違法確認の訴えがあります（自治法251条の5第1項）。協議に

ついては、審査の申出の対象になっていますが、争点は、誠実に協議する義務を果たしたかどうかにとどまり、裁判所による解決をあえて必要とするものではないことから、訴えの対象にはなっていません。地方公共団体は、当該地方公共団体の区域を管轄する高等裁判所に対し（同条第1項・第3項）、30日以内に（同条第2項）、訴えを提起しなければなりません。審理促進の観点から特則が置かれており（同条第4項・第5項・第6項・第10項）、短期の出訴期間とあいまって、紛争の早期解決が目指されています。

〈3〉機関訴訟

　国の関与に関する訴えは、**機関訴訟**（行訴法6条）（「2章4節3（2）〈4〉機関訴訟」参照）として位置付けられています。このことは、当該訴えにおいて、行政事件訴訟法43条の適用が前提とされていることから、導き出されます（自治法251条の5第8項・第9項）。

　そこで、国の関与に関する訴えが、機関訴訟としてしか認められないのか、それとも、司法権の本来の対象としての**法律上の争訟**（憲法76条、裁判所法3条）として認められるのか、が問題となります。この点に関し、学説上、対立が存在しています。一方では、「監督権の違法な行使は、地方公共団体たる法人が国に対して有する自治権の侵害にあたるのであって、日本国憲法の地方自治の保障の充実の見地からすると、これに対して、地方公共団体は裁判所に救済を求めることができ、その訴訟は、現行法では行政事件訴訟法の抗告訴訟に該当する」とする見解が存在します。この見解によると、地方自治法は、当該訴訟を機関訴訟として整理したものの、機関訴訟としてしか認めないかについては中立であることになります。他方では、行政主体相互間の関係は原則的には内部関係（法律上の争訟の対象外）となることを前提としつつ、地方公共団体の自治権が、地域的な統治団体の「統治権」の一種であることから、これを、私人の場合と同様の「主観法的な権利保護システム」の下におくことについて、消極的な立場をとる見解が存在します。この見解によると、当該訴訟は機関訴訟としてしか認められないことになります。

　判例においては、「国又は地方公共団体が提起した訴訟であって、財産権の主体として自己の財産上の権利利益の保護救済を求めるような場合」と、「国又は地方公共団体が専ら行政権の主体として国民に対して行政上の義務の履行を求める訴訟」を区別し、後者は、「法規の適用の適正ないし一般公益の保護を目的とするものであって、自己の権利利益の保護救済を目的とするものということはできないから、法律上の争訟として当然に裁判所の審判の対象となるものではな〔い〕」としたものがあります（最判平14・7・9民集56巻6号1134頁。なお、「建物の所有者として有する固有の利益」に着目して法律上の争訟性を肯定した最判平13・7・13訟月48巻8号2014頁にも、共通の考え方がみられます）。地方公共団体がその固有の資格において国の関与を争う場合について、平成14年最判の射程が及ぶか否かが、問題となります。

〈4〉国の側からの出訴

　2000年施行の地方自治法改正は当初、地方公共団体からのみ、委員会への審査の申出・裁判所への出訴を行いうるとしていましたが、さほどの時を経ずして、地方公共団体が審査の申出をせず是正の要求にも応じないという、懸念されていた事態が現実化し、国地方間で意見が食い違った状況が不透明なまま続くことになりました（本節「2（4）市町村に対する国の関与と都道府県の関与」＊3参照）。そこで、2012年改正によって、行政の法適合性の原則を基礎としつつ、国が──国地方係争処理委員会に対する審査申出を前置することなく──**不作為違法確認訴訟**を提起し、裁判所が国地方間の法律解釈をめぐる争いを法的に解決するための制度が導入されました（自治法251条の7・252条）。この新たな訴訟は、判決を得ることにより地方公共団体の義務の履行を促す司法的執行として位置付けられます。この改正は、第一次地方分権改革から残されていた宿題への対処であると言えますが、ただし、国からの訴訟提起（はもとより当該制度の存在自体）が地方公共団体に対する──特に実際上の──萎縮効果をもたらすという批判もありえます。

〈5〉辺野古訴訟

　第一次地方分権改革が整序した国地方関係とその調整ルールのあり方が試される事態も次々と生じています。

　まず、米軍普天間飛行場の辺野古移設問題をめぐって、沖縄県知事が、沖縄防衛局長に対して、公有水面埋立ての承認を取り消したのに対し、国土交通大臣が沖縄県知事に対して承認取消しを取り消すよう是正の指示を行いました。沖縄県知事は委員会に審査の申出を行いましたが、委員会は、「是正の指示にまで立ち至った一連の過程は、国と地方のあるべき関係からみて望ましくないものであり、国と沖縄県は、普天間飛行場の返還という共通の目標の実現に向けて真摯に協議し、双方がそれぞれ納得できる結果を導き出す努力をすることが、問題の解決に向けての最善の道であるとの見解に到達した」として、是正の指示の適法性については判断しませんでした（国地方係争処理委員会平成28年6月20日決定）。

　この委員会の決定を受けて、沖縄県知事は国に対して協議の申入れをしましたが、国土交通大臣は、沖縄県知事が是正の指示の取消訴訟を提起せず、かつ、是正の指示に係る措置を講じないとして、不作為違法確認訴訟を提起しました。最判平28・12・20民集70巻9号2281頁は、当初の埋立承認の違法性について審査し、これが違法でないにもかかわらず沖縄県知事がこれを取り消したことは違法であり、したがって、沖縄県知事が国土交通大臣の是正の指示に係る措置として埋立承認取消しを取り消さないことは不作為の違法にあたると判断しました。

　また、軟弱地盤等の事後に判明した事情を理由として沖縄県知事が公有水面埋立承認を撤回したのに対し、沖縄防衛局の審査請求を受けて国土交通大臣は承認撤回を取り消す裁決をしました。沖縄県知事は、まず、国地方係争

処理委員会に審査の申出をした上で、関与取消訴訟を提起しましたが、最判令２・３・26民集74巻３号471頁は、「本件裁決が上記「国の関与」に当たるものとして地方自治法251条の５第１項の訴えの対象となるか否かに関し、本件埋立承認取消しが、国の機関である沖縄防衛局がその「固有の資格」において相手方となった処分であるか否かが問題となる」とし、「固有の資格」に関する判断枠組みを示した上で、本件についてこれを否定しました。

　沖縄県は国土交通大臣の裁決の取消訴訟をも提起しましたが、最判令４・12・８裁判所HPは、「審査請求に対する裁決について、原処分をした執行機関の所属する行政主体である都道府県は、取消訴訟を提起する適格を有しない」として訴えを却下しました。本判決は、行政不服審査法の定める裁定的関与制度の趣旨及び地方自治法245条３号括弧書きの趣旨に加え、「これらの法律に当該都道府県が審査庁の裁決の適法性を争うことができる旨の規定が置かれていないこと」も併せ考慮した上で、「これらの法律は、当該処分の相手方の権利利益の簡易迅速かつ実効的な救済を図るとともに、当該事務の適正な処理を確保するため、原処分をした執行機関の所属する行政主体である都道府県が抗告訴訟により審査庁の裁決の適法性を争うことを認めていないものと解すべきである」と判示しました[7]。

〈６〉泉佐野市ふるさと納税訴訟

　さらに、ふるさと納税指定制度において、総務大臣による不指定に対し、泉佐野市長が争った事案があります。地方税法37条の２及び314条の７の改正規定（2019年６月１日施行）は、総務大臣が定める募集適正基準及び法定返礼品基準（返礼割合３割以下かつ地場産品に限る）に適合するとして総務大臣が指定する地方団体への寄附金のみを特例控除の対象とすることとしました。募集適正基準として、平成31年度総務省告示第179号（以下「本件告示」という）２条３号は、「平成30年11月１日から……申出書を提出する日までの間に、前条に規定する趣旨に反する方法により他の地方団体に多大な影響を及ぼすような第１号寄附金の募集を行い、当該趣旨に沿った方法による第１号寄附金の募集を行う他の地方団体に比して著しく多額の第１号寄附金を受領した地方団体でないこと」と定めています。泉佐野市長からの申出に対し、総務大臣は同号に該当しないこと等を理由として不指定としました。

　泉佐野市長が委員会に対して審査の申出をしたところ、国地方係争処理委員会令和元年９月３日勧告は、同号が法律の委任の範囲を超えるおそれがあるとして、総務大臣に再検討を勧告しましたが、総務大臣は不指定を維持しました。泉佐野市長が本件不指定の取消しを求めて出訴したところ、最判令２・６・30民集74巻４号800頁は泉佐野市長の請求を認容しました。

　最高裁は、まず、総務大臣は地方税法37条の２第２項の委任に基づいて本件告示２条３号を定めたこと、また、同号は関与の法定主義（自治法245条の２）に鑑みてもその策定には法律上の根拠を要することから、「本件告示２条３号の規定が地方税法37条２の２第２項の委任の範囲を逸脱するものである場

第３章　地方自治法

＊７　辺野古サンゴ礁訴訟
　沖縄県知事が、沖縄防衛局によるサンゴ類の特別採捕許可の申請（沖縄県漁業調整規則41条）に対し、沖縄県の定めた標準処理期間（45日間）経過後も何らの処分もしなかったところ、農林水産大臣は７日以内に許可処分をするよう是正の指示を行いました。これに対し沖縄県知事は、国地方係争処理委員会に審査の申出をしましたが、本件指示は違法ではないとされたため（国地方係争処理委員会令和２年６月19日決定）、本件指示の取消しを求めて出訴しました。
　最判令３・７・６裁判所時報1771号５頁は、「本件規則41条１項に基づき本件各許可処分をしないことが裁量権の範囲の逸脱又はその濫用に当たると認められるのでなければ、沖縄県に対し、この法定受託事務の処理が漁業法65条２項１号等の規定に違反していることを理由に、地方自治法245条の７第１項に基づき本件各許可処分をすべき旨の指示をすることができない」とした上で、沖縄県知事の判断について、当然考慮すべき事項（護岸工事を適法に実施し得る沖縄防衛局の地位）を十分に考慮していない一方で、考慮すべきでない事項（埋立事業の目的が達成される見込み）を考慮した結果、社会通念に照らし著しく妥当性を欠いたものであるとして、上告を棄却しました（宇賀・宮崎両裁判官の反対意見があります）。

合には、その逸脱する部分は違法なものとして効力を有しない」としました。そして、「本件告示2条3号は、……地方団体が本件改正規定の施行前における返礼品の提供の態様を理由に指定の対象外とされる場合があることを定めるものであるから、実質的には、同大臣による技術的な助言に従わなかったことを理由とする不利益な取扱いを定める側面があることは否定し難い。そのような取扱いであっても、それが法律上の根拠に基づくものである場合、すなわち、同号が地方税法の委任の範囲内で定められたものである場合には、直ちに地方自治法247条3項に違反するとまではいえないものの、同項の趣旨も考慮すると、本件告示2条3号が地方税法37条の2第2項の委任の範囲を逸脱したものではないというためには、〔改正規定施行前の募集実績自体を理由に指定を受けられないこととする〕趣旨の基準の策定を委任する授権の趣旨が、同法の規定等から明確に読み取れることを要する」としました。かかる判断枠組みの下で、最高裁は、法文の文理、委任の趣旨及び本件法律案の作成の経緯をしんしゃくしても、授権の趣旨が明確に読み取れるということはできないとして、同号の規定は委任の範囲を逸脱した違法なものとして無効であると判断しました。

（4）都道府県と市町村の間の係争処理

〈1〉自治紛争処理委員

都道府県と市町村の間の係争処理については、国と地方公共団体の間のそれに準じた仕組みが設けられています。ここで要となるのは、自治紛争処理委員による係争処理手続です。**自治紛争処理委員**は、従来、自治紛争調停委員が行っていた任務（地方公共団体相互間又はその機関相互間の紛争についての調停（自治法251条の2[*8]）、審査請求等の審理（自治法255条の5））に加え、市町村に対する都道府県の一定の関与に関する審査及び**勧告**を行うものとされています（自治法251条の3）。自治紛争処理委員は、常設の国地方係争処理委員会とは異なり、事件ごとに、総務大臣又は都道府県知事が任命するものであり（自治法251条2項）、手続が終了するとその職を失います（同条4項）。また、自治紛争処理委員は、合議制の国地方係争処理委員会とは異なり、独任制となっています。市町村長が総務大臣に対して自治紛争処理委員の審査を求める申出をし、総務大臣が速やかに自治紛争処理委員を任命してその審査に付しますが、自治紛争処理委員による審査及び勧告は、基本的に、国地方係争処理委員会によるそれに準じたものになっています（自治法251条の3）。市町村は、都道府県の一定の関与に関し、自治紛争処理委員の審査を求める申出をした上で、一定の場合に訴えを提起することができますが、その仕組みもまた、国の関与に関する訴えに準じたものになっています（自治法251条の6）。

〈2〉我孫子市農業振興地域整備計画事件（自治紛争処理委員勧告平成22年5月18日、平成23年10月21日）

制度創設から10年以上を経て、自治紛争処理委員による係争処理手続に関

*8　自治紛争処理委員による調停

例えば、砂利採取法に基づく砂利採取業者に対する都道府県知事の認可に係る区域の境界をめぐり、唐津湾沖において、佐賀県と長崎県との間で生じている紛争に関し、自治紛争処理委員が調停を行った事例が存在しています（自治紛争処理委員勧告調停案受諾平24・2・3地方自治774号21頁）。

する初めての判断が下されました（自治紛争処理委員勧告平22・5・18地方自治752号70頁、平23・10・21地方自治773号47頁）。この事件は、我孫子市長が、農業振興地域整備計画の変更に関し、農業振興地域の整備に関する法律13条4項が準用する8条4項に基づき、千葉県知事に対して協議の申出をしたところ、千葉県知事が不同意としたため、我孫子市長が総務大臣に対して自治紛争処理委員の審査を求める申出をしたものです。

本件においては、問題となった土地が農用地区域に含まれるべき土地であるかどうかという実体法上の解釈問題に加えて（この点については、我孫子市が更なる主張立証を尽くす必要があると判断されました）、千葉県知事が、同意基準の設定・公表の義務（自治法250条の2）に違反したかどうかという手続の問題が、論点となりました。自治紛争処理委員は、同意基準の設定・公表義務の違反を理由として、千葉県知事に対し、本件不同意を取り消し、同意基準を設定し公表した上で、2週間以内に我孫子市との協議を再開することを勧告しました（平成22年5月18日）。

この勧告に従い、千葉県知事は、同意基準を設定・公表し、我孫子市との協議を再開しましたが、改めて不同意としたため、我孫子市長は再度、自治紛争処理委員の審査を求める申出を行いました。自治紛争処理委員は、実体的な審査を行った結果、問題となった土地は、生産性向上を目的とする土地改良事業の施行区域の農用地であり、千葉県知事による不同意は、違法ではなく、かつ、不当であるとも認められないと判断しました（平成23年10月21日）。

（5）関与をめぐる法律関係——国—都道府県—市町村—私人

是正の要求・指示及び処理基準に関しては、そこに示された国の各大臣による法令の解釈が、相手方である地方公共団体又は他の第三者に対して、どのような効力を持つのかが問題となります（「序章2節4 法令の読み方と解釈」参照）。

是正の要求・指示は、相手方である地方公共団体を法的に拘束するものですので、地方公共団体は、これに従うか、又は、これに不服があるときは、審査申出・出訴を行い、最終的には裁判所による法令の解釈に従わなければなりません。その結果、地方公共団体が行った処分に対して、当該処分の名宛人である私人が不服のあるときは、私人は（国の各大臣による是正の要求・指示ではなく）地方公共団体の処分を争うことになります（なお、国地方間の係争の解決がなされない間は、地方公共団体の審査申出・出訴が国の関与の効力に影響を及ぼすものではないことから、国—地方公共団体—私人間の法律関係が複雑になってしまいますが、かかる弊害をできる限り抑えるためにも、国地方間の係争は短期間で処理されることになっています）。

このような問題状況は、市町村に対する関与について、国の指示を受けて都道府県がこれを行う場合には、複雑さの度を増します。この場合には、国・都道府県間と都道府県・市町村間のいずれにおいても、係争の生ずる可能性があります。形式的には、市町村が、行政組織間の係争の解決を踏まえて、私人に対する処分を行い、私人が不服のあるときはこの市町村の処分を争いますが、当該処分に関

する形式的判断主体と実質的判断主体は、齟齬するおそれが生じえます。

　以上に対し、**処理基準**は、相手方である地方公共団体に対して法的拘束力を有するか否かについては議論がありますが、私人に対して法的拘束力を有するものではありません。処理基準に違反してなされた地方公共団体の処分は、そのことをもって直ちに違法となるものではありません。この点において、処理基準違反を理由とする私人からの取消しの訴えに基づいて、処理基準に違反する地方公共団体の処分を取り消した判決（最判平19・2・22判例体系判例ID28140742、広島高裁松江支判平18・10・11判時1983号68頁）は、問題とされる余地があります。

5　義務付け・枠付けの見直し

　第一次地方分権改革は、機関委任事務制度の廃止、及び、国の行政的関与の縮減、特に通達による縛りの廃止を最大の眼目としていましたが、法令の構造自体は存置され、国の立法的関与、なかでも、地方公共団体の事務に対する義務付け・枠付けが、課題として残されました[*9]。しかも、行政的関与の限定の代償として、法令の規律密度の上昇を企てる事態が生ずることにもなりました。

　国の立法権に対する地方公共団体の自主性・自立性の拡充は、**義務付け・枠付けの見直し**というテーマの下に、第一次地方分権改革後の最重要課題の一つとなりました。この改革は——裁判所の違憲立法審査権限の機能不全という現状にも鑑み——、個別法令の改正という立法論によって、国の法令の憲法上の限界を画そうとするものです。

　地方分権改革推進法（2006年12月8日）に基づいて設置された地方分権改革推進委員会は、その第三次勧告（2009年10月7日）において、三つの重点事項、すなわち、①「施設・公物設置管理の基準」、②「協議、同意、許可・認可・承認」、③「計画等の策定及びその手続」に対象を絞り、具体的な見直し措置を提示しました[*10]。このうち①については、条例へ委任する場合の条例制定基準として、「従うべき基準」、「標準」及び「参酌すべき基準」という類型化がなされました（本章「3節2（2）〈1〉必要的条例事項」参照）。前二者が真に必要な場合に限定されるものであるのに対し、「**参酌すべき基準**」は、条例による上書きを実質的に可能ならしめるものとして、許容されます。

　確かに、法令が条例制定基準を設定しますが、それは、法令自身が行政執行の基準を設定するのとは決定的に異なり、基準定立権限自体は、地方公共団体に委ねられています。とりわけ、原則的形態とされる「参酌すべき基準」に関しては、地方公共団体は、基準の定立にあたって、基本的に、当該法令の基準を参酌すべきであるという手続的なレベルにおける拘束を受けるにとどまり、実体的なレベルにおける拘束は受けません。すなわち、地方公共団体は、「参酌すべき基準」を参照しながら、必要に応じて、地域の特性に鑑みた独自の基準を設定するべきであることになります。義務付け・枠付けの見直しは、以上のように、法令の縛りを削減することによって、条例制定権の範囲を拡大しようとするものです。

（飯島淳子）

*9
　ただし、第一次地方分権改革は、この点に関して、少なからぬ対処を行っています。すなわち、国と地方公共団体の役割分担原則（自治法1条の2・2条11項～13項）が基本原則として謳われ、立法者に対する指針ないし配慮要請としての意味をも持たされています。自治事務については、地域特性に応じた裁量的判断の尊重（自治法2条13項）や国の関与の謙抑主義（自治法245条の3）など、立法者に対し、法定受託事務とは異なる特段の配慮が求められています。

*10
　なお、第三次勧告は、義務付け・枠付けに関する立法の原則（第二次勧告が定立した、義務付け・枠付けの存置のメルクマールとメルクマール非該当の場合の基本的な方針）について、これを、地方分権改革推進計画において位置付け、さらに法律上明確にすることを、提言しています。今次改革においては、一定の基準・準則に照らして既存の個別法令を一つ一つ改正するという個別法方式が採用されましたが、通則規定で条例による上書き権を保障するという通則法方式については、慎重な検討が必要であるとされています。すなわち、今次改革は、個別法令の改正という戦略を採る、あくまで法令により明示的に認められた範囲内において、地方公共団体の独自の施策を許容していこうとするものであるといえます。

学習のポイント

- ■第一次地方分権改革は、自治権と国の行政権の関係を主たる対象とし、機関委任事務制度の廃止、及び、国の関与の法的枠付けと国地方間係争処理制度の整備によって、国地方関係における法治主義を強化したものです。
- ■関与法定主義とは、地方公共団体に対する国の関与は、法律又はこれに基づく政令によらなければならないとするものであり、通達による縛りの廃止を重要な目的としています。
- ■関与の一定の類型とその設定の基準の定めは、個別法令で関与を定める場合であってもこの範囲内で定めることを要求し、個別法令による関与の設定を抑制する立法指針としての意味を有しています。
- ■関与の基本類型のうち一定のもの（助言・勧告・資料提出要求、是正の要求、是正の勧告、是正の指示及び代執行）は、直接地方自治法を根拠として行うことができます。
- ■自治事務に係る是正の要求は、法的拘束力を有していますが、これは、違反の是正改善のために必要な何らかの措置を講ずべきことを求めるものであり、講ずべき措置については地方公共団体の裁量に委ねられています。
- ■法定受託事務に係る是正の指示は、違反の是正改善のために必要な具体的措置を指示するものであり、是正の要求に比べ、内容が特定されています。
- ■市町村に対する関与については、国の直接的関与は例外とされ、都道府県が原則的な関与主体とされています。
- ■市町村の自治事務に係る是正の勧告は、是正の要求とは異なり、都道府県が、大臣の指示なしに独自の判断で行うことができます。
- ■国の関与については、行政手続法にならって、公正・透明の原則が適用され、書面主義・理由附記、基準の設定・公表、標準処理期間の設定・公表、申請・届出の到達主義等の手続ルールが設定されています。
- ■地方公共団体は、一定の国の関与について、国地方係争処理委員会に対する審査の申出をした上で、裁判所に訴えを提起することができます。
- ■国地方係争処理委員会は、行政内部において中立・公平な立場から紛争の処理にあたる、国家行政組織法上の機関として、総務省に置かれています。
- ■国地方係争処理委員会の審査権の範囲は、自治事務に関しては当・不当の判断にまで及ぶのに対し、法定受託事務に関しては適法・違法の判断にとどまります。
- ■国地方係争処理委員会の勧告は、法的拘束力を有さないものの、実効性を担保するための措置がとられています。
- ■国の関与に対する地方公共団体の訴えは、機関訴訟として位置付けられていますが、これが機関訴訟としてしか認められないか否かについては、学説上、対立が存在しています。
- ■都道府県と市町村の間の係争処理手続については、自治紛争処理委員が要となっており、国と地方公共団体の間の係争処理手続に準じた仕組みが設けられています。
- ■第一次地方分権改革後は、義務付け・枠付けの見直しというテーマの下に、国の立法権に対する地方公共団体の自主性・自立性の拡充が課題となっています。
- ■施設・公物設置管理の基準に関しては、条例制定基準として、「従うべき基準」、「標準」及び「参酌すべき基準」が定められますが、前二者は真に必要な場合に限定され、原則として、地方公共団体は「参酌すべき基準」を参照しつつ自ら基準を設定することになります。

第3章 地方自治法

第14節　地方公共団体の協力方式

地方公共団体は、関係する他の地方公共団体とともに、特別地方公共団体である一部事務組合や広域連合（本章「1節4（3）〈2〉地方公共団体の組合」参照）を設立し、これによりお互いの事務を共同で処理することのほか、地方自治法が普通地方公共団体相互間の協力の仕組みとして定めている、連携協約、協議会、機関等の共同設置、事務の委託、事務の代替執行、職員の派遣（自治法第2編第11章第3節）の仕組みを使って、相互に協力しあって事務処理の効率性を高めることもできます。ここでは、これら連携協約等について説明します。

1　連携協約

2014年の地方自治法改正によって、事務の共同処理等のための新しい**広域連携制度**の一つとして、**連携協約**の制度が創設されました（自治法252条の2）。これは、地方公共団体が、関係する他の地方公共団体との協議（各地方公共団体の議会の議決を経ることが必要）により、それら地方公共団体の区域における事務の処理にあたっての基本的な方針及び役割分担を定める協約（連携協約）を締結・変更・廃止して、当該事務処理にあたっての地方公共団体間の連携を図るものです。連携協約を締結したときは、地方公共団体は、その旨及び当該協約を告示するとともに、都道府県が締結・変更・廃止したものにあっては総務大臣、その他のものにあっては都道府県知事に届け出なければなりません（同条2項・4項）。

この制度は、地域の実情に応じた柔軟な運用を可能とするための措置であり、地方公共団体間の事務の分担だけでなく、政策面での役割分担等についても連携協約に盛り込むことができます。また、連携協約を締結した各地方公共団体は、それぞれ当該協約に基づいて分担すべき役割を果たすため必要な措置を執るようにしなければならない（同条6項）ため、連携協約は双務的な効果をもつ連携の仕組みとなっています。連携協約の解釈の対立等から地方公共団体間に紛争が生じ、行政サービスが提供されなくなるような事態が発生することを回避するため、当事者である地方公共団体は、都道府県が当事者となる紛争にあっては総務大臣、その他の紛争にあっては都道府県知事に対し、文書により、自治紛争処理委員による当該紛争を処理するための方策の提示（自治法251条の3の2）を求める申請をすることができるものとされています（同法252条の2第7項）。

なお、この連携協約制度は、第30次地方制度調査会答申に基づき進められていた**地方中枢拠点都市圏**[*1]、現在では、「まち・ひと・しごと創生総合戦略」（2014年12月27日閣議決定）にいう**連携中枢都市圏**[*2]（令和2年4月1日現在、34圏域が形成

*1
地方中枢拠点都市圏とは、地方中枢拠点都市の要件を満たす市とその近隣市町村とによって形成される、三大都市圏以外の地方の都市圏のことです。人口減少社会においても基礎自治体がそのサービスを持続可能な形で提供することができることを目的とした施策です。地方中枢拠点都市の要件を満たす市とは、具体的には、①指定都市（自治法252条の19）、②地方自治法の一部を改正する法律（平成26年法律第42号）による改正後の中核市（当該改正により特例市が廃止され、中核市の指定要件が「人口20万人以上」へと緩和されました。自治法252条の22第1項）、又は、③昼夜間人口比率1以上の市です。

*2
連携中枢都市圏とは、相当の規模と中核性を備える圏域の中心となる都市（連携中枢都市）とその近隣市町村とによって形成される都市圏のことです。連携中枢都市は、①指定都市（自治法252条の19）又は中核市（自治法252条の22）であること、②昼夜間人口比率がおおむね1以上であること（又は、1999年4月1日以降に行われた市町村の合併を経た合併市にあっては、合併関係市のうち人口が最大のものにおいて、昼夜間人口比率がおおむね1以上であること）、③当該市が所在する地域について、（a）三大都市圏の区域外に所在するか、又は、（b）三大都市圏の区域内に所在する場合には、指定都市であるか、若しくは、特別区（自治法281条）に対する当該市の従業又は通学する就業者数及び通学者数（ただし、1999年4月1日以降に行われた市町村の合併を経た合併市にあっては、合併関係市のうち人口が最大のものにおける就業者数及び通学者数の数値を、当該合併市における就業者数及び通学者数の数値とみなします）の合計を、常住する就業者数及び通学者数で除して得た数値が0.1未満であること、という①〜③までの要件のすべてを満たす市でなければなりません（連携中枢都市圏構想推進要綱第3）。そして、このような都市圏を形成することで、人口減少・少子高齢社会にあっても、コンパクト化とネットワーク化により「経済成長のけん引」、「高次都市機能の集積・強化」及び「生活関連機能サービスの向上」を行い、地域を活性化し経済を持続可能なものとし、そして、国民が安心して快適な暮らしを営んでいくことができるようにすることが目指されています。

されており、圏域を構成する市町村数は325団体（延べ数）となっています）の形成に必要不可欠な法的仕組みとして、その活用が期待されています[3]。

2　協議会

地方公共団体は、①事務の一部を共同して管理、執行するため（管理執行協議会）、②事務の管理・執行について連絡調整を図るため（連絡調整協議会）、③広域にわたる総合的な計画を共同して作成するため（計画（作成、策定）協議会）、関係する他の地方公共団体との協議（連絡調整協議会の場合を除き、各地方公共団体の議会の議決を経ることが必要）により規約（記載事項について自治法252条の４）を定め、**協議会**を設けることができます（自治法252条の２の２第１項・第３項）[4]。協議会を設けたときは、地方公共団体は、その旨及び当該規約を告示するとともに、都道府県が締結したものにあっては総務大臣、その他のものにあっては都道府県知事に届け出なければなりません（同条２項）。協議会を設ける地方公共団体の数の増減や規約の変更、協議会の廃止が生じる場合も、同様の手続が執られます（自治法252条の６）。協議会の制度は、行政の合理化、簡素化、能率化及び経費の節約の趣旨より設けられたものですが、地方公共団体の区域を超えて行政の執行を合理化することを直接の目的とするものとされています。協議会は、関係の地方公共団体の職員の中から選任される、協議会の事務を掌理してこれを代表する会長及び委員をもって組織されます（自治法252条の３）。そして、協議会が関係地方公共団体又はその長その他の執行機関の名においてした事務の管理及び執行は、当該長その他の執行機関が管理し及び執行したものとしての効力を有することになります（自治法252条の５）。

3　機関等の共同設置

地方公共団体は、関係する他の地方公共団体との協議（各地方公共団体の議会の議決を経ることが必要）により規約（記載事項について自治法252条の８）を定めることで、議会事務局若しくはその内部組織（自治法138条１項・２項）、教育委員会や監査委員といった委員会若しくは委員（自治法138条の４第１項）とその事務局若しくはその内部組織、執行機関の附属機関（自治法138条の４第３項）、保健所等の行政機関（自治法156条１項）、部・課などの長の内部組織（自治法158条１項）、議会、長・委員会若しくは委員の事務を補助する職員、専門委員（自治法174条１項）又は監査専門委員（自治法200条の２第１項）を共同で置くことができます（**機関等の共同設置**。自治法252条の７第１項）。機関等を共同設置したときは、地方公共団体は、その旨及び規約を告示するとともに、都道府県の加入するものにあっては総務大臣、その他のものにあっては都道府県知事に届出をすることが必要です（同条３項）。共同設置する地方公共団体の数の増減や規約の変更、機関等の共同設置の

*3
　第32次地方制度調査会「2040年頃から逆算し顕在化する諸課題に対応するために必要な地方行政体制のあり方等に関する答申」（2020年6月26日。https://www.soumu.go.jp/main_sosiki/singi/chihou_seido/singi.html）は、そのあり方等に関して、新たな技術を基盤として、各主体の持つ情報を共有し、資源を融通し合うこと等により、組織や地域の枠を越えて多様な主体が連携し合うネットワーク型社会を構築していくことが重要になるとの認識の下、公共私の連携や地方公共団体の広域連携の重要性などを指摘しています。

*4
　総務省自治行政局市町村課「地方公共団体間の事務の共同処理の状況調（令和3年7月1日現在）」によると、協議会の設置数は211であり、その事務処理件数は278件となっており、防災や教育に関する事務に活用されています。https://www.soumu.go.jp/main_content/000799425.pdf

第3章　地方自治法

287

廃止が生じる場合も、同様の手続が執られます（同条2項・3項）。なお、公安委員会に関しては、この機関等の共同設置が認められていません（自治法252の7第1項ただし書き、自治令174条の19）。

　地方自治法上、共同設置する機関の委員等の選任の仕方に関して次のような定めがあります。例えば、地方公共団体の議会が選挙すべきものとされている委員会の委員（選挙管理委員及びその補充員）を共同設置の際に選任する手続としては、①規約で定める地方公共団体の議会が選挙するか、②関係地方公共団体の長が協議で定めた共通の候補者につき、すべての関係地方公共団体の議会が選挙するかの、どちらかの方法によることとされています。また、議会の同意を経て長が選任すべき委員会の委員若しくは委員又は附属機関の委員等（教育長・教育委員会委員、人事委員会・公平委員会委員、監査委員など）の選任手続については、①規約で定める地方公共団体の長が当該地方公共団体の議会の同意を経て選任するか、②関係地方公共団体の長が協議で定めた共通の候補者につき、それぞれの長が当該地方公共団体の議会で同意を経た上で、規約で定める地方公共団体の長が選任するかの、どちらかの方法によることとなります。いずれの方法を採るかは規約で定めなければなりません（自治法252条の9第1項・第2項）。

　解職請求の対象となる選挙管理委員や監査委員（自治法86条1項）、教育長・教育委員会の委員（地教法8条）については、共同設置の場合における解職請求に関する規定が置かれています（自治法252条の10）。それによると、関係地方公共団体の選挙権を有する者が、その属する地方公共団体の長に対し請求し、共同設置が2つの地方公共団体でされている場合には、両者の議会で解職に同意する議決があったとき、また、3つ以上の地方公共団体が共同設置する場合には、その半数を超える関係地方公共団体の議会で解職に同意する議決があったときに、それぞれ解職が成立することになります。

4　事務の委託・事務の代替執行・職員の派遣

（1）事務の委託

　地方公共団体は、関係する他の地方公共団体との協議（各地方公共団体の議会の議決を経ることが必要）により規約（記載事項について自治法252条の15）を定めることで、地方公共団体の事務の一部を、他の地方公共団体に委託して、当該他の地方公共団体の長又は同種の委員会若しくは委員をして管理し及び執行させることができます（**事務の委託**。自治法252条の14第1項・第3項）＊5。例えば、公平委員会の事務について、他の地方公共団体の人事委員会にその処理を委託する場合がこれにあたります（地公法7条4項）。事務の委託を行うときあるいは委託事務を変更し又は委託を廃止するときは、地方公共団体は、その旨及び規約を告示するとともに、都道府県の加入するものにあっては総務大臣、その他のものにあっては都道府県知事に届出をすることが必要です（自治法252条の14第2項・第3項）。当該事務を受託した地方公共団体は、自己の名と責任において当該事務を処理す

＊5
　＊4に記載した総務省の「地方公共団体間の事務の共同処理の状況調」によると、共同処理されている事務の総件数9,345件の72.3％にあたる6,752件が事務の委託の方式によって処理されています。

ることになる一方、委託した地方公共団体は、当該事務を処理する権限を失うことになります。当該事務の管理及び執行に関する法令中、委託した地方公共団体又はその執行機関に適用すべき規定は、当該委託された事務の範囲内で、受託した地方公共団体又は執行機関について適用があるものとされます。また、別に規約で定めるものを除き、受託した地方公共団体の当該委託された事務の管理及び執行に関する条例、規則又はその機関の定める規程は、委託した地方公共団体の条例、規則又は規程としての効力を有するとされています（自治法252条の16）。したがって、ここでの条例・規則等は、属地主義の原則の例外ということになります。

（2）事務の代替執行

　事務の代替執行の制度は、前述1の連携協約の制度と同様、2014年の地方自治法改正によって、事務の共同処理等のための新しい広域連携制度の一つとして、創設されました。地方公共団体は、他の地方公共団体の求めに応じて、協議（各地方公共団体の議会の議決を経ることが必要）により規約（記載事項について自治法252条の16の3）を定めることで、当該他の地方公共団体の事務の一部を、当該他の地方公共団体の長又は同種の委員会若しくは委員の名において管理し及び執行すること（事務の代替執行）ができるようになりました（自治法252条の16の2第1項・第3項）。事務の代替執行をし、又は、代替執行事務を変更し、若しくは事務の代替執行を廃止する場合は、地方公共団体は、その旨及び規約を告示するとともに、都道府県がかかわるものにあっては総務大臣、その他のものにあっては都道府県知事に届出をすることが必要です（自治法252条の16の2第2項・第3項）。事務の代替執行が行われた場合、当該他の地方公共団体の長又は同種の委員会若しくは委員が管理し及び執行したものとして、その効力が生じます（自治法252条の16の4）。

（3）職員の派遣

　地方公共団体の長又は委員会若しくは委員は、法律に特別の定めがあるものを除くほか、当該地方公共団体の事務の処理のため特別の必要があると認めるときは、他の地方公共団体の長又は委員会若しくは委員に対し、当該普通地方公共団体の職員の派遣を求めることができます（自治法252条の17）。ただし、委員会若しくは委員が、**職員の派遣**を求め、若しくはその求めに応じて職員を派遣しようとするなどのときは、事前に当該地方公共団体の長と協議しなければならず（同条3項）、協議不調の場合、その求め等をなしえないと考えられています。派遣された職員は、派遣先地方公共団体の職員の身分を併有し（同条2項本文）[*6]、その身分取扱いに関しては、派遣元地方公共団体の職員に関する法令の規定が原則適用されます（同条4項本文）。

（三浦大介・田村達久）

*6
　派遣された職員の給料、手当（退職手当を除く）及び旅費は、当該職員の派遣先地方公共団体の負担となり、また、退職手当及び退職年金又は退職一時金は、当該職員の派遣元地方公共団体の負担となります（自治法252条の17第2項本文）。ただし、当該派遣が長期間にわたることその他の特別の事情があるときは、当該職員の派遣先地方公共団体及び派遣元地方公共団体の長又は委員会若しくは委員の協議により、当該派遣の趣旨に照らして必要な範囲内において、当該職員の派遣先地方公共団体が当該職員の退職手当の全部又は一部を負担することも認められています（同条ただし書き）。

学習のポイント

■連携協約は、地方公共団体が、関係する他の地方公共団体との協議により、それら地方公共団体の区域における事務の処理に当たっての基本的な方針及び役割分担を定める協約を締結して、当該事務処理に当たっての地方公共団体間の連携を図るものです。連携協約の解釈の対立等から地方公共団体間に紛争が生じ、行政サービスが提供されなくなるような事態が発生することを回避するため、当事者である地方公共団体は、都道府県が当事者となる紛争にあっては総務大臣、その他の紛争にあっては都道府県知事に対し、文書により、自治紛争処理委員による当該紛争を処理するための方策の提示を求める申請をすることができます。

■協議会とは、地方公共団体が、①事務の一部を共同して管理、執行するため（管理執行協議会）、②事務の管理・執行について連絡調整を図るため（連絡調整協議会）、③広域にわたる総合的な計画を共同して作成するため（計画（作成、策定）協議会）、関係する他の地方公共団体との協議により規約を定め設けるものです。

■機関等の共同設置は、関係する地方公共団体が協議により規約を定めて行います。共同設置する地方公共団体数の増減、規約変更、共同設置の廃止も、協議により行います。共同設置される機関の委員等につき、議会の選挙や同意を経て選任される委員等については、選任手続に関する特別な規定が置かれています。解職請求の対象となる委員等の解職請求手続についても、特別な定めが規定されています。

■事務の委託につき、事務を受託した地方公共団体は自己の名と責任において当該事務を処理し、委託した地方公共団体からは当該事務を処理する権限がなくなります。

■事務の代替執行とは、地方公共団体が、他の地方公共団体の求めに応じて、協議により規約を定めることで、当該他の地方公共団体の事務の一部を、当該他の地方公共団体の長又は同種の委員会若しくは委員の名において管理し及び執行することです。都道府県・市町村間だけでなく、市町村相互間でも活用することができます。

■職員の派遣とは、地方公共団体の長又は委員会若しくは委員が、当該地方公共団体の事務の処理のため特別の必要があると認めるときに、他の地方公共団体の長又は委員会若しくは委員に対し、当該普通地方公共団体の職員の派遣を求めるものです。

第4章

民　法

　「民法」は、自治体の実務とは切っても切り離せない関係にあります。例えば、自治体が契約を締結するには民法の「契約」の知識を、土地・建物を取得・管理するには民法の「物権」の知識を必要とします。

　本章では、民法に関する知識や考え方のうち、自治体職員が実務を行う上で身に付けた方がよい点に絞って、学んでいただきます。

　第1節では、市民社会の法的な規律（ルール）としての民法の役割や自治体との関わり、あるいは、民法の主役である「人」とその意思能力・行為能力、成年後見制度、失踪宣告について学びます。

　第2節では、法律行為を構成する意思表示についての考え方や、時効の意義・更新・完成猶予・援用、期間の計算等の民法総則の制度について学びます。

　第3節では、物権について学びます。物権は物に対する権利ですが、その中核をなす所有権の特徴・効力・制限をはじめ、複数人による所有である共有や区分所有、用益物権としての地上権・地役権、担保物権としての抵当権の意義・効力などについて学びます。

　第4節では、債権と債務について学びます。債権は人に対する権利ですが、複数成立したり、自由に創設できるなど物権にない特徴があります。まず債務の履行・不履行を理解した上で、債権の効力としての強制履行・損害賠償・債権者代位権・詐害行為取消権、債権の譲渡、債権の消滅としての弁済・相殺について学びます。

　第5節では、契約について学びます。まず、契約の成立・効力・解除・定型約款の基本を学んだ後、契約の具体的な場面である、売買・賃貸借・請負・委任の意義・効力・終了などや保証契約・消費者契約の規律も学びます。

　第6節では、事務管理の意義・要件・効果と一般不当利得、特殊の不当利得の成立要件と返還義務について、第7節では、故意・過失、権利又は法律上保護される利益の侵害、損害などの不法行為の成立要件、損害賠償の発生という不法行為の効果等について学びます。

　第8節では、婚姻の成立や効果、認知や親子関係、扶養など親族法の基礎知識と、相続の内容や遺言など相続法の基礎知識を学びます。

　そして第9節では、民事訴訟による権利救済として、民事紛争の解決方法、裁判による解決システム、行政事件訴訟との関係、犯罪被害賠償裁判手続、消費者裁判手続などについて学びます。

第1節　市民・公務員と民法

1　自治体と民法

＊1　民法典
　民法という名の付いた法律のことです。明治29年4月27日法律第89号として制定され、同31年7月16日に施行された、全1050条からなる法律です。

　民法とは、形式的には、民法典＊1に規定されている法のことをいいます。その民法典は、総則、物権、債権、親族、相続の5編からなっています。これに民法に関連する法律、例えば不動産登記法、戸籍法などの法律を加えて、その全体を実質的な意味での民法とよびます。これら民法典及び民法の関連法は、いずれも条文の形で規定されていますが、実際の法律問題を解決する際には、条文の文言だけではどのような解決をすべきか明確でないことがあります。そこで、社会の実際問題に法律を適用する場合には、法律の条文の意味を、その適用対象である具体的な事実との関係で明らかにする作業が必要となります。これが法律の解釈という作業です。法律解釈についての最終的な決定権は裁判所がもっています。行政も裁判所の法律解釈に従わなければなりません。以上のことは、三権分立＊2からくる要請であり、民法の解釈の場合も同じです。特に民法典は、明治31年に施行された古い法律ですので、その条文も最近の法律と比べるときわめて簡潔に規定されています。そのぶん、判例による条文の意味の具体化が重要となります。

＊2　三権分立
　国家の作用を立法（国会）、司法（裁判所）、行政（内閣）の三権に分け、それぞれを分離独立させ、国民の政治的自由を保障しようという統治組織原理のことです。

　しかし、近年、民法の改正も積極的に行われています。すなわち、2017年には、それまでの判例を取り入れながら、現代社会にふさわしい内容となるように、債権法関係の大幅な改正が行われました（2020年4月1日施行）。また、2018年6月には、成年年齢を18才に引き下げる改正（2022年4月1日施行）、2018年7月の相続法関連の改正では、自筆証書遺言の方式緩和、配偶者居住権の新設、遺留分制度の見直しなどが行われました（すべて施行済み）。さらに、2021年4月には、所有者不明土地対策に関連して、相続法及び物権法（相隣関係、共有など）にわたる民法改正がなされました（2023年4月1日施行）。2022年12月には、嫡出推定の見直し、女性の再婚禁止期間の廃止、懲戒権規定の見直しなどの改正がされました（懲戒権関連の規定以外は未施行）。現在は、民法改正の活性期といえます。

　民法の規定する内容は、「市民社会の法的な規律（ルール）」です。具体的には、市民間の取引（売買など）、所有権の内容、他人に損害を与えた場合の加害者の不法行為責任、婚姻・相続など家族関係についての規律が定められています。

　ここで問題となるのが、国や自治体などを民法上どのように位置付けるかということです。民法は、市民（個人、法人）がプレイヤーであることを前提に規律を設けていますが、国、市町村などの自治体も、民法の世界（私法の世界）では、個人と区別されることなく、一般私人と対等なプレイヤーとして扱われます。したがって、国や自治体と私人との間の売買契約などについても民法が適用され、

特別法*³がない限り、国や自治体について特別扱いはされません。ただし、不法行為については国家賠償法があり、国や自治体の違法な公権力の行使によって他人に損害を与えた場合には、不法行為責任を規定する民法709条の特別法である国家賠償法が適用されます。

（能見善久）

＊3　特別法
　適用される対象が特別なものに限られているものです。民法での具体例としては、本章「3節4 用益物権」における民法と借地借家法との関係を参照してください。

2　人

（1）自然人と法人

　人は、**自然人**と**法人**に分類されます。自然人とは、個人のことであり、出生によって権利義務を取得し（民法3条1項）、死亡によってこれを失います。なお、権利義務の主体となることができる地位のことを「**権利能力**」とか「**法人格**」といい、「自然人や法人には権利能力がある」あるいは「法人格がある」といういい方をします。自然人は、すべて完全に平等な権利能力を有します。幼児の場合も同じです。ただし、外国人は「法令又は条約の規定により禁止される場合をのぞき」権利能力があるとされます（民法3条2項）。法人にも権利能力があります。株式会社などについては会社法が、営利を目的としない一般社団法人・一般財団法人や公益法人については一般社団法人及び一般財団法人に関する法律が、自治体については地方自治法が、それぞれの法人についての詳細を規定しています。その他、社会福祉法人などは、特別法で法人格（権利能力）が認められています。

（2）住　所

　住所は、債務者が借金を返済する場所（民法484条）や、訴訟をしようとする場合の管轄裁判所（民訴法4条）や、選挙権を行使することができる場所を決定する基準などとして意味をもっています。民法は、住所を定義して「生活の本拠」がある場所としています（民法22条）。民法が規定する住所の概念（民法22条以下）は他の法律においても使われる共通概念です。例えば、住民基本台帳法の住所も「生活の本拠」のことをいい、最高裁判所の判例によれば、「客観的に生活の本拠としての実体を具備している場所」でなければ住所とはいえないとされています（最判平20・10・3判時2026号11頁）。その事案では、占有が許されない公園内にテントなどを張って生活していても、そこに生活の本拠はないとされました。

　なお、住所を公的に証明する手段としては、住民基本台帳法による住民票の制度があります（住基法7条）。これをもとに選挙人名簿などの登録、市町村民税の課税事務などが行われます。

（3）意思能力・行為能力と成年後見制度

　すべての人は権利能力を有し、権利や義務の主体になれますが、自ら取引をして権利を取得したり、義務を負うことができるかは別の問題です。そのためには、

第4章
民法

取引の法的な意味を理解できる能力が必要です。これを**意思能力**といい、意思能力がない者がした契約は無効とされます（民法3条の2）。幼児、高齢者で判断力を失っている者、病気のために判断力を失っている者などは意思能力を否定されますが、意思能力の有無には個人差があり、個々の行為者毎に判断します。意思能力の制度は、判断力のない人が不適切な契約をして財産を失わないようにするための制度ですが、その契約をした時点で意思能力がなかったことを証明しなければなりません。これは、判断力の高低に波がある場合には、結構大変なことです。そこで、民法は、判断力がない者を定型化・類型化し、その者の**行為能力**を制限する制度を設けています。すなわち、未成年者や、成年でも事理弁識能力を欠く者は、**制限行為能力者**とされ、単独では取引ができないようにすることで、その保護を図っています（民法7条以下）。なお、今般の民法改正で成年年齢が18歳に引き下げられましたので（民法4条）、18歳以上は成年者となり、契約などの取引を単独でできるようになります。ただし、取引以外の行為については、別途法律で20歳未満の者はできないことが定められていることがあります。例えば、喫煙や飲酒は、関連する法律で20歳未満の者には禁じられています。

　取引上の行為能力が制限されている者は自分では適切な取引ができませんので、代わりに取引を行ってくれる親権者や後見人などの法定代理人が必要となったり、あるいは、自分で取引をすることができる場合にも、その取引の適否を判断して同意したり、その同意なく行われた取引を取り消したりする仕組みが必要となります。その具体的な仕組みは、制限行為能力者の類型によって異なります。

　未成年者については、親権者や未成年後見人などの法定代理人が代理をしたり（民法824条・859条1項）、その同意を得て未成年者自身が契約をすることができます（民法5条1項）。成年で判断力が欠如する者ないし不十分な者のためには、民法に成年後見制度が用意されており、その者の生活、財産管理、取引を支援します。

（4）成年後見制度

　成年後見制度には、法定後見制度と任意後見制度の2種類があります。

　法定後見制度は、本人の判断力の程度に応じて、**後見、保佐、補助**の3類型を設けています（民法7条以下）。

　後見は、「精神上の障害により事理を弁識する能力[*4]を欠く常況にある者」について適用される制度です。配偶者、4親等内の親族などの申立てに基づき、家庭裁判所が**後見開始の審判**[*5]を行い、本人の行為能力を制限するとともに、成年後見人を選任します（民法7条）。後見開始の審判を受けると、本人（成年被後見人）は、行為能力を制限されますので日用品の購入などは例外的に自分でできますが、それ以外の取引をした場合には、成年後見人又は本人がこれを取り消すことができます（民法9条）。もっとも、判断力欠如の程度から考えて、通常は、成年後見人が本人を代理して取引をすることが多いでしょう。**保佐**は、事理弁識

＊4　事理弁識能力
　取引の結果の利害得失を判断できる能力のことです。過失相殺（被害者側にも過失があったときに、裁判所が損害賠償の金額をその過失を考慮して減額すること）を行うにあたって、被害者にものごとの道理を見分ける能力が備わっていればよく、行為の責任を認識する能力までは求めないという意味でも使われることがあり、6歳くらいの幼児にも事理弁識能力があるとされますが、ここでの意味はそれとは異なります。

＊5　審判
　審判にもいろいろな意味がありますが、ここでは、事理弁識能力を欠く者の成年後見を開始するか否かにつき、本人、配偶者、親族等の請求により、家庭裁判所の裁判官（家事審判官といいます）が行う裁判ことです。この手続等は家事事件手続法という法律に規定されています。

能力が「著しく不十分」な者についての制度です（民法11条）。借金や不動産の売買など、民法が列挙する一定の重要な行為については、家庭裁判所が選任した保佐人の同意がないとできず、その同意なしに行われた被保佐人の行為は保佐人又は本人が取り消すことができます（民法13条1項・4項）。**補助**は、事理弁識能力が「不十分」な者についての制度です（民法15条）。被補助人は、原則として自分で取引行為をすることができますが、家庭裁判所が審判で補助人の同意を必要とするとした行為については、補助人の同意を得ないですると、補助人又は本人が取り消すことができます（民法17条1項・4項）。なお、以上の成年後見の3類型の開始の審判があった場合には、従来の禁治産・準禁治産宣告と異なり、戸籍に記載されることはなくなりました。代わって、法務局で管理する後見登記等ファイルに成年後見登記がなされます（後見登記等に関する法律4条1項）。行為能力の制限の有無を確認する必要がある場合には、登記事項の証明書や登記されていないことの証明書の交付を求めることができます（同法10条）。

　成年後見制度は、判断力が欠如ないし不十分になった者を社会全体で支える制度として重要でありながら、いろいろな理由で十分に利用されていないことに鑑み、成年後見制度の利用の促進に関する法律（平成28年法律第29号）が制定されました。その中には、成年後見制度の利用促進のための施策の策定、実施についての国の責務（4条）や地方公共団体の責務（5条）も定められました。この法律を受けて、成年被後見人や被保佐人が欠格事由となっていた諸制度の見直しが行われ、例えば、会社の取締役に関しては、これらは欠格事由ではなくなりました（会社法331条1項2号の削除）。成年被後見人や被保佐人が取締役に就任する場合には、成年後見人や保佐人の同意を得て就任することになります（会社法331条の2）。また、地方公務員法16条に定める欠格条項からも、「成年被後見人又は被保佐人」（令和元年法律第37号改正前の地公法16条1号）が削除されました（「3章9節2（1）勤務関係の成立と変動」参照）。

　任意後見制度は、本人が判断力のあるうちに、将来判断力が不十分となった場合の自己の生活、療養看護、財産の管理に関する事務を受任者に委任し、代理権を付与する委任契約を締結する制度です（任意後見契約に関する法律2条1号）。任意後見契約は公正証書で作成される必要があります（同法3条）。その後、本人の事理弁識能力が不十分になったときは、本人・配偶者・受任者などの申立てにより、家庭裁判所が任意後見監督人を選任します（同法4条）。そして、この時から任意後見契約による任意後見人（それまでの受任者）の代理権の効力が発生します（同法2条1号）。なお、任意後見契約では対処できない状況が生じた場合には、家庭裁判所の審判により、法定後見に移行することがあります（同法10条）。

　高齢者で判断力を欠く者が増加していることを反映して、成年後見の制度の利用は増加しています。最高裁判所の公表資料によると、2021年の1年間の後見開始、保佐開始、補助開始の申立件数は、それぞれ2万8,052（前年比6.4％増）、8,178（前年比8.6％増）、2,795（前年比7.5％増）です。任意後見契約における任意後見監督

人の選任の申立て件数は784（前年比6.2%増）です（最高裁判所事務総局家庭局「成年後見関係事件の概況－令和3年1月～12月－」）。申立人としては市区町村長が最も多く、全体の23.3%を占めています。また、成年後見人等に選任されるのは親族以外が多く、全体の80.2%となっています。

【図表1－1】法定後見制度（新制度）

	後　見	保　佐	補　助
要　　件	事理弁職能力が欠如	事理弁職能力が著しく不十分	事理弁職能力が不十分
保護機関	成年後見人	保佐人	補助人
権　　限	代理権・取消権	同意権・取消権付加的に代理権	同意権・取消権または／および代理権
対象行為	全ての法律行為9条但書に注意	民法13条1項所定の行為	特定の法律行為

（出典）　四宮和夫・能見善久『民法総則〈第9版〉』（弘文堂、2018年）61頁

（能見善久）

3　失踪宣告

（1）意　義

　不在者の生死が一定期間分明でない場合、家庭裁判所は利害関係人の請求により**失踪宣告**をして、死亡したものとみなします。もっとも、失踪宣告は、失踪者の権利能力を剥奪するものではないので、失踪者がどこかで生存しているときは、その者がした法律行為の効力には影響を及ぼしません。したがって、失踪宣告は失踪した場所を中心とする身分上・財産上の法律関係を処理させるだけの制度です。

（2）要　件

　失踪期間の経過と利害関係人の家庭裁判所に対する請求が必要です。

　失踪期間に関しては、**普通失踪**と**特別失踪**とで異なります。普通失踪は最後の音信があったときから7年間生死不明である場合に認められるのに対し、特別失踪は危難が去ったときから1年間（戦地に臨んだ者、沈没した船舶の中に在った者その他死亡の原因となるべき危難に遭遇した者については、戦争が止んだ後、船舶が沈没した後又はその他の危難が去った後1年間）生死不明の場合に認められます（民法30条）。

　家庭裁判所に請求できる利害関係人とは、失踪宣告があれば権利を得たり、又は義務を免れる者をいいます[6]。

（3）効　果

　普通失踪の場合は、失踪期間が満了した時に死亡したものとみなされ、特別失

＊6
　配偶者、相続人、保険金受取人、法定代理人、不在者財産管理人などがそれにあたります。なお、債権者・債務者は、「利害関係者」に当たりません。また、検察官は失踪宣告を請求することができない点は注意を要します。

踪の場合は、危難が去った時に死亡したものとみなされます（民法31条）。

（4）失踪宣告の取消し

　失踪宣告は、死亡推定の制度ではなく、死亡とみなす制度ですから反証をあげても失踪宣告に基づく法律関係の処理を変えることはできません。こうした法律関係の処理を変えるためには、**失踪宣告の取消し**が必要です。家庭裁判所は、失踪者が生存すること、又は、失踪宣告によって死亡したとみなされる時とは異なった時に死亡（異時死亡）したことの証明があったときは、本人又は利害関係人の請求により失踪宣告を取り消さなければなりません（民法32条1項）。

　失踪宣告が取り消されると失踪宣告はなかったことになります。したがって、失踪宣告を直接の原因として財産を取得した相続人・生命保険金受取人などは不当利得を得たことになるので返還しなければなりませんが、その財産の返還義務の範囲は「現に利益を受けている限度」でよいとされます（民法32条2項）。なお、民法32条2項は善意・悪意を区別していませんが、通説は悪意者[7]については民法704条により返還の範囲が拡張されると解しています[8]。

　また、失踪宣告取消前に善意でなした行為は、失踪宣告の取消しによってその効力に影響を及ぼしません（民法32条1項後段）。例えば、失踪者A、相続人B、Bから相続不動産を買い受けた者をCと仮定した場合、B・Cの双方が善意でなければならないとするのが、判例[9]です。したがって、BCが善意であれば、AはCから不動産を取り戻すことができません。また、失踪者A、残存配偶者をB、Bとの再婚者をCと仮定した場合に、多数説は、BCが善意であれば、再婚は有効であり前婚は復活しないと解しています[10]。

（山田創一）

*7
　ここで悪意とは、失踪者が生存していることや、失踪宣告によって死亡したとみなされる時とは異なる時に死亡したことを、知っていることを指します。

*8
　その受けた利益に利息を付して返還しなければならないとともに、失踪者になお損害があるときは損害賠償の責任を負うとされます。

*9
　大判昭13・2・7民集17巻59頁。

*10
　B・Cの一方又は双方が悪意であれば、前婚が復活し重婚状態が生じるので、前婚と後婚のどちらか一方を解消するため、後婚については取消原因（民法744条・732条）、前婚については離婚原因（民法770条1項5号）となると解されています。

第4章

民法

学習のポイント

■民法という場合、狭義には民法典のみを指しますが、関連する法律、例えば不動産登記法や戸籍法などの法律を加えて、広く民法ともいいます。

■民法が規定する内容は、「市民社会の法的な規律（ルール）」です。

■人は、自然人と法人とに分類され、自然人は、すべて完全かつ平等に「権利能力」をもちます。幼児や外国人、会社などの法人にも権利能力があります。

■取引の法的な意味を理解できる能力を「意思能力」といい、意思能力がない者がした契約は無効とされます。

■民法が定める住所とは、「生活の本拠」がある場所のことで、これは他の法律にも使われる共通概念となっています。

■独立して完全に有効な法律的な効果を発生させる行為をなしうる能力を「行為能力」といい、未成年者や、成年でも事理弁識能力をもたない者が損害を受けないよう、民法はその行為能力を制限し、保護を行っています。この行為能力を制限された者の代わりに取引を行う人を成年後見人といい、家庭裁判所によって選任されます。これを成年後見制度といいます。

■成年後見制度には、法定後見制度と任意後見制度の２種類があります。法定後見制度は、本人の判断力の程度に応じて、後見、保佐、補助の３類型が設けられています（民法７条以下）。

■失踪宣告は、不在者の生死が一定期間分明でない場合に、家庭裁判所が利害関係人の請求により失踪宣告をして、不在者を死亡したものとみなす制度です。

■失踪宣告には、失踪期間の経過（普通失踪は最後の音信があった時から７年間、特別失踪は危難が去った時から１年間）と、利害関係人の家庭裁判所に対する請求が必要です。

■失踪宣告がなされると、普通失踪の場合は失踪期間が満了した時に、特別失踪の場合は危難が去った時に、死亡したものとみなされます。

■失踪者が生存すること、又は、失踪宣告によって死亡したとみなされる時とは異なった時に死亡（異時死亡）したことの証明があったときは、家庭裁判所は、本人又は利害関係人の請求により、失踪宣告を取り消します。

■失踪宣告が取り消されると、失踪宣告を直接の原因として財産を取得した相続人などはその財産を返還しなければなりませんが、その財産の返還義務の範囲を、通説は、善意であれば民法32条２項により現に利益を受けている限度とし、悪意であれば民法704条により返還の範囲が拡張されるとしています。

■失踪宣告取消前に善意でなした行為は、失踪宣告の取消しによってその効力に影響を及ぼしません。

第2節　民法総則の諸制度

1　法律行為

（1）法律行為と意思表示

　法律行為とは、当事者の意思に従った法律効果を認める法律要件のことで、**意思表示**を構成要素とします。**契約**[*1]や**単独行為**[*2]や**合同行為**[*3]がこれに属します。

　意思表示は、ある動機に導かれ、**効果意思**（法律効果を発生させようとする意思）、**表示意思**（効果意思を外部に発表しようとする意思）、**表示行為**（効果意思の外部的表明）の三段階を経て成立します（**【図表2−1】**）。意思表示が成立すると、これを解釈し意思表示の内容を確定します。

【図表2−1】意思表示の流れ

動機　→　効果意思　→　表示意思　→　表示行為

（2）意思の不存在と瑕疵ある意思表示

　表示行為に対応する内心の効果意思（内心的効果意思）が存在しない場合は、**意思の不存在**とよばれ、意思表示が無効となります。心裡留保（民法93条）、虚偽表示（民法94条）がこれにあたります。また、錯誤（民法95条）は、「意思表示に対応する意思を欠く錯誤」（同条1項1号）のみならず、「表意者が法律行為の基礎とした事情についてのその認識が真実に反する錯誤」（同条1項2号）すなわちいわゆる動機の錯誤も取り扱うことから、意思表示は取り消すことができるとされています。さらに、表示行為に対応する内心的効果意思は存在しても、内心的効果意思を形成する際の動機に詐欺や強迫が作用して意思決定が自由に行われない場合は、**瑕疵ある意思表示**とよばれ、意思表示が取り消されることになります（民法96条）。以下、これらをそれぞれ説明していくことにします。

　心裡留保とは、表意者が表示行為に対応する真意のないことを知りながら行う単独の意思表示のことをいいます。例えば、本当は時計を贈与する意思がないのに、これを贈与する旨の約束をする場合です。心裡留保の意思表示は相手方が表意者の真意ではないことにつき善意無過失のときは有効ですが、相手方がその意思表示が表意者の真意ではないことを知り、又は知ることができたときは、相手方を保護する必要がありませんので、その意思表示は無効とされます（民法93条1項）。もっとも、善意の第三者に対しては無効を対抗できないとされます（民法93条2項）。

＊1　契約
申込みと承諾の意思表示の合致によって成立します。

＊2　単独行為
遺言、解除など単独の意思表示によって成立します。

＊3　合同行為
社団設立行為のように、相対立しない複数当事者の、内容と方向を同じくする意思表示の合致によって成立します。

第4章

民法

虚偽表示とは、相手方と通謀して行う真意でない意思表示のことをいいます。例えば、債権者からの差押えを免れるために、友人と通謀して自己の不動産を友人に売ったように契約する場合です。虚偽表示は、真実の効果意思がありませんので、原則として無効ですが、善意の第三者に対しては、無効を対抗できないとされます（民法94条）。虚偽の外観を信頼した第三者を保護する必要があるとともに、虚偽の外観を作り出した権利者がその権利を失うことになってもやむをえない（帰責性）と考えられるからです（**権利外観法理**）。とりわけ、一般に**公信力***4が認められていない登記に、一定の場合に公信力を認めたのと等しい結果を導くことができる点は注意しなければなりません。判例*5は、民法94条2項の類推適用を通じて、この機能を本来の虚偽表示の場面より広い範囲で認めています。

錯誤とは、表意者の誤認識・誤判断が原因で、表示から推測される意思と真意（動機ないし内心の効果意思）とが一致しない意思表示を表意者自身がこれを知らずに行う場合をいいます。また、意思決定をするに至るまでの動機に誤信があった場合を**動機の錯誤**（基礎事情錯誤）*6とよび、意思決定がされてからそれを表示するまでになされた誤信を**表示行為の錯誤**とよびます。そして、表示行為の錯誤には、**表示行為の意味に関する錯誤**（内容の錯誤）*7と、**表示上の錯誤***8とがあります（【図表2-2】）。錯誤に基づく意思表示が取り消されるためには、①「その錯誤が法律行為の目的及び取引上の社会通念に照らして重要なものである」*9ことと、②「錯誤が表意者の重大な過失によるもの」*10でないことが必要であり、動機の錯誤の場合には、これに加えて、③「その事情が法律行為の基礎とされていることが表示されていた」*11ことが必要です（民法95条1項〜3項）。もっとも、錯誤による取消しは、善意無過失の第三者に対抗することができないとして（民法95条4項）、取引の安全が図られています。

【図表2-2】

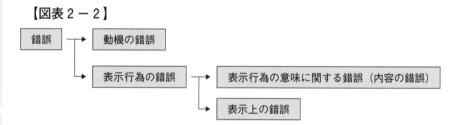

次に、**詐欺**とは、他人をだまして錯誤に陥れ、その他人に錯誤に基づいて意思表示をさせる行為のことをいい、だまされた表意者はその意思表示を取り消すことができます（民法96条1項）。また、第三者が詐欺を行った場合には、意思表示の相手方がその詐欺の事実を知り、又は知ることができたときに、だまされた表意者はその意思表示を取り消すことができます（同条2項）。さらに、詐欺による取消しは、善意無過失の第三者（詐欺の事実を知らずに詐欺による法律行為に基づいて取得された権利について新たな法律関係に入った者）には対抗することができませ

*4　公信力
　権利関係の存在を推断させる外形的事実はあるが、真実にはこれに相応する権利関係が存在しない場合に、その外形を信頼して取引をした者に対し、真実に権利関係が存在した場合と同様に権利取得を認める効力のことを公信力といいます。

*5
　最判昭45・9・22民集24巻10号1424頁、最判平18・2・23民集60巻2号546頁など。

*6　動機の錯誤
　受胎していて良馬を産出すると思って馬を買ったところ、こうした馬ではなかった場合などがこれにあたります。

*7　内容の錯誤
　ドルとポンドを同価値だと誤信して100ドルの価値を意図していたのに、100ポンドと表示する場合などがこれにあたります。

*8　表示上の錯誤
　ドルとポンドの違いは理解しているが、100ドルと書くべきところを、うっかり100ポンドと誤記するような場合などがこれにあたります。

*9
　錯誤が「重要なものである」とは、その点に錯誤がなかったら表意者は意思表示をしなかったであろうという因果関係があり、かつ、表意者だけでなく通常人もそのような意思表示をしなかったであろうといえる程度の客観的な重要性があることが必要です。

*10
　錯誤が表意者の重大な過失によるものであっても、①「相手方が表意者に錯誤があることを知り、又は重大な過失によって知らなかったとき」か、又は、②「相手方が表意者と同一の錯誤に陥っていたとき」は、意思表示を取り消すことができます（民法95条3項）。

*11
　「表示」は、明示の表示だけでなく、黙示の表示も含みます。

ん（同条3項）。もっとも、詐欺を理由とするAからBへの不動産の売買契約の取
消後に不動産を取得した第三者C（取消後の第三者）が登場した場合には、判
例[*12]は、民法96条3項を適用せず、取消しによるBからAへの復帰的物権変動
とBから第三者Cへの物権変動を二重譲渡類似の関係にあるとみて、民法177条
により先に登記を備えた者が優先するとしています（**【図表2-4】**）。これに対し、
強迫とは、害悪を示して他人を畏怖させ、その結果、その他人にその畏怖に基づ
いて意思表示をさせる行為のことをいい、表意者はその意思表示を取り消すこと
ができます（民法96条1項）。詐欺の場合との相違点は、第三者の強迫の場合には
相手方がそれを知っているか否か、それを知ることができたか否かにかかわりな
く、常に取り消すことができること（民法96条2項の反対解釈）と、強迫を理由と
する取消しは善意無過失の第三者にも対抗できること（同条3項の反対解釈）です。
詐欺の場合にはだまされる者にも落度があるが、強迫された者には落度がないと
考えたことによります。もっとも、錯誤や強迫による取消後に不動産を取得した
第三者が登場した場合には、詐欺の場合と同様に、民法177条によって処理され
ると解されています（通説）。なお、詐欺・強迫の取消権の行使期間は、追認[*13]
可能時から5年、行為の時から20年とされます（民法126条）。

【図表2-3】

【図表2-4】取消後の第三者

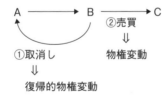

（3）法律行為の内容に関する有効要件

　法律行為が、内容の不確定な法律行為、強行規定[*14]に反するような内容の適
法性を欠く法律行為（民法91条）、公序良俗[*15]に反するような内容の社会的妥当
性を欠く法律行為（民法90条）であれば、無効とされます。

（4）代　理

　法律行為は、その効果が帰属する本人が行うのが原則ですが、本人の活動範囲
の拡張のため、あるいは、取引能力がない者の活動を補充するために、代理人に
法律行為を行ってもらうこともできます。すなわち、**代理**は、代理人が本人のた
めに意思表示を行い、その法律効果だけを本人が取得する制度です。代理人の行っ

*12
　大判昭17・9・30民集21巻911頁。

*13　追認
　取り消すことができる行為を確定的に有効なものとする一方的な意思表示であり、「取消権の放棄」を意味します。

*14　強行規定
　公の秩序に関する規定で個人の意思によって左右することを許さない規定のことをいいます。基本的な社会秩序に関する規定（親族法、相続法、物権法の規定に多い）、私的自治の前提ないし枠組みに関する規定（法人格、行為能力、意思表示・法律行為の規定）、基本的な自由を保障する規定（民法678条）、第三者の信頼ないし取引の安全を保護する規定（即時取得、表見代理、対抗要件の規定）、経済的弱者保護の規定（利息制限法、借地借家法、労働基準法等）などがあります。

*15　公序良俗
　公序良俗に反する行為としては、人倫に反する行為、経済・取引秩序に反する行為、憲法的価値・公共的政策に反する行為があります。例えば、他人の無思慮・窮迫・軽率・無経験に乗じて暴利をむさぼる契約は暴利行為とよばれ、公序良俗違反として無効とされます（本章「4節1＊3」も参照してください）。

第4章

民法

*16 顕名
「A代理人B」というかたちでA本人に効果が帰属することを明示することを顕名といいます。

*17
　もっとも、未成年者であるAの父Bが後見開始の審判や保佐開始の審判を受けている場合のように、制限行為能力者Bが他の制限行為能力者Aの法定代理人としてした行為については、本人Aを保護するため取り消すことができるとされています（民法102条ただし書き）。

*18 善意無過失
　その行為を行うことについて、それに関連する事情を知らず、かつそれを知らないことに過失もないことです。

た意思表示の効果が本人に帰属するためには、代理人が本人に効果が帰属することを明らかにして*16意思表示を行う**代理行為**の存在と、**代理権**の存在が必要とされます（【図表2－5】）。そして、**代理行為の瑕疵**、すなわち、意思表示の効力が意思の不存在、錯誤、詐欺、強迫又は悪意・過失によって影響を受けるべき場合には、原則として代理人を基準に決せられます（民法101条1項・2項。なお、例外として同条3項）。また、制限行為能力者が代理人としてした行為は、代理の効果が本人に帰属し代理人に不利益を及ぼさないので、行為能力の制限を理由に取り消すことはできないとされています（民法102条本文）*17。さらに、代理権がなく代理行為が行われた場合、**無権代理**とよばれ、本人の追認がない限り、本人に効果が帰属しません（民法113条1項）。この場合には、相手方は、無権代理に関し善意無過失*18であれば、行為能力者である無権代理人に対して、履行又は損害賠償を請求することができます（民法117条）。なお、代理人として契約をした者に代理権がなかったことを相手方が過失によって知らなかった場合でも、無権代理人が自己に代理権のないことを知っていたのであれば、相手方は無権代理人に対して履行又は損害賠償の責任を追及することができます（民法117条2項2号ただし書き）。

【図表2－5】代理の基本構造

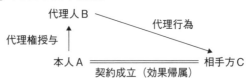

また、代理人が自己又は第三者の利益を図る目的で代理権の範囲内の行為をした場合（**代理権の濫用**）、相手方がその目的を知り、又は知ることができたときは、その行為は、代理権を有しない者がした行為とみなされます（民法107条）。

さらに、無権代理となる場合であっても、代理権の存在を推測させる虚偽の外観が存在し、こうした外観作出について本人の帰責性が認められる一方、第三者が代理権があると善意無過失で信頼した場合には、権利外観法理に由来する**表見代理**の制度により、本人に効果が帰属します。代理権授与の表示による表見代理（民法109条1項）、権限外の行為の表見代理（民法110条）*19、代理権消滅後の表見代理（民法112条1項）がこれにあたります。それぞれ、第三者に対して他人に代理権を与えた旨の表示をしたこと、代理人になんらかの代理権（基本代理権）が与えられていたこと、代理権消滅後に代理権が存在するかのような外観を撤回しなかったことに本人の帰責性が求められます。なお、民法109条1項と110条の重畳適用が問題となる場面と112条1項と110条の重畳適用が問題となる場面については、明文化（前者については109条2項、後者については112条2項）されています（【図表2－6】）。

【図表2－6】表見代理

```
① 代理権授与の表示による表見代理（民法109条1項）
② 権限外の行為の表見代理（民法110条）
③ 代理権消滅後の表見代理（民法112条1項）
④ 複合型（民法109条1項　＋　民法110条）⇒民法109条2項
⑤ 複合型（民法112条1項　＋　民法110条）⇒民法112条2項
```

（山田創一）

2　時効制度

（1）時効の意味

　時効とは、一定の事実状態が長期間続くことに対して、法的な効果が与えられる制度です。時効には、消滅時効と取得時効の2種類があります。**消滅時効**は、債権者が長期間、取立てをしないなど、権利行使をしないで債権を放置しておくと、その債権が消滅するという制度です。また、**取得時効**は、他人の土地を長期間占有することで、占有者が所有権をもっていない場合でも、その土地の所有権を取得するという制度です（所有権以外の権利を時効で取得する場合もありますが、詳細は後述します）。両者は、一定の事実状態が長期間継続することに対して、法律が与える効果である点で共通していますが、社会的には全く異なる機能を有しますので、次に、それぞれを説明します。

（2）消滅時効の意義

　貸金債権や銀行預金などの債権は、債権者がその権利を行使できることを知った時（主観的起算点）から5年間、又はその権利を行使できる時（客観的起算点）から10年間、債権者が権利を行使しないで放置していると、時効によって消滅します（民法166条1項）。ここで定められた民法の消滅時効の原則は、銀行取引から生じる債権や、会社間の債権など商事の債権にも適用されます。しかし、地方公共団体が有する金銭債権や地方公共団体に対する金銭債権は、大量処理の必要性から、客観的起算点、すなわち「権利を行使できる時」からの時効だけが定められています。しかも、その期間は10年間ではなく、5年間に短縮されています（自治法236条1項）。同様に、国税や地方税についても、法定納期限から5年間の消滅時効が規定されています（国税通則法72条1項、地税法18条1項）。

　消滅時効は、債務の弁済[20]が実際にはなくても債務を消滅させるので、一見すると正義に反する制度のようにも思えますが、時効制度がないと、実際に債務を弁済した債務者も、いつまでも弁済の証拠を保管していなければ安心できません。しかし、時効制度があるおかげで、一定期間を過ぎれば領収書など弁済の証拠を保管していなくても、債権者から弁済を強制されることがなくなりますので、事務負担を軽減することになる点に消滅時効の重要な機能があります。

*20　債務の弁済
　債務者が債権者に債務の本旨に従った給付を行うことにより、債権者の債権を消滅させることをいいます。

第4章

民法

303

（3）消滅時効の起算点と時効期間

　前述したように、債権についての消滅時効は、「債権者がその権利を行使できることを知った時」から「5年間」（民法166条1項1号）、又は債権者がその「権利を行使できる時」から「10年間」（同項2号）、債権者が権利を行使しないと時効で消滅します。前者は、起算点について、債権者の「知った」という主観的認識を基準としますので、法律上の用語ではありませんが、主観的起算点などとよびます。後者は、債権者の主観的認識に関係なく客観的に起算点が決まりますので、客観的起算点などとよびます。○年○月○日というような返還期限（弁済期）の定めのある貸金債権などでは、債権者は、弁済期、すなわち「権利を行使できる時」を知っていますから、その弁済期が到来した時から5年間で消滅時効が完成します。これに対して、債務者が父親が死亡して相続が開始したら返すなどという約束では（このような返済期の定め方を不確定期限といいます。民法412条2項）、債務者が相続したか否かは、債務者から教えてもらわないと債権者には通常はわかりません。そこで、債権者は返済期が実際には到来しているのに返済を求めることなく長年月が経過することがあります。このような場合にも、債権者が弁済期の到来を知れば、その時から5年間で時効が完成しますが、それを知らなかったとしても、弁済期、すなわち「権利行使をすることができる時」から10年間で債権の消滅時効は完成します。どちらか早い方の時効期間が到来したときに消滅時効が完成します。

　不法行為による損害賠償請求権の消滅時効については、契約によって生じる債権と違って、不法行為の成否や損害の有無など、被害者、加害者双方にとって不確定要素が大きいので、起算点及び時効期間について民法166条の特則が定められています。すなわち、被害者が加害者と損害を知った時から3年間、又は、不法行為の時から20年間で消滅時効が完成します（民法724条）。どちらの期間も時効期間です。なお、人身侵害の場合の特則については、次の（4）を参照してください。

（4）人身侵害の場合の特別な時効期間

　今まであった3年・2年・1年の短期の特別の消滅時効は意義が乏しいとして削除されました。しかし、人身事故による損害賠償請求権についてはその重要性を考えて、民法166条1項で規定する原則的な時効期間を延長する特則が新設されました。すなわち、「債権者が権利を行使できることを知った時」から5年間という消滅時効は一般原則と同じですが（民法166条1項1号）、「権利を行使することができる時」からの時効については、時効期間が20年とされています（民法167条）。この時効期間は、医療過誤で患者が医師や病院の債務不履行責任を追及する場合や、労働者が職場で人身損害を被り、使用者の安全配慮義務違反を理由に損害賠償請求をする場合も債務不履行責任を追及していますので、これが適用されます。被害者が不法行為を理由とする人身侵害の損害賠償を請求する場合に

は、民法167条は適用されませんが、民法724条の2が、債務不履行の場合と同じく、5年と20年の2つの時効期間を定めています。

（5）時効の完成猶予・更新

民法改正前は時効の停止・中断とよばれていた制度が時効の完成猶予・更新という制度に変わりました（これらを時効障害とよぶことがあります）。**完成猶予**とは、権利者の権利行使が継続的に行われている一定期間の最中は時効が完成しないことです（時効は進行しているが、完成しない）。また、**更新**とは、それまで進んでいた時効期間がすべて意味を失い、新しい時効が進行することをいいます。「完成猶予及び更新」が生じる場合、「完成猶予」だけが生じる場合、「更新」だけが生じる場合があります。

まず、「完成猶予及び更新」が生じる場合をみましょう。「**裁判上の請求**」がその例です。債権者が裁判で請求する行為、すなわち訴えを提起しても、裁判が確定するまで時間がかかります。そこで、「裁判上の請求」があると、進行していた時効について、「完成猶予」が生じます（民法147条1項）。この場合、時効はそのまま進行するのですが、裁判中に、本来の時効期間の5年又は10年が到来しても、時効は「完成しない」という扱いを受けます。そして、権利者が勝訴判決を受けて裁判が確定すれば、今までの時効期間は全て意味を失い、判決確定の日から新しい時効が進行します（民法147条2項）。これが時効の「更新」です。裁判上の請求によって「時効の完成猶予」、勝訴の確定判決によって「時効の更新」、というように2段階のステップを踏むことになります。民法147条の表題をみると、裁判上の請求等による「時効の完成猶予及び更新」となっていることに注意してください。なお、判決で確定した権利の時効は時効期間が10年とされます（民法169条1項）。裁判が訴えの取下げなどで終了した場合には、裁判の間だけ完成猶予がされるのでは、裁判中に5年ないし10年の時効期間が経過したときは、裁判終了の瞬間に時効が完成することになって不都合です。そこで、債権者に別の権利行使手段を講じるチャンスを与えるために、訴えの取下げによる裁判の終了後6ヶ月間は時効は完成しないという扱いがされます（民法147条1項）。以上のほかに、債権者による一定の権利行使手続の着手によって「時効の完成猶予」が生じ、その手続が終了することで「時効の更新」が生じる場合としては、支払督促など（民法147条1項2号～4号）のほか強制執行など（民法148条）があります。

以上に対して、債権者による一定の権利行使があっても、それが弱い権利行使であるため、それによって権利の存在が確定するわけではないような場合には、単に、時効の完成が猶予されるだけという扱いを受けます。仮差押え（民法149条）催告（民法150条）、権利についての債務者との協議（民法151条）などです。**催告**とは、裁判外で手紙や口頭で債務者に請求することですが、これは権利行使ではありますが、権利が本当に存在するかどうかわかりません。そこで、民法150条は、催告の時から6ヶ月間は時効の完成を猶予しますが、その間に、より強力な手段

（裁判上の請求など）を講じないと、時効の完成を止めることができないことを定めています。催告にはこのように弱い効力しかありませんが、裁判上の請求をするには準備に時間がかかるというときに、催告は、とりあえず、時効が完成しないようにするための便利な手段です。民法151条は、債権者と債務者の間で、権利についての協議を行う旨の合意が書面でなされたときは、一定期間時効の完成を猶予すると規定しています（民法151条）。事実関係の解明が困難であったり、複雑な紛争では、債権者が自己の権利を主張し、債務者と交渉することがあり、このような協議中に時効が完成するのは適当でないので、協議を行う旨の合意があると、時効の完成猶予が認められるのです。

　以上は、いずれも債権者が何らかの権利行使をしている場合ですが、これに対して債務者が債務の存在を承認する行為をした場合には、時効は直ちに更新されます（民法152条）。債権者からの請求を受けて、債務者が弁済期の伸張を求めたり、一部支払うから残額を免除してくれなどと頼む行為は、債務の存在を前提とする行為なので、**債務の承認**とされ、それまで進行していた時効期間は意味を失い、時効が更新され、新しい時効期間が進行します。この場合には、時効の完成猶予という問題は生じません。

　このほか、天災などによって、権利者が権利を行使することが期待できない状況が生じたときにも、一定期間時効の完成が猶予されます（民法158条～161条）。

（6）消滅時効にかかる権利・かからない権利

　これまで金銭債権についての消滅時効を考えてきました。しかし、債権にもいろいろあります。また、債権以外にもいろいろな権利があり、これらの権利が消滅時効にかかるか否かが問題となります。

　まず、金銭債権以外の債権、例えば、画家に対して肖像画を描いてもらう契約をした場合の画家に対する権利は一定の行為を請求する債権（画家の方からみた場合には、「なす債務」とか「作為債務」などといいます）ですので、やはり債権として5年又は10年の消滅時効にかかります（民法166条1項）。債務不履行[21]を理由として契約を解除する権利の時効も重要です。解除権は、**形成権**とよばれ厳密には債権ではありませんが、契約上の債務の不履行を原因に生じる権利ですので、債権の消滅時効に準じて5年又は10年の消滅時効にかかると考えるべきでしょう。詐欺を理由に意思表示を取り消す権利も形成権ですが、これについては5年又は20年で時効にかかるとする特則が規定されています（民法126条）。

　所有権は、いくら長期間にわたって放置されていても、時効で消滅することがありません（民法166条1項と2項を対比）。ただし、他人の物（土地など）を長期間占有すると取得時効が成立して、占有者が所有権を取得し、その反面、所有者は所有権を失うことになります（民法162条）。

　地上権などの物権は、債権でも所有権でもありませんが、これらの権利は20年間権利行使しないことで時効により消滅します（民法166条2項）。

*21　債務不履行
　債務者が債務の本旨に従った履行をしないことで、債権者は、これによって生じた損害については、賠償を請求することができます（民法415条）。

（7）時効の援用

　時効期間が経過し（これを時効期間の満了といいます）、時効によって債権が消滅しても、債務者が時効を援用[22]しないと、裁判所は、時効を理由に債権が消滅したという扱いをすることができません（民法145条）。例えば、債務者Aのほかに、その債務の担保のために自己の土地を担保に提供した者B（この場合のBを「物上保証人」といいます）がいる場合には、物上保証人は独自の援用権を有し、その結果、たとえ債務者が時効を援用しなくても、さらには債務を承認するなど時効の利益を放棄（民法146条）したときでも、物上保証人が時効を援用すると、物上保証人との関係では債権は消滅し、債権者は物上保証人に対する担保権を実行することができなくなります。時効の援用は、援用権者ごとに相対的に判断します。

＊22　援用
　ある事実を自らの利益のために主張することを「援用」といいます。

（8）取得時効

　他人の物（土地など）を長期間、所有する意思をもって占有すると、占有者はその物の所有権を時効で取得します。これを**取得時効**といいます。例えば、ＡＢ間の売買契約によって、買主BがAの土地の引渡しを受けて長年自己の所有地として占有していたところ、ＡＢ間の売買契約が何らかの理由で無効であったことがわかったときに、Bは売買契約が無効である以上、土地の所有権を取得することができません。しかし、Bは、売買契約が無効であることを知らず、そのことに過失がなかった場合には、10年間この土地を占有することで、その土地の所有権を時効によって取得できます（民法162条2項）。無効原因を知っていたり、知らないことについて過失があった場合でも、20年間占有していると、同じく時効によってその土地の所有権を取得することができます（同条1項）。このように、取得時効は長年続いた事実状態を尊重する制度であり、取引の安全や社会の安定を図るものです。ただし、公有地については、他人が長年所有するつもりで占有していても、取得時効は適用されないというのが判例[23]です。

　実際には、土地の所有権について取得時効が問題となることが多いのですが、最近は土地の分譲に伴って、奥まったところにできた土地から公道にでるための通行地役権（「通行地役権」については、次節で説明します）の取得時効が問題となるケースが増えています（民法163条・283条）。

＊23
　最判平17・12・16民集59巻10号2931頁は、公共的な財産としての形態、機能を喪失した土地については取得時効を認めるとしています。

（9）時効の経過措置

　民法の一部を改正する法律（債権法改正）は2020年4月1日に施行されました。自治体の債権管理の観点からみると、経過措置の内容がとても重要になります。

　附則10条4項によれば、施行日前に債権が生じた場合には、その債権の消滅時効の期間は、改正前民法のものとなります。反対からいえば、施行日以後に生じた債権には、改正法の消滅時効期間が適用されます。ただし、施行日以後に債権が生じた場合であっても、その原因である法律行為が施行日前にされた場合（たとえば、法律行為に停止条件が付されていて、施行日後に停止条件が成就した場合）には、

第4章

民法

改正前民法の消滅時効期間が適用されることに注意が必要です。

時効障害についてもみておきましょう。施行日前に、時効の中断事由や停止事由が生じていた場合には、それによって生じた時効中断の効果、時効停止の効果が、施行日後に覆ることはありません（附則10条２項）。また、施行日前に、新たな時効の完成猶予事由である「協議の合意」がされていたとしても、時効の完成猶予の効果は生じません（附則10条３項）。なお、施行日前に生じていた債権についても、施行日以後は、新法の規定にしたがって、時効の更新や完成猶予が認められます。つまり、施行日前に生じていた債権については、その時効期間は、改正前民法を参照し、時効障害については、その発生時期が施行日前か後かによって改正前民法又は改正法を参照する必要があります。

（能見善久）

3　期間の計算等

（1）意　義

期間とは、ある時点からある時点まで継続する時間的長さのことをいいます。そして、期間は法律上種々の効果が与えられていますので、民法は期間の計算に関する通則を定めています[24]。期間の規定は、私法関係だけでなく公法関係にも適用されます[25]。

（2）期間の計算方法[26]

期間の計算方法としては、**自然的計算法**（瞬間から瞬間まで計算する方法）と**暦法的計算法**（暦に従って計算する方法）があります。民法は、前者を短い期間に用い、後者を長い期間に用いています。

短期間（時・分・秒を単位とする期間）の計算方法については、「即時から起算」し（民法139条）、瞬間から瞬間まで計算します（自然的計算法）。

長期間（日・週・月・年を単位とする期間）の計算方法については、暦法的計算法が用いられます。

【図表２−７】期間の計算方法

まず、起算点については、原則として期間の初日を算入しません（初日不算入の原則）[27]。したがって、その翌日が起算点となります（民法140条本文）。しかし、初日に端数がでない場合（例えば、５月31日に６月１日より10日間と定めた場合）には、初日（６月１日）を起算日とします（民法140条ただし書き）。

＊24
法令若しくは裁判上の命令に特別の定めがある場合又は法律行為に別段の定めがある場合にはそれに従いますが、そのような定めのない場合には補充的な計算方法を民法は規定しています（138条）。

＊25
判例に、解散後の総選挙期日の起算日に関し、初日不算入の原則（民法140条）を適用したものがあります（大判昭５・５・24民集９巻468頁）。

＊26
過去に遡って計算する場合（民法158条など）の期間の計算方法に関して民法は規定をおいていませんが、この場合も民法の規定が類推適用（序章２節４（２）〈２〉＊11参照）されます（大判昭６・５・２民集10巻232頁）。

＊27　初日不算入の原則
もっとも、民法のこの原則に対して例外を定めた法令も多く存在します（例えば、出生の日から年齢を計算する年齢計算ニ関スル法律１項や、戸籍届出期間の起算日を届出事件発生の日とする戸籍法43条１項などです）。

　次に、満了点については、期間はその末日の終了をもって満了します（民法141条）。期間が日で定められた場合には、起算日から日数で計算して、その最後の日が末日となります（同条）。期間が月・年で定められた場合には、日数で計算しないで、暦に従って計算されます（民法143条1項）。月又は年の最初から期間を計算しない場合には、最後の月又は年の起算日に応当する日の前日をもって末日とします（民法143条2項本文）*28。しかし、最後の月に応当する日がない場合には、その月の末日が期間の末日となります（民法143条2項ただし書き）*29。また、期間の末日が、日曜日、国民の祝日に関する法律に規定する休日その他の休日にあたり、かつその日に取引をしない慣習がある場合には、期間はその翌日に満了します（民法142条）。民法142条は期日にも類推適用されます。

（3）条件と期限

　法律行為の効力の発生・消滅を将来の不確定な事実の成否にかからしめる場合を**条件**といい、法律行為の効力の発生が一定の条件にかかっている場合は停止条件*30、法律行為の効力の消滅が一定の条件にかかっている場合は解除条件*31とよばれます（民法127条1項・2項）。これに対し、法律行為の効力の発生・消滅又は債務の履行を、将来到来することの確実な事実の発生にかかわらしめる場合、その事実が発生する時を**期限***32といいます。

（山田創一）

*28
　例えば、2010年4月10日にこれから1年間と定めた場合には、起算日は4月11日ですから、応当日は2011年4月11日となり、その前日である2011年4月10日が末日となります。

*29
　例えば、3月30日にこれから1ヶ月と定めた場合は、起算日は3月31日になりますから、4月には応当日がないことになりますが、この場合には4月30日をもって末日とします。

*30　停止条件
　例えば、試験に合格したら時計をあげるという場合がこれにあたります。

*31　解除条件
　例えば、試験に落第したらこれまでのように仕送りをしないという場合がこれにあたります。

*32　期限
　法律行為の効力の発生又は債務の履行に関する期限を「始期」といい、法律行為の効力の消滅に関する期限を「終期」といいます。

第4章　民法

学習のポイント

■法律行為とは、当事者の意思に従った法律効果を認める法律要件で、契約や単独行為や合同行為がこれに属します。

■表示行為に対応する内心的効果意思が存在しない場合、意思の不存在とよばれ、意思表示が無効になります。心裡留保、虚偽表示がこれにあたります。

■錯誤は意思の不存在のみならず動機の錯誤も取り扱うことから、意思表示は取り消すことができるとされています。

■表示行為に対応する内心的効果意思は存在しても、内心的効果意思を形成する際の動機に詐欺や強迫が作用して意思決定が自由に行われない場合、瑕疵ある意思表示とよばれ、意思表示が取り消されます。

■心裡留保とは、表意者が表示行為に対応する真意のないことを知りながら行う単独の意思表示のことをいいます。その意思表示は相手方が表意者の真意ではないことにつき善意無過失のときは有効ですが、相手方が表意者の真意ではないことを知り又は知ることができたときは無効とされます。また、当事者間で無効とされる場合であっても、善意の第三者に対しては無効を対抗できません。

■虚偽表示とは、相手方と通謀して行う真意でない意思表示のことをいい、その意思表示は原則として無効ですが、善意の第三者には無効を対抗できません。

■権利外観法理に基づく民法94条2項は広く類推適用され、一定の場合に登記に公信力を認めたのと等しい結果を導くことができます。

■錯誤とは、表意者の誤認識・誤判断が原因で、表示から推測される意思と真意（動機ないし内心の効果意思）とが一致しない意思表示を表意者自身が知らずに行う場合をいいます。表示行為の意味に関する錯誤（内容の錯誤）と表示上の錯誤に基づき意思表示が取り消されるためには、①その錯誤が法律行為の目的及び取引上の社会通念に照らして重要なものであること、②表意者に重大な過失がないことが必要とされます。また、動機の錯誤に基づき意思表示が取り消されるためには、①②以外に、③その事情が法律行為の基礎とされていることが表示されていたことが必要とされます。もっとも、錯誤による取消しは、善意無過失の第三者に対抗することができません。

■詐欺により意思表示を行った表意者は、その意思表示を取り消すことができます。また、第三者が詐欺を行った場合には、意思表示の相手方がその詐欺の事実を知り又は知ることができたときに、表意者はその意思表示を取り消すことができます。さらに、詐欺による取消しは善意無過失の第三者には対抗することができません。

■強迫により意思表示を行った表意者は、その意思表示を取り消すことができます。第三者の強迫の場合には相手方がそれを知っているか否か、それを知ることができたか否かにかかわりなく常に取り消すことができ、強迫を理由とする取消しは善意無過失の第三者にも対抗できます。

■詐欺・強迫による取消後に不動産を取得した第三者が登場した場合には、二重譲渡類似の関係にあるとみて民法177条により先に登記を備えた者が優先します。

■法律行為が、内容の不確定な法律行為、強行規定に反するような内容の適法性を欠く法律行為、公序良俗に反するような内容の社会的妥当性を欠く法律行為であれば無効とされます。

■代理は、代理人が本人のために意思表示を行いその法律効果だけを本人が取得する制度で、本人に効果が帰属するためには、代理人が本人に効果が帰属することを明らかにして意思表示を行う代理行為の存在と代理権の存在が必要です。

■代理行為の瑕疵については、原則として代理人を基準に決せられます。また、制限行為能力者が代理人としてした行為を行為能力の制限を理由に取り消すことは、原則としてできないとされています。

■代理権がなく代理行為が行われた場合、無権代理とよばれ、本人の追認がない限り本人に効果が帰属しません。この場合、相手方は無権代理に関し善意無過失であれば、行為能力者である無権代理人に履行又は損害賠償を請求できます。なお、相手方が無権代理であることを過失によって知らなかった場合でも、無権代理人が自己に代理権のないことを知っていたのであれば、相手方は無権代理人に対して履行又は損害賠償の責任を追及することができます。

■無権代理となる場合であっても、権利外観法理に由来する表見代理の要件を充たせば本人に効果が帰属します。代理権授与の表示による表見代理、権限外の行為の表見代理、代理権消滅後の表見代理がこれにあたります。

■時効とは、一定の事実状態が長期間続くことに対して、法的な効果が与えられる制度のことで、消滅時効と取得時効の2種類があります。

■貸金債権などは、債権者が「権利を行使することができることを知った時」（主観的起算点）から5年間、又は「権利を行使できる時」（客観的起算点）から10年間その権利を行使しないと時効によって消滅するのが基本です。地方公共団体の債権（税金など）は客観的起算点から5年で時効により消滅します。

■権利者が権利行使をしないため時効が進行していても、権利者による権利行使の行為などが行われると時効の完成猶予又は更新が生じます。

■権利によって、消滅時効にかかるものとかからないものとがあります。例えば、債権は画家に肖像画を描いてもらうようなものも含めて、消滅時効にかかります。一方、所有権は時効により消滅することはありません。

■時効期間が経過し債権が消滅しても、債務者が時効を援用しないと、裁判所は時効を理由に債権が消滅したという扱いをすることができません。

■他人の土地を長期間所有したつもりで占有すると、占有者はその土地の所有権を時効により取得します。これを取得時効といいます。

■期間の計算方法としては、自然的計算法と暦法的計算法があります。

■短期間（時・分・秒を単位とする期間）の計算方法については、「即時から起算」し、瞬間から瞬間まで計算します（自然的計算法）。

■長期間（日・週・月・年を単位とする期間）の計算方法については、暦法的計算法が用いられます。起算点については、初日不算入の原則が採られていますが、初日に端数がでない場合には初日を起算日とします。また、満了点については、期間はその末日の終了をもって満了します。

■法律行為の効力の発生・消滅を将来の不確定な事実の成否にかからしめる場合を条件といい、停止条件と解除条件があります。

■法律行為の効力の発生・消滅又は債務の履行を、将来到来することの確実な事実の発生にかかわらしめる場合、その事実が発生する時を期限といいます。

第4章

民法

第3節　物　権

1　物権とは何か

（1）物権とは

　「**物権**」とは、「物」を排他的に支配することができる権利のことをいいます。人に対して特定の行為を請求することができる権利である「債権」とは区別されます。

（2）「物」とは

　物権の客体となる「**物**」は、物理的に支配することが可能な、形あるもの（**有体物**）に限られます（民法85条）。反対に、光や熱、情報といった形のないもの（**無体物**）は、物権の客体とはなりません。

　「物」には、大きく分けて2種類があります。

　一つは、**不動産**です。不動産とは、土地及びその定着物のことをいいます（民法86条1項）。なお、建物は、土地に定着しているもののように思われますが、土地とは独立した別個の不動産です[*1]。

　もう一つの「物」は、**動産**です。不動産以外のすべての物は、動産です（民法86条2項）。民法では、ある物が不動産なのか動産なのかによって、適用される条文が異なることがしばしばあるので、この2つの区別は重要な意味をもっています（**【図表3-1】**参照）。

> *1
> 　建築中の建物は、たとえ完成していなかったとしても、屋根や周壁ができあがる等の一定の要件を満たせば、独立の不動産となります（大判昭10・10・1民集14巻1671頁）。

【図表3-1】

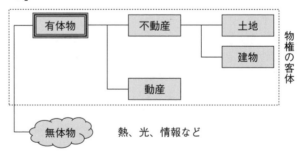

　なお、物権の客体とならない無体物であっても、財産的な価値があるものも存在しています。そこで、法は、アイディアやブランドといった無体財産についても、特許法、著作権法、商標法といった法律によって、一定の範囲で保護を与えています。

2　物権変動

(1) 公示の原則

例えば、A氏がB書店から本を購入した場合、本の所有権という物権が、B書店からA氏に移転することになります。また、C氏の所有する建物が火災で焼失してしまったような場合には、C氏が建物について有していた所有権は消滅することになります。このような物権の発生・変更・消滅のことを、まとめて**物権変動**といいます。

民法176条は、物権変動の効力は、当事者の意思表示のみによって生じると規定しています（**意思主義**＊2）。つまり、物権を誰かに譲り渡す際に、いまだ物を相手方に引き渡していないとしても、また、不動産登記の名義を変更していないとしても、物権変動が生じるのです。

＊2　意思主義
意思主義とは、物権の設定や移転をするには当事者の意思表示のみで足りるという考え方のことです。諸外国の中には、物権変動には、登記や引渡しが必要であるという考え方（形式主義）をとる国もあります。

しかし、これでは、物権変動があったことが、外からみて全く分かりません。そこで、民法は、当事者以外の第三者に対しても物権変動があったことを主張するためには、一定の外形が必要であるとの原則を採用しています（**公示の原則**）。まず、不動産については、不動産登記法などにしたがって、**登記**をしないと、物権変動を第三者に対抗することができません（民法177条）（**【図表3－2】**参照）。そして、動産については、その動産の**引渡し**＊3がないと、動産の譲渡を第三者に対抗することができません（民法178条）。

＊3　引渡し
引渡しには、物を現実に引き渡す（現実の引渡し、民法182条1項）ほかに3種類の観念的な引渡しの方法があります。1つは、「簡易の引渡し」で、占有の譲受人がすでに物を占有しているときに、意思表示のみで占有が移転することをいいます（民法182条2項）。2つ目は、「占有改定」で、占有の譲渡人が以後譲受人のために占有するという意思表示をすることで占有が移転することをいいます（民法183条）。3つ目は、「指図による占有移転」で、占有の譲渡人が、代理人によって占有する場合（代理占有）、占有代理人に対して以後は譲受人のために占有するよう通知し、譲受人の承諾があった場合に、占有が移転することをいいます（民法184条）。

なお、ここで、物権変動を第三者に対して主張するための条件となる、登記や引渡しのことを**対抗要件**とよびます。

【図表3－2】所有権移転登記の例

○○県○○市○○町○○○○－○　　全部事項証明書　　（土地）

【表題部】（土地の表示）			調整　平成○○年○月○日	地図番号　余白
【不動産番号】	1234567890123			
【所　在】	○○県○○市○○町○○		余白	
【①地　番】	【②地　目】	【③　地　積】　㎡	【原因及びその日付】	【登記の日付】
9999番3	宅地	100:00	9999番1から分筆	平成○○年○月○日

【権利部（甲区）】（所有権に関する事項）				
【順位番号】	【登記の目的】	【受付年月日・受付番号】	【原因】	【権利者その他の事項】
1	所有権移転	平成○○年○月○日 第○○○○号	平成○○年○月○日売買	所有者　○○市○○丁目○番○号 ○○　○○

【権利部（乙区）】（所有権以外の権利に関する事項）				
【順位番号】	【登記の目的】	【受付年月日・受付番号】	【原因】	【権利者その他の事項】
1	抵当権設定	平成○○年○月○日 第○○○○号	平成○○年○月○日金銭 消費貸借同日設定	債権額　金○○○○万円 利息　年○% 損害金　年○○%　年365日日割計算 債務者　○○市○○丁目○番○号 ○○　○○ 抵当権者　○○県○○市○○○丁目○番○号 株式会社　○○○○○○○

（出典）　法務省民事局のホームページより（「登記事項証明書の例」）
＊登記の権利部（甲区）に記載されているのが、所有権移転の登記です。

では、どのような場面でも、対抗要件を備える必要があるのでしょうか。特に、民法177条の適用場面をめぐっては、様々な議論があります。判例は、原則として、

どのような物権変動においても民法177条が適用されるという立場をとっています（無制限説、大連判明41・12・15民録14輯1301頁）。ただし、いくつかの例外もあります。例えば、時効によって不動産を取得する場合には（民法162条）、時効完成前にあらわれた第三者との関係では、登記を備えなくても物権変動を対抗することができるとされています（最判昭41・11・22民集20巻9号1901頁）[4]。また、相続によって不動産を取得する場合について、判例は、法定相続分の割合の共有持分について、登記を備えなくても第三者に対抗することができるとしています（最判昭38・2・22民集17巻1号235頁）[5]。

　また、どのような第三者との関係でも、登記がないと物権変動を対抗できないのかも問題となります。例えば、第三者が不動産を不法占有していた者である場合はどうでしょうか。判例は、民法177条にいう「第三者」とは、「登記の欠缺を主張する正当な利益を有する者」に限られるとしています（制限説、大連判明41・12・15民録14輯1276頁）。したがって、不動産の不法占有者は、民法177条の第三者にあたらず、このような第三者に対しては、登記がなくても物権変動を対抗することができます（最判昭25・12・19民集4巻12号660頁）。また、第三者は、物権変動について悪意（物権変動を知っている状態）でも構わないのですが、第三者が登記の欠缺を主張することが信義に反するような場合（背信的悪意者である場合）には、民法177条の「第三者」にはあたらないとされます。例えば、登記の不備を知りながらあえて不動産を取得して、所有者に対して法外な値段で売りつけようとするような者は、背信的悪意者であるとされます（最判昭43・8・2民集22巻8号1571頁）。

（2）公信の原則

　物権変動があったことを主張するためには、何らかの外形が必要であるという原則が「公示の原則」でしたが、では、反対に、物権変動がないのに、虚偽の外観が作り出されてしまった場合はどうでしょうか。例えば、虚偽の不動産登記がなされて、本当の所有者ではない人が登記名義人となっているような場面が考えられます。このような場面で、虚偽の登記を信じて、登記名義人から不動産を購入してしまった第三者がいたとき、この第三者は、不動産を手に入れることができるのでしょうか。

　ここで、真実の物権変動と異なる公示があった場合にも、公示どおりの物権変動があったものとして、第三者を保護する原則を、「**公信の原則**」といいます。

　民法は、動産については、公信の原則をとっています。真実の所有者ではないにもかかわらず、ある動産を占有している人がいるとしましょう。この占有者を、真実の所有者であると善意無過失で信じ、売買などの取引行為を通じて、動産の占有を取得するにいたった人は、その動産の所有権を取得することができるのです（**即時取得**[6]、民法192条）。

　反対に、不動産については、公信の原則は、妥当しません。虚偽の不動産登記

*4

　反対に時効完成後の第三者との関係では、民法177条が適用され、不動産を時効取得した者は、登記を備えないと第三者に対して時効取得を主張することはできません（大連判大14・7・8民集4巻412頁）

*5

　このように、登記がなくても相続による不動産の取得を第三者に対抗することができるので、不動産を相続しても登記を行わない人も少なくありません。その結果、登記名義人が死亡した人のままになっていて、現在の不動産の所有者が誰なのか分からないという問題が各地で起こっています。推計では、日本全国で九州と同じくらいの面積の所有者不明土地があるとされており、各自治体において、固定資産税の徴収をはじめとして、様々な業務の妨げとなっています。この問題に対応するため、2018年には所有者不明土地の利用の円滑化等に関する特別措置法が制定され、所有者不明土地に公益目的の利用権を設定したり、土地の所有者の探索のために必要な公的情報（固定資産課税台帳、地籍調査票等）を行政機関が利用したりできるようになりました。また、2021年に、所有者不明土地の土地利用の円滑化を図るための民法等の一部改正が行われ、2023年4月1日から施行されています。

*6

　ただし、動産が盗品や遺失物であった場合には例外があります。盗難の被害者や動産の遺失者は、盗難または遺失の時から2年間は、占有者に対して動産を返すよう請求することができます（193条）。占有者が、盗品又は遺失物を、競売や公の市場で買っていた場合や同種の物を扱う商人から買っていた場合には、被害者又は遺失者は、占有者が支払った代価を弁償しなければ、動産を返してもらうことはできません（194条）。

を信じて、取引行為を行ってしまった人がいたとしても、その人は、原則として保護されないのです（【図表3－3】参照）。このように、動産と不動産とで違いがあるのは、動産については、**取引の安全**（**動的安全**）が重視されているのに対して、動産と比較すると価値が高く、代替物が容易に見つからない不動産については、真の権利者の保護（**静的安全**）が重視されているからです。

　なお、判例によれば、真の権利者に虚偽の登記を作り出した責任がある、といった例外的な場面では、登記を信じた第三者が保護されることもあります（民法94条2項類推適用）[7]。

＊7　民法94条2項類推適用

　例えば、最判昭45・9・22民集24巻10号1424頁は、不実の所有権移転登記がなされていることを知りながら、真の権利者が、これを明示又は黙示に承認していた場合には、民法94条2項の類推適用により、善意の第三者が保護されるとしています。

【図表3－3】
<不動産の場合>

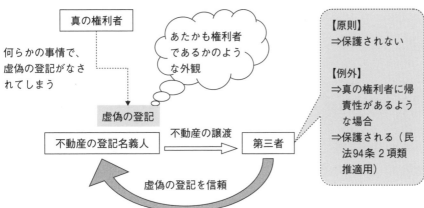

3　所有権

（1）所有権とは

　物権のなかで最も重要なものが、**所有権**です。所有権は、物を自由に使用・収益・処分することができる権利（民法206条）で、物に対する全面的な支配権ということができるでしょう。

　これに対して、所有権が有する権能のうちの一部を内容とする物権を「**制限物権**」といいます。制限物権には、2種類あり、一つは、不動産の利用を内容とする**用益物権**です。もう一つは、債権の担保のために物を一定の範囲で支配することを内容とする**担保物権**です。民法が規定する用益物権には、地上権、永小作権、地役権、入会権があり、また、担保物権には、留置権、先取特権、質権、抵当権があります（【図表3－4】参照）。

第4章

民法

315

＊8　入会権

　「入会」とは、一定の地域の住民が、その地域の慣習に従って山林・原野等を共同利用する（木材・まぐさ等を採集する）ことをいいます。民法は、入会に関して認められる慣習上の権利を「入会権」として認めています。入会権は、各地方の慣習によって規律されますが、共有の性質を有する入会権については、共有の規定が適用され（民法263条）、共有の性質を有しないものについては、地役権の規定が準用されます（民法294条）。

【図表3－4】

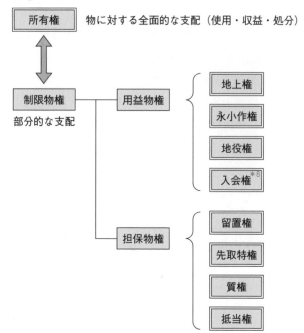

　では、民法に規定されていない新たな物権はないのでしょうか。原則として、物権は、民法又はその他の法律によって定められているもののほかに、新たに創設することはできないとされており、この原則を「**物権法定主義**」といいます（民法175条）。ただし、後述する譲渡担保のように、判例によって、新たに物権的な権利が認められることもあります。

（2）所有権の特徴

　所有権には、いくつかの特徴があります。

　第1の特徴は、恒久性（永久性）です。所有権は、たとえ所有者が現実に物を占有していなかったとしても、時効により消滅することのない永久的な権利です[9]。ただし、ある人がある物を時効により取得した場合に（民法162条）、その反射として、物の元の所有者が所有権を失うことはあります。

　第2の特徴は、弾力性です。ある物を対象とした制限物権が存在する場合、その物の所有権は、制限物権のために制限された状態となっています。ところが、ひとたび、その制限物権が消滅すれば、所有権の全面的支配が復活することになり、このことを弾力性とよぶのです。

　第3の特徴は、観念性です。すでに述べたように、所有権は、現実に物を占有することとは無関係に存続する権利です。つまり、観念的な権利であるということができるでしょう。そして、このことは、所有権が移転する場面でも現れてきます。「2　物権変動」で説明したように、所有権は、現実に物を引き渡すといった行為をしなくとも、当事者の意思表示のみによって移転します（**意思主義**、民

法176条）。

（3）所有権の効力

　所有権の内容は、目的物を使用・収益・処分できることですが、では、所有者の使用・収益・処分が妨げられた場合、どうなるでしょうか。

　所有者が、このような侵害をやめさせることができないとしたら、所有権が物に対する全面的支配権であるといってみても、それは絵に描いた餅にすぎないということになってしまうでしょう。そこで、所有者には、目的物に対する支配を回復する手段が認められています。これが、「**物権的請求権**」とよばれるものです*10。

　所有権に基づく物権的請求権には、3種類があるとされています。第1に、所有物の占有を奪われた場合には、所有者は、占有者に対して「**返還請求権**」を行使し、目的物の占有を回復することができます。第2に、占有を奪う以外の方法で所有権の行使が妨げられている場合には、所有者は妨害者に対して「**妨害排除請求権**」を行使し、妨害をやめさせることができます。第3に、妨害が現に発生しているわけではないが、そのおそれがある場合には、所有者は、「**妨害予防請求権**」を行使し、事前に妨害の予防措置を求めることができます。

（4）所有権の制限

　以上のような説明を目にすると、所有権はとても強い権利であって、いかなる制限にも服さないように思われるかもしれません。しかし、所有権も社会の中に存在する権利である以上（社会性）、一定の制限を受けることもあります。

　〈1〉法令による制限

　　第1に、所有権が法令によって制限される場合があります。

　　例えば、道路など公共の利益となる事業のために土地が必要な場合に、土地が公用収用され、結果として土地の所有者が所有権を失うことがあります（土地収用法）。

　　また、すでに紹介した民法206条によれば、所有権者は、目的物を「自由に」使用、収益、処分することができるはずですが、一定の目的のために、その自由が制限されることがあります。例えば、都市計画や安全の確保といった目的達成のために、土地の利用方法が法律や条例に定められた範囲に制限されることがあります（都計法、建基法）。

　　ただし、憲法29条が、財産権の保障を定めています。ですから、法令により所有権が制限されることがあるとしても、憲法に抵触するような制限は認められません。

　〈2〉権利濫用法理による制限

　　第2に、仮に法令に規定されていないとしても、所有権の行使が認められない場合があります。

*10
　民法には、物権的請求権を定めた条文はありません。物権の性質から当然に認められるものと考えられています。また、占有権に関する民法198条〜200条（占有保持の訴え・占有保全の訴え・占有回収の訴え）が参考となります。

第4章

民法

民法1条3項は、「権利の濫用は、これを許さない」と規定しています。したがって、所有権を理由として不当な利益を上げようとするなど、社会通念上許されない権利行使であるような場合には、所有権の行使が**権利濫用**[11]であるとして制限されることがあります。

〈3〉相隣関係による制限

第3に、民法は、土地の所有権に関して、一定の制限を置いています。というのも、土地は、ひとつづきのものであって、ある土地の利用が他の土地の状態に影響を及ぼしやすいという特徴をもっています。そこで、民法は、この点に着目して、隣地使用に関するルール[12]、水に関するルール、境界線に関するルールを置いたのです。これらのルールをまとめて、「**相隣関係**」に関する規定とよびます（民法209条〜238条）。

（5）複数人による所有

〈1〉共　有

一つの物を複数の人が所有することを**共同所有**といいます。

民法は、共同所有の原則形態である「**共有**」について、249条以下に規定をおいています。例えば、親が死亡してその子が土地を相続する際に、子が複数いて土地を共同で所有することになった場合に、共有の状態が生じることになります。このとき、共有の対象となる物（先ほどの例でいうと、土地）を「共有物」といいます。そして、共同して物を所有する者（先ほどの例でいうと、子）を「共有者」といいます。

共有者は、共有物に対して「**持分権**」とよばれる権利を有しています。そして、その持分権に基づいて、共有物に対して支配を及ぼします。

ところが、単独所有[13]の場合と異なって、共有者は、自由に共有物を使用・収益・処分できるわけではありません。共有であることから生じる一定の制約が存在します。例えば、共有物が山林であるような場合に、共有者の一人が樹木をすべて伐採し土地開発をしたいと考えているとしましょう。単独所有であれば、このようなことも法令に違反しない限りは、自由にすることができるのが原則です。これに対して、共有の場面で、このような共有物についての変更が一人の共有者の独断でできるとすれば、他の共有者の利益が害されかねません。そこで、民法は、共有物の変更には、原則として他の共有者の同意が必要であるという制限を置いているのです（民法251条）。

他方、共有においては、共有者が持分を処分し、共有関係から離脱することが認められています。また、各共有者は、共有物の分割を求めることができ、これによって、共有関係を解消し、単独所有を実現することもできます（民法258条）。

〈2〉区分所有

建物は、通常一棟の建物が一つの物として、所有権の目的物となります。

*11
大判昭10・10・5民集14巻1965頁（宇奈月温泉事件）。

*12　囲繞地通行権
相隣関係の中で重要なのは、民法210条が定める「公道に至るための他の土地の通行権」（囲繞地通行権）です。民法210条によれば、他の土地に囲まれて公道に通じない土地（袋地）の所有者は、公道に至るため、その土地を囲んでいる他の土地（囲繞地）を通行することができます。この規定の現代的な重要性は、自動車の通行の可否にあります。徒歩で公道に至ることができる土地、すなわち、厳密な意味では袋地ではない土地の所有者であっても、一定の要件の下、自動車で他人の土地を通行することが認められることがあります（最判平18・3・16民集60巻3号735頁）。

*13　単独所有
一つの物を複数の人が所有する共同所有に対して、一つの物を一人の人が所有する通常の場面を指して、単独所有といいます。

318

しかし、分譲マンションのように、一人が建物全体を所有しているわけではなく、各所有者が一室だけを所有しているという場合があります。このように、一棟の建物内に、構造上区分された数個の部分で独立して住居などの用途に供することができるものがある場合に、その各部分を所有権の目的とすることができ、この所有権を**区分所有権**といいます。

　区分所有権は、「**建物の区分所有等に関する法律（区分所有法）**」によって規律されています。

　分譲マンションのような区分所有建物には、ある特徴があります。それは、マンションの部屋のように独立して区分所有権の対象となる部分（**専有部分**）（区分所有法2条3項）に加えて、マンションの玄関、エレベーター、外壁のように、区分所有者の共用に供される部分（**共用部分**）（区分所有法2条4項）があるということです。共用部分は、区分所有者全員又は一部の者の共有となります。共用部分における共有には、民法の共有の規定は適用されず、区分所有法の規定が適用されることになります。また、区分所有建物の敷地も、区分所有者全員の共有となり、区分所有権と分離して処分することが禁じられています（区分所有法22条）。

　区分所有建物の管理は、区分所有者全員によって構成される団体（一般に管理組合とよばれています）によりなされます（区分所有法3条）。ただし、日々の管理を常に管理組合によって行うというのは現実的ではないため、管理会社など（管理者）に行わせることができるとされています（区分所有法25条）。

　そして、区分建物の管理・使用等に関するルールは、区分所有法に定められているほか、「規約」によって定められることになります。規約には、例えば「ペット禁止」などのルールを置くこともでき、規約事項は相当広範囲に及びます。なお、規約の設定、変更、廃止の手続については、区分所有法に規定があり、それに従う必要があります。

　昨今、老朽化したマンションの建替えが問題となることがあります。マンションの建替えは、それまでの建物所有権を消滅させることになりますから、区分所有者全員の同意が必要とされそうです。ところが、実際に全員の同意を得ることはほとんど不可能でしょう。そこで、区分所有法62条は、集会における区分所有者及び議決権の各5分の4以上の多数決で、建替えをすることができるとしています。このように、区分所有法は、反対する区分所有者の所有権を制限して、建替えを可能にするような方法を用意しているのですが、5分の4以上の多数決を要することも、現実には高いハードルとなっているのかもしれません。

4　用益物権

（1）地上権

〈1〉地上権とは

　　地上権とは、工作物又は竹木を所有するために他人の土地を使用すること
を内容とする物権です（民法265条）。

　　工作物とは、地上及び地下の一切の施設をいい、建物や電柱、トンネルな
どがこれにあたります。また、竹木の種類には特に制限はありませんが、耕
作のために他人の土地を使用する場合には、別の用益物権である**永小作
権***14が用いられます。

〈2〉地上権と賃借権

　　土地の利用権としては、地上権のほかにも、「**賃借権**」があります。賃借
権とは、賃貸借契約における賃借人の権利で、債権であるという点で地上権
とは異なっています。

　　地上権は、①存続期間が長期にわたり、②地上権者に登記請求権*15があ
り、③地上権者が自由に譲渡することができるといった特徴を有しており、
土地の所有者にとって重い負担となる権利です。これに対して、民法上の賃
借権は、①存続期間が50年以下に限られており、②賃借人に登記請求権はな
く、③賃借権の譲渡は賃貸人の同意なくしてすることができません。そのた
め、実際に土地の利用権を設定する場合には、土地所有者が地上権を嫌い、
賃借権が多く用いられるという事態が生じました。

　　しかし、安定した土地使用権を確保するという社会的必要性があり、賃借
権では不十分な点が少なくありません。そこで、建物所有目的の土地使用権
については、民法の特別法*16として「**借地借家法**」が制定されました。建
物所有目的の地上権と土地賃借権は、併せて「**借地権**」とよばれ、借地借家
法の適用対象となっています。借地借家法によれば、借地権の存続期間は、
30年以上とされています。

〈3〉区分地上権

　　以上のように、地上権はあまり用いられないのですが、地上権の一種であ
る**区分地上権**は、実際上重要な意義を有しています。

　　区分地上権とは、工作物を所有するため、地下又は空間を目的として設定
される地上権です（民法269条の2）。例えば、トンネル、電線、高架鉄道、
高架道路などを敷設する際には、土地を全部利用する必要がない場合も少な
くありません。その場合には、地下や上空の一定の範囲についてだけ、利用
権を設定すれば十分です。ここで用いられるのが区分地上権です。

　　区分地上権は、例えば、ある土地の「海抜何メートルから何メートルまで
の範囲」といった形で設定され、その旨を登記することができます。

*14　永小作権
　耕作や牧畜のため、小作料
を払い、20年以上50年以下の
期間を定めて、他人の土地を
使用することを内容とする物
権です。

*15　登記請求権
　不動産物権の変動により登
記が真実に合わない場合に、
登記権利者（登記をすること
により登記簿上の権利を取得
する者）から登記義務者（登
記権利者とは逆に権利を失う
者）に対し登記申請に関する
協力を求める権利のことで
す。

*16　特別法
　いろいろな意味で用いられ
ますが、ここでは、適用され
る対象（人、地域など）が特
別なものに限られているもの
です。一方このような制限の
ないものを一般法といい、一
般法と特別法が並存する場合
は、特別法が優先されます。

（2）地役権

　地役権とは、自己の土地の便益のために他人の土地を使用することを内容とする物権です（民法280条）。

　例えば、自己の土地の通路のために他人の土地を通行することを内容とした地役権を設定することができ、このような地役権は**通行地役権**とよびます。他にも、眺望や日照を妨げないことを内容とする眺望・日照地役権、水を引くための引水管や溝を開設することを内容とする引水地役権など、当事者間の合意によって様々な地役権を設定することができます。

　なお、地役権によって便益を受ける土地を「**要役地**」、地役権の負担を受ける土地を「**承役地**」といいます（**【図表3－5】**参照）。

【図表3－5】

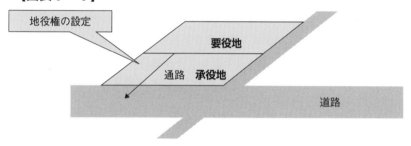

　地役権も、登記をすることにより第三者に対抗することができます（民法177条）[17]。なお、地役権は、要役地のための権利であることから、要役地と離れてそれだけを譲渡することはできません。そして、要役地の所有権が移転した場合には、地役権もそれに従って移転します（民法281条）。

　自治体との関係では、地役権が設定されている土地を取得する場面が考えられます。この場合、この土地の取得が公用又は公共用に供することに支障がなければ、その土地をそのまま取得し、行政財産にすることができるという行政実例があります（昭43・3・4）。

＊17
　ただし、実際には、通行地役権の登記がなされることは多くはありません。判例もこのような実情に配慮した扱いをしています（最判平10・2・13民集52巻1号65頁）。

5　担保物権

（1）担保物権

〈1〉担保物権とは

　担保物権とは、債権の担保のために物を一定の範囲で支配することを内容とする物権です。

　例えば、高級な時計を質に入れて、質屋から10万円を借り入れたとしましょう。このとき、質屋は、時計につき、担保物権の一種である質権を取得しますが、時計を自由に処分できるわけではありません。時計の所有権は、あくまで元の所有者にあり、質屋に認められているのは、10万円の弁済がなされ

るまで時計を占有し、弁済がなされなかった場合に時計の交換価値から優先弁済を受けることのみです。このように、債権の担保のために必要な範囲で、物に対する支配権が認められるのが担保物権です。

〈2〉担保物権の成立

担保物権は、上記の例のように、当事者間の合意により成立することがあります。当事者の合意により成立する担保物権を「**約定担保物権**」といい、民法には、上記の例で登場した質権に加えて、抵当権が規定されています。

これに対して、法律の規定により当然に成立する担保物権もあります。これを「**法定担保物権**」といい、民法には、留置権と先取特権の二種類が規定されています。

〈3〉担保物権の種類

留置権とは、他人の物を占有する者が、その物に関連して生じた債権の弁済を受けるまで、その物を留置できることを内容とする法定担保物権です（民法295条1項）。例えば、パソコンの修理を依頼された修理業者は、修理によって発生する債権（修理代金債権）を有している場合に、その弁済を受けるまでパソコンを留置することができますが、ここで修理業者が有している権利が留置権です。

先取特権とは、法律が定める一定の債権を有する者が、債務者の財産から優先的に弁済を受けることができるという法定担保物権です（民法303条）。先取特権には、様々な種類があり、民法にも数多くのものが規定されていますが（民法306条以下参照）[18]、他の法律にも規定があります。例えば、国税や地方税には先取特権が認められており、他の債権に先立って徴収することができます（国税徴収法8条、地税法14条）。

質権とは、債権の担保のために債務者又は第三者から受け取った物を占有し、債権の弁済がない場合には、その物から優先的に弁済を受けることができる権利です（民法342条）[19]。約定担保物権の一種で、上記のような質屋の例が一般に知られています。ただし、質屋には、質屋営業法が適用され、民法とは異なる規律が妥当する場面も多いため、注意が必要です。

抵当権は、約定担保物権の一種で、担保物権の中で最も重要な意義を有するものです。そこで、項目を改めて、抵当権についての説明を行います。

（2）抵当権

〈1〉抵当権とは

抵当権は、不動産を目的とする担保物権で、実務上しばしば用いられています。例えば、企業が銀行から借入れをする際に、自社ビルに抵当権を設定するということがあるでしょう。また、個人が住宅を購入する際に、銀行の住宅ローンを組めば、銀行はその住宅に抵当権の設定を受けるのが通常でしょう。そして、もし、企業や個人が、借金の返済ができなかった場合には、

*18
民法には、大きく分けて3つの先取特権が規定されています。債務者の総財産を目的とする「一般先取特権」、債務者の特定の動産を目的とする「動産先取特権」、債務者の特定の不動産を目的とする「不動産先取特権」があります。

*19
質権には、動産を目的とする「動産質」、不動産を目的とする「不動産質」、債権などの権利を目的とする「権利質」があります。

銀行は、抵当権に基づき、不動産を競売[20]にかけ、それによって得られた金銭から貸付金の回収を受けるのです。

＊20　競売（けいばい）
　多数の者を集めて口頭又は文書での買受けの申出を受け、その中から最高価額で買受けの申出があった者に対して売買の承諾を与えるという売却方法です。

　なお、ここで抵当権を有している者（例：銀行）を、「**抵当権者**」とよびます。そして、抵当不動産の所有者で、抵当権を設定する者（例：企業や個人）のことを「**抵当権設定者**」とよびます。そして、抵当権によって、その弁済を担保されている債権のことを「**被担保債権**」とよびます（下の【図表3－6】を参照してください）。

【図表3－6】

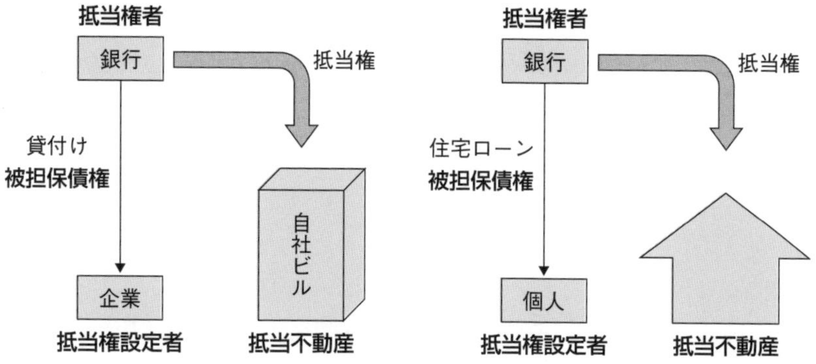

　また、抵当権は、被担保債権の債務者以外の者が所有する不動産に設定されることもあります。例えば、息子が借入れをする際に、父親が所有する不動産の上に抵当権を設定するといった場面です。会社が借入れをする際に、経営者が所有する不動産の上に抵当権を設定するという場面も考えられます。このような場面で抵当権を設定する者（例：父親や経営者）のことを「**物上保証人**」といいます。

〈2〉抵当権の設定から消滅まで

　抵当権は、抵当権設定者と抵当権者との合意によって設定されます（抵当権設定契約）。

　抵当権が設定されたとしても、目的となる不動産の占有が抵当権者に移転するわけではありません。抵当権設定者は、従来どおり不動産の使用・収益を行うことができます。このことから、抵当権は「**非占有担保**」とよばれます。同じ約定担保物権でも、質権は、目的物の占有を移転する担保物権なので（民法342条）、この点は、抵当権の大きな特徴といえるでしょう。

　そして、抵当権は、抵当不動産が譲渡されたとしても、消えることはありません。したがって、抵当不動産を抵当権設定者から譲り受けた者は、抵当権の負担の付いた不動産を取得することになります。このような抵当権の効力を、**追及力**といいます。なお、抵当権には、このような追及力があるため、自治体が抵当権付の不動産を取得するに際しては、自治体の財産となることを踏まえて、慎重に判断する必要があるでしょう。なぜなら債務者が被担保

第4章

民法

債権の弁済をしない場合には、競売によって、自治体の不動産が失われる可能性があるからです。少なくとも議会の議決を得るなどの必要があるでしょう。

ただし、抵当権を第三者に対抗するためには、登記が必要とされています（民法177条）。反対からいえば、登記されていなければ、不動産の譲受人が抵当権の負担を負うことはありません。

なお、抵当権は、一つの不動産に複数設定することができます。例えば、5,000万円の不動産上に、3,000万円の被担保債権のために抵当権が設定されたとしましょう。このとき、不動産には、2,000万円の余力があります。そこで、抵当権設定者は、この余りの部分を担保として、さらなる借入れを行うことができるのです。ここで、最初に抵当権の設定を受けた抵当権者が「一番抵当権者」、次の抵当権者が「二番抵当権者」となります（民法373条）。抵当不動産が競売された場合には、この順位に従って、各抵当権者が優先弁済を受けることになります。また、一番抵当権が消滅した場合には、順位が繰り上がって二番抵当権者が一番になります。この決まりを「**順位上昇の原則**」といいます。

抵当権は、被担保債権が全額弁済されると、その目的を達し、消滅します。このように、抵当権は、その発生・消滅が被担保債権の発生・消滅に連動するという性質を有していますが、このことを「**付従性**」といいます。また、被担保債権が譲渡されると、抵当権もそれに従い、抵当権者が変わります。このような性質を「**随伴性**」といいます。

反対に、被担保債権の弁済がなされない場合にはどうなるでしょうか。このとき、抵当権者は、民事執行法が定める手続に従って、抵当不動産の所在地を管轄する地方裁判所に、不動産の競売を申し立てることができます。このことを「**抵当権の実行**[*21]」とよびます。抵当権の実行としての競売が行われると、不動産上に設定されたすべての抵当権は消滅します。抵当権者が、被担保債権全額の弁済を受けていなかったとしても抵当権が消滅します。このような制度を「**消除主義**」とよびます。したがって、抵当目的不動産を競売において買い受けた者（買受人）は、抵当権の負担のない不動産を取得することができます。

なお、競売において買受人が代金を裁判所に納付すると、この代金は、裁判所の作成した配当表に従って分配されます。抵当権の順位に従って、抵当権者に分配が行われ、残額があれば、抵当権を有していない債権者（一般債権者）に分配がなされます。さらに余りがあれば、それは、抵当権設定者に返還されます。

〈3〉抵当権の効力が及ぶ範囲

　抵当権の効力は、抵当不動産に付加して一体となっている物に及びます（民法370条本文）。例えば、土地に生えている樹木などにも、土地を目的とした抵当権の効力が及びます[*22]。ただし、土地と建物とが別個の不動産とされ

*21
　抵当権の実行としての競売は、正確には「担保不動産競売」といい、民事執行法180条以下に定められています。
　また、競売のほかに、不動産の収益から弁済を受ける「担保不動産収益執行」という抵当権の実行方法もあります。

*22　抵当権の効力が及ぶ範囲
　抵当権の効力は、土地に生えている木のように取り外すことが不可能な物（付合物、民法242条本文）だけではなく、庭の石灯篭のように取り外すことが可能な物（従物、民法87条1項）にも及びます（最判昭44・3・28民集23巻3号699頁）。

ていることから、土地を目的とした抵当権が、その土地上の建物に及ぶことはありません。建物には、別途抵当権を設定する必要があります。

また、抵当権の効力は、被担保債権の債務不履行後は、抵当不動産の**果実**にも及びます（民法371条）。果実とは、農地から収穫される作物や不動産を賃貸して得られる賃料などを指します（民法88条）。つまり、抵当不動産が賃貸されていた場合、被担保債権の債務不履行後は、その賃料に対しても抵当権の効力が及ぶことになります。

では、抵当不動産が滅失してしまった場合、抵当権はどうなるでしょうか。目的物が滅失した場合、目的物を失った抵当権も消滅するのが原則です。しかし、例えば、建物が火災で焼失した場合には、建物所有者に火災保険金が支払われるかもしれません。また、第三者の不法行為により建物が滅失した場合には、建物所有者が第三者に対して不法行為に基づく損害賠償請求権を有することになるでしょう。このように、所有者の損害が填補されるにもかかわらず、抵当権者のみが抵当権の消滅という損失を負うのは妥当ではありません。

そこで、民法は、このような場合に備えて、「**物上代位**[*23]」という制度を用意しています。物上代位によって、抵当権の効力は、保険金や損害賠償など、所有者が受け取るべき金銭に対しても及びます（民法372条・304条1項）[*24、25]。

〈4〉抵当権の効力

すでに説明したことからも明らかなように、抵当権は、不動産を直接に支配することを内容とする権利ではなく、実行の場面で優先弁済を受ける効力（**優先弁済的効力**）を中心的な内容とする権利です。

しかし、抵当権設定者に不動産の占有権限が残されているといっても、余りにも酷い不動産の使用がなされれば、それによって不動産の価値が下落し、ひいては抵当権者の有する優先弁済権を害することにもつながるでしょう。

そこで、判例は、抵当権に基づく**妨害排除請求**を認めています[*26]。例えば、抵当目的不動産に不法占有者がいるにもかかわらず、所有者がその不法占有者を排除しないとしましょう。このような場面において、抵当権者の優先弁済請求権の行使が困難となるような状態になっていると認められれば、抵当権者は、占有者に対し、抵当権に基づく妨害排除請求として、上記状態の排除を求めることができるのです。

また、抵当権の効力が及んでいる物が、分離・搬出されてしまうこともありえます。このような行為がなされると不動産の価値は下落してしまいます。

そこで、抵当権者としては、分離・搬出行為を差し止めることができると考えられています。例えば、抵当不動産が山林であるような場合に、所有者又は第三者が不当に樹木を伐採し、これを搬出しようとしているような場面

*23 **物上代位**
担保物権の目的物の滅失等により、その物の所有者が、金銭などを受け取る請求権を取得した場合、所有者の請求権の上にその担保物権の効力が及ぶことです。抵当権者が不利にならないようにとの趣旨です。

*24 **賃料債権への物上代位**
抵当権者は、抵当不動産の賃料債権に対しても物上代位することが認められています（最判平元・10・27民集43巻9号1070頁）。

*25
抵当不動産の売却代金債権に対する物上代位が認められるかについては、見解の対立があります。なぜなら、抵当不動産が売却されたとしても、抵当権が消えるわけではないことから（追及力、本書323頁参照）、この場面では、物上代位により抵当権者を保護する必要性が高くないからです。判例の中には、抵当権設定登記前に買戻特約登記がされており、買戻権者が買戻権を行使したという特殊な事案（買戻権行使により抵当権が消滅してしまう事案）について、買戻代金債権に対する物上代位を認めたものがあります（最判平11・11・30民集53巻8号1965頁）。しかし、抵当権が消滅するわけではない場面では、売買代金債権に対する物上代位は認められないと解するのが通説です。

*26
最大判平11・11・24民集53巻8号1899頁、最判平17・3・10民集59巻2号356頁。

を考えてみましょう。ここで、抵当権者は、樹木の伐採や搬出を差し止めることができるのです。

〈5〉根抵当

抵当権の一種に「**根抵当**（ねていとう）」というものがあります。実は、企業の借入れに際して用いられる抵当権は、根抵当の場合が多いといわれています。では、根抵当とは、どのようなものなのでしょうか。

普通の抵当権の場合、〈2〉で述べたように、被担保債権が弁済により消滅すると、付従性により抵当権も消滅してしまいます。ところが、これでは不便な場合があります。それは、繰り返し融資が行われるような場面です。例えば、ある企業A社が、取引先B社から継続的に仕入れを行っていたとしましょう。この仕入れ代金債権を担保するために、抵当権が設定されたとします。ここで、通常の抵当権が用いられると、A社とB社は、仕入れのたびに新たな抵当権を設定し、登記を行わなくてはならないことになります。これでは、登記のコストもかかり、非常に不便です。

そこで、根抵当という制度が存在します。根抵当とは、一定の範囲に属する複数の債権を極度額[*27]の範囲で担保するために設定することができる抵当権のことをいいます。この根抵当は、〈2〉で述べた付従性をもたないのが大きな特徴です。

> **＊27　極度額**
> 極度額とは、根抵当において、目的物によって担保される上限額をいいます。

（3）非典型担保

〈1〉典型担保物権と非典型担保

抵当権のように、民法に規定された担保物権のことを「**典型担保物権**」といいますが、典型担保物権には、不便な点も少なくありません。

第1に、典型担保物権を実行し、被担保債権の優先弁済を受けるためには、原則として、民事執行法に定められた手続を経る必要があります。この手続は、裁判所を介したものであることから、複雑であり、また、時間と費用がかかります。

第2に、抵当権は不動産を目的とした非占有担保なのですが、実は、動産を目的とした非占有担保は、民法には存在しません。したがって、例えば、企業が有する高額の動産（工場の機械、在庫など）を、企業が占有したまま、担保とすることは、民法上認められていないのです。しかし、すべての企業が、担保にできるような不動産を所有しているわけでもなく、動産の占有を移転しないまま、担保化するという実務上の必要性は少なくありません。

そこで、こうした不便さを解消すべく、実務上、担保物権のような機能を果たす法的な仕組みが用いられることがあります。これを「**非典型担保**」とよびます。

〈2〉譲渡担保

非典型担保の代表的なものが、**譲渡担保**です。

譲渡担保においては、債権者が債務者に融資を行う代わりに、債務者は、自らが有する財産の所有権を債権者に移転します[28]。形式的には、債権者に所有権があるのですが、この所有権は、担保の目的で債権者に移転されたに過ぎないという点が譲渡担保の特徴です。

債務者が、被担保債権の弁済を行えば、譲渡担保目的物の所有権は、債務者に戻ります（**受戻し**）。反対に、債務者が被担保債権の弁済を行わない場合には、譲渡担保目的物の所有権は、確定的に債権者に帰属することになります。債権者は、これによって被担保債権の回収を行うことになるのです。

譲渡担保における大きな問題は、この担保権実行の場面にあります。譲渡担保目的物の価格が被担保債権を上回る場面でも、譲渡担保権者は、目的物を取得することができるのでしょうか。例えば、100万円の被担保債権を担保するために、300万円の価値がある機械の所有権が、債権者に移転されていたとしましょう。ここで、債務者が被担保債権の弁済を行わなかったからといって、債権者は、300万円の機械をそのまま取得してよいのかというのが、ここでの問題です。この問題に対処するために、判例は、譲渡担保権の実行に際して、譲渡担保権者に清算義務を課しています[29]。すなわち、上記の例で債権者は、譲渡担保目的物の価値と被担保債権との差額、200万円を債務者に清算する必要があります。

このように、譲渡担保権者は、形式的には所有権を有しているのですが、実質は担保にすぎないことから、このような実質に即した規律がなされる必要があり、法律に規定がない分、判例が積み重ねられています。

〈3〉所有権留保

また、売買代金の担保のために用いられる非典型担保として**所有権留保**があります[30]。

所有権留保においては、売買代金の支払前に売主が買主に目的物を引き渡しますが、代金が支払われるまでは目的物の所有権を留保します。代金が支払われなかった場合には、売主は、所有権に基づき目的物を取り戻し、売買代金債権の回収に充てます[31]。

（藤澤治奈）

*28　動産譲渡担保の対抗要件
　動産が譲渡担保の目的物となっている場合には、通常の所有権の譲渡と同じように、目的物の引渡しによって対抗要件を備えることができます（民法178条）。多くの場合には、譲渡担保設定者が担保目的物を使い続けることができるように、占有改定によって対抗要件が備えられます。しかし、占有改定では外部から譲渡担保が設定されていることが分からず、公示として不十分であるという問題があります。この問題をカバーするため、民法178条の引渡しの代わりに登記（動産譲渡登記）によって対抗要件を備えることも認められています（動産及び債権の譲渡の対抗要件に関する民法の特例等に関する法律3条）。

*29
　最判昭46・3・25民集25巻2号208頁。

*30
　〈2〉で説明した譲渡担保と〈3〉で説明した所有権留保とが、同じ目的物について競合することがあります。例えば、甲倉庫の中にある在庫商品全体について譲渡担保権を設定した後、甲倉庫の中に新しい在庫が運び込まれたものの、新しい在庫についてはその売主が所有権を留保していた、といった事態が生じるのです。このとき、譲渡担保権者と所有権留保売主のどちらが、新しい在庫について担保権を持っているのかが問題となります。判例は、所有権が留保されている場合には、目的物の所有権が買主に移転していないことを理由に、買主から譲渡担保権の設定を受けた譲渡担保権者が担保権を主張することはできないとしました（最判平30・12・7民集72巻6号1044頁）。つまり、上記の例でいえば、新しい在庫について担保権を主張できるのは、所有権留保売主であるということになります。

*31
　所有権留保売主は、被担保債権の弁済期が到来するまでは、目的物の交換価値を把握しているだけですが、弁済期が到来した後は、目的物を占有し処分する権能を有します。それゆえ、目的物が第三者の土地上に存在して第三者の土地所有権の行使を妨害しているような場合、被担保債権の弁済期が到来するまでは、所有権留保売主が目的物の撤去義務や不法行為責任を負うことはありませんが、弁済期が到来した後は、これらの責任を負うことになります（最判平21・3・10民集63巻3号385頁）。

学習のポイント

■物権とは、「物」を排他的に支配することができる権利です。

■物権の客体となる「物」は、形あるもの（有体物）に限られ、光や熱、情報などの形のないもの（無体物）は「物」ではありません。

■「物」には、不動産（土地とその定着物）と動産（不動産以外のもの）の2種類があります。

■物権の発生・変更・消滅のことを物権変動といいます。

■物権変動の効力は、当事者の意思表示のみで生じます（民法176条）。

■物権変動の効力を第三者にも主張するには、対抗要件を備える必要があります（公示の原則）。

■物権変動の対抗要件は、不動産の場合は登記（民法177条）、動産の場合は引渡しです（民法178条）。

■民法177条は、原則としてすべての不動産物権変動に適用されますが、時効取得や相続による取得の場面で、民法177条が適用されないこともあります。

■民法177条にいう「第三者」とは、登記の欠缺を主張する正当な利益を有する者に限られます。例えば、不動産の不法占有者は、民法177条の「第三者」にはあたりません。

■民法177条の「第三者」は、悪意でも構わないのですが、背信的悪意者は、登記の欠缺を主張することができません。

■真実の物権変動と異なる公示があった場合にも、公示どおりの物権変動があったものとする原則を「公信の原則」といいます。

■民法は、動産については、公信の原則をとっていますが（民法192条）、不動産については、公信の原則は妥当しません。

■物権のうち、物を自由に使用・収益・処分することができる権利を所有権といいます。

■所有権が有する権能のうち一部のみを内容とする物権を「制限物権」といい、制限物権には、不動産の利用を内容とする「用益物権」と、債権を担保するために物を一定の範囲で支配する「担保物権」があります。

■所有権の特徴として、恒久性（永久性）、弾力性、観念性の3つを挙げることができます。

■所有権に対する侵害を受けた場合、所有者には目的物に対する支配を回復する手段が認められています。これは「物権的請求権」といわれ、返還請求権、妨害排除請求権、妨害予防請求権の3つがあります。

■所有権も一定の制限を受けることがあります。法令による制限、所有権の行使が権利濫用であってはならないという制限、相隣関係に基づく制限などがあります。

■一つの物を複数の人が所有することを「共同所有」といいますが、そのうちの原則形態が「共有」であり、民法に規定があります。共有者は、共有物に対して「持分権」という権利を有しています。

■共有物の変更をするには、原則として他の共有者の同意が必要です（民法251条）。

■分譲マンションのように、それぞれ独立した部分からなる建物を所有する場合の所有権を「区分所有権」といいます。区分所有建物は、専有部分（部屋など、区分所有権の対象）と共用部分（玄関・エレベーターなど、区分所有者全員の共有）からなり、敷地は、区分所有者全員の共有となります。

■区分所有建物の管理は、区分所有法及び規約に従って、管理組合によって行われます。

■用益物権のうち「地上権」とは、工作物（建物、電柱、トンネルなど）や竹木を所有する

ため他人の土地を使用することを内容とする物権です。また、耕作のために他人の土地を使用することを内容とする物権を永小作権といいます。

■賃貸借契約を結び、他人の土地建物を使用する権利を賃借権といいます。賃借権は、物権ではなく債権です。

■工作物を所有するため、地下（例えば、トンネルを所有）又は空間（例えば、電線・高架鉄道を所有）の一定の範囲についてだけ設定される地上権を「区分地上権」といい、区分地上権は広く使われています。

■用益物権のうち「地役権」とは、自己の土地の便益のため他人の土地を使用することを内容とする物権です。例えば、自己の土地の通路のために他人の土地を通行するという地役権を「通行地役権」といいます。

■担保物権には、法律の規定により当然に成立する「法定担保物権」と当事者の合意により成立する「約定担保物権」があります。

■留置権とは、他人の物を占有する者が、その物に関連して生じた債権の弁済を受けるまで、その物を留置できることを内容とする担保物権です（民法295条1項）。

■先取特権とは、法律が定める一定の債権を有する者が、債務者の財産から優先的に弁済を受けられる担保物権です（民法303条）。

■質権とは、債権の担保のために債務者又は第三者から受け取った物を占有し、債権の弁済がない場合には、その物から優先的に弁済を受けることができる担保物権です（民法342条）。

■担保物権の代表格が「抵当権」であり、通常は不動産に付けられます。例えば、個人が住宅ローンを組む際には、その土地や建物に抵当権が設定されます。

■抵当権は、抵当権設定者（抵当権を設定する者）と抵当権者（抵当権を有する者）との合意によって設定されます。また、一つの不動産に複数の抵当権を設定することも可能ですし、抵当権が設定されても、抵当権設定者は不動産の使用・収益ができます（非占有担保）。

■抵当権は、被担保債権が全額弁済されると、目的が達成されたので消滅します（付従性）。逆に、被担保債権の弁済がなされない場合、抵当権者は、管轄の裁判所に競売を申し立てて、抵当不動産の売得金を弁済にあてることができます。

■抵当権の効力は、抵当不動産に付加して一体となっている物（例えば、土地の場合の樹木）にも及びますが、建物は別個の不動産ですので建物には及びません。また、被担保債権の債務不履行後は、抵当不動産の果実（農作物や賃料など）にも及びます。

■抵当不動産が滅失すれば、抵当権も消滅します。しかし、保険金や損害賠償などの金銭が所有者に支払われる場合、抵当権者が不利とならないよう、それらの債権に対しても抵当権の効力が及びます。これを「物上代位」といいます。

■抵当権者の優先弁済権を害するような行為を行う者が現れた場合、抵当権者はその行為を止めさせることができます。これを「妨害排除請求権」といいます。

■極度額の範囲で複数の債権を担保するために設定した抵当権を「根抵当（ねていとう）」といいます。

■抵当権のように、民法に規定された担保物権を「典型担保物権」といい、民法には規定されていませんが、担保物権と同様の機能をもたせたものを「非典型担保」といいます。

■非典型担保の代表的なものが「譲渡担保」です。例えば、債権を担保するために価値のある機械の所有権を債権者に譲渡するような場合です。弁済が行われればその機械の所有権は債務者に戻ります。

第4章

民法

第4節　債権と債務

1　物権と債権

　3節で学習した「**物権**」は物に対する直接の権利であるのに対して、本節では、人に対する権利である「**債権**」を扱います。物権の代表である所有権と、典型的な債権である金銭債権[*1]を例にして比較してみます。例えば、土地・建物を所有しているとすればそこに居住してもよいし、誰かに貸してもよく、誰かに売ることも、更には建物を壊してしまうこともできます。このように、直接に所有権の効力が及んでいるのです。それに対して、ある人に100万円の金銭債権を有している場合、履行期[*2]が来て支払ってもらえればよいですが、支払ってもらえなかったとしても、債務者の現金に直接効力が及んでいるわけではないので、債務者のところから勝手に現金をもらってくるわけにはいきません。あくまで債務者に履行するようにと請求できるだけです。履行してくれなければ、訴訟を起こすなどの手続をしないといけません。

　また、物権と債権には、次のような違いがあります。物権は一つの物について一つしか成立しないのですが（**一物一権主義**）、債権は同じ内容でも複数成立します。よく挙げられる例として、俳優Ｘが、ある日時に出演するという契約をＡ劇場と結ぶと、Ａ劇場は、Ｘに出演するよう請求することができますが、ＸがさらにＢ劇場とも同じ日時に出演するという契約を結ぶことは可能であり、Ｂ劇場もＸに出演するよう請求することができます。もっとも、ダブルブッキングであり、Ｘが両方に出演することはできませんから、出演しなかった方については債務不履行になって損害賠償債務を負います。ＸがＡ劇場に出演すればＢ劇場には損害賠償をしなければなりません。最初からＡＢ両方の債権（Ｘからみれば両方の債務）が成立しないのではなく、成立した債権（債務）が履行されたかどうかという問題になるのです（ＸがＡ劇場とＢ劇場の両方に出演せず、両方に損害賠償債務を負うということもありえます）。

　次に、物権は**物権法定主義**（民法175条）により自由に創設することはできませんが、債権は**契約自由の原則**により、当事者が自由に債権内容を定めることができます。ただし、公序良俗[*3]に反するような場合は無効になることもあります（民法90条）。

　債権のうち利息債権については特に規定が設けられています。すなわち、当事者の合意や法律規定によって利息が発生する場合、**利息制限法**の範囲内で当事者が利率を決定するのが基本です。利率の約定がない場合は、**法定利率**[*4]によります。法定利率は、従来の５％の固定利率から、変動制に改正されました。改正法施行当初（2020年４月１日）は３％であり、その後は、３年ごとに見直されます（民法404条２項・３項）。

＊1　金銭債権
　広義では金銭の給付を目的とする債権を指しますが、通常は、一定額の金銭の給付を目的とする債権を示します。

＊2　履行期
　債務者が弁済（債務者が給付をすることにより債権者がもつ債権を消滅させることです）をしなければならない時期のことです。

＊3　公序良俗
　公の秩序（国家社会における一般的な利益）と善良の風俗（社会における一般的な道徳観念）を縮めたいい方です（本章「2節1（3）＊15」も参照してください）。

＊4　法定利率
　法定利率の変動は、以下のルールによります。まず、変動の指標は、日本銀行が毎月公表している「新規かつ短期の貸出約定平均金利」です。新規というのは、その月に実行した貸出であり、短期というのは貸出期間が１年未満のものです。この「貸出約定平均金利」の過去５年間60ヶ月分を合計し、60で割った割合を「基準割合」としました（民法404条５項）。そして、当期の「基準割合」と直近変動期の基準割合を比較して、その金利差が１％以上生じたときは、その金利差（１％未満の端数は切り捨て）を加減して新しい利率を決定します（民法404条４項）。

2　債務の履行と不履行

　債務は履行されれば目的を達成して消滅します。しかし、予定通りに履行されない場合もあり（民法415条では「債務の本旨に従った履行をしないとき又は債務の履行が不能であるとき」と規定されています）、それを**債務不履行**といいます。債務不履行は、従来から3つに分けて説明されています（近時は分けない説も有力です）。

　第1は、**履行不能**であり、履行が不可能になった場合です*5。例えば、売買契約の対象物である建物を売主である所有者が失火によって全焼させてしまった場合、建物は特定物*6であり、ほかに同じ建物は存在しないので履行不能になります。第2は、**履行遅滞**であり、履行が可能なのに履行しない場合です。例えば、ビール10ダースを渡す債務が履行されていない場合、ビールは不特定物*6なのでどこにでもあり、売主は調達することができるので不能にはならず、遅れているだけなのです。第3は、**不完全履行**であり、履行が一応なされたものの不完全である場合です。その中でも、契約から発生する債務の中心である**給付義務**が不完全である場合とその他の義務違反の場合があります。例えば、前者は、ビール10ダースを渡す契約で5ダースだけ渡した場合であり、後者は、鶏10羽を渡す契約で10羽の鶏を渡したが、1羽が病気で、その病気の鶏を元から買主が飼っていた他の50羽と一緒にしたところ、60羽がすべて病気になって死んだような場合です。10羽のうち1羽が病気なので、給付が不完全ですが、更に債権者の別の財産（元から飼っていた50羽）に損害が発生しています（「拡大損害」といいます）。債務者にはこのような拡大損害を発生させない義務（「保護義務」といいます）があるのですが、契約で約束した給付義務とは異なって、どのような具体的義務違反があったかが問題になります。

　以上のような何らかの不履行があれば、債権者は損害賠償請求をすることができます（民法415条1項本文）。ただし、その債務の不履行が契約その他の債務の発生原因及び取引上の社会通念に照らして債務者の責めに帰することができない事由によるものであることを証明すれば、債務者は賠償責任を負いません（民法415条1項ただし書き）。不法行為では、債務者の故意・過失が帰責事由とされますが、債務不履行では、そのような主観的事由ではなく、契約の内容と社会通念からみた免責事由が問題とされます。そのような事由として、契約から責任がないとされる場合のほか、不可抗力（戦争、大災害など）の場合が挙げられます。

　次に、債務者ではなく、債権者が責任を負う場合について説明します。債務の履行について、多くの場合、債権者の受領が必要です。例えば、売買契約では、買主が目的物を受領してくれないと履行が終わりません。そこで、民法は、債権者が債務の履行を受けることを拒んだり、履行を受けることができなかった場合は、以下のように債権者の責任が加重することを定めており、これを**受領遅滞**といいます。債務不履行ではないので、債権者が受領しないからといって、債務者

*5
　履行が不可能なのは、物が滅失した場合のように物理的に不可能となる場合だけではありません。例えば琵琶湖の遊覧船から落とした指輪を探す債務は、社会通念上、履行が不可能とされます。

*6　特定物と不特定物
　特定物は、取引にあたり、当事者がその個性に着目して取引した物のことです。一方、個性には着目しない場合は不特定物となります。例えば、土地や建物は特定物であり、「ビール1ダース」は不特定物です。

第4章

民法

から債権者に対して損害賠償請求したり、解除することはできません（判例*7・通説）。効果としては、債務者が特定物を引き渡す場合の注意義務が軽くなる（自己の物と同様の注意でよい）こと（民法413条1項）、履行の費用が増加したときはその増加額が債権者の負担となること（民法413条2項）、受領遅滞中に当事者双方に帰責事由なく履行不能になったときは債権者の帰責事由とみなされること（民法413条の2第2項）が定められています。

3 債権の効力

（1）債権の効力

債権の効力は、第1に、債務者に履行を請求できる効力です。これが本質的効力です。第2に、債務者が任意に履行しない場合には、損害賠償請求することができ（民法415条）、また、強制的に履行させることができます（民法414条）。契約の場合は解除権が発生しますが、これについては本章「5節1（3）契約の解除」で詳しく述べることとします。第3に、債権は債務者に対する権利なのですが、一定の場合には債務者以外の者にも効力を及ぼすことがあります（民法423条・424条）。

（2）強制履行

まず、**強制履行**について説明しましょう。債務者が任意に履行しないときは、強制的に履行させる手段があります（民法414条1項）。強制履行には、直接強制、間接強制、代替執行があります。**直接強制**は、国家機関が直接に債務の内容を実現することです。例えば、金銭債権の直接強制は、債務者の財産を強制的に差し押さえて競売にかけその売却金から回収するという方法によるのが原則です。**間接強制**は、債務を履行するまで一定の金銭支払いを課すことで間接的に履行させることです。例えば、マンションの一室を使用しないという不作為*8債務があるにもかかわらず使用するときは、間接強制によります。**代替執行**は、債務者でなくても履行できる債務（例えば、建物を壊す債務）を、第三者に履行させてその費用を債務者に請求するという方法です。いずれの方法によるかは、債務の性質によります。

これらの手続は**民事執行法**に定められており、裁判所が関与して進められますが、それとは別に地方税債権など行政上の債権については、**行政代執行法**などの法律によって行政機関自らが強制執行できます。

（3）損害賠償

損害賠償に関しては、まず、どのような損害が賠償の対象となるかという問題があります。例えば、建物の売主が建物を引き渡す債務が履行不能になったとすると、建物の価値分の損害が対象となるのはもちろん、買主がすぐに居住しよう

と思っていたのに引き渡してくれないからアパートを借りざるをえなかった場合
は、そのための費用、建物を転売して転売利益を得るはずだったのに転売できな
いので失った利益なども対象になります。さらに、精神的な損害として慰謝料が
ありますが、債務不履行ではあまり問題になりません。次に、**損害賠償の範囲**が
問題になります。民法416条は、第1項に通常生ずべき損害が賠償されると定め、
第2項に特別事情によって生じた損害であっても当事者がその事情を予見すべき
であったときは賠償請求できると定めています。従来の判例通説によれば、これ
は「相当因果関係」を定めたものと理解していました[9]。風吹けば桶屋が儲か
るというように損害はいくらでも広がりうるので、因果関係が相当な範囲に制限
するというのです。これに対して、近時は、予見すべき損害の賠償というのは、
契約によって保護された利益を賠償することを定めたものとみる説が有力です。

　賠償すべき損害が確定しても、損害賠償額が減額されることがあります。まず、
債務の不履行や損害の発生・拡大に関して債権者の過失があったときは、裁判所
は、**過失相殺**として、損害賠償額を減額することができます（民法418条）。また、
債務不履行によって債権者が損害を被ったが、それによって利益も得た場合は、
損益相殺によって賠償額が減額されます（条文はありませんが解釈上認められていま
す）。これらは、主に不法行為で問題になるので、不法行為の項目も参照してく
ださい（本章「7節2（3）損害賠償額の調整」）。

　また、将来生じる損害について、現在賠償金を受け取る場合には、早く賠償金
を受け取れば利息分多く受け取ることになるので、利息分が法定利率によって差
し引かれます。これを**中間利息の控除**といいます（民法417条の2）。

（4）債権の第三者に対する効力

　債権は原則として債務者だけに対して効力を有する権利なのですが、例外的に
第三者に効力を及ぼす場合があります。

　まず、**債権者代位権**（民法423条）について説明します。これは、債務者に資力
がなく債権者に支払えない状態であるにもかかわらず債務者が自己の債権を行使
しないときに、債権者が自己の債権[10]を保全するために、債務者の債権[11]を債
務者に代わって行使することができるという権利です。例えば、AがBに対して
100万円の債権を有しており、BがCに対する100万円の債権をもっているが行使
せず、他にBが財産を有していない場合、AはBのCに対する100万円の債権を
代わりに行使（代位行使）することができます。その場合、本来はBの債権です
から、100万円をBに渡せというべきですが、自ら権利を行使しなかったBが受
領するとは限らないので、Aは自分に100万円渡せということができ（民法423条
の3）、その結果、Aは100万円回収することができるのです（**図表4-1**）。

　この権利は、本来は前述のように債務者が無資力の場合に行使できる権利です
が、無資力でない場合にも転用されています。すなわち、債務者の資力を増やす
ための権利なので、本来は、金銭債権のための権利ですが、金銭債権ではない債

[9] 富喜丸事件・大判大15・5・22民集5巻386頁。不法行為の判例ですが、民法416条は相当因果関係の範囲を示すとしました。

[10] 内容や額の定まらない債権を被保全債権とすることはできません。例えば、判例では、離婚に伴う財産分与請求権（民法768条1項）は、「協議あるいは審判等によって具体的内容が形成されるまでは、その範囲及び内容が不確定・不明確」なので、被保全債権にできないとされています（最判昭55・7・11民集34巻4号628頁）。また、債権者の債権は期限が到来していることが必要（423条2項）ですが、旧統一教会被害者の救済に関して最近成立した法（法人等による寄附の不当な勧誘の防止等に関する法律）では、扶養請求権者の期限が来ていない定期金債権なども被保全債権とできるとしています（例えば、親がした不当な寄附が取消しできるとされた場合に、親に対する扶養請求権を有する子が、その取消権を代わりに行使する場合）。

[11] 債務者の一身専属権を代位権の対象とすることはできません（民法423条1項ただし書き）。夫婦間の契約取消権（民法754条）、離婚請求権（民法770条）などです。

権のために、債務者が無資力でない場合にも転用されているのです。その例の一つは、登記請求権の保全です。不動産がC→B→Aと譲渡されたが登記がCにある場合、Aとしては、Bには登記がないし、判例によれば直接Cに登記を移せと請求することもできないので、Aは、B→Cの登記請求権を代位行使することができます（民法423条の7）。他に判例によって認められた例として、賃借権に基づく妨害排除請求の代位行使があります。AがBから賃借している土地をCが不法占有していた場合、Bは所有権に基づきCに対して妨害排除請求ができますが、AはCを排除できません。Aは土地を使用する権利がありますが、債権なのでBに対してしか行使できないのです（賃借権の登記がある場合など対抗力があれば、Cにも行使できます）。そこで、Aは、B→Cの妨害排除請求権を代位行使できるとされています。

【図表4−1】

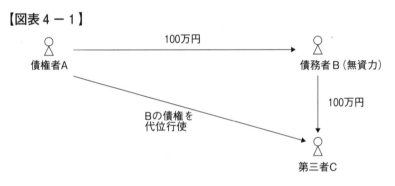

次に、**詐害行為取消権**（民法424条）について説明します。これは、債権者が、自らの債権の十分な弁済を受けるために、自己の財産を不当に減少させる債務者の法律行為[12]（詐害行為といいます）を、裁判所を通じて取り消すことができるという権利です。例えば、AがBに対して1,000万円の債権を有しており、Bが唯一の財産として1,000万円の土地を所有していたとします。もしBが弁済しなければ、当該土地を競売するなどしてAは債権の満足を得ることができるでしょう。ところが、当該土地をBがCに贈与したらBの財産はなくなり、もはやAは債権の回収ができなくなってしまうので、Aは、Bのそのような贈与を取り消して、土地をBに返還させることができるのです（**【図表4−2】**）。

詐害行為かどうかの判断は、当該行為が客観的に債権者を害する行為かどうかと債務者が債権者を害することを認識していたかどうかを総合してなされます（民法424条1項）。例えば、多数の債権者がいて全部支払う資力のない債務者が、債権者を害することを知って財産を贈与してしまえば詐害行為にあたります。もっとも、詐害行為かどうかについて判断が難しい場合もあるので、民法は特則を設けており、相当の対価を得た処分と一部の債権への弁済を取り上げます。まず、債務者が、自己の財産を相当の対価を得て処分した場合、①それが不動産の金銭への換価など財産の種類の変更によって債務者が財産を隠したりするなど債権者を害するおそれを現に生じさせること、②債務者が行為時に取得した金銭等

＊12
　財産権を目的としない行為は、取消請求の対象になりません（民法424条2項）。例えば、婚姻や養子縁組は、財産の減少につながる可能性はあっても、身分行為ですから取り消せないのです。

を隠す等の意思を有していたこと、③受益者が債務者の隠す等の意思を知っていたこと、の全てを満たすときに限り、詐害行為取消請求をすることができます（民法424条の２）。次に、債務者が一部の債権者にのみ弁済した場合は、①それが債務者の支払不能（債務者が支払能力を欠くために、債務のうち弁済期にあるものにつき、一般的かつ継続的に弁済することができない状態）の時に行われたこと、②債務者と受益者が通謀して他の債権者を害する意図をもって行われたこと、のいずれも満たすときに限り、詐害行為取消請求をすることができます（民法424条の３第１項）。

　取消しは、裁判所に請求しなければなりません（民法424条１項）。請求を認める判決が出され確定すると、その効力は債務者及びそのすべての債権者に対しても及びます（民法425条）。

　取消しの結果受益者に動産や金銭を返還させるときは、債権者は自己に引き渡すよう請求することができます（民法424条の９第１項）。

【図表４−２】

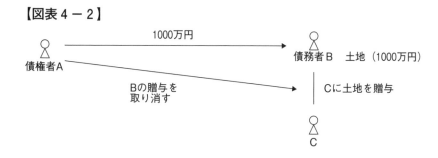

4　債権の移転

（1）債権譲渡

　債権は種々の原因によって移転しますが、そのうち最も重要なのは、契約による移転（債権譲渡）です。

　債権譲渡は原則として自由です（民法466条１項本文）が、次の制限があります。第１に、債権の性質が譲渡を許さない場合（民法466条１項ただし書き）です。例えば、家庭教師に教えてもらう債権は、権利者（生徒）によって教える内容が異なるので、譲渡できません。第２に、法律による禁止の場合です。例えば、年金受給権は権利者自身に支払われることが必要なので、譲渡できません（国民年金法24条）。

　では、債権者と債務者で譲渡禁止特約を結んでいた場合はどうでしょうか。この場合でも、原則として、債権譲渡は有効です（民法466条２項）。しかし、譲渡制限の意思表示について悪意又は善意ではあるが重過失のある譲受人その他の第三者（質権者など）に対して債務者は履行を拒むことができ、かつ、譲渡人に対する弁済その他の債務を消滅させる事由をもってその第三者に対抗することができます（民法466条３項）。なお、預貯金債権については、譲渡禁止特約があれば、

第4章
民法

悪意又は重過失の譲受人その他の第三者に当該特約を対抗できます（民法466条の5第1項）。

　債権譲渡は債務者が知らない間になされることもありますが、債務者としては知らない人から債務の履行を請求されても本当に債権者かどうかわかりません。そこで、債務者に権利を主張するには（対抗する要件として）、譲渡人（もとの債権者）から債務者への通知又は債務者の承諾が必要です（民法467条1項）。また、債権も二重譲渡されることがあり、その場合にどちらの譲受人が権利を取得できるかは、第三者に対する対抗要件によって決まります。債権は原則として登記できないので（例外として、動産・債権譲渡特例法*13があります）、確定日付ある証書*14による通知又は承諾が対抗要件となります（民法467条2項）。したがって、債権が二重譲渡された場合、一方だけに確定日付ある証書による通知・承諾があればそちらが優先します。両方とも確定日付ある証書による通知がなされた場合は、日付ではなく、到達時が早い方が優先します（判例*15・通説）。

　前述のように債権譲渡は原則として自由ですが、債権譲渡によって債務者の立場を一方的に不利にすることはできません。そこで、債務者が対抗要件を具備した時までに「譲渡人に対して生じた事由」をもって譲受人に対抗できます（民法468条1項）。例えば、売買契約によって発生した代金債権を売主が請求した場合、買主は売主が目的物を引き渡すまでは代金を支払わないという同時履行の抗弁権（民法533条）を有するので、代金債権が譲渡されて譲受人が行使した場合でも、買主は同様に同時履行の抗弁権を行使できます。また、債権を発生させた原因である契約が譲渡人の詐欺によるものであれば、もともと取り消すことができるのだから譲受人にも取消しを主張できます。

（2）債務引受

　債務者の債務を他の者が引き受けることを**債務引受**といいます。債務引受には、併存的債務引受と免責的債務引受があります。

　併存的債務引受は、もとの債務者が債務を負ったままで別の者も債務を負う場合です。債権者Xと債務者Y、新たな債務者Zの三者で契約すれば、当然、併存的債務引受が成立します。しかし、債務者Yが同意しなくてもXとZの契約によって成立します（民法470条2項）。YとZとの契約によっても成立しますが、この場合はXの承諾によって効力が生じます（同条3項）。もとの債務がそのまま残るのでXは利益を得るだけですが、知らないうちに権利を取得するのは妥当でないので、Xの承諾が要件とされています。引受人は、債務者と連帯して債務者の債務と同じ内容の債務を負担します（同条1項）。

　免責的債務引受とは、引受人がもとの債務と同一の債務を負い、もとの債務者は債務を免れる場合です（民法472条1項）。免責的債務引受は、債権者Xと新たな債務者Zとの契約によってすることができ、債権者Xから債務者Yに対する通知がなされた時に効力が発生します（同条2項）。債務者Yと引受人Zの契約によっ

*13　動産・債権譲渡特例法
　正式名称は、動産及び債権の譲渡の対抗要件に関する民法の特例等に関する法律（2004年）。譲渡人が法人であり、金銭債権であれば、債権譲渡の登記ができ、登記が第三者に対する対抗要件となります。

*14　確定日付ある証書
　通知を内容証明郵便で送る方法や通知書に公証人役場で日付印の押捺を受ける方法があります（民法施行法5条）。

*15
　最判昭49・3・7民集28巻2号174頁。

てすることもできますが、この場合は、債務者が変わることによって債権者が不利益を受けるかもしれないので、債権者Xが承諾することが要件になります（同条3項）。

（3）契約上の地位の移転

債権譲渡や債務引受のように債権・債務が単独で移転するのではなく、債権や債務を含む契約上の地位（例えば、売買契約をした売主や買主の地位）全体を移転させることを、**契約上の地位の移転**（又は契約譲渡）といいます。具体的には、賃貸人たる地位の移転、賃借人たる地位の移転などがこれにあたります（本章「5節3（3）賃貸借の効力」参照）。

契約の当事者の一方が第三者（譲受人）との間で契約上の地位を譲渡するという合意をし、その契約の相手方が承諾したときは、譲受人が契約上の地位を承継します（民法539条の2）。契約の当事者の一方が変わると相手方が不利益を受けるかもしれないので、相手方の承諾が必要とされています。

契約上の地位が移転すると、債権債務だけでなく、契約の取消権や解除権も移転します。

5　債権の消滅

（1）債権の消滅

債権は弁済によって目的を達成し消滅します。弁済のほかにも、当事者の行為によるものとして、債権者の意思による**免除**（民法519条）、債務者の意思による**相殺**（民法505条）、**供託**[*16]（民法494条）、債権者と債務者の合意による**代物弁済**[*17]（民法482条）、**更改**[*18]（民法513条）があります。以下では、弁済と相殺について述べます。

（2）弁　済
〈1〉弁済の意義

債務の履行を債務の消滅の場面では「**弁済**」といいます。言葉からすると金銭を支払うことを思い浮かべますが、それに限らず、売買契約において売却した物を引き渡すことや、労働契約において労働することも弁済です。弁済についていくつか問題点を挙げておきます。

まず、弁済者です。債務者が弁済できるのは当然ですが、債務の性質上可能であれば債務者でない者も弁済できることがあります（民法474条）。有名人が講演する債務は本人しか弁済できませんが、金銭債務なら誰でも弁済できるからです。しかし、利害関係を有しない第三者は、債務者の意思に反しては弁済できません。これは法律上の利害関係とされていて、例えば、借地上の建物賃借人は敷地の地代を弁済できますが、友人というだけではだめで

第4章

民法

> ***16　供託**
> 債権者が弁済の受領を拒んだ場合等に、債務者が弁済の目的物である金銭等を供託所等に寄託することにより、債務を免れることをいいます。

> ***17　代物弁済**
> 債務者が、債権者の承諾を得て、債務の内容（例えば、200万円の金銭）に代えて他のもの（例えば、自動車）を給付した場合も、弁済と同一の効力を有するというものです。

> ***18　更改**
> 債権者と債務者との契約により、今までの債務を消滅させ、新たな債務を成立させることです。①債務者の交代による更改、②債権者の交代による更改、③債務の目的や条件の変更による更改（例えば、200万円の金銭債務を消滅させて、自動車を給付する債務を成立させるなど）の3つがあります。

す。

　弁済の効果は債権（債務）の消滅です（民法473条）が、担保権や保証債務も付従性によって消滅します。

　金銭の支払いが弁済としてなされる場合、現在では、銀行等への振込みによるのが普通です。その場合に弁済の効果が生ずるのは、「債権者がその預金又は貯金に係る債権の債務者に対してその払込みに係る金額の払戻しを請求する権利を取得した時」です（民法477条）。

〈2〉弁済受領権者

　債権者は当然受領権者です。「取引上の社会通念に照らして**受領権者としての外観を有するもの**」も弁済の受領者になれます（民法478条）。これは、弁済者を保護するためです。例えば、債権者でないのに銀行窓口に預金通帳と届出印をもってきた人は、預金債権の「受領権者としての外観を有するもの」です。銀行（の係員）がその人に善意無過失で支払えば、有効な弁済となって預金債権は消滅します。ここでの善意無過失とは、過失なく「受領権者としての外観を有するもの」を債権者と信じたということですが、通帳と届出印をチェックすれば通常善意無過失とされます。一方、真の預金者は預金債権を失ってしまい、預金を引き出した人から返してもらうしかないですが、他人の預金を勝手に下ろした人ですから、すでに使っているかあるいは行方不明になっていたりして、真の預金者は結局損失を被るでしょう。しかし、預金通帳や印鑑の管理が悪かったのですからやむをえません。

　「受領権者としての外観を有するもの」（改正前は「債権の準占有者」）に対する弁済は、判例によって大きく拡大されています。まず、定期預金の期限前の払戻しについて、期限前払戻しは、定期預金の解約という行為があってから払い戻されるので、厳密には解約と払戻しの2段階がありますが、判例[19]によれば、全体として弁済にあたるとして民法478条が適用されました。次に、**預金担保貸付**が問題になりました。これは、銀行が定期預金を担保に貸付けをし、満期時に未返済金があれば、銀行が貸付金と預金債務を相殺するというものです。定期預金を解約してしまうと預金者はその利息を得られないし、銀行も貸し付ければその分の利息は得られるので両者にとって意味がある制度ですが、銀行が預金証書を持っているが預金者ではない者に善意で貸し付けてしまった場合に、銀行が相殺できるかという問題が起きました。判例は、定期預金の期限前払戻しと同視できるとして、民法478条を類推し、銀行を保護しました[20]。さらに、生命保険の契約者貸付が問題になりました。多くの生命保険契約では、解約すると契約者に支払われる解約返戻金の一定割合の範囲で、契約者が貸付けを受けられます。預金担保貸付と同様の意義がありますが、この場合にも民法478条が類推されています[21]。

　機械による払戻しの場合も銀行が保護されています。他人のキャッシュカードを使い暗証番号を入力して預金を引き出した場合に、判例は銀行の免

＊19
　最判昭41・10・4民集20巻8号1565頁。

＊20
　最判昭48・3・27民集27巻2号376頁。

＊21
　最判平9・4・24民集51巻4号1991頁。

責約款（民法478条と同趣旨とされています）によって保護されるとしました[22]。通帳機械払（預金通帳と暗証番号によってＡＴＭから預金を払い戻すシステム）についても、民法478条の類推適用が認められました[23]。

　以上のように民法によれば、真の債権者は損失を被ることになります。ところが、近時、カードの偽造等の方法によって預金を引き出すという犯罪が増え、真の債権者である預金者が害される事件が続発したため、預貯金者保護法[24]が制定されました。偽造カードを用いて機械払がなされた場合、民法478条は適用されません。ただし、預貯金者の故意があったとき又は金融機関が善意無過失で預貯金者に重過失があったときは払戻しの効力があります。盗難カードを用いて機械払がなされた場合は、一定の要件の下に預貯金者の損害が填補されます。

*22
　最判平5・7・19判時1489号111頁。

*23
　最判平15・8民集57巻4号337頁。

*24　預貯金者保護法
　正式名称は、偽造カード等及び盗難カード等を用いて行われる不正な機械式預貯金払戻し等からの預貯金者の保護等に関する法律（2005年）。

（3）相　殺

　弁済と同様の効果をもつものとして、**相殺**があります（民法505条・506条）。債務者と債権者の二人が互いに同種の債権を有する場合、例えば、ＡがＢに対して100万円の債権を有しているとき、ＢもＡに対する100万円の債権を取得したときは、どちらの債権も弁済期が到来すれば、ＡからもＢからも相殺によって両債権を消滅させることができます。どちらかがいったん支払ってまた逆に支払ってもらっても面倒ですから、相殺すれば便宜です。また、一方の当事者が先に支払っても他方から支払ってもらえないかもしれないですが、ＡもＢも相殺すれば自分の債権を回収したのと同じ効果を得ることができるのです（これを「相殺の担保的機能」といいます）。相殺の要件は、同一当事者間に同種の目的を有する債権が対立して存在し両債権が弁済期にあることです。ただし、相殺する側の債権（「**自働債権**」といいます）は必ず弁済期がきていなければいけませんが、相殺される側の債権（「**受働債権**」といいます）は、弁済期がきていなくても相殺できます。期限の利益を放棄して期限前に弁済することができるからです（民法136条2項）。また、債権の性質上相殺できない場合があります（民法505条1項ただし書き）。例えば、騒音を出さないという不作為の債務の場合、現実に履行しないと意味がないからです。相殺の要件を満たした状態を「**相殺適状**」といいます。

　相殺適状であっても相殺できない例外があります。第1に、当事者が相殺禁止の合意をした場合です（民法505条2項）。第2に、不法行為等によって生じた債権を受働債権（相殺される側の債権）とする相殺が禁止されることがあります。①悪意による不法行為に基づく損害賠償債務の債務者（不法行為の加害者です）は、相殺できません（民法509条1号）。これを認めてしまうと、債務者が弁済しないような場合、債権者が、どうせ弁済されないなら腹いせに債務者に不法行為を行っても、相殺できるからと不法行為を誘発してしまう恐れがあるからです。②人の生命又は身体の侵害による損害賠償債務の債務者は相殺できません（民法509条2号）。これは、生命や身体の侵害による損害賠償債務は、被害者救済のため、現

第4章
民法

実に履行させるべきだからです。第3に、受働債権が差押禁止債権の場合、例えば、賃金債権は現実に支払うべきとされているので、相殺できません（民法510条）。第4に、債権が差し押さえられた場合です。まず、自働債権が差し押さえられたときは、相殺できません。差押えというのは、債権などの処分を禁止することです。相殺すれば債権を消滅させるという処分をしてしまうわけですから、差し押さえられた債権を自働債権としては相殺できないのです。次に、受働債権が差し押さえられた場合、差押え前に取得した債権を自働債権として相殺することはできますが、差押え後に取得した債権を自働債権として相殺することはできません（民法511条1項。ただし、同条2項により、差押え後に取得した債権でも差押え前の原因に基づいて取得した債権の場合は相殺できます）。受働債権の差押え前に反対債権を取得していれば、その債権の弁済期よりも反対債権の弁済期が先に到来する場合であっても、相殺することができます。例えば、X債権の弁済期が6月1日、Y債権の弁済期が5月1日であった場合、5月15日にY債権が差し押さえられても、6月1日になればX債権を自働債権として相殺することができます。対立する債権を有していれば相殺できるという期待を重視しているわけです。

債権譲渡の場合も、同様の問題があります。債権が譲渡されても、債務者は、対抗要件具備時よりも前に取得した譲渡人に対する債権による相殺をもって譲受人に対抗することができますが、対抗要件具備時よりも後に取得した債権による相殺をもって譲受人に対抗することはできません（民法469条1項。ただし、同条2項により、対抗要件具備時よりも後に取得した債権であっても、対抗要件具備時より前の原因に基づいて取得した債権、譲受人の取得した債権の発生原因である契約に基づいて生じた債権であれば、相殺を譲受人に対抗できます）。債権が譲渡されて対抗要件を具備するより前に債務者が債権者に対する債権を取得していれば、債務者は相殺できるという期待を有していたので、弁済期を問わずに相殺することができます（民法469条）。

（難波譲治）

学習のポイント

■債権は人に対して何かを請求する権利です。物権は一つの物について一つしか成立しませんが、債権は同じ内容でも複数成立します。
■債権は、契約自由の原則により、公序良俗に反しなければ、当事者が自由に債権内容を決めることができます。
■債務者が任意に履行しないときは、強制的に履行させることができます。直接強制、間接強制、代替執行の3種があります。
■法定利率は3％ですが、3年ごとに見直されます。

■債務の履行がなされない場合、債権者は損害賠償請求できますが、債務者が債務の不履行が契約その他の債務の発生原因及び取引上の社会通念に照らして債務者の責めに帰することができない事由によるものであることを証明すれば、債務者は賠償責任を負いません。

■債権者が債務の受領を拒んだり、受領できないときは、受領遅滞の責任を負います。

■損害賠償の範囲となる損害は、通常生ずべき損害であり、特別事情による損害もその事情を予見すべきであったときは賠償範囲に入ります。

■債務の不履行や損害の発生・拡大に関して債権者の過失があったときは、裁判所は、過失相殺として損害賠償額を減額することができます。

■債務不履行によって債権者が損害を被ったが、それによって利益も得た場合は、損益相殺によって賠償額が減額されます。

■債権は、原則として債務者に対する効力をもつだけですが、例外的に第三者に効力を及ぼす場合として、第1に債権者代位権があります。債務者が履行せず、さらに無資力であるのに自己の債権を行使しないとき、債権者は、債務者の代わりに債務者の債権を行使できます。

■債権の第三者への効力として、第2に詐害行為取消権があります。債務者が無資力であるのに自己の財産を贈与する等、財産を減少させる行為をしたときは、債権者はその行為を取り消すことができる権利です。

■債権譲渡は原則として自由ですが、債権の性質上譲渡できない場合や、法律によって禁止された場合は譲渡できません。

■債権譲渡禁止特約があっても債権は譲渡できますが、譲渡制限の意思表示について悪意又は善意ではあるが重過失のある譲受人その他の第三者に対して債務者は履行を拒むことができるし、譲渡人に対する弁済その他の債務を消滅させる事由をもってその第三者に対抗することができます。

■債権が譲渡された場合、債務者に対抗するには債務者への通知・承諾が必要であり、第三者に対抗するには確定日付ある証書による通知・承諾が必要です。

■債権が譲渡されても、債務者が通知を受けるまでに譲渡人に主張できた事由は譲受人にも主張できます。

■債務者の債務を他の者が引き受けることを債務引受といいます。併存的債務引受がなされると、もとの債務と同じ内容の債務を債務者と引受人が連帯して負います。免責的債務引受の場合は、もとの債務者は離脱し、引受人のみが債務を負担します。

■契約上の地位が移転すると、債権債務だけでなく、契約の取消権や解除権も移転します。

■取引上の社会通念に照らして受領権者としての外観を有する者に対する弁済は、債務者が善意無過失であれば有効になります。

■定期預金の期限前払戻、預金担保貸付、生命保険の契約者貸付に、民法478条（取引上の社会通念に照らして受領権者としての外観を有する者に対する弁済）が類推適用されています。

■同一当事者間に同種の目的を有する債権が対立して存在し、両債権が弁済期にあるときは、債務の性質上許されない場合を除き、どちらの当事者も相殺できます。

■相殺できない場合として、相殺禁止の合意がある場合、受働債権が不法行為によって発生した場合、受働債権が差押禁止債権の場合、自働債権を取得したのが受働債権が差し押さえられた後だった場合（差し押さえられた後に取得した場合でも差押え前の原因に基づいて取得した場合を除く）などがあります。

第5節　契　約

1　契約の成立・効力・解除

（1）契約の成立

　契約は双方の意思表示によって成立します。例えば、売買契約であれば、売主の売るという意思表示と買主の買うという意思表示が合致すれば成立します（先にされた方を**申込み**、後の方を**承諾**といいます。民法522条1項）。契約書がなくても契約は成立するのです（保証契約 *1 は例外的に書面が必要です。民法446条2項）。もっとも、契約書は契約をした証拠として重要な意味をもちます。申込みは承諾があれば契約を成立させるものですから、新聞の折込チラシで不動産の広告が出ていたような場合は申込みではなく、申込みの誘引であり、誘引に応じて申込みがあっても広告者は承諾するか否か自由であるとされています。

　契約が成立しなければ、契約の効果は発生しないのが原則ですが、契約が成立していないのに、責任が発生することがあります。例えば、契約の交渉を続けてきて、当事者がもはや契約が成立するのが確実だと考えるような段階になって、当事者の一方が突如契約交渉を破棄したとすれば、信義則上の注意義務違反に基づく責任を負います *2。また、契約の一方当事者が契約締結前に、信義則上の説明義務に違反して、契約を締結するかどうかの判断に影響する情報を相手方に提供しなかった場合も、不法行為による損害賠償責任を負います *3。

（2）契約の効力

　まず、**同時履行の抗弁権**（民法533条）を取り上げます。双務契約 *4 においては、相手方が履行するまでは自分も履行しないという権利があります。例えば、建物の売買契約をした場合、売主は、代金を支払うまで引き渡さないということができ、買主は、引き渡すまで代金を払わないということができるので、同時に履行されることになるのです。もっとも、特約でどちらかが先に履行すると決めておくことも多く、その場合はもちろん同時履行の抗弁権はありません。

　次は、**危険負担**を説明します。売買契約などの双務契約において、一方の債務が履行不能になったとき、そのリスクをどちらの当事者が負うかという問題です。例えば、売買契約の目的物である建物が隣家の火事の延焼で全焼してしまったら、建物はすべて特定物なので、売主の建物引渡債務は履行不能になります。隣家の火事が原因なので、売主に帰責事由がなく、債務不履行としての損害賠償の問題にはなりません。しかし、現実に建物の焼失という損失が発生しているので、その損失をどちらの当事者に負わせるべきかを決めなければなりません。

　民法は、「当事者双方の責めに帰することができない事由によって債務を履行

＊1　保証契約
　債務者が債務を履行しない場合に、これに代わって履行する債務の成立を目的とする、債権者と保証人との間の契約のことです。

＊2
　最判昭59・9・18判時1137号51頁。

＊3
　最判平23・4・22民集65巻3号1405頁。

＊4　双務契約
　どちらの当事者も相互に法律的対価の意味をもつ債務を負担する契約のことです。例えば、売買、賃貸借、請負などです。これに対し、当事者の一方だけが債務を負担し、相手方は法律的対価の意味をもつ債務を負担しない契約を片務契約といいます。贈与などの無償契約がこれにあたります。

することができなくなったときは、債権者は、反対給付の履行を拒むことができる」と定めています（民法536条1項）。双務契約においては、双方の債務に牽連性があり、一方の債務の履行が不可能になったときは、他方の債務の履行を拒絶できるとするのが公平だということです。したがって、上記の建物の滅失の例では、不能になった建物引渡債務の債権者である買主は代金支払いを拒むことができ、結局、債務者である売主が建物滅失の損失を被ることになります。しかし、もし建物の滅失が債権者の責めに帰すべき事由によるときは、履行を拒絶することができません（民法536条2項）。したがって、債権者は、建物を取得できないのに代金を支払うことになり建物滅失の損失を被ることになりますが、滅失に帰責事由があるのですから当然でしょう。

（3）契約の解除

契約をしたからには守らなければならないのが原則ですが、相手方に債務不履行があった場合には、契約自体をなかったことにすることができます（法律による「**法定解除**」と契約による「**約定解除**」があります。民法540条）。債務不履行のときは、債権者は債務者に強制的に履行させたり損害賠償請求することができますが、履行しないような不誠実な債務者との関係をやめてしまいたいときは、契約を**解除**するという選択肢があるのです。解除権を有する当事者が一方的に解除できるのであり、相手方の同意は不要です。もっとも、相手方の同意があれば、法定解除権を有しなくても合意解除*5することができます。

解除の方法として、まず、催告*6による解除があります。履行遅滞の場合は、相当の期間を定めて催告し、その期間内に履行されなかった場合に契約を解除できます（民法541条本文）、ただし、催告期間が経過した時における債務の不履行がその契約及び取引通念に照らして軽微である場合は、解除できません（民法541条ただし書）。

次に、催告によらない解除があります。第1に債務の全部の履行が不能の場合は、催告する意味はないので、直ちに解除できます（民法542条1項1号）。第2に、債務者が履行しないという意思を明確に示した場合も、履行の見込みがないので、直ちに解除できます（同項2号）。第3に、債務の一部の履行不能、一部の履行拒絶の場合で、残りの部分では契約をした目的を達することができないときに、直ちに解除できます（同項3号）。第4に、定期行為、例えば、クリスマス用ケーキの注文のように、特定の日時、一定の期間内に履行をしなければ契約をした目的を達することができない場合にも、直ちに解除できます（同項4号）。第5に、以上の他でも、催告をしても契約をした目的を達するのに足りる履行がされる見込みがないときは、直ちに解除できます（同項5号）。

ところで、債務不履行による損害賠償とは異なり、債務者の帰責事由は解除の要件ではありません（民法541条・542条）。債務者に帰責事由がなくても、不履行されている債権者を契約から解放するほうが公平だと考えられているからです。

＊5　合意解除
契約の当事者双方の合意により契約を解除することです。

＊6　催告
相手方に対して一定の行為をするよう請求することです。

第4章 民法

その観点からすれば、債務不履行が債権者の帰責事由による場合には、解除を認めては不公平ですから、債権者は解除することはできません（民法543条）。

解除の効果は、契約が遡及的に消滅することです（民法545条1項本文）。まだ履行していなければもはや履行しなくてよいし、すでに履行していれば、契約がないのに履行している状態になるので、元の状態に戻さなければなりません（「**原状回復**」といいます。民法545条1項本文）。例えば、売買契約をして売主が目的物を引き渡したが、買主が代金を半分しか支払わないので売主が解除したとすると、売主から買主に対して目的物を返せということができ、買主から売主に対しては支払った代金を返せということができます。当事者双方が原状回復義務を負う場合は、同時履行の関係にあります（民法546条）。解除の効果は遡及効[7]なので、契約がなかったことになりますが、第三者が現れた場合は保護されます。例えば、先ほどの例で、契約の解除前に買主がすでに目的物を第三者に売ってしまっていたら、売主が解除しても遡及効が制限されており、第三者から目的物を取り返すことはできません（民法545条1項ただし書き）。もっとも、契約の解除後に買主が目的物を第三者に売った場合は、売主に目的物の所有権が戻るのと第三者が所有権を取得するのがあたかも二重に譲渡されたのと同様の状態になるので、先に対抗要件である登記を取得した方が優先します（民法177条）。

解除されたとしても債務不履行の責任がある当事者は損害賠償義務を負います（民法545条4項）。遡及的に契約がなかったことになれば債務不履行もなかったはずですが、この場合も遡及効は制限されています。

（4）約　款
〈1〉定型約款

約款とは、多数の者との取引を画一的に処理するために一方当事者があらかじめ作成した契約条項の総体です。

民法は「**定型約款**」という項目を設けて、約款についての規制を定めています。まず、「定型約款」とは、「定型取引において、契約の内容とすることを目的としてその特定の者により準備された条項の総体」[8]です（民法548条の2第1項）。

定型取引とは、①「ある特定の者が不特定多数の者を相手方として行う取引」であり、②「その内容の全部または一部が画一的であることが当事者双方にとって合理的なもの」です。不特定多数の者が相手方であることが必要なので、例えば、労働契約は相手方の個性に着目したものですから、定型取引でありません。さらに、内容が画一的であることが当事者双方にとって合理的でなければなりません。

民法はこのようにすべての約款ではなく、「定型約款」のみについて定めていますが、上記の保険約款等多くの約款は含まれることになり、該当しないのは、契約書のひな型[9]（修正されることがあるから）などに限られます。

＊7　遡及効
法の定める効力が遡って効力をもつことです。

＊8
いわゆる約款はほとんどこの定型約款です。例えば、保険約款、ホテルの宿泊約款、鉄道の旅客運送取引における運送約款、宅配便契約における運送約款等です。

＊9　ひな型
契約書等の書式の見本のことで、最近ではテンプレートとも言われます。各種団体が「標準契約書」といったひな型を作成しています。

344

〈2〉 約款の条項を契約内容とするための要件

　約款を用いる取引は広く行われていますが、約款の内容をよく知らずに契約する場合も多く、その場合に約款の条項に当事者が拘束されるのはなぜかという問題があります。民法は、一定の要件を満たした場合について、合意を擬制することによって契約内容に組み入れることにしています。

　定型約款を契約の内容とする旨の合意をしたとき、又は、定型約款準備者が予めその定型約款を契約の内容とする旨を相手方に表示していたときは、定型約款に含まれる個別の条項についても合意したものとみなされます（民法548条の2第1項）[10]。ただし、相手方の権利を制限したり義務を加重する条項であって、信義則に反して相手方の利益を一方的に害するものは、合意しなかったものとみなされます。例えば、定型約款準備者の故意又は過失による損害賠償責任を免責する条項などがこれにあたります（民法548条の2第2項）。

〈3〉 定型約款の変更

　継続的な契約においては、社会状況の変化等により約款を変更する必要性が出てきます。そこで民法は、合理的な場合にのみ個別の合意がなくても定型約款を変更できるとしています。すなわち、定型約款の変更が①相手方の一般の利益に適合するとき、又は、②変更が、契約をした目的に反せず、かつ、変更の必要性、変更後の内容の相当性、民法548条の4の規定により定型約款の変更をすることがある旨の定めの有無及びその内容その他の変更に係る事情に照らして合理的なものであるときに変更できます（民法548条の4第1項）。

（難波讓治）

2　売　買

（1）売買の意義

　売買は、当事者の一方がある財産権を相手方に移転することを約束し、相手方がこれに対してその代金を支払うことを約束することで成立する諾成・双務・有償の契約です（民法555条）。売買は、商品交換を前提とする資本制生産社会においては最も重要な機能を営む契約といえます。また、売買の規定は、売買以外の有償契約に準用されています（民法559条）。

（2）売買の予約[11]

　民法は、当事者の一方が売買契約を成立させる意思表示（予約完結の意思表示）をすれば、他方の承諾を要せずに売買契約の効力を発生させることのできる**予約**で、一方当事者のみが**予約完結権**[12]をもつ**一方の予約**を規定しています（民法556条）（【図表5－1】）。例えば、AがBに2,000万円を貸し、これを担保するため、

[10]
　鉄道営業法（18条の2）などの特別法では、公共性の高さから、相手方に表示しなくても予め公表していれば合意したものとみなされています（ほかに、電気通信事業法167条の2、航空法134条の4など）。

[11]　予約
　予約には、当事者の一方が本契約を締結する申込みをすれば他方がこれを承諾する義務を負い、その承諾の結果本契約が成立する型（申し込む権利が一方だけにあるのを片務予約、双方にあるのを双務予約といいます）と、当事者の一方が本契約を成立させる意思表示（予約完結の意思表示）をすれば他方の承諾を要せずに本契約が成立する型（予約完結権が一方だけにあるのを一方の予約、双方にあるのを双方の予約といいます）とがあります。なお、日常用語で用いられる「予約」（例えば、飛行機やホテルの予約）は、ここでいう予約とは異なり、本契約の意味で用いられています。

[12]　予約完結権
　不動産の売買予約完結権は、所有権移転請求権保全の仮登記（不動産登記法105条2号）をすれば、その順位が保全されるので、その後にその不動産の物権を取得した第三者に対抗できます。

もしBが弁済を怠った場合にはBの土地をAに売ることとし、Aにその予約完結権を与えるような場合がこれにあたります。

【図表5－1】

*13　証約手付
　契約成立の証拠として交付される手付で、全種の手付に共通する最小限度の効果とされています。

*14　解約手付
　手付の没収ないし倍額提供によって、債務不履行の事実がなくても任意に契約を解除できるとする趣旨の手付です。

*15　違約手付
　債務不履行の事実があれば手付の没収ないし倍額提供をなしうる手付です。違約罰としての性質を有する手付と損害賠償額の予定（民法420条）の性質を有する手付の2種類があります。手付の没収ないし倍額提供とは別に、債務不履行による損害賠償を、前者は請求できるのに対し、後者は請求できないとされています。

*16
　契約の文言上違約手付として約定されていても、同時に解約手付としての性質を併有しうると解されています（最判昭24・10・4民集3巻10号437頁）。したがって、解約手付の性質を含まない違約手付である旨の約定をしない限り、解約手付の性質を有することになります。

（3）手　付

　手付とは、契約締結の際に当事者の一方から他方に交付される金銭その他の有価物で、**証約手付**[13]、**解約手付**[14]、**違約手付**[15]の3種類があります（【図表5－2】）。民法は解約手付を規定し、相手方が契約の履行に着手するまでは、買主は売主に交付した手付を放棄し、逆に売主はその倍額を現実に提供して、契約の解除をすることができます（民法557条1項）。当事者の意思が不明のときは、民法に規定されている解約手付と推定されます[16]。そして、相手方が、債務の内容である給付の実行に着手する（客観的に外部から認識しうるような形で履行行為の一部をするか又は履行の提供をするために欠くことのできない前提行為をする）までは契約の解除ができるし、また、自ら履行に着手しても相手方が履行に着手しない限り、相手方に不測の損害を与えないので契約の解除ができるとされています。

【図表5－2】

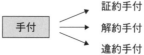

*17　売買契約に関する費用
　目的物の測量・鑑定費用、契約書に貼付する印紙代などがこれにあたります。不動産売買の登記料を、判例は売買契約に関する費用としていますが（大判大7・11・1民録24輯2103頁）、通説は売主の債務弁済のための費用として民法485条により売主が負担すべきとしています。

（4）売買の費用

　売買契約に関する費用[17]は、特約や慣習がなければ、当事者双方が等しい割合で負担します（民法558条）。

（5）売買の効力

　売買により、売主は、目的物の権利移転義務や引渡義務を負い、また、登記（民法177条）などの対抗要件を移転する義務を負います（民法560条）。買主は、代金支払義務を負います。

*18　果実
　ある物（元物）から生じる収益物のことです。天然果実（例：りんごの木から生じるりんご）と法定果実（例：借家の家賃）の2つがあります。

　また、未だ引き渡さない売買の目的物に「**果実**」[18]が生じたときは、その果実は売主に帰属します。買主は、引渡しの日から代金の利息を支払う義務を負いますが、代金の支払いについて期限があるときは、その期限が到来するまでは利息を支払う必要はないとされています（民法575条）。この規定は目的物の果実と

代金の利息を相殺して複雑な権利関係を簡易に決済しようとする趣旨に基づいています。

さらに、売買の目的物の種類・品質・数量や移転した権利に関し契約不適合がある場合、売主は買主に対して**担保責任**[19]を負います。

〈1〉売買の目的物の種類・品質・数量に関する**契約不適合**

特定物売買であろうと、不特定物売買であろうと、売主は、種類・品質・数量に関して契約の内容に適合した物を給付すべき義務を負い、引き渡された目的物が種類・品質・数量に関し契約の内容に適合しないときは、債務不履行となります。そのため、買主は売主に対し、追完請求権（民法562条）、損害賠償請求権及び解除権（民法564条）を追及できます。また、特別の救済手段として、代金減額請求権（民法563条）も認められています。

目的物の種類・品質に関する契約不適合には、物質的な欠点のみならず、いわゆる環境瑕疵[20]や心理的瑕疵[21]や法律的な瑕疵[22]も含まれます。また、目的物の数量に関する契約不適合は、売買契約の当事者が目的物の数量に特別の意味を与え、それを基礎として売買がされたという場合（**数量指示売買**）に問題となります。判例は、数量指示売買を、「当事者において目的物の実際に有する数量を確保するため、その一定の面積、容積、重量、員数または尺度あることを売主が契約において表示し、かつ、この数量を基礎として代金額が定められた売買」と定義しています[23]。

買主の救済手段としての追完請求権は、①目的物の修補、②代替物の引渡し、③不足分の引渡しによる履行の追完を買主は売主に請求できますが、売主は、買主に不相当な負担を課するものでないときは、買主が請求した方法と異なる方法による履行の追完をすることができます（民法562条1項）。目的物の契約不適合が、「売主の責めに帰すべき事由」によるものであることは追完請求権行使に不要ですが、「買主の責めに帰すべき事由」によるものであるときは、買主は追完請求をすることができないとされています（民法562条2項）。

買主の救済手段としての代金減額請求権は[24]、①買主が相当の期間を定めて履行の追完の催告をし、その期間内に履行の追完がないときは、買主は、その不適合の程度に応じて代金の減額を請求できます（民法563条1項）。しかし、②履行の追完が不能であるなど一定の場合には[25]、買主は催告をすることなく、直ちに代金減額請求をすることができます（民法563条2項）。目的物の契約不適合が、「売主の責めに帰すべき事由」によるものであることは代金減額請求権行使に不要ですが、「買主の責めに帰すべき事由」によるものであるときは、買主は代金減額請求をすることができないとされています（民法563条3項）。

買主の救済手段としての損害賠償請求権は、民法415条により請求でき（民法564条）、債務不履行が売主の「責めに帰することができない事由」による

＊19　担保責任
　有償契約の当事者が給付した目的物や権利が契約の内容に適合しないものである場合に、給付者が相手方に対して負担する損害賠償などの責任をいいます。

＊20
　購入した不動産の日照・景観阻害のような周辺環境に欠点がある場合。

＊21
　居住用建物内で自殺や他殺があったような場合。

＊22
　都市計画街路の境域内にあり、建物を建築しても早晩撤去しなければならない場合に、担保責任の追及を認めた最判昭41・4・14民集20巻4号649頁などの判例があります。

＊23
　最判昭43・8・20民集22巻8号1692頁。

＊24
　判例は、数量超過売買の場合に、代金増額請求を否定します（最判平13・11・27民集55巻6号1380頁）。

＊25
　催告が不要となるのは、㋐追完が不能のとき、㋑売主が追完を拒絶する意思を明確に表示したとき、㋒特定の日時又は一定の期間内に履行をしなければ契約をした目的を達することができない場合に、売主が追完をしないでその時期を経過したとき、㋓買主が催告をしても追完を受ける見込みがないことが明らかであるときです。

第4章
民法

ものであるときは、売主は免責されます（民法415条１項ただし書き）。

買主の救済手段としての解除権は、民法541条・542条により行使できます（民法564条）。その結果、①催告による解除と催告によらない解除が存在し、また、②解除に売主の帰責事由は不要となり、さらに、③売主の債務不履行が買主の責めに帰すべき事由によるものであるときは、買主は解除できない（民法543条）こととなります。

〈２〉移転した権利に関する**契約不適合**

売主は契約の内容に適合した権利を買主に移転すべき義務を負担しており、移転した権利が契約の内容に適合しない場合、債務不履行となります。また、権利に関する契約不適合が、契約締結時に既に存在していた場合のみならず、契約締結後に生じた場合にも、売主の担保責任は生じます。

移転した権利が契約の内容に適合しないものである場合とは、売買目的物の利用が制限されている場合であり、①売買目的物の上に地上権・地役権・留置権・質権などの占有を妨げる他人の権利が存在している場合、②不動産売買で当該不動産の上に対抗力を有する他人の賃借権が存在している場合、③不動産売買で、当該不動産のために存在するものとされていた地役権が存在しなかった場合、④建物売買で、建物のために存在するものとされた敷地利用権（土地賃借権・地上権）が存在していなかった場合がこれにあたります。また、権利の一部が他人に属する場合において、その権利の一部を移転しないときも、移転した権利に関する契約不適合と扱われます。

こうした場合の買主の救済は、前述した売買の目的物の種類・品質・数量に関する契約不適合の場合と同様の救済が認められます（民法565条）[26]。また、買い受けた不動産に契約の内容に適合しない先取特権、質権又は抵当権が存していた場合において、買主が費用を支出してその不動産の所有権を保存したときは、買主は売主に対し、その費用の償還を請求することができます（民法570条）。

なお、権利の全部が他人に属し（他人物売買）売主がそれを取得して買主に移転しない場合、買主は債務不履行の一般法理によって救済され[27]、民法565条は適用されません。

〈３〉買主の権利の期間制限

売主が種類又は品質に関して契約の内容に適合しない目的物を買主に引き渡した場合[28]、買主がその不適合を知った時から１年以内にその旨を売主に通知しないときは、買主は、その不適合を理由として、追完請求権・代金減額請求権・損害賠償請求権・解除権を行使することはできなくなります（民法566条本文）[29]。こうした通知懈怠による失権効は、売主が引渡しの時にその不適合を知り、又は重大な過失によって知らなかったときは、適用されません（民法566条ただし書き）。

〈４〉競売における買受人の権利の特則

*26
買主は、①追完請求権、②代金減額請求権、③損害賠償請求権、④解除権を行使できます。

*27
売買目的物が他人に属することにつき、売主の善意・悪意は問題とならず、買主の善意・悪意も問題となりません。

*28
数量に関する契約不適合の場合と、権利に関する契約不適合の場合には、こうした失権効は認められていません。

*29
こうした失権効は、消滅時効に関する一般準則（民法166条１項）の適用を排除するものではないので、時効により権利は消滅します（最判平13・11・27民集55巻６号1311頁参照）。

　強制執行や担保権の実行としての競売のような民事執行法その他の法律の規定に基づく競売によって買い受けた物に、物の不存在若しくは数量に関する不適合又は権利の不存在若しくは権利に関する不適合があった場合は、買受人は、債務者に対し、契約の解除又は代金の減額を請求することができます（民法568条1項）。しかし、買受人は、債務者に対して履行の追完を請求することはできません[*30]。また、競売によって買い受けた物に種類・品質に関する不適合があった場合は、買受人は、債務者に対し、その不適合を理由として契約の解除や代金減額請求をすることはできません（民法568条4項）。

　民事執行法その他の法律の規定に基づく競売によって買い受けた物に、物の不存在若しくは数量に関する不適合又は権利の不存在若しくは権利に関する不適合があった場合において、債務者が無資力であるときは、買受人は、代金の配当を受けた債権者に対して、その代金の全部又は一部の返還を請求することができます（民法568条2項）。

　さらに、買受人は債務者や債権者に対して原則として損害賠償を請求することができませんが、債務者が物若しくは権利の不存在・不適合を知りながら申し出なかったとき、又は債権者がこれを知りながら競売を請求したときは、買受人は、これらの者に対し、損害賠償の請求をすることができます（民法568条3項）。

〈5〉目的物の滅失・損傷に関する危険の移転

　特定物売買の場合及び不特定物売買で目的物の特定がされている場合、目的物の滅失・損傷に関する危険は、目的物の引渡しによって売主から買主に移転します。したがって、買主への引渡しがあった時以後に、その目的物が当事者双方の責めに帰することができない事由によって滅失・損傷したときは、買主はその滅失・損傷を理由として、追完請求・代金減額請求・損害賠償請求・契約解除をすることはできません。また、この場合に買主は代金の支払を拒むことができません（民法567条1項）。

　売主が契約の内容に適合する目的物をもって、その引渡しの債務の履行を提供したにもかかわらず、買主がその履行を受けることを拒み、又は受けることができない場合（**受領遅滞**）、その履行の提供があった時以降に当事者双方の責めに帰することができない事由によってその目的物が滅失・損傷したときも、前者と同様になります（民法567条2項）。

（6）買戻し

　一定期間内は売買契約を売主が解除する権利をもつという特約をして、目的物を取り戻す解除権留保付売買のうち一定の要件を備えたものを**買戻し**といいます[*31]。すなわち、①目的物は不動産に限ること、②買戻しの特約は売買契約と同時になされること、③買戻代金は買主が払った代金及び契約の費用を超えるこ

[*30]
　その結果、買受人が代金減額請求や契約の解除をする際にも、これに先立つ催告は不要となります。

[*31] 買戻し
　買戻しには、債権担保に用いられる場合と、そうでない場合（例えば、自治体が譲渡禁止や用途指定を付けて土地を分譲したのに相手方がこれに違反したとき、買戻特約をつける場合）があります。

第4章 民法

とはできないこと、④買戻期間は10年を超えることができず、何ら期間を定めなかったときは5年以内に買戻しをなすことが規定されています（民法579条・580条）。売買契約と同時に買戻しの特約を登記したときは、買戻しは第三者に対抗することができます（民法581条1項、不動産登記法96条）。そして、有効な買戻期間内に買主の払った代金と契約費用を提供して、買戻権者から買戻義務者に対し買戻しの意思表示を行うことにより買戻権を行使します（民法583条1項）。

（山田創一）

3　賃貸借

（1）賃貸借の意義

　賃貸借は、当事者の一方がある物の使用及び収益を相手方にさせることを約束し、相手方がこれに対してその賃料を支払うこと及び引渡しを受けた物を契約が終了したときに返還することを約束することで成立する諾成・双務・有償の契約です（民法601条）。市民の日常生活において、生活に必要とされる物の所有権を市民がすべて取得することは不可能あるいは困難であって、とりわけ土地・建物の所有権を取得できない人にとっては、賃貸借は重要な役割（居住の場の確保）を果たすことになります。契約自由の原則を貫くと、貸主と借主との社会的・経済的力関係の差から不合理な契約が締結されることが多いので、民法の規定を修正する**借地借家法**や農地法などの特別法が制定されています。また、借地であっても、借地借家法が適用されない賃貸借（駐車場として土地を賃借する場合など）もあります。そして、土地・建物以外では、他人の所有する自動車、自転車、ビデオ、衣装、機械などの動産の賃貸借もあります。

（2）賃貸借の存続期間

　民法によれば、**賃貸借の存続期間**は、50年を超えることができず、これより長い期間を定めたときは50年に短縮されます（民法604条1項）。また、この期間を更新することもできますが、更新の時から50年を超えることはできないとされています（同条2項）。なお、処分の権限を有しない者（権限の定めのない代理人など）が賃貸借をする場合には、**短期賃貸借**[*32]でなければならないとされています（民法602条）。

　建物所有を目的とする土地の賃貸借については、借地借家法が適用され、普通借地権の存続期間は30年以上で、これより短い期間を定めても無効とされ30年とされます（借地借家法3条・9条）。更新による期間は最初が20年以上で、2回目以後は10年以上です（借地借家法4条）[*33]。賃貸人の更新拒絶には正当事由が必要とされます（借地借家法6条）。また、借家契約の場合には、存続期間の上限をなくした上で、1年未満の借家期間を定めた場合は期間の定めのない賃貸借とみなし（借地借家法29条）、賃貸人の更新拒絶や解約申入れには正当事由が必要とさ

＊32　短期賃貸借
　短期賃貸借は、①樹木の栽植又は伐採を目的とする山林の賃貸借は10年、②その他の土地の賃貸借は5年、③建物の賃貸借は3年、④動産の賃貸借は6箇月の期間を超えることができないとされています。

＊33　定期借地権
　更新のない定期借地権の存続期間は、①長期型が50年以上、②事業用型が30年以上50年未満と10年以上30年未満の2種類、③建物譲渡特約型が30年以上とされています（借地借家法22条・23条・24条）。

れます（借地借家法28条）[34]。

（3）賃貸借の効力

〈1〉賃借権の対抗

　賃貸人がその賃貸物を第三者に譲渡した場合には、原則として賃借人はその賃借権を新たな所有者である第三者に対抗することはできません（「**売買は賃貸借を破る**」とよばれます）。しかし、不動産の賃貸借において、**賃借権登記**をしたときは、その不動産について物権を取得した者その他の第三者に対して賃借権を対抗できます（民法605条）。もっとも、賃借人は賃貸人に対し登記請求権がないと解されていますので[35]、賃貸人の協力がなければ賃借権登記をすることはできません[36]。そこで、借地借家法は、借地であれば借地人名義の**建物登記**、借家であれば建物の**引渡し**がなされていれば、その不動産について所有権を取得した者に対し賃借権を対抗できるとしています（借地借家法10条1項・31条）（**【図表5−3】**）[37]。

【図表5−3】

原則	売買は賃貸借を破る
例外	売買は賃貸借を破らない ①民法605条の賃借権登記 ②借地 → 建物登記（借地借家法10条1項） ③借家 → 建物引渡し（借地借家法31条）

　不動産の賃借人がその不動産の譲受人に賃借権を対抗することができるときは、その不動産の賃貸人たる地位は、その譲受人に移転します（民法605条の2第1項）。この場合、賃貸人の地位は賃借人の承諾を要することなく当然に譲受人に移転します。

　一方、賃貸人Aと賃借人Bの賃貸不動産を譲渡するに際して、①譲渡人（A）と譲受人（C）の間で、賃貸人たる地位を譲渡人（A）に留保する旨の合意をし、かつ、②その不動産を譲受人（C）が譲渡人（A）に賃貸する旨の合意をしたときは、賃貸人の地位は譲受人（C）に移転しません（民法605条の2第2項前段）。これにより、一種の転貸借関係（CA間の賃貸借、AB間の転貸借）が形成されることになります。多数の賃借人がいるマンションを投資法人が入居者のいる賃貸不動産として取得した上で、入居者との間の賃貸管理を引き続き旧所有者（賃貸人）に行わせるような場合に利用されます。

　この場合において、譲渡人（A）と譲受人（C）又はCの承継人との間の賃貸借が終了したときは、譲渡人（A）に留保されていた賃貸人たる地位は、譲受人（C）又はCの承継人に移転します（民法605条の2第2項後段）。これ

[34] 定期建物賃貸借
　更新のない定期借家権（定期建物賃貸借）も、賃貸人が賃借人に事前に書面を交付して説明し、公正証書によるなど書面によって契約すれば認められます（借地借家法38条）。

[35]
　大判大10・7・11民録27輯1378頁。なお、登記請求権については、本章「3節4（1）〈2〉[15]」参照。

[36]
　賃借権登記ができないため、借地上に家を建てていた借地人は、賃貸人による土地所有権の売買によってその借地権を対抗できず、その家が地震が起きたときのように取り壊されたことから、地震売買とよばれ社会問題化しました。

[37]
　民法605条、借地借家法10条・31条により対抗要件を備えた賃借権は、物権化した賃借権であるので、賃借人の占有を妨害している第三者に対し、妨害の停止の請求や返還の請求をすることができます（民法605条の4）。

第4章

民法

により、賃借人（B）は従前の内容でその地位を保持することができます。

　他方、不動産の賃貸借が対抗要件を備えていない場合でも、不動産の譲渡人が賃貸人であるときは、その賃貸人たる地位は、賃借人の承諾を要しないで、譲渡人と譲受人との合意により、譲受人に移転させることができます（民法605条の3前段）。

　また、不動産所有権の移転は、所有権移転登記を具備しなければ、賃借人も民法177条の「第三者」にあたるので、譲受人は賃借人に対して所有権の移転を対抗することができません[38]。そして、賃貸人たる地位の移転も、譲受人が賃貸不動産につき所有権移転の登記をしなければ、賃借人に対抗することができません（民法605条の2第3項・民法605条の3後段）[39]。

〈2〉賃貸人と賃借人の権利・義務

　賃貸人は賃借人に賃貸物を使用・収益させる義務を負い、また、賃借人の責めに帰すべき事由によってその修繕が必要となった場合を除き、賃貸人はそれに必要な修繕をする義務を負います（民法606条1項）。賃貸人が賃貸物の保存に必要な行為をしようとするときは、賃借人はこれを拒むことができません（同条2項）[40]。もっとも、賃借人が賃貸人に修繕が必要である旨を通知し、又は賃貸人がその旨を知ったにもかかわらず、賃貸人が相当の期間内に必要な修繕をしないとき、あるいは、急迫の事情があるときは、賃借人がその修繕をすることができます（民法607条の2）。賃借人は、賃借物について賃貸人の負担に属する**必要費**又は**有益費**を支出したときは、賃貸人に対しその償還を請求することができます（**費用償還請求**。民法608条）[41]。賃借人は、賃借した不動産に対し権利を有する第三者から明渡しを求められた場合、賃料の支払いを拒絶することができます（民法559条・576条）。

〈3〉賃借物の譲渡・転貸

　賃借人は、賃貸人の承諾を得なければ、その賃借権を譲り渡し又は賃借物を転貸することができません。賃借人が賃貸人に無断で第三者に賃借権譲渡又は賃借物の転貸をさせたときは、賃貸人は契約を**解除**することができます（民法612条）[42]。もっとも、賃借人の**無断譲渡**又は**無断転貸**が賃貸人に対する**背信的行為**と認めるに足らない特段の事情がある場合には、解除権は発生しないと解されています[43]。また、賃借人が適法に賃借物を転貸したときは、転借人は、賃貸人と賃借人との間の賃貸借に基づく賃借人の債務の範囲を限度として、賃貸人に対して転貸借に基づく債務を直接履行する義務を負い、その際賃料の前払をもって賃貸人に対抗することはできません（民法613条1項）。もっとも、賃貸人にこうした便宜が認められるからといって、賃貸人は賃借人に対しその権利（賃借人の債務不履行を理由とする解除権など）を行使することを妨げられません（民法613条2項）。そして、賃借人（転貸人）の債務不履行を理由とする賃貸借契約の解除をもって転借人に対抗することはできますが、賃貸人と賃借人の合意解除をもって転借人に対抗することは

*38

　大判昭8・5・9民集12巻1123頁。

*39

　最判昭49・3・19民集28巻2号325頁。

*40

　賃貸人が賃借人の意思に反して保存行為をしようとする場合、そのために賃借人が賃借をした目的を達することができなくなるときは、賃借人は、契約の解除をすることができます（民法607条）。

*41　費用償還請求

　賃借人は賃借物について賃貸人の負担に属する必要費を支出したときは、賃貸人に対し直ちにその償還を請求することができ、また、賃借人が賃借物について有益費を支出したときは、賃貸人は、賃貸借の終了のときに、その価格の増加が現存する場合に限り、賃貸人の選択に従い、賃借人の支出した金額又は増加額の償還をしなければなりません。なお、裁判所は、賃貸人の請求により、有益費の償還について相当の期限を許与することができます（民法608条）。なお、民法605条の2第1項・第2項後段又は民法605条の3前段により賃貸不動産の譲受人が賃貸人としての地位を承継する場合、必要費・有益費の費用償還義務は、譲受人又はその承継人に移転します（民法605条の2第4項・605条の3後段）。

*42

　借地権者が賃借権の目的である土地の上の建物を第三者に譲渡しようとする場合、その第三者が賃借権を取得し又は転借をしても、借地権設定者に不利となるおそれがないにもかかわらず、借地権設定者がその賃借権の譲渡又は転貸を承諾しないときは、裁判所は、借地権者の申立てにより、借地権設定者の承諾に代わる許可を与えることができます（借地借家法19条1項）。また、第三者が賃借権の目的である土地の上の建物を競売又は公売により取得した場合、その第三者が賃借権を取得しても借地権設定者に不利となるおそれがないにもかかわらず、借地権設定者がその賃借権の譲渡を承諾しないときは、裁判所は、その第三者の申立てにより、借地権設定者の承諾に代わる許可を与えることができます（借地借家法20条1項）。

*43

　最判昭28・9・25民集7巻9号979頁など。

できません。もっとも、合意解除の当時、賃貸人が賃借人の債務不履行による解除権を有していたときは、転借人に対抗できます（民法613条3項）。

（4）賃貸借の終了

賃貸借は、契約で定めた期間の満了により終了します。また、賃借人の債務不履行（賃料不払い、用法遵守義務違反など）がある場合、民法541条によって賃貸借契約を解除することができますが、**信頼関係破壊の法理**が用いられていて、信頼関係を破壊しない些細な不履行では解除を否定する一方、信頼関係を破壊する重大な不履行では無催告で解除することを認めています[*44]（**【図表5－4】**）。賃貸借を解除した場合、その解除は将来に向かってのみその効力を生じますが、この場合において民法415条1項の債務不履行による損害賠償の請求を妨げません（民法620条）。そして、賃貸借が終了して賃借人が賃借物の返還をする際、賃借物を受け取った後にこれに生じた損傷がある場合には、賃借人はその損傷を原状に復する義務を負います（民法621条本文）。もっとも、使用貸借の場合（民法599条3項）と異なり、①通常の使用及び収益によって生じた賃借物の損耗（通常損耗）と②賃借物の経年変化は、原状回復の対象とされていません。また、賃借物の損傷が賃借人の責めに帰することができない事由によるものであるときは、賃借人は、この損傷についての**原状回復義務**を負いません（民法621条ただし書き）。さらに、賃借物の全部が滅失その他の事由により使用・収益をすることができなくなった場合も、賃貸借は終了します（民法616条の2）。

*44
最判昭27・4・25民集6巻4号451頁など。

【図表5－4】 賃貸借の解除

信頼関係破壊の法理
無断転貸・無断譲渡の解除
債務不履行解除（賃料不払、用法遵守義務違反など）

（5）敷　金

敷金とは、「いかなる名目によるかを問わず、賃料債務その他の賃貸借に基づいて生ずる賃借人の賃貸人に対する金銭の給付を目的とする債務を担保する目的で、賃借人が賃貸人に交付する金銭」のことをいいます（民法622条の2第1項括弧書き）。敷金設定契約は、賃貸借契約の従たる契約で別個の契約です。そして、①賃貸借が終了し、かつ、賃貸人が賃貸物の返還を受けたとき、または、②賃借権の譲渡がされたときに、賃貸人が賃借人に対して、賃借人の未払賃料・損害賠償等の額を控除した残額を返還しなければならないとされています（民法622条の2第1項）。なお、敷金による充当をすることができるのは賃貸人の側であり、賃借人の側は充当請求権を有しません（民法622条の2第2項）。また、民法605条の2第1項・第2項後段又は民法605条の3前段により賃貸不動産の譲受人が賃貸人としての地位を承継する場合、敷金返還義務は譲受人又はその承継人に移転し

第4章
民法

ます（民法605条の2第4項・605条の3後段）。

（山田創一）

4 請 負

（1）請負の意義

　請負とは、当事者の一方がある仕事を完成することを約し、相手方がその仕事の結果に対してその報酬[45]を支払うことを約することによって効力を生ずる有償・双務・諾成の契約です（民法632条）。なお、請負人が仕事を完成しない間は、注文者は、いつでも損害を賠償して契約を解除できます（民法641条）。

（2）請負における所有権の帰属

　建物建築請負契約において、完成建物の所有権は注文者に帰属すると解する説が学説では多数ですが、判例は、材料の全部又は主要部分を提供する者が誰かによって所有権の帰属を区別しています（材料主義）。すなわち、注文者が材料の全部又は主要部分を提供する場合には、原始的に注文者に所有権が帰属するとする一方、請負人が材料の全部又は主要部分を提供する場合には、原始的に請負人に所有権が帰属し引渡しによって注文者に所有権が移転すると解しています[46]。もっとも、特約がある場合にはその特約によるとされ[47]、また、請負代金が工事完成前に完済されているような場合には、特段の事情のない限り建物所有権は原始的に注文者に帰属すると解しています[48]。

（3）請負人の担保責任[49]

　仕事の目的物が種類・品質に関して契約の内容に適合しない場合（**契約不適合**）には、請負契約が有償契約であるから、民法559条を介して、売買における目的物の種類・品質に関する契約不適合の規定が準用されます。その結果、①追完請求権（民法562条の準用）、②報酬減額請求権（民法563条の準用）、③損害賠償請求権（民法564条の準用・415条）、④契約解除権（民法564条の準用・541条・542条）が注文者の救済手段として認められます[50]。

　もっとも、仕事の目的物の種類・品質に関する契約不適合が注文者の供した材料の性質又は注文者の与えた指図によって生じた場合には、注文者は契約不適合を理由とする前記救済を受けることができませんが、請負人がその材料又は指図が不適当であることを知りながら告げなかったときは、前記救済を注文者は受けることができます（民法636条）。

　また、請負人が種類・品質に関して契約の内容に適合しない仕事の目的物を注文者に引き渡した場合（その引渡しを要しない場合にあっては、仕事が終了した時に仕事の目的物が種類・品質に関して契約の内容に適合しない場合）において、注文者がその不適合を知った時から1年以内にその旨を請負人に通知しないときは、注文者

---

[45]　①注文者の責めに帰することができない事由によって仕事を完成することができなくなった場合、又は、②請負が仕事の完成前に解除された場合に、請負人が既にした仕事の結果のうち可分な部分の給付によって注文者が利益を受けるときは、その部分を仕事の完成とみなし、請負人は、注文者が受ける利益の割合に応じて報酬を請求することができます（民法634条）。

[46]　大判大3・12・26民録20輯1208頁、大判昭7・5・9民集11巻824頁など。その根拠としては、①建物と土地を別個の不動産とするわが国では建物は土地に付合せず、「物の所有権の帰属は、その原材料の所有権にもとづいて決定される」という物権理論が原則として妥当すること（加工の民法246条1項ただし書き・2項がない）、②当事者の意思に合致すること、③請負代金債権を確保させる必要があることがあげられます。

[47]　大判大5・12・13民録22輯2417頁。

[48]　最判昭44・9・12裁判集民96号579頁。

[49]　請負人の担保責任も、請負人が仕事完成義務を負っており、請負契約の内容に適合した仕事を完成させる義務を負っていることから、債務不履行の特則であるとされます。

[50]　①～④の救済手段については、本節「2（5）売買の効力」の担保責任の解説参照。なお、仕事の目的物が建物その他土地の工作物であるからといって、契約不適合を理由とする解除が制限されない点は注意が必要です。また、契約不適合が重要でなく、かつ、追完に過分の費用を要する場合には、追完は不能と解すべきです。

は、その不適合を理由として、追完請求権・報酬減額請求権・損害賠償請求権・解除権を行使できなくなります（民法637条1項）。しかし、仕事の目的物を注文者に引き渡した時（その引渡しを要しない場合にあっては、仕事が終了した時）において、請負人が仕事の目的物の契約不適合を知り、又は重大な過失によって知らなかった場合には、こうした失権効は認められません（民法637条2項）。

（山田創一）

5 委 任

　委任は、当事者の一方（委任者）が法律行為をすることを相手方に委託し、相手方（受任者）がこれを承諾することによって効力が生じる契約[*51]です（民法643条）。委任は、このように法律行為（例えば、売買契約）の委託ですが、法律行為でない事務の委託（例えば、医師に診療してもらう契約）も、「**準委任**」として委任の規定が準用される（民法656条）ので、一般に区別されずに委任と呼ばれています。仕事を依頼するという日常用語からすると請負と区別しにくいですが、請負のように仕事の完成が要件ではありません。例えば、医師は診療する義務を負いますが、必ず病気を治すという結果まで義務を負うのではないのです。もっとも、現代では、多数の非典型契約（民法典に規定していない契約）が現れており、委任や請負に当たるかどうかだけではなく、契約書をよく吟味することが重要です。

　委任は、原則として無償とされ、特約がなければ報酬を請求できません（民法648条1項）。しかし、これは歴史的理由によるもので、現代では、ほとんどの委任契約は有償であり、慣習や黙示の特約が認められることも多いでしょう。報酬を支払うべき場合、その支払時期は原則として後払いですが、成果に対して報酬を支払う場合は同時履行と定められています（648条2項、648条の2第1項）。また、委任が履行の途中で終了したときなどには、受任者は既にした履行の割合に応じて報酬を請求することができます（648条3項）。

　委任契約が結ばれると、受任者は、委任の本旨に従い善良な管理者の注意を持って委任事務を処理する義務を負います（**善管注意義務**。民法644条）。委任契約の目的と事務の性質に応じて、合理人を基準にした注意をして事務を処理しなければいけないということです。また、委任は当事者の信頼関係によるので、委任者の承諾がある場合等を除き、原則として、自ら事務を処理しなければならないとされています。

　委任契約の終了については特則があります。委任は、個人的な信頼関係を基礎とするので、相手方を信頼できなくなれば、委任者からも受任者からも、将来に向かって、いつでも契約を解除できます（民法651条1項）。これを**任意解除権**といいます。もっとも、相手方に不利な時期に解除したり、委任者が受任者の利益をも目的とする委任[*52]を解除することによって、相手方に損害が発生すれば、その損害を賠償しなければなりません（同条2項）。

（難波譲治）

*51
　医師、弁護士、公認会計士、税理士などに仕事を依頼する契約は委任の例です。任意後見法による任意後見契約も委任契約です。

第4章　民 法

*52
　「受任者の利益をも目的とする」は、単なる有償委任というだけではなく（651条2項2号かっこ書き）、委任事務処理自体によって受任者が利益を受ける場合です。

6　保証契約

（1）保証契約とは

　保証契約とは、債務を担保するための契約です（民法446条1項）。例えば、A（主たる債務者）がB（債権者）から100万円を借りたとしましょう。Bは、Aがきちんと債務を弁済してくれるか不安に思っています。そこで、Aが弁済をしなかった場合に、C（保証人）がAに代わって債務を弁済するという契約を、BとCとの間で締結します。これが保証契約です。保証契約は、債権者と保証人との間の契約であることに注意しましょう[53]。

＊53

　AがCに対して、保証を頼んでいたといった場合には、AとCとの間には、保証委託契約があります。

【図表5－5】保証契約

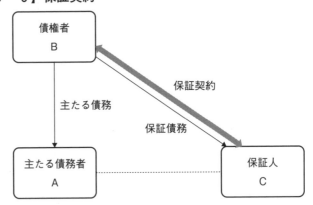

　保証契約により保証人が負う保証債務は、あくまで、主たる債務を担保することを目的としています。そのため、保証人の負担が主たる債務者よりも重くなることはありません（民法448条1項）。また、主たる債務が無効であれば保証債務も無効となり、主たる債務が消滅すると保証債務も消滅します（**付従性**）。主たる債務につき債権譲渡があった場合には、保証債務も移転します（**随伴性**）。

　通常の保証においては、主たる債務者が弁済を行わなかった場合に初めて保証人が弁済することになると定められています（**補充性**）。債権者から請求を受けた保証人は、まず主たる債務者に催告せよと求めることができます（**催告の抗弁**、民法452条）。そして、主たる債務者に資力があるにもかかわらず弁済しない場合には、債権者に対して、主たる債務者の財産に対して強制執行を行うよう求めることができます（**検索の抗弁**、民法453条）。ところが、実務上よく用いられる**連帯保証**というタイプの保証では、これらの抗弁は認められておらず、保証人は、より大きいリスクを負担することになります[54]。

　保証契約は、主たる債務者が弁済できなかったリスクを保証人に負担させる契約であることから、保証人の保護が重要なポイントになります。そのため、保証契約は、通常の契約とは異なり、書面で締結しなければならないと定められてい

＊54　分別の利益

　分別の利益とは、数人が保証人になった場合に、各保証人は主たる債務を平等な割合で分割した額についてのみ保証債務を負担することをいいます（民法456条・427条）。しかし、連帯保証人には、分別の利益が認められておらず、この点でも連帯保証人の負担は重くなっています。

ます（民法446条 2 項）[55]。このほかにも、以下のように様々な保証人保護の制度が民法に置かれています。

（2）債権者の情報提供義務

まず、債権者には、保証人に対して情報を提供する義務が課されています。保証人が主たる債務者から委託を受けて保証人になった場合には、債権者は、保証人から請求があれば直ちに、主たる債務の金額や履行状況につき情報を提供しなくてはなりません（民法458条の 2 ）。そして、主たる債務者が期限の利益を喪失した場合には[56]、債権者は期限の利益喪失を知ってから 2 ヶ月以内に、保証人に対して通知をしなくてはなりません（民法458条の 3 第 1 項）。期間内に通知をしないと、債権者は、期限の利益喪失から通知までの期間の遅延損害金（期限の利益を喪失しなかったとしても生じたものは除く）について保証債務の履行を求めることができなくなります（同条 2 項）[57]。

（3）保証人の求償権

次に、保証人が債権者に弁済を行った場合に、保証人から主たる債務者に対する**求償権**が認められています（民法459条 1 項）。先に挙げた例でいえば、CがBに対して100万円の弁済を行った場合には、CはAに対して100万円の支払を求めることができるということです。なお、主たる債務者からの委託を受けた保証人には、事前求償権も認められています（民法460条）。

（4）個人根保証契約

保証人の負担が特に重くなるのが**根保証**契約です。普通の保証契約では、保証人は特定の債務を保証しますが、根保証は、不特定の複数の債務をまとめて保証するものです。「AがBに対して負う債務をすべて保証する」といった根保証契約（包括根保証契約）を締結してしまうと、保証人Cは、自らがいくらの債務を負担するのか予想することができず、過大な債務を負う危険があります。そのため、民法は、個人が保証人となる根保証契約（**個人根保証契約**）については、主たる債務を一定の範囲のものに限定しなくてはならない、また、極度額[58]を定めなくてはならない、といった制限を設けています（民法465条の 2 ）。

（5）事業に係る債務についての特則

また、主たる債務の内容に着目すると、事業に関連した債務は多額になることが多く、これを個人の保証人が保証すると、個人では弁済できないような額の債務を負担することになりかねません。そのため、民法は、事業のために負担した貸金等[59]を主たる債務として、個人が保証人となる保証契約を原則として禁止しています（民法465条の 6 第 1 項）。ただし、保証人が公正証書により意思表示した場合には、保証契約が有効です。また、経営者保証の場合（保証人が会社の取締

[55]
なお、保証契約が、電磁的記録（電子的方式、磁気的方式その他人の知覚によっては認識することができない方式で作られる記録であって、電子計算機による情報処理の用に供されるものをいう）によってされたときは、書面によってされたものとみなされます（民法446条 3 項）。

[56]
民法には、債務者が破産手続開始決定を受けたとき等の期限の利益が失われる場面が定められていますが（民法137条）、それ以外にも、期限の利益喪失事由が契約で定められていることがあります。例えば、分割払いの返済を 1 回でも怠れば、債務全額につき期限の利益が失われ、全額を直ちに弁済しなくてはならなくなるといった合意があります。

[57]　適用除外
458条の 3 は、保証人が法人である場合には適用されません（民法458条の 3 第 3 項）。

[58]
個人根保証契約は、極度額を定めなければ効力を生じない、つまり、保証人が保証債務を履行する必要がないことが定められています（465条の 2 第 2 項）。しかも、極度額の定めは、書面（電磁的記録による場合を含む）でしなければなりません（同条 3 項・446条 2 項・ 3 項）。

[59]
「事業」とは、一定の目的をもってされる同種の行為の反復的・継続的な遂行を意味します。営利目的の事業かどうかは問いません。

役であるといった場合）には、公正証書がなくとも、有効な保証契約を締結することができます（民法465条の9）[60]。

(藤澤治奈)

＊60

なお、経営者以外でも、主たる債務者が行う事業に従事している主たる債務者の配偶者が保証人になる場合にも、公正証書による意思表示は必要ではないとされています（民法465条の9第3号）。

7　消費者契約

(1) 意　義

　消費者と事業者との間には、情報（知識）・経験・交渉力に格差があることから、消費者が望まない契約や消費者にとって不利な契約が締結されるおそれがあります。そこで、事業者と消費者との間で締結される契約を**消費者契約**（消費者契約法2条3項）とよび、事業者の一定の行為により消費者が誤認し又は困惑した場合について、消費者に意思表示の取消権（不当勧誘に基づく意思表示取消権）を与えるとともに、事業者の損害賠償の責任を免除する条項その他の消費者の利益を不当に害することとなる契約内容の条項の全部又は一部を無効とすること（不当契約条項の無効）によって、消費者の利益の擁護を図ることとしました。**消費者契約法**[61]とよばれる法律がこうした消費者契約を規制しています。

　「**消費者**」とは、「事業として又は事業のために契約の当事者となる」のではない「**個人**」を指し、「**事業者**」とは、「法人その他の団体」（営利法人・非営利法人・権利能力なき社団[62]など）及び「事業として又は事業のために契約の当事者となる場合における個人」を指します（消費者契約法2条1項・2項）。

＊61　消費者契約法

平成12年法律第61号成立の法律で、平成13年4月1日に施行されました。

＊62　権利能力なき社団

社団法人の実体があるにもかかわらず、法人格をもたない社団のことで、人格のない社団ともいいます。

(2) 不当勧誘に基づく意思表示取消権

〈1〉不実告知

　事業者が消費者契約の締結について勧誘をする際、消費者に対して、重要事項[63]に関し、事実と異なることを告げ（**不実告知**）、これによって消費者が告げられた内容を事実であると誤認し、それによってその消費者契約の申込み又は承諾の意思表示をした場合に、消費者に取消権が認められます（消費者契約法4条1項1号）。不実告知においては、事業者の故意は不要であり、事業者が消費者に誤認させることを意図している必要はなく、また、告知した事実についてそれが事実に反することを事業者が認識している必要もない（無過失でもよい）とされています。

〈2〉断定的判断の提供

　事業者が消費者契約の締結について勧誘をする際、消費者に対して、物品、権利、役務その他の消費者契約の目的となるものに関し、将来におけるその価額、将来において消費者が受け取るべき金額その他の将来における変動が不確実な事項につき、**断定的判断の提供**をし、これによって消費者がその提供された断定的判断の内容が確実であるとの誤認をし、それによって消費者契約の申込み又は承諾の意思表示をした場合に、消費者に取消権が認められ

＊63　重要事項

「重要事項」とは、物品、権利、役務その他の当該消費者契約の目的となるものの質・用途その他の内容又は対価その他の取引条件で、かつ、その消費者契約を締結するか否かについての判断に通常影響を及ぼすべきものをいいます。なお、不実告知における「重要事項」には、物品、権利、役務その他の当該消費者契約の目的となるものが当該消費者の生命、身体、財産その他の重要な利益についての損害又は危険を回避するために通常必要であると判断される事情も含まれます。これにより、契約の締結にとって重要な動機や前提となった事情についての一定の不実告知も取消事由とされます。

ます（消費者契約法4条1項2号）。不実告知の一種ですが、「重要事項」についてでなく、将来における変動が不確実な事項について、「元本割れはしない」とか「利益が出る」というような断定的判断の提供をして消費者を誤認させた場合がこれにあたります。「絶対に」とか「必ず」という文言を伴わなくてもよいとされます。

〈3〉不利益事実の不告知

　事業者が消費者契約の締結について勧誘をする際、消費者に対して、ある重要事項又はそれに関連する事項について消費者の利益となる旨を告げ、かつ、当該重要事項について消費者の不利益となる事実[*64]を故意又は重大な過失によって告げなかった（**不利益事実の不告知**）ことにより、消費者が当該事実が存在しないとの誤認をし、それによって消費者契約の申込み又はその承諾の意思表示をした場合において、事業者が消費者に対し事実を告げようとしたにもかかわらず、消費者がこれを拒んだ場合でなければ、消費者に取消権が認められます（消費者契約法4条2項）。故意を必要とする点で不実告知・断定的判断の提供と異なります。

＊64
　当該告知により当該事実が存在しないと消費者が通常考えるべきものに限ります。

〈4〉困惑行為

　事業者が消費者契約の締結について勧誘をする際、消費者に対し、「不退去」又は「監禁」により[*65]、あるいは、①消費者を任意に退去困難な場所に同行して行う勧誘、②契約締結の相談を行うための連絡を威迫する言動を交えてする妨害、③社会生活上の経験不足の不当な利用（不安をあおる告知や恋愛感情等に乗じた人間関係の濫用）、④加齢等による判断力の低下の不当な利用、⑤霊感等による知見を用いた告知、⑥契約締結前における債務の内容の実施や消費者契約の締結を目指した事業活動の実施又は契約目的物の現状変更により、消費者が困惑し（**困惑行為**）、それによって消費者契約の申込み又はその承諾の意思表示をした場合に、消費者に取消権が認められます（消費者契約法4条3項）。③の類型の例としては、事業者が就職活動中の学生（消費者）の過大な不安を知りながら、不安をあおり就職セミナーの契約を締結させたり、消費者の恋愛感情を知りながら契約を締結しなければ当該勧誘を行う者との関係が破綻することになる旨を告げて契約を締結させたりする場合がこれにあたります。④の類型の例としては、認知症で判断力が著しく低下した消費者が現在の生活の維持に過大な不安を抱いていることを知りながら、不安をあおり投資用マンションで定期収入を得ないと現在の生活の維持が困難となる旨を告げて高額なマンションを購入させる場合がこれにあたります。⑤の類型の例としては、霊能者を名乗って、病状の悪化など消費者に重大な不利益を与える事態が生ずる旨を示し、不安をあおりながら、高額な数珠を買えば悪霊が去る旨を告げ、契約を締結させる場合がこれにあたります。⑥の類型の例としては、事業者が、契約締結前に消費者の自宅の物干し台の寸法に合わせてさお竹を切断するなど契約を締結したならば負うこととなる義

＊65　不退去・監禁
　「不退去」とは、消費者が事業者に対し、消費者の住居又は業務を行っている場所から退去すべき旨の意思を示したにもかかわらず、事業者がそれらの場所から退去しないことであり、「監禁」とは、事業者が消費者契約の締結について勧誘をしている場所から、消費者が退去する旨の意思を示したにもかかわらず、その場所から消費者を退去させないことです。

第4章

民法

務の内容を実施し、原状回復を著しく困難にして契約を締結させたりする場合や、消費者が契約の申込み又は承諾の意思表示をする前に、事業者が契約の締結を目指した事業活動を実施し、多大な労力を費やしたとして交通費などの損失補償を消費者に請求する旨を告げて、契約を締結させたりする場合や、訪問購入において消費者から見せられた指輪やネックレス等を切断しないと十分な査定ができないと言って切断するような場合がこれにあたります。

〈5〉過量契約

　消費者は、事業者が消費者契約の締結について勧誘をするに際し、物品、権利、役務その他の当該消費者契約の目的となるものの分量、回数又は期間が当該消費者にとっての通常の分量等[66]を著しく超えるもの（過量販売）であることを事業者が知っていた場合に、その勧誘により当該消費者契約の申込み又はその承諾の意思表示をしたときは、契約を取り消すことができます。また、過去の同種契約とあわせて過量販売にあたる（次々販売）ことを事業者が知りつつ勧誘して、消費者がその勧誘により当該消費者契約の申込み又はその承諾の意思表示をしたときも、契約を取り消すことができます（消費者契約法4条4項）。

〈6〉不当勧誘に基づく意思表示取消権の効果等

　①不実告知、②断定的判断の提供、③不利益事実の不告知、④困惑行為、⑤過量契約における取消しは、善意無過失の第三者に対抗できないとされます（消費者契約法4条6項）。また、これらの取消権の行使期間は、追認可能時から1年、契約締結時から5年（霊感等による知見を用いた告知の場合は、追認可能時から3年、契約締結時から10年）とされます（消費者契約法7条1項）。なお、事業者が消費者契約の締結の媒介を委託した第三者によって、①不実告知、②断定的判断の提供、③不利益事実の不告知、④困惑行為、⑤過量契約がなされた場合にも、消費者に取消権が認められます（消費者契約法5条1項）。このような不当勧誘に基づく意思表示取消権は、民法の詐欺・強迫に基づく意思表示取消権（民法96条）の行使を妨げるものではないので（消費者契約法6条）、消費者は要件を充足する限り両者の取消権を行使することができます。

（3）不当契約条項の無効

〈1〉事業者の損害賠償の責任を免除する条項等の無効（全部無効）

　①債務不履行責任全部免責条項[67]、②故意・重過失による債務不履行責任一部免責条項[68]、③不法行為責任全部免責条項[69]、④故意・重過失の不法行為責任一部免責条項[70]の場合を無効とします（消費者契約法8条1項）。また、①から④の無効となる条項に、例えば事業者が過失があることを認めた場合に限り損害賠償責任を負うというような損害賠償責任の有無又は限度

*66　当該消費者にとっての通常の分量等
　「消費者契約の目的となるものの内容及び取引条件並びに事業者がその締結について勧誘をする際の消費者の生活の状況及びこれについての当該消費者の認識に照らして当該消費者契約の目的となるものの分量等として通常想定される分量等をいう」と定義されています。

*67　債務不履行責任全部免責条項
　事業者の債務不履行により消費者に生じた損害を賠償する責任の全部を免除する条項のことです。

*68　故意・重過失による債務不履行責任一部免責条項
　事業者の債務不履行（当該事業者、その代表者又はその使用する者の故意又は重大な過失によるものに限る）により消費者に生じた損害を賠償する責任の一部を免除する条項のことです。

*69　不法行為責任全部免責条項
　消費者契約における事業者の債務の履行に際してされた当該事業者の不法行為により消費者に生じた損害を賠償する責任の全部を免除する条項のことです。

*70　故意・重過失の不法行為責任一部免責条項
　消費者契約における事業者の債務の履行に際してされた当該事業者の不法行為（当該事業者、その代表者又はその使用する者の故意又は重大な過失によるものに限る）により消費者に生じた損害を賠償する責任の一部を免除する条項のことです。

360

を決定する権限を事業者に付与する決定権限付与条項も加えられましたので、それぞれの免責条項及び決定権限付与条項が無効とされます。ただし、①②のうち、消費者契約が有償契約である場合において、引き渡された目的物が種類・品質に関して契約の内容に適合しないとき（当該消費者契約が請負契約で引渡しを要しない場合には、仕事が終了した時に仕事の目的物が種類・品質に関して契約の内容に適合しないとき）に、これにより消費者に生じた損害を賠償する事業者の責任を免除し、又は当該事業者にその責任の有無若しくは限度を決定する権限を付与するものに関しては、（ア）当該事業者が履行の追完をする責任又は代金（報酬）の減額をする責任を負うこととされている場合[*71]又は（イ）他の事業者が損害賠償責任の全部若しくは一部を負い又は履行の追完をする責任を負うこととされている場合[*72]のどちらかに該当するときは、前記免責条項及び決定権限付与条項があっても有効とされます（消費者契約法8条2項）。さらに、事業者の損害賠償責任の一部を免除する条項は、事業者の軽過失による行為にのみ適用されることを明らかにしていないときには無効とされます（消費者契約法8条3項）。したがって、「法令に反しない限り、10万円を上限として賠償します」という条項は無効とされ、また、事業者が損害賠償責任の一部を免除する条項を使用するには、「当社に故意又は重大な過失がある場合を除き」といった記載や「当社に軽過失がある場合に限り」といった記載をすることが求められます。

〈2〉 消費者の解除権を放棄させる条項等の無効（全部無効）

　事業者の債務不履行により生じた消費者の解除権を放棄させ、又は当該事業者にその解除権の有無を決定する権限を付与する消費者契約の条項は無効とされます（消費者契約法8条の2）。これにより、法定解除権排除条項は不当契約条項として無効とされます。

〈3〉 事業者に対し後見開始の審判等による解除権を付与する条項の無効（全部無効）

　事業者に対し、消費者が後見開始、保佐開始又は補助開始の審判を受けたことのみを理由とする解除権を付与する消費者契約の条項は、消費者に不利益を生じさせるので、無効とされます（消費者契約法8条の3）[*73]。

〈4〉 消費者が支払う損害賠償の額を予定する条項等の無効（一部無効）

　①解除に伴う損害賠償額又は違約金の定めが平均的な損害額を超えるもの[*74]、あるいは②遅延損害金の定めが年14.6％を超えるもの[*75]については、その超える部分が無効となります（消費者契約法9条1項）。判例に、大学の入学辞退の場合の授業料の不返還特約について、これを在学契約の解除に伴う損害賠償額の予定又は違約金の定めの性質を有するものと解し、3月31日までに解除した場合には原則として平均的な損害額を超えると判断して授業料の返還を肯定したものがあります[*76]。また、事業者が解約料の支払を請求する場合で、かつ、消費者から説明を求められたときは、事業者は解約料の算定の根拠の概要を説明する努力義務が課されています（消費者契約法9条2項）[*77]。

［*71］ 当該消費者契約において、引き渡された目的物が種類・品質に関して契約の内容に適合しないときに、当該事業者が履行の追完をする責任又は不適合の程度に応じた代金もしくは報酬の減額をする責任を負うこととされている場合のことです。

［*72］ 当該消費者と当該事業者の委託を受けた他の事業者との間の契約又は当該事業者と他の事業者との間の当該消費者のためにする契約で、当該消費者契約の締結に先立って又はこれと同時に締結されたものにおいて、引き渡された目的物が種類・品質に関して契約の内容に適合しないときに、当該他の事業者が、その目的物が種類・品質に関して契約の内容に適合しないことにより当該消費者に生じた損害を賠償する責任の全部もしくは一部を負い、又は履行の追完をする責任を負うこととされている場合のことです。

［*73］ 受任者が後見開始の審判を受けたことが委任契約の終了事由とされていること（民法653条3号）などに鑑み、消費者が事業者に対し物品、権利、役務その他の消費者契約の目的となるものを提供することとされているものについては、同条の適用が除外されています（消費者契約法8条の3括弧書き）。

［*74］ 消費者契約の解除に伴う損害賠償の額を予定し、又は違約金を定める条項であって、これらを合算した額が、当該消費者契約において設定された解除の事由、時期等の区分に応じ、当該消費者契約と同種の消費者契約の解除に伴い当該事業者に生ずべき平均的な損害の額を超えるもの（消費者契約法9条1項1号）です。

［*75］ 消費者契約に基づき支払うべき金銭の全部又は一部を消費者が支払期日までに支払わない場合における損害賠償の額を予定し、又は違約金を定める条項であって、これらを合算した額が、支払期日の翌日からその支払いをする日までの期間について、その日数に応じ、当該支払期日に支払うべき額から当該支払期日に支払うべき額のうち当該支払期日に支払われた額を控除した額に年14.6％の割合を乗じて計算した額を超えるもの（消費者契約法9条1項2号）です。

［*76］ 最判平18・11・27民集60巻9号3437頁。

［*77］ 適格消費者団体は、事業者の定める解約料が平均的な損害の額を超えると疑うに足りる相当な理由がある場合に、その理由を示して解約料の算定根拠の説明を要請でき、要請を受けた事業者はこれに応じる努力義務が課されています（消費者契約法12条の4）。

第4章 民法

361

〈5〉消費者の利益を一方的に害する条項の無効

　任意規定（一般的な法理等も含む）に比較して消費者の利益を一方的に害する条項を無効とするもので、①「消費者の不作為をもって当該消費者が新たな消費者契約の申込み又はその承諾の意思表示をしたものとみなす条項その他の法令中の公の秩序に関しない規定の適用による場合に比して消費者の権利を制限し又は消費者の義務を加重する消費者契約の条項」（任意規定からの乖離）であって、②信義則に反し「消費者の利益を一方的に害するもの」であれば、当該条項は無効とされます（消費者契約法10条）。判例で、消費者契約である建物賃貸借契約における敷引特約（賃貸借契約終了時に敷金の一定額を返還しない特約）や更新料条項が消費者契約法10条により無効とならないか問題となりましたが、高額に過ぎる場合でない限り消費者契約法10条により無効とならないと解されています[78]。また、近時、連帯保証人である保証会社が、賃料等の不払等の事情が存するときに、無催告で賃貸借契約を解除することができる旨を定める条項及び賃貸住宅の明渡しがあったものとみなすことができる旨を定める条項が、消費者契約法10条に規定する消費者契約の条項に該当し無効と判断されています[79]。

【図表5-6】消費者契約（事業者と消費者との間で締結される契約）

```
不当勧誘に基づく意思表示取消権
　①不実告知
　②断定的判断の提供
　③不利益事実の不告知
　④困惑行為
　⑤過量契約
不当契約条項の無効
　①契約条項の全部無効
　②契約条項の一部無効
　③信義則違反
```

（4）消費者団体の差止請求権

　消費者契約の取消しや契約条項の無効を消費者が主張して消費者被害の救済を個別的・事後的に図るばかりでなく、一定の消費者団体に、消費者全体の利益擁護のため、事業者の不当な行為に対して差止めを求める権利を認める**消費者団体訴訟制度**が設けられています。すなわち、適格消費者団体[80]（消費者契約法13条）は、不当勧誘[81]（消費者契約法4条1項から4項までに規定する行為）を現に行い又は行うおそれがあるとき、あるいは、不当契約条項（消費者契約法8条から10条までに規定する消費者契約の条項）を含む消費者契約の申込み又はその承諾の意思表示を現に行い又は行うおそれがあるとき、事業者等（事業者、受託者等又は事業者の代理人若しくは受託者等の代理人）に対し、①当該行為の停止若しくは予防、又は、②当該行為に供した物の廃棄若しくは除去その他の当該行為の停止若しくは予防に必要な措置、あるいは、③その者に対する是正の指示又は教唆の停止その他の当該行為の停止又は予防に必要な措置をとることを請求することができます（消費者契約法12条）。

(山田創一)

*78
　敷引特約に関し、最判平23・3・24民集65巻2号903頁、更新料に関し、最判平23・7・15民集65巻5号2269頁。

*79
　最判令4・12・12裁判所HP（消費者契約法12条に基づく差止等請求事件）。

*80 適格消費者団体
　不特定かつ多数の消費者の利益のために差止請求権を行使するのに必要な適格性を有する法人である消費者団体として消費者契約法13条により内閣総理大臣の認定を受けた者。

*81 勧誘の意義
　新聞折込チラシの配布が消費者契約法12条1項及び2項にいう「勧誘」にあたるか問題となりますが、判例は、「事業者が、その記載内容全体から判断して消費者が当該事業者の商品等の内容や取引条件その他これらの取引に関する事項を具体的に認識し得るような新聞広告により不特定多数の消費者に向けて働きかけを行うときは、当該働きかけが個別の消費者の意思形成に直接影響を与えることもあり得る」として、事業者等による働きかけが不特定多数の消費者に向けられたものであったとしても、「勧誘」にあたらないということはできないとしている（最判平29・1・24民集71巻1号1頁）。

学習のポイント

■契約は、申込みと承諾の一致によって成立します。

■双務契約では、両当事者は同時履行の抗弁権を有しています。

■売買契約などの双務契約において、当事者双方の責めに帰することができない事由によって一方の債務を履行することができなくなったときは、債権者は、反対給付の履行を拒むことができます。

■履行遅滞の場合は、相当の期間を定めて催告し、その期間内に履行されなかった場合に契約を解除できます。ただし、催告期間が経過した時における債務の不履行がその契約及び取引通念に照らして軽微である場合は、解除できません。

■催告によらない解除ができるのは、①債務の全部の履行が不能の場合、②債務者が履行しないという意思を明確に示した場合、③債務の一部の履行不能、一部の履行拒絶の場合で、残りの部分では契約をした目的を達することができないとき、④特定の日時、一定の期間内に履行をしなければ契約をした目的を達することができない場合、⑤催告をしても契約をした目的を達するのに足りる履行がされる見込みがないときです。

■債務不履行による損害賠償とは異なり、解除の要件として債務者の帰責事由は不要です。債務不履行が債権者の帰責事由による場合には、債権者は解除することはできません。

■解除の効果は契約の遡及的消滅です。ただし、第三者が現れた場合は、遡及効が制限されて第三者が保護されます。債務不履行の結果としての損害賠償義務も遡及効が制限されて残ります。

■売買は、当事者の一方がある財産権を相手方に移転することを約束し、相手方がこれに対してその代金を支払うことを約束する諾成・双務・有償の契約です。

■売買の一方の予約とは、当事者の一方に、売買契約を成立させる意思表示（予約完結の意思表示）をすれば他方の承諾を要せずに売買契約が成立する予約完結権を与える予約のことをいいます。

■手付とは、契約締結の際に当事者の一方から他方に交付される金銭その他の有価物で、証約手付、解約手付、違約手付の3種類があります。

■解除権を留保する趣旨で交付する手付を解約手付といい、買主が売主に解約手付を交付したときは、その相手方が契約の履行に着手するまでは、買主はその手付を放棄し、売主はその倍額を現実に提供して契約の解除をすることができます。

■売買契約に関する費用は、当事者双方が等しい割合で負担します。

■売主の担保責任は、売買の目的物や権利が契約の内容に適合しないものである場合に、売主が買主に対して負担する責任のことをいいます。こうした場合、買主は売主に対し、①追完請求権、②代金減額請求権、③損害賠償請求権、④契約解除権を有します。

■引渡前の売買の目的物に果実が生じたときは、その果実は売主に帰属し、買主は、引渡しの日から、代金の利息を支払う義務を負います。

■民法上の買戻しは、解除権留保付の不動産売買で、売買契約と同時にした買戻しの特約により、買主が支払った代金及び契約の費用を返還して売買契約の解除をすることができます。

■賃貸借は、当事者の一方がある物を相手方に使用収益させることを約束し、相手方がこれに対して賃料を支払うこと及び引渡しを受けた物を契約が終了したときに返還することを約束する諾成・双務・有償の契約です。

■民法は、賃貸借の存続期間について、50年を超えることができず、これより長い期間を定めたときは50年に短縮されるとしています。

■建物所有を目的とする土地の賃貸借については、普通借地権の存続期間は30年以上で、これより短い期間を定めても無効とされ、賃貸人の更新拒絶には正当事由が必要とされます。

■借家契約の場合には、存続期間の上限をなくした上で、1年未満の借家期間を定めた場合は期間の定めのない賃貸借とみなし、賃貸人の更新拒絶や解約申入れには正当事由が必要とされます。

■原則として売買は賃貸借を破りますが、不動産の賃貸借においては、賃借権登記あるいは、借地であれば建物登記、借家であれば建物の引渡しがなされていれば、その後その不動産について所有権を取得した者に対し賃借権を対抗できます。

■賃貸人は賃借人に賃貸物を使用・収益させる義務を負い、賃借人の責めに帰すべき事由によってその修繕が必要となった場合を除き、賃貸人はそれに必要な修繕をする義務を負います。

■賃借人は、賃借物について賃貸人の負担に属する必要費又は有益費を支出した時は、賃貸人に対しその償還を請求することができます。

■賃借人は、賃貸人の承諾を得なければ、その賃借権を譲り渡し、又は賃借物を転貸することができません。賃借人が賃貸人に無断で第三者に賃借権譲渡又は賃借物の転貸をさせたときは、賃貸人は、契約の解除をすることができます。

■賃貸人（転貸人）の債務不履行を理由とする賃貸借契約の解除をもって転借人に対抗することはできますが、賃貸人と賃借人の合意解除をもって転借人に対抗することはできません。もっとも、合意解除の当時、賃貸人が賃借人の債務不履行による解除権を有していたときは、転借人に対抗できます。

■賃借人の無断譲渡・無断転貸や債務不履行（賃料不払い、用法遵守義務違反など）があるとき、信頼関係を破壊しない場合には賃貸借契約の解除が制限されます。

■賃貸借が終了して賃借人が賃借物の返還をする際、賃借物を受け取った後に賃借物に生じた損傷がある場合には、賃借人はその損傷を原状に復する義務を負います。もっとも、通常損耗と賃借物の経年変化は、原状回復の対象とされていません。また、賃借物の損傷が賃借人の責めに帰することができない事由によるものであるときは、賃借人は、この損傷についての原状回復義務を負いません。

■賃借物の全部が滅失などの事由により使用・収益をすることができなくなった場合には、賃貸借は、これによって終了します。

■敷金は、①賃貸借が終了し、かつ、賃貸人が賃貸物の返還を受けたとき、又は、②賃借権の譲渡がされたときに、賃貸人が賃借人に対して、賃借人の未払賃料・損害賠償等の額を控除した残額を返還しなければなりません。なお、敷金による充当をすることができるのは賃貸人の側であり、賃借人の側は充当請求権を有しません。

■請負とは、当事者の一方がある仕事を完成することを約し、相手方がその仕事の結果に対してその報酬を支払うことを約することによって効力を生ずる有償・双務・諾成の契約です。

■建物建築請負契約における完成建物の所有権の帰属に関し、判例は、注文者が材料の全部又は主要部分を提供する場合には、原始的に注文者に所有権が帰属するとする一方、請負人が材料の全部又は主要部分を提供する場合には、原始的に請負人に所有権が帰属し引渡しによって注文者に所有権が移転すると解しています。

■請負人が仕事を完成しない間は、注文者は、いつでも損害を賠償して契約を解除できます。

■仕事の目的物が種類・品質に関して契約の内容に適合しない場合には、注文者は請負人に対し、①追完請求権、②報酬減額請求権、③損害賠償請求権、④契約解除権を有します。

■委任契約は、事務を処理することを目的とする契約であり、仕事の完成までは目的としていません。

■委任契約は原則として無償なので、特約がなければ報酬を請求できません。

■委任契約は、いつでも解除できます。ただし、相手方に不利な時期に解除したり、委任者が受任者の利益をも目的とする委任を解除することによって、相手方に損害が発生すれば、その損害を賠償しなければなりません。

■保証契約は、債権者と保証人との間の契約によって成立し、しかも書面によって契約することが必要で、主たる債務者は契約の当事者にはなりません。

■主たる債務と保証債務には主従の関係があり、主たる債務が無効・取消しや弁済により消滅すると保証債務も消滅し（付従性）、主たる債務が債権譲渡され第三者に移転すると、保証債務もこれと共に移転します（随伴性）。

■普通の保証は催告の抗弁や検索の抗弁を有するのに対し、連帯保証はこれが認められません。

■債権者には、主たる債務の金額や履行状況、期限の喪失等について、保証人に対して情報を提供する義務が課されています。

■保証人が弁済等により主たる債務者を免責させたときは、保証人は主たる債務者に対して求償権を行使できます。

■根保証とは、不特定の債務を主たる債務とする保証のことです。個人が保証人となる根保証契約は、主たる債務を一定の範囲のものに限定しなくてはならず、また、極度額を定めなくてはなりません。

■事業のために負担した貸金等を主たる債務として、個人が保証人となる保証契約は、原則として禁止されています。ただし、保証人が公正証書により意思表示をした場合や経営者保証の場合は、保証契約が認められます。

■事業者と消費者との間で締結される契約を消費者契約とよび、事業者の一定の行為により消費者が誤認し又は困惑した場合あるいは過量契約を締結した場合について、消費者に意思表示の取消権（不当勧誘に基づく意思表示取消権）を与えるとともに、事業者の損害賠償の責任を免除する条項その他の消費者の利益を不当に害することとなる契約内容の条項の全部又は一部を無効としています（不当契約条項の無効）。

■意思表示の取消権が認められる不当勧誘には、①不実告知、②断定的判断の提供、③不利益事実の不告知、④困惑行為、⑤過量契約があります。その取消しは、善意無過失の第三者に対抗できないとされます。また、事業者が消費者契約の締結の媒介を委託した第三者によって消費者に不当勧誘がなされた場合にも、消費者に取消権が認められます。

■不当契約条項の無効には、①事業者の損害賠償の責任を免除する条項等の無効、②消費者の解除権を放棄させる条項等の無効、③事業者に対し後見開始の審判等による解除権を付与する条項の無効、④消費者が支払う損害賠償の額を予定する条項等の無効、⑤消費者の利益を一方的に害する条項の無効（信義則違反）があります。

■一定の消費者団体に、消費者全体の利益擁護のため、事業者の不当な行為に対して差止めを求める権利を認める消費者団体訴訟制度が設けられています。

第4章

民法

第6節　事務管理・不当利得

1　事務管理

（1）事務管理の意義

　前節では、契約を学習しました。契約は、契約した当事者の意思によるものですから、そこから権利や義務が発生することも理解できるでしょう。では、契約したわけでもないのに、親切心で他人のなすべき行為を代わりにしてあげたらどうなるのでしょうか。例えば、隣人が海外旅行に出かけているときに、巨大台風が襲ってきて隣家の戸が壊れてしまい、放置しておくと雨ざらしになるし防犯上も危ないと思い、隣人に頼まれていないのに、大工さんに修理してもらったら、その費用を後で隣人に請求できるかという問題です。民法は、このような場合は「**事務管理**」[*1、*2]とよんで規定を置いています。民法の立場は、このような行為をすばらしいと積極的に奨励するわけではなく、また、おせっかいだとして禁止するというものでもなく、他人の事務を管理する義務はないが、始めたら責任をもつべきで費用も請求できるが報酬はもらえない、という中間的な立場です。

（2）事務管理の要件（民法697条1項）

〈1〉他人の事務の管理を始めたこと

　　まず、他人の事務であることです。客観的にみて他人の事務と明らかでなく、他人の事務にも自分の事務にもなりうる場合、例えば、（隣家を修理するために）材木を買う行為は「中性の事務」とよばれますが、他人のためにする意思があれば他人の事務になります（「主観的他人の事務」）。

〈2〉他人のため[*3]、すなわち他人に利益を与える意思

　　他人が具体的に誰かまで知らなくてもかまいません。

〈3〉法律上の義務がないこと

　　警察官や消防士が人命救助をするのは職務上の義務によるものですから、事務管理になりません。

〈4〉本人の意思や利益に反しないこと[*4]

　　明文はありませんが要件とされています。本人の意思を知っている場合又は推知できる場合はそれに従って管理しなければならない（民法697条2項）し、本人の意思又は利益に反することが明らかな場合には管理を中止しなければならない（民法700条ただし書き）から要件とされています。

（3）事務管理の効果

〈1〉違法性阻却

　　他人の事務を本人の承諾なく行えば本来違法なはずですが、事務管理が成

[*1]　事務管理が判例に現れることはあまりないのですが、近時の最高裁判例では、意思無能力者に代わって相続税を納付したことが事務管理にあたるというものがあります（最判平18・7・14裁判集民220号855頁）。

[*2]　私人間で他人の空き家を管理した場合も事務管理の問題が生じますが、自治体の空き家対策については、特別法が制定されています（「2章3節2（3）*36」参照）。

[*3]　自己のために行えば事務管理は成立しませんが、「準事務管理」が成立するという見解があります。例えば、他人が特許を持っている権利を勝手に使って莫大な利益を得た場合に、不法行為では通常の特許使用料を請求できるだけになりそうですが、利益を吐き出させるために受領物引渡義務（民法701条・646条）を用いるのです。知的財産法の分野では、利益の額を損害額と推定するとして立法的に解決しています（特許法102条2項、著作権法114条2項、不正競争防止法5条2項など）。

[*4]　管理が本人の意思・利益に反していれば事務管理は成立しませんが、後に本人がその管理を追認すれば、遡って適法な事務管理になります。前述の無権代理の追認と異なり、追認しても完全に本人に効果が帰属するのではなく、費用償還請求権が発生するなどの事務管理の効果が発生します。

立すれば違法性は認められず、不法行為になりません。

〈2〉管理者の義務

　いったん事務管理が開始されると、管理者は、本人の意思を知っているとき、又は推知することができるときは、その意思に従って、意思が不明のときは、その事務の性質に従い、最も本人の利益に適合する方法によって、管理する義務を負います*5（民法697条）。この義務は、委任と同様の善管注意義務とされています。

〈3〉本人の義務

　本人にも義務（管理者側からすると権利）が発生します。管理者は本人のために支出した「有益な費用」を本人に請求することができます（**費用償還請求**。民法702条1項）。本人の家を修理するために管理者が大工さんに支払った費用を本人に請求できるということです。しかし、本人の意思に反して事務管理をしたときは、支出した費用全額ではなく、「現存利益」を請求できるだけです（民法702条3項）。

　管理者は、原則として報酬を請求することはできません。もっとも、医者の治療のように、報酬を支払うのが通常であるような場合には報酬請求を認めるべきという意見もあります。

〈4〉効果の帰属

　管理者が自己の名において法律行為をしたときは、その効果は管理者に帰属するのであって、本人には帰属しません。本人の名において法律行為をしたときも、無権代理になるだけです。

2　一般不当利得

　はじめに、**一般不当利得**から説明します。例えば、売買契約をして目的物を引き渡したが、契約が錯誤*6によって取り消された場合や、詐欺による売買であったから取り消された場合、買主は理由なく目的物を得ていることになります。このような場合は、売主から買主に対して**不当利得**の性質を有する原状回復義務として返還請求できます（民法121条の2第1項）。同様に、買主が代金を支払っていれば、代金返還請求ができます。また、契約関係がなくとも、例えば他人の山林を自己の土地と誤信して樹木を伐採して売ってしまうようなこともあります。この場合も、所有者に利得を返還しなければなりません。前者を「**給付利得**」、後者を「**侵害利得**」といい、区別して扱うのが多数説ですが、以下では主に共通する要件・効果を説明します。

　不当利得の成立要件は、①他人の財産又は労務によって利益を受けたこと、②他人に損失を与えたこと、③受益と損失の間の因果関係、④法律上の原因のないことです（民法703条）。③について、判例は直接の因果関係が必要としていましたが、現在ではかなり緩和されています。例えば、AがBから騙し取った金銭を

*5
　管理を開始したときの通知義務（民法699条）、管理を継続する義務（民法700条）、本人に管理の状況を報告する義務（民法701条・645条）、事務管理にあたって受け取った物を本人に引き渡す義務（民法701条・646条）などです。

*6　錯誤
　錯誤とは、表示から推測される意思と真意が一致せず、その不一致を表意者が知らない場合です。民法95条の要件を満たせば意思表示は取り消すことができます。詳しくは、本章「2節1（2）意思の不存在と瑕疵ある意思表示」を参照してください。

第4章

民法

Aの債権者Cに対して弁済した場合でも、Bの損失とCの利得の間に「社会通念上の因果関係」があるとされています[7]。④についても、同じ例で、Cは債権者として弁済を受領したのですから、法律上の原因があるように思えますが、Cに悪意又は重過失[8]があるとき（Aが騙し取ったことを知っているようなとき）は、法律上の原因を欠くとされています。

　不当利得が成立すると、善意の受益者は利益の存する限度で返還義務を負います（民法703条。給付利得には適用されないとされています）。利得した物が手元にあればその物を返還しますが、他人に売ってしまっていたらその金額を返還します。金銭を利得したり、利得物を売ってしまって金銭にした後に、その金銭を使ってしまっていたら、一見利得が存しないようにみえます。たしかにギャンブルで消費してしまっていたら利得が存しないですが、生活費に使ったのなら、その分生活費の出費が節約されたのだから利得が存するとされています。悪意の受益者は、利得に利息もつけて返還しなければならず、さらに損害があれば賠償しなければなりません（民法704条）。

3　特殊の不当利得

（1）非債弁済

　債務が存在していないのに弁済した場合を「**非債弁済**」といいます。例えば、お金を借りていないのに、借金を返すとして弁済したような場合です。本来なら不当利得として返還すべきはずですが、弁済者が債務のないことを知りながらあえて弁済した場合は、返還請求することができません（民法705条）。

（2）期限前の弁済

　債務者が弁済期限より前に弁済したときは、債務があるのですから不当利得にはなりません（民法706条本文）。ただし、弁済者が期限について錯誤していたときは、弁済期までの利益（預金利息など）を返還請求することができます（民法706条ただし書き）。

（3）不法原因給付

　不法の原因のために給付をした者は、その給付したものの返還請求をすることができません。例えば、契約が無効であっても、それが賭博をする契約のように公序良俗違反であったときは、支払った金銭を返還請求できないのです。これを、「**不法原因給付**」といいます（民法708条）。例えば、愛人に対して、愛人関係を続けてもらうためにダイヤモンドを贈与した場合、その贈与は公序良俗に反するので無効なはずですが、その後別れたので、「ダイヤを返せ」という請求をしても認められないのです。クリーンハンズの原則[9]といって、賭博や婚姻外性関係などを行った者はクリーンでないので裁判所が救済しないという趣旨だとされて

います。

「不法」というのは、「(当時の) 社会生活および社会感情に照らし、真に倫理、道徳に反する醜悪なものと認められるか否かによつて決せらるべきもの」[10]とされています。要するに、法に反する場合すべてではなく、反社会性が強い場合だけです。具体的には、上記の賭博関係、婚姻外性関係のほか裏口入学関係、麻薬取引関係などが該当するとされています。

「給付」は終局的であることが必要です。例えば登記された不動産であれば、引き渡しただけでは足りず、登記を移したことによって給付したことになります[11]。

給付したものの返還が認められる例外があります。不法な原因が受領者のみに存在する場合です (民法708条ただし書き)。例えば、塾の経営者が、受験生の親に大学の裏口入学を斡旋すると持ちかけて金銭を受領するような場合です。さらに、受領者だけに不法な原因があるだけではなく、給付者にも不法な原因があったとしても、両者の不法性を比較して受領者の不法の度合いが大きい場合には、同条ただし書きを適用して返還請求を認めるのが判例[12]・学説です。

民法708条は不当利得の規定であり、条文によれば、返還請求できないとだけ規定されています。そこで、所有権に基づく返還請求が認められるかという問題があります。判例 (最大判昭45・10・21民集24巻11号1560頁) によれば、返還請求できないことの反射的効果として、所有権が受領者に帰属するとされています。したがって、所有権に基づいて返還請求することもできません。　　　　　　(難波譲治)

*10
　最判昭37・3・8民集16巻3号500頁。

*11
　最判昭46・10・28民集25巻7号1069頁。

*12
　最判昭29・8・31民集8巻8号1557頁。

第4章

民法

学習のポイント

■事務管理の成立要件は、①他人の事務の管理を始めたこと、②他人のため、すなわち他人に利益を与える意思、③法律上の義務がないこと、④本人の意思や利益に反しないことです。
■事務管理が成立すると、違法性が阻却され、不法行為となりません。
■本人は事務管理者が支出した有益な費用の償還義務を負います。
■事務管理者は善管注意義務を負います。
■不当利得の成立要件は、①他人の財産又は労務によって利益を受けたこと、②他人に損失を与えたこと、③受益と損失の間の因果関係、④法律上の原因のないことです。
■不当利得の効果は、受益者が善意の場合は利益の存する限度で返還義務を負い、悪意の場合は利益に利息をつけて返還しなければならず、更に損害があれば賠償しなければなりません。
■弁済者が債務のないことを知りながら弁済した場合は、返還請求することができません。
■弁済者が期限について錯誤して期限前に弁済した場合は、弁済期までの利息などの利益の返還請求ができます。
■不法の原因のために給付をした者は、その給付したものの返還請求をすることができません。
■不法原因給付の効果として、受領された目的物の所有権は受領者が取得します。

第7節　不法行為

1　一般不法行為の要件

　故意又は**過失**によって他人に損害を与えれば、**不法行為**となって損害を賠償しなければなりません[*1]。殺人事件や交通事故は当然該当しますが、ほかにも取引上の詐欺や公害を発生させたことなど、多くの不法行為事例があります。

　民法709条によれば、①故意・過失、②権利又は法律上保護される利益の侵害、③損害の発生、④因果関係という要件が必要です。

　第1の要件である加害者の**故意・過失**は、故意も過失もなければ損害が発生しても責任を負わないという「**過失責任主義**」（この「過失」は故意も含んでいます）によるものです。故意は、他人に損害を与えることを知りながらあえて行為する心理状態です。過失は注意を怠ったことであり、一般人に要求される程度の注意義務違反が必要ですが、医師のように専門的職業にあれば、その職業としての標準的な注意を怠れば過失になります。刑法と異なり、民法では、故意でも過失でも基本的には同じ責任を負います。

　第2に、権利又は法律上保護される利益の侵害という要件があります。生命・身体・名誉といった権利についての侵害が典型的ですが、明確に権利とまでいえなくても保護されることがあります。そして、この利益の種類・性質と侵害行為の態様が相関的に考慮されて保護されるかどうかが決まります（この判断は「**違法性**」の有無といわれます）。具体的には、生命や身体の侵害なら原則として違法性がありますが、日照や騒音などの生活利益の場合はある程度はやむをえないので、その限度（受忍限度といいます）を超えたときだけ違法性があります。

　第3に、損害が発生していることが必要です。怪我をしたときの治療費のように積極的に支出した場合だけでなく、得べかりし収入が減少したという逸失利益も含まれます。幼児や専業主婦らのように具体的収入がない場合でも賃金センサス[*2]に基づいて算定された逸失利益の賠償が認められます。これらの財産的損害のほか、更に精神的損害（慰謝料）もあります。

　第4に、加害者の行為と損害との間に**因果関係**があることなども必要です。因果関係については証明の問題があります。不法行為の要件は、訴訟ではすべて被害者が証明しないといけないのですが、公害事件や医療過誤事件では被害者が因果関係を証明するのは非常に困難なので、厳密な因果関係の証明は不要で、蓋然性の証明でよいとされます。

　以上の要件を満たしていても、不法行為者が未成年者や精神障害者であって、「自己の行為の責任を弁識する能力」（**責任能力**）を有しない場合は責任を負いません（民法712条・713条）。未成年者の場合、12歳前後まではこの能力がないとさ

＊1
　ただし、失火の場合、過失があっても責任が免除される場合があります。失火ノ責任ニ関スル責任法（失火責任法）によれば、失火者に重過失がある場合にのみ不法行為責任を負います。

＊2　賃金センサス
　厚生労働省によって作成されている、男女、学歴、年齢などによる平均賃金の統計です。

れています。意思能力よりも高い能力です。

　ほかにも、不法行為の成立を妨げる事由として、違法性阻却事由とよばれるものがあります。①他人の不法行為に対して、自己又は第三者の権利を防衛するためにやむを得ず加害行為を行った場合は、損害賠償責任を負いません（**正当防衛**。民法720条１項）。②他人の物から生じた急迫の危難を避けるために、その物を損傷した場合は損害賠償責任を負いません（**緊急避難**。民法720条２項）。とびかかってきた犬を振り払って犬がけがをしたような場合です。刑法とは異なるので注意してください。③社会的に相当な行為は、違法性が阻却されます。法令による場合として、警察官の犯人逮捕（刑事訴訟法199条）などがあり、直接の法令がなくても医師の手術など正当な業務行為は違法性が阻却されます。

2　不法行為の効果

（1）不法行為の効果

　不法行為が成立した場合の効果は、原則として金銭による損害賠償請求権の発生です（民法722条・417条）。例外的に名誉毀損の場合は、記事の訂正や謝罪広告などの原状回復が命じられることもあります（民法723条）。

　損害賠償請求の方法について民法に規定はなく[*3]、全額を一度に支払う一時金方式が一般的ですが、分割による定期金方式も判例[*4]で認められています。

（2）損害賠償の範囲

　損害は、財産的損害として、治療費などを支出したという損害（積極的損害）と得べかりし利益を失ったという損害（消極的損害）[*5]があり、さらに、精神的損害の賠償（慰謝料）も認められます。

　次に、**損害賠償の範囲**がどこまでか、という問題があります。風が吹けば桶屋が儲かるといわれるように、損害は予想外に広がることがあります。被害者救済のためには賠償範囲を広げるべきですが、偶然に広がった損害まで加害者に賠償させることも行き過ぎです。そこで、従来の通説・判例は、民法416条を類推適用して決定します。すなわち、賠償範囲は「**相当因果関係**」によって決定され、民法416条は相当因果関係を定めたものなので、債務不履行でも不法行為でも民法416条によるべきだというのです。これについては、学説上多くの議論があります[*6]。

（3）損害賠償額の調整

〈1〉過失相殺

　被害者に過失があったときは、裁判所によって損害賠償額が減額されることがあります。これを過失相殺といい、民法722条２項に定められています。

　例えば、被害者が突然道路に飛び出して自動車に轢かれた場合、自動車運転

*3
　民事訴訟法117条に定期金賠償を前提にした規定があります。

*4
　最判令２・７・９民集74巻４号1204頁。

*5
　将来において取得すべき利益（例えば、逸失利益）の損害賠償額を定める場合、その利益を取得すべき時までの利息相当額を控除するときは、その損害賠償請求権が生じた時点における法定利息によって控除されます（民法417条の２第１項）。

*6
　判例、従来の通説は、「相当因果関係」によって損害賠償範囲と損害の金銭的評価を同時に決定します。近時は、この２つを別に位置付ける説が有力です。例えば、値上りや値下りは賠償範囲ではなく、金銭的評価の問題とします。

者が加害者となりますが、被害者にも過失があったときは、過失相殺されて損害賠償額が減額されます。この場合の、被害者の過失については被害者の責任能力がなくてもよいのですが、「**事理弁識能力**」は必要とされています（最大判昭39・6・24民集18巻5号854頁）。事理を弁識する能力は、大体5、6歳で備わるとされています。被害者に事理弁識能力もなければ過失相殺されないので、例えば、3歳の子供が急に道路に飛び出して車に轢かれても過失相殺されません。ただし、そのような場合は、公平の理念から、子供の親の不注意が「被害者側の過失」とされて、過失相殺されることがあります。被害者側の範囲は、「被害者本人と身分上、生活観念上、一体をなすとみられるような関係にある者」に限られるので、例えば、保育園の保母は含みません（最判昭42・6・27民集21巻6号1507頁）。また、被害者が身体障害を有していたり、病気にかかっていたことが損害の発生や拡大の原因になったような場合に賠償額が減額されるかという問題があります。このような、損害の発生・拡大の原因となった被害者の素質を、**素因**といいます。判例においては、心因的素因、疾患については、722条2項を類推して減額されましたが、疾患とはいえない被害者の身体的特徴については、特段の事情がない限り、考慮しないとされました[7]。

〈2〉損益相殺

　不法行為によって利益を受けた場合は損害賠償額から差し引かれます。これは**損益相殺**といい、民法に直接規定はありませんが、当然のこととして認められています。例えば、被害者が死亡した場合の損害賠償請求であれば、生きていれば必要だった生活費はいらなくなるので差し引かれます。一方、生命保険金は死亡した場合に不法行為の原因と関係なく保険料の対価として支払われるので差し引かれません。

（4）損害賠償請求権者

　誰が損害賠償請求できるかという問題があります。被害者自身が請求できるのは当然です。民法711条は、被害者が死亡したとき、子、親、配偶者は慰謝料請求できると規定しています。被害者とは別に固有の慰謝料請求権があるのです。もっとも、被害者が死亡したときは、被害者に発生した損害賠償請求権が相続人に相続されると考えられています[8]ので、被害者の子や配偶者であれば、多くの場合相続した損害賠償請求権を行使することもできます。

　損害賠償請求権は権利ですから、人が生まれたときからそれを有することができる（民法3条1項）のですが、損害賠償請求権については、被害者が胎児であるときも、例外的に、生まれたものとみなされます（民法721条）。したがって、例えば、母親が飲んだ薬によって胎児に障害が発生したような場合は、生まれた子は製薬会社等に損害賠償請求をすることができます。

（5）損害賠償請求権の消滅時効

　不法行為による損害賠償請求権は、損害及び加害者を知った時から 3 年で**時効消滅**[*9] してしまいます（民法724条）。不法行為の時点から20年経過したときもやはり時効により消滅します。人の生命又は身体を害する不法行為による損害賠償請求権の消滅時効については、上記の 3 年が 5 年に伸長されます（民法724条の 2 ）。

3　特殊の不法行為

（1）使用者責任

　特殊の不法行為として法定されているものとして、第 1 に、**使用者責任**について説明しましょう。民法715条 1 項本文は、他人を使用する者は、被用者[*10]が事業の執行について第三者に損害を与えた場合に損害賠償責任を負うと定めています。使用者は被用者を使用して利益を得ているので責任も負うという趣旨です。

　ただし、使用者が被用者の選任及びその事業の監督について相当の注意をしたとき、又は相当の注意をしても損害が生ずべきであったときは、責任を負いません（同項ただし書き）。

　「事業の執行について」という要件が問題になりますが、外形を標準とするのが判例です[*11]。例えば、会社員が会社名が書かれている車を運転していて事故を起こすと、その運転が私用のためであっても会社が使用者責任を負います。賠償した使用者は被用者に求償できます（民法715条 3 項）が、判例によれば、「諸般の事情から信義則上相当と認められる限度」に制限されています[*12]。

　使用者責任が成立した場合、使用者だけでなく使用者に代わって事業を監督する者も賠償責任を負います（715条 2 項）。工場長、営業所の所長、現場監督者などがこれにあたります。なお、使用者らが責任を負う場合でも、被用者が責任を免れるわけではなく、被用者も責任を負います。

　民法715条と類似しますが、公権力の行使にあたる公務員が、その「職務を行うについて」不法行為を行った場合、国家賠償法によって国や地方公共団体が責任を負います（国賠法 1 条）。「公権力の行使」という文言からは、警察官の犯人逮捕などを思い浮かべるかもしれませんが、それだけではなく、私経済作用（これは民法715条の問題）を除く一切の作用を含みますので、例えば、国公立学校の授業中の事故も該当します。「職務を行うについて」は、民法715条と同様、外形が標準とされています（詳しくは「2 章 4 節 4 （1）国家賠償」を参照してください）。

（2）土地工作物責任

　第 2 に、**土地工作物責任**ですが、土地工作物の設置又は保存に瑕疵があったとき、例えば、家のブロック塀が崩れそうになっているのを放置していたところ、突然倒れて通行人が怪我をしたとすると、ブロック塀の占有者や所有者が責任を負います（民法717条）。建物や塀が典型的工作物ですが、ゴルフ場など土地自体

*9　消滅時効

　一定期間行使をしないと、その権利を消滅させてしまう制度のことです。詳しくは、本章「2 節 2　時効制度」を参照してください。

*10　被用者

　使用されている者、雇われている者のことです。ただし、判例によれば、使用者との契約関係がなくても、実質的にみて使用者が被用者を指揮監督するという関係があれば足りるとしています（最判昭42・11・9 民集21巻 9 号2336頁）。

*11

　判例は、取引の過程で行われる不法行為の場合も事故のような事実的不法行為の場合も外形を基準としています（最判昭40・11・30民集19巻 8 号2049頁、最判昭52・9・22民集31巻 5 号767頁）。

*12

　最判昭51・7・8 民集30巻 7 号689頁。また、被用者が被害者に賠償した後、使用者に求償できるか（いわゆる逆求償）についても、最判令2・2・28民集74巻 2 号106頁は、「損害の公平な分担」の見地から、相当と認められる額について逆求償を認めました。

でも造成していれば土地工作物にあたります。

責任を負うのは、工作物の設置又は保存に瑕疵があった場合です。瑕疵とは「工作物がその用途に応じて通常有すべきものとされる安全性を欠くこと」（最判昭59・1・26民集38巻2号53頁）です。

賠償責任の負担者は、第1に占有者です（717条1項本文）が、占有者が損害の発生を防止するのに必要な注意をしたときは、占有者は免責され、所有者が責任を負います（同項ただし書き）。

*13 特別法
適用される対象（人、地域など）が特別なものに限られている法律です。一方、このような制限のないものを一般法といい、一般法と特別法が並存する場合は、特別法が優先されます。

民法717条の特別法*13として国家賠償法2条があり、公の営造物に「設置又は管理の瑕疵」があったときは、国又は地方公共団体が責任を負います（「2章4節4（1）国家賠償」参照）。営造物には土地という制限がないので、道路、河川、ダム、公園の遊具などの他、ピストルや警察犬も含むとされています。

（3）共同不法行為

第3に、**共同不法行為**について説明しましょう。（ア）数人が共同の不法行為によって加害した場合（民法719条1項前段）、（イ）共同行為者のいずれの者が加害したか不明な場合（同項後段）、（ウ）不法行為者に教唆・幇助した場合（同条2項）の3つについて、各自が連帯して責任を負うと定められています。（ア）については、共同行為者各自の行為が客観的に関連していることが要件です。数人が共謀したような場合だけでなく、コンビナートでの複数の工場が全く別々にばい煙を排出した場合でも、客観的に関連しているとされます。（イ）は、3人がライフルの演習をしていて、誰かの弾が人に当たったような場合です。（ウ）の教唆は、そそのかして不法行為をさせることであり、幇助は見張りのように補助的な行為をすることです。

共同不法行為が成立すると、加害者は連帯して賠償責任を負います（民法719条1項前段）。被害者はどの共同不法行為者にも損害の全額を請求できるのです（刑法と異なり、教唆者や幇助者の責任も同じです）。共同不法行為者の1人が負担部分を超えて全額賠償した場合は、責任を免れた他の者に負担部分に応じて求償することができます。負担部分は共同不法行為者の過失の割合によります。

共同不法行為の規定は、公害や薬害を契機として被害者保護の観点から類推されることが多くなっています*14。被害者からすれば、共同不法行為が認められると資力のある者（例えば、国や大企業）に請求できれば賠償金を確実に得られるからです。

*14
最近では、アスベスト（石綿）を用いて建設工事を行っていた元作業員らが、アスベスト粉を吸入して肺がん等に罹患したとして国や建材メーカーを訴えた訴訟において、国と一部の建材メーカーの責任が民法719条1項後段の類推適用によって認められています（最判令3・5・17民集75巻5号1359頁）。

（4）責任無能力者の監督者責任

不法行為の加害者は、責任能力がなければ不法行為責任を負いませんが（本節「1 一般不法行為の要件」参照）、その場合、法定の監督義務者が責任を負います。ただし、監督義務を怠らなかったこと又はその義務を怠らなくても損害が生ずべきであったことを証明すれば責任を負いません（民法714条1項）。

　監督義務者については、近時注目された判決があります。最判平27・4・9民集69巻3号455頁によれば、放課後、小学生の蹴ったサッカーボールが校庭外に出て、それを避けようとしてバイクに乗った高齢者が事故を起こした事例において、保護者が監督義務を怠っていないとされました。また、最判平28・3・1民集70巻3号681頁は、91歳の認知症の男性が線路に立ち入って電車にはねられ、鉄道会社が男性の妻と長男に対して振替輸送費などの損害賠償を請求した事件です。最高裁によれば、妻は同居している配偶者というだけでは監督義務者にはならないし、長男も監督義務者ではなく、監督義務者でなくても監督義務を引き受けたという特段の事情があれば監督義務者に準ずる者として責任を負う余地がある（民法714条1項の類推）が、本件ではそのような事情もないので責任を負わないとされました。

（難波譲治）

学習のポイント

■不法行為の要件は、①故意・過失、②権利又は法律上保護される利益の侵害、③損害の発生、④加害行為と損害の因果関係です。

■加害者に責任能力がなければ損害賠償責任を負いません。

■他人の不法行為に対して、自己又は第三者の権利を防衛するためにやむをえず加害行為を行った場合は、損害賠償責任を負いません。

■他人の物から生じた急迫の危難を避けるために、その物を損傷した場合は損害賠償責任を負いません。

■不法行為の効果は、名誉毀損の場合に原状回復が認められますが、原則として金銭賠償です。

■損害賠償の範囲は相当因果関係によって決まります。

■被害者に過失があれば過失相殺によって賠償額が減額されます。過失相殺するには、被害者に事理弁識能力が必要です。

■被害者の素因が損害の発生・拡大の原因となったときは、過失相殺が類推されることがあります。

■被害者が死亡したときは、被害者の子、親、配偶者が慰謝料請求することができます。

■不法行為による損害賠償請求権は、損害及び加害者を知った時から3年、又は不法行為の時から20年で時効消滅します。生命・身体の侵害の場合は、上記3年が5年に伸長されます。

■土地工作物の設置又は管理に瑕疵があったときは、占有者又は所有者が責任を負います。

■被用者が事業の執行について第三者に損害を与えたときは、使用者が責任を負います。

■数人が客観的に共同する行為によって他人に損害を与えたときは、共同不法行為として連帯して賠償責任を負います。

■責任無能力者の監督者は、監督を怠れば責任無能力者の行為について責任を負います。

第8節 親族・相続

1 婚姻

婚姻は、法的に承認された男女間の結合体ですが、婚姻が法律上成立するには、実質的要件と形式的要件が必要とされます。

実質的要件としては、①婚姻意思の合致があること、②婚姻適齢（男女とも18歳）に達していること（民法731条）、③重婚でないこと（民法732条）、④女性が再婚禁止期間（前婚の解消又は取消しの日から100日）を経過していること（民法733条。ただし、女性が前婚の解消又は取消しの時に懐胎していなかった場合や、前婚の解消又は取消しの後に出産した場合は、適用しない）＊¹、⑤近親婚でないこと＊²（民法734条・735条）が必要です＊³。形式的要件としては、婚姻の届出を、当事者双方及び成年の証人2人以上が署名した書面で、又はこれらの者から口頭でしなければなりません（民法739条2項）。我が国は、事実婚主義でなく、法の定めた婚姻届がなければ法律上の婚姻が成立しないという法律婚主義をとっています。これらの要件を充たさないと、婚姻届は受理されません（民法740条）＊⁴。

なお、婚姻意思とその意思に基づく共同生活の存在があるものの婚姻の届出がなされていない夫婦関係を内縁とよびます。内縁も、法律上の婚姻に準じた保護が与えられるようになってきていますが、法律上の婚姻と異なり配偶者の相続権がないなどの差違が存在します。

婚姻の効果としては、①氏の共同（民法750条）、②同居・協力・扶助義務（民法752条）、③貞操義務、④夫婦間の契約取消権（民法754条）＊⁵が認められます。夫婦の財産関係は、婚姻前に夫婦財産契約（民法755条〜759条）を締結しない限り法定財産制によります＊⁶。

婚姻の解消である離婚の方法として、①協議離婚（民法763条）、②調停離婚（家事事件手続法244条）、③審判離婚（家事事件手続法284条1項）、④裁判離婚（民法770条）があります。協議離婚（民法763条）が成立しない場合、調停前置主義が採られていますので、夫婦の一方は家庭裁判所へ離婚の調停を申し立てます（家事事件手続法257条1項）。調停離婚が成立しなかった場合、家庭裁判所は自らの判断で職権をもって離婚の審判を下すことができますが、2週間以内に当事者から異議の申立てがあると審判離婚は不成立となります（家事事件手続法284条1項・286条1項・2項・5項）。最後の手段として離婚訴訟の提起が認められ、離婚原因として、①不貞行為、②悪意の遺棄、③3年以上の生死不明、④回復の見込みがない強度の精神病、⑤婚姻を継続し難い重大な事由が民法に規定されています（民法770条）。離婚の効果としては、①復氏・復籍（民法767条）、②子の親権者・監護者の決定（民法819条・766条）、③財産分与請求権（民法768条）が認められます。

＊1
再婚禁止期間は、2022年12月16日公布の法律第102号により、公布の日から1年6月を超えない範囲内において政令で定める日までに廃止されることになっています。

＊2
自然血族者間では直系血族（親子、祖父母と孫など）又は3親等内の傍系血族（おじとめい、おばとおいなど）又は直系姻族（よめとしゅうと、むことしゅうとめなど）間の婚姻でないことが要求され、法定血族者間では直系血族（養父と養女、養母と養子など）又は直系姻族（養父と養子の妻、養母と養女の夫など）間の婚姻でないことが要求されます。

＊3
これらは①の婚姻意思の問題を除き、婚姻障害とよばれます。

＊4
誤って受理された場合、当事者及び第三者への影響を考慮して、実質的要件の①の事由は無効とされますが（民法742条）、②〜⑤の事由は取消原因とされ（民法744条）、また、形式的要件の届出がその方式を欠くだけであるときには、婚姻の効力は妨げられないとされます（民法742条2号ただし書）。

＊5 夫婦間の契約取消権
夫婦間でした契約は、婚姻中、第三者の権利を害さない限り、いつでも夫婦の一方からこれを取り消すことができます。

＊6 法定財産制
①夫婦の一方が婚姻前から有する財産及び婚姻中自己の名で得た財産は、その特有財産とし（民法762条）夫婦別産制を原則としますが、婚姻中夫婦が協力して得た財産は、一方の名義になっていたとしても実質的に共有に属すると解されています。また、②婚姻費用は夫婦の資産、収入その他一切の事情を考慮して分担すべきものとされ（民法760条）、③夫婦の一方が日常の家事に関して第三者と法律行為をしたときは、他の一方はこれによって生じた債務について連帯責任を負うとされます（民法761条）。

２　親　子

　親子関係は、実親子関係と養親子関係とがあります。

　実親子関係には、正常な婚姻関係を前提として出生した**嫡出子**と、婚姻外で出生した**非嫡出子**[*7]とがあり、非嫡出子にあっては父が**認知**した場合のみ父子関係が法的に承認されます（母子関係については認知を待たず客観的な分娩の事実によって当然に生じます）。認知には、父が自ら進んで行う**任意認知**（民法779条以下）と、子や母からの訴えに基づく裁判の手続による**強制認知**（民法787条）とがあります。

　養親子関係は、血縁関係を前提とせずに**養子縁組**という法定の手続を経ることによって法的に親子関係（嫡出子）が認められ、**離縁**の手続があれば親子関係は解消されます。養子制度には、**普通養子制度**と**特別養子制度**[*8]とがあります。

　親権を行う者は、子の監護・教育権を有し（民法820条）、これを果たすため、①居所指定権（民法821条）、②懲戒権（民法822条）[*9]、③職業許可権（民法823条）、④身分上の行為についての代理権（民法787条・791条3項・917条）が認められ、また、子の財産管理権及び財産に関する法律行為についての**代理権**[*10]（民法824条）が認められる一方、親権者と子の利益が相反する場合や親権者が複数の子の親権者で子の一人と他の子の利益が相反する場合には、**特別代理人**の選任を家庭裁判所に請求しなければならないとされます（民法826条）。なお、一定の場合には親権の停止・喪失、管理権の喪失、親権・管理権の辞任が認められています（民法834条・834条の2・835条・837条）。

　なお、近時、生殖補助医療の発展により、親子関係をめぐる新たな問題が生じ、新しい判例が出されるに至っていて、立法による解決が求められていました。

　近時の判例としては、①死亡した夫の凍結精子で妊娠・出産した子について夫との父子関係を否定したもの（最判平18・9・4民集60巻7号2563頁）、②代理出産を依頼し卵子を提供した女性と、代理母から生まれた子との間に母子関係の成立を認めることはできないとしたもの（最決平19・3・23民集61巻2号619頁）、③性同一性障害で性別を女性から変更した男性とその妻が、第三者から提供された精子によって子をもうけたケースで、性別変更の審判を受けた夫を子の父親と認めたもの（最決平25・12・10民集67巻9号1847頁）、④ＤＮＡ型鑑定で夫と子との間に生物学上の父子関係が認められないことが科学的証拠により明らかな上、夫と妻がすでに離婚して別居し、子が親権者である妻に保護されているという事情があっても、民法772条の嫡出推定（婚姻中に妻が妊娠した子は夫の子と推定する規定）が及ばなくなるとはいえず、親子関係不存在確認の訴えによって、その父子関係が存在するか否かを争うことはできないとしたもの（最判平26・7・17民集68巻6号547頁）などがあります。また、「生殖補助医療の提供等及びこれにより出生した子の親子関係に関する民法の特例に関する法律」が2020年12月11日に公布され、①女性が自己以外の女性の卵子を用いた生殖補助医療により子を懐胎し、出産したとき

＊7　非嫡出子
　婚姻関係にある母から生まれた子を嫡出子といい、婚姻関係にない母から生まれた子を非嫡出子といいます。

＊8　特別養子制度
　特別養子制度は、特別の事情がある場合において、子の利益のために特に必要があるときに限り、家庭裁判所の審判によって成立させる制度です。養子になる者や養親となる者に厳格な制限を加え（民法817条の3〜817条の5）、実父母との血縁関係を終了させ（民法817条の2）、いったん養親子関係が成立すると民法817条の10第1項に該当しない限り原則として離縁が認められません。なお、2019年に特別養子制度が改正され、対象年齢を原則6歳未満から原則15歳未満に引き上げました。また、15歳に達する前から養親となる人が引き続き養育しており、やむを得ない事由によって15歳までに縁組を申立てできず、養子となる者が同意している場合には、例外的に15歳以上18歳未満の者も特別養子の対象となります。

＊9
　懲戒権は、2022年12月16日公布の法律第102号により、公布の日から1年6月を超えない範囲内において政令で定める日までに廃止されることになっています。

＊10
　民法824条は「代表」と規定されていますが、親権者の代理権が法人の理事の代理権のように包括的であることから、「代表」という表現が用いられています。

は、その出産をした女性をその子の母とすること（同法9条）、②妻が、夫の同意を得て、夫以外の男性の精子を用いた生殖補助医療により懐胎した子については、夫は、民法774条の規定にかかわらず、その子が嫡出であることを否認することができないこと（同法10条）が規定されています（同法9条・10条の施行は、2021年12月11日）。

【図8－1】　親族の範囲

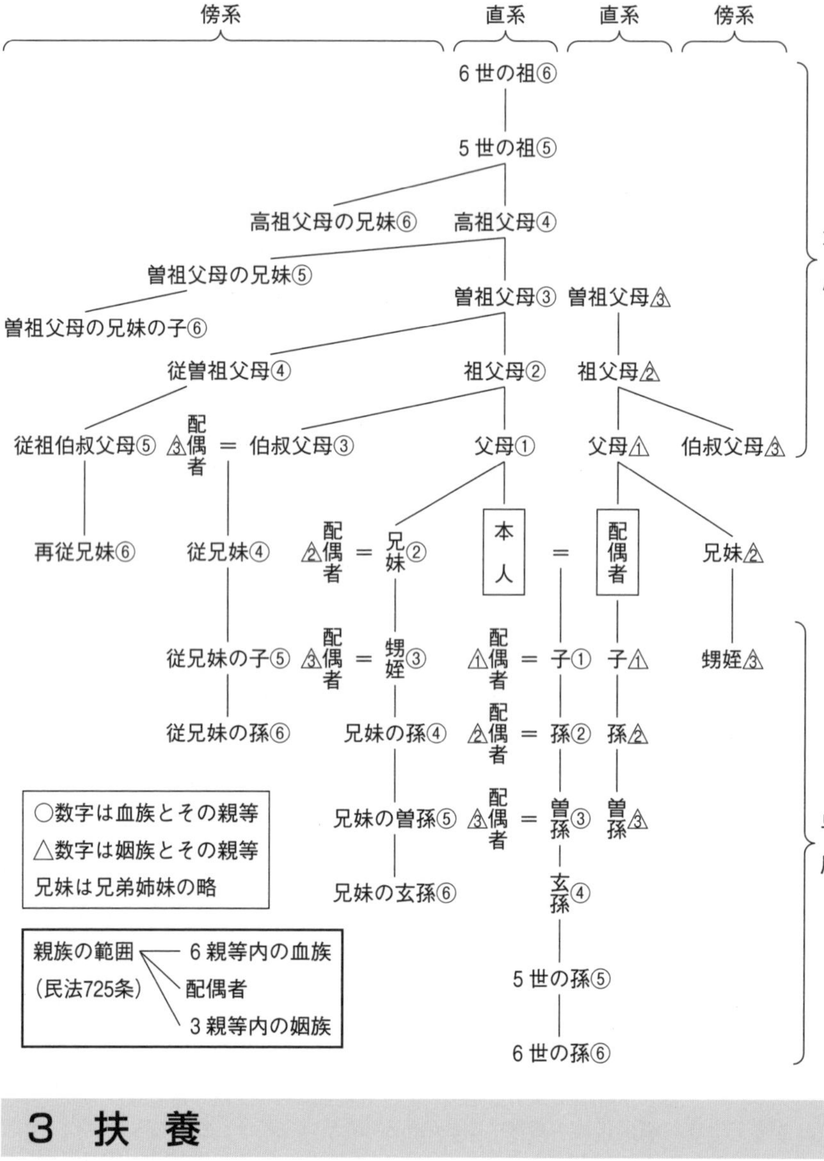

傍系　　　　　　　　直系　　直系　　傍系

- 6世の祖⑥
- 5世の祖⑤
- 高祖父母の兄妹⑥　高祖父母④
- 曽祖父母の兄妹⑤　曽祖父母③　曽祖父母△
- 曽祖父母の兄妹の子⑥　従曽祖父母④　祖父母②　祖父母△
- 従祖伯叔父母⑤　配偶者△＝伯叔父母③　父母①　父母△　伯叔父母△
- 再従兄妹⑥　従兄妹④　配偶者△＝兄妹②　本人＝配偶者　兄妹△
- 従兄妹の子⑤　配偶者△＝甥姪③　配偶者△＝子①　子△　甥姪△
- 従兄妹の孫⑥　兄妹の孫④　配偶者△＝孫②　孫△
- 兄妹の曽孫⑤　配偶者△＝曽孫③　曽孫△
- 兄妹の玄孫⑥　玄孫④
- 5世の孫⑤
- 6世の孫⑥

尊属／卑属

○数字は血族とその親等
△数字は姻族とその親等
兄妹は兄弟姉妹の略

親族の範囲（民法725条）
- 6親等内の血族
- 配偶者
- 3親等内の姻族

3　扶　養

扶養義務を負担する者は、第1に、直系血族と兄弟姉妹であり、第2に、特別の事情の存する場合に3親等内の親族間において家庭裁判所の審判で義務づけられた者です（民法877条）。扶養する義務のある者が数人ある場合あるいは扶養を受ける権利のある者が数人ある場合、当事者間の協議で定めるものとし、これが

不調又は不能の場合には、家庭裁判所が扶養権利者の需要、扶養義務者の資力その他一切の事情を考慮してこれを定めることとしています（民法878条・879条）。

（山田創一）

4　相続^{*11}

（1）　相続の基本

死者（被相続人）の財産を誰に帰属させるかについて、民法は一定範囲の近親者に帰属させると定めています。遺族の生活保障や、被相続人の意思、被相続人との共同財産の清算といった根拠によるものです。

（2）　相続人

相続人は、第1に被相続人の血族[*12]で、被相続人の①子（民法887条1項）、②直系尊属[*13]（親等が異なる者がいれば近いほうが先）（民法889条1項1号）、③兄弟姉妹（民法889条1項2号）です。第2に、被相続人の配偶者（夫又は妻）（民法890条）です。

子は非嫡出子（婚姻していない男女間の子）を含みます[*14]。また、胎児も、相続についてはすでに生まれたものとみなしているので（民法886条1項）、相続人となります（結局死産となった場合は、もちろん相続しません）。

相続人のうち、配偶者は、常に第1順位の相続人となり、血族は、上記の順で相続人となります。例えば、被相続人に配偶者と子がいればそれらの者のみが相続人となり、直系尊属や兄弟は相続人となりません。

（3）　相続分

法定相続分は以下の通りです（民法900条）。配偶者と子が相続人であれば、相続分は配偶者2分の1、子2分の1（子が複数いれば等分します。例えば、2人いれば各4分の1）、配偶者と直系尊属であれば、配偶者3分の2、直系尊属3分の1（2人いれば等分します。例えば、父と母であれば各6分の1）、配偶者と兄弟姉妹であれば、配偶者4分の3、兄弟姉妹4分の1（複数いれば等分します）です。例えば、配偶者と子が2人いて遺産が1,000万円あったときは、配偶者が500万円、子が各250万円相続します（**【図表8－2】**）。これらの法定相続分は、被相続人の遺言があれば変更されます。

相続人のうち誰かが相続放棄すれば、相続されなかったことになります（民法939条）。財産は残った相続人が相続し、誰も残らなければ、国庫に帰属します。

【図表8－2】

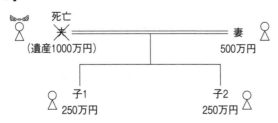

第4章　民法

---

*11
　民法の相続編は、2018年7月13日公布の民法及び家事審判法の一部を改正する法律によって大きく改正されたので注意が必要です。

*12　血族
　血縁関係でつながっている者ですが、生物学的な血縁関係にある場合の自然血族のほかに、養子縁組によって発生する法定血族もあります。

*13　直系尊属
　世代を直上、直下する形でつながる関係が直系であり、父母、祖父母、子、孫などです。尊属は、自分よりも前の世代の血族です。したがって、直系尊属は父母、祖父母などです。なお、後の世代は卑属といいます。

*14
　従来の民法900条4号ただし書きは、非嫡出子の相続分を婚姻した夫婦の子の半分と規定していましたが、最大決平25・9・4民集67巻6号1320頁は、その部分について、法の下の平等を保障した憲法14条に反するので無効としました。その後、法改正され非嫡出子も嫡出子と同じ相続分とされています。

（4）　相続財産

相続財産は、被相続人の一切の権利・義務を含みます（民法896条）。不動産や現金のほか、債務も相続することに注意してください。ただし、一身専属的な権利・義務は除きます（民法896条ただし書き）。例えば、芸術作品を作る債務など個人の才能と密接に関係する債務、親権などの身分関係に結び付いた権利、年金受給権などの社会保障上の権利などです。また祭祀上の財産（位牌、墓など）も相続とは異なるルールで承継します。

なお、共同相続の後、遺産分割、遺言による相続分の指定、特定財産承継遺言によって法定相続分を超えて財産を取得した場合は、登記、登録その他の対抗要件を備えなければ第三者に対抗することができません（民法899条の2）[*15]。この条文は、不動産、動産だけではなく、債権にも適用されます。これに対して、法定相続分の限度では、登記なくして第三者に対抗できます[*16]。相続人の一部が相続放棄することによって相続人からはずれ、結果的に残った相続人の相続分が増えた場合も同様に登記なくして第三者に対抗できます（最判昭42・1・20民集21巻1号16頁）。

（5）　遺産分割

共同相続の場合、相続開始時には遺産は法定相続分ないし指定相続分に応じた持分による共有です。そのままの状態のこともありますが、通常は遺産分割がなされます。

遺産分割は、①被相続人の遺言による遺産分割方法の指定（民法908条）、②指定がない場合には遺産分割協議（民法907条1項）、③協議がまとまらない場合は、家庭裁判所の審判[*17]（民法907条2項）の順になされます。

遺産分割においては、被相続人の指定又は法定相続分によって分割されますが、共同相続人間の公平のために、一定の修正がなされます。第1に、被相続人が相続人に贈与や遺贈していた場合には、相続分を前渡したものとみて、その相続人の相続分が算定されます（**特別受益の持戻し**。民法903条1項）。例えば、相続人ABが子2人で、相続財産が1億円の場合、Aが2,000万円の贈与を受けていたら、1億2,000万円の相続財産として、1人6,000万円となり、Bは6,000万円ですが、Aは既に2,000万円得ていたので、残りの4,000万円を取得することになります。ただし、被相続人が持戻し免除の意思を表示した場合は持戻しがされません（同条3項）。婚姻期間が20年以上である夫婦間で居住用不動産の贈与や遺贈がされた場合は、この持戻し免除が推定されます（同条4項）。第2に、被相続人の財産の維持や増加に貢献した相続人がいた場合には、その相続人の相続分を加算することができます（**寄与分制度**。904条の2）。

なお、相続された預貯金債権も遺産分割の対象に含まれるので（最大決平28・12・19民集70巻8号2121頁）、生活費や葬儀費用の支払いなどに必要であっても、相続人は被相続人の預貯金の払戻しができませんでしたが、改正によって、遺産

*15
　「特定財産承継遺言」（民法1014条2項。従来から、「相続させる旨の遺言」とよばれています）とは、Aに甲土地を与えるというように特定の相続人に特定の財産を与えるという遺言です。2018年改正以前の判例では、特定財産承継遺言によって法定相続分を超える財産を取得した場合でも登記なくして第三者に対抗することができるとされていましたが、民法899条の2が新設されたことによって変更されました。

*16
　民法899条の2は、法定相続分については登記を要求していません。これは従来の判例と同様です。

*17　審判
　通常の民事事件とは異なり、家事事件では審判手続も用いられます。審判手続では、裁判官が当事者の提出した資料のほかに家裁調査官の調査資料などをもとに判断し決定します（この決定を審判といいます）。
　氏名の変更等もっぱら公益にかかわる事件のほか、遺産分割や養育料の請求なども審判手続によるとされています。

に属する預貯金債権のうち、当該払戻しを行う共同相続人の法定相続分の三分の一（1つの金融機関からの払戻しは150万円まで）については、単独での払戻しを認められました（民法909条の2）。さらに、家庭裁判所によって、仮払いの必要があり、他の共同相続人を害さないと判断されれば、仮払いが認められます（家事事件手続法200条）[18]。

（6）　遺言、遺贈

私有財産の保障は民法の基本原則であり、それを死後にまで認めたのが遺言の自由です。

遺言の方式は、普通方式と特別方式があります。特別方式は遺言者が死亡しそうな場合など普通方式が難しい場合で、原則は普通方式であり、普通方式には3つあります。

まず、①自筆証書遺言は、遺言の全文・日付・氏名を自書し、押印することによって成立します（民法968条1項）。相続財産の目録を添付する場合は、その部分は自書でなくてもかまいません（同2項）。自筆証書遺言は、従来から偽造などの心配がありましたが、法務局における遺言書の保管等に関する法律によって、法務局に自筆証書遺言を保管してもらうことができるようになり、ある程度は改善されました[19]。より確実なのは、②公正証書遺言で、証人2人以上の立会いのもとで遺言の内容を公証人[20]に伝え、公証人が筆記した上でさらに遺言者に読みきかせるなどの厳格な要件を満たさないと成立しません（民法969条）が、原本が公証役場に保管されるので偽造などの心配がありません。③秘密証書遺言は、公証人がかかわりながら、内容は公証人らに知られずにすむというメリットがある遺言ですが、あまり利用されていません。

遺言は自由なのですが、その一方で、残された相続人の生活保障などのために、民法は**遺留分**という制度を設けて、一定範囲の相続人に一定の財産を取得する権利を認めています。遺留分の全財産中の割合は、直系尊属のみが相続人であるときは被相続人の財産の3分の1、それ以外の場合は、被相続人の財産の2分の1です（民法1042条）。これに法定相続分をかけたものが個別的な遺留分になります。例えば、妻と子が2人いて遺産が1,000万円あったときの遺留分額は、妻が250万円、子が各125万円です（**【図表8－3】**）。

【図表8－3】

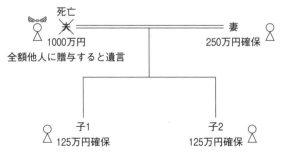

*18
　令和3年法律第24号の民法改正によって、相続開始から10年を経過した後にする遺産分割については、原則として、特別受益、寄与分の規定を適用しないとする条文が新設されました（民法904条の3。施行日は2023年4月1日）。相続開始後10年以内に相続登記をすることにインセンティブを与え、相続登記を促進して所有者不明土地の発生を予防しようという趣旨によるものです。

*19
　2020年7月10日から保管制度が開始されています。保管を依頼するための手数料が3,900円と低額なので制度発足後から広く利用されており、2021年3月までに累計16,655件の保管がなされています。

*20　公証人
　長年の実務経験を有する法律実務家から選ばれて法務大臣に任命された公務員。全国に約300ヶ所ある公証役場で職務を行っています。

第4章

民法

被相続人が、遺留分に反して贈与や遺贈をしていた場合は、遺留分を侵害された相続人は、贈与や遺贈を受けた者に対して、侵害された額の金銭の請求をすることができます（遺留分侵害額請求権）。例えば、相続人が子2人（子1、子2）で、被相続人の全財産が8,000万円の不動産と預金2,000万円の計1億円をすべて子1に遺贈したとすると、子2は相続分5,000万円の2分の1の2,500万円を侵害されています。そこで、子2は子1に対して、2,500万円支払うよう請求することができます。子1が2,500万円を直ちに準備できない場合（上記の例では、相続した預金以外に500万円準備する必要がある）には、裁判所に支払いの猶予を求めることができます。

【図表8－4】

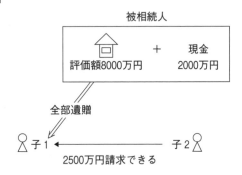

（7）配偶者居住権

民法は、被相続人の死亡によって、居住していた建物の所有権を残された配偶者以外の者が取得した場合でも、残された配偶者の居住権を保護しています。

まず、**配偶者短期居住権**は、相続によって従来の居住建物から急に退去しなければならなくなることを防いで、配偶者の居住を保護する権利です。配偶者は、相続開始時に被相続人の建物（居住建物）に無償で住んでいた場合は、一定期間（最低6ヶ月）、そのまま無償で住み続けることができます（民法1037条〜1041条）。その期間は、配偶者が居住建物の遺産分割に関与するときは、居住建物の所有権が誰に帰属するかが確定するまでの間（最低6ヶ月は保障）、居住建物が第三者に遺贈された場合や、配偶者が相続放棄した場合には居住建物の所有者から居住権の消滅請求を受けてから6ヶ月です。

次に、**配偶者居住権**[21]は、配偶者が遺産のうちの居住建物を取得することによって他の財産を受け取れなくなることを防ぎ、配偶者の居住を継続しながらその他の財産も取得できるようにした権利です。配偶者は、相続開始時に居住していた被相続人所有の建物を対象として、遺産分割などによって原則として終身、配偶者に建物の使用を認めることを内容とする権利（配偶者居住権）を取得することができます（民法1028条〜1036条）。例えば、遺産が2,000万の自宅と現金2,000万円で、配偶者と子が相続人だとします。法定相続分は1対1なので、配偶者が自宅（2,000万円）の所有権を取得すると残りの現金2,000万円はすべて子が取得す

*21
　配偶者居住権は、2020年4月1日から施行された法改正によるものであり期待される制度ですが、配偶者居住権の評価額が高額であれば、配偶者は他の財産をそれほど取得できないという問題があります。なお、相続税法上の評価額の計算方法については、相続税法23条の2に規定が設けられています。

ることになり、配偶者は自宅を得たものの生活費がなくて困ります。配偶者居住権（無償で居住できる権利）は、所有権ではなく居住するだけの権利なのでその評価額は所有権よりも低くなります（例えば1,000万円）。そこで、配偶者は配偶者居住権（1,000万円）と現金1,000万円を取得でき、生活費に困らないわけです。その場合、子は配偶者居住権の負担がある所有権1,000万円（所有権の額から居住権の評価1,000万円を引いた額）と現金1,000万円を取得します。

（難波譲治）

学習のポイント

- ■婚姻が法律上成立するには、実質的要件と形式的要件が必要とされます。
- ■婚姻の実質的要件としては、①婚姻意思の合致、②婚姻適齢に達していること、③重婚でないこと、④女性が再婚禁止期間を経過していること、⑤近親婚でないことが必要です。
- ■婚姻の形式的要件として、法の定めた婚姻の届出が必要とされます（法律婚主義）。
- ■婚姻意思とその意思に基づく共同生活の存在があるものの婚姻の届出がなされていない夫婦関係を内縁とよびますが、配偶者の相続権は認められません。
- ■婚姻の効果としては、①氏の共同、②同居・協力・扶助義務、③貞操義務、④夫婦間の契約取消権が認められます。
- ■夫婦の財産関係は、婚姻前に夫婦財産契約を締結しない限り法定財産制によります。
- ■婚姻の解消である離婚の方法として、①協議離婚、②調停離婚、③審判離婚、④裁判離婚があります。
- ■協議離婚が成立しない場合、調停前置主義が採られていますので、家庭裁判所へ離婚の調停を申し立てなければなりません。
- ■調停離婚が不成立に終わった場合、家庭裁判所が、自らの判断で職権をもって離婚の審判を下すことができますが、2週間以内に当事者から異議の申立てがあると審判離婚は不成立となります。
- ■裁判離婚の離婚原因は、①不貞行為、②悪意の遺棄、③3年以上の生死不明、④回復の見込みがない強度の精神病、⑤婚姻を継続し難い重大な事由です。
- ■離婚の効果として、①復氏・復籍、②子の親権者・監護者の決定、③財産分与請求権が認められます。
- ■実親子関係には、正常な婚姻関係を前提として出生した嫡出子と、婚姻外で出生した非嫡出子とがあり、非嫡出子にあっては父が認知した場合のみ父子関係が法的に承認されます（母子関係については客観的な分娩の事実によって生じます）。
- ■認知には、任意認知と強制認知とがあります。
- ■養親子関係は、血縁関係を前提とせずに養子縁組という法定の手続を経ることによって法的に親子関係（嫡出子）が認められ、離縁の手続があれば親子関係は解消されます。
- ■養子制度には、普通養子制度と特別養子制度とがあります。
- ■親権を行う者は、子の監護・教育権を有し、これを果たすため、①居所指定権、②懲戒権、③職業許可権、④身分上の行為についての代理権が認められ、また、子の財産管理権及び財産に関する法律行為についての代理権が認められます。

第4章　民法

■親権者と子の利益が相反する場合や親権者が複数の子の親権者で子の一人と他の子の利益が相反する場合には、特別代理人の選任を家庭裁判所に請求しなければなりません。

■近時、生殖補助医療の発展により、親子関係をめぐる新たな問題が生じ、新しい判例が出されるに至っていて、「生殖補助医療の提供等及びこれにより出生した子の親子関係に関する民法の特例に関する法律」が新たに制定されました。

■扶養義務を負担する者は、第1に、直系血族と兄弟姉妹であり、第2に、特別の事情の存する場合に3親等内の親族間において家庭裁判所の審判で義務付けられた者です。

■扶養する義務のある者が数人ある場合あるいは扶養を受ける権利のある者が数人ある場合、当事者間の協議で定めるものとし、これが不調又は不能の場合には、家庭裁判所が一切の事情を考慮してこれを定めます。

■相続人は、第1に被相続人の血族で、被相続人の①子、②直系尊属、③兄弟姉妹、第2に、被相続人の配偶者です。ただし、相続放棄すれば相続しません。

■法定相続分は、配偶者と子が相続人であれば、各2分の1、配偶者と直系尊属であれば、配偶者3分の2、直系尊属3分の1、配偶者と兄弟姉妹であれば、配偶者4分の3、兄弟姉妹4分の1です。

■相続財産は一切の権利義務であり、不動産や現金のほか、債務も相続します。ただし、年金受給権など一身専属的な権利義務は除きます。

■遺産分割には、遺言による遺産分割方法の指定、遺産分割協議、審判による分割の3種があります。

■被相続人が相続人に贈与や遺贈していた場合には、相続分を前渡したものとみて、その相続人の相続分が算定されます。

■被相続人の財産の維持や増加に貢献した相続人がいた場合には、その相続人の相続分を加算することができます。

■遺言には、自筆証書遺言、公正証書遺言、秘密証書遺言の3種があります。

■遺言による財産処分の内容は自由ですが、一定の相続人には遺留分が認められています。遺留分の全財産中の割合は、直系尊属のみが相続人であるときは被相続人の財産の3分の1、それ以外の場合は、被相続人の財産の2分の1です。

■遺留分を侵害された相続人は、贈与や遺贈を受けた者に対して、侵害された額の金銭の請求をすることができます。

■被相続人の死亡によって、居住していた建物の所有権を残された配偶者以外の者が取得した場合でも、残された配偶者の居住権が保護されています。

■配偶者短期居住権は、相続開始時に被相続人の建物に無償で住んでいた場合に、最低6ヶ月そのまま無償で住み続けることができる権利です。

■配偶者居住権は、相続開始時に居住していた被相続人所有の建物を対象として、遺産分割などによって原則として終身、配偶者に建物の使用を認めることを内容とする権利です。

第9節　民事訴訟による権利救済

1　民事事件

　交通事故で相手方にけがを負わせた場合、民事事件としては被害者から加害者に対する不法行為（民法709条、自動車損害賠償保障法3条）に基づく損害賠償請求事件が考えられ、刑事事件としては過失運転致死傷罪[*1]（場合によっては道路交通法違反の罪）が考えられます。また、免許取消しという行政処分が下り、これを不服として争う場合、行政不服審査、行政事件訴訟という行政事件が問題になることもあります。一つの事実関係から多様な事件が発生することも考えられますが、ここでは民事紛争における民事訴訟の解決を取り上げます。

【図表9－1】

```
                      ┌→ 民事事件
一つの法律的事実 ─────┼→ 刑事事件
                      └→ 行政事件
```

2　自力救済の禁止と裁判による解決

　私人間の生活関係で問題となる権利義務関係は、相互の交渉で自由に決定することができます（これを「**私的自治の原則**」といいます）。そして、私人間の生活関係で民事紛争が生じた場合に、話合いによって解決できるケースもあります。**示談**によって解決がなされる場合、示談の内容に互譲が含まれていれば**和解**契約（民法695条）が成立したことになります。しかし、話合いでこうした合意が成立しない場合、私人が司法手続によらずに自分の力で権利を実現することは近代社会では原則として禁止されています（**自力救済の禁止**[*2]）。

　そこで、紛争解決機関を利用した解決方法が用いられることになります。近時は、裁判外紛争解決手続の利用の促進に関する法律（平成16年法律第151号）が成立したこともあり、**裁判外紛争処理制度**（**ADR**（Alternative Dispute Resolution））を利用し、公的ないし私的機関[*3]による相談・斡旋・調停・仲裁などを利用した合意による解決が図られることもあります。あるいは、**調停**（民事調停・家事調停など）[*4]や**裁判上の和解**[*5]など裁判所を利用した合意による解決がなされることもあります。

　こうした合意による解決が成立しない場合には、裁判による強制的な紛争解決

＊1　過失運転致死傷罪
　自動車の運転により人を死傷させる行為等の処罰に関する法律5条では、自動車の運転上必要な注意を怠り、これがもとで人を死傷させた者は、7年以下の懲役若しくは禁錮又は100万円以下の罰金に処すると規定されています。なお、2022年6月17日公布の法律第67号により、公布の日から3年を超えない範囲内において政令で定める日までに「懲役若しくは禁錮」が「拘禁刑」とされます。

＊2　自力救済の禁止の例外
　「法律に定める手続によったのでは権利に対する違法な侵害に対抗して現状を維持することが不可能又は著しく困難であると認められる緊急やむをえない特別の事情が存する場合においてのみ、その必要の限度を超えない範囲内で、例外的に」自力救済が許されます（最判昭40・12・7民集19巻9号2101頁）。

＊3　公的機関と私的機関
　公的機関としては、国民生活センター、公害等調整委員会、消費生活センター、労働委員会、原子力損害賠償紛争解決センターなどがあり、私的機関としては、交通事故紛争処理センター、PLセンター、スポーツ仲裁機構などがあります。

＊4　調停
　調停は、裁判官と民間人とで構成する調停委員会が調停にあたり、非公開の話合いによる解決で秘密を保つことができ、裁判に比べれば低額の費用と短期間で済むという利点があります。地代借賃増減請求事件や家庭に関する事件の一部については調停前置主義が採られています（民事調停法24条の2、家事事件手続法257条）。調停が成立した場合に作成される調停調書は、確定判決と同一の効力があります（民事調停法16条、家事事件手続法268条1項）。

＊5　裁判上の和解
　裁判上の和解には、即決和解ともよばれる簡易裁判所における起訴前の和解（民訴法275条）と、訴訟継続中になされる訴訟上の和解（民訴法89条・265条）とがあります。和解が成立したときに作成される和解調書には、確定判決と同一の効力があります（民訴法267条）。

を用いることになります。そして、裁判においては、一方の当事者が訴えを提起すれば、相手方の当事者は応訴を欲していなくても訴訟が開始され、両方の当事者は勝っても負けても裁判所が下した判決に拘束されることになります。

【図表９－２】民事紛争の解決方法

Ⅰ　紛争解決機関を利用しない解決方法
　自力救済の禁止
　私的自治の原則 → 権利の実現をあきらめる
　　　　　　　　 → 裁判外の和解・示談
Ⅱ　紛争解決機関を利用した解決方法
　①　裁判外紛争処理制度（ＡＤＲ）の活用[＊6]
　　公的機関（国民生活センター、消費生活センターなど）
　　私的機関（交通事故紛争処理センター、ＰＬセンターなど）
　②　裁判所を利用した合意による解決（裁判上の和解、調停）
　③　裁判所による強制的な紛争解決
　　裁判、非訟事件（家事審判、借地非訟事件）

＊6
ADRの新しい立法モデルとして近時注目されているものに、個々の労働者と事業者との間の個別的な労働関係から生ずる民事上の紛争（賃金・退職金等の支払い、解雇等の効力などをめぐる紛争）を労働審判委員会が調停や審判で解決を図る労働審判法（平成16年法律第45号）による労働審判手続があります。同法施行（2006年４月１日）後、活発に活用され成果をあげています。

交通事故による損害賠償請求事件であれば、被害者は裁判所に訴えを提起して金銭による損害賠償を加害者に命ずる判決を言い渡してもらいます。この手続を定めているのが**民事訴訟法**です。この判決にもかかわらず、相手方が損害賠償を行わない場合には、その内容を国家の力を借りて強制的に実現する強制執行を行うことになります[＊7]。その手続としては、相手方の財産を差し押さえ、それを競売にかけて、その売却代金を損害賠償に充てるという方法がとられます。この手続を定めているのが**民事執行法**です。

＊7
判決がなくても、金銭の一定の額の支払い又はその他の代替物若しくは有価証券の一定の数量の給付を目的とする請求について、債務者が直ちに強制執行に服する旨の陳述（執行受諾文言）が記載されている公正証書や、債権者の申立てによって裁判所から発せられた仮執行宣言を付した支払督促があれば、強制執行を行うことができます（民事執行法22条４号・５号）。

3　日本の裁判システム

我が国では**三審制**が採用されています。第一審裁判所の判決に対する不服の申立てを**控訴**といい、控訴裁判所の判決に対する不服の申立てを**上告**といいます。第一審裁判所が**地方裁判所**の場合は、**高等裁判所**に控訴を提起し（裁判所法16条１号）、さらに**最高裁判所**に上告を提起することができます（裁判所法７条１号）。また、婚姻関係、養子縁組、親子関係に関する人事訴訟事件を扱う**家庭裁判所**が第一審裁判所の場合も、高等裁判所に控訴を提起し（裁判所法16条１号）、最高裁判所に上告を提起することになります（裁判所法７条１号）。さらに、訴訟の目的の価額が140万円を超えない請求については、**簡易裁判所**が第一審裁判所となりますが（裁判所法33条１項１号）、その上級審に関しては、地方裁判所に控訴を提起し（裁判所法24条３号）、高等裁判所に上告を提起することになります（裁判所法16条３号）。なお、上告審は法律審とされ事実については審理されず、法令違反や判例違反が審理されます。また、訴訟の目的の価額が60万円以下の金銭の支払いの請求を目的とする訴えについて、原則１回の期日で審理を終了する**少額訴訟**を

簡易裁判所に提起することができます（民訴法368条）。少額訴訟の判決に対しては、その判決をした裁判所に異議を申し立てることができるだけで（民訴法378条）、異議があれば訴訟は口頭弁論終結前の状態に復し通常手続による審理・裁判がなされますが、異議後の判決に対し控訴をすることはできず、ただ、例外として最高裁判所に対し憲法違反を理由とする特別上告[8]の可能性だけが残ります（民訴法380条）。少額訴訟はあくまで一審限りの訴訟といえます。また、**民事裁判のIT化**に関し、「3つのe」、すなわち、①訴状等の書面や証拠をオンラインで提出すること等を内容とするe提出（e-filing）、②訴訟記録をオンラインで確認し、期日を管理すること等を内容とするe事件管理（e-casemanagement）、③オンライン上で口頭弁論期日等を開催することを内容とするe法廷（e-court）の実現に向けて準備が進められ[9]、2022年に「民事訴訟法等の一部を改正する法律」が成立しました（2022年5月25日公布）。施行時期は、原則的には公布日から4年以内とされています。民事訴訟法の改正の主な内容は、①ウェブ会議の利用やインターネットを利用した申立て等・送達と訴訟記録の電子化などの民事訴訟手続のIT化の規定の整備、②法定審理期間訴訟手続の導入（新民訴法381条の2〜381条の8）、[10]③当事者の住所・氏名等を相手方当事者に対して秘匿する制度の導入（新民訴法133条〜133条の4）が規定されています。[11]。

【図表9−3】日本の裁判システム

	一審	控訴審	上告審
①	地方裁判所	高等裁判所	最高裁判所
②	家庭裁判所	高等裁判所	最高裁判所
③	簡易裁判所	地方裁判所	高等裁判所

4　民事訴訟と行政事件訴訟

行政事件訴訟法は、行政事件の手続の規律に際し行政事件に特有な規定をおくにとどめ、それ以外の点については民事訴訟の例によるとしていますので（行訴法7条）、行政事件訴訟（抗告訴訟、当事者訴訟、民衆訴訟、機関訴訟）の手続の全体像を把握する上でも民事訴訟は重要です（行政事件訴訟については、「2章4節　行政救済法」で取り上げていますので、そちらを参照ください）。

5　犯罪被害賠償裁判手続

刑事訴訟手続に付随して、一定の重大な刑事被告事件を担当し有罪判決を行った裁判所が、民事の損害賠償についての審理を行って損害賠償を被告人に命ずる裁判手続が、「犯罪被害者等の権利利益の保護を図るための刑事手続に付随する

＊8　特別上告
　一般には、高等裁判所が上告審としてした終局の判決に対し、その判決に憲法の解釈の誤りがあることその他憲法の違反があるという理由をもって、最高裁判所に更に上告することをいいます（民訴法327条）。

＊9
　民事裁判のIT化のメリットとしては、司法アクセスの向上、裁判手続の迅速化・充実化、裁判に関わる事務負担の合理化、裁判手続の予測可能性の向上などを図ることができる一方、デメリットとしては、デジタル機器を使いこなせない者の裁判を受ける権利の侵害、セキュリティの危険、機器や通信環境の整備の過大な負担、裁判の公開原則の後退、非弁護士の介入の増加などです。導入の手続として、フェーズ1（ウェブ会議、テレビ会議等の運用など、現行法下でIT機器の整備で実現可能な手続）、フェーズ2（関係法令の改正により初めて実現可能となるもので、具体的にはe法廷のうち法改正が必要な弁論や争点整理等の運用に関する部分を指す）、フェーズ3（関係法令の改正に加えて、システム構築や本人サポート等の環境整備（予算措置）が必要となるもので、具体的には、e提出やe事件管理に関する部分を指す）の3段階が考えられています。法改正を伴わないフェーズ1については、東京・大阪など主要裁判所において2020年2月からウェブ会議による争点整理が開始され、順次他の裁判所に拡大されました。

＊10　法定審理期間訴訟手続
　双方当事者が合意した場合に「六月以内」という法定の審理期間内に口頭弁論を終結し、口頭弁論終結日から「一月以内」に判決言渡しをするという制度です（新民訴法381条の3第2項）。

＊11
　もっとも、③の改正は2023年2月20日に、①の改正のうち、和解期日及び弁論準備手続期日における音声の送受信の方法の利用についての改正は2023年3月1日に、口頭弁論における映像等の送受信の方法の利用についての改正は公布日から2年以内に施行されます。

＊12　特定適格消費者団体
適格消費者団体（不特定かつ多数の消費者の利益のために差止請求権を行使するのに必要な適格性を有する法人である消費者団体として消費者契約法13条により内閣総理大臣の認定を受けた者）のうち、被害回復関係業務を適正に遂行するための体制及び業務規程が適切に整備されていることなどの要件を充足する団体の申請に基づき認定される団体（消費者裁判手続特例法65条4項）。

＊13
平成25年法律第96号成立の法律で、2016年10月1日に施行されました。

＊14
2022年6月1日公布の法律第59号（2023年10月1日施行）により、共通義務確認訴訟の被告として、「事業者」以外に悪質商法に関与した「事業監督者」や「被用者」も被告とすることができるようになります（消費者裁判手続特例法3条1項5号・同条3項3号）。また、共通義務確認訴訟における訴訟上の和解が従来は共通義務の存否に限定されていましたが、改正法はこれを削除し、共通義務の存否を明らかにしないで解決金を支払う内容の和解など様々な和解を行うことができるようになります。

＊15
この制度で被害が回復されるのは、被害者が実際に事業者に支払った金額の範囲内で、個別性が高いといえる拡大損害、逸失利益、人身損害、慰謝料などは対象外となるという限界がありました。女性や浪人生等を医学部入試で不利に扱った大学を運営する学校法人に提起された共通義務確認訴訟で、入学検定料、受験票送料、送金手数料及び出願書類郵送料、並びに特定適格消費者団体に支払うべき報酬及び費用は認められたが、受験に要した旅費及び宿泊費は認められないとされたものがあります（東京地判令2・3・6判時2520号39頁）。しかし、2022年6月1日公布の法律第59号により、公布の日から1年6月を超えない範囲内において政令で定める日に施行される改正法で所定の要件を満たす場合に慰謝料が共通義務確認訴訟の対象になることが規定されました（消費者裁判手続特例法3条2項6号）。

措置に関する法律」の改正により設けられました。同法所定の犯罪につき刑事被告事件の被害者又はその一般承継人が、その係属する裁判所（地裁に限る）に対してその弁論の終結までに**損害賠償命令**の申立てをすれば、裁判所は、有罪判決をした場合に、直ちに損害賠償についての審理を行います（同法23条1項）。裁判は口頭弁論を経ないですることができ、特別の事情がある場合を除き4回以内の審理期日で審理を終結しなければなりません（同法29条1項・30条3項）。決定で損害賠償命令を発し、必要があると認めるときは仮執行宣言をすることもできます（同法32条2項）。この損害賠償命令は、適法な異議申立てがなければ、確定判決と同一の効力を有しますが、適法な異議申立てがあれば、損害賠償命令は失効し、訴えの提起があったものとみなされて、通常の民事訴訟の第一審に移行します（同法33条5項・34条1項）。

6　消費者裁判手続

　多数の消費者に生じた財産的被害の集団的回復のため、特定適格消費者団体＊12が訴え（地裁に限る）を提起し、事業者が被害者である消費者一般に対して金銭を支払う義務を負うべきことを確認（共通義務確認訴訟）した後、共通義務があることを前提として、個別の消費者との関係で当該事業者が具体的な金銭の支払義務を負うか否か（対象債権の確定）を判断し、消費者の債権につき事業者に請求を行うことを可能とするという手続が、「消費者の財産的被害等の集団的な回復のための民事の裁判手続の特例に関する法律」＊13（以下、「**消費者裁判手続特例法**」とよびます）により設けられました。この手続は、二段階の訴訟構造となっており、第1段階で、特定適格消費者団体によって事業者に共通義務確認訴訟が提起され（同法3条）＊14、請求が認容されると、第2段階で、簡易確定手続開始の申立てがなされ（同法12条）、対象消費者への通知・公告があり（同法25条・26条）、対象消費者からの簡易確定手続申立団体への授権を経て（同法31条1項）、簡易確定手続申立団体により裁判所に債権が届け出られ（同法30条1項）、この債権の認否手続を経て、裁判所による簡易確定決定（同法44条）があると、具体的に事業者に支払義務が発生します。簡易確定決定に対しては、特定適格消費者団体、事業者、届出消費者がそれぞれ異議を申し立てることができますが（同法46条1項・2項）、異議の申立てがあると、簡易確定決定は原則としてその効力を失って（同法46条5項）、異議後の訴訟に移行し、当該簡易確定決定をした地方裁判所に訴えの提起があったものとみなされます（同法52条1項）。被害があっても費用や手間がかかるため、自ら損害を回復できず泣き寝入りに終わっていた多数の消費者被害を救済する仕組みとして、この制度は大きな期待が寄せられています＊15。

【図表9－4】消費者裁判手続特例法に基づく手続の流れ

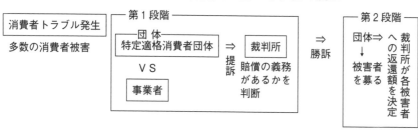

（山田創一）

学習のポイント

■一つの事実から、民事事件、刑事事件、行政事件が問題となることがあります。

■私人間の生活関係で問題となる権利義務関係の解決は、まず私的自治に委ねられます。しかし、話合いで解決しない場合、自力救済が禁止されますので、紛争解決機関を利用した解決方法が用いられます。

■紛争解決機関を利用した解決としては、裁判外紛争処理制度（ADR）を利用し、公的ないし私的機関による相談・斡旋・調停・仲裁などを利用した合意による解決、調停（民事調停・家事調停など）や裁判上の和解など裁判所を利用した合意による解決、裁判による強制的な紛争解決を用いることになります。

■私人間の権利義務をめぐる紛争に関し、裁判所が私法を適用して紛争を解決するための手続を定めた法が民事訴訟法で、私法上の権利内容を強制的に実現する裁判上の手続を定めた法が民事執行法です。

■民事裁判では三審制が採用され、第一審裁判所の判決に対する不服の申立てを控訴といい、控訴裁判所の判決に対する不服の申立てを上告といいます。上告審は法律審とされ、事実について審理せず法令違反や判例違反が審理されます。

■民事裁判手続のIT化が進められており、①訴状等の書面や証拠をオンラインで提出すること等を内容とするe提出、②訴訟記録をオンラインで確認し、期日を管理すること等を内容とするe事件管理、③オンライン上で口頭弁論期日等を開催することを内容とするe法廷の実現に向けて民事訴訟法の改正がなされました。

■行政事件訴訟法は、行政事件の手続の規律に際し行政事件に特有な規定をおくにとどめ、それ以外の点については民事訴訟の例によるとしています。

■刑事訴訟手続に付随して、一定の重大な刑事被告事件を担当し有罪判決を行った裁判所が、民事の損害賠償についての審理を行って損害賠償を被告人に命ずる裁判手続が設けられています。

■多数の消費者に生じた財産的被害の集団的回復のため、特定適格消費者団体が事業者に訴えを提起し、当該事業者が被害者である消費者一般に対して金銭を支払う義務を負うべきことを確認した後、これを前提に消費者の個別の債権につき当該事業者に請求を行うことを可能とする裁判手続の特例が設けられています。

第4章

民法

第5章

刑　　法

この章では、自治体職員及びその職務と関係する、刑法に関する基本的な知識と考え方を学びます。

刑法は、一般の認識とは異なり、他の法分野以上にといってもよいくらい、国民一人ひとりの日常生活だけでなく、自治体の業務と自治体職員の職務にとっても、深いかかわりのある法分野です。そのことは、自治体職員が日々かかわる業務の根拠を定める法律のほとんどすべてに、刑罰規定が置かれていることからも明らかです。この章の学習を終える頃には、それが実感され、刑法が身近なものと感じられるでしょう。

第1節では、自治体職員が、職務上刑法とかかわる場面を把握し、第2節以下の内容を学習し理解するための視点を身につけます。

第2節では、そもそも刑法とは何か、犯罪とは何か、刑罰とは何かを理解し、その目的・機能を把握します。

第3節では、刑法の大原則である罪刑法定主義の内容を、最新の視点にたって把握します。

第4節では、犯罪成立の3つの要素である、構成要件該当性、違法性、責任（有責性）のうち最も重要な、構成要件について学習し、その構成要素について、基本的な内容を把握します。そこでは、故意犯と過失犯という2つの類型について、基本的構成要件の要素である、主体、行為、結果、因果関係、故意、過失の内容とそこに含まれる問題点を把握するとともに、基本的構成要件を拡張した修正構成要件である、共犯や未遂犯の内容を理解します。

第5節では、構成要件該当性を前提に、違法性が否定される違法性阻却事由についての基本的な内容を簡潔に把握します。

第6節では、構成要件該当性、違法性を前提に、責任が否定される責任阻却事由についての基本的な内容を簡潔に把握します。

第7節では、第2節から第6節で理解した、すべての罪について共通する事柄に関する、刑法総論の基本的内容を踏まえて、自治体職員の職務執行を妨害する罪について、その内容を簡潔に把握します。

第8節では、自治体職員が職務上陥りやすい重要な罪について、個別にその内容を理解します。

第1節から第6節が刑法総論です。第7、8節は、刑法各論です。

第1節　自治体職員の職務と刑法

＊1　刑法
　次節でも詳しく述べますように、広義の刑法は、法律名の「刑法」の他、「軽犯罪法」や各種法律中の罰則規定などを含む、犯罪と刑罰に関する法体系のことですが、狭義の刑法は、「刑法」という名の付いた法律のことをさします。狭義の刑法は、明治40年4月24日法律第45号として制定され、同41年10月1日に施行された、全264条からなる法律です。刑事訴訟法などの手続法や行刑・矯正法も含めた総称は、刑事法です。

　自治体職員が、職務上、**刑法**[＊1]とかかわり合うのは、4つの場面です。

　第1は、行政目的の達成のために必要な刑罰規定を、条例に制定するために立案する場合です。第2は、その刑罰規定を解釈適用する場合です。第3は、職務執行に対して、犯罪となる妨害が加えられる場合です。第4は、職務遂行過程であるいは職務と関連して、自らが刑罰規定に触れる行為を行う場合です。

　第1と第2の場合は、それぞれの刑罰規定に共通の原則に関する「**刑法総論**」の理解が必要です。第3と第4の場合は、それを前提にした各罪に関する「**刑法各論**」の理解にかかわります。そこでまず、第1、第2の場合に係る、刑法総論の基本的な内容を述べ、次いで、第3、第4の場合に関する各論の基本的な内容を述べることとします。

　第1の場合は、国の行政官庁の職員とも共通する、公務員としての固有の職務です。これに対し第2の場合、その解釈適用は行政法規定の解釈適用とは異なり、捜査機関・司法機関の関与を必要としその権限に属します。しかし、捜査機関・司法機関の権限行使を促すのは自治体職員の告発であることがむしろ一般的です。そのため、刑罰規定の解釈適用についての理解が不可欠です。行政機関にあっては、刑罰規定は行政法規定の担保規定として構成されることが一般的ですので、刑罰規定と行政法規定との関係にも注意する必要があります。

　立案に当たっては、無用な解釈上の争いを避け、円滑な解釈適用を可能とする必要があります。そこで、第2の場合を理解しながら、第1の場合に言及することとします。

　第3、第4の場合、職務執行を保護するための罪や、職務と関連して行われる罪の類型は、性質上限定的です。そこで、関係の深い罪だけにとどめます。

(田中利幸)

学習のポイント

- ■自治体職員が、職務上、刑法とかかわり合うのは、①条例立案作業を行う場面、②条例の刑罰規定を解釈適用する場面、③職務執行が妨害される場面、④自らが刑罰規定に触れる行為を行う場面、の4つです。
- ■刑罰規定は行政法規定の担保規定として構成されることが一般的ですので、刑罰規定と行政法規定との関係にも注意する必要があります。

第2節　刑法・犯罪・刑罰とは何か

1　「刑法」と特別刑法・行政刑法

（1）刑法とは何か

　刑法とは、どのような行為が**犯罪**[*1]となり、どのような**刑罰**[*2]が科されるかを定めた法です。その代表例は、明治40年制定の法律第45号「刑法」という名称の法律です。そこでは、第2編として、殺人、放火、窃盗などの犯罪が掲げられ、それらにそれぞれどのような刑罰が科されるかが規定されています。この部分が刑法各則、その理論あるいは議論が**刑法各論**とよばれています。第1編では、それらの罪に共通の、成否に関する原則や刑の減軽・加重や適用の原則などが規定されています。この部分が刑法総則、その理論あるいは議論が**刑法総論**とよばれています。

　刑法は、この明治40年法律第45号「刑法」にとどまらず、各種の法律において罰則という章に規定されている刑罰規定も、更には条例に規定されている刑罰規定も、刑法の一部を構成しています。

（2）狭義の刑法と広義の刑法

　そのため、明治40年法律第45号「刑法」は、形式的意義の刑法あるいは狭義の刑法ともよばれます。各種の法律や条例中の刑罰規定を含めた刑法は、実質的意義の刑法あるいは広義の刑法ともよばれます。狭義の「刑法」以外の刑法は、広い意味で**特別刑法**とよばれます。その中には、行政目的を達成するための担保規定として刑罰規定が定められているものが多く、それらは**行政刑法**と総称されます。

　この行政刑法を中心とする特別刑法においても、「刑法」に刑法総則として規定されている基本原理、例えば、故意犯処罰の原則[*3]や既遂犯処罰の原則[*4]、違法性阻却事由[*5]、責任阻却事由[*6]に関する原則などが基本的に妥当します。「刑法」（以下、条項をつづけて引用する場合は、かぎかっこを省略します）8条本文にそのことが規定されています。しかし、個別の特別刑法においてこれと異なる定めを置けば、その基本原理を排除することができます。そのことは刑法8条ただし書きに規定されています。

　「刑法」に規定されている罪あるいはその違反である犯罪を**刑法犯**といい、特別刑法に規定されている罪あるいはその違反である犯罪を**特別法犯**といいます。行政刑法を構成している罪あるいはその違反である犯罪を**行政犯**といいます。た

*1　犯罪
　犯罪にもいくつかの概念規定がありますが、ここでは、刑罰を科することによって防止する必要のある、市民の生活利益、安全等を侵害する行為のことです。詳しくは、本節「2　犯罪と刑罰の形式と実質」参照。

*2　刑罰
　犯罪に対する法律上の効果として、犯罪を行った者に科せられる制裁を内容とした処分のことです。

*3　故意犯処罰の原則
　罪は、罪を犯す意思（犯意・故意）のあることを前提に規定されていて、故意のない行為は、特にそれを処罰する規定をおかない限り、処罰されないという原則です。

*4　既遂犯処罰の原則
　罪を犯す者の行為によって、構成要件（犯罪成立要件のひとつ。詳しくは本章「4節　構成要件」を参照ください）が完全に実現されていること、つまり既遂であることが、刑罰を科すに当たっての条件であり、未遂を処罰するのは特別の規定がある場合に限られるという原則です。

*5　違法性阻却事由
　刑法上違法と推定される行為について、特別の事情があるため、違法ではないとされる事由のことです。詳しくは、本章「5節　違法性阻却事由」を参照ください。

*6　責任阻却事由
　刑法上犯罪成立要件の1つとしての責任の成立を妨げるとされる事由のことです。例えば、責任無能力であること、違法性の意識がないことなどが挙げられます。詳しくは、本章「6節　責任阻却事由」を参照ください。

だ行政犯の名称は、刑罰の対象とされていない行政上の違反を含んで用いられる場合もあります。条例で規定する罪も、特別法犯です。

（3）刑法犯と特別法犯の規定のしかた

刑法犯と特別法犯では、一般に規定の体裁が異なっています。**刑法犯**では、「人を殺した者は、死刑又は無期若しくは五年以上の拘禁刑[*7]に処する」（刑法199条）とか「正当な理由がないのに、人の住居若しくは人の看守する邸宅、建造物若しくは艦船に侵入し、又は要求を受けたにもかかわらずこれらの場所から退去しなかった者は、三年以下の拘禁刑[*7]又は十万円以下の罰金に処する」（刑法130条）という規定のように、どのような行為が行われればどのような刑罰が科されるかという、裁判規範として規定されています。その前提となる「人を殺してはならない」とか「要求を受けたら退去しなければならない」という、行為規範としての禁止規範や命令規範は、条文上表されていません。そうした禁止規範あるいは命令規範、さらにはその前提としての、その行為をしてはならないこと、あるいはしなければならないことであるという評価規範は、特に法が明示しなくても、社会一般の規範として、その評価、内容が定着しているからです。

これに対して、**特別法犯**では、例えば、まず、規制を超える物質を「排出してはならない」とか、必要な書類を「提出しなければならない」とかいった禁止規範や命令規範が規定され、それとは別の条文で、その違反を刑罰の対象とする裁判規範が規定されています。その理由は、特別法犯では、社会生活の変化とそれに伴う人々の利益の変化やその価値付けの変化を背景に、新たな規制が考えられるため、規範としての評価、内容が、法律によって初めて確定されるからです。それとともに、多くの場合、禁止規範や命令規範の違反が、第一次的には行政法的な措置の対象とされているからでもあります。この場合、刑罰規定は、行政法上の措置だけでは規範遵守が十分確保されない場合に、それを補充し、規範遵守を担保する規定として置かれます。そのため、**担保規定**ともよばれています。

2　犯罪と刑罰の形式と実質

（1）実定法上の刑罰・犯罪

犯罪とは、実定法上すなわち形式的意味においては、刑罰の対象とされている行為です。法的効果として刑罰が定められている行為であるといってもよいでしょう。

実定法上、刑罰は、刑法9条に定められています。生命を奪う**死刑**と、**拘禁刑**（2022年改正で新設。施行日になるまでは「懲役・禁錮」）・**拘留**という刑事施設に拘置して自由を奪う自由刑[*8]と、**罰金・科料**という財産を奪う財産刑[*9]と、これらのいずれかが科されることを前提に、付加的に科される**没収**とで構成されています[*10]。財産刑を完納できないときは、換刑処分として労役場に留置され（刑法

18条）、没収できないときは、追徴がなされます（刑法19条・19条の２）。

　各条で各罪に対して定められている刑を法定刑といいます。

　加重事由・減軽事由の有無に応じて、法定刑に加重・減軽をした刑を処断刑といいます。その範囲内で実際に被告人に言い渡される刑を宣告刑といいます。

　刑法９条所定のもの以外は、刑罰ではありません。したがって、民事上あるいは行政上の制裁として科される**過料**や、独禁法上の不当な取引制限が行われた場合に課される課徴金や、脱税の際に課される重加算税などは刑罰ではありません。排除命令[*11]や改善命令[*12]も刑罰ではありません。したがって、過料、課徴金、重加算税などの対象とされる行為というだけでは、犯罪ではありません。それらの行為が同時に刑罰の対象とされて、初めて犯罪となります。もちろん、禁止規範や命令規範に違反したというだけでは犯罪ではありません。

（２）刑罰と犯罪の実質

　このような形式的意味を超えて、実質的に、どのような行為が犯罪とされるべきなのか、犯罪に値するかは、刑罰の実質と機能をどのように理解するかにかかわっています。

〈１〉不利益と法益の保護

　刑罰は、過去の違法行為に対する**制裁**としての不利益を、その実質的内容とします。不利益は害悪といってもよいでしょう。制裁ですから、違法行為前よりも悪化した利益状況が想定されます。それによって非難を加えるものといってもよいでしょう。不利益は、生命、自由、財産といった、本来であれば法によって守られるべき利益、すなわち**法益**の剥奪を内容とします。

　したがって、犯罪は、そうした不利益を加えるにふさわしい行為であることが必要です。そのためには、第１に、加えられる不利益に相応した害悪を生じさせる行為、すなわち他の保護されるべき法益を侵害する行為であることが必要です。この侵害から保護されるべき法益は、**保護法益**とよばれます。ここでは、法益侵害に見合った刑罰が想定されます。そうした意味で、刑罰は**応報刑**[*13]です。

　法益を侵害する行為に刑罰を科す理由は、それにより法益を守るためです。保護法益に対する侵害行為を犯罪とし、侵害行為があれば刑罰を科すことで、侵害行為を防止し、それにより法益の保護を図ります。その意味で、刑罰は**目的刑**[*14]です。

〈２〉非難と責任

　第２に、刑罰は、**非難**を加えるものですから、非難にふさわしい行為でなければなりません。非難は、それを受け止める内心に加えられるものですから、行為が、非難に値する意識内容に基づくことが必要です。法益侵害を生じさせる意識内容であったにもかかわらず、あるいはそのような意識内容をもつことができたにもかかわらず、法益侵害を避けるような意思決定を行わ

＊11　排除命令
　行政庁が、事業者などに違法行為を差し止め、違法な状態を排除するよう命ずる処分のことです。

＊12　改善命令
　行政庁が、事業者などに法令に基づき何らかの改善を行うよう命ずる処分のことです。

＊13　応報刑
　刑罰は、犯罪を行った行為者の行為に対する報いとして科すものであるとする考え方です。それにより失われた秩序が回復されるという考え方です。

＊14　目的刑
　刑罰は、犯罪が行われないようにするために科すものであるとする考え方です。特別予防を目的とする改善刑・教育刑に限定して用いられることもあります。

第5章
刑法

なかったことが必要です。ここでも、非難に見合った刑罰が想定されます。

　意思決定の態様は、法益侵害そのものに向けて行われる場合と、法益侵害の危険を減少させることを不注意で怠る場合とがあります。すなわち、故意のある場合と過失のある場合です。非難には故意又は過失が認められることが必要です。故意も過失もない場合には、非難することはできません。このことを**責任主義**[15]といいます。

〈3〉一般予防と特別予防

　侵害行為を行う可能性のある者、すなわち国民一般に対して、犯罪と刑罰を事前に予告することで、侵害行為を控えさせ、犯罪を防止することを**一般予防**といいます。侵害行為を行った者に対して、刑罰を科すことにより、再び侵害行為に出ることを控えさせて、犯罪を防止することを**特別予防**といいます。

　一般予防も特別予防も、犯罪によって得られる満足・利益よりも刑罰によって感じる苦痛・失われる利益の方が大きいという、合理的計算を基礎としています。同時に、刑罰という非難と害悪を加えてまで、そして公権力による司法作用に必要な人的・物的資源を投入してまで、社会・国家が防止しようとしている重大な違反行為であるから行ってはならないという、規範意識が形成されることも基礎としています。特別予防は、更に、犯罪に陥った原因の改善に向けて、社会復帰にふさわしい処遇を受刑者に実施することで、再犯の防止を図ることも目的としています。この場合、刑罰は、特に**改善刑**あるいは**教育刑**とよばれます。

〈4〉刑法の補充性・謙抑性

　一般予防と特別予防の観点から、犯罪として刑罰の対象とするためには、第3に、この侵害行為の防止による法益保護の目的の達成が、人的・物的資源を投入して刑罰という非難と不利益を加えなければ、期待できないものであることが必要です。不利益性のより小さい、必要な人的・物的資源がより少ない他の手段で、目的が達成されるのであれば、刑罰は必要ではありません。このことは、刑法の**補充性**とよばれます。刑罰が制裁として峻厳なものであることを背景としています。**謙抑性**とも表現できます。

3　刑法の目的と機能

（1）法益保護機能

　刑法の目的は**法益の保護**にあります。機能に着目すると、それは刑法の**法益保護機能**とよばれます。また、法益の保護を通して秩序が維持されることから、刑法の機能として**秩序維持機能**が挙げられ、社会秩序の維持が刑法の目的とされることも少なくありません。秩序は規範の遵守を通して維持されますから、**規範維持機能**と把握されることもあります。しかし、秩序維持機能・規範維持機能は、

法益の保護を前提としています。行政刑法にあっては、行政目的達成のために規範が新たに形成されることから、**規範形成機能**が挙げられることもあります。しかし、刑罰規定は行政法規定が前提になっており、規範性が強化されることはあっても、刑罰規定によって形成されるわけではありません。行政法規定は行政目的を達成するために置かれ、行政目的は特定の社会的な利益を実現することを内容としますから、やはり法益の存在が前提となっています。

　保護法益には、いろいろな種類があります。刑法犯においては、個人的法益、社会的法益、国家的法益と分類されることが一般的です。**個人的法益**には、個人の生命、身体・健康、自由、名誉、財産などがあります。**社会的法益**には、公共の安全、公衆の健康・平穏な社会生活などがあります。**国家的法益**には、国家の存立、公作用・公務の円滑・適正などがあります。特別法犯は、社会的法益を保護するものであることが一般的ですが、個人的法益を保護するものもあります。

　法益に含めるべきかどうかで問題とされてきたのは、社会倫理です。価値観の多様化している現代社会では、倫理それ自体を刑法上法益とすべきではありません。しかし、個人の自己決定に委ねることが、副次的に社会生活上の安全を損ねる可能性が高いときには、その危険を捉え、危険の高い行為に限って、刑罰の対象とすることはなお可能です。規制薬物に関しては所持・使用であっても、賭博に関しては賭博場開設など不特定又は多数人を相手とする行為であればその相手方となる場合であっても、処罰の対象と考えられます。

　条例で刑罰を定める場合も、マナー違反やルール違反を根拠とするのではなく、それによってどのような守られるべき利益が侵害されるのかを、検討することが必要です。

（2）自由保障機能

　刑法は、法益の保護を、侵害行為を規制し防止することによって実現するものです。それは、それだけ国民の行動の自由とそれによって得られる利益を制約するということです。

　したがって、国民の行動の自由を確保する観点からは、第1に、刑罰の対象として行為を規制することは、規制行為以外は刑罰から自由であることを意味し、そのことが保障されなければならないということです。第2に、規制行為を不当に広げないような、保障がなされなければならないということです。

　第1の点は、刑法の**自由保障機能**といわれてきました。しかし、第2の点も、その内容として把握されます。この両方の内容をもつ、刑法の自由保障機能を確保する原理が、**罪刑法定主義**です。罪刑法定主義については、次節で詳細に説明することにしましょう。

（田中利幸）

第5章

刑法

学習のポイント

■刑法とは、犯罪と刑罰に関する法の集合体であり、その代表格の法律が、明治40年に制定され、普通一般にいわれている「刑法」という名の法律です。

■「刑法」の第1編を刑法総則（刑法総論）、第2編を刑法各則（刑法各論）といいます。

■明治40年制定の狭義の「刑法」以外の刑法を「特別刑法」といい、その中でも特に行政目的を担保するために刑罰規定を置いているものを「行政刑法」といいます。

■狭義の「刑法」に規定されている犯罪を「刑法犯」、特別刑法に規定されている犯罪を「特別法犯」、行政刑法に規定されている犯罪を「行政犯」といいます。

■刑法犯と特別法犯では、規定の仕方が異なります。刑法犯では、どのような行為が行われればどのような刑罰が科されるという内容がひとつの条文中に規定されますが、特別法犯では、まず禁止規範や命令規範が規定され、別の条文で違反の刑罰を規定しています。

■刑の種類は、刑法9条に規定され、死刑と、拘禁刑（2022年改正で新設。施行までは「懲役・禁錮」）・拘留という自由刑と、罰金・科料という財産刑と、付加刑としての没収とで構成されています。これ以外は刑罰ではありません。

■刑罰は、制裁としての不利益を科すものですが、法益侵害に見合った刑罰でなければなりません（応報刑）し、法益の保護を図るためのものでなければなりません（目的刑）。

■刑罰は、非難を加えるものですから、非難にふさわしいものでなければなりませんから、行為者の行為には故意または過失がなければなりません（責任主義）。

■国民に犯罪と刑罰を事前に予告することにより侵害行為を控えさせ、犯罪を防止すること（一般予防）、一度侵害行為を行った者に刑罰を科すことにより再び侵害行為を行うことを控えさせること（特別予防）も、刑罰の役割として挙げられます。

■刑法の目的は、法益の保護にあります。

■刑法の機能としては、法益保護機能、秩序維持機能、規範維持機能、規範形成機能を挙げることができますが、法益保護機能が基本であり、そこに収斂されます。

■保護法益には、個人的法益、社会的法益、国家的法益があります。

■刑法は、刑罰の対象として国民の行為を規制しますので、それ以外は自由であることを保障しなければなりませんし、規制行為も不当に広げないように保障しなければなりません。これを自由保障機能といい、法益保護機能とともに、刑法のもう一つの重要な機能で、それを実現する原理が「罪刑法定主義」です。

第3節　罪刑法定主義

　罪刑法定主義は、「何が犯罪となり、どのような刑罰を科せられるかが、行為の時に、明文で定められているのでなければ、何人も処罰されることはない」という原理として把握されてきたものです。そして、事後法の禁止、慣習刑法の禁止、類推解釈の禁止、絶対的不定刑の禁止が、その内容として挙げられてきました。しかし、その後の発展を組み込んで、今日では、次の3つのレベルで、国民の行動の自由を保障する内容をもつ原理として、把握できます。

1　自由主義

　第1は、規制の存在を前提とした、規制の下における自由の確保です。何が刑罰によって規制され、何が規制されていないかを、行為の時に知ることによって、行為の刑法的効果に関する予測可能性を確保する自由です。この考え方は、**自由主義**に由来します。事後法の禁止、慣習刑法の禁止、類推解釈の禁止、絶対的不定刑の禁止のほか、新しい原理である明確性の原則が、これにかかわります。

　事後法の禁止は、行為の時には刑罰の科されていなかった行為に対して、後になって刑罰を科すことを禁止するものです。行為の後に刑罰を重くすることも含まれます。憲法39条の規定によって保障されています。

　慣習刑法[*1]は、犯罪となる行為と刑罰が明文で定められておらず、予測可能性を害するため禁止されます。

　類推解釈とは、規定の用語の意義には含まれない事項を、含まれている事項と共通する性質を有するという点に着目して、それを根拠に、法的効果——ここでは刑罰——を同様に適用する解釈です。そこでは、明文によらない処罰が行われ、立法機能でない裁判所による新たな法形成が行われて、予測可能性が害されるため、禁止されます。

　絶対的不定刑[*2]は、どのような刑罰が科されるか、どの限度で科されるかが分からなければ、事後の恣意的な科刑を可能にし、予測可能性を害することになるため、禁止されるものです。

　明確性の原則は、刑罰法規の適用の有無を判断できないような、不明確な規定は違憲無効であるというものです。判例も、**徳島市公安条例事件**において、通常の判断能力を有する一般人が、具体的な場合に、刑罰法規の適用を受けるものかどうかについて、判断できるような基準が読み取れないような、不明確な規定は違憲無効であると論じて、憲法31条の保障する内容として、これを認めるに至っています（最大判昭50・9・10刑集29巻8号489頁）。

　徳島市公安条例事件では、「交通秩序を維持すること」が問題とされました。「交

* 1　慣習刑法
　公の立法機関により明文で定められたものでなく、一定の範囲の人々の間で、慣習的に拘束力が認められる刑法的な法規範のことです。

* 2
　絶対的不定期刑と表現されることもあります。

通秩序を維持すること」とは、道路における集団行進等が一般に秩序正しく平穏に行われる場合に随伴する交通秩序阻害の程度を超えた、ことさらな交通秩序の阻害をもたらすような行為を避止すべきことを命じているものであり、それにあたるかどうかは、通常の判断能力を有する一般人が容易に想定できるとして、合憲とされました。

福岡県青少年保護育成条例事件では、「淫行」が不明確かどうかが争われました。多数意見は、「淫行」とは、青少年を誘惑し、威迫し、欺罔し又は困惑させる等、その心身の未成熟に乗じた不当な手段により行う性交又は性交類似行為のほか、青少年を単に自己の性的欲望を満足させるための対象として扱っているとしか認められないような性交又は性交類似行為をいう、との限定解釈を行い、通常の判断能力を有する一般人の理解に適うとして、不明確ではないと判示しました（最大判昭60・10・23刑集39巻6号413頁）[3]。しかし、意義を更に限定し、一般人はそのような解釈に到達できないとする、反対意見も出されました。各自治体の条例は、この判決以降、「淫行」を判決に沿った表現に書き直しています。

また、「卑わいな言動」が不明確かどうか争われた最近の**北海道迷惑防止条例事件**でも、「卑わいな言動」は、社会通念上、性的道義観念に反する下品でみだらな言語又は動作であって、「公共の場所又は公共の乗物にいる者に対し、正当な理由がないのに、著しくしゅう恥させ、又は不安を覚えさせるような」という文言とあいまって、日常用語として合理的に解釈することができるから、不明確ではないとされています（最決平20・11・10刑集62巻10号2853頁）。

「卑わいな言動」については、各自治体の迷惑防止条例において、かつては、具体的な例示をすることなく、ただ「何人も、人に対し、公共の場所又は公共の乗物において、人を著しくしゅう恥させ、又は人に不安を覚えさせるような卑わいな言動をしてはならない」と規定されていることが少なくありませんでした。しかし今日では、例示を加え、具体的な場合にその行為がこれにあたるかを、一般人が可能な限り判断できるように具体化する、改正努力が各自治体でなされています。

このように、明確性の原則は条例上の罪で争いになることが多い点に、自治体職員は注意しなければなりません。

2　民主主義

第2は、規制の自己決定による自由の確保です。何を規制の対象とするかを、規制を受ける国民が、国会という代表機関を通じて自ら決定することで、可能な限り行動の自由の範囲を確保しようとするものです。この考え方は**民主主義**に由来し、**法律主義**がこれにかかわります。

成文法[4]**主義**では、予測可能性は保障されますが、成文法には行政機関の定める法形式も含まれますから、第1のレベルにとどまり、不十分です。国会の制

＊3
児童福祉法34条1項6号にいう「淫行」の意義についても、この判断が踏襲されました（最決平28・6・21刑集70巻5号369頁）。

＊4　成文法
文字で書き表され文書の形式を備えた法のことであり、法律、政省令、規則、条例など、制定機関の異なる様々な法形式があります。

定する法形式である法律が、基本的に必要です。その法律の具体的な委任を受け
て、政令・省令に刑罰法規を規定することは可能です（憲法73条 6 号ただし書き）。
しかし、構成要件つまり何が犯罪となるかは、政省令の内容をおおむね想定でき
る基本的な内容あるいは基準が、授権法[*5]自体に示される必要があります。ど
のような刑罰が科されるかについては、具体的な刑の種類と程度を示す必要があ
ります（例えば、漁業法109条 4 項を参照）。

＊ 5　授権法
　法律の委任（本来は法律が
規定しなければならない事項
を、政令・省令・規則等にお
いて規定できると定めるこ
と）を定める法律のことで
す。

　地方自治体の定める法形式である条例は、地方住民を代表する議会によって定
められますから、規制を受ける者と規制する者とが、基本的に一致する契機を有
します。そこで、憲法73条 6 号ただし書きとは異なる文言の憲法94条を根拠に、
刑罰規定であっても、法律の委任を不要とする理解も有力です。しかし、条例の
適用は、基本的には属地主義[*6]に基づきます。つまり、地方自治体の地域にお
いて住民以外の国民にも適用されます。その限りで民主主義は貫徹せず、また、
自治体地域内に所在する住民以外の国民を、日本法の包括的適用を承諾して日本
国内に入国している外国人と、同視することもできません。したがって、条例で
刑罰を定める場合は、政令とは異なり、包括的委任でよいが、地方自治法14条 3
項のように、条例で定められる刑罰の範囲を限定する委任規定は必要で、地方自
治法14条 1 項にいう、「第 2 条第 2 項の事務に関し」という程度の包括的委任が
必要です。

＊ 6　属地主義
　犯罪の行われた場所に着目
して何人にも犯罪の行われた
場所の法を適用する原則のこ
とです。反対に、場所とは無
関係に、人に着目して法の適
用を行うことを属人主義とい
います。

　法律で処罰の対象とされていない行為を、条例で処罰できるかについては、具
体的な場合に議論はありえますが、刑法は違法行為のうち特に対象とすべきもの
を、断片的に取り上げているにすぎないことを考えれば、法律で特に刑罰の対象
としないという積極的な判断がなされているものと理解されない限り、法律との
抵触はなく、規制対象とすることができると考えることはできます。

　この点、青少年保護条例と関連して、児童買春、児童ポルノに係る行為等の処
罰及び児童の保護等に関する法律附則 2 条 1 項は、「地方公共団体の条例の規定
で、この法律で規制する行為を処罰する旨を定めているものの当該行為に係る部
分については、この法律の施行と同時に、その効力を失うものとする」と定めて
います。

3　実体的適正

　第 3 は、規制内容の適正さによる自由の確保です。本来刑罰の対象とすべきで
はない行為が刑罰の対象とされていないかを点検することで、本来自由であるべ
き行動の範囲を確保しようとするものです。憲法31条の当初の内容である適正手
続の保障に対応させて、これを実体法に拡張して理解するもので、**実体的デュー
プロセス**（刑罰法規の適正）とよばれます。その内容として、法益保護の原則、責
任主義、罪刑の均衡が挙げられます。

　法益保護の原則は、法益侵害のない行為を刑罰の対象とはできないとする原理

＊7
　管理職的地位にない厚労省事務官が、休日、国や職場の施設を使わず、公務員の地位を利用することなく、公務員の行為と認識しうる態様でもなく行った、ある政党のビラの住宅郵便受けへの配布行為は、公務遂行の政治的中立性を損なうおそれが実質的に認められるものではないとして、国家公務員法で処罰される「政治的行為」にあたらないとの限定解釈を示した、最判平24・12・7刑集66巻12号1337頁にも現れています。

＊8　両罰規定
　法人の代表者その他の従業者が法人の業務に関して法令違反行為をした場合、その行為を行った者を罰するだけでなく、その法人をも罰するという規定のことです。事業者が法人ではなく個人である場合も、法人と同一の条文で、違反行為を行った従業者と個人事業者の両方を処罰する旨定めています。

＊9　尊属殺
　自己又は配偶者の直系尊属（父母、祖父母）を殺すことをいい（刑法200条）、普通殺人より重い刑（死刑又は無期懲役）に処するとされていましたが、憲法14条に定める「法の下の平等」に反するのではないかとの批判があり、この規定は、1995年の法改正で削除されました。

です。判例では、医業類似行為に関する判例でこのことを伺わせる判断を示しています（最判昭35・1・27刑集14巻1号33頁）。また福岡県青少年保護育成条例事件判決でも、淫行を広く青少年に対する性行為一般と解すると、不当に広範すぎ、憲法31条違反となるという判断を背景にしています＊7。

　責任主義の内容は、故意も過失もない行為を犯罪として処罰することはできないというものです。両罰規定＊8の事業主処罰規定は、過失責任を推定したものだとして従来の判例を変更した判例は、背景に責任主義を念頭に置くものと理解されます（最判昭32・11・27刑集11巻12号3113頁）。

　罪刑の均衡は、罪の重さと刑の重さが均衡のとれたものでなければならないというものです。尊属殺＊9規定は、どのような宥恕すべき事情があっても執行猶予が付けられない法定刑の下限が通常殺人罪に比して著しく重いとして、違憲であると判断した判例に、その趣旨を伺うことができます（最大判昭48・4・4刑集27巻3号265頁）。

　憲法31条は、刑法学上今日では、適正手続の保障という内容から、実体法の適正さまで保障するものと理解されるに至っており、他に憲法上の規定による保障のある内容を除いて罪刑法定主義の内容を保障したものと理解されています。

　条例の立案にあたっては、以上の内容、特に明確性の原則、法律主義、実体的デュープロセスに注意を払うことが要請されます。

（田中利幸）

学習のポイント

- ■「何が犯罪となり、どのような刑罰を科せられるかが、行為の時に、明文で定められているのでなければ、何人も処罰されることはない」というのが罪刑法定主義で、刑法上の大原則です。
- ■罪刑法定主義の第1の内容は、人は、何が刑罰によって規制され、何が規制されていないかを行為の時に知ることによって、行為の刑法的効果に関する予測可能性を確保する自由（自由主義）を保障することです。
- ■自由主義を背景とする具体的内容としては、事後法の禁止、慣習刑法の禁止、類推解釈の禁止、絶対的不定刑の禁止、明確性の原則の5つがあります。特に、明確性の原則については、刑罰法規の適用の有無を判断できないような不明確な規定は違憲無効となることを認めた判例が集積されています。
- ■罪刑法定主義の第2の内容は、何を規制の対象とするかは、国会という国民の代表機関が決定しなければならない（民主主義）というものです。ここから法律主義が導かれます。
- ■罪刑法定主義の内容の第3は、規制内容は、憲法31条が定める実体的デュープロセスに基づき定められなければならないという原則で、法益保護の原則（法益侵害のない行為は刑罰の対象にできない）、責任主義（故意も過失もない行為は刑罰の対象にできない）、罪刑の均衡（罪と刑は均衡がとれていなければならない）の3つの具体的内容が考えられます。

第4節　構成要件

1　構成要件と違法性、責任

　犯罪が成立するかどうかを判断するにあたって、我が国では、構成要件該当性、違法性、責任（有責性）という３つの過程をその順でたどる方式が定着しています。

　構成要件と**違法性**、**責任**との関係をどう把握するかについては、学説・判例の理解は多岐に分かれます。ここでは、構成要件に故意・過失を含め、構成要件上故意犯と過失犯とを区別し、構成要件を違法で責任のある行為の類型と把握することとします。構成要件に該当すれば、原則として犯罪は成立するものと考えて、違法性判断においては**違法性阻却**を、責任判断においては**責任阻却**を判断する見解に立って説明することとします。その理由はいくつかありますが、一つは、それが地方自治体で立案する立場には簡明で便宜と考えられるためです。またもう一つは、裁判実務の大まかな枠組みに近いと考えられるからです[1]。

　そこで、構成要件とは、刑罰法規の法的要件を示す部分、すなわちどのような行為が犯罪となるかを規定している部分である、と捉えられます。違法性は、法益の侵害と行為態様の社会的相当性からの逸脱で構成されます。それは、**結果無価値**[2]すなわち結果のもつ違法性と、**行為無価値**[3]すなわち行為のもつ違法性の二元的構成によるもので、**二元的行為無価値論**とよばれます。この考え方は、判例及び多数説の基本的な判断枠組みですが[4]、法益侵害に限る結果無価値論も学説上は有力です。責任とは非難可能性です。

　あえて平たくいえば、違法とは、その行為と生じた結果が「許されない」ということであり、違法性阻却とは「許される」ということです。責任とは、行為したことを「非難できる」「責めることができる」ということであり、責任阻却とは、「責めることまではできない」「しかたない」ということです。構成要件は、「許されない」「責めることのできる」行為を類型化したものです。

2　基本的構成要件と修正構成要件
──単独正犯と共犯現象

　構成要件は、騒乱罪（刑法106条）のような、多数の関与者による行為を規定した集団犯の場合を除き、単独で犯罪行為が行われる形式で規定されています。したがって、行為者は、単独で構成要件該当事実を実現することから、**単独正犯**とよばれます。構成要件該当事実を実現した点が、**正犯**[5]として捉えられます。後述するように、構成要件は行為と結果を中心的な要素として構成されていますので、構成要件該当事実は、行為から結果まで含むものです。単独正犯では、そ

[1]
　有罪を言い渡すには、罪となるべき事実を示さなければなりませんが（刑訴法335条）、この罪となるべき事実は、故意・過失を含む構成要件該当事実であり、被告人から違法性阻却・責任阻却の主張がなされている場合、それに対する裁判所の判断は、罪となるべき事実の存在を前提に、判決理由中の後半部分で示されるからです。

[2]　結果無価値
　無価値とは価値が無いということではなく、法的価値に反する、つまり違法ということです。結果無価値とは、法益の侵害又は危険という結果が違法ということです。結果無価値が違法の実質をなしているという考え方を結果無価値論といいます。

[3]　行為無価値
　行為が違法、つまり社会通念上許されない逸脱性の高いものであるということです。この行為無価値が違法の実質をなしているという考え方を行為無価値論といいます。この立場からは、行為者の主観や行為の態様が違法性を決める要素になります。

[4]
　外務省機密漏洩事件・最決昭53・5・31刑集32巻3号457頁でも、国民の知る権利、報道の自由、取材活動の自由を前提に、目的の正当性、手段・方法の相当性によって、違法性が判断されています。

[5]　正犯
　従来、自らが犯罪の構成要件を充足する行為をした者として捉えられてきましたが、自ら構成要件を実現したと評価される者の趣旨と理解されます。責任無能力者や故意のない者を道具として利用して犯罪を実行した場合も正犯となり、これを間接正犯といいます。

れを自らの行為によって直接実現しています。単独ですから、構成要件該当行為を全部行っています。

犯罪に複数の者が関与する場合、構成要件該当行為の全部又は一部を自ら直接行っていない者が生じます。これらの者は、構成要件該当行為を直接行った者への関与形態に着目して、**共犯**＊6として捉えられてきました。共犯として処罰できる場合として、共同正犯、教唆犯、幇助犯が規定されています。3つを合わせて広義の共犯とよび、共同正犯を除いたものを狭義の共犯とよびます。

幇助犯（正犯を幇助した者、刑法62条1項）は、構成要件の実現意思を有している者に対して、物質的又は精神的な援助を与えて犯罪の遂行を容易にした者です。**従犯**＊7として、正犯の刑よりも軽減された範囲で刑が科されます（刑法63条）。

教唆犯（人を教唆して犯罪を実行させた者、刑法61条1項）は、正犯に構成要件該当事実を実現する意思を生じさせて、犯罪を遂行させた者です。正犯と同じ範囲で刑が科されます（同条同項）。

共同正犯（共同して犯罪を実行した者、刑法60条）は、他の関与者と共同して、構成要件を実現する意思を相互に形成し、それに基づいて、犯罪を遂行した者です。構成要件該当行為の一部を分担実行した者だけでなく、構成要件の共同実現の相互意思形成である共謀に参加し、構成要件該当行為自体は他の共謀者に全部実行させた者も、自らの共同意思により構成要件を共同で実現した者である限り、共同正犯となります。この共同正犯の形態を**共謀共同正犯**といいます。

これらは、構成要件の全部又は一部を自らの行為によって直接実現していなくても処罰されるもので、処罰拡張事由です。刑法各則の構成要件と組み合わせると、例えば殺人なら「人を殺した者」という基本的な構成要件に対して、「人を殺すことを幇助した者」「教唆して人を殺させた者」「共同して人を殺した者」というように、修正された構成要件として観念できるものであることから、**修正構成要件**とよばれます。基本的構成要件に該当する行為が実行されてはじめて処罰されます。

これらの共犯においては、故意犯の場合、構成要件に該当する行為を直接行った者は、自らの意思に基づいて行為していることが前提とされています。これに対し、客観的には構成要件該当行為を行っている者が、構成要件に該当する事実を知らず、あるいは強制などによって自らの意思に基づかずに行為している場合は、むしろ、そのような行為を行わせている背後者の意思と利用行為によって支配がなされ、構成要件該当事実が実現されていると評価できます。そこで、このときは、背後者が正犯と捉えられますが、構成要件該当行為を直接行ってはいないため、**間接正犯**とよばれます。これは、共犯現象の一つですが、共同正犯、教唆犯、幇助犯とは異なり、処罰拡張規定をまたずに、基本的構成要件の解釈から導かれるものですので、共犯ではありません。

＊6 共犯
犯罪に複数の者が関与する共犯現象のうち、単独で実現される構成要件の充足に複数の者が関与した場合を一般には共犯といい、これには、次に述べるように、共同正犯、教唆犯、幇助犯があります。ほかに、構成要件の実現が複数の者の関与を必要としている必要的共犯とよばれるものもあります。

＊7 従犯
正犯を幇助した者のことで、正犯の法定刑を減軽した刑の範囲で処罰されます。（刑法62条1項・63条）。

3　故意犯の構成要件要素（1）
──客観的要素

　構成要件は故意犯と過失犯に大別されますが、基本となる故意犯又は過失犯から一層重い結果が生じたことを根拠に、基本犯より重い類型として定められている罪もあります。例えば、人の傷害について故意はあるが、死について故意はなかったのに死が発生してしまった場合の傷害致死罪（刑法205条）や、過失で有害物質を排出し公衆の健康に危険を生じさせたところ更に具体的な人の死傷まで発生してしまった場合の罪（公害犯罪処罰法3条2項）などです。**結果的加重犯**とよばれます。学説は加重結果に過失を必要としますが、判例は因果関係で足りるとしているので、基本犯の理解で足ります。基本犯はごく少数の例外を除き故意犯です。基本犯と加重結果は、「よって」という文言で結ばれています。

　故意犯の構成要件は、客観的要素としての主体、行為、結果、因果関係、その他の客観的要素と、主観的要素としての故意、その他の主観的要素によって構成されています。したがって、刑罰規定の立案にあたっては、これらを適切に組み合わせること、そのための基礎的理解が必要とされます。

（1）主　体
　主体について注意すべき事項は、**身分**と**法人**です。
〈1〉身　分
　　主体の面からみると、罪は身分犯と非身分犯に区別されます。**身分犯**は主体が特定の者に限定されている罪です。それと対比するとき、主体が限定されていない罪を非身分犯といいます。身分とは、犯罪行為に関する行為者の特殊な地位又は状態です。性別、国籍、資格などにとどまらず、常習性や営利の目的なども含まれます。その身分がないと罪が成立しない身分を、**真正身分**あるいは**構成的身分**といいます。その身分がなくても罪は成立するが、刑が加重又は軽減される身分を、**不真正身分**あるいは**加減的身分**といいます。例えば、収賄罪[8]がその成立に公務員という身分を必要とする真正身分犯、常習賭博罪[9]が常習性という身分によって単純賭博罪[10]より刑が加重されている不真正身分犯です。業務上横領罪[11]は、委託関係に基づき他人の物を占有しているという状態を真正身分とし、業務として行っているという状態を不真正身分とする身分犯ですので、規定上少し分かりにくいところがあります。

　　真正身分犯と不真正身分犯の区別は、共犯において重要性をもちます。非身分者が身分者の共犯となるとき、真正身分犯では、非身分者も身分者と同じ罪の共犯が成立し、その罪の共犯としての刑で処罰されますが（刑法65条1項）、不真正身分犯では、非身分者には身分者と同じ罪ではなく加減され

第5章

刑法

*8　収賄罪
　公務員がその職務に関し賄賂を収受・要求などをする罪（刑法197条以下）です。

*9　常習賭博罪
　反復累行する習癖で賭博をする罪（186条）です。

*10　単純賭博罪
　偶然の勝敗に財物や財産的利益を賭ける罪（185条）です。

*11　業務上横領罪
　業務上委託された自己の占有する他人の物を横領する罪（刑法253条）です。

＊12
　大連判大3・5・18刑録20
輯932頁など判例・多数説と
されますが、身分者の罪が成
立し（65条1項）科刑だけ非
身分者の罪が適用される（同
条2項）という学説も有力で
（最判昭32・11・19刑集11巻
12号3073頁も参照）、非身分
者の罪と刑について見解は多
様です。真正身分・不真正身
分と区分するのではなく、違
法身分・責任身分に区分し、
違法は連帯するが責任は個別
化されると理解して、刑法65
条1項・2項の関係を説明す
る有力説もあります、違法を
結果無価値と捉える立場と結
びついています。

＊13　両罰規定の例（水
　　　質汚濁防止法）
　34条（両罰規定）「法人の
代表者又は法人若しくは人の
代理人、使用人その他の従業
者が、その法人又は人の業務
に関し、前四条の違反行為を
したときは、行為者を罰する
ほか、その法人又は人に対し
て各本条の罰金刑を科す
る。」
　30条（命令違反の刑罰規
定）「第八条……の規定によ
る命令に違反した者は、一年
以下の拘禁刑〔施行までは
「懲役」〕又は百万円以下の
罰金に処する。」
　32条（義務違反の刑罰規
定）「第五条……による届出
をせず、又は虚偽の届出をし
た者は、三月以下の拘禁刑
〔施行までは懲役〕又は三十
万円以下の罰金に処する。」
　8条（命令規定）「都道府
県知事は、第五条……又は前
条の規定による届出……があ
つた場合において、排出水の
汚染状態が当該特定事業場の
排水口……においてその排出
水に係る排水基準……に適合
しないと認めるとき……は、
……その届出をした者に対
し、その届出に係る特定施設
の構造若しくは使用の方法若
しくは汚水等の処理の方法に
関する計画の変更……又は第
五条……の規定による届出に
係る特定施設の設置に関する
計画の廃止を命ずることがで
きる。」
　5条1項（義務規定）「工
場又は事業場から公共用水域
に水を排出する者は、特定施
設を設置しようとするとき
は、環境省令で定めるところ
により、次の事項……を都道
府県知事に届け出なければな
らない。（以下略）」

た罪の共犯が成立し、その罪の共犯としての刑で処罰されます（同条2項）。身分のない者が業務上占有者の共犯になると、身分のない者には横領罪（刑法252条）の共犯が成立します＊12。

　刑法犯でも身分犯の例は多いのですが、特別法犯、行政法犯では、規制は特定の者を対象としていることがむしろ一般的であるため、身分犯であることの方が一般的です。例えば、「……業を営む者」「……を管理する責任者」などの身分をもつ者に対して、本章「2節1（3）刑法犯と特別法犯の規定のしかた」で述べたように、まず、命令規範によって作為義務を課し、あるいは禁止規範によって行為の禁止を命じ、その違反に対して、別の条文に、行政上の措置を規定するなどのほか、更に別の条文で、刑罰を科す規定をおいています。特別法犯、行政犯においては、本章「3節3　実体的適正」で述べた両罰規定がおかれていることが多いため、非身分者による共犯を処罰の対象として考察する必要性は、一般には高くはありませんが、共犯の成立それ自体の考え方は異なりません。

〈2〉法　人

　「刑法」に「……した者」と規定されている犯罪の主体には、理論的には格別、沿革的理由などから、**法人**は含まれないと解釈されています。そのため、特別刑法、特に行政刑法の分野では、刑法8条ただし書きに基づいて、両罰規定＊13とよばれる、法人を処罰の対象とする特別規定を置いています。

　両罰規定は複雑な構造をもっています。まず、両罰規定の前提として、本章「2節1（3）刑法犯と特別法犯の規定のしかた」で述べた、命令規範・禁止規範とその違反に対する刑罰規定が置かれています。命令規定・禁止規定の名宛人は身分者であることがむしろ一般的です。この場合、その刑罰規定は身分犯になります。

　命令規定・禁止規定の名宛人が身分者である場合、名宛人には、法人を含むことがむしろ一般的です。名宛人である身分者が法人であった場合、行政法上の措置は法人に対してなされえても、それだけでは、その刑罰規定を法人に適用することはできません。刑法8条本文があるからです。そこで、同条ただし書きにしたがって、法人を処罰する規定を置くことになります。これが両罰規定です。身分は、事業主という身分であることが多いため、事業主処罰規定としての性格を有しています。

　しかし、両罰規定の内容はそれにとどまりません。法人の場合、禁止規定に違反して実際に違反行為を行うのは、法人内で業務に携わる従業者です。従業者には、社長などの代表者から末端の従業員まで含まれます。しかし、従業者が違反行為を行っても、身分者ではないので、身分犯である禁止規定違反の犯罪は成立せず、その刑罰規定は、従業者には適用されません。そこでこれを処罰する内容が、両罰規定に置かれることになります。

　このように、もともとの刑罰規定では処罰できない、身分者である法人と

身分者でない従業者の両方が処罰される規定であるため、両罰規定とよばれます。

命令規定の違反である不作為犯の場合は、理論的には別の理解もありえますが、基本的に禁止規定の場合と同様に考えられています。

さらに、身分者が法人ではなく個人であった場合でも、身分者が直接禁止命令に違反した行為をするのではなく、身分者に雇用されている従業者が業務に関して違反行為を行った場合、身分者は行為者ではないので本条は成立せず、従業者とともに、両罰規定によって処罰されます。

結局、もともとの刑罰規定で処罰されるのは、身分をもつ個人が直接違反行為を行った場合に限られます。

法人などの身分者が自ら直接違反行為を行ったのではない場合に、両罰規定で処罰される実質的根拠は、かつては、他人の行為に基づく無過失責任と考えられていましたが、今日では、従業者が違反行為をしないよう、選任・監督する義務に違反した、自己の過失に求められています。そのことによって、犯罪主体と受刑主体との一致という刑法の基本原則が充たされています。

これを本節「2　基本的構成要件と修正構成要件」で述べた刑法60条、61条、62条の共犯である共同正犯、教唆犯、幇助犯との関係でみると、それらにあたらない場合にも、処罰を拡張しているという意味でも、刑法8条ただし書きによる特別規定であることが分かります。

（2）行 為

〈1〉作為犯と不作為犯

行為の面に着目して犯罪をみると、罪は作為犯と不作為犯に区別できます。

禁止規範に違反する積極的な行為すなわち作為によって行われる犯罪を、**作為犯**とよびます。命令規範に違反し作為義務に違反する行為すなわち不作為によって行われる犯罪を、**不作為犯**とよびます。

不作為犯のうち、条文上不作為によって行われることが明示されているものを、**真正不作為犯**とよびます。例えば、「退去しなかった」（刑法130条）、「生存に必要な保護をしなかった」（刑法218条）とか、「届け出なかった」（各種法律・条例の届出違反の罪）などと規定されているものです。

明文上不作為犯の体裁で規定されてはいませんが、不作為によっても行われることを解釈上認める場合、その不作為犯を、**不真正不作為犯**とよびます。例えば、殺人罪は人を「殺した」と規定されていますが、食物を与える義務あるいは医療を施す義務のある者が食物を与えずあるいは医療を施さなかったことによっても、「殺した」に該当することがあると理解されています。また、放火罪は「放火して……焼損した」（刑法108条以下）と規定していますが、すでに発生している火を消火する義務のある者が消火せず放置することによっても、「放火して」に該当することがあると理解されています。

第5章
刑
法

不真正不作為犯が成立するためには、作為義務の発生した者にその義務を履行しなかったという作為義務違反があることが必要です。そのため、どのような者にあるいはどのような場合に作為義務が発生するのかが核心的事項となります。作為義務発生の根拠については、法令や契約のほか、条理が根拠とされてきましたが、どのような場合に条理を認めるか、不明確な条理の概念をどのように置き換えるか、それは法令や契約にも妥当する基準ではないかが、問題です。一つの見解は、先行行為を根拠とします。先行行為とは、措置しなければ死亡に至る状況や火の発生など作為の必要な状況を、過失などで自ら先に作りだしていることです。別の見解は、法益の排他的支配を根拠とします。法益の排他的支配とは、危機にあるその生命や火災からの安全という法益の保護が、その者に排他的に依存しているということです。法益との人的な関係が根拠とされることもあり、いろいろバリエーションもあります。これらは、不真正不作為犯は、作為犯と同じだけの違法性・責任を必要とするという等価値性を出発点にして、違法性に関する行為無価値論・結果無価値論を反映するものです。しかし、種々の事例において統一的に妥当な結論を導くまでに至っていないこともあいまって、確立したあるいは支配的な見解は形成されるに至っていません[14]。

刑法犯では、作為犯が一般で、真正不作為犯は多くはありません。不真正不作為犯は殺人、放火、詐欺など一定の犯罪に認められています。特別法犯では、作為犯だけでなく真正不作為犯も同様に一般的ですが、不真正不作為犯が問題とされることは一般にはありません。

特別法で真正不作為犯を規定する場合は、作為義務の内容を明らかにするとともに、それがいつ成立するかを明示しておくことが必要です。具体的には、義務を履行する期限を条例で明示することが必要です。明示のしかたは、自治体の長などが「指定する期日までに」とし、個別命令で期日指定することも可能です。

行為には、客体のあるものとそうでないものとがあります。殺人罪では、「人」という客体がありますが、偽証罪では、偽証をしたという行為だけが規定され、客体はありません。

〈2〉 実行行為

構成要件に規定されている行為（あるいはそれに該当する行為）を**実行行為**といいます。構成要件に規定される行為は法益を侵害する行為として規定されていますから、法益侵害の危険性を帯びた行為です。危険性には、低い程度から高い程度まで、抽象的な危険から具体的な危険まで、種々の段階が考えられます。実行行為では現実的な危険が想定されています。したがって、実行行為は法益侵害の現実的危険を帯びた行為[15]です。

このように、実行行為を構成要件という形式で捉えることから始めながら、内容が実質化していくと、そのような危険を帯びた行為は、形式的に構

＊14
　最判平17・7・4刑集59巻6号403頁（シャクティパット事件）では、入院中の患者をホテルへ運び出させるという、自己の責めに帰すべき事由により患者の生命に具体的な危険を生じさせたことと、被告人を信奉する患者の親族から手当てを全面的にゆだねられた立場にあったこととの両方を根拠に、作為義務が導かれており、判例の方向を示すものと理解されます。

＊15　不作為犯の実行行為
　不作為犯の実行行為は作為義務違反です。作為義務違反という行為（不作為）が法益侵害の現実的危険を生じさせあるいは増大させるからです。

成要件で規定している行為にとどまらず、それよりも広がることになります。例えば、窃盗罪[*16]における構成要件行為は「窃取」で、他人の支配下から自己の占有に移すことですが、それ以前の物色行為や目的物に近づく行為も実行行為と考えられることになります。

実行行為は、故意犯にあっては、故意に基づく危険行為であり、過失犯にあっては、過失に基づく危険行為です。

実行行為は、未遂、共犯、原因において自由な行為[*17]などにおいて、犯罪の成立を考えるにあたって基本となる概念です。

刑法犯にあっては、どの行為を実行行為と把握するかは、重要な問題の一つですが、特別法犯、行政犯、条例上の罪では、一般的には問題は生じません。

（3）結　果

〈1〉侵害犯と危険犯

結果という用語は、法益侵害の結果を指す場合と、構成要件要素として規定された行為の結果（行為に客体のある場合は行為の客体に対する結果）を指す場合があります。

結果を、法益侵害という視点からみると、法益侵害という結果を処罰根拠とする罪と、侵害の危険という結果を処罰根拠とする罪とに区別されます。法益侵害を根拠とする罪を侵害犯といい、危険を根拠とする罪を危険犯といいます。危険犯のうち、条文上危険の発生が構成要件要素として規定され犯罪成立の要件とされているものを具体的危険犯といい、構成要件要素として規定されていないものを抽象的危険犯といいます。抽象的危険犯は、一定の行為が行われあるいはその結果が発生すれば、法益に対する危険が一般的には発生することを背景に、構成要件要素としては規定していないものです。例えば、殺人罪は侵害犯であり、放火罪のうち、現住建造物等放火罪（刑法108条）は抽象的危険犯、建造物等以外放火罪（刑法110条）は具体的危険犯です。

ここで用いられている、具体的、抽象的という用語は、危険の程度や明白・漠然を表すのではなく、規定に明示されているかという意味で、他の用法とは異なるので、注意が必要です。

侵害犯、危険犯の他に、定められた規範に違反したという形式的な違反を根拠に、形式犯という類型が挙げられることもあります。例えば、届出義務違反などです。この場合、侵害犯、危険犯はまとめて実質犯とよばれます。しかし、刑法の目的は法益保護にあり、規範の背後には保護されるべき利益がありますので、形式犯を認める必要はなく、抽象的危険犯の中で理解されるべきものです。どのような法益のどの程度の危険が生じるのかさえ説明のつかないものは、むしろ処罰の対象とすべきではないのです。

行為の結果は、構成要件の充足される段階、犯罪の完成する段階と関係し

*16　窃盗罪
　他人の財物を窃取する罪（刑法235条）です。

*17　原因において自由な行為
　責任能力のある状態のときにアルコールや薬物の使用により、自己を責任無能力の状態におき、その状態の中で犯罪を行った場合、刑事責任を問う根拠として把握される、責任能力のある状態の時の行為、あるいはそれにもとづいて責任能力のない状態で行う行為のことです。

第5章　刑法

ます。

〈2〉既遂と未遂

　結果を、行為の結果に着目してみると、結果が構成要件の要素として規定されている罪と規定されていない罪があります。例えば、殺人罪では、「殺した」の中に殺害行為の客体である人の死という結果が規定されています。現住建造物等放火罪では、「焼損した」の中に放火行為の客体である目的物の独立燃焼[*18]という結果が規定されています。建造物等以外放火罪では、「公共の危険を生じさせた」という結果が規定されています。これに対して、偽証罪[*19]の「虚偽の陳述をした」の中には行為の結果は規定されていません。

　結果の規定されていない罪は、行為が行われれば、構成要件が充足され、犯罪が完成することになります。結果の規定されている罪では、結果が発生しなければ、構成要件は充足せず、犯罪は未完成です。構成要件が充足され、犯罪が完成することを**既遂**といいます。偽証罪では、行為が行われれば、既遂となります。しかし、同じ危険犯でも、現住建造物等放火罪では、火を放つ行為が行われただけでは既遂になりません。目的物の独立燃焼という結果が必要です。建造物等以外放火罪では、更に公共の危険が発生することが必要です。殺人罪では、殺害行為が行われただけでは足りず、死亡結果が必要です。

　このように、「犯罪の実行に着手してこれを遂げなかった」ことを**未遂**といいます。刑法43条がそれを規定しています。「実行」は、実行行為を指すものとして理解されるのが一般です。「これを遂げなかった」とは、犯罪が完成しなかった、つまり、構成要件要素のうち、行為の一部又は全部以外の、いずれかの要素が充たされなかったということです。結果が構成要件要素になっている場合に、それが生じなかったことが典型的な場合ですが、他の要素例えば因果関係という要素が充たされない場合もあります。

　未遂を、そのように消極的に捉えるにとどまらず、結果無価値論からは、また二元的行為無価値論からも、むしろ、未遂とは実行行為によって危険を発生させたことと捉えられており、未遂の処罰根拠が明らかになります。

　侵害犯が未遂に終わったとき、法益侵害の危険が生じています。その意味で、未遂犯は危険犯です。未遂犯の処罰根拠を具体的な危険の発生に求めると、具体的危険犯です。しかし、危険のある行為を行ったことで足りると考えると抽象的危険犯になります。

　〈1〉で述べた抽象的危険犯の未遂では、既遂結果である行為の結果によって生じる法益の危険に至らない程度の、軽いあるいは漠然とした危険、その意味で抽象的な危険が、処罰根拠になっています。

〈3〉未遂犯の処罰

　刑法は法益保護を目的とすることから、基本的構成要件は、原則として既遂犯の類型で規定されています。既遂犯は、基本的構成要件がすべて充足さ

＊18　独立燃焼
　目的物である現住建造物等が、マッチ・紙・まきなどの媒介物を離れて、独立して燃焼をはじめることです。

＊19　偽証罪
　法律の規定に従って宣誓をした証人が虚偽の陳述をする罪（刑法169条）です。

れ完成した犯罪です。これに対し未遂犯は、基本的構成要件のすべてが充足されなくても処罰される場合ですから、処罰拡張事由であり、未遂罪規定は、基本構成要件を修正する**修正構成要件**です。したがって、未遂を処罰する場合は、**未遂犯処罰**の規定が特に必要となります。刑法44条がそのことを定めています。このことは、刑法犯だけでなく、刑法8条本文によって特別法犯にも妥当します。刑法犯では、すべて明文で規定しています。

　問題は、特別法犯にこのような規定を特におかなかったとき、特別法犯の規定自体の中に、刑法8条ただし書きの「特別の規定がある」と解釈することができるかです。具体的事例では、旧鳥獣保護法違反事件で、保護動物を「捕獲」しようと試みたが捕獲できなかった行為が、「捕獲」を禁止する規定を受けてその違反を処罰している規定に該当するかが争われました。

　判例（最決昭54・7・31刑集33巻5号494頁、最判平8・2・8刑集50巻2号221頁）は、「捕獲してはならない」の意義を、捕獲しようとしてはならないということと解釈することで、結果を含まない行為と理解して、それをそのまま刑罰規定の解釈にも適用しました。

　しかし、事前の行政規制と事後的な刑事規制は異なり、刑法解釈は特別法であっても既遂が基本で、未遂とは可罰性が異なるという批判を受けて、現行法は、未遂規定を別においた立法に改正しました[20]。

　条例の立案にあたっては、規制を受ける国民の視点にたって、また、無用な争いを生じさせて行政を非効率にしないために、上記のことを念頭に置いた慎重な姿勢が必要です。

[20]
　鳥獣の保護及び管理並びに狩猟の適正化に関する法律83条2項。

（4）因果関係

　刑法犯においては、**因果関係**は重要問題の一つです。そしてその有無を決める判断の基準は、実際の適用場面を示す判例で機能しているかの観点から、常に検討と議論が続けられています。従来は**相当因果関係説**が通説でした。それは、その行為がなかったならその結果は発生しなかったという条件関係と、その行為からその結果が発生することは経験上相当であるという関係が充たされれば、因果関係を認めるというものです。相当かどうかは、経過の通常性や突飛ではないことなどとして理解されてきました。しかし、今日では、その行為の危険性がその結果を実現させたかという基準も有力に主張され、議論となっています。

　しかし、特別法犯、行政犯においては、因果関係が問題になることはあまり考えられません。結果犯として規定されている場合であっても、行為と結果との間に第三者や本人の行為が介在するような場合はほとんど想定されないからです。

（5）その他の客観的要素：状況、条件など

　（1）から（4）までの要素と、次に述べる主観的要素としての故意だけでは処罰するほどではないが、一定の状況や条件が付け加わって、法益侵害の危険が

第5章

刑法

＊21　消火妨害罪

　火災の際に、消火用の道具などを損壊するなどして、消火を妨害する罪（刑法114条）です。

＊22　事前収賄罪

　公務員になろうとする者がその職務に関し賄賂を収受・要求などする罪（刑法197条2項）です。

高まり可罰的と判断されるような場合があります。例えば、消火妨害罪＊21における、「火災の際に」や、事前収賄罪＊22における、「公務員となった場合」です。

　特別法犯、条例の刑罰規定では、刑罰規定の前提となっている命令規定や禁止規定におかれることが一般的と考えられます。

4　故意犯の構成要件要素（2）
──主観的要素

（1）故　意
〈1〉未必の故意

　刑法38条1項によって、特に別の規定がおかれていなければ、罪は、故意犯として規定されています。**故意**とは、客観的構成要件に該当する事実についての認識（将来の事実についての予見を含む）と、該当事実の発生、特に結果の発生についての意欲あるいは認容です。認識に限る有力な見解もあります。意欲・意図しているときあるいは確実だと認識しているときを、**確定的故意**といいます。「かもしれない」と不確定な認識にとどまっているが、それでも「かまわない」などと認容しているときを、**未必の故意**といいます。判例も、ほぼこの認容説に近い立場に立ってきているかと思われます＊23。

〈2〉事実の錯誤と違法性の錯誤

　認識の対象は、3に述べた各構成要件要素に該当する事実です。例えば、殺人罪では、「人」や「殺す」行為つまり死を発生させる行為について認識が必要です。認識と事実との食い違いつまり思い違いを**錯誤**といいます。事実の認識についての誤りを**事実の錯誤**といい、認識した内容であれば構成要件にあたらない限り、発生した事実が構成要件にあたる事実であったとしても、故意が阻却つまり否定されます。事実についての認識は、事実が構成要件要素に該当するという判断とは区別されます。該当するという判断の誤りは、あてはめの錯誤であって、**違法性の錯誤**といい、判例によれば、故意は阻却されません＊24。学説では、錯誤に相当な理由のある場合には、故意責任が阻却されるとする考え方が一般的です。故意が阻却されるとする見解もあります。

〈3〉同一構成要件内の錯誤

　認識した事実は構成要件に該当する事実だったが、発生した事実は同一の構成要件に該当する別の事実であったときも、判例では、発生した事実について故意が認められます＊25。同一構成要件内の錯誤を**具体的事実の錯誤**といいます。この場合、例えば、Aという「人」だと思って殺したが実はBという「人」だった場合も、Aという「人」を殺すつもりで発砲したがBという「人」に当たってBが死んだ場合も、判例は、発生したBの死について故意を認めます。前の例を**客体の錯誤**といい、後の例を**方法の錯誤**あるいは打

＊23

　最判昭33・9・9刑集12巻13号2882頁、最決平3・2・1刑集45巻2号1頁など。ただし、別異に理解できる判例も少なくありません。

＊24

　大判大13・8・5大刑集3巻611頁、最判昭25・11・28刑集4巻12号2463頁など、違法性の意識は不要という形で示しています。最判平8・11・18刑集50巻10号745頁も補足意見が論及するにとどまっています。

＊25

　最判昭53・7・28刑集32巻5号1068頁など。

撃の錯誤といいます。「人」を殺してはならないという、構成要件に表された規範に反する意思決定をして、「人」を殺しているから、発生した「人」の死について、構成要件を実現したことに対する非難を加えることができる、という考えに基づきます。この考えを、**法定的符合説**といいます。法すなわち構成要件の定める範囲で、認識と事実が符合すなわち一致すれば、故意が認められるという考えです。これに対して、客体の錯誤は、Bである「その人」をAと思ったので、「その人」の範囲で認識と事実は符合するが、方法の錯誤は、「その人」とは別の人であったので、認識と事実が符合しないとして、方法の錯誤について故意を否定する、**具体的符合説**という見解もあります。

〈4〉異なる構成要件間の錯誤

　判例の立場でもある法定的符合説は、異なる構成要件間の錯誤では、構成要件が重なる範囲で、発生した事実について、故意を認めます。異なる構成要件間の錯誤を、**抽象的事実の錯誤**といいます。判例は、営利目的で麻薬を覚せい剤と誤認して輸入した事件で、営利目的の麻薬輸入罪と覚せい剤輸入罪は、覚せい剤か麻薬かの違いがあるだけで、他の構成要件要素は同一であり法定刑も同一で、実質的に全く重なり合っているとして、麻薬輸入罪の故意を認めています。同じ事実は、関税法に違反する、覚せい剤という輸入制限物件無許可輸入罪の意思で、麻薬という輸入禁制品の輸入罪の事実を生じさせたが、輸入制限物件無許可輸入罪は輸入禁制品輸入罪より刑が軽い罪であったところ、判例は、軽い罪の限度で両罪の構成要件は重なっているとして、輸入制限物件無許可輸入罪の限度で故意を認めています（最決昭54・3・27刑集33巻2号140頁）。

（2）その他の主観的要素：目的など

　客観的要素と故意だけでは、刑罰に値するだけの違法で責任のある行為の類型が構成されないか限定できない場合に、可罰性を高めあるいは可罰的な範囲を限定するために付加されるのが、故意以外の主観的構成要件要素です。

　目的がその例です。例えば、通貨偽造罪[*26]、**公文書偽造罪**[*27]、**私文書偽造罪**[*28]などの偽造罪で、「行使の目的」が規定されているのがそれです。行使の目的によって、公共の信用を害する危険が、可罰的な程度に高まるものと理解されます。特別法犯では、「営利の目的」の例があります。

　判例には、報復目的で女性を裸にした行為を強制わいせつ罪にはあたらないとしたものがあり[*29]、「わいせつの目的」を書かれていない主観的構成要件要素とするかにもみえますが、学説は否定的でした。最高裁も最近ついに判例変更に至り性的意図は不要と判示しました（最大判平29・11・29刑集71巻9号467頁）。窃盗罪（刑法235条）などの領得罪における「不法領得の意思[*30]」は、書かれていない主観的構成要件要素です。解釈上処罰を限定するものなので、書かれていなくても

*26　通貨偽造罪
　使用する目的で、貨幣、紙幣、又は銀行券を偽造又は変造する罪（刑法148条）です。

*27　公文書偽造罪
　公務所若しくは公務員の印章若しくは署名又は偽造した公務所若しくは公務員の印章若しくは署名を使用して、公務所若しくは公務員が作成すべき文書等を偽造する罪（刑法155条）です。

*28　私文書偽造罪
　他人の印章若しくは署名又は偽造した他人の印章若しくは署名を使用して、権利、義務、若しくは事実証明に関する文書等を偽造する罪（刑法159条）です。

*29
　最判昭45・1・29刑集24巻1号1頁。

*30　不法領得の意思
　本来の権利を有する者を排除して、他人の物を自分の物として利用又は処分する意思のことです。大判大4・5・21刑録21輯663頁、最決平16・11・30刑集58巻8号1005頁など参照。

第5章　刑法

罪刑法定主義には違反しません。

　これらの主観的要素を、違法要素に位置付けるか責任要素に位置付けるかには、争いがあります。

5　過失犯の構成要件要素

（1）故意犯との共通点と相違点

　過失犯は、故意で行われる犯罪類型を、過失で行ったときに処罰の対象とする規定です。したがって、故意犯と対照させながら、その内容を確定していくという作業は意味のあることです。問題は、故意犯との共通点をどこにみいだし、相違点にどのような内容を盛り込むかです。

　刑法犯においては、過失犯は、故意で結果を生じさせた罪に対応させて、過失で結果を発生した罪として規定されています。したがって、故意犯の構成要件で述べた、行為、結果、因果関係、故意に対比して、**行為、結果、因果関係、過失**で構成されていると把握できます。そして、故意犯においては、故意に基づく実質的危険行為が、構成要件該当行為として実行行為と把握されたのに対応して、過失犯では、過失に基づく実質的危険行為が、構成要件該当行為として**実行行為**と把握されます。そして、故意犯の場合、故意によって結果発生に向けられた行為が採られているために、危険が生じあるいは増大しています。しかし、過失犯では、意識は結果発生に向けられていませんから、故意とは異なり、危険を生じさせあるいは増大させているのは、結果発生を回避させるべき必要な措置を採らないためと理解されます。

　過失は不注意であり、注意義務を怠ったこと、すなわち**注意義務違反**ですが、そのことが実行行為の内容として必要な危険を生じさせているといえるのは、結果を回避する必要な措置を採るという、危険を減少させる義務を怠ったためです。

　したがって、過失行為は、**結果回避義務違反**つまり結果回避に必要な措置を採らなかったという、内心とは異なる外形的行為として把握されます。注意義務の内容は、結果回避義務つまり**結果回避措置**を採る義務です。結果回避措置はその状況におかれた者の採るべき**基準行為**ですから、その逸脱は危険を生じさせる行為として、故意の実行行為に対比されます。

　結果回避措置がその状況におかれた者の採るべき措置だとすると、結果回避措置の内容は、その状況におかれた同じ立場の者であれば、結果に対してどのような予見可能性が認められるかが基礎になります。これを**客観的予見可能性**といいます。次に、行為者にとっても予見可能であったという**主観的予見可能性**が必要です。そのことによって、自らの結果回避義務違反について、責任の基礎である、違法性の意識が形成される可能性が生じるからです。そして、結果回避義務を尽くせば結果が生じなかったという因果関係が必要です。このことを結果回避可能性という場合もありますが、結果回避可能性は、むしろ、結果回避義務が結果回

避措置を採る義務であることに対応して、結果回避措置を採る可能性、結果回避義務を履行する可能性として、適法行為の期待可能性に対応するものとして理解されます。

予見可能性が因果経過を含めて具体的であれば結果回避措置はそれに対応してそれだけ具体的になります。それによって初めて危険が減少するからです。予見可能性が抽象的なものにとどまれば、結果回避措置は具体的にはなりませんから、具体的な高度な基準行為は設定できず、予見可能性に対応したもので足ります。

以上の内容は、多様な判例の中でも、少なからぬ判例・裁判例が大略採用する判断枠組みと、共通のものと理解できます[31]。

特別法犯、条例上の罪では、多くは結果の発生を構成要件要素とはしていません。そうすると、故意犯に対比すべき内容は、予見ではなく事実の認識についてです。故意犯では認識であったものが、過失犯では**認識可能性**として把握されます。したがって認識可能性に基づく回避義務違反が過失となりますが、この場合の回避措置は結局行為に出ないことであるのが一般的であるため、実質的には、認識可能であったにもかかわらず認識しなかったこと、認識義務違反が過失の内容となります。それは、結果について予見可能性、予見義務とされていたものに対応します。

[31]
最決平20・3・3刑集62巻4号567頁、最決平12・12・20刑集54巻9号1095頁、札幌高判昭51・3・18高裁刑集29巻1号78頁、東京地判平13・3・28判時1763号17頁、徳島地判昭48・11・28判時721号7頁など参照。これに対し、具体的な予見可能性を必要とする見解も学説では有力に主張されており、裁判例もあります。

（2）過失犯の処罰

構成要件に、過失による旨の文言が用いられていなければ、故意犯として規定されています。刑法38条1項が、罪を犯す意思がない行為は、特別の規定がある場合以外は罰しないとして、そのことを規定しています。刑法犯においては、**過失犯処罰**には必ず、「過失により」とか「必要な注意を怠り」とかいった過失で行なわれることを明白に示す文言をおいて、そのことを明らかにしています。

問題は、特別法犯において、このような明文がなくても、規定の趣旨から、過失犯を処罰する旨の刑法8条ただし書きの「**特別の規定**」が置かれていると解釈して、処罰することができるかです。

判例は、大審院当初はこれを否定していましたが、まず、外国人登録証不携帯罪という、特定の身分を備えた者に課せられた作為義務に違反する不作為犯で、かつ過失による違反が大半である類型について、これを認めました。認めないと、規定の存在自体が没却されかねないという判断を背景にしていたものと理解されます。その後、古物営業法不記帳罪という、特定の身分を備えた者に課せられた作為義務に違反する不作為犯ですが、故意犯が相当程度の割合で考えられる罪についても認め、範囲を広げました。そして、油濁防止法違反の油の排出罪という、身分犯でもなく、不作為犯でもなく、故意犯として行われることが半ばする罪についても、認めるに至りました。

しかし、過失犯を処罰するためには、一言、「『過失により』……条の違反行為

を行った者は……に処する」旨の、規定をおけば足りることです。それを怠り、事後にその趣旨であった旨主張するのは、規制を受ける国民の視点、刑法の自由保障機能という側面を見失った、立法者あるいは立案者の怠慢と評されてもしかたがないものです。従来から、過失によって行われることが意識される場合には、その旨を明示してきた立法例も集積しています。油濁防止法を改正した海洋汚染等及び海上災害の防止に関する法律（海洋汚染防止法）でも、過失犯処罰の明文の規定が置かれるに至っています[32]。

　したがって、**明文のない過失犯処罰**は否定されるべきです。条例を立案する立場にある者にとっては、刑罰規定を置くにあたっては、過失犯を処罰する必要があるかどうかを常に考え、必要があれば、明文でそれを定めるという基本姿勢を怠ることは許されないと考えられます。

（田中利幸）

*32
　海洋汚染等及び海上災害の防止に関する法律55条2項。

学習のポイント

■犯罪が成立するためには、構成要件該当性、違法性、責任が必要です。

■構成要件とは、どのような行為が犯罪になるかの類型化であり、簡単にいえば「許されない」、「責めることができる」行為を類型化したものです。

■違法とは、その行為と結果が「許されない」ことです。逆に「許される」場合を違法性阻却といいます。

■責任とは、行為したことを「責めることができる」ということです。逆に「責めることまではできない」場合を責任阻却といいます。

■構成要件に該当する事実を実現する者を正犯といい、行為者が単独の場合など単独で実現している者を単独正犯といいます。

■犯罪に複数の者が関与した場合に、単独正犯以外の可罰的な関与者を共犯といい、共同正犯、教唆犯、幇助犯の3つがあり、共同正犯を除いた2つを狭義の共犯といいます。

■共同正犯とは、他の関与者と共同して構成要件を実現する意思を相互に形成し、これに基づいて犯罪を遂行した者です。

■教唆犯とは、正犯に構成要件該当事実を実現する意思を生じさせ、犯罪を遂行させた者です。

■幇助犯とは、構成要件の実現意思を有している者に対して、物質的又は精神的な援助を与えて犯罪の遂行を容易にした者です。従犯ともいいます。

■ある者が、構成要件に該当することを知らず、あるいは強制などによって、自らの意思に基づかずに犯罪行為をした場合は、背後でその者を利用し支配した者が正犯となります。これを間接正犯といいます。

■故意犯の構成要件は、客観的要素としての主体・行為・結果・因果関係などと、主観的要素としての故意などから構成されます。

■主体の面から犯罪をみると、罪は身分犯と非身分犯に分かれます。身分犯は主体が特定のものに限定されている罪であり、非身分犯は主体が限定されていない罪です。

■身分は真正身分と不真正身分に分かれます。真正身分はその身分がないと罪が成立しないもの（収賄罪の公務員という身分）で、不真正身分はその身分がなくても罪は成立するが、刑が加重または軽減されるもの（常習賭博罪の常習性という身分）です（業務上横領罪の委託によって他人の物を占有している者は真正身分ですが、業務として行っているという点は不真正身分とされます）。

■「刑法」に規定される主体には法人は含まれませんが、刑法8条ただし書きの特別の規定により、特に行政刑法においては、名宛人であり身分を有する法人と、身分を有さないが実際には違反行為をした従業員の両方が罰せられています。これを「両罰規定」といいます。

■行為の面から犯罪をみると、作為犯（禁止規定に違反する積極的な行為による犯罪）と不作為犯（作為義務を果たさなかったことによる犯罪）に分かれます。さらに、不作為犯は、条文上作為義務が明示されている真正不作為犯（例えば、届出義務違反の罪）と、条文上作為義務が明示されてはいないが、作為義務のある者がそれを果たさないことにより成立する不真正不作為犯（例えば、親が幼児に食べ物を与えないで殺す殺人罪）に分かれます。

■構成要件に規定されている行為（あるいはそれに該当する行為）を実行行為といい、法益侵害の現実的な危険性を帯びた行為です。

■結果を法益侵害の面からみて、法益侵害を根拠とする罪のことを侵害犯といい、危険を根拠とする罪のことを危険犯といいます。また、危険犯のうち、条文上危険の発生が構成要件として規定されているものを具体的危険犯、規定されていないものを抽象的危険犯といいます。

■結果を行為の結果としてみると、結果が構成要件の要素として規定されている罪（殺人罪には、殺害行為の結果である人の死が規定されています）と規定されていない罪（偽証罪には、虚偽の陳述をしたとあるだけで行為の結果は規定されていません）があります。

■犯罪の結果や因果関係も含めて、その犯罪が完成していることを既遂、その犯罪を実行したが成し遂げていないことを未遂といいます。

■未遂を処罰するには、明文で規定する必要があります。刑法解釈は既遂が基本であり、未遂に関する処罰の規定がない場合は、明文化する必要があります。

■刑法犯においては、因果関係も重要です。因果関係判断の基準については、相当因果関係、行為の危険の結果への実現などが、判例による検証などを通して検討されています。

■故意犯の主観的構成要件要素として、故意があります。

■故意のうち、意図しているか確実であると認識している場合を確定的故意、不確実ではあるが「それでもかまわない」などと認容している場合を未必の故意といいます。

■主観と客観的事実との食い違いを錯誤といい、事実の認識についての誤りを事実の錯誤、構成要件に該当するかどうかなどの判断の誤りを違法性の錯誤といいます。

■認識した客体を侵害したが、その客体の属性を誤った場合（例えば、Aという人だと思って殺したが相手がBであった）を客体の錯誤といい、認識した客体とは別の客体を誤って侵害した場合（例えば、Aを殺すつもりで発砲したがBに当たってBが死んだ）を方法の錯誤あるいは打撃の錯誤といいます。

■同一の構成要件間の錯誤を具体的事実の錯誤といいます。判例は、客体の錯誤でも方法の錯誤でも発生した事実に故意を認めています。異なる構成要件間の錯誤を抽象的事実の錯誤といい、構成要件が重なる範囲で、軽い罪の限度で（同じ重さの罪なら発生した罪で）故意が認められます。例えば、営利目的で麻薬を覚せい剤と誤認して輸入した場合、刑が同じ重さの麻薬取締法と覚せい剤取締法では麻薬輸入罪の成立、刑に軽重のある関税法上の輸入禁制品輸入罪と輸入制限物件無許可輸入罪では、軽い輸入制限物件（覚せい剤）無許可輸入罪の成立が認められます。

■過失犯も故意犯と対比するように、行為、結果、因果関係、過失で構成されています。

■過失に基づく実質的危険行為が、構成要件該当行為としての実行行為と捉えられ、結果を回避する必要な措置を採らなかった結果回避義務違反が危険を生じさせあるいは増大させたものとされます。

■その状況に置かれた同じ立場の者が予見可能であったかどうかを客観的予見可能性、その行為者が予見可能であったかどうかを主観的予見可能性といいます。過失の責任を問うには、これらに基づく結果回避措置を採らなかった結果回避義務違反が充たされる必要があり、また、この過失行為と結果との因果関係が必要です。

■過失犯を処罰するには、「過失により」という文言をおくことにより明文化しなければなりません。特別法犯において、このような規定がない場合でも、刑法8条ただし書きの規定により処罰することができるとの判例はありますが、原則は明文のない過失犯処罰は否定されるべきで、立案者の心得です。

第5節　違法性阻却事由

　違法性阻却事由として、「刑法」が規定しているものは、正当行為（刑法35条）、正当防衛（刑法36条）、緊急避難（刑法37条）です。

　正当防衛は、「急迫不正の侵害に対して」「自己又は他人の権利を防衛するため」「やむを得ずにした行為」です。**緊急避難**は、「自己又は他人の生命、身体、自由又は財産に対する現在の危難を避けるため」「やむを得ずにした行為」で「これによって生じた害が避けようとした害の程度を超えなかった場合」に認められます。

　両者の違いは、第1に、正当防衛は、「不正の侵害に対して」行った場合にのみ認められるのに対し、緊急避難は、侵害が不正でなくても、また侵害を他に転嫁する場合にも認められます。急迫不正の侵害があっても、それに対して反撃するのでなければ、正当防衛の要件は充たしませんが、緊急避難となる可能性は残されます。しかし、第2に、正当防衛では、「やむを得ずにした行為」であるためには、他に方法がないことは必要でなく、また反撃手段が侵害に対して相当なものであれば、生じた結果が避けようとした結果より大きくても、正当防衛として認められるのに対して、緊急避難では、「やむを得ずにした行為」は、他に方法がないという補充性が必要で、かつ、生じた結果が避けようとした結果を上回らないことが必要です。他の点については、基本的には同様で、判例・通説では、防衛の意思・避難の意思が必要とされます[*1]。

　防衛・避難の程度を超えた場合は、罪は成立しますが、過剰防衛・過剰避難として、情状により、刑を減軽又は免除できることになっています（刑法36条2項・37条1項ただし書き）。

　侵害や危難がないのにあると錯誤したり、過剰な反撃事実の認識に欠けている場合は、誤想防衛・誤想避難となり、故意による罪は成立しません。違法性はありますが、次節で述べる責任が阻却されるからです。

　正当防衛と緊急避難は、侵害が現在するか切迫している緊急の事態における行為、緊急行為として、刑法犯にあっては重要問題の一つですが、自治体職員の業務と関係することはあまりありません。

　正当行為は、「法令による行為」と「正当な業務による行為」です。業務以外の行為も正当なものであれば、正当行為として、刑法35条で違法性が阻却されるかについては争いがありますが、正当行為に含めない場合も、超法規的違法性阻却事由[*2]として認められています。

　問題は、正当性の実質・基準で、違法性の実質・基準と裏腹の問題です。判例や二元的行為無価値論では、保護されるべき法益の存在を前提に、手段・方法が社会通念上相当な場合に、違法性が阻却されると判断しています。社会的相当

*1
　大判昭11・12・7大刑集15巻1561頁、最判昭50・11・28刑集29巻10号983頁。

第5章

刑法

* 2　超法規的違法性阻却事由
　正当行為、正当防衛、緊急避難のように、「刑法」に定められた違法性阻却事由にはあたらないが、その行為の保護する利益・被害法益の性質などの具体的事情に基づく実質的な判断から、違法性が阻却される場合のことです。

性[3]という考えです。侵害される法益が同意によって要保護性を減少しているときも、手段・方法の相当性あるいは事案の類型に応じてそれを具体化した基準によって判断しています[4]。

（田中利幸）

学習のポイント

■違法性阻却事由として「刑法」が規定しているのは、正当行為、正当防衛、緊急避難の3つです。

■正当行為は、法令による行為と正当な業務による行為です。

■正当防衛は、急迫不正の侵害に対してやむをえず行った行為ですが、これには、他に方法がないことは求められず、また反撃手段が侵害に対して相当であれば生じた結果が避けようとした結果より大きくても認められます。反撃手段が相当な程度を超えたときは過剰防衛となり、罪は成立しますが、情状により、刑が減軽又は免除されえます。

■緊急避難は、現在の危難を避けるためにやむをえず行った行為ですが、正当防衛とは、他に方法がないこと、生じた結果が避けようとした結果を上回らないことに違いがあります。上回ったときは過剰避難となり、罪は成立しますが、情状により刑が減軽又は免除されえます。

■違法性が阻却されると、罪は成立しません。

■侵害や危難がないのにあると錯誤したり、過剰な反撃事実の認識に欠けている場合は、誤想防衛・誤想避難となります。

■誤想防衛・誤想避難は責任が阻却されるため、故意による罪つまり故意犯は成立しませんが、正当防衛・緊急避難と異なり、違法性阻却事由ではありません。

第6節　責任阻却事由

責任とは、違法な行為を行い違法な結果を生じさせたことに対して非難できるということです。非難できるためには、構成要件に該当する違法な行為を行った者が、自らの行為が違法な結果を発生させる違法な行為であるということを認識できる可能性がなくてはなりません。この可能性を**違法性の意識の可能性**といいます。

また、違法性の意識に従って、自己の行為を制御して違法な行為に出ないよう、適法な行為を行うことが期待できる可能性がなければなりません。この可能性を**適法行為の期待可能性**といいます。この2つの可能性があったにもかかわらず、違法な行為を行ったから、非難が可能になるのです。

したがって、責任が阻却される場合は、まず、この可能性のどちらかがなくなった場合です。

1　違法性の意識の可能性

違法性の意識の可能性がなくなる場合としては、法令の解釈・運用に権限をもつ機関の見解に従った場合が挙げられます。適法と信じたことに相当の理由があるからです。これは違法性の錯誤について相当の理由のある場合です。そのような機関に何を含めるかは一つの問題ですが、判例に現れた例では、映画がわいせつ物にあたるかどうかについて映倫管理委員会（現映画倫理委員会）[1]、石油の生産調整がカルテルにあたるかどうかについて通商産業省（現経済産業省）あるいはその担当者[2]、サービス券が紙幣に紛らわしい外観を有するものにあたるかどうかについて署保安係長警察官[3]、けん銃加工品が輸入の禁止された拳銃部品にあたるかどうかについて銃器対策課警察官・税関職員[4]などがあります。自治体職員については、条例の解釈について同じような問題が生じます。

下級審裁判例は、事実がそうした機関の見解に従った場合であれば、責任阻却を認めていますが、最高裁判所は、現在のところ、そこまで至っていません。判例は、違法性の錯誤の場合には、事実の錯誤と異なり故意犯の成立を否定してこなかったからです。

しかし、最高裁判所判例も、違法性阻却事由である正当防衛に該当する事実についての錯誤、つまり違法性阻却事由に該当する事実がないのにあると誤信した誤想防衛については、故意犯の成立を否定しています[5]。緊急時においては、そのような錯誤があれば、違法性の意識が形成される可能性がないからです。これも、違法性の意識の可能性がないために責任が阻却される場合の一つです。

[1] 東京高判昭44・9・17高裁刑集22巻4号595頁。

[2] 東京高判昭55・9・26高裁刑集33巻5号359頁。

[3] 最決昭62・7・16刑集41巻5号237頁。

[4] 大阪高判平21・1・20判タ1300号302頁

[5] 最決昭41・7・7刑集20巻6号554頁。

第5章

刑法

2　期待可能性

適法行為の期待可能性がなくなる場合については、天災や大規模な事故により期待される行為が普通には果たせなくなる場合がまず考えられます。期日までに納付や届出をする義務に違反したが、期日前に天災などの社会的事情により納付あるいは届け出るべき物が揃えられないとか、納付・届出の手段がない場合が典型的な場合です。問題となるのは、緊急行為や正当行為の要件にあてはまるような事実があるわけではないが、その行為を行わなければ、他の生活上の利益が大きく損なわれるか著しく不安定になったり、その場にいられない状況であったりする場合です。例えば、定員超過の違法な輸送を行わなければ、多数の乗客が取り残され財産上の出費と荒天などにより相当の不便を生じるが、生命や健康に対する危難が生じるまでではない場合とか、会社の違法行為に加担しなければ、会社の損失が大きくなり、自らが退職させられる可能性がある場合とか、暴行に加わらなければ後で暴行の対象となることが確実と考えられる場合などです。

しかし、一般的には認めがたいこのような場合に、どのような要件でどの範囲で期待不可能と認めるかを明確にし、かつ妥当な結論として根拠付けられるかは、学説上もむずかしい問題があります。そのため、判例・裁判例も、それを正面から採用した例はほとんどない状況にとどまっています。

3　責任能力

違法性の意識の可能性、適法行為の期待可能性に基づき、非難可能であるためには、構成要件に該当する違法な行為を行うときに、それぞれの可能性を生じる能力があることを前提としています。事の是非を弁別する能力とそれに従って行為を制御する能力です。**是非弁別能力**（**弁識能力**）と**行為制御能力**とよばれます。両者を合わせて**責任能力**といいます。

責任能力が欠けるのは、14歳未満の者[6]と、精神の障害により是非弁別あるいは行為制御の能力が欠ける者です。それぞれ、刑事未成年と心神喪失者といいます。精神の障害は一時的なものであることもあります。精神の障害により、通常人に比して、著しく責任能力の低下している者は心神耗弱者といい、責任は否定されませんが、刑が減軽されます。

刑事未成年はそのすべてが、責任能力を欠いているわけではありません。具体的な場合では、特に14歳に近い少年を中心に、多くの罪について責任能力は肯定できます。しかし、刑罰を科すのにふさわしいかの観点も政策的に考慮し、一律に刑罰の対象からはずしています。

心神喪失者に関して問題となるのは、薬物やアルコールにより酩酊に陥った者が、人の死など直接結果を引き起こした行為（結果行為）を行う時には責任能力

[6]
刑法41条。少年法3条1項には、「十四歳に満たないで刑罰法令に触れる行為をした少年」を家庭裁判所による審判に付するとしており、14歳に満たない少年が刑罰を科されることはありませんが、保護処分の対象となり、矯正・健全育成が図られます。
14歳以上であっても、少年には刑罰の適用などについて、成人に比して保護された特例があります。少年法にいう「少年」とは20歳未満の者で、令和3年法律第47号改正（2022年4月1日施行）でも、民法や公職選挙法と異なり、この点は維持されましたが、18歳以上の少年を中心に厳格化が図られています。

を失っているが、原因となった服用や飲酒の行為の時には責任能力がある場合、不可罰とすべきかどうかです。原因となった行為（原因行為）には責任があることを根拠に発生した違法な結果について責任を認める理論を、**原因において自由な行為の理論**といいます。「自由な」とは、自由な意思決定に基づく責任のある、という意味です。原因行為の責任能力を根拠に結果行為である構成要件該当行為（**実行行為**）に責任非難が可能とする見解と、責任能力を有する原因行為が構成要件該当行為（実行行為）とする見解とがあります。故意犯の成立を認めるためには、結果行為に故意が認められるとともに、原因行為にも故意が認められることが必要です。

（田中利幸）

学習のポイント

- ■責任とは、違法な行為を行い、違法な結果を生じさせたことに対して非難できるということです。
- ■非難できるためには、行為を行った者が、その者の行為が違法な結果を発生させる違法な行為であることを認識できる可能性がなければならず、これを違法性の意識の可能性といいます。
- ■違法性の意識の可能性がなくなる場合としては、法令の解釈・運用に権限をもつ機関の見解に従った場合があります。これ以外では、正当防衛・緊急避難に該当する事実についての錯誤があった場合も故意犯の成立が否定されます。
- ■非難できるためには、違法性の意識に従って、自己の行為を制御して違法行為に出ないよう、適法な行為を行うことが期待できなければならず、これを適法行為の期待可能性といいます。
- ■適法行為の期待可能性がなくなる場合としては、天災や大規模な事故により、期待される行為が普通には果たせなくなる場合があります。問題となるのは、その行為を行わなければ生活上の利益が大きく損なわれたり、不利な状況が予想される場合ですが、困難です。
- ■責任能力とは、是非弁別能力及び行為制御能力のことです。
- ■責任能力が欠けるのは、14歳未満の者及び精神の障害により是非弁別あるいは行為制御能力に欠ける者により行われた行為で、非難可能性がなくなります。
- ■責任が阻却されると、罪は成立しません。

第7節 職務執行に対して犯される罪

自治体職員の職務執行に対して犯される罪には、次のようなものがあります。

1 公務執行妨害罪

公務執行妨害罪は、公務員が職務を執行するにあたり、これに対して暴行又は脅迫を加えることにより成立する、刑法95条1項所定の罪で、刑は、3年以下の拘禁刑（施行までは「懲役若しくは禁錮」）又は50万円以下の罰金です。公務は、適法なものであることが必要です。権力的公務だけでなく非権力的公務も含まれるとするのが判例[1]です。暴行は、直接・間接を問わず公務員に向けられた不法な有形力の行使とするのが判例[2]で、直接公務員に対するものだけでなく、執行の対象となった物に対する場合も認められています。脅迫は、人を畏怖させるに足る害悪の告知です。妨害した結果は必要とされない抽象的危険犯です。

刑法95条2項は、職務執行時以外で、公務員にある処分をさせあるいはさせないために、暴行又は脅迫を加えることを処罰する職務強要罪で、刑は1項と同じです。

公務執行中の公務員に対する暴行・脅迫以外で、公務を妨害するものとして、刑法96条は、公務員が施した封印若しくは差押えの表示を損壊等で無効にする封印等破棄罪を、96条の2は、強制執行を妨害する目的で財産を隠匿等する強制執行妨害目的財産損壊等罪を、それぞれ規定しています。

刑法96条の3は、偽計又は威力を用いて強制執行の行為を妨害する行為、あるいは、強制執行の申し立てをさせず又は取り下げさせる目的で申立権者又はその代理人に対して暴行又は脅迫を加える行為を処罰し（強制執行行為妨害等罪）、96条の4は、偽計又は威力を用いて強制執行において行われるべき売却の公正を害する行為を処罰しています（強制執行関係売却妨害罪）。これら4か条の罪は、報酬を得、又は得させる目的で、人の債務に関して行うと、3年以下の拘禁刑[3]若しくは250万円の罰金又はその併科であった刑が、5年以下の拘禁刑[3]若しくは500万円以下の罰金又はその併科に加重されます（96条の5）。また、96条の6は、偽計又は威力を用いて、公の競売又は入札で契約を締結するためのものの公正を害する行為、あるいは、公正な価格を害し又は公正な利益を得る目的で談合する行為を、3年以下の拘禁刑[3]若しくは250万円の罰金又はその併科に処しています（公契約関係競売等妨害罪）。

*1
最判昭35・3・1刑集14巻3号209頁。「単純な機械的、肉体的労務に従事するもの」だけが除外されています。

*2
最判昭37・1・23刑集16巻1号11頁。

*3
施行日になるまでは「懲役」。「序章3節2（4）「法」に強い公務員になるために」参照。

2　威力・偽計業務妨害罪

　公務員の非権力的職務は刑法95条の公務であると同時に、刑法233条、234条の「業務」でもあるとするのが判例[4]で、暴行・脅迫に至らない威力によって妨害すると234条の**威力業務妨害罪**、偽計を用いて妨害すると233条の**偽計業務妨害罪**になります。そのため、前記「1　公務執行妨害罪」で述べた強制執行や公契約関係以外の業務も保護されます。

　ホームページを改ざんしたり、ウィルスを送り込んでサーバーコンピューターを作動不能にするなどの方法で、業務に使われている電子計算機の使用目的と異なる動作をさせたり使用目的に沿う動作をさせないことにより、業務を妨害する場合には、234条の2が、233条・234条の3年以下の拘禁刑[5]又は50万円以下の罰金よりも重い5年以下の拘禁刑[5]又は100万円以下の罰金によって処罰することを規定しています（電子計算機損壊等業務妨害罪）。この罪では未遂も処罰されます。

*4
最決昭62・3・12刑集41巻2号140頁。

*5
施行日になるまでは「懲役」。

3　検査忌避罪

　さらに、特別法では、暴行・脅迫、威力、偽計といった手段を特に用いなくても、法の定める公務としての検査等を忌避する行為を処罰の対象としているものが少なくありません。例えば、食品衛生法28条の検査を忌避したことを50万円以下の罰金とする、85条1号の定める**検査忌避罪**です。ほかにも、景観法103条3号、土壌汚染対策法67条4号、健康増進法78条2号、振動規制法26条、生産緑地法20条3号、高齢者の居住の安定確保に関する法律80条5号など多数存在します。

（田中利幸）

第5章
刑法

学習のポイント

■職務執行にあたり、第三者から暴行又は脅迫を加えられることにより成立するのが公務執行妨害罪で、暴行又は脅迫には至らずとも、偽計又は威力による場合も、強制執行妨害や公契約関係競売・入札妨害については、公務の執行を妨害する罪として同じ章に置かれています。
■公務に限らず業務一般について、威力によって業務に妨害を受ける際に成立するのが威力業務妨害罪、偽計によって妨害される際成立するのが偽計業務妨害罪です。
■業務に使用する電子計算機を損壊したり電子計算機に不正の指令を与えたり電磁的記録を損壊したりする方法で、電子計算機を正常に作動させないことによって業務を妨害する罪は、電子計算機損壊等業務妨害罪として規定され、より重い刑が科せられ、未遂も処罰されます。
■地方自治体の非権力的公務はこれらの業務妨害罪によっても保護されています。
■特別法により、公務としての検査等を忌避する行為を処罰の対象とするものもあり、これらを検査忌避罪といいます。

第8節　職務遂行の過程で犯しやすい罪

　自治体職員が職務を遂行する過程で陥りやすい重要な罪には、次のようなものがあります。

1　秘密漏示罪

　秘密漏示罪は、地方公務員法60条2号に定められている罪です。一般には、**守秘義務違反の罪**とよばれています。特別法犯ですから、本章「2節1（3）刑法犯と特別法犯の規定のしかた」で述べたように、秘密保持義務と漏示の禁止規範は、地方公務員法34条1項に規定され、その違反が、同法60条2号で1年以下の拘禁刑[*1]又は50万円以下の罰金の対象として規定されています。拘禁刑[*1]の下限は1ヶ月、罰金の下限は1万円ですが、減軽事由があればそれ未満に半減することができます（刑法14条・15条・68条）。秘密漏示罪という名称は、現在では刑法134条の罪についても用いられています（かつては秘密漏泄罪とよばれていました）が、刑法の罪は、主体が、医師、薬剤師、医薬品販売業者、助産師、弁護士、弁護人、公証人又はこれらの職にあった者に限られており、ここでの罪とは異なります。刑法の罪は、個人の秘密を保護するものですが、地方公務員法の罪は、公務として扱われる秘密を保護するもので、国家公務員法109条12号と共通するものです。公務として扱われる秘密には、公務上の秘密のほか住民などの個人や企業の秘密も含まれます。

　この罪は、自治体職員が「職務上知り得た」「秘密」を漏らしたことにより成立します。職務と無関係に偶々飲食店などで知った事柄は漏らしても罪にはなりませんが、噂話に基づいて職務上調査した事柄、職員の職務に応じて住民などの個人や企業が提供した事柄は、ここに含まれます。

　「秘密」の意義については、判例によって、国家秘密に関しては、「形式的に秘扱の指定をしただけでは足りず」、「非公知の事実であって、実質的にもそれを秘密として保護するに値すると認められるもの」であることが示されています（最決昭52・12・19刑集31巻7号1053頁）。自治体の公務秘密についても、これに準じて理解されます。地方公務員法違反事件で、秘密の例として争われ、認められたものとしては、廃棄物の処理及び清掃に関する法律及び風致条例等に基づく是正命令違反の違法開発に関する立入調査の実施予定日があります（京都地判平4・9・8判夕811号233頁）。立入調査の実施日時をいつに定めるかは、違反行為の継続、拡大に対して、告発の手段を講じてこれを中止させるという、行政目的を達成す

る上で重要な意味をもつものであり、もしこれが外部に漏れたときには、右の行政行為の遂行に少なからぬ支障を来たすものと認められることが、根拠とされています。

個人の秘密についても、個人が一般に知られたくないと認められる非公知の情報は、それが漏示されれば、行政の秘密保持と住民保護についての信頼を損ね、公務遂行に支障を生じるため、秘密にあたるものと判断されるでしょう。

秘密の漏示は、上司など複数の者が関与して行われる場合もあります。このような場合、例えば、秘密の漏示をそそのかす行為は、本章「4節2　基本的構成要件と修正構成要件」で述べたように、基本的には教唆犯、場合によっては共同正犯として、刑法61条1項あるいは60条、及び65条1項によって処罰することが可能です。しかし、刑法総則の共犯は、正犯の実行が行われて初めて可罰的となるもので、正犯が実行に至らなければ処罰されません。また、処罰される行為は、共同実行、教唆、幇助に限られ、幇助は刑が減軽されています。そのため、地方公務員法62条は、漏示行為を「企て、命じ、故意にこれを容認し、そそのかし、又はそのほう助をした者は、それぞれ各本条の刑に処する」と定めて、処罰範囲を拡張しています。刑法8条ただし書きの例です。

秘密の漏示は、報道機関など外部の働きかけによって行われることもあります。このとき、そそのかした者について、報道の自由、国民の知る権利との関係から、違法性阻却事由が認められるかが問題になります。国家秘密の漏示に関して、判例は、「報道機関が公務員に対し根気強く執拗に説得ないし要請を続けることは、それが真に報道の目的からでたものであり、その手段・方法が法秩序全体の精神に照らし相当なものとして社会観念上是認されるものである限りは、実質的に違法性を欠き正当な業務行為というべきである」との一般的基準を示しています。

漏示した職員については、報道機関の情報収集とは異なり漏示に正当業務性はありませんが、漏示によって得られる自治体住民の実質的利益の大きさが行政の秘密保持への信頼と比較してもなお認められ、目的が正当で、手段・方法が漏示に至るまでの経緯を含めて相当であれば、違法性が阻却される余地はあるものと考えられます。

これに対し、上司の依頼あるいは指示によって漏示した場合、その指示等が適法なものでない限り、適法行為の期待可能性の欠如を理由に、責任が阻却されることはありません。

2　談合罪

談合は、刑法96条の6第2項で規定する談合罪や、私的独占の禁止及び公正取引の確保に関する法律89条1項1号で規定する不当な取引制限の罪によって処罰されます。刑法の談合罪は、公正な価格を害し又は不正な利益を得る目的で、談

第5章

刑法

427

合したことによって成立します。私的独占の禁止及び公正取引の確保に関する法律の**不当な取引制限の罪**は、事業者が、他の事業者と共同して、対価を決定しあるいは数量等を制限するなどして、相互にその事業活動を拘束することにより、公共の利益に反して、一定の取引分野における競争を実質的に制限することによって成立します。談合はその一例です。

談合とは、競争入札・競売における落札者と落札価格についての、参加者間の通謀[*2]による合意形成です。「公正な価格」とは、公正な自由競争によって形成されたであろう価格です。談合が行われればその時点で罪が成立します。不当な取引制限の罪も、相互拘束行為が行われれば、その時点で罪が成立します。

談合罪と不当な取引制限の罪との最も大きな違いは、談合罪では、法人企業自体は処罰の対象とはならず、実際に談合行為を行った担当者だけが処罰されるのに対し、不当な取引制限の罪では、両罰規定によって、担当者も法人企業も処罰される点です。談合罪は、各個別の入札ごとに罪が成立しますが、不当な取引制限の罪は、相互拘束行為から各遂行行為に至る一連の行為は、同一の拘束内容に基づく限り包括して一罪が成立するなどの点にも違いがあります。談合罪の刑は、3年以下の拘禁刑[*3]又は250万円以下の罰金で、不当な取引制限の罪の刑は、5年以下の拘禁刑[*3]又は500万円以下の罰金です。法人に対しては、5億円以下の罰金です。

自治体の入札に関して談合が行われる場合、その犯罪主体は入札に参加する個人や企業ですが、その談合に自治体職員が落札予定価格の情報提供や落札予定会社の指定若しくは希望の伝達などによって関与するとき、職員も刑法総則により共犯となります。いわゆる**官製談合**[*4]といわれる事案の多くがこれにあたります。自治体側で落札予定者や価格などを割り振り、あるいは受注調整を完全に主導しているといったような、入札参加者に競争が実質的には存在しないような例外的な場合以外は、ここに含まれます。職員の関与の態様に応じて、共同正犯、教唆犯、幇助犯が考えられます。下級審裁判例では、業者間の調整にどのような立場・権限でどの程度関わりどのような役割を果たしていたか、自己の利益を図っていたかなどによって、共同正犯としたもの（東京高判平19・12・7判時1991号30頁）や幇助犯としたもの（東京高判平8・5・31高裁刑集49巻2号320頁）があります。

本章「4節2　基本的構成要件と修正構成要件」で述べたように、共犯の処罰には正犯が実行していることが必要ですが、2006年改正後の「入札談合等関与行為の排除及び防止並びに職員による入札等の公正を害すべき行為の処罰に関する法律」では、そそのかしや予定価格の教示が行われれば、正犯の実行を待たずに、それだけで独立して、5年以下の拘禁刑[*3]又は250万円以下の罰金を科すことのできる8条が特別規定として置かれています。近時裁判例が増加しています。

自治体の入札に関して職員の不正な行為が行われた他の例では、県の林務事務所長が、入札価格が下位にある特定業者に落札させるため、その入札価格を増額訂正して発表し、訂正額で売買契約を締結した行為が、刑法96条の3（行為当時

の条番号、現行96条の6）第1項所定の偽計競争入札妨害罪を構成した事例があります（甲府地判昭43・12・18下級刑集10巻12号1239頁）。

3　文書偽造罪

　自治体職員が職務の機会を利用して行う**文書偽造の罪**には、刑法156条の虚偽公文書作成罪、同変造罪、155条の公文書偽造罪、同変造罪、159条の私文書偽造罪、同変造罪があります。公文書と私文書の違いは、公文書は公務員又は公務所が作成すべき文書であり、私文書はそれ以外の私人が作成できる文書です。文書であるためには、作成名義人の意思又は観念の表示が、紙などの媒体上に可視的・可読的符号によって、ある程度永続する状態でなされているものであることが必要です。

　虚偽文書作成は、文書の作成権限を有する者が内容虚偽の文書を作成することであるのに対し、**偽造**は、文書の作成権限のない者が他人名義の文書を作成することです。虚偽文書作成は無形偽造、偽造は有形偽造ともよばれています。偽造という概念は、広義にはこの無形偽造と有形偽造を含めて用いられます。**変造**は、真正に作成された文書に変更を加えることで、無形変造と有形変造があり、作成権限の有無によって区別されます。変造が文書の本質的部分に及び、既存の文書と同一性を欠く新たな文書となった場合には、無形偽造又は有形偽造になります。公文書は、有形偽造・変造も、無形偽造・変造も処罰されますが、私文書は、刑法160条の規定する、医師が公務所に提出すべき診断書・死亡証書等に虚偽記入するという特殊な場合を除いて、有形偽造・変造だけが処罰され、しかも、権利義務又は事実証明に関するものに限定されています。どの場合も、行使の目的が必要とされています。印章若しくは署名を用い又は偽造した印章若しくは署名を用いる場合を有印、それ以外を無印として区別し、証明力と信用毀損に差があるため、刑に差を設けています。有印虚偽公文書作成・変造、有印公文書偽造・変造は1年以上10年以下の拘禁刑[5]、無印の場合は3年以下の拘禁刑[5]又は20万円以下の罰金です。有印私文書偽造・変造は3月以上5年以下の拘禁刑[5]、無印の場合は1年以下の拘禁刑[5]又は10万円以下の罰金です。

　これらの不正に作成された文書を行使すると、それぞれの文書の虚偽作成・偽変造と同じ刑が科せられます。行使の未遂も罰せられます。

　自治体職員が作成権限のある文書について、虚偽の内容を記載した文書を作成し、あるいは真正な内容で作成された文書を変造した場合、刑法156条の虚偽公文書作成あるいは変造罪が成立します。作成権限のない文書について、起案担当者が、情を知らない作成権限のある者を利用して、これに作成させた場合も、刑法156条の間接正犯が成立するというのが判例です（最判昭32・10・4刑集11巻10号2464頁）。作成権限のない文書について、勝手に公印を用いるなどして自ら作成したときは、刑法155条の公文書偽造罪が成立します。こうした文書と内容を一

＊5
　施行日になるまでは「懲役」。

第5章
刑法

致させる証拠を作成するなどの必要から、私人の提出した文書を改ざんしあるいは新たに作成した場合、刑法159条の私文書変造あるいは偽造罪が成立します。

　刑法157条は、私人が情を知らない権限のある公務員を利用して公正証書原本に内容虚偽の記載をさせるという、間接正犯の形態で行う特殊な公文書偽造罪を規定したものですが、公務員が勝手に公正証書原本に内容虚偽の記載をした場合は、刑法156条の虚偽公文書作成あるいは変造罪か、155条の公文書偽造あるいは変造罪が、作成権限の有無に応じて成立します。公正証書*6原本の例としては、登記簿、戸籍簿という条文例示のもののほか、土地台帳、住民票、外国人登録原票、公正証書などが挙げられます。

　電子化が進んで、文書が電磁的記録に変わってきていることから、自治体職員による虚偽記載も、必然的に電磁的記録の作出という形態をとる事態が生じてきています。この電磁的記録について、現行刑法は、偽造、変造、虚偽作成という区別をせずに、**公電磁的記録不正作出**という概念で一括して、刑法161条の2第2項にこれを処罰する規定を新設しています。人の事務処理を誤らせる目的で不正作出したとき成立し、刑は、10年以下の拘禁刑*7又は100万円以下の罰金です。刑法157条にも電磁的記録を追加しています。自動車登録ファイル、不動産登記ファイル、住民票ファイルなどがそれに相当します。刑法161条の2第1項は、159条に対応した私電磁的記録の不正作出を5年以下の拘禁刑*7又は50万円以下の罰金に処する旨規定しています。これらの不正に作出された電磁的記録を人の事務処理の用に供すると、それぞれの電磁的記録の作出罪と同じ刑に処せられ、未遂も処罰されます。

4　汚職の罪

　汚職の罪は、**職権濫用**に関するものと**収賄**に関するものとがあります。自治体職員について実際上問題となる多くの場合は、収賄の罪ですが、刑法193条の**公務員職権濫用罪**も、職員が、その一般的職務権限に属する事項につき、職権の行使に仮託して実質的・具体的に違法、不当な行為をすることにより、相手方に義務なきことを行わせ又は行うべき権利を妨害すれば成立します。一般的職務権限は、法律上の強制力を伴うものであることを要せず、それが濫用された場合、職権行使の相手方をして事実上義務なきことを行わせ又は行うべき権利を妨害するに足りる権限であれば足ります。公務調査・相談であるかのように装い、相手方を飲食店などに呼び出し、あるいは居宅に上がりこむ、容姿の写真を撮るなどの行為がその例です。

　本節「2　談合罪」で述べた、県の林務事務所長が、入札価格が下位にある特定業者に落札させるため、その入札価格を増額訂正して発表し、訂正額で売買契約を締結した事例では、入札妨害罪のほか、最高価格入札者の契約締結の権利を妨害した点が、公務員職権濫用罪にあたることになります。

*6　公正証書
　広義には、公務員がその権限に基づいて作成するすべての証書（本文に例示した登記簿や戸籍簿、住民票や外国人登録原票など）をいいますが、狭義には、公証人が法律行為や権利義務に関する事実について作成する証書のことです（本文の最後に例示した公正証書）。

*7
　施行日になるまでは「懲役」。

　収賄の罪は、いくつかの類型に分かれていて、規定がやや複雑ですが、基本となるのは、刑法197条1項前段の**収賄罪**です。**単純収賄罪**とよばれることもあります。成立要素つまり構成要件要素は、公務員が、「職務に関し」、「賄賂」を、収受・要求・約束することです。刑は5年以下の拘禁刑[*8]です。

　賄賂とは、公務員の職務行為に対する対価としての不正な利益です。一定の職務行為に対する対価であれば足り、個別の職務行為との間の対価関係を必要とするものではありません。財物だけでなく、需用・欲望を満たす一切の利益が含まれます。社交儀礼としての贈与は、対価関係が否定できるようなものであれば、賄賂には含まれません。対価関係が否定できるようなものであれば、賄賂罪の保護法益である、公務の公正とそれに対する社会一般の信頼は、損なわれないからです。また、職務を超えた職務外の行為に対する対価であれば、同じ理由で、賄賂には含まれません。

　対価の前提となる職務の範囲には、内部規則を含めた法令に基づいて現に担当している職務のほか、まず、一般的職務権限が含まれます。それに該当すれば、内部的な事務分掌で現に担当していないことは影響しないものと判断されています。次に、他の公務員の権限に属するが事実上当該公務員が担当している職務も含まれます。問題は、こうした法令上に何らかの根拠を求められる職務には含まれないが、それと関連して行われる指導・あっせん・働きかけなどです。まず、他の公務員への働きかけは、働きかけが当該公務員の職務内容と理解されなければ、職務に基づくものではないので、ここには含まれませんが、一定の要件を充たせば、後述するあっせん収賄罪になります。非公務員への働きかけは、公務員としての職務に基づいて行われるものであれば、働きかけを受ける者はそのようなものとして受け止め、利益の授受により、当該公務員の職務の公正さに疑念が生じるものとして、ここに含まれます。このような本来の職務行為以外でここに含まれるものを、**職務密接関連行為**といいます。

　ひとつの賄賂について、約束し、要求し、収受するという一連の行為が行われたときは、包括して賄賂収受の罪が成立します。

　単純収賄罪の要件に「請託」を受けたことが加わると、刑法197条1項後段の**受託収賄罪**となり、刑が7年以下に加重されます。請託とは、具体的な職務行為を依頼することです。受託して、自ら収受等をする又は共同正犯に収受等させるのではなく、それ以外の第三者に供与させあるいはその要求・約束をしたときは、**第三者供賄罪**といい、刑法197条の2で規定され、刑は5年以下の拘禁刑[*8]です。

　公務員になろうとする者が、担当すべき職務に関して、請託を受けて、賄賂を収受等した場合は、公務員になったときは、刑法197条2項の**事前収賄罪**が成立し、5年以下の拘禁刑[*8]に処せられます。

　公務員であった者が、退職後賄賂を収受等したことで処罰されるのは、在職中に請託を受けて、さらに、職務上不正な行為をし又は相当の行為をしなかった場合に、そのことに関して賄賂を受け取った場合です。刑法197条の3第3項の**事**

＊8
　施行日になるまでは「懲役」。

第5章

刑法

431

＊9
　施行日になるまでは「懲役」。

後収賄罪として、5年以下の拘禁刑＊9に処せられます。

　単純収賄罪、受託収賄罪、第三者供賄罪、事前収賄罪を犯した者が、職務上不正な行為をし又は相当の行為をしなかった場合には、刑法197条の3第1項の**加重収賄罪**となり、1年以上の有期拘禁刑＊9に処せられます。有期拘禁刑＊9の長期は20年で、加重事由があれば、30年まで上げることができます。公務員が、先に職務上不正な行為をし又は相当の行為をしなかった後で、そのことに関し賄賂を収受等したときには、刑法197条の3第2項の加重収賄罪が成立し、1年以上の有期拘禁刑＊9に処せられます。加重収賄罪は、刑法の平易化以前には、法を枉げたという意味で、枉法収賄罪とよばれていました。

　以上は、自らの職務に関して収賄した場合ですが、他の公務員の職務に関して、請託を受けて、その公務員に対して不正の行為をし又は相当の行為をしないよう働きかけをすることあるいはしたことについて、収賄した場合は、**あっせん収賄罪**になり、5年以下の拘禁刑＊9に処せられます。私人としてではなく、公務員の立場であっせんすることが必要です。

　収賄罪の必要的共犯である刑法198条の**贈賄罪**は、一般には、自治体職員がその主体となることはありませんが、自治体業務として、外国にノウハウを有償で提供するといった一種のビジネスに関与する場合には、相手方外国の公務員から賄賂の要求を受けることがあり、これに応じると、その適用が問題となります。国外犯の処罰を定める刑法3条、4条は、198条には適用されませんが、賄賂の供与・申込み・約束が日本国内で行われると、国内犯となります。しかし、収賄罪が我が国の公務の公正とその信頼を保護しているため、外国公務員に対する贈賄には適用されません。しかし、不正競争防止法18条1項違反の罪として規定される同法21条2項7号の罪となり、それが同法21条8項によって国外犯にも適用されるため、5年以下の拘禁刑＊9若しくは500万円以下の罰金又はその併科で処罰されます。

＊10
　退職者であっても、離職後2年以内に、離職前5年間の職務に属する契約等事務に関して、在職した地方公共団体の執行機関の組織等に属する役職員に対し、職務上不正な行為をするように又は相当な行為をしないように、要求、依頼、又は唆した再就職者は、1年以下の拘禁刑〔施行日になるまでは「懲役」〕又は50万円以下の罰金に処せられます（地公法60条4号）。在職時に地方公共団体の長の直近下位の内部組織の長であった者の場合は、離職前5年以前の職務に属する契約等事務についても適用されます（同法60条5号）。また、在職中自らが締結を決定した契約や自らが決定した一定の処分に関しては、離職後2年以降であっても、職務上不正な行為をするように又は相当な行為をしないように、要求、依頼又は唆せば、同様に罰せられます（同法60条6号）。

　刑法上の汚職の罪とはならない場合であっても、自治体職員が、職務上不正な行為を行った又は相当な行為を行わなかったことに関し、営利企業等に対し、自己又は他の役職員あるいは役職員であった者を、当該営利企業等又はその子法人に再就職させることを要求又は約束したときは、地方公務員法上の罪として、3年以下の拘禁刑＊9に処せられます（地公法63条1号）。他の役職員に、職務上不正な行為をするように又は相当な行為をしないように、要求、依頼、又は唆したことに関し、営利企業等に対し、自己又は他の役職員あるいは役職員であった者を、当該営利企業等又はその子法人に再就職させることを要求又は約束したときも、同様です（同法63条2号）。この2号の場合、職務上不正な行為をするように又は相当な行為をしないように、要求、依頼又は唆された役職員も、再就職の要求・約束のあったことを知って、職務上不正の行為を行いあるいは相当な行為をしないと、同様に処罰されます（同法63条3号）＊10。

5　背任罪

　背任罪は、「他人のためにその事務を処理する者」が、「自己若しくは第三者の利益を図り」又は「本人に損害を加える目的」で、その「任務に背く行為」をし、「本人に財産上の損害を加えた」ときに成立する刑法247条所定の罪です。刑は、5年以下の拘禁刑[*11]又は50万円以下の罰金です。

　事務処理者は事務処理権限をもつ者です。**図利**[*12]**目的**は主としてその目的であれば足ります。任務違背行為は、裁量権を超える行為です。財産上の損害は経済的価値の減少で足ります。

　裁判例に現れた自治体職員の具体例には、県有林の管理、処分について事務全般を統括する林務事務所長が（事務処理権限者）、立木売却のための競争入札に際し、最高価格入札者の利益を図る目的で（第三者図利目的）、最高入札価格を減額訂正して発表し（任務違背行為）、訂正額で売買契約を締結した（財産上の損害の発生）例があります（甲府地判昭43・12・18下級刑集10巻12号1239頁）。

　自治体の公的貸付業務を担当する部課長が、貸付先の利益のために、所定の手続を採らずに、破綻の危機にあり回収の見込みのない貸付先に、担保価値のない担保物件を提供させて貸付けを行う場合も、背任罪を構成します（高知地判平15・3・26判タ1199号118頁参照）。

　事務処理権限をもたない者が加担したときは、刑法65条1項を通して、60条以下によって、加担の態様に応じた共犯が成立します。

6　業務上横領罪

　自己の占有する他人の物を横領したとき成立するのが、刑法252条の**横領罪**です。刑は、5年以下の拘禁刑[*11]です。「物」であることが必要であり、委託関係に基づいて占有していることが必要です。横領によって所有権が侵害されることも必要です。横領というためには、不法領得の意思[*13]が必要です。不法領得の意思は、判例では、委託の任務に背いて、権限がないのに所有者でなければできない処分をする意思とも示されていますが、多くの判例上の事案は、経済的用法に従い利用・処分する意思で理解できるものです。こう理解すると、自己の占有する他人の物の毀棄は背任罪で処理されます。業務上占有している場合は、刑法253条の**業務上横領**となり、刑が加重され、10年以下の拘禁刑[*11]となります。

　この罪の主体は、本節「5　背任罪」で述べた背任罪の身分を有し、横領行為は、委託任務に背き、委託主に財産上の損害を生じますので、同時に背任罪を構成しますが、横領罪がこの限りで背任罪の特別規定になっているため、横領罪のみが成立します。背任罪は横領罪にあたらない場合で可罰的な類型を補充的に規定したものであると理解することも可能です。

*11
　施行日になるまでは「懲役」。

*12　図利
　図利（とり）とは、利益を得ようとすることです。

*13　不法領得の意思
　正当な権利をもっている者を排除して、その者の有する物を自己の所有物として利用したり、あるいは処分したりする意思のことです。

第5章

刑法

　単年度会計の不便を免れるためなどの理由で、自治体の予算をプールし裏金を作って保管し適宜支出しているとき、保管責任者が私的目的に流用すると、この罪が成立します。しかし、自治体の他の用務に流用しても、それだけでは不法領得の意思は認められず、この罪は成立しません。

（田中利幸）

学習のポイント

- ■秘密漏示罪（守秘義務違反の罪）は、地方公務員法60条２号により定められている特別法犯であり、１年以下の拘禁刑（施行日になるまでは「懲役」）又は３万円以下の罰金の対象とされています。ここでの罪は、「職務上知り得た」「秘密」を漏らすことです。
- ■秘密の漏示が、上司等の関与により行われた場合は、刑法上の教唆犯、共同正犯が成立する可能性もあります。
- ■刑法上の談合罪は、公正な価格を害し又は不正な利益を得る目的で談合したことにより成立します。また、私的独占の禁止及び公正取引の確保に関する法律上の不当な取引制限の罪は、事業者が他の事業者と共同して、対価や数量を制限するなどお互いの事業活動を拘束し、もって競争を実質的に制限することにより成立します。
- ■談合罪は、談合行為を行った担当者が処罰の対象となり、不当な取引制限の罪は、両罰規定により担当者も法人企業（事業が個人経営の場合なら個人事業者）も処罰の対象となります。
- ■自治体職員が、いわゆる「官製談合」に関わると、その職員の関わり方により、共同正犯、教唆犯、幇助犯として刑法あるいは私的独占の禁止及び公正取引の確保に関する法律上処罰の対象となります。また、入札談合等関与行為の排除及び防止並びに職員による入札等の公正を害すべき行為の処罰に関する法律によっても処罰の対象とされます。
- ■自治体職員が職務上関わる可能性のある文書偽造の罪には、刑法155条の公文書偽造罪・同変造罪、刑法156条の虚偽公文書作成罪・同変造罪、刑法159条の私文書偽造罪・同変造罪があります。
- ■近年の自治体における電子化に対応するため、刑法161条の２において、公電磁的記録不正作出罪も規定されています。
- ■汚職の罪には、公務員職権乱用罪と収賄罪の２つがあります。
- ■収賄罪には、刑法197条１項前段に規定される一般的な収賄罪（単純収賄罪）の他にも、請託を受けたことにより悪質さが増した「受託収賄罪」、第三者に対し賄賂を供与させる「第三者供賄罪」、公務員となる前の収賄である「事前収賄罪」、退職後に賄賂を収受した「事後収賄罪」等があります。
- ■外国から賄賂の要求を受けた際に陥りやすい罪として、不正競争防止法上の外国公務員に対する「贈賄罪」があります。
- ■自治体職員が、自己又は第三者の利益を得る目的で、事務処理権限のある事務につき「任務に背く行為」を行い、もって本人（自治体）に財産上の損害を与える罪を「背任罪」といいます。
- ■自己が占有する他人の物を横領した場合に成立するのが横領罪であり、刑は５年以下の拘禁刑（施行日になるまでは「懲役」）です。この占有が業務上のものである場合は業務上横領罪となり、刑が加重され10年以下の拘禁刑（施行日になるまでは「懲役」）となります。

参考文献

＜共　通＞

市川正人・酒巻匡・山本和彦『現代の裁判〔第7版〕』（有斐閣、2017年）

高橋和之・伊藤眞・小早川光郎・能見善久・山口厚（編）『法律学小辞典〔第5版〕』（有斐閣、2016年）

佐藤幸治ほか（編）『コンサイス法律学用語辞典』（三省堂、2003年）

長谷川彰一『改訂　法令解釈の基礎』（ぎょうせい、2008年）

法制執務研究会（編）『新訂　ワークブック法制執務〔第2版〕』（ぎょうせい、2018年）

松尾浩也・高橋和之（編）『法学』（有信堂高文社、2009年）

角田禮次郎・茂串俊ほか（編）『法令用語辞典〔第10次改訂版〕』（学陽書房、2016年）

判例百選シリーズ（別冊ジュリスト）（有斐閣）※

※分野ごとに重要判例を選んで解説するもの。憲法判例百選Ⅰ・Ⅱ、行政判例百選Ⅰ・Ⅱ、地方自治判例百選、民法判例百選Ⅰ・Ⅱ・Ⅲ、刑法判例百選Ⅰ・Ⅱ、その他多数。

＜各　章＞

●第1章　憲　法

入門者向け

初宿正典・高橋正俊・米沢広一・棟居快行『いちばんやさしい憲法入門〔第6版〕』（有斐閣、2020年）

長谷部恭男『憲法入門』（羽鳥書店、2010年）

樋口陽一『六訂　憲法入門』（勁草書房、2017年）

中級者向け

芦部信喜（著）・高橋和之（補訂）『憲法〔第7版〕』（岩波書店、2019年）

渋谷秀樹『憲法〔第3版〕』（有斐閣、2017年）

高橋和之『立憲主義と日本国憲法〔第5版〕』（有斐閣、2020年）

辻村みよ子『憲法〔第7版〕』（日本評論社、2020年）

野中俊彦＝中村睦男＝高橋和之＝高見勝利『憲法Ⅰ〔第5版〕・憲法Ⅱ〔第5版〕』（有斐閣、2012年）

上級者向け

大石眞＝石川健治（編）『新・法律学の争点シリーズ3　憲法の争点』ジュリスト増刊（有斐閣、2008年）

木村草太『憲法の急所――権利論を組み立てる〔第2版〕』（羽鳥書店、2017年）

小山剛＝駒村圭吾（編）『論点探究　憲法〔第2版〕』（弘文堂、2013年）

芹沢斉＝市川正人＝阪口正二郎（編）『新基本法コンメンタール　憲法』別冊法学セミナー（日本評論社、2011年）

樋口陽一（編著）『ホーンブック　憲法〔改訂版〕』（北樹出版、2000年）

●第2章　行政法

行政法をはじめて学ぶ方のための入門書

石川敏行・藤原静雄・大貫裕之・大久保規子・下井康史『はじめての行政法〔第4版〕』（有斐閣、2018年）

宇賀克也（編）『ブリッジブック行政法〔第3版〕』（信山社、2017年）

畠山武道・下井康史（編著）『はじめての行政法〔第 3 版〕』（三省堂、2016 年）

藤田宙靖『行政法入門〔第 7 版〕』（有斐閣、2016 年）

スタンダードな教科書・体系書

阿部泰隆『行政法解釈学Ⅰ・Ⅱ』（有斐閣、2008 年・2009 年）

磯部力『新訂　行政法』（放送大学教育振興会、2012 年）

市橋克哉・榊原秀訓・本多滝夫・稲葉一将・山田健吾・平田和一『アクチュアル行政法〔第 3 版補訂版〕』（法律文化社、2023 年）

稲葉馨・人見剛・村上裕章・前田雅子『行政法〔第 5 版〕』（有斐閣、2023 年）

宇賀克也『行政法概説Ⅰ〔第 7 版〕・Ⅱ〔第 7 版〕・Ⅲ〔第 5 版〕』（有斐閣、2020 年・2021 年・2019 年）

大橋洋一『行政法Ⅰ〔第 4 版〕・Ⅱ〔第 4 版〕』（有斐閣、2019 年・2021 年）

小早川光郎『行政法 上』（弘文堂、1999 年）

小早川光郎『行政法講義 下Ⅰ・Ⅱ・Ⅲ』（弘文堂、2002 年・2005 年・2007 年）

櫻井敬子・橋本博之『行政法〔第 6 版〕』（弘文堂、2019 年）

塩野宏『行政法Ⅰ〔第 6 版〕・Ⅱ〔第 6 版〕・Ⅲ〔第 5 版〕』（有斐閣、2015 年・2019 年・2021 年）

芝池義一『行政法読本〔第 4 版〕』（有斐閣、2016 年）

芝池義一『行政救済法』（有斐閣、2022 年）

曽和俊文『行政法総論を学ぶ』（有斐閣、2014 年）

曽和俊文・山田洋・亘理格『現代行政法入門〔第 5 版〕』（有斐閣、2023 年）

高木光『行政法』（有斐閣、2015 年）

高橋滋『行政法〔第 2 版〕』（弘文堂、2018 年）

中原茂樹『基本行政法〔第 3 版〕』（日本評論社、2018 年）

原田尚彦『行政法要論〔全訂第 7 版補訂 2 版〕』（学陽書房、2012 年）

藤田宙靖『新版 行政法総論 上・下』（青林書院、2020 年）

亘理格・北村喜宣（編著）『重要判例とともに読み解く 個別行政法』（有斐閣、2013 年）

行政法の主要論点に関する体系的研究書

磯部力・小早川光郎・芝池義一（編）『行政法の新構想Ⅰ・Ⅱ・Ⅲ』（有斐閣、2011 年・2008 年・2008 年）

現代行政法講座編集委員会ほか（編）『現代行政法講座Ⅰ・Ⅱ・Ⅲ・Ⅳ』（日本評論社、2016 年・2015 年・2022 年・2014 年）

学習用判例集

斎藤誠・山本隆司（編）『行政判例百選Ⅰ〔第 8 版〕・Ⅱ〔第 8 版〕』（有斐閣、2022 年）

大橋洋一・斎藤誠・山本隆司（編）『行政法判例集Ⅰ総論・組織法〔第 2 版〕』（有斐閣、2019 年）

大橋洋一・斎藤誠・山本隆司（編）『行政法判例集Ⅱ救済法〔第 2 版〕』（有斐閣、2018 年）

芝池義一ほか（編）『判例行政法入門〔第 7 版〕』（有斐閣、2022 年）

●第 3 章　地方自治法

全体を学びたい方に

板垣勝彦『自治体職員のための ようこそ地方自治法〔第 3 版〕』（第一法規、2020 年）

宇賀克也『地方自治法概説〔第 9 版〕』（有斐閣、2021 年）

兼子仁『自治体行政法入門〔改訂版〕』（北樹出版、2008 年）

兼子仁『変革期の地方自治法』（岩波書店、2012年）

川﨑政司『地方自治法基本解説〔第8版〕』（法学書院、2021年）

塩野宏『行政法Ⅲ〔第5版〕』（有斐閣、2021年）

白藤博行・榊原秀訓・徳田博人・本多滝夫（編著）『地方自治法と住民』（法律文化社、2020年）

白藤博行・村上博・米丸恒治・渡名喜庸安・後藤智・恒川隆生『アクチュアル地方自治法』（法律文化社、2010年）

高田敏・村上武則（編）『ファンダメンタル地方自治法〔第2版〕』（法律文化社、2009年）

田村達久『法務に強くなる！レベルアップ地方自治法解説』（第一法規、2019年）

橋本基弘・吉野夏己・土田伸也・三谷晋・倉澤生雄『よくわかる地方自治法』（ミネルヴァ書房、2009年）

原田尚彦『新版　地方自治の法としくみ〔改訂版〕』（学陽書房、2005年）

人見剛・須藤陽子（編著）『ホーンブック地方自治法〔第3版〕』（北樹出版、2015年）

藤田宙靖『行政組織法〔第2版〕』（有斐閣、2022年）

藤巻秀夫（編著）『地方自治の法と行財政』（八千代出版、2012年）

松本英昭『要説　地方自治法〔第10次改訂版〕』（ぎょうせい、2018年）

松本英昭『地方自治法の概要〔第6次改訂版〕』（学陽書房、2014年）

個別分野をより深く学びたい方に

石原信雄・二橋正弘『新版　地方財政法逐条解説』（ぎょうせい、2000年）

碓井光明『要説　住民訴訟と自治体財務〔改訂版〕』（学陽書房、2002年）

大藤敏（編）『新版　裁判住民訴訟法』（三協法規出版、2005年）

兼子仁『地方公務員法』（北樹出版、2006年）

小早川光郎・小幡純子（編）『あたらしい地方自治・地方分権』ジュリスト増刊（有斐閣、2000年）

園部逸夫（編）『最新地方自治法講座4　住民訴訟』（ぎょうせい、2002年）

瀧野欣彌（編著）『最新地方自治法講座7　財務（1）』（ぎょうせい、2003年）

小笠原春夫・河野正一（編著）『最新地方自治法講座8　財務（2）』（ぎょうせい、2003年）

西尾勝（編著）『新地方自治法講座12　地方分権と地方自治』（ぎょうせい、1998年）

橋本勇『入門　地方公務員法』（学陽書房、2003年）

橋本勇『新版　逐条地方公務員法〔第5次改訂版〕』（学陽書房、2020年）

松下圭一・西尾勝・新藤宗幸（編）『自治体の構想2　制度』（岩波書店、2002年）

松本英昭『新版　逐条地方自治法〔第9次改訂版〕』（学陽書房、2017年）

成田頼明ほか（編）『注釈地方自治法〔全訂〕Ⅰ～Ⅲ』（第一法規、加除式）

村上順・白藤博行・人見剛編『新基本法コンメンタール　地方自治法』（日本評論社、2011年）

学習用判例集

磯部力・小幡純子・斎藤誠（編）『地方自治判例百選〔第4版〕』（有斐閣、2013年）

●第4章　民　法

入門者向け

池田真朗『スタートライン債権法〔第7版〕』（日本評論社、2020年）

大村敦志『新基本民法1～6〔第2版〕、7・8』（有斐閣、2019年・2019年・2021年・2019年・2020年・2020年・2014年・2017年）

潮見佳男『民法（全）〔第3版〕』（有斐閣、2022年）

道垣内弘人『リーガルベイシス民法入門〔第4版〕』（日本経済新聞出版、2022年）

中野貞一郎『民事裁判入門〔第3版補訂版〕』（有斐閣、2012年）

山野目章夫『初歩からはじめる物権法』（日本評論社、2022年）

山本和彦『よくわかる民事裁判〔第3版〕』（有斐閣、2018年）

『START UP　判例30！民法①〜⑤』（有斐閣、2017年）

中級者向け

池田真朗（編著）『民法Visual Materials〔第3版〕』（有斐閣、2021年）

内田貴『民法Ⅲ〔第4版〕』（東京大学出版会、2020年）

近江幸治『民法講義Ⅰ〔第7版〕・Ⅱ〔第4版〕・Ⅲ〔第3版〕・Ⅳ〔第4版〕・Ⅵ〔第3版〕・Ⅶ〔第2版〕』（成文堂、2018年・2020年・2020年・2020年・2018年・2015年）

河上正二『物権法講義』（日本評論社、2012年）

河上正二『担保物権法講義』（日本評論社、2015年）

潮見佳男『プラクティス民法　債権総論〔第5版補訂〕』（信山社、2020年）

潮見佳男『債権各論Ⅰ・Ⅱ〔第3版〕』（新世社、2017年）

潮見佳男『民法（債権関係）改正法の概要』（金融財政事情研究会、2017年）

四宮和夫・能見善久『民法総則〔第9版〕』（弘文堂、2018年）

筒井健夫＝村松秀樹（編著）『一問一答 民法（債権関係）改正』（商事法務、2018年）

堂薗幹一郎＝野口宣大（編著）『一問一答 新しい相続法〔第2版〕』（商事法務、2020年）

中田裕康『債権総論〔第4版〕』（岩波書店、2020年）

中田裕康『契約法〔新版〕』（有斐閣、2021年）

潮見佳男・道垣内弘人（編）『民法判例百選Ⅰ〔第9版〕』（有斐閣、2023年）

窪田充見・森田宏樹（編）『民法判例百選Ⅱ〔第9版〕』（有斐閣、2023年）

大村敦志・沖野眞己（編）『民法判例百選Ⅲ〔第3版〕』（有斐閣、2023年）

中野貞一郎・松浦馨・鈴木正裕（編）『新民事訴訟法講義〔第3版〕』（有斐閣、2018年）

能見善久・加藤新太郎（編）『論点体系　判例民法1〜11〔第3版〕』（第一法規、2019年）

平野裕之『民法総則』（日本評論社、2017年）

平野裕之『物権法』（日本評論社、2016年）

平野裕之『担保物権法』（日本評論社、2017年）

平野裕之『債権総論』（日本評論社、2017年）

平野裕之『債権各論Ⅰ・Ⅱ』（日本評論社、2018年・2019年）

山野目章夫『民法概論1　民法総則〔第2版〕』（有斐閣、2022年）

山野目章夫『民法概論2　物権法』（有斐閣、2022年）

山野目章夫『民法概論4　債権各論』（有斐閣、2020年）

上級者向け

『新版　注釈民法1〜28』（有斐閣、各年、復刻版も刊行）

『新注釈民法（1）総則（1）』（有斐閣、2018年）

『新注釈民法（5）物権（2）』（有斐閣、2020年）

『新注釈民法（6）物権（3）』（有斐閣、2019年）

『新注釈民法（7）物権（4）』（有斐閣、2019年）

『新注釈民法（8）債権（1）』（有斐閣、2022年）

『新注釈民法（14）債権（7）』（有斐閣、2018年）

『新注釈民法（15）債権（8）』（有斐閣、2017年）

『新注釈民法（16）債権（9）』（有斐閣、2022年）

『新注釈民法（17）親族（1）』（有斐閣、2017年）

『新注釈民法（19）相続（1）』（有斐閣、2019年）

石田穣『民法大系（1）　民法総則』（信山社、2014年）

石田穣『民法大系（2）　物権法』（信山社、2008年）

石田穣『民法大系（3）　担保物権法』（信山社、2010年）

石田穣『民法大系（4）　債権総論』（信山社、2022年）

潮見佳男『新債権総論Ⅰ・Ⅱ』（信山社、2017年）

潮見佳男『新契約各論Ⅰ・Ⅱ』（信山社、2021年）

●第5章　刑　法

入門者向け

山口厚『刑法入門』（岩波書店、2008年）

大越義久『有斐閣Sシリーズ　刑法総論〔第5版〕』（有斐閣、2012年）

町野朔『プレップ刑法〔第3版〕』（弘文堂、2004年）

中級者向け

山口厚『刑法〔第3版〕』（有斐閣、2015年）

伊東研祐『刑法講義総論』（日本評論社、2010年）

前田雅英『刑法総論講義〔第7版〕』（東京大学出版会、2019年）

西田典之（著）・橋爪隆（補訂）『刑法各論〔第7版〕』（弘文堂、2018年）

林幹人『刑法各論〔第2版〕』（東京大学出版会、2007年）

上級者向け

伊東研祐『組織体刑事責任論』（成文堂、2012年）

香城敏麿『刑法と行政刑法』（信山社、2005年）

田中利幸「行政と刑事制裁」雄川一郎・塩野宏・園部逸夫（編）『現代行政法大系（第2巻）』（有斐閣、1984年）

藤木英雄『行政刑法』（学陽書房、1976年）

事項索引

445

す

せ

ま

み

む

判例年次索引

年月日	事件名	裁判所名	出典	頁
昭和30年				
1.26	公衆浴場法違反被告事件	最大判	刑集9巻1号89頁	72
3.23	固定資産税賦課取消請求上告事件	最大判	民集9巻3号336頁	42
4.19	農地委員会解散命令無効確認並びに慰藉料請求上告事件	最判	民集9巻5号534頁	150
昭和31年				
7.4	謝罪広告請求上告事件	最大判	民集10巻7号785頁	67
11.30	損害賠償請求上告事件	最判	民集10巻11号1502頁	149
昭和32年				
3.13	猥褻文書販売被告事件（チャタレイ事件上告審判決）	最大判	刑集11巻3号997頁	69
10.4	虚偽公文書作成行使詐欺収賄被告事件	最判	刑集11巻10号2464頁	429
11.19	業務上横領被告事件	最判	刑集11巻12号3073頁	406
11.27	入場税法違反被告事件	最判	刑集11巻12号3113頁	402
昭和33年				
4.30	法人税額更正決定取消等請求上告事件	最大判	民集12巻6号938頁	118
5.1	国家公務員法違反被告事件	最判	刑集12巻7号1272頁	35
7.25	行政処分取消等請求上告事件	最判	民集12巻12号1847頁	147
9.9	放火被告事件	最判	刑集12巻13号2882頁	412
昭和34年				
7.14	貸金請求上告事件	最判	民集13巻7号960頁	302
12.16	日本国とアメリカ合衆国との間の安全保障条約第三条に基く行政協定に伴う刑事特別法違反被告事件（砂川事件上告審判決）	最大判	刑集13巻13号3225頁	46
昭和35年				
1.27	あん摩師はり師きゆう師及び柔道整復師法違反被告事件	最判	刑集14巻1号33頁	402
3.1	公務執行妨害傷害被告事件	最判	刑集14巻3号209頁	424
6.8	衆議院議員資格確認並びに歳費請求上告事件（苫米地事件上告審判決）	最大判	民集14巻7号1206頁	46
7.6	調停に代わる裁判に対する抗告申立棄却決定に対する特別抗告事件	最大決	民集14巻9号1657頁	78
7.20	昭和25年東京都条例第44号集会、集団行進及び集団示威運動に関する条例違反被告事件（公安条例違反事件上告審判決）	最大判	刑集14巻9号1243頁	71
10.19	懲罰決議等取消請求上告事件	最大判	民集14巻12号2633頁	46
昭和36年				
3.7	国税賦課処分無効確認請求事件	最判	民集15巻3号381頁	103
4.21	宅地買収不服所有権確認請求上告事件	最判	民集15巻4号850頁	103
昭和37年				
1.19	公衆浴場営業許可無効確認請求上告事件	最判	民集16巻1号57頁	141
1.23	公務執行妨害被告事件（福島県教組事件）	最判	刑集16巻1号11頁	424
3.8	売掛代金請求上告事件	最判	民集16巻3号500頁	369
5.30	大阪市条例第六八号違反被告事件	最大判	刑集16巻5号577頁	180
昭和38年				
2.22	登記抹消登記手続請求上告事件	最判	民集17巻1号235頁	314
3.27	贈収賄被告事件（東京都渋谷区長選任にからむ贈収賄事件上告審判決）	最大判	刑集17巻2号121頁	52,157,164
5.15	傷害致死被告事件	最大判	刑集17巻4号302頁	67
5.22	暴力行為等処罰ニ関スル法律違反被告事件（ポポロ事件上告審）	最大判	刑集17巻4号370頁	71
6.26	ため池の保全に関する条例違反被告事件（奈良県ため池条例事件）	最大判	刑集17巻5号521頁	73,152,180
11.12	調停委員任命無効確認請求事件（名城大学調停行政訴訟）	東京地判	判タ155号143頁	33
昭和39年				
5.27	待命処分無効確認判定取消等請求上告事件	最大判	民集18巻4号676頁	65
6.24	損害賠償等請求上告事件	最大判	民集18巻5号854頁	372
10.29	ごみ焼場設置条例無効確認等請求上告事件（東京都ごみ焼却場事件）	最判	民集18巻8号1809頁	101
昭和40年				
4.28	免職処分取消請求上告事件（名古屋郵政局長事件）	最大判	民集19巻3号721頁	143
6.30	夫婦同居審判に対する抗告棄却決定に対する特別抗告事件	最大決	民集19巻4号1089頁	78
11.30	約束手形金請求上告事件	最判	民集19巻8号2049頁	373
12.7	占有回収等請求上告事件	最判	民集19巻9号2101頁	385
昭和41年				
2.8	国家試験合格変更又は損害賠償請求上告事件	最判	民集20巻2号196頁	134
2.23	農業共済掛金等請求事件	最大判	民集20巻2号320頁	118
2.23	区画整理事業設計等無効確認請求事件	最判	民集20巻2号271頁	140
4.14	手附金返還請求上告事件	最判	民集20巻4号649頁	347

年月日	事件名	裁判所名	出典	頁
6.23	名誉及び信用毀損による損害賠償および慰藉料請求上告事件	最判	民集20巻5号1118頁	64
7.7	殺人未遂銃砲刀剣類等所持取締法違反被告事件	最決	刑集20巻6号554頁	421
10.4	債務不存在確認定期預金証書回復等請求上告事件	最判	民集20巻8号1565頁	338
10.26	郵便法違反教唆被告事件（東京中央郵便局職場離脱事件の最高裁判所大法廷判決）	最大判	刑集20巻8号901頁	75,237
11.22	所有権確認等請求上告事件	最判	民集20巻9号1901頁	314
昭和42年				
1.20	第三者異議上告事件	最判	民集21巻1号16頁	380
3.29	自衛隊法違反被告事件（恵庭事件判決）	札幌地判	下級刑集9巻3号359頁	47
5.24	生活保護法による保護に関する不服の申立に対する裁決取消請求上告事件（朝日訴訟上告審判決）	最大判	民集21巻5号1043頁	74
5.24	公務執行妨害監禁職務強要被告事件	最大判	刑集21巻4号505頁	211
6.27	慰藉料請求上告事件	最判	民集21巻6号1507頁	372
11.9	損害賠償請求上告事件	最判	民集21巻9号2336頁	373
昭和43年				
8.2	所有権確認請求上告事件	最判	民集22巻8号1571頁	314
8.20	土地引渡請求上告事件	最判	民集22巻8号1692頁	347
11.27	河川附近地制限令違反被告事件（名取川事件）	最大判	刑集22巻12号1402頁	73,152
12.4	公職選挙法違反被告事件（三井美唄炭鉱労組事件判決）	最大判	刑集22巻13号1425頁	76
12.18	背任、加重収賄、競争入札妨害、公務員職権濫用、背任未遂、贈賄被告事件	甲府地判	下級刑集10巻12号1239頁	429,433
12.24	法律解釈指定通達取消請求上告事件	最判	民集22巻13号3147頁	100,140
昭和44年				
3.27	借地権確認土地引渡等請求控訴事件	東京高判	判時553号26頁	112
3.28	強制執行の目的物に対する第三者異議上告事件	最判	民集23巻3号699頁	324
4.2	地方公務員法違反被告事件（都教組勤評反対闘争事件上告審判決／都教組事件）	最大判	刑集23巻5号305頁	47,237
6.25	名誉毀損被告事件（夕刊和歌山時事事件）	最大判	刑集23巻7号975頁	64
9.12	所有権確認等請求事件	最判	裁判集民96号579頁	354
9.17	猥褻図面公然陳列被告事件（映画「黒い雪」事件控訴審判決）	東京高判	高裁刑集22巻4号595頁	421
11.26	取材フィルム提出命令に対する抗告棄却決定に対する特別抗告事件（博多駅事件）	最大決	刑集23巻11号1490頁	70
12.24	公務執行妨害、傷害被告事件（京都府学連デモ事件）	最大判	刑集23巻12号1625頁	63
昭和45年				
1.29	強制わいせつ被告事件	最判	刑集24巻1号1頁	413
6.24	取締役の責任追及請求上告事件（八幡製鉄所政治献金事件の上告審判決）	最大判	民集24巻6号625頁	41,62
7.15	供託金取戻請求の却下処分取消請求上告事件	最大判	民集24巻7号771頁	139
8.20	損害賠償請求上告事件（高知落石事件）	最判	民集24巻9号1268頁	150
9.22	占有妨害排除家屋明渡請求上告事件	最判	民集24巻10号1424頁	300,315
10.21	建物明渡等請求上告事件	最大判	民集24巻11号1560頁	369
11.11	麻薬取締法違反、優生保護法違反被告事件（ブルーボーイ事件）	東京高判	高裁刑集23巻4号759頁	420
昭和46年				
3.25	建物収去土地明渡請求上告事件	最判	民集25巻2号208頁	327
10.28	行政処分取消請求上告事件（個人タクシー事件）	最判	民集25巻7号1037頁	104,111
10.28	建物所有権移転登記手続等請求上告事件	最判	民集25巻7号1069頁	369
11.8	行政処分取消等請求事件	東京地判	行裁例集22巻11＝12号1785頁	100
12.16	損害賠償等請求上告事件	最判	民集25巻9号1472頁	332
昭和47年				
11.16	不作為の違法確認等請求上告事件（エビス食品事件）	最判	民集26巻9号1573頁	137
11.22	所得税法違反被告事件（川崎民商税務検査拒否事件上告審判決）	最大判	刑集26巻9号554頁	74
11.22	小売商業調整特別措置法違反被告事件（小売市場事件）	最大判	刑集26巻9号586頁	72
12.5	法人税課税処分取消請求上告事件	最判	民集26巻10号1795頁	105
昭和48年				
3.27	預金返還請求上告事件	最判	民集27巻2号376頁	338
4.4	尊属殺人被告事件	最大判	刑集27巻3号265頁	65,402
4.25	国家公務員法違反被告事件（全農林警職法闘争事件上告審判決）	最大判	刑集27巻4号547頁	63,237
4.26	所得税賦課処分無効確認等請求事件（冒用登記事件）	最判	民集27巻3号629頁	103

年月日	事件名	裁判所名	出典	頁
7.13	日光太郎杉事件控訴審判決（日光太郎杉事件控訴審判決）	東京高判	行裁例集24巻6＝7号533頁	111
9.14	行政処分取消請求上告事件	最判	民集27巻8号925頁	111
10.18	土地収用補償金請求上告事件	最判	民集27巻9号1210頁	153
11.28	業務上過失致死傷被告事件（森永ドライミルク中毒事件差戻後の第一審判決）	徳島地判	判時721号7頁	415
12.12	労働契約関係存在確認請求上告事件（三菱樹脂本採用拒否事件上告審判決／三菱樹脂事件）	最大判	民集27巻11号1536頁	62
昭和49年				
2.5	借地権確認土地引渡等請求上告事件最	最判	民集28巻1号1頁	112
3.7	第三者異議上告事件	最判	民集28巻2号174頁	336
3.19	所有権移転登記手続等請求上告事件	最判	民集28巻2号325頁	352
5.30	大阪府国民健康保険審査決定取消請求上告事件	最判	民集28巻4号594頁	269
8.28	条例制定請求代表者証明書交付拒否処分取消請求控訴事件	東京高判	行裁例集25巻8＝9号1079頁	203
9.26	尊属傷害致死被告事件	最判	刑集28巻6号329頁	65
9.26	金員返還請求上告事件	最判	民集28巻6号1243頁	368
11.6	国家公務員法違反被告事件（猿払事件上告審判決）	最大判	刑集28巻9号393頁	63
昭和50年				
2.25	損害賠償請求上告事件（自衛隊車両整備工場事件）	最判	民集29巻2号143頁	249
4.30	行政処分取消請求上告事件（薬事法距離制限違憲判決）	最大判	民集29巻4号572頁	60
6.26	損害賠償請求上告事件	最判	民集29巻6号851頁	151
7.25	損害賠償請求上告事件	最判	民集29巻6号1136頁	151
9.10	集団行進及び集団示威運動に関する徳島市条例違反、道路交通法違反被告事件（徳島市公安条例事件大法廷判決）	最大判	刑集29巻8号489頁	34,57,69,180,399
11.28	殺人未遂被告事件	最判	刑集29巻10号983頁	419
11.28	損害賠償請求上告事件	最判	民集29巻10号1754頁	151
11.28	組合費請求上告事件（国労広島地本組合費請求事件上告審判決／国労広島地本事件）	最判	民集29巻10号1698頁	76
昭和51年				
3.18	業務上過失傷害被告事件（北大電気メス器誤接続事件控訴審判決）	札幌高判	高裁刑集29巻1号78頁	415
4.14	選挙無効請求上告事件（議員定数配分規定違憲大法廷判決／議員定数配分規定違憲大法廷判決）	最大判	民集30巻3号223頁	76,147
4.27	所得税更正処分等取消請求上告事件	最判	民集30巻3号384頁	137
5.21	建造物侵入、暴力行為等処罰に関する法律違反被告事件（旭川学力テスト事件上告審判決）	最大判	刑集30巻5号615頁	75
5.21	地方公務員法違反、道路交通法違反被告事件（岩教組学力テスト事件上告審判決）	最大判	刑集30巻5号1178頁	63,237
7.8	損害賠償請求上告事件	最判	民集30巻7号689頁	373
昭和52年				
3.15	単位不認定等違法確認請求上告事件（国立富山大学単位不認定等違法確認訴訟上告審判決）	最判	民集31巻2号234頁	46
5.4	郵便法違反幇助、建造物侵入、公務執行妨害被告事件（名古屋中郵事件大法廷判決／全逓名古屋中郵事件）	最大判	刑集31巻3号182頁	237
7.13	行政処分取消等請求上告事件（津地鎮祭違憲訴訟大法廷判決）	最大判	民集31巻4号533頁	43,68
9.22	損害賠償請求上告事件	最判	民集31巻5号767頁	373
12.19	国家公務員法違反被告事件	最決	刑集31巻7号1053頁	426
12.20	行政処分無効確認等請求上告事件（神戸税関懲戒処分事件上告審判決）	最判	民集31巻7号1101頁	111,231
昭和53年				
3.14	審決取消請求上告事件（ジュース事件）	最判	民集32巻2号211頁	141
3.30	愛知県に代位して行う損害賠償請求上告事件	最判	民集32巻2号485頁	262
5.31	国家公務員法違反被告事件（外務省秘密漏えい事件上告審決定）	最決	刑集32巻3号457頁	403
6.16	風俗営業等取締法違反被告事件	最判	刑集32巻4号605頁	97
7.4	損害賠償請求上告事件	最判	民集32巻5号809頁	150
7.28	強盗殺人未遂、銃砲刀剣類所持等取締法違反、火薬類取締法違反被告事件（新宿駅西口拳銃強奪未遂事件）	最判	刑集32巻5号1068頁	412
10.4	在留期間更新不許可処分取消請求上告事件（マクリーン事件上告審判決）	最大判	民集32巻7号1223頁	61,101,110,111
12.8	行政処分取消請求上告事件（成田新幹線反対訴訟上告審判決）	最判	民集32巻9号1617頁	140
12.21	工作物除却命令無効確認請求上告事件	最判	民集32巻9号1723頁	182

年月日	事件名	裁判所名	出典	頁
6.17	優生保護法指定医の指定取消処分取消等請求事件（実子あっせん指定医取消事件上告審）	最判	判時1289号39頁	112
7.15	損害賠償請求事件（麹町中学校内申書事件）	最判	判時1287号65頁	67
10.21	選挙無効請求上告事件	最判	判時1321号123頁	77
12.20	家屋明渡等請求事件（共産党除名処分事件）	最判	判時1307号113頁	46
平成元年				
1.20	公衆浴場法違反被告事件	最判	刑集43巻1号1頁	72
2.17	新潟ー小松ーソウル間の定期航空運送事業免許処分取消請求事件（新潟空港定期航空運送事業免許処分取消訴訟上告審判決）	最判	民集43巻2号56頁	141
3.7	営業不許可処分取消請求事件	最判	判時1308号111頁	72
3.8	メモ採取不許可国家賠償請求事件（法廷内メモ不許可国家賠償請求事件上告審判決／法廷メモ訴訟（レペタ法廷メモ訴訟））	最大判	民集43巻2号89頁	70
4.13	近鉄特急料金認可処分取消等請求事件（近鉄特急事件）	最判	判時1313号121頁	142
6.20	伊場遺跡保存訴訟（伊場遺跡保存訴訟）	最判	判時1334号201頁	142
9.19	岐阜県青少年保護育成条例違反被告事件	最判	刑集43巻8号785頁	69
10.27	不当利得返還請求事件	最判	民集43巻9号1070頁	325
12.14	解雇無効確認等請求事件（三井倉庫港運事件）	最判	民集43巻12号2501頁	76
平成2年				
1.29	公金支出差止等請求控訴事件	東京高判	高裁民集43巻1号1頁	44
6.5	違法支出金補填請求事件	最判	民集44巻4号719頁	260
12.13	損害賠償請求上告、同附帯上告事件（多摩川水害訴訟上告審判決）	最判	民集44巻9号1186頁	151
平成3年				
2.1	爆発物取締罰則違反、窃盗、殺人未遂被告事件	最決	刑集45巻2号1頁	412
4.19	損害賠償請求上告事件（小樽種痘禍事件上告審判決）	最判	民集45巻4号367頁	153
7.9	面会不許可処分取消等請求事件	最判	民集45巻6号1049頁	100
12.20	違法支出金補填請求上告事件	最判	民集45巻9号1455頁	263
12.20	違法支出金補填請求事件	最判	民集45巻9号1503頁	92
平成4年				
7.1	工作物等使用禁止命令取消等請求事件（成田新法に基づく工作物等使用禁止命令取消等請求事件上告審判決）	最大判	民集46巻5号437頁	74,98
9.8	地方公務員法違反被告事件	京都地判	判タ811号233頁	426
9.22	原子炉設置許可処分無効確認等請求事件（もんじゅ行政訴訟上告審判決）	最判	民集46巻6号571頁	141
10.29	伊方発電所原子炉設置許可処分取消請求事件（伊方原発訴訟上告審判決）	最判	民集46巻7号1174頁	101,110
12.15	損害賠償請求事件（一日校長事件）	最判	民集46巻9号2753頁	265
12.15	酒類販売業免許拒否処分取消請求事件（酒類販売免許制違憲訴訟上告審判決）	最判	民集46巻9号2829頁	72
平成5年				
1.20	選挙無効請求事件（衆議院議員定数配分規定違憲訴訟大法廷判決）	最大判	民集47巻1号67頁	77
2.18	教育施設負担金返還請求事件	最判	民集47巻2号574頁	114,186
2.26	損害賠償請求事件	最判	判時1452号37頁	192
3.11	損害賠償請求事件	最判	民集47巻4号2863頁	149
7.19	預金返還請求事件	最判	判時1489号111頁	339
9.7	埋立差止請求事件（織田が浜埋立工事費用支出差止訴訟上告審判決／織田が浜埋立工事費用支出差止訴訟）	最判	民集47巻7号4755頁	263
平成6年				
3.18	焼却炉設置計画廃止勧告処分無効確認請求事件	福岡地判	行裁例集45巻3号269頁	181
平成7年				
2.22	ロッキード事件（丸紅ルート判決）	最大判	刑集49巻2号1頁	45
2.28	選挙人名簿不登録処分に対する異議の申出却下決定取消請求上告事件（定住外国人選挙権訴訟上告審判決）	最判	民集49巻2号639頁	55,61,192
3.7	損害賠償請求事件（泉佐野市民会館事件）	最判	民集49巻3号687頁	71,254
12.15	外国人登録法違反被告事件（外国人指紋押なつ拒否事件上告審判決）	最判	刑集49巻10号842頁	64
平成8年				
1.30	宗教法人解散命令に対する抗告棄却決定に対する特別抗告事件（宗教法人オウム真理教解散特別抗告決定）	最決	民集50巻1号199頁	68
2.8	鳥獣保護及狩猟ニ関スル法律違反被告事件	最判	刑集50巻2号221頁	411

年月日	事件名	裁判所名	出典	頁
3.8	進級拒否処分取消、退学命令処分等取消請求事件（エホバの証人退学処分等取消訴訟上告審判決）	最判	民集50巻3号469頁	68,111
3.15	国家賠償請求事件（上尾市福祉会館使用不許可に対する損害賠償請求訴訟上告審判決）	最判	民集50巻3号549頁	254
3.19	選挙権被選挙権停止処分無効確認等請求事件（南九州税理士会政治献金徴収拒否訴訟上告審判決）	最判	民集50巻3号615頁	62
5.31	私的独占の禁止及び公正取引の確保に関する法律違反、同法律違反ほう助被告事件（下水道談合事件東京高裁判決）	東京高判	高裁刑集49巻2号320頁	428
8.28	地方自治法151条の2第3項の規定に基づく職務執行命令裁判請求事件（沖縄県知事署名等代行職務執行命令訴訟最高裁大法廷判決）	最大判	民集50巻7号1952頁	58
9.11	選挙無効請求事件（参議院議員定数配分規定不均衡訴訟大法廷判決）	最大判	民集50巻8号2283頁	77
11.18	地方公務員法違反被告事件（岩手県教組事件　岩教組同盟罷業事件第二次上告審判決）	最判	刑集50巻10号745頁	412
平成9年				
4.2	損害賠償代位請求事件（愛媛玉串料事件）	最大判	民集51巻4号1673頁	43
4.24	債務不存在確認請求事件	最判	民集51巻4号1991頁	338
平成10年				
2.13	通行地役権設定登記手続等請求事件	最判	民集52巻1号65頁	321
平成11年				
7.19	損害賠償請求上告事件	最判	判時1688号123頁	110
11.10	選挙無効請求事件（衆議院議員小選挙区比例代表並立制選挙無効訴訟上告審判決）	最大判	民集53巻8号1441頁	77
11.10	選挙無効請求事件（衆議院議員小選挙区比例代表並立制選挙無効訴訟上告審判決）	最大判	民集53巻8号1577頁	41
11.10	選挙無効請求事件（衆議院議員小選挙区比例代表並立制選挙無効訴訟上告審判決）	最大判	民集53巻8号1704頁	41
11.24	建物明渡請求事件	最大判	民集53巻8号1899頁	325
11.25	都市計画事業認可処分等取消請求事件	最判	判時1698号66頁	142
11.30	配当異議事件	最判	民集53巻8号1965頁	325
平成12年				
2.29	損害賠償請求上告、同附帯上告事件（「エホバの証人」輸血拒否事件）	最判	民集54巻2号582頁	65
2.29	規制対象事業場認定処分取消請求控訴事件（紀伊長島町水道水源保護条例事件）	名古屋高判	判タ1061号178頁	181
12.19	人骨焼却差止請求事件（旧陸軍軍医学校跡地の人骨火葬等費用の支出差止住民訴訟上告審判決）	最判	民集54巻9号2748頁	262
12.20	業務上失火、業務上過失致死傷被告事件（近鉄生駒トンネル火災事件上告審決定）	最決	刑集54巻9号1095頁	415
平成13年				
3.28	業務上過失致死被告事件（薬害エイズ帝京大学病院事件第一審無罪判決）	東京地判	判時1763号17頁	415
5.29	損害賠償請求控訴事件（日韓高速船補助金住民訴訟控訴審判決）	広島高判	判時1756号66頁	244
7.13	情報公開決定処分取消請求上告事件	最判	訟月48巻8号2014頁	279
7.24	地方公共団体に対する国の関与に関する審査申出事件	国地方係争処理委員会勧告	判時1765号26頁	278
11.27	損害賠償請求事件	最判	民集55巻6号1311頁	348
11.27	債務不存在確認請求本訴、不当利得請求反訴事件	最判	民集55巻6号1380頁	347
平成14年				
1.31	児童扶養手当資格喪失処分取消請求事件	最判	民集56巻1号246頁	100
4.25	債務不存在確認請求事件（群馬司法書士会事件上告審判決）	最判	判時1785号31頁	62
4.25	小学校廃校処分取消、損害賠償請求事件	最判	判例自治229号52頁	254
6.11	土地収用補償金請求事件	最判	民集56巻5号958頁	73
7.9	建築工事続行禁止請求事件（宝塚市パチンコ店等規制条例事件判決）	最判	民集56巻6号1134頁	117,279
9.11	損害賠償請求事件（郵便法違憲判決）	最大判	民集56巻7号1439頁	47,78
平成15年				
1.17	徳島県議会野球大会旅費、日当、宿泊料等返還請求事件	最判	民集57巻1号1頁	90
3.26	各背任被告事件（高知県背任事件第一審判決）	高知地判	判タ1199号118頁	433
4.8	預託金返還請求事件	最判	民集57巻4号337頁	339
6.26	転居届不受理処分取消等請求事件（アレフ転入届事件）	最判	判時1831号94頁	189

年月日	事件名	裁判所名	出典	頁
7.12	懲戒免職処分取消等請求事件	最決	判例体系判例ID 28132257	232
9.18	広島市暴走族追放条例違反被告事件	最判	刑集61巻6号601頁	69
9.28	障害基礎年金不支給決定取消等請求事件（学生無年金障害者訴訟）	最判	民集61巻6号2345頁	75
12.7	私的独占の禁止及び公正取引の確保に関する法律違反、背任被告事件（旧日本道路公団鋼鉄製橋梁談合・背任事件東京高裁判決）	東京高判	判時1991号30頁	428
平成20年				
3.3	業務上過失致死被告事件（薬害エイズ厚生省事件上告審決定）	最決	刑集62巻4号567頁	415
3.6	損害賠償請求事件	最判	民集62巻3号665頁	64
3.19	神奈川県臨時特例企業税通知処分取消等請求事件	横浜地判	判時2020号29頁	243
3.27	東日本電信電話事件	最判	判時2003号155頁	372
4.11	住居侵入被告事件（立川反戦ビラ事件）	最判	刑集62巻5号1217頁	69
6.4	退去強制令書発付処分取消等請求事件（国籍法違憲訴訟最高裁大法廷判決）	最大判	民集62巻6号1367頁	47,65
9.10	行政処分取消請求事件	最大判	民集62巻8号2029頁	140
10.3	住民票転居届不受理処分取消請求事件	最判	判時2026号11頁	189,293
11.10	公衆に著しく迷惑をかける暴力的不良行為等の防止に関する条例違反被告事件	最決	刑集62巻10号2853頁	400
平成21年				
1.15	検証物提示命令申立て一部提示決定に対する許可抗告事件	最決	民集63巻1号46頁	122
1.20	銃砲刀剣類所持等取締法違反、大麻取締法違反、関税法違反被告事件	大阪高判	判タ1300号302頁	421
3.10	車両撤去土地明渡等請求事件	最判	民集63巻3号385頁	327
4.23	弁護士報酬請求事件	最判	民集63巻4号703頁	264
7.10	産業廃棄物最終処分場使用差止請求事件	最判	判時2058号53頁	116
7.15	指定管理者指定処分取消請求事件（川崎市小田中保育園廃止民営化事件）	横浜地判	判例自治327号47頁	257
9.30	選挙無効請求事件	最大判	民集63巻7号1520頁	77
10.15	場外車券発売施設設置許可処分取消請求事件	最判	民集63巻8号1711頁	143
10.23	求償金請求事件	最判	民集63巻8号1849頁	152
11.18	解職請求署名簿無効決定異議申立棄却決定取消請求事件	最大判	民集63巻9号2033頁	100,208
11.26	横浜市立保育園廃止処分取消請求事件（横浜市保育所廃止事件）	最判	民集63巻9号2124頁	140,254
12.17	公文書非開示処分取消等請求事件	最判	判時2068号28頁	138
12.24	北陸新幹線工事実施計画認可に係る決定	国地方係争処理委員会決定	地方自治752号64頁	277
平成22年				
1.20	財産管理を怠る事実の違法確認請求事件（空知太神社事件）	最大判	民集64巻1号1頁	43
2.25	神奈川県臨時特例企業税通知処分取消請求控訴事件	東京高判	判時2074号32頁	243
3.29	国家公務員法違反被告事件	東京高判	判タ1340号105頁	47
5.18	我孫子市農業振興地域整備計画事件	自治紛争処理委員勧告	地方自治752号70頁	283
平成23年				
3.23	選挙無効請求事件	最大判	民集65巻2号755頁	41,77
3.24	敷金返還等請求事件	最判	民集65巻2号903頁	361
4.22	損害賠償請求事件	最判	民集65巻3号1405頁	342
5.30	再雇用拒否処分取消等請求事件（東京都・東京都教育委員会事件）	最判	民集65巻4号1780頁	67
6.6	損害賠償請求事件（「日の丸・君が代」訴訟上告審判決）	最判	民集65巻4号1855頁	67
6.7	一級建築士免許取消処分等取消請求事件	最判	民集65巻4号2081頁	105,107
6.14	戒告処分取消等、裁決取消請求事件（「日の丸・君が代」訴訟上告審判決）	最判	民集65巻4号2148頁	67
7.15	更新料返還等請求本訴、更新料請求反訴、保証債務履行請求事件（賃貸住宅更新料訴訟上告審判決）	最判	民集65巻5号2269頁	361
9.22	通知処分取消請求事件	最判	民集65巻6号2756頁	43
10.21	我孫子市農業振興地域整備計画事件	自治紛争処理委員勧告	地方自治773号47頁	282,283
11.16	覚せい剤取締法違反、関税法違反被告事件（裁判員制度違憲訴	最大判	刑集65巻8号1285頁	78

年月日	事件名	裁判所名	出典	頁
	訟判決)			
平成24年				
1.16	懲戒処分取消等請求事件（教職員国旗国歌訴訟（懲戒処分取消等請求訴訟）上告審判決）	最判	判時2147号127頁	67,232
2.3	砂利採取業者に対する都道府県知事の認可に係る区域の境界をめぐる紛争	自治紛争処理委員勧告調停案受諾	地方自治774号21頁	282
2.9	国歌斉唱義務不存在確認等請求事件（教職員国旗国歌訴訟（予防訴訟）上告審判決）	最判	民集66巻2号183頁	139,234
4.20	大東市債権放棄議決事件上告審判決（大東市債権放棄議決事件上告審判決）	最判	裁時1554号1頁、同4頁	211
4.20	神戸市外郭団体派遣職員への人件費違法支出損害賠償等請求事件（神戸市債権放棄議決事件上告審判決）	最判	民集66巻6号2583頁	265
4.23	公金違法支出損害賠償請求事件（さくら市債権放棄議決事件上告審判決）	最判	裁時1554号9頁	211
10.17	選挙無効請求事件（参議院議員定数訴訟大法廷判決）	最大判	民集66巻10号3357頁	41,77
12.7	国家公務員法違反被告事件（国家公務員政党機関誌配布事件上告審判決／堀越事件）	最判	刑集66巻12号1337頁	402
12.7	国家公務員法違反被告事件（国家公務員政党機関誌配布事件上告審判決／宇治橋事件）	最判	刑集66巻12号1722頁	63
平成25年				
1.11	市販薬ネット販売権訴訟上告審判決	最判	民集67巻1号1頁	100
3.14	選挙権確認請求事件（成年被後見人選挙権確認訴訟第一審判決）	東京地判	判時2178号3頁	76
3.21	神奈川県臨時特例企業税通知処分取消等請求事件（神奈川県臨時特例企業税条例事件上告審判決）	最判	民集67巻3号438頁	57,180
3.21	神奈川県臨時特例企業税通知処分取消等請求事件（神奈川県臨時特例企業税条例事件上告審判決）	最判	判時2193号3頁	243
9.4	遺産分割審判に対する抗告棄却決定に対する特別抗告事件	最大決	民集67巻6号1320頁	65,379
9.27	選挙権剥奪違法確認等請求控訴事件	大阪高判	判時2234号29頁	77
11.20	選挙無効請求事件（平成24年衆議院議員総選挙定数訴訟大法廷判決）	最大判	民集67巻8号1503頁	78
12.10	戸籍訂正許可申立て却下審判に対する抗告棄却決定に対する許可抗告事件	最決	民集67巻9号1847頁	377
平成26年				
7.17	親子関係不存在確認請求事件	最判	民集68巻6号547頁	377
11.26	選挙無効請求事件（参議員議員定数訴訟大法廷判決）	最大判	民集68巻9号1363頁	77
平成27年				
3.3	営業停止処分取消請求事件	最判	民集69巻2号143頁	101,143
3.27	建物明渡等請求事件	最判	民集69巻2号419頁	73
4.9	損害賠償請求事件	最判	民集69巻3号455頁	375
11.25	選挙無効請求事件（衆議院議員定数訴訟大法廷判決）	最大判	民集69巻7号2035頁	77
12.16	損害賠償請求事件（再婚禁止期間違憲訴訟大法廷判決）	最大判	民集69巻8号2427頁	47,66
12.16	損害賠償請求事件（夫婦別姓訴訟大法廷判決）	最大判	民集69巻8号2586頁	66
平成28年				
3.1	ＪＲ認知症訴訟	最判	民集70巻3号681頁	375
6.21	児童福祉法違反被告事件	最決	刑集70巻5号369頁	400
12.19	遺産分割審判に対する抗告棄却決定に対する許可抗告事件	最大決	民集70巻8号2121頁	380
12.20	地方自治法251条の7第1項の規定に基づく不作為の違法確認請求事件	最判	民集70巻9号2281頁	280
平成29年				
1.24	クロレラチラシ配布差止等請求事件	最判	民集71巻1号1頁	362
9.27	選挙無効請求事件（平成28年参議院議員選挙投票価値較差訴訟大法廷判決）	最大判	民集71巻7号1139頁	77
11.29	児童買春、児童ポルノに係る行為等の規制及び処罰並びに児童の保護等に関する法律違反、強制わいせつ、犯罪による収益の移転防止に関する法律違反被告事件	最大判	刑集71巻9号467頁	413
平成30年				
5.18	九条俳句不掲載損害賠償等請求控訴事件	東京高判	判時2395号47頁	71
12.7	不当利得返還等請求事件	最判	民集72巻6号1044頁	327
12.19	選挙無効請求事件	最大判	民集72巻6号1240頁	77
12.20	九条俳句不掲載損害賠償等請求事件	最決	判例体系判例ID 28270469,28270470	71

サービス・インフォメーション

―――― 通話無料 ――――

①商品に関するご照会・お申込みのご依頼
　　　TEL 0120 (203) 694／FAX 0120 (302) 640
②ご住所・ご名義等各種変更のご連絡
　　　TEL 0120 (203) 696／FAX 0120 (202) 974
③請求・お支払いに関するご照会・ご要望
　　　TEL 0120 (203) 695／FAX 0120 (202) 973

●フリーダイヤル（TEL）の受付時間は、土・日・祝日を除く
　9:00～17:30です。
●FAXは24時間受け付けておりますので、あわせてご利用ください。

自治体法務検定公式テキスト
基本法務編　2023年度検定対応

2023年4月30日　初版発行
編　集　　自治体法務検定委員会（委員長　塩野　宏）
　　　　　　基本法務編 編集委員
　　　　　　人見　剛　石川健治　山本隆司　斎藤　誠
　　　　　　能見善久　田中利幸
発行者　　田　中　英　弥
発行所　　第一法規株式会社
　　　　　〒107-8560　東京都港区南青山2-11-17
　　　　　ホームページhttps://www.daiichihoki.co.jp/

検定基T2023　ISBN 978-4-474-09266-2　C0032　（8）